CHINA FORESTRY STATISTICAL YEARBOOK

林业统计年鉴 2010

国家林业局◎编

中国林业出版社
CHINA FORESTRY PUBLISHING HOUSE

国家林业局图书出版基金资助出版

图书在版编目(CIP)数据

中国林业统计年鉴.2010/国家林业局编. -北京:中国林业出版社,2011.9
ISBN 978-7-5038-6338-7

Ⅰ.①中… Ⅱ.①国… Ⅲ.①林业经济-统计资料-中国-2010-年鉴 Ⅳ.①F326.2-66

中国版本图书馆 CIP 数据核字(2011)第 195524 号

中国林业统计年鉴（2010）

作者：国家林业局
地址：北京东城区和平里东街 18 号
电话：010-84238422 83221210
E-mail：tongjichu@forestry.gov.cn
出版：中国林业出版社(100009 北京西城区刘海胡同 7 号)
发行：新华书店北京发行所
印刷：北京科信印刷有限公司
版次：2011 年 9 月第 1 版
印次：2011 年 9 月第 1 次
开本：880mm×1230mm 1/16
印张：33
字数：1100 千字
定价：238.00 元

中国林业统计年鉴2010

主　　编　赵树丛

副 主 编　封加平　孙　建

编　　委　封加平　孙　建　王祝雄
丁立新　杜永胜　刘国强
潘世学　杨　超　苏春雨

编写人员　刘建杰　于百川　吴友苗
靳爱仙　赵　晨　姜喜麟
王　洋　邱　林　张志刚
许　晶　张　旗

英文翻译　钱玉如

CHINA FORESTRY STATISTICAL YEARBOOK 2010

说明

一、为了适应改革开放的需要，便于国内外各界了解中国林业建设与发展情况，我们编辑的《中国林业统计年鉴》已从 1987 年开始公开出版，每年出版一册，供广大读者作为资料性的工具书使用。

二、本书系根据各省、自治区、直辖市林业管理部门和国家林业局直属单位上报的 2010 年林业统计年报和其他有关资料编辑而成的。全书分为：森林和湿地资源、生态建设、产业发展、从业人员和劳动报酬、林业投资、林业教育 6 个部分及国有林区 135 个木材采运企业和 20 个重点营林局主要统计指标、林业工作站和乡村林场基本情况、森林主要灾害情况、全国分县造林情况、全国历年主要统计指标完成情况、2001 ~ 2010 年主要林产品进出口情况、野生动植物进出口情况和世界主要国家林业情况 8 个附录。

三、本书数据除特别标注外不包括香港特别行政区、澳门特别行政区以及台湾省。

四、“—”表示数据不足本表最小单位数、不详或无该项数据。

五、为了不断提高图书质量，竭诚欢迎广大读者提出改进意见。

编者

2011 年 6 月

Preface

China Forestry Statistical Yearbook has been annually published since 1987. The purpose of editing the yearbooks is for domestic and overseas to understand the status of China′s forestry construction and development.

China Forestry Statistical Yearbook 2010 is composed of six parts including forest and wetland resources, ecological improvement, development of forestry industry, employment, forestry investment and forestry education. This yearbook also contains appendices of major statistical data of 135 forest industry enterprises and 20 major silviculture bureaus in the state-owned forest areas, forestry working stations and rural forest farms, major forest disaster, afforestation in counties, major forestry statistical data of the whole country over years, import & export of major forest products (2001—2010), import & export of wild fauna and flora, forest status in some foreign countries.

China Forestry Statistical Yearbook 2010 is edited on the basis of some relevant information and the statistics submitted by the competent forestry departments of provinces or autonomous regions as well as some institutions affiliated to the State Forestry Administration.

This yearbook (in case there are no specific notes) does not include the data of Hong Kong Special Administrative Region, Macao Special Administrative Region and Taiwan Province.

"—" indicates that the figure is not large enough to be measured with the smallest unit in the table or the data are not available.

In order to improve the quality of this yearbook, the suggestions and comments are warmly welcomed.

Editor

June, 2011

目录

一、森林和湿地资源

二、生态建设

三、产业发展

四、从业人员和劳动报酬

五、林业投资

六、林业教育

附录一：国有林区 135 个木材采运企业和 20 个重点营林局主要统计指标

附录二：林业工作站和乡村林场基本情况

附录三：森林主要灾害情况

附录四：全国分县造林情况

附录五：全国历年主要统计指标完成情况

附录六：2001～2010 年主要林产品进出口情况

附录七：野生动植物进出口情况

附录八：世界主要国家林业情况

CONTENTS

Ⅰ Forest and Wetland Resources

Ⅱ Ecological Development

Ⅲ Industrial Development

Ⅳ Employment and Wages

Ⅴ Investment in Forestry

Ⅵ Forestry Education

Annex I Main Statistical Indicators for 135 Timber Harvesting Enterprises and 20 Key Afforestation and Silvicultural Bureaus in the State – owned Forest Areas

Annex II Forestry Working Stations and Rural Forest Farms

Annex III Major Forest Disasters

Annex IV National Afforestation by County

Annex V National Main Statistical Indicators Completed in the Calendar Year

Annex VI Import and Export of Major Forest Products between 2001 and 2010

Annex VII Import and Export of Wild Fauna and Flora

Annex VIII Forestry in the Countries with Rich Forest Resources in the World

1

森林和湿地资源

FOREST AND WETLAND RESOURCES

中国
林业统计年鉴 2010

全国森林资源情况

单位:万公顷、万立方米

地 区	森林覆盖率		林地面积	森林面积①	人工林面积	活立木总蓄积量	森林蓄积量	人工林蓄积量	乔木林单位面积蓄积量(立方米/公顷)
	森林覆盖率(%)	排序							
全国合计	**20.36**	**—**	**30590.41**	**19545.22**	**6168.84**	**1491268.19**	**1372080.36**	**196052.28**	**85.88**
北 京	31.72	15	101.46	52.05	35.65	1291.29	1038.58	571.62	29.20
天 津	8.24	29	14.22	9.32	8.88	277.01	198.89	186.83	36.43
河 北	22.29	19	705.37	418.33	212.27	10183.91	8374.08	4238.60	29.06
山 西	14.12	23	754.58	221.11	102.74	8846.96	7643.67	1838.95	44.33
内蒙古	20.00	21	4394.93	2366.40	303.91	136073.62	117720.51	7573.95	70.02
辽 宁	35.13	12	666.28	511.98	283.03	21174.91	20226.85	7299.34	55.98
吉 林	38.93	10	848.73	736.57	148.94	88244.21	84412.29	9594.90	116.15
黑龙江	42.39	9	2184.16	1926.97	235.68	165191.60	152104.96	13519.66	79.53
上 海	9.41	28	7.46	5.97	5.97	275.20	100.95	100.95	29.69
江 苏	10.48	25	128.64	107.51	104.15	5022.59	3501.75	3407.83	47.04
浙 江	57.41	3	667.97	584.42	267.44	19382.93	17223.14	6008.28	43.76
安 徽	26.06	18	439.40	360.07	209.87	16258.35	13755.41	7023.22	50.79
福 建	63.10	1	914.81	766.65	359.18	53226.01	48436.28	19601.55	85.57
江 西	58.32	2	1054.92	973.63	291.87	45045.51	39529.64	10734.82	51.46
山 东	16.72	22	342.12	254.46	244.38	8627.99	6338.53	6202.10	40.60
河 南	20.16	20	502.02	336.59	217.39	18051.16	12936.12	7480.12	45.65
湖 北	31.14	17	822.01	578.82	167.01	23121.55	20942.49	4207.79	41.24
湖 南	44.76	8	1234.21	948.17	464.04	38177.20	34906.67	16018.33	48.05
广 东	49.44	6	1073.07	873.98	503.18	32160.74	30183.37	11520.43	44.47
广 西	52.71	4	1496.45	1252.50	515.52	51056.78	46875.18	17127.98	58.11
海 南	51.98	5	208.73	176.26	125.29	7940.93	7274.23	1230.39	86.42
重 庆	34.85	13	400.18	286.92	76.20	13803.63	11331.85	2508.21	62.25
四 川	34.31	14	2311.66	1659.52	415.65	168753.49	159572.37	13361.09	136.94
贵 州	31.61	16	841.23	556.92	199.86	27911.53	24007.96	8718.38	60.31
云 南	47.50	7	2476.11	1817.73	326.77	171216.68	155380.09	7259.87	105.51
西 藏	11.91	24	1746.63	1462.65	3.36	227271.36	224550.91	110.74	266.96
陕 西	37.26	11	1205.80	767.56	183.27	36144.16	33820.54	2031.13	59.65
甘 肃	10.42	26	955.44	468.78	80.77	21708.26	19363.83	2022.38	90.73
青 海	4.57	30	634.00	329.56	4.44	4413.80	3915.64	294.18	110.30
宁 夏	9.84	27	179.03	51.10	10.38	625.93	492.14	186.12	44.38
新 疆	4.02	31	1066.57	661.65	61.75	33914.50	30100.54	4072.54	177.86
台 湾②	58.79	—	210.24	210.24	—	35874.40	35820.90	—	—
香 港③	17.10	—	1.92	1.92	—	—	—	—	—
澳 门④	21.70	—	0.06	0.06	—	—	—	—	—

①全国森林面积含国家特别规定的灌木林新增面积。各省森林面积含国家特别规定的灌木林全部面积。

②台湾省数据来源于《第三次台湾森林资源及土地利用调查(1993 年)》。

③香港特别行政区的森林面积来源于香港环境资源顾问有限公司 2003 年在香港特区政府持续发展组的委托下编写的《陆上栖息地保护价值评级及地图制》,土地面积来源于《香港 2003 年统计年鉴》。

④澳门数据来源于《澳门 2006 年统计年鉴》的数据,森林面积为总绿化面积,该森林覆盖率指绿化面积占土地面积的比例。全国经济林面积、天然林面积蓄积、人工林面积蓄积、乔木林单位面积蓄积量不含港、澳、台数据。

全国湿地资源情况

单位:公顷

指　　标	总　　计
湿地面积总计	**38485525**
一、近海及海岸湿地	**5941696**
浅海水域	3280091
潮下水生层	1936
珊瑚礁	64608
岩石性海岸	97187
潮间沙石海岸	146265
潮间淤泥海岸	958961
潮间盐水沼泽	90340
红树林	22025
海岸性咸水湖	87456
海岸性淡水湖	6516
河口水域	660452
三角洲湿地	525861
二、河流湿地	**8206982**
永久性河流	6823208
季节性河流	312044
泛洪平原湿地	1071730
三、湖泊湿地	**8351586**
永久性淡水湖	4115456
季节性淡水湖	466710
永久性咸水湖	3693160
季节性咸水湖	76260
四、沼泽和沼泽化草甸湿地	**13700289**
藓类沼泽	139787
草本沼泽	6478209
沼泽化草甸	5754374
灌丛沼泽	188126
森林沼泽	137593
内陆盐沼	987582
地热湿地	14617
淡水泉和绿洲	—
五、库塘	**2284972**

注：本表不包括台湾省、香港和澳门特别行政区。

各地区湿地

地区	总计	近海及						
		小计	浅海水域	潮下水生层	珊瑚礁	岩石性海岸	潮间沙石海岸	潮间淤泥海岸
全国合计	**38485525**	**5941696**	**3280091**	**1936**	**64608**	**97187**	**146265**	**958961**
北京	34359	—	—	—	—	—	—	—
天津	171780	58090	21070	—	—	—	—	37020
河北	1081939	278792	115930	—	—	224	12202	104364
山西	499900	—	—	—	—	—	—	—
内蒙古	4245048	—	—	—	—	—	—	—
辽宁	1219615	738097	464200	—	—	5820	15780	222404
吉林	1203356	5825	—	—	—	—	—	—
黑龙江	4314835	—	—	—	—	—	—	—
上海	319714	305421	—	—	—	2502	—	13495
江苏	1674670	843527	823526	—	—	—	—	20001
浙江	802172	574275	286453	—	—	6009	628	145009
安徽	653870	—	—	—	—	—	—	—
福建	442997	370599	260219	—	3570	10917	15580	65432
江西	998797	—	—	—	—	—	—	—
山东	1784099	1210932	632716	—	—	66942	17483	210959
河南	624129	—	—	—	—	—	—	—
湖北	927329	—	—	—	—	—	—	—
湖南	1226909	—	—	—	—	—	—	—
广东	1398074	1017813	422191	1706	41222	270	45849	70027
广西	656107	348362	172000	—	300	—	24370	69200
海南	311469	189963	81786	230	19516	4503	14373	1050
重庆	43206	—	—	—	—	—	—	—
四川	961680	—	—	—	—	—	—	—
贵州	79410	—	—	—	—	—	—	—
云南	235304	—	—	—	—	—	—	—
西藏	5232000	—	—	—	—	—	—	—
陕西	292895	—	—	—	—	—	—	—
甘肃	1258096	—	—	—	—	—	—	—
青海	4125967	—	—	—	—	—	—	—
宁夏	255643	—	—	—	—	—	—	—
新疆	1410156	—	—	—	—	—	—	

资源情况(一)

单位：公顷

海岸湿地						河流湿地			
潮间盐水沼泽	红树林	海岸性咸水湖	海岸性淡水湖	河口水域	三角洲湿地	小计	永久性河流	季节性河流	泛洪平原湿地
90340	**22025**	**87456**	**6516**	**660452**	**525861**	**8206982**	**6823208**	**312044**	**1071730**
—	—	—	—	—	—	4984	4984	—	—
—	—	—	—	—	—	55120	55120	—	—
20328	—	—	1202	6552	17990	319313	69614	49517	200182
—	—	—	—	—	—	454142	444152	6690	3300
—	—	—	—	—	—	607459	220463	1876	385120
680	—	—	—	15703	13510	252171	252171	—	—
—	—	—	—	—	5825	581393	514801	13842	52750
—	—	—	—	—	—	460684	337362	—	123322
—	—	—	—	289425	—	7191	7191	—	—
—	—	—	—	—	—	203337	188147	15190	—
21024	21	—	5159	78631	31341	118496	89594	—	28902
—	—	—	—	—	—	239508	233849	5659	—
—	615	—	—	14266	—	31064	31064	—	—
—	—	—	—	—	—	314883	314883	—	—
—	—	48515	—	5317	229000	301088	92320	208768	—
—	—	—	—	—	—	472721	462726	—	9995
—	—	—	—	—	—	377446	355674	—	21772
—	—	—	—	—	—	683130	683130	—	—
19500	9084	12501	—	245392	150071	231653	204283	—	27370
—	8375	118	—	—	74000	219134	219134	—	—
28808	3930	26322	155	5166	4124	38270	34067	—	4203
—	—	—	—	—	—	31624	31624	—	—
—	—	—	—	—	—	563868	563868	—	—
—	—	—	—	—	—	57960	57960	—	—
—	—	—	—	—	—	119781	119781	—	—
—	—	—	—	—	—	231115	231115	—	—
—	—	—	—	—	—	252056	113577	110	138369
—	—	—	—	—	—	565600	565600	—	—
—	—	—	—	—	—	107528	107372	156	—
—	—	—	—	—	—	104076	39700	10236	54140
—	—	—	—	—	—	200188	177883	—	22305

各地区湿地

地区	湖泊湿地					
	小计	永久性淡水湖	季节性淡水湖	永久性咸水湖	季节性咸水湖	小计
全国合计	**8351586**	**4115456**	**466710**	**3693160**	**76260**	**13700289**
北京	—	—	—	—	—	—
天津	12330	12330	—	—	—	8180
河北	307248	12897	282043	12308	—	136944
山西	8063	2943	320	4800	—	—
内蒙古	495190	323346	29720	100524	41600	3098149
辽宁	6250	6250	—	—	—	110237
吉林	74486	19361	—	55125	—	354672
黑龙江	401860	289983	—	111877	—	3320274
上海	6803	6803	—	—	—	—
江苏	604193	604193	—	—	—	—
浙江	3020	3020	—	—	—	114
安徽	350465	341201	9264	—	—	—
福建	19542	19542	—	—	—	—
江西	443208	443208	—	—	—	114823
山东	165476	164376	1100	—	—	3941
河南	2587	2587	—	—	—	6914
湖北	294676	294676	—	—	—	58350
湖南	359266	359266	—	—	—	5061
广东	1547	1547	—	—	—	1024
广西	—	—	—	—	—	—
海南	17312	17312	—	—	—	11025
重庆	278	278	—	—	—	—
四川	13376	12946	430	—	—	342298
贵州	2297	2297	—	—	—	5690
云南	96538	91245	5293	—	—	3950
西藏	2538637	596200	—	1913667	28770	2461700
陕西	7300	5895	—	1405	—	17829
甘肃	44346	34406	300	9640	—	521500
青海	1232039	254520	—	977519	—	2748100
宁夏	148327	4247	138240	680	5160	—
新疆	694927	188582	—	505615	730	369513

资源情况(二)

单位：公顷

沼泽和沼泽化草甸湿地								库塘
藓类沼泽	草本沼泽	沼泽化草甸	灌丛沼泽	森林沼泽	内陆盐沼	地热湿地	淡水泉和绿洲	
139787	**6478209**	**5754374**	**188126**	**137593**	**987582**	**14617**	—	**2284972**
—	—	—	—	—	—	—	—	29375
—	8180	—	—	—	—	—	—	38060
—	62072	15702	—	—	59171	—	—	39641
—	—	—	—	—	—	—	—	37695
2160	2309073	—	53410	92430	641076	—	—	44250
—	110237	—	—	—	—	—	—	112860
100	336905	—	600	2387	14680	—	—	186980
131500	1801943	1219500	132000	35331	—	—	—	132017
—	—	—	—	—	—	—	—	299
—	—	—	—	—	—	—	—	23613
—	114	—	—	—	—	—	—	106267
—	—	—	—	—	—	—	—	63897
—	—	—	—	—	—	—	—	21793
337	114486	—	—	—	—	—	—	125883
—	3941	—	—	—	—	—	—	102662
—	6914	—	—	—	—	—	—	141907
—	52350	—	—	6000	—	—	—	196857
—	5061	—	—	—	—	—	—	179452
—	1024	—	—	—	—	—	—	146037
—	—	—	—	—	—	—	—	88611
—	10561	347	—	—	—	117	—	54899
—	—	—	—	—	—	—	—	11304
—	342298	—	—	—	—	—	—	42138
5690	—	—	—	—	—	—	—	13463
—	3125	825	—	—	—	—	—	15036
—	540400	1681400	—	—	225400	14500	—	548
—	13959	—	—	—	3870	—	—	15710
—	409500	88500	—	—	23500	—	—	126650
—	—	2748100	—	—	—	—	—	38300
—	—	—	—	—	—	—	—	3240
—	346067	—	2116	1445	19885	—	—	145529

2

生态建设

ECOLOGICAL DEVELOPMENT

全国营林生产主要指标2010年与2009年比较

指 标 名 称	单位	2010年	2009年	2010年比2009年增减(%)
一、荒山荒(沙)地造林面积	**公顷**	**5909919**	**6262330**	**-5.63%**
(一)按造林方式分				
1.人工造林	公顷	3872762	4156293	-6.82%
其中:竹林面积	公顷	69978	87468	-20.00%
2.飞播造林	公顷	195948	226337	-13.43%
3.无林地和疏林地新封	公顷	1841209	1879700	-2.05%
(二)按经济成分分				
1.公有经济造林	公顷	3266278	3583134	-8.84%
①国有经济造林	公顷	1746703	1820928	-4.08%
②集体经济造林	公顷	1519575	1762206	-13.77%
2.非公有经济造林	公顷	2643641	2679196	-1.33%
(三)按林种用途分				
1.用材林	公顷	809937	801317	1.08%
2.经济林	公顷	1110896	1002555	10.81%
3.防护林	公顷	3943432	4407654	-10.53%
4.薪炭林	公顷	18887	23705	-20.32%
5.特种用途林	公顷	26767	27099	-1.23%
(四)按树种类型分				
1.其中:速生树种	公顷	740974	—	—
2.其中:乡土树种	公顷	3404268	—	—
3.其中:珍贵树种	公顷	101522	—	—
(五)按结构类型分				
1.纯林	公顷	3196667	—	—
2.混交林	公顷	2163194	—	—
3.其他类型	公顷	550058	—	—
二、有林地造林面积	**公顷**	**388021**	**463485**	**-16.28%**
1.林冠下造林	公顷	76355	137386	-44.42%
2.飞播营林	公顷	—	—	—
3.有林地和灌木林地新封	公顷	311666	326099	-4.43%
三、更新造林	**公顷**	**306708**	**344254**	**-10.91%**
四、四旁(零星)植树	**万株**	**246930**	**245555**	**0.56%**
五、年末实有封山(沙)育林面积	**公顷**	**23938134**	**21537816**	**11.14%**
六、森林抚育				
1.低产低效林改造面积	公顷	665598	543412	22.48%
2.幼林抚育作业面积	公顷次	13011459	14878720	-12.55%
3.幼林抚育实际面积	公顷	7769016	9555999	-18.70%
4.成林抚育面积	公顷	10486104	10607972	-1.15%
其中:中、幼龄林抚育面积	公顷	6661746	6362619	4.70%
5.抚育改造出材量	立方米	8764648	7521559	16.53%
其中:中、幼龄林抚育出材量	立方米	5502556	5352398	2.81%
七、林木种苗				
1.林木种子采集量	吨	50866	61265	-16.97%
2.当年苗木产量	万株	4141786	3343846	23.86%
3.育苗面积	公顷	660410	661796	-0.21%
其中:本年新增育苗面积	公顷	196854	188748	4.29%
4.年末实有母树林面积	公顷	318142	295668	7.60%
5.年末实有种子园面积	公顷	69002	66537	3.70%
6.年末实有采穗圃面积	公顷	15032	—	—

各地区造林面积按造林方式分2010年与2009年比较

单位:公顷

地区	造林面积			人工造林			飞播造林			无林地和疏林地新封		
	2010年	2009年	增减(%)	2010年	2009年	增减(%)	2010年	2009年	增减(%)	2010年	2009年	增减(%)
全国合计	**5909919**	**6262330**	**-5.63**	**3872762**	**4156293**	**-6.82**	**195948**	**226337**	**-13.43**	**1841209**	**1879700**	**-2.05**
北　京	13887	17566	-20.94	7765	10153	-23.52	—	—	—	6122	7413	-17.42
天　津	11315	15654	-27.72	11315	14987	-24.50	—	667	—	—	—	—
河　北	283878	306373	-7.34	138365	197724	-30.02	76601	35002	118.85	68912	73647	-6.43
山　西	282371	326602	-13.54	156785	196900	-20.37	2668	8000	-66.65	122918	121702	1.00
内蒙古	655180	861933	-23.99	229930	353096	-34.88	76679	96000	-20.13	348571	412837	-15.57
内蒙古集团	90	328	-72.56	90	328	-72.56	—	—	—	—	—	—
辽　宁	190669	129974	46.70	102903	91309	12.70	—	—	—	87766	38665	126.99
吉　林	82584	30228	173.20	39329	27421	43.43	—	—	—	43255	2807	1440.97
吉林集团	—	—	—	—	—	—	—	—	—	—	—	—
黑龙江	233777	213124	9.69	166411	187126	-11.07	—	—	—	67366	25998	159.12
龙江集团	—	—	—	—	—	—	—	—	—	—	—	—
上　海	1349	2051	-34.23	1349	2051	-34.23	—	—	—	—	—	—
江　苏	86256	83713	3.04	73234	82851	-11.61	—	—	—	13022	862	—
浙　江	15214	27422	-44.52	12999	19378	-32.92	—	—	—	2215	8044	-72.46
安　徽	48711	68952	-29.36	28465	53336	-46.63	—	—	—	20246	15616	29.65
福　建	29875	33261	-10.18	29125	33261	-12.43	—	—	—	750	—	—
江　西	200778	228630	-12.18	170875	209019	-18.25	—	—	—	29903	19611	52.48
山　东	205131	182171	12.60	198998	180529	10.23	—	—	—	6133	1642	273.51
河　南	231700	416131	-44.32	178850	382129	-53.20	—	—	—	52850	34002	55.43
湖　北	192213	149174	28.85	119075	129969	-8.38	—	—	—	73138	19205	280.83
湖　南	213448	125031	70.72	178146	99039	79.87	—	—	—	35302	25992	35.82
广　东	95144	19952	376.86	91952	16045	473.09	—	—	—	3192	3907	-18.30
广　西	143254	139409	2.76	125341	118973	5.35	—	—	—	17913	20436	-12.35
海　南	14166	19377	-26.89	14166	19377	-26.89	—	—	—	—	—	—
重　庆	255235	95726	166.63	173188	32350	435.36	—	—	—	82047	63376	29.46
四　川	382225	487782	-21.64	206421	204753	0.81	—	—	—	175804	283029	-37.88
贵　州	206603	236120	-12.50	72714	90494	-19.65	—	—	—	133889	145626	-8.06
云　南	661500	713478	-7.29	596879	605993	-1.50	—	—	—	64621	107485	-39.88
西　藏	62299	70299	-11.38	42010	51795	-18.89	—	—	—	20289	18504	9.65
陕　西	364312	449453	-18.94	199534	206014	-3.15	40000	86668	-53.85	124778	156771	-20.41
甘　肃	232761	212373	9.60	148567	111851	32.83	—	—	—	84194	100522	-16.24
青　海	117804	140659	-16.25	33720	32450	3.91	—	—	—	84084	108209	-22.29
宁　夏	94932	89480	6.09	71001	65958	7.65	—	—	—	23931	23522	1.74
新　疆	251601	343565	-26.77	203603	303295	-32.87	—	—	—	47998	40270	19.19
新疆兵团	51972	42127	23.37	46639	36994	26.07	—	—	—	5333	5133	3.90
大兴安岭	3080	—	—	3080	—	—	—	—	—	—	—	—

注:全国合计造林面积中包括军事管理区46667公顷人工营造的防护林。

各地区全部营

地区	荒山荒(沙)地								
	合计	按造林方式分				按经济成分分			
		人工造林		飞播造林	无林地和疏林地新封	公有经济造林			非公有经济造林
		小计	其中:竹林面积			小计	国有经济造林	集体经济造林	
全国合计	**5909919**	**3872762**	**69978**	**195948**	**1841209**	**3266278**	**1746703**	**1519575**	**2643641**
北京	13887	7765	—	—	6122	13816	693	13123	71
天津	11315	11315	—	—	—	2250	—	2250	9065
河北	283878	138365	—	76601	68912	148072	42836	105236	135806
山西	282371	156785	—	2668	122918	243864	84229	159635	38507
内蒙古	655180	229930	—	76679	348571	424106	183020	241086	231074
内蒙古集团	90	90	—	—	—	90	90	—	—
辽宁	190669	102903	—	—	87766	44244	10907	33337	146425
吉林	82584	39329	—	—	43255	53683	38448	15235	28901
吉林集团	—	—	—	—	—	—	—	—	—
黑龙江	233777	166411	—	—	67366	161088	132399	28689	72689
龙江集团	—	—	—	—	—	—	—	—	—
上海	1349	1349	—	—	—	1233	811	422	116
江苏	86256	73234	184	—	13022	49914	17706	32208	36342
浙江	15214	12999	272	—	2215	9071	1016	8055	6143
安徽	48711	28465	197	—	20246	18663	8780	9883	30048
福建	29875	29125	122	—	750	8480	3307	5173	21395
江西	200778	170875	1298	—	29903	47863	26259	21604	152915
山东	205131	198998	—	—	6133	94901	10433	84468	110230
河南	231700	178850	—	—	52850	66813	34071	32742	164887
湖北	192213	119075	1093	—	73138	49414	25012	24402	142799
湖南	213448	178146	2695	—	35302	38777	11457	27320	174671
广东	95144	91952	—	—	3192	59148	40325	18823	35996
广西	143254	125341	2398	—	17913	18639	5939	12700	124615
海南	14166	14166	640	—	—	1950	1201	749	12216
重庆	255235	173188	6900	—	82047	145627	83500	62127	109608
四川	382225	206421	21547	—	175804	266293	227319	38974	115932
贵州	206603	72714	1875	—	133889	168878	99890	68988	37725
云南	661500	596879	30755	—	64621	241181	53970	187211	420319
西藏	62299	42010	—	—	20289	62299	62299	—	—
陕西	364312	199534	2	40000	124778	291620	151560	140060	72692
甘肃	232761	148567	—	—	84194	151012	106369	44643	81749
青海	117804	33720	—	—	84084	117790	67219	50571	14
宁夏	94932	71001	—	—	23931	87792	71148	16644	7140
新疆	251601	203603	—	—	47998	128050	94833	33217	123551
新疆兵团	51972	46639	—	—	5333	50230	50230	—	1742
大兴安岭	3080	3080	—	—	—	3080	3080	—	—

注:全国合计造林面积中包括军事管理区 46667 公顷人工营造的防护林。

林生产情况(一)

单位:公顷

造林面积										
按林种用途分					按树种类型分			按结构类型分		
用材林	经济林	防护林	薪炭林	特种用途林	其中：速生树种	其中：乡土树种	其中：珍贵树种	纯林	混交林	其他类型
809937	**1110896**	**3943432**	**18887**	**26767**	**740974**	**3404268**	**101522**	**3196667**	**2163194**	**550058**
—	721	11989	—	1177	75	13574	73	779	13070	38
6246	750	4319	—	—	7920	10183	—	9155	2160	—
18951	14784	249143	—	1000	37585	192787	2966	176148	104336	3394
10	52304	223722	6335	—	8321	257150	1985	111125	143074	28172
10219	5434	638740	—	787	23849	485761	3235	266155	307305	81720
90	—	—	—	—	—	90	—	90	—	—
26344	7497	156795	—	33	7499	131693	65	109517	76854	4298
—	30	82487	—	67	11241	51253	154	37771	43413	1400
—	—	—	—	—	—	—	—	—	—	—
15211	659	210287	796	6824	69176	151626	2571	169306	56396	8075
—	—	—	—	—	—	—	—	—	—	—
—	465	884	—	—	—	861	—	444	874	31
15868	7476	62226	129	557	13172	28200	3057	42866	38409	4981
1162	2329	11709	—	14	1064	9630	1522	4206	10547	461
10371	7765	30106	469	—	22594	23041	598	37963	8660	2088
15345	3350	11148	30	2	7583	14751	799	19051	10695	129
103883	32509	59733	2119	2534	61828	88456	6266	106191	79220	15367
36101	37856	129877	—	1297	44430	121633	393	153051	46364	5716
50928	23208	157306	—	258	57327	97329	2204	156033	69138	6529
53721	28569	105752	1854	2317	47237	92375	1430	102242	58312	31659
71886	32285	108005	551	721	39684	143028	649	85284	104966	23198
33620	11061	50383	—	80	14585	41583	1241	32802	52902	9440
108013	9323	25577	1	340	90552	1128	51574	122113	15497	5644
600	2085	11256	40	185	1103	1471	208	13630	536	—
71723	27090	153755	1973	694	34843	103955	1710	86602	134459	34174
66328	29189	286636	—	72	57673	236887	425	183200	159036	39989
9541	35676	159885	1034	467	8730	190394	28	83699	122904	—
71629	482862	104722	1125	1162	70092	359716	1903	507104	99931	54465
1667	585	60047	—	—	—	15914	—	15311	29352	17636
3886	59410	300883	133	—	633	78035	16466	186528	139913	37871
—	32223	194671	—	5867	—	198852	—	85798	118789	28174
—	—	117804	—	—	—	21617	—	17242	16478	84084
1608	25153	68121	—	50	1854	66613	—	21483	60192	13257
1996	138248	108797	2298	262	324	171692	—	214121	29412	8068
—	33721	18251	—	—	—	34072	—	46095	3086	2791
3080	—	—	—	—	—	3080	—	3080	—	—

各地区全部营

地　区	有林地造林面积				更新造林	四旁(零星)植树(万株)	年末实有封山(沙)育林面积			
	合计	林冠下造林	飞播营林	有林地和灌木林地新封				低产低效林改造面积	幼林抚育作业面积(公顷次)	幼林抚育实际面积
全国合计	**388021**	**76355**	**—**	**311666**	**306708**	**246930**	**23938134**	**665598**	**13011459**	**7769016**
北　京	22591	47	—	22544	362	511	113703	1739	43798	16234
天　津	—	—	—	—	—	615	26014	—	88879	49427
河　北	—	—	—	—	4201	10037	1008697	1062	577458	383084
山　西	8721	—	—	8721	—	11098	830259	153	211516	159030
内蒙古	3506	406	—	3100	17278	4696	3244339	8825	491697	335466
内蒙古集团	—	—	—	—	8790	23	—	—	27945	19932
辽　宁	15657	13923	—	1734	6893	14169	1562327	12003	202001	180801
吉　林	36863	36863	—	—	—	1332	372824	4174	737426	414494
吉林集团	18803	18803	—	—	—	1	46633	—	143640	89190
黑龙江	30341	4874	—	25467	6531	2202	630712	3078	759340	452926
龙江集团	4347	4347	—	—	6531	290	357266	2319	135631	89423
上　海	—	—	—	—	—	213	—	353	27052	9017
江　苏	710	—	—	710	1871	14554	25124	1061	318756	234078
浙　江	18861	911	—	17950	11846	2492	851008	27193	59118	47297
安　徽	9388	567	—	8821	211	14318	512701	12864	528957	307795
福　建	14283	—	—	14283	79892	1807	419340	10113	340217	284307
江　西	18592	7911	—	10681	39010	12033	621188	37481	589194	408506
山　东	13736	40	—	13696	4481	17830	262426	10114	1371050	524928
河　南	—	—	—	—	579	27328	367458	12144	973155	732656
湖　北	4311	220	—	4091	—	12820	885823	27274	293644	242322
湖　南	—	—	—	—	—	12261	481243	73567	471946	410882
广　东	28844	1780	—	27064	48088	6923	145192	19295	207321	173294
广　西	36712	65	—	36647	67520	5052	2150974	19896	668269	466528
海　南	—	—	—	—	2003	1348	300030	1948	4194	5140
重　庆	—	—	—	—	—	9893	314726	23351	96505	80454
四　川	14425	3229	—	11196	4578	30570	1496972	115392	483464	220804
贵　州	—	—	—	—	—	2473	742098	3904	159610	122144
云　南	70162	5519	—	64643	6400	9261	1614501	143296	30632	29022
西　藏	23112	—	—	23112	1467	159	958252	—	—	—
陕　西	970	—	—	970	—	11088	904986	77504	308859	261715
甘　肃	4668	—	—	4668	—	5489	778433	1201	195685	139230
青　海	—	—	—	—	—	1124	771513	—	51337	51337
宁　夏	—	—	—	—	452	947	233662	—	606395	284806
新　疆	11568	—	—	11568	3045	2244	1311609	16613	2107134	734442
新疆兵团	—	—	—	—	605	260	281037	18	226727	83543
大兴安岭	—	—	—	—	—	44	—	—	6850	6850

林生产情况(二)

单位:公顷

森林抚育				林木种苗						
成林抚育面积		抚育改造出材量(立方米)		林木种子采集量（吨）	当年苗木产量（万株）	育苗面积		年末实有母树林面积	年末实有种子园面积	年末实有采穗圃面积
合计	其中:中、幼龄林抚育面积	合计	其中:中、幼龄林抚育出材量			合计	其中:本年新增育苗面积			
10486104	**6661746**	**8764648**	**5502556**	**50866**	**4141786**	**660410**	**196854**	**318142**	**69002**	**15032**
66686	53799	9764	4374	88	10807	12321	802	7	323	—
77983	54260	17710	6866	—	4986	6770	2871	—	—	—
375502	263752	174993	129532	3634	201385	42932	16118	10403	929	6
44890	32473	5101	5101	2951	172453	40047	19228	10325	1098	23
1480273	940438	1027808	932982	1728	279564	14433	9815	28588	2039	60
172862	172862	671875	671875	—	3592	53	12	13422	170	—
60382	42381	396429	246330	1671	489432	17936	7933	11457	3301	447
316075	245254	2010840	1596000	4237	88701	4431	1430	43400	3784	5
31988	29511	244842	205356	252	6051	256	71	13574	1100	—
334223	292381	1041643	588147	2867	149238	13402	4085	128163	7952	718
151530	145904	322188	256973	71	37047	404	70	88107	4323	4
56327	15400	—	—	—	6260	47	9	—	—	—
483437	296557	191735	108902	55	367121	75084	12666	171	127	40
171322	80744	188548	72499	52	263732	101405	15931	2528	1830	133
629653	310648	659298	305514	771	104099	37794	6709	3116	1816	723
101930	62382	256485	243623	16	47822	1396	971	932	1013	83
217084	125178	197558	115701	244	126747	16201	4395	2949	931	555
1121663	861487	381508	119987	6371	315057	83221	23347	317	265	251
951213	634613	261797	143865	1240	202990	25533	16852	1520	259	235
304352	158559	452326	48182	4386	113487	34293	7086	4060	3021	1342
245566	206314	160051	96709	501	97798	24066	1860	6152	966	146
182063	136501	4852	3979	646	59529	3029	964	413	898	30
503878	180467	447952	104369	153	81735	1762	1194	4461	979	89
11825	6725	—	—	17	6196	542	182	—	60	—
51145	49836	27559	27559	249	81422	15062	4215	7935	2259	142
197520	155673	133558	104214	4143	160938	6890	2873	5548	4600	1037
68187	51202	265801	120454	373	102551	3266	1929	7255	5383	41
48640	44972	125299	54940	5900	118425	5823	3505	4920	3783	2589
—	—	—	—	—	1623	728	272	—	500	—
313167	158743	45801	42986	5542	217085	22138	9561	10463	15470	470
231774	147527	15577	15577	520	144742	17361	8456	5798	559	669
3489	2600	—	—	171	51799	2827	907	244	430	39
422137	170294	—	—	1508	31836	18114	5352	500	25	—
1320334	787202	7158	6667	832	41010	11507	5322	4925	3279	5159
151548	61938	—	—	47	7651	1393	601	4196	1337	1
93384	93384	257497	257497	—	1211	49	14	11592	1123	—

林业重点工程

指　　标	总　计	天然林资源保护工程	退耕还林工　程	京津风沙源治理工程	
					合　计
一、本年完成造林面积	**3669648**	**885479**	**982617**	**439126**	**1360649**
(一)按造林方式分	—	—	—	—	—
1. 人工造林	1844845	168751	661256	113858	899203
2. 飞播造林	195948	73334	—	122614	—
3. 无林地和疏林地新封	1628855	643394	321361	202654	461446
(二)按林种用途分	—	—	—	—	—
1. 用材林	255297	30732	161613	8908	52267
2. 经济林	408224	23227	219684	2643	162670
3. 防护林	2979972	826873	584264	427241	1141594
4. 薪炭林	13470	380	12266	—	824
5. 特种用途林	12685	4267	4790	334	3294
二、低产低效防护林改造面积	**20378**	**—**	**—**	**—**	**20378**
三、年末实有封山育林面积	**12601059**	**6253522**	**1713433**	**2219889**	**2414215**

林业重点工程

指　　标	总　计	天然林资源保护工程	退耕还林工　程	京津风沙源治理工程	
					合　计
一、全部林业投资完成额	**4720065**	**731299**	**2927290**	**382406**	**570888**
其中:国债资金	296908	41612	105956	47958	86407
中央财政专项资金	3320523	549474	2393817	281208	52143
二、本年资金来源总计	**4848478**	**714936**	**3154990**	**238503**	**633977**
其中:地方配套资金	335831	58390	60596	5013	204942
(1)国家预算内资金	4449440	691594	3099379	238325	369842
其中:国家预算内基建资金	512834	85191	152589	38825	217974
国债资金	264663	35519	89594	53246	75591
中央财政专项资金	3476822	542277	2752645	141630	24047
(2)国内贷款	17900	—	—	—	435
(3)利用外资	7051	—	—	—	10
(4)自筹资金	217395	1207	26279	63	174024
(5)其他资金	156692	22135	29332	115	89666
三、群众投工投劳(折资)	**91299**	**—**	**—**	**—**	**91299**

建设情况(一)

单位:公顷

三北及长江流域等重点防护林体系建设工程						速生丰产用材林基地建设工程
三北防护林四期工程	长江流域防护林二期工程	沿海防护林二期工程	珠江流域防护林二期工程	太行山绿化二期工程	平原绿化二期工程	
928240	**118814**	**173238**	**66834**	**69224**	**4299**	**1777**
—	—	—	—	—	—	—
606561	77274	134645	44539	31885	4299	1777
—	—	—	—	—	—	—
321679	41540	38593	22295	37339	—	—
—	—	—	—	—	—	—
10573	9487	22073	8621	1341	172	1777
138154	7580	3936	6612	5126	1262	—
776238	101219	146994	51521	62757	2865	—
376	448	—	—	—	—	—
2899	80	235	80	—	—	—
3658	**5824**	**5852**	**4911**	**133**	—	—
1700922	**137574**	**243820**	**114502**	**217397**	—	—

建设情况(二)

单位:万元

三北及长江流域等重点防护林体系建设工程						野生动物植物保护及自然保护区建设工程	速生丰产用材林基地建设工程
三北防护林四期工程	长江流域防护林二期工程	沿海防护林二期工程	珠江流域防护林二期工程	太行山绿化二期工程	平原绿化二期工程		
284589	**49422**	**192579**	**27177**	**16471**	**650**	**100107**	**8075**
57620	7740	14632	6049	366	—	14975	—
11012	11817	19170	6470	3634	40	42765	1116
279891	**80584**	**187218**	**22043**	**15866**	**48375**	**61207**	**44865**
35872	24208	92332	1803	3347	47380	5877	1013
196454	66638	69609	21091	15691	359	49569	731
118210	32540	45686	10795	10501	242	18255	—
62444	6128	4166	2853	—	—	10713	—
5109	6188	6899	4491	1360	—	15997	226
—	—	—	—	—	435	—	17465
—	10	—	—	—	—	1002	6039
58822	5602	61220	649	175	47556	2299	13523
24615	8334	56389	303	—	25	8337	7107
62143	**7270**	**12482**	**2963**	**6441**	—	—	—

各地区林业重点工程造林面积

单位:公顷

地区	全部造林面积	重点工程造林面积						其他造林面积
		合计	天然林资源保护工程	退耕还林工程	京津风沙源治理工程	三北及长江流域等重点防护林体系建设工程	速生丰产用材林建设工程	
全国合计	**5909919**	**3669648**	**885479**	**982617**	**439126**	**1360649**	**1777**	**2240271**
北京	13887	8100	—	—	7787	313	—	5787
天津	11315	11315	—	—	170	11145	—	—
河北	283878	244442	—	24132	131358	88952	—	39436
山西	282371	226426	54129	64335	17066	90896	—	55945
内蒙古	655180	606397	116902	51997	282745	154753	—	48783
内蒙古集团	90	—	—	—	—	—	—	90
辽宁	190669	138468	—	36180	—	102199	89	52201
吉林	82584	80198	—	34685	—	45513	—	2386
吉林集团	—	—	—	—	—	—	—	—
黑龙江	233777	170464	—	40672	—	129792	—	63313
龙江集团	—	—	—	—	—	—	—	—
上海	1349	—	—	—	—	—	—	1349
江苏	86256	37645	—	—	—	37645	—	48611
浙江	15214	11617	—	—	—	11617	—	3597
安徽	48711	48615	—	22659	—	25956	—	96
福建	29875	10822	—	—	—	10822	—	19053
江西	200778	53910	—	36651	—	17259	—	146868
山东	205131	37393	—	—	—	37393	—	167738
河南	231700	98183	13331	44333	—	40519	—	133517
湖北	192213	103159	62665	30160	—	10334	—	89054
湖南	213448	52025	—	35340	—	16685	—	161423
广东	95144	32477	—	—	—	32477	—	62667
广西	143254	55872	—	23406	—	30870	1596	87382
海南	14166	12667	—	3370	—	9205	92	1499
重庆	255235	90312	60000	30312	—	—	—	164923
四川	382225	319953	248358	71595	—	—	—	62272
贵州	206603	104336	46673	36663	—	21000	—	102267
云南	661500	236593	71273	152749	—	12571	—	424907
西藏	62299	11906	3165	8741	—	—	—	50393
陕西	364312	291620	130701	60737	—	100182	—	72692
甘肃	232761	148658	48996	44027	—	55635	—	84103
青海	117804	63670	17955	20855	—	24860	—	54134
宁夏	94932	94932	11331	20238	—	63363	—	—
新疆	251601	217726	—	39033	—	178693	—	33875
新疆兵团	51972	40052	—	999	—	39053	—	11920
大兴安岭	3080	3080	—	3080	—	—	—	—

注:退耕还林工程中包括军事管理区 46667 公顷荒山荒地造林。

天然林资源保护工程建设情况

指　　标	单位	合计	东北、内蒙古等国有重点林区	长江上游、黄河上中游地区
一、工程区木材产量	**立方米**	**12994841**	**9132338**	**3862503**
其中:人工林木材产量	立方米	5283784	1804482	3479302
二、荒山荒(沙)地造林面积	**公顷**	**885479**	**—**	**885479**
1. 人工造林	公顷	168751	—	168751
2. 飞播造林	公顷	73334	—	73334
3. 无林地和疏林地新封	公顷	643394	—	643394
按林种用途分				
1. 用材林	公顷	30732	—	30732
2. 经济林	公顷	23227	—	23227
3. 防护林	公顷	826873	—	826873
4. 薪炭林	公顷	380	—	380
5. 特种用途林	公顷	4267	—	4267
三、年末实有封山(沙)育林面积	**公顷**	**6253522**	**681969**	**5571553**
四、年末实有森林管护面积	**公顷**	**104857371**	**35098188**	**69759183**
其中:国有林管护面积	公顷	60473583	34599281	25874302
林业职工代管的集体林面积	公顷	9305745	—	9305745
五、工程区项目实施单位人员情况				
1. 年末全部在册职工人数	人	870415	704295	166120
其中:混岗职工人数	人	131872	131271	601
(1)年末在岗职工人数	人	627802	469581	158221
(2)年末下岗待安置职工人数	人	110952	106537	4415
(3)年末离开本单位保留劳动关系人数	人	131661	128177	3484
2. 年末其他从业人员	人	25093	3600	21493
3. 林业单位全年平均在岗职工人数	人	553536	412231	141305
4. 自工程实施以来累计一次性安置职工人数	人	672039	597721	74318
(1)全民职工人数	人	422297	350277	72020
(2)混岗职工人数	人	249742	247444	2298
其中:本年一次性安置职工人数	人	1668	1129	539
(1)全民职工人数	人	488	63	425
(2)混岗职工人数	人	1180	1066	114
5. 本年一次性安置费	万元	3010	1155	1855
6. 年末实有离退休人数	人	616908	471526	145382
7. 当年离退休人员生活费	万元	905171	690302	214869
8. 年末参加基本养老保险人数	人	917631	705896	211735
其中:在岗职工	人	503157	382897	120260
9. 年末参加基本医疗保险人数	人	1068548	822647	245901
其中:在岗职工	人	544242	412408	131834
六、全部林业投资完成额	**万元**	**731299**	**372257**	**359042**
其中:国债资金	万元	41612	80	41532
中央财政专项资金	万元	549474	340717	208757
1. 造林	万元	116190	—	116190
2. 森林管护	万元	232624	86319	146305
3. 社会保险(养老、医疗、失业、工伤、生育)	万元	196474	145426	51048
4. 政社性支出	万元	130931	109409	21522
5. 其他	万元	55080	31103	23977

各地区天然林资源

地　区	工程区木材产量(立方米)		荒山荒(沙)地造林面积(公顷)						
	合　计	其中:人工林木材产量	合　计	按造林方式分			按林种		
				人工造林	飞播造林	无林地和疏林地新封	用材林	经济林	防护林
全国合计	**12994841**	**5283784**	**885479**	**168751**	**73334**	**643394**	**30732**	**23227**	**826873**
北　京	—	—	—	—	—	—	—	—	—
天　津	—	—	—	—	—	—	—	—	—
河　北	—	—	—	—	—	—	—	—	—
山　西	1974	1974	54129	—	—	54129	—	—	54129
内蒙古	2630236	90384	116902	—	33334	83568	—	—	116235
内蒙古集团	2418274	43185	—	—	—	—	—	—	—
辽　宁	—	—	—	—	—	—	—	—	—
吉　林	2492866	188650	—	—	—	—	—	—	—
吉林集团	1080030	176763	—	—	—	—	—	—	—
黑龙江	4047085	1567190	—	—	—	—	—	—	—
龙江集团	4047085	1567190	—	—	—	—	—	—	—
上　海	—	—	—	—	—	—	—	—	—
江　苏	—	—	—	—	—	—	—	—	—
浙　江	—	—	—	—	—	—	—	—	—
安　徽	—	—	—	—	—	—	—	—	—
福　建	—	—	—	—	—	—	—	—	—
江　西	—	—	—	—	—	—	—	—	—
山　东	—	—	—	—	—	—	—	—	—
河　南	94708	93201	13331	—	—	13331	—	—	13331
湖　北	223630	121380	62665	2664	—	60001	1622	363	60213
湖　南	—	—	—	—	—	—	—	—	—
广　东	—	—	—	—	—	—	—	—	—
广　西	—	—	—	—	—	—	—	—	—
海　南	—	—	—	—	—	—	—	—	—
重　庆	99114	47817	60000	—	—	60000	11406	—	48594
四　川	1626097	1570768	248358	91269	—	157089	13448	2585	232325
贵　州	1187311	1187311	46673	—	—	46673	—	—	46673
云　南	459318	360641	71273	30230	—	41043	2756	12059	56278
西　藏	—	—	3165	3101	—	64	—	—	3165
陕　西	98679	38658	130701	26867	40000	63834	1500	8220	120981
甘　肃	17314	15810	48996	13333	—	35663	—	—	45663
青　海	—	—	17955	1287	—	16668	—	—	17955
宁　夏	—	—	11331	—	—	11331	—	—	11331
新　疆	16509	—	—	—	—	—	—	—	—
新疆兵团	—	—	—	—	—	—	—	—	—
大兴安岭	—	—	—	—	—	—	—	—	—

保护工程建设情况(一)

用途分		年末实有封山(沙)育林面积(公顷)	年末实有森林管护面积(公顷)			工程区项目实施单位人员情况				
				其中		年末全部在册职工人数(人)				
薪炭林	特种用途林		合　计	国有林管护面积	林业职工代管的集体林面积	合　计	其中:混岗职工人数	年末在岗职工人数	年末下岗待安置职工人数	年末离开本单位保留劳动关系人数
380	**4267**	**6253522**	**104857371**	**60473583**	**9305745**	**870415**	**131872**	**627802**	**110952**	**131661**
—	—	—	—	—	—	—	—	—	—	—
—	—	—	—	—	—	—	—	—	—	—
—	—	—	—	—	—	—	—	—	—	—
—	—	323284	2875833	1486204	—	11441	—	11277	10	154
—	667	795736	15400717	12736574	177581	166059	47168	75472	76056	14531
—	—	—	9970000	9970000	—	150557	46759	60527	75994	14036
—	—	—	—	—	—	—	—	—	—	—
—	—	196760	3753582	3592042	—	93496	1883	70489	5249	17758
—	—	46633	1283127	1277401	—	38254	42	32071	860	5323
—	—	357266	9011335	9011335	—	369757	67568	262094	23791	83872
—	—	357266	9011335	9011335	—	369757	67568	262094	23791	83872
—	—	—	—	—	—	—	—	—	—	—
—	—	—	—	—	—	—	—	—	—	—
—	—	—	—	—	—	—	—	—	—	—
—	—	—	—	—	—	—	—	—	—	—
—	—	—	—	—	—	—	—	—	—	—
—	—	—	—	—	—	—	—	—	—	—
—	—	—	—	—	—	—	—	—	—	—
—	—	106796	1134167	166968	—	2701	—	2701	—	—
200	267	340583	3361233	756620	528950	8645	134	7731	836	78
—	—	—	—	—	—	—	—	—	—	—
—	—	—	—	—	—	—	—	—	—	—
—	—	—	—	—	—	—	—	—	—	—
—	—	—	459000	459000	—	2170	—	1954	216	—
—	—	237388	2824354	561734	107428	3961	—	3894	—	67
—	—	1206283	21071486	10855730	4555363	42380	121	39734	718	1928
—	—	83290	5641333	275867	—	18178	—	17153	661	364
180	—	1030670	11868355	2683823	2633281	13104	—	12917	—	187
—	—	3101	1210000	16301	—	—	—	—	—	—
—	—	671754	9248763	3159397	903538	18603	269	17033	1019	551
—	3333	366247	4604683	3054042	359604	26388	—	25089	1151	148
—	—	268959	1983333	1768640	40000	6183	—	6183	—	—
—	—	172373	670129	249970	—	7785	—	7776	3	6
—	—	93032	1933121	1833389	—	3526	—	3336	136	54
—	—	—	99732	—	—	291	—	155	136	—
—	—	—	7805947	7805947	—	76038	14729	62969	1106	11963

各地区天然林资源

地　区	工程区项目实施									
	年末其他从业人员（人）	林业单位全年平均在岗职工人数（人）	自工程实施以来累计一次性安置职工人数（人）						本年一次性安置费（万元）	年末实有离退休人数（人）
			合 计	全民职工人数	混岗职工人数	其中：本年一次性安置职工人数				
						小计	全民职工人数	混岗职工人数		
全国合计	**25093**	**553536**	**672039**	**422297**	**249742**	**1668**	**488**	**1180**	**3010**	**616908**
北　京	—	—	—	—	—	—	—	—	—	—
天　津	—	—	—	—	—	—	—	—	—	—
河　北	—	—	—	—	—	—	—	—	—	—
山　西	85	11163	858	858	—	—	—	—	—	4499
内蒙古	93	71404	86726	46582	40144	1131	65	1066	1459	80600
内蒙古集团	19	59059	79048	40228	38820	405	56	349	467	71645
辽　宁	—	—	—	—	—	—	—	—	—	—
吉　林	—	56167	110933	80878	30055	7	7	—	14	74848
吉林集团	—	24966	48433	38468	9965	3	3	—	5	35504
黑龙江	3418	224773	298909	173335	125574	—	—	—	—	260916
龙江集团	3418	224773	298909	173335	125574	—	—	—	—	260916
上　海	—	—	—	—	—	—	—	—	—	—
江　苏	—	—	—	—	—	—	—	—	—	—
浙　江	—	—	—	—	—	—	—	—	—	—
安　徽	—	—	—	—	—	—	—	—	—	—
福　建	—	—	—	—	—	—	—	—	—	—
江　西	—	—	—	—	—	—	—	—	—	—
山　东	—	—	—	—	—	—	—	—	—	—
河　南	—	1923	2176	2176	—	—	—	—	—	812
湖　北	60	5950	13654	12213	1441	114	—	114	106	4576
湖　南	—	—	—	—	—	—	—	—	—	—
广　东	—	—	—	—	—	—	—	—	—	—
广　西	—	—	—	—	—	—	—	—	—	—
海　南	82	1954	2733	2733	—	—	—	—	—	3561
重　庆	—	3823	4998	4998	—	—	—	—	—	4141
四　川	3526	36066	16791	16157	634	—	—	—	—	76892
贵　州	9170	16994	5344	5344	—	—	—	—	—	9258
云　南	4003	10311	12687	12651	36	—	—	—	—	16646
西　藏	2715	—	—	—	—	—	—	—	—	—
陕　西	1424	15379	5384	5358	26	—	—	—	—	8734
甘　肃	436	19885	10146	10146	—	416	416	—	1431	11990
青　海	—	6183	153	45	108	—	—	—	—	736
宁　夏	—	7776	450	450	—	—	—	—	—	3744
新　疆	78	3349	6564	6564	—	—	—	—	—	2902
新疆兵团	—	155	44	44	—	—	—	—	—	110
大兴安岭	3	60436	93533	41809	51724	—	—	—	—	52053

保护工程建设情况(二)

单位人员情况					全部林业投资完成额(万元)							
当年离退休人员生活费(万元)	年末参加基本养老保险人数(人)		年末参加基本医疗保险人数(人)		合　计	其　中		造林	森林管护	社会保险	政社性支出	其他
	合　计	其中:在岗职工	合　计	其中:在岗职工		国债资金	中央财政专项资金					
905171	**917631**	**503157**	**1068548**	**544242**	**731299**	**41612**	**549474**	**116190**	**232624**	**196474**	**130931**	**55080**
—	—	—	—	—	—	—	—	—	—	—	—	—
—	—	—	—	—	—	—	—	—	—	—	—	—
—	—	—	—	—	—	—	—	—	—	—	—	—
9126	13312	10440	14240	10191	15390	—	7647	5991	5869	2121	989	420
147777	118689	71036	122249	75023	87484	8950	73202	9059	24700	26792	6811	20122
129130	103798	60527	103798	60527	56211	—	56211	—	18291	22015	3272	12633
—	—	—	—	—	—	—	—	—	—	—	—	—
90977	91808	62670	95961	64234	65899	—	55456	—	12182	28026	20836	4855
43772	37878	29477	37560	29477	30136	—	22038	—	5776	12376	9714	2270
374327	419849	192247	508872	214693	145742	—	139738	—	21056	60788	59121	4777
374327	419849	192247	508872	214693	145742	—	139738	—	21056	60788	59121	4777
—	—	—	—	—	—	—	—	—	—	—	—	—
—	—	—	—	—	—	—	—	—	—	—	—	—
—	—	—	—	—	—	—	—	—	—	—	—	—
—	—	—	—	—	—	—	—	—	—	—	—	—
—	—	—	—	—	—	—	—	—	—	—	—	—
—	—	—	—	—	—	—	—	—	—	—	—	—
—	—	—	—	—	—	—	—	—	—	—	—	—
1200	3195	2548	3681	2729	5412	613	3795	664	3260	557	931	—
5793	8076	7731	8633	7731	16187	4542	10368	5177	6069	2851	1221	869
—	—	—	—	—	—	—	—	—	—	—	—	—
—	—	—	—	—	—	—	—	—	—	—	—	—
—	—	—	—	—	—	—	—	—	—	—	—	—
4709	2165	1954	2168	1954	7969	—	2442	—	5257	2485	227	—
6118	6270	3052	6130	3576	16856	—	8430	5389	7400	2693	1082	292
92270	103187	35903	108732	35427	108473	—	59723	38518	40493	20057	2469	6936
20485	8945	5146	15464	9856	18854	—	13579	3920	10941	2256	1587	150
25822	14837	12777	22670	12917	63701	14803	36299	16665	27073	6968	1403	11592
—	—	—	6	—	2460	—	2460	248	2173	19	20	—
12946	15626	13224	20381	13703	43850	659	28679	18569	18699	3564	2517	501
24648	25765	18128	29713	21433	30992	8437	22043	8382	9584	5470	5638	1918
2308	633	633	559	559	16875	2768	6430	2768	10069	1628	2310	100
4324	6296	6295	7713	7698	3634	840	2793	840	1116	1462	135	81
5969	3253	3150	5872	3173	13822	—	8691	—	7849	2689	1317	1967
113	237	161	—	—	216	—	216	—	191	25	—	—
76372	75725	56223	95504	59345	67699	—	67699	—	18834	26048	22317	500

东北、内蒙古等国有重点林区

地　　区	工程区木材产量(立方米)		荒山荒(沙)地造林面积(公顷)						
	合　计	其中:人工林木材产量	合　计	按造林方式分			按林种		
				人工造林	飞播造林	无林地和疏林地新封	用材林	经济林	防护林
全国合计	**9132338**	**1804482**	**—**	**—**	**—**	**—**	**—**	**—**	**—**
北　京	—	—	—	—	—	—	—	—	—
天　津	—	—	—	—	—	—	—	—	—
河　北	—	—	—	—	—	—	—	—	—
山　西	—	—	—	—	—	—	—	—	—
内蒙古	2575878	48642	—	—	—	—	—	—	—
内蒙古集团	2418274	43185	—	—	—	—	—	—	—
辽　宁	—	—	—	—	—	—	—	—	—
吉　林	2492866	188650	—	—	—	—	—	—	—
吉林集团	1080030	176763	—	—	—	—	—	—	—
黑龙江	4047085	1567190	—	—	—	—	—	—	—
龙江集团	4047085	1567190	—	—	—	—	—	—	—
上　海	—	—	—	—	—	—	—	—	—
江　苏	—	—	—	—	—	—	—	—	—
浙　江	—	—	—	—	—	—	—	—	—
安　徽	—	—	—	—	—	—	—	—	—
福　建	—	—	—	—	—	—	—	—	—
江　西	—	—	—	—	—	—	—	—	—
山　东	—	—	—	—	—	—	—	—	—
河　南	—	—	—	—	—	—	—	—	—
湖　北	—	—	—	—	—	—	—	—	—
湖　南	—	—	—	—	—	—	—	—	—
广　东	—	—	—	—	—	—	—	—	—
广　西	—	—	—	—	—	—	—	—	—
海　南	—	—	—	—	—	—	—	—	—
重　庆	—	—	—	—	—	—	—	—	—
四　川	—	—	—	—	—	—	—	—	—
贵　州	—	—	—	—	—	—	—	—	—
云　南	—	—	—	—	—	—	—	—	—
西　藏	—	—	—	—	—	—	—	—	—
陕　西	—	—	—	—	—	—	—	—	—
甘　肃	—	—	—	—	—	—	—	—	—
青　海	—	—	—	—	—	—	—	—	—
宁　夏	—	—	—	—	—	—	—	—	—
新　疆	16509	—	—	—	—	—	—	—	—
新疆兵团	—	—	—	—	—	—	—	—	—
大兴安岭	—	—	—	—	—	—	—	—	—

天然林资源保护工程建设情况(一)

用途分		年末实有封山(沙)育林面积(公顷)	年末实有森林管护面积(公顷)			工程区项目实施单位人员情况				
				其中		年末全部在册职工人数(人)				
薪炭林	特种用途林		合计	国有林管护面积	林业职工代管的集体林面积	合计	其中:混岗职工人数	年末在岗职工人数	年末下岗待安置职工人数	年末离开本单位保留劳动关系人数
—	**—**	**681969**	**35098188**	**34599281**	**—**	**704295**	**131271**	**469581**	**106537**	**128177**
—	—	—	—	—	—	—	—	—	—	—
—	—	—	—	—	—	—	—	—	—	—
—	—	—	—	—	—	—	—	—	—	—
—	—	—	—	—	—	—	—	—	—	—
—	—	34911	12135203	11897568	—	159308	47091	68739	76039	14530
—	—	—	9970000	9970000	—	150557	46759	60527	75994	14036
—	—	—	—	—	—	—	—	—	—	—
—	—	196760	3753582	3592042	—	93496	1883	70489	5249	17758
—	—	46633	1283127	1277401	—	38254	42	32071	860	5323
—	—	357266	9011335	9011335	—	369757	67568	262094	23791	83872
—	—	357266	9011335	9011335	—	369757	67568	262094	23791	83872
—	—	—	—	—	—	—	—	—	—	—
—	—	—	—	—	—	—	—	—	—	—
—	—	—	—	—	—	—	—	—	—	—
—	—	—	—	—	—	—	—	—	—	—
—	—	—	—	—	—	—	—	—	—	—
—	—	—	—	—	—	—	—	—	—	—
—	—	—	—	—	—	—	—	—	—	—
—	—	—	—	—	—	—	—	—	—	—
—	—	—	—	—	—	—	—	—	—	—
—	—	—	—	—	—	—	—	—	—	—
—	—	—	—	—	—	—	—	—	—	—
—	—	—	—	—	—	—	—	—	—	—
—	—	—	459000	459000	—	2170	—	1954	216	—
—	—	—	—	—	—	—	—	—	—	—
—	—	—	—	—	—	—	—	—	—	—
—	—	—	—	—	—	—	—	—	—	—
—	—	—	—	—	—	—	—	—	—	—
—	—	—	—	—	—	—	—	—	—	—
—	—	—	—	—	—	—	—	—	—	—
—	—	—	—	—	—	—	—	—	—	—
—	—	—	—	—	—	—	—	—	—	—
—	—	—	—	—	—	—	—	—	—	—
—	—	93032	1933121	1833389	—	3526	—	3336	136	54
—	—	—	99732	—	—	291	—	155	136	—
—	—	—	7805947	7805947	—	76038	14729	62969	1106	11963

东北、内蒙古等国有重点林区

地　区	工程区项目实施									
	年末其他从业人员（人）	林业单位全年平均在岗职工人数（人）	自工程实施以来累计一次性安置职工人数（人）						本年一次性安置费（万元）	年末实有离退休人数（人）
			合 计	全民职工人数	混岗职工人数	其中：本年一次性安置职工人数				
						小计	全民职工人数	混岗职工人数		
全国合计	**3600**	**412231**	**597721**	**350277**	**247444**	**1129**	**63**	**1066**	**1155**	**471526**
北　京	—	—	—	—	—	—	—	—	—	—
天　津	—	—	—	—	—	—	—	—	—	—
河　北	—	—	—	—	—	—	—	—	—	—
山　西	—	—	—	—	—	—	—	—	—	—
内蒙古	19	65552	85049	44958	40091	1122	56	1066	1141	77246
内蒙古集团	19	59059	79048	40228	38820	405	56	349	467	71645
辽　宁	—	—	—	—	—	—	—	—	—	—
吉　林	—	56167	110933	80878	30055	7	7	—	14	74848
吉林集团	—	24966	48433	38468	9965	3	3	—	5	35504
黑龙江	3418	224773	298909	173335	125574	—	—	—	—	260916
龙江集团	3418	224773	298909	173335	125574	—	—	—	—	260916
上　海	—	—	—	—	—	—	—	—	—	—
江　苏	—	—	—	—	—	—	—	—	—	—
浙　江	—	—	—	—	—	—	—	—	—	—
安　徽	—	—	—	—	—	—	—	—	—	—
福　建	—	—	—	—	—	—	—	—	—	—
江　西	—	—	—	—	—	—	—	—	—	—
山　东	—	—	—	—	—	—	—	—	—	—
河　南	—	—	—	—	—	—	—	—	—	—
湖　北	—	—	—	—	—	—	—	—	—	—
湖　南	—	—	—	—	—	—	—	—	—	—
广　东	—	—	—	—	—	—	—	—	—	—
广　西	—	—	—	—	—	—	—	—	—	—
海　南	82	1954	2733	2733	—	—	—	—	—	3561
重　庆	—	—	—	—	—	—	—	—	—	—
四　川	—	—	—	—	—	—	—	—	—	—
贵　州	—	—	—	—	—	—	—	—	—	—
云　南	—	—	—	—	—	—	—	—	—	—
西　藏	—	—	—	—	—	—	—	—	—	—
陕　西	—	—	—	—	—	—	—	—	—	—
甘　肃	—	—	—	—	—	—	—	—	—	—
青　海	—	—	—	—	—	—	—	—	—	—
宁　夏	—	—	—	—	—	—	—	—	—	—
新　疆	78	3349	6564	6564	—	—	—	—	—	2902
新疆兵团	—	155	44	44	—	—	—	—	—	110
大兴安岭	3	60436	93533	41809	51724	—	—	—	—	52053

天然林资源保护工程建设情况(二)

单位人员情况					全部林业投资完成额(万元)							
当年离退休人员生活费(万元)	年末参加基本养老保险人数(人)		年末参加基本医疗保险人数(人)		合　计	其　中		造林	森林管护	社会保险	政社性支出	其他
	合　计	其中:在岗职工	合　计	其中:在岗职工		国债资金	中央财政专项资金					
690302	**705896**	**382897**	**822647**	**412408**	**372257**	**80**	**340717**	—	**86319**	**145426**	**109409**	**31103**
—	—	—	—	—	—	—	—	—	—	—	—	—
—	—	—	—	—	—	—	—	—	—	—	—	—
—	—	—	—	—	—	—	—	—	—	—	—	—
—	—	—	—	—	—	—	—	—	—	—	—	—
137948	113096	66653	114270	69009	71126	80	66691	—	21141	25390	5591	19004
129130	103798	60527	103798	60527	56211	—	56211	—	18291	22015	3272	12633
—	—	—	—	—	—	—	—	—	—	—	—	—
90977	91808	62670	95961	64234	65899	—	55456	—	12182	28026	20836	4855
43772	37878	29477	37560	29477	30136	—	22038	—	5776	12376	9714	2270
374327	419849	192247	508872	214693	145742	—	139738	—	21056	60788	59121	4777
374327	419849	192247	508872	214693	145742	—	139738	—	21056	60788	59121	4777
—	—	—	—	—	—	—	—	—	—	—	—	—
—	—	—	—	—	—	—	—	—	—	—	—	—
—	—	—	—	—	—	—	—	—	—	—	—	—
—	—	—	—	—	—	—	—	—	—	—	—	—
—	—	—	—	—	—	—	—	—	—	—	—	—
—	—	—	—	—	—	—	—	—	—	—	—	—
—	—	—	—	—	—	—	—	—	—	—	—	—
—	—	—	—	—	—	—	—	—	—	—	—	—
—	—	—	—	—	—	—	—	—	—	—	—	—
—	—	—	—	—	—	—	—	—	—	—	—	—
—	—	—	—	—	—	—	—	—	—	—	—	—
—	—	—	—	—	—	—	—	—	—	—	—	—
4709	2165	1954	2168	1954	7969	—	2442	—	5257	2485	227	—
—	—	—	—	—	—	—	—	—	—	—	—	—
—	—	—	—	—	—	—	—	—	—	—	—	—
—	—	—	—	—	—	—	—	—	—	—	—	—
—	—	—	—	—	—	—	—	—	—	—	—	—
—	—	—	—	—	—	—	—	—	—	—	—	—
—	—	—	—	—	—	—	—	—	—	—	—	—
—	—	—	—	—	—	—	—	—	—	—	—	—
—	—	—	—	—	—	—	—	—	—	—	—	—
—	—	—	—	—	—	—	—	—	—	—	—	—
5969	3253	3150	5872	3173	13822	—	8691	—	7849	2689	1317	1967
113	237	161	—	—	216	—	216	—	191	25	—	—
76372	75725	56223	95504	59345	67699	—	67699	—	18834	26048	22317	500

长江上游、黄河上中游各地区

地区	工程区木材产量(立方米)		荒山荒(沙)地造林面积(公顷)						
				按造林方式分			按林种		
	合计	其中:人工林木材产量	合计	人工造林	飞播造林	无林地和疏林地新封	用材林	经济林	防护林
全国合计	**3862503**	**3479302**	**885479**	**168751**	**73334**	**643394**	**30732**	**23227**	**826873**
北京	—	—	—	—	—	—	—	—	—
天津	—	—	—	—	—	—	—	—	—
河北	—	—	—	—	—	—	—	—	—
山西	1974	1974	54129	—	—	54129	—	—	54129
内蒙古	54358	41742	116902	—	33334	83568	—	—	116235
内蒙古集团	—	—	—	—	—	—	—	—	—
辽宁	—	—	—	—	—	—	—	—	—
吉林	—	—	—	—	—	—	—	—	—
吉林集团	—	—	—	—	—	—	—	—	—
黑龙江	—	—	—	—	—	—	—	—	—
龙江集团	—	—	—	—	—	—	—	—	—
上海	—	—	—	—	—	—	—	—	—
江苏	—	—	—	—	—	—	—	—	—
浙江	—	—	—	—	—	—	—	—	—
安徽	—	—	—	—	—	—	—	—	—
福建	—	—	—	—	—	—	—	—	—
江西	—	—	—	—	—	—	—	—	—
山东	—	—	—	—	—	—	—	—	—
河南	94708	93201	13331	—	—	13331	—	—	13331
湖北	223630	121380	62665	2664	—	60001	1622	363	60213
湖南	—	—	—	—	—	—	—	—	—
广东	—	—	—	—	—	—	—	—	—
广西	—	—	—	—	—	—	—	—	—
海南	—	—	—	—	—	—	—	—	—
重庆	99114	47817	60000	—	—	60000	11406	—	48594
四川	1626097	1570768	248358	91269	—	157089	13448	2585	232325
贵州	1187311	1187311	46673	—	—	46673	—	—	46673
云南	459318	360641	71273	30230	—	41043	2756	12059	56278
西藏	—	—	3165	3101	—	64	—	—	3165
陕西	98679	38658	130701	26867	40000	63834	1500	8220	120981
甘肃	17314	15810	48996	13333	—	35663	—	—	45663
青海	—	—	17955	1287	—	16668	—	—	17955
宁夏	—	—	11331	—	—	11331	—	—	11331
新疆	—	—	—	—	—	—	—	—	—
新疆兵团	—	—	—	—	—	—	—	—	—
大兴安岭	—	—	—	—	—	—	—	—	—

天然林资源保护工程建设情况(一)

用途分		年末实有封山(沙)育林面积(公顷)	年末实有森林管护面积(公顷)			工程区项目实施单位人员情况				
				其中		年末全部在册职工人数(人)				
薪炭林	特种用途林		合 计	国有林管护面积	林业职工代管的集体林面积	合 计	其中:混岗职工人数	年末在岗职工人数	年末下岗待安置职工人数	年末离开本单位保留劳动关系人数
380	**4267**	**5571553**	**69759183**	**25874302**	**9305745**	**166120**	**601**	**158221**	**4415**	**3484**
—	—	—	—	—	—	—	—	—	—	—
—	—	—	—	—	—	—	—	—	—	—
—	—	—	—	—	—	—	—	—	—	—
—	—	323284	2875833	1486204	—	11441	—	11277	10	154
—	667	760825	3265514	839006	177581	6751	77	6733	17	1
—	—	—	—	—	—	—	—	—	—	—
—	—	—	—	—	—	—	—	—	—	—
—	—	—	—	—	—	—	—	—	—	—
—	—	—	—	—	—	—	—	—	—	—
—	—	—	—	—	—	—	—	—	—	—
—	—	—	—	—	—	—	—	—	—	—
—	—	—	—	—	—	—	—	—	—	—
—	—	—	—	—	—	—	—	—	—	—
—	—	—	—	—	—	—	—	—	—	—
—	—	—	—	—	—	—	—	—	—	—
—	—	—	—	—	—	—	—	—	—	—
—	—	—	—	—	—	—	—	—	—	—
—	—	—	—	—	—	—	—	—	—	—
—	—	106796	1134167	166968	—	2701	—	2701	—	—
200	267	340583	3361233	756620	528950	8645	134	7731	836	78
—	—	—	—	—	—	—	—	—	—	—
—	—	—	—	—	—	—	—	—	—	—
—	—	—	—	—	—	—	—	—	—	—
—	—	—	—	—	—	—	—	—	—	—
—	—	237388	2824354	561734	107428	3961	—	3894	—	67
—	—	1206283	21071486	10855730	4555363	42380	121	39734	718	1928
—	—	83290	5641333	275867	—	18178	—	17153	661	364
180	—	1030670	11868355	2683823	2633281	13104	—	12917	—	187
—	—	3101	1210000	16301	—	—	—	—	—	—
—	—	671754	9248763	3159397	903538	18603	269	17033	1019	551
—	3333	366247	4604683	3054042	359604	26388	—	25089	1151	148
—	—	268959	1983333	1768640	40000	6183	—	6183	—	—
—	—	172373	670129	249970	—	7785	—	7776	3	6
—	—	—	—	—	—	—	—	—	—	—
—	—	—	—	—	—	—	—	—	—	—
—	—	—	—	—	—	—	—	—	—	—

长江上游、黄河上中游各地区

地　区	工程区项目实施									
	年末其他从业人员（人）	林业单位全年平均在岗职工人数（人）	自工程实施以来累计一次性安置职工人数（人）						本年一次性安置费（万元）	年末实有离退休人数（人）
			合 计	全民职工人数	混岗职工人数	其中：本年一次性安置职工人数				
						小计	全民职工人数	混岗职工人数		
全国合计	**21493**	**141305**	**74318**	**72020**	**2298**	**539**	**425**	**114**	**1855**	**145382**
北　京	—	—	—	—	—	—	—	—	—	—
天　津	—	—	—	—	—	—	—	—	—	—
河　北	—	—	—	—	—	—	—	—	—	—
山　西	85	11163	858	858	—	—	—	—	—	4499
内蒙古	74	5852	1677	1624	53	9	9	—	318	3354
内蒙古集团	—	—	—	—	—	—	—	—	—	—
辽　宁	—	—	—	—	—	—	—	—	—	—
吉　林	—	—	—	—	—	—	—	—	—	—
吉林集团	—	—	—	—	—	—	—	—	—	—
黑龙江	—	—	—	—	—	—	—	—	—	—
龙江集团	—	—	—	—	—	—	—	—	—	—
上　海	—	—	—	—	—	—	—	—	—	—
江　苏	—	—	—	—	—	—	—	—	—	—
浙　江	—	—	—	—	—	—	—	—	—	—
安　徽	—	—	—	—	—	—	—	—	—	—
福　建	—	—	—	—	—	—	—	—	—	—
江　西	—	—	—	—	—	—	—	—	—	—
山　东	—	—	—	—	—	—	—	—	—	—
河　南	—	1923	2176	2176	—	—	—	—	—	812
湖　北	60	5950	13654	12213	1441	114	—	114	106	4576
湖　南	—	—	—	—	—	—	—	—	—	—
广　东	—	—	—	—	—	—	—	—	—	—
广　西	—	—	—	—	—	—	—	—	—	—
海　南	—	—	—	—	—	—	—	—	—	—
重　庆	—	3823	4998	4998	—	—	—	—	—	4141
四　川	3526	36066	16791	16157	634	—	—	—	—	76892
贵　州	9170	16994	5344	5344	—	—	—	—	—	9258
云　南	4003	10311	12687	12651	36	—	—	—	—	16646
西　藏	2715	—	—	—	—	—	—	—	—	—
陕　西	1424	15379	5384	5358	26	—	—	—	—	8734
甘　肃	436	19885	10146	10146	—	416	416	—	1431	11990
青　海	—	6183	153	45	108	—	—	—	—	736
宁　夏	—	7776	450	450	—	—	—	—	—	3744
新　疆	—	—	—	—	—	—	—	—	—	—
新疆兵团	—	—	—	—	—	—	—	—	—	—
大兴安岭	—	—	—	—	—	—	—	—	—	—

天然林资源保护工程建设情况(二)

单位人员情况					全部林业投资完成额(万元)							
当年离退休人员生活费(万元)	年末参加基本养老保险人数(人)		年末参加基本医疗保险人数(人)		合 计	其 中		造林	森林管护	社会保险	政社性支出	其他
	合 计	其中:在岗职工	合 计	其中:在岗职工		国债资金	中央财政专项资金					
214869	**211735**	**120260**	**245901**	**131834**	**359042**	**41532**	**208757**	**116190**	**146305**	**51048**	**21522**	**23977**
—	—	—	—	—	—	—	—	—	—	—	—	—
—	—	—	—	—	—	—	—	—	—	—	—	—
—	—	—	—	—	—	—	—	—	—	—	—	—
9126	13312	10440	14240	10191	15390	—	7647	5991	5869	2121	989	420
9829	5593	4383	7979	6014	16358	8870	6511	9059	3559	1402	1220	1118
—	—	—	—	—	—	—	—	—	—	—	—	—
—	—	—	—	—	—	—	—	—	—	—	—	—
—	—	—	—	—	—	—	—	—	—	—	—	—
—	—	—	—	—	—	—	—	—	—	—	—	—
—	—	—	—	—	—	—	—	—	—	—	—	—
—	—	—	—	—	—	—	—	—	—	—	—	—
—	—	—	—	—	—	—	—	—	—	—	—	—
—	—	—	—	—	—	—	—	—	—	—	—	—
—	—	—	—	—	—	—	—	—	—	—	—	—
—	—	—	—	—	—	—	—	—	—	—	—	—
—	—	—	—	—	—	—	—	—	—	—	—	—
—	—	—	—	—	—	—	—	—	—	—	—	—
—	—	—	—	—	—	—	—	—	—	—	—	—
1200	3195	2548	3681	2729	5412	613	3795	664	3260	557	931	—
5793	8076	7731	8633	7731	16187	4542	10368	5177	6069	2851	1221	869
—	—	—	—	—	—	—	—	—	—	—	—	—
—	—	—	—	—	—	—	—	—	—	—	—	—
—	—	—	—	—	—	—	—	—	—	—	—	—
—	—	—	—	—	—	—	—	—	—	—	—	—
6118	6270	3052	6130	3576	16856	—	8430	5389	7400	2693	1082	292
92270	103187	35903	108732	35427	108473	—	59723	38518	40493	20057	2469	6936
20485	8945	5146	15464	9856	18854	—	13579	3920	10941	2256	1587	150
25822	14837	12777	22670	12917	63701	14803	36299	16665	27073	6968	1403	11592
—	—	—	6	—	2460	—	2460	248	2173	19	20	—
12946	15626	13224	20381	13703	43850	659	28679	18569	18699	3564	2517	501
24648	25765	18128	29713	21433	30992	8437	22043	8382	9584	5470	5638	1918
2308	633	633	559	559	16875	2768	6430	2768	10069	1628	2310	100
4324	6296	6295	7713	7698	3634	840	2793	840	1116	1462	135	81
—	—	—	—	—	—	—	—	—	—	—	—	—
—	—	—	—	—	—	—	—	—	—	—	—	—
—	—	—	—	—	—	—	—	—	—	—	—	—

退耕还林工程建设情况

指　标	单位	合　计	退耕还林工程	京津风沙源治理工程区退耕还林
一、造林面积	**公顷**	**996528**	**982617**	**13911**
1. 退耕地造林	公顷	333	333	—
其中:生态林面积	公顷	333	333	—
25°以上坡耕地退耕面积	公顷	333	333	—
严重沙化耕地退耕面积	公顷	—	—	—
2. 荒山荒地造林	公顷	674834	660923	13911
3. 无林地和疏林地新封	公顷	321361	321361	—
按林种用途分				
1. 用材林	公顷	162012	161613	399
2. 经济林	公顷	220898	219684	1214
3. 防护林	公顷	596562	584264	12298
4. 薪炭林	公顷	12266	12266	—
5. 特种用途林	公顷	4790	4790	—
二、当年种草面积	**公顷**	**2020017**	**1713433**	**306584**
其中:退耕地种(育)草面积	公顷	4867	—	4867
三、年末实有封山(沙)育林面积	**公顷**	**2867**	**—**	**2867**
四、补助粮、款兑现				
1. 当年粮款兑现退耕地总面积	公顷	8124446	7101332	1023114
2. 自工程实施以来累计粮食补助资金总计	万元	18042294	16366723	1675571
其中:当年粮食补助资金合计	万元	1687294	1508884	178410
其中:当年新退耕地粮食补助资金	万元	55	55	—
3. 自工程实施以来累计生活费兑现金额总计	万元	2297136	2040311	256825
其中:当年生活费兑现金额合计	万元	366993	326496	40497
其中:当年新退耕地生活费兑现金额	万元	93	93	—
4. 当年粮款兑现涉及户数	户	27532879	25238899	2293980
五、全部林业投资完成额	**万元**	**3220455**	**2927290**	**293165**
其中:国债资金	万元	108777	105956	2821
中央财政专项资金	万元	2672780	2393817	278963
1. 粮食补助资金	万元	1635029	1455443	179586
2. 种苗费	万元	132787	128324	4463
3. 生活费补助	万元	395480	354570	40910
4. 巩固退耕还林成果专项资金	万元	862248	805764	56484
5. 其他费用	万元	194911	183189	11722

各地区全部退耕还林工程建设情况(一)

地　区	造林面积(公顷)						
	总　计	退耕地造林				荒山荒地造林	无林地和疏林地新封
		合 计	其　中				
			生态林面积	25°以上坡耕地退耕面积	严重沙化耕地退耕面积		
全国合计	**996528**	**333**	**333**	**333**	**—**	**674834**	**321361**
北　京	—	—	—	—	—	—	—
天　津	—	—	—	—	—	—	—
河　北	35037	—	—	—	—	22372	12665
山　西	64335	—	—	—	—	48335	16000
内蒙古	55003	—	—	—	—	34333	20670
内蒙古集团	—	—	—	—	—	—	—
辽　宁	36180	—	—	—	—	15516	20664
吉　林	34685	—	—	—	—	7645	27040
吉林集团	—	—	—	—	—	—	—
黑龙江	40672	—	—	—	—	17739	22933
龙江集团	—	—	—	—	—	—	—
上　海	—	—	—	—	—	—	—
江　苏	—	—	—	—	—	—	—
浙　江	—	—	—	—	—	—	—
安　徽	22659	—	—	—	—	7993	14666
福　建	—	—	—	—	—	—	—
江　西	36651	—	—	—	—	19388	17263
山　东	—	—	—	—	—	—	—
河　南	44333	—	—	—	—	27667	16666
湖　北	30160	—	—	—	—	26828	3332
湖　南	35340	—	—	—	—	18670	16670
广　东	—	—	—	—	—	—	—
广　西	23406	333	333	333	—	20072	3001
海　南	3370	—	—	—	—	3370	—
重　庆	30312	—	—	—	—	16979	13333
四　川	71595	—	—	—	—	55062	16533
贵　州	36663	—	—	—	—	13335	23328
云　南	152749	—	—	—	—	145345	7404
西　藏	8741	—	—	—	—	5139	3602
陕　西	60737	—	—	—	—	42543	18194
甘　肃	44027	—	—	—	—	23028	20999
青　海	20855	—	—	—	—	7521	13334
宁　夏	20238	—	—	—	—	17572	2666
新　疆	39033	—	—	—	—	28635	10398
新疆兵团	999	—	—	—	—	999	—
大兴安岭	3080	—	—	—	—	3080	—

注:全国合计中包括军事管理区 46667 公顷荒山荒地造林。

各地区全部退耕还林

地区	造林面积(公顷)					当年种草面积(公顷)		年末实有封山(沙)育林面积(公顷)
	按林种用途分							
	用材林	经济林	防护林	薪炭林	特种用途林	合计	其中:退耕地种(育)草面积	
全国合计	**162012**	**220898**	**596562**	**12266**	**4790**	**2020017**	**4867**	**2867**
北京	—	—	—	—	—	—	—	—
天津	—	—	—	—	—	24667	—	—
河北	4717	2259	27261	—	800	180229	2000	—
山西	—	24332	33668	6335	—	102928	—	—
内蒙古	105	310	54588	—	—	257010	2867	2867
内蒙古集团	—	—	—	—	—	—	—	—
辽宁	3065	2528	30587	—	—	80266	—	—
吉林	—	—	34685	—	—	41455	—	—
吉林集团	—	—	—	—	—	—	—	—
黑龙江	6587	288	32797	667	333	170404	—	—
龙江集团	—	—	—	—	—	—	—	—
上海	—	—	—	—	—	—	—	—
江苏	—	—	—	—	—	—	—	—
浙江	—	—	—	—	—	—	—	—
安徽	4688	4103	13847	21	—	48178	—	—
福建	—	—	—	—	—	—	—	—
江西	21783	2309	11451	908	200	47568	—	—
山东	—	—	—	—	—	—	—	—
河南	9122	8909	26302	—	—	106667	—	—
湖北	11947	5517	11763	133	800	3332	—	—
湖南	9655	3938	21067	413	267	75398	—	—
广东	—	—	—	—	—	—	—	—
广西	18920	769	3713	—	4	53201	—	—
海南	262	1122	1801	—	185	10000	—	—
重庆	2710	355	27247	—	—	48800	—	—
四川	31025	9697	30873	—	—	111842	—	—
贵州	3414	4198	28252	799	—	107680	—	—
云南	28995	110557	12257	940	—	46901	—	—
西藏	667	133	7941	—	—	61474	—	—
陕西	685	23635	36417	—	—	106739	—	—
甘肃	—	—	41826	—	2201	116277	—	—
青海	—	—	20855	—	—	76700	—	—
宁夏	—	4162	16076	—	—	14667	—	—
新疆	585	11777	24621	2050	—	127634	—	—
新疆兵团	—	—	999	—	—	30842	—	—
大兴安岭	3080	—	—	—	—	—	—	—

工程建设情况(二)

补助粮、款兑现							
当年粮款兑现退耕地总面积(公顷)	自工程实施以来累计粮食补助资金总计(万元)			自工程实施以来累计生活费兑现金额总计(万元)			当年粮款兑现涉及户数(户)
	合计	其中:当年粮食补助资金		合计	其中:当年生活费兑现金额合计		
		小 计	其中:当年新退耕地粮食补助资金		小 计	其中:当年新退耕地生活费兑现金额	
8124446	**18042294**	**1687294**	**55**	**2297136**	**366993**	**93**	**27532879**
24909	45955	4851	—	6872	834	—	131083
3902	5981	645	—	1087	124	—	22300
603255	953115	107338	—	140646	19270	—	2050419
525663	747838	46280	—	142836	38669	—	940270
760402	1417201	125772	—	218958	28508	—	1545440
—	—	—	—	—	—	—	—
328632	307315	32627	—	49422	6427	—	440859
194703	367942	42563	55	53909	7576	8	236363
—	—	—	—	—	—	—	—
292576	450436	47097	—	68345	8808	—	175207
—	—	—	—	—	—	—	—
—	—	—	—	—	—	—	—
—	—	—	—	—	—	—	—
—	—	—	—	—	—	—	—
244912	571115	47000	—	57208	8382	—	1175060
—	—	—	—	—	—	—	—
135562	446158	40423	—	44524	5019	—	939965
—	—	—	—	—	—	—	—
249738	556466	42701	—	61109	10428	—	1063841
342927	757129	76057	—	75453	8734	—	1338507
520764	1233671	116608	—	116541	23699	—	2294513
—	—	—	—	—	—	—	—
169928	471660	52992	—	47912	5549	85	613237
29391	96173	9258	—	9159	881	—	39089
411059	1045787	105118	—	112193	22381	—	2147717
328220	2376934	191840	—	238299	26014	—	5414919
432805	1058924	108005	—	103548	12984	—	1780065
351838	874693	84068	—	96823	15465	—	1017530
15499	21793	5031	—	2521	479	—	108548
795907	1877947	158064	—	256728	27774	—	1950725
625512	1102481	144593	—	188841	58935	—	1241784
193309	310480	20175	—	53497	11275	—	299602
293058	467032	31869	—	79607	10004	—	305834
249975	478068	46319	—	71098	8774	—	260002
95458	181221	15673	—	28022	2881	—	14947
—	—	—	—	—	—	—	—

各地区全部退耕还林工程建设情况（三）

地　　区	全部林业投资完成额（万元）							
	合　计	其　中		粮食补助资金	种苗费	生活费补助	巩固退耕还林成果专项资金	其他费用
		国债资金	中央财政专项资金					
全国合计	**3220455**	**108777**	**2672780**	**1635029**	**132787**	**395480**	**862248**	**194911**
北　京	5961	—	4328	4851	—	834	276	—
天　津	1133	—	—	645	—	124	364	—
河　北	201708	—	180409	105193	4919	19010	69240	3346
山　西	124738	—	117144	46280	7120	38664	23043	9631
内蒙古	214168	10258	198226	127523	7885	28681	21755	28324
内蒙古集团	—	—	—	—	—	—	—	—
辽　宁	71168	—	63398	34717	7770	4712	18807	5162
吉　林	59163	—	52485	40960	2157	6782	5154	4110
吉林集团	—	—	—	—	—	—	—	—
黑龙江	93931	4151	68512	47791	7158	8946	26960	3076
龙江集团	—	—	—	—	—	—	—	—
上　海	—	—	—	—	—	—	—	—
江　苏	—	—	—	—	—	—	—	—
浙　江	—	—	—	—	—	—	—	—
安　徽	59665	1915	39670	35125	2425	5732	13085	3298
福　建	—	—	—	—	—	—	—	—
江　西	86742	1695	68430	36228	3976	4087	27479	14972
山　东	—	—	—	—	—	—	—	—
河　南	81268	7250	74018	42700	7250	17184	14134	—
湖　北	133149	5679	88827	69077	7151	7221	40075	9625
湖　南	175656	26340	108570	110477	6091	23052	27914	8122
广　东	—	—	—	—	—	—	—	—
广　西	83437	6028	55272	55377	6962	6394	11258	3446
海　南	15918	1403	5036	9258	600	881	4809	370
重　庆	203296	—	186008	76781	7390	36898	66221	16006
四　川	396092	—	366549	191840	6890	26014	152261	19087
贵　州	208994	—	194674	108005	6450	12984	73685	7870
云　南	165092	8958	95628	82425	11073	17626	38369	15599
西　藏	7414	—	4690	5031	197	496	—	1690
陕　西	223977	10961	147717	158064	12081	35784	15868	2180
甘　肃	385760	7870	377227	144593	7870	58935	144076	30286
青　海	50799	3270	47529	20175	3270	11275	13688	2391
宁　夏	98300	1880	77266	45093	1886	15118	33444	2759
新　疆	72002	10195	51167	36820	3292	8046	20283	3561
新疆兵团	27140	10195	13388	14750	—	2430	8151	1809
大兴安岭	924	924	—	—	924	—	—	—

各地区退耕还林工程建设情况(一)

地区	造林面积(公顷)						
	总计	退耕地造林				荒山荒地造林	无林地和疏林地新封
		合计	其中				
			生态林面积	25°以上坡耕地退耕面积	严重沙化耕地退耕面积		
全国合计	**982617**	**333**	**333**	**333**	**—**	**660923**	**321361**
北京	—	—	—	—	—	—	—
天津	—	—	—	—	—	—	—
河北	24132	—	—	—	—	11467	12665
山西	64335	—	—	—	—	48335	16000
内蒙古	51997	—	—	—	—	31327	20670
内蒙古集团	—	—	—	—	—	—	—
辽宁	36180	—	—	—	—	15516	20664
吉林	34685	—	—	—	—	7645	27040
吉林集团	—	—	—	—	—	—	—
黑龙江	40672	—	—	—	—	17739	22933
龙江集团	—	—	—	—	—	—	—
上海	—	—	—	—	—	—	—
江苏	—	—	—	—	—	—	—
浙江	—	—	—	—	—	—	—
安徽	22659	—	—	—	—	7993	14666
福建	—	—	—	—	—	—	—
江西	36651	—	—	—	—	19388	17263
山东	—	—	—	—	—	—	—
河南	44333	—	—	—	—	27667	16666
湖北	30160	—	—	—	—	26828	3332
湖南	35340	—	—	—	—	18670	16670
广东	—	—	—	—	—	—	—
广西	23406	333	333	333	—	20072	3001
海南	3370	—	—	—	—	3370	—
重庆	30312	—	—	—	—	16979	13333
四川	71595	—	—	—	—	55062	16533
贵州	36663	—	—	—	—	13335	23328
云南	152749	—	—	—	—	145345	7404
西藏	8741	—	—	—	—	5139	3602
陕西	60737	—	—	—	—	42543	18194
甘肃	44027	—	—	—	—	23028	20999
青海	20855	—	—	—	—	7521	13334
宁夏	20238	—	—	—	—	17572	2666
新疆	39033	—	—	—	—	28635	10398
新疆兵团	999	—	—	—	—	999	—
大兴安岭	3080	—	—	—	—	3080	—

注:本表数据不含京津风沙源治理工程区退耕还林。全国合计中包括军事管理区46667公顷荒山荒地造林。

各地区退耕还林

地　区	造林面积(公顷)					当年种草面积(公顷)		年末实有封山(沙)育林面积(公顷)
	按林种用途分							
	用材林	经济林	防护林	薪炭林	特种用途林	合 计	其中:退耕地种(育)草面积	
全国合计	**161613**	**219684**	**584264**	**12266**	**4790**	**1713433**	**—**	**—**
北　京	—	—	—	—	—	—	—	—
天　津	—	—	—	—	—	—	—	—
河　北	4318	1045	17969	—	800	62427	—	—
山　西	—	24332	33668	6335	—	92467	—	—
内蒙古	105	310	51582	—	—	103356	—	—
内蒙古集团	—	—	—	—	—	—	—	—
辽　宁	3065	2528	30587	—	—	80266	—	—
吉　林	—	—	34685	—	—	41455	—	—
吉林集团	—	—	—	—	—	—	—	—
黑龙江	6587	288	32797	667	333	170404	—	—
龙江集团	—	—	—	—	—	—	—	—
上　海	—	—	—	—	—	—	—	—
江　苏	—	—	—	—	—	—	—	—
浙　江	—	—	—	—	—	—	—	—
安　徽	4688	4103	13847	21	—	48178	—	—
福　建	—	—	—	—	—	—	—	—
江　西	21783	2309	11451	908	200	47568	—	—
山　东	—	—	—	—	—	—	—	—
河　南	9122	8909	26302	—	—	106667	—	—
湖　北	11947	5517	11763	133	800	3332	—	—
湖　南	9655	3938	21067	413	267	75398	—	—
广　东	—	—	—	—	—	—	—	—
广　西	18920	769	3713	—	4	53201	—	—
海　南	262	1122	1801	—	185	10000	—	—
重　庆	2710	355	27247	—	—	48800	—	—
四　川	31025	9697	30873	—	—	111842	—	—
贵　州	3414	4198	28252	799	—	107680	—	—
云　南	28995	110557	12257	940	—	46901	—	—
西　藏	667	133	7941	—	—	61474	—	—
陕　西	685	23635	36417	—	—	106739	—	—
甘　肃	—	—	41826	—	2201	116277	—	—
青　海	—	—	20855	—	—	76700	—	—
宁　夏	—	4162	16076	—	—	14667	—	—
新　疆	585	11777	24621	2050	—	127634	—	—
新疆兵团	—	—	999	—	—	30842	—	—
大兴安岭	3080	—	—	—	—	—	—	—

工程建设情况(二)

补助粮、款兑现							
当年粮款兑现退耕地总面积(公顷)	自工程实施以来累计粮食补助资金总计(万元)			自工程实施以来累计生活费兑现金额总计(万元)			当年粮款兑现涉及户数(户)
	合计	其中:当年粮食补助资金		合计	其中:当年生活费兑现金额合计		
		小 计	其中:当年新退耕地粮食补助资金		小 计	其中:当年新退耕地生活费兑现金额	
7101332	**16366723**	**1508884**	**55**	**2040311**	**326496**	**93**	**25238899**
—	—	—	—	—	—	—	—
—	—	—	—	—	—	—	—
166794	290827	30347	—	42773	5923	—	1069014
400489	577468	30304	—	112401	31212	—	758886
327734	626224	45825	—	98400	9773	—	567632
—	—	—	—	—	—	—	—
328632	307315	32627	—	49422	6427	—	440859
194703	367942	42563	55	53909	7576	8	236363
—	—	—	—	—	—	—	—
292576	450436	47097	—	68345	8808	—	175207
—	—	—	—	—	—	—	—
—	—	—	—	—	—	—	—
—	—	—	—	—	—	—	—
—	—	—	—	—	—	—	—
244912	571115	47000	—	57208	8382	—	1175060
—	—	—	—	—	—	—	—
135562	446158	40423	—	44524	5019	—	939965
—	—	—	—	—	—	—	—
249738	556466	42701	—	61109	10428	—	1063841
342927	757129	76057	—	75453	8734	—	1338507
520764	1233671	116608	—	116541	23699	—	2294513
—	—	—	—	—	—	—	—
169928	471660	52992	—	47912	5549	85	613237
29391	96173	9258	—	9159	881	—	39089
411059	1045787	105118	—	112193	22381	—	2147717
328220	2376934	191840	—	238299	26014	—	5414919
432805	1058924	108005	—	103548	12984	—	1780065
351838	874693	84068	—	96823	15465	—	1017530
15499	21793	5031	—	2521	479	—	108548
795907	1877947	158064	—	256728	27774	—	1950725
625512	1102481	144593	—	188841	58935	—	1241784
193309	310480	20175	—	53497	11275	—	299602
293058	467032	31869	—	79607	10004	—	305834
249975	478068	46319	—	71098	8774	—	260002
95458	181221	15673	—	28022	2881	—	14947
—	—	—	—	—	—	—	—

各地区退耕还林工程建设情况(三)

地　区	全部林业投资完成额(万元)							
	合　计	其　中		粮食补助资金	种苗费	生活费补助	巩固退耕还林成果专项资金	其他费用
		国债资金	中央财政专项资金					
全国合计	**2927290**	**105956**	**2393817**	**1455443**	**128324**	**354570**	**805764**	**183189**
北　京	—	—	—	—	—	—	—	—
天　津	—	—	—	—	—	—	—	—
河　北	56268	—	41769	28202	2729	5663	17231	2443
山　西	99827	—	92233	30304	7120	31207	23043	8153
内蒙古	98448	7437	87142	46400	5612	9533	17920	18983
内蒙古集团	—	—	—	—	—	—	—	—
辽　宁	71168	—	63398	34717	7770	4712	18807	5162
吉　林	59163	—	52485	40960	2157	6782	5154	4110
吉林集团	—	—	—	—	—	—	—	—
黑龙江	93931	4151	68512	47791	7158	8946	26960	3076
龙江集团	—	—	—	—	—	—	—	—
上　海	—	—	—	—	—	—	—	—
江　苏	—	—	—	—	—	—	—	—
浙　江	—	—	—	—	—	—	—	—
安　徽	59665	1915	39670	35125	2425	5732	13085	3298
福　建	—	—	—	—	—	—	—	—
江　西	86742	1695	68430	36228	3976	4087	27479	14972
山　东	—	—	—	—	—	—	—	—
河　南	81268	7250	74018	42700	7250	17184	14134	—
湖　北	133149	5679	88827	69077	7151	7221	40075	9625
湖　南	175656	26340	108570	110477	6091	23052	27914	8122
广　东	—	—	—	—	—	—	—	—
广　西	83437	6028	55272	55377	6962	6394	11258	3446
海　南	15918	1403	5036	9258	600	881	4809	370
重　庆	203296	—	186008	76781	7390	36898	66221	16006
四　川	396092	—	366549	191840	6890	26014	152261	19087
贵　州	208994	—	194674	108005	6450	12984	73685	7870
云　南	165092	8958	95628	82425	11073	17626	38369	15599
西　藏	7414	—	4690	5031	197	496	—	1690
陕　西	223977	10961	147717	158064	12081	35784	15868	2180
甘　肃	385760	7870	377227	144593	7870	58935	144076	30286
青　海	50799	3270	47529	20175	3270	11275	13688	2391
宁　夏	98300	1880	77266	45093	1886	15118	33444	2759
新　疆	72002	10195	51167	36820	3292	8046	20283	3561
新疆兵团	27140	10195	13388	14750	—	2430	8151	1809
大兴安岭	924	924	—	—	924	—	—	—

京津风沙源治理工程区退耕还林工程建设情况(一)

指　　标	单位	合　计	北　京	天　津	河　北	山　西	内蒙古
一、造林面积	**公顷**	**13911**	**—**	**—**	**10905**	**—**	**3006**
1. 退耕地造林	公顷	—	—	—	—	—	—
其中:生态林面积	公顷	—	—	—	—	—	—
25°以上坡耕地退耕面积	公顷	—	—	—	—	—	—
严重沙化耕地退耕面积	公顷	—	—	—	—	—	—
2. 荒山荒地造林	公顷	13911	—	—	10905	—	3006
3. 无林地和疏林地新封	公顷	—	—	—	—	—	—
按林种用途分							
1. 用材林	公顷	399	—	—	399	—	—
2. 经济林	公顷	1214	—	—	1214	—	—
3. 防护林	公顷	12298	—	—	9292	—	3006
4. 薪炭林	公顷	—	—	—	—	—	—
5. 特种用途林	公顷	—	—	—	—	—	—
二、当年种草面积	**公顷**	**306584**	**—**	**24667**	**117802**	**10461**	**153654**
其中:退耕地种(育)草面积	公顷	4867	—	—	2000	—	2867
三、年末实有封山(沙)育林面积	**公顷**	**2867**	**—**	**—**	**—**	**—**	**2867**

京津风沙源治理工程区退耕还林工程建设情况(二)

指标	单位	合计	北京	天津	河北	山西	内蒙古
四、补助粮、款兑现							
1. 当年粮款兑现退耕地总面积	公顷	1023114	24909	3902	436461	125174	432668
2. 自工程实施以来累计粮食补助资金总计	万元	1675571	45955	5981	662288	170370	790977
其中:当年粮食补助资金合计	万元	178410	4851	645	76991	15976	79947
其中:当年新退耕地粮食补助资金	万元	—	—	—	—	—	—
3. 自工程实施以来累计生活费兑现金额总计	万元	256825	6872	1087	97873	30435	120558
其中:当年生活费兑现金额合计	万元	40497	834	124	13347	7457	18735
其中:当年新退耕地生活费兑现金额	万元	—	—	—	—	—	—
4. 当年粮款兑现涉及户数	户	2293980	131083	22300	981405	181384	977808
五、全部林业投资完成额	**万元**	**293165**	**5961**	**1133**	**145440**	**24911**	**115720**
其中:国债资金	万元	2821	—	—	—	—	2821
中央财政专项资金	万元	278963	4328	—	138640	2911	111084
1. 粮食补助资金	万元	179586	4851	645	76991	15976	81123
2. 种苗费	万元	4463	—	—	2190	—	2273
3. 生活费补助	万元	40910	834	124	13347	7457	19148
4. 巩固退耕还林成果专项资金	万元	56484	276	364	52009	—	3835
5. 其他费用	万元	11722	—	—	903	1478	931

京津风沙源治理工程建设情况

指　　标	单　位	本年实际
一、治理情况		
（一）荒山荒（沙）地造林面积	公顷	439126
1. 人工造林	公顷	113858
2. 飞播造林	公顷	122614
3. 无林地和疏林地新封	公顷	202654
按林种用途分		
1. 用材林	公顷	8908
2. 经济林	公顷	2643
3. 防护林	公顷	427241
4. 薪炭林	公顷	—
5. 特种用途林	公顷	334
（二）年末实有封山（沙）育林面积	公顷	2219889
（三）草地治理面积	公顷	177274
（四）暖棚建设面积	平方米	951372
（五）饲料机械台数	台	11332
（六）小流域治理	公顷	134030
（七）水利设施	处	14714
（八）生态移民人数	人	1322
（九）生态移民户数	户	324
二、全部投资完成额	**万元**	**437091**
其中：林业投资完成额	万元	382406
其中：国债资金	万元	47958
中央财政专项资金	万元	281208
1. 造林	万元	293126
2. 科技费用	万元	—
3. 其他	万元	89280

各地区京津风沙源治理工程建设情况

指　　标	单位	合 计	北 京	天 津	河 北	山 西	内蒙古
一、治理情况							
（一）荒山荒（沙）地造林面积	公顷	439126	7787	170	131358	17066	282745
1. 人工造林	公顷	113858	1665	170	46222	6399	59402
2. 飞播造林	公顷	122614	—	—	76601	2668	43345
3. 无林地和疏林地新封	公顷	202654	6122	—	8535	7999	179998
按林种用途分							
1. 用材林	公顷	8908	—	—	5939	—	2969
2. 经济林	公顷	2643	—	—	1510	—	1133
3. 防护林	公顷	427241	7453	170	123909	17066	278643
4. 薪炭林	公顷	—	—	—	—	—	—
5. 特种用途林	公顷	334	334	—	—	—	—
（二）年末实有封山（沙）育林面积	公顷	2219889	106197	24667	704676	165188	1219161
（三）草地治理面积	公顷	177274	3433	—	32709	3133	137999
（四）暖棚建设面积	平方米	951372	67000	—	415872	173500	295000
（五）饲料机械台数	台	11332	—	—	5185	6000	147
（六）小流域治理	公顷	134030	7930	—	43900	11400	70800
（七）水利设施	处	14714	—	336	970	11840	1568
（八）生态移民人数	人	1322	1000	—	108	214	—
（九）生态移民户数	户	324	205	—	39	80	—
二、全部投资完成额	**万元**	**437091**	**19088**	**591**	**191263**	**59544**	**166605**
其中：林业投资完成额	万元	382406	18039	255	167911	40029	156172
其中：国债资金	万元	47958	5731	255	—	—	41972
中央财政专项资金	万元	281208	4465	—	138905	24911	112927
1. 造林	万元	293126	12078	255	167475	26704	86614
2. 科技费用	万元	—	—	—	—	—	—
3. 其他	万元	89280	5961	—	436	13325	69558

三北及长江流域等重点防护林体系工程建设情况

单位:公顷、万元

指　　标	三北及长江流域等重点防护林体系建设工程						
	合　计	三北防护林四期工程	长江流域防护林二期工程	沿海防护林二期工程	珠江流域防护林二期工程	太行山绿化二期工程	平原绿化二期工程
一、荒山荒(沙)地造林面积	**1360649**	**928240**	**118814**	**173238**	**66834**	**69224**	**4299**
1. 人工造林	899203	606561	77274	134645	44539	31885	4299
2. 飞播造林	—	—	—	—	—	—	—
3. 无林地和疏林地新封	461446	321679	41540	38593	22295	37339	—
按林种用途分							
1. 用材林	52267	10573	9487	22073	8621	1341	172
2. 经济林	162670	138154	7580	3936	6612	5126	1262
3. 防护林	1141594	776238	101219	146994	51521	62757	2865
其中:水源涵养林	140223	67320	27417	16555	14341	14590	—
水土保持林	363790	234248	31796	44183	22325	31138	100
防风固沙林	306571	282070	2608	13321	—	8489	83
农田、牧场防护林	62683	55813	2532	4268	—	20	50
护岸护堤林	18982	4061	3454	11467	—	—	—
护路林	14440	9379	1019	4042	—	—	—
4. 薪炭林	824	376	448	—	—	—	—
5. 特种用途林	3294	2899	80	235	80	—	—
二、年末实有封山(沙)育林面积	**2414215**	**1700922**	**137574**	**243820**	**114502**	**217397**	**—**
三、低产低效林改造面积	**20378**	**3658**	**5824**	**5852**	**4911**	**133**	**—**
四、全部林业投资完成额	**570888**	**284589**	**49422**	**192579**	**27177**	**16471**	**650**
其中:国债资金	86407	57620	7740	14632	6049	366	—
中央财政专项资金	52143	11012	11817	19170	6470	3634	40
1. 造林	500883	242368	42979	182764	17740	14892	140
2. 低产低效防护林改造	5804	598	860	2653	1673	20	—
3. 种苗	26944	22314	1420	2085	1125	—	—
4. 森林防火	1779	500	103	160	299	717	—
5. 病虫害防治	1431	929	176	176	95	45	10
6. 科技费用	739	385	91	228	35	—	—
7. 其他	33308	17495	3793	4513	6210	797	500
五、群众投工投劳(折合资金)	**91299**	**62143**	**7270**	**12482**	**2963**	**6441**	**—**

各地区三北及长江流域等重点

地　区	荒山荒(沙)地					
	合　计	按造林方式分				
		人工造林	飞播造林	无林地和疏林地新封	用材林	经济林
全国合计	**1360649**	**899203**	**—**	**461446**	**52267**	**162670**
北　京	313	313	—	—	—	—
天　津	11145	11145	—	—	6246	750
河　北	88952	50616	—	38336	2107	7113
山　西	90896	54256	—	36640	—	13033
内蒙古	154753	90418	—	64335	1119	2726
内蒙古集团	—	—	—	—	—	—
辽　宁	102199	49429	—	52770	1311	417
吉　林	45513	29298	—	16215	—	—
吉林集团	—	—	—	—	—	—
黑龙江	129792	85359	—	44433	3218	104
龙江集团	—	—	—	—	—	—
上　海	—	—	—	—	—	—
江　苏	37645	24675	—	12970	2590	970
浙　江	11617	10354	—	1263	367	652
安　徽	25956	20376	—	5580	5683	3662
福　建	10822	10072	—	750	67	53
江　西	17259	10448	—	6811	3223	—
山　东	37393	34393	—	3000	610	1553
河　南	40519	17668	—	22851	860	578
湖　北	10334	6401	—	3933	300	—
湖　南	16685	9677	—	7008	460	1499
广　东	32477	32477	—	—	—	660
广　西	30870	26435	—	4435	19215	397
海　南	9205	9205	—	—	—	—
重　庆	—	—	—	—	—	—
四　川	—	—	—	—	—	—
贵　州	21000	10733	—	10267	1327	4534
云　南	12571	8547	—	4024	334	1066
西　藏	—	—	—	—	—	—
陕　西	100182	59380	—	40802	215	5155
甘　肃	55635	28769	—	26866	—	80
青　海	24860	13432	—	11428	—	—
宁　夏	63363	53429	—	9934	1608	20991
新　疆	178693	141898	—	36795	1407	96677
新疆兵团	39053	33720	—	5333	—	23156
大兴安岭	—	—	—	—	—	—

防护林体系工程建设情况(一)

单位:公顷

造林面积								
按林种用途分								
防护林							薪炭林	特种用途林
小计	其中							
	水源涵养林	水土保持林	防风固沙林	农田、牧场防护林	护岸护堤林	护路林		
1141594	**140223**	**363790**	**306571**	**62683**	**18982**	**14440**	**824**	**3294**
313	—	266	—	—	47	—	—	—
4149	—	—	4149	—	—	—	—	—
79732	9676	30606	5567	2497	220	1004	—	—
77863	6779	41984	27342	50	—	—	—	—
150908	—	27094	82839	6375	1200	—	—	—
—	—	—	—	—	—	—	—	—
100471	22565	40295	19344	770	297	343	—	—
45446	13382	2868	22560	2617	56	763	—	67
—	—	—	—	—	—	—	—	—
124150	20080	41287	26006	14323	998	3328	129	2191
—	—	—	—	—	—	—	—	—
—	—	—	—	—	—	—	—	—
34085	2817	6576	344	830	7861	929	—	—
10598	2564	2669	172	1473	207	302	—	—
16163	1254	1806	1206	675	1047	47	448	—
10701	3343	3375	226	1	1083	555	—	1
13956	5540	4018	—	—	—	14	—	80
35230	3658	14183	4820	1496	1072	1687	—	—
39081	12291	17621	133	868	67	67	—	—
10034	3114	3052	—	—	601	—	—	—
14726	3818	7707	—	—	—	—	—	—
31737	9460	6670	2986	—	—	220	—	80
11024	1424	3298	—	—	2000	—	—	234
9205	352	914	653	—	23	—	—	—
—	—	—	—	—	—	—	—	—
—	—	—	—	—	—	—	—	—
15139	3859	11280	—	—	—	—	—	—
11171	—	4557	—	—	—	—	—	—
—	—	—	—	—	—	—	—	—
94812	7888	47521	20492	1801	1180	3997	—	—
55222	2567	19010	21516	3831	—	48	—	333
24860	—	12265	10193	—	—	—	—	—
40714	2939	5671	15259	10388	1002	21	—	50
80104	853	7197	40764	14688	21	1115	247	258
15897	—	11	8647	4946	—	69	—	—
—	—	—	—	—	—	—	—	—

各地区三北及长江流域等重点

地　区	年末实有封山(沙)育林面积	低产低效林改造面积	全部林业			
			合　计	其　中		造林
				国债资金	中央财政专项资金	
全国合计	**2414215**	**20378**	**570888**	**86407**	**52143**	**500883**
北　京	4840	—	7564	—	911	7564
天　津	—	—	22446	1800	—	22446
河　北	103631	—	35042	—	5059	25837
山　西	183271	—	22807	—	1360	22700
内蒙古	418768	—	34636	30140	1580	32144
内蒙古集团	—	—	—	—	—	—
辽　宁	106250	68	25910	—	—	15605
吉　林	22663	—	7716	—	194	7085
吉林集团	—	—	—	—	—	—
黑龙江	89274	—	38119	2096	4567	29784
龙江集团	—	—	—	—	—	—
上　海	—	—	—	—	—	—
江　苏	16304	5	94280	7500	—	94280
浙　江	91166	899	10715	—	878	9986
安　徽	15048	1134	3872	735	1474	3125
福　建	20750	1016	10861	—	7986	9837
江　西	25707	2120	6343	1251	3129	5813
山　东	73929	1267	36261	4585	3734	32000
河　南	45117	439	9472	406	2247	7434
湖　北	17768	2933	4202	356	2617	3067
湖　南	27336	53	4625	920	1375	3923
广　东	49913	6302	22927	8366	3738	13609
广　西	33006	534	20653	2659	5980	17590
海　南	410	—	2837	450	119	2807
重　庆	—	—	—	—	—	—
四　川	—	—	—	—	—	—
贵　州	44907	—	4461	—	—	4461
云　南	11312	—	4354	159	3218	4084
西　藏	—	—	—	—	—	—
陕　西	73401	—	23194	—	—	22959
甘　肃	151419	47	13156	13044	32	13044
青　海	228548	—	7900	7900	—	7900
宁　夏	35610	—	12722	3805	—	12454
新　疆	523867	3561	83813	235	1945	69345
新疆兵团	29540	11	48484	235	1945	45357
大兴安岭	—	—	—	—	—	—

防护林体系工程建设情况(二)

单位:公顷、万元

投资完成额						群众投工投劳(折合资金)
低产低效防护林改造	种苗	森林防火	病虫害防治	科技费用	其他	
5804	**26944**	**1779**	**1431**	**739**	**33308**	**91299**
—	—	—	—	—	—	—
—	—	—	—	—	—	—
—	—	719	121	—	8365	11557
—	—	—	—	—	107	1383
400	177	1	1	72	1841	1184
—	—	—	—	—	—	—
745	8075	—	—	—	1485	8056
—	117	21	20	10	463	100
—	—	—	—	—	—	—
111	3848	413	145	18	3800	10450
—	—	—	—	—	—	—
—	—	—	—	—	—	—
—	—	—	—	—	—	—
461	156	—	—	—	112	483
243	100	5	5	27	367	775
611	5	—	9	100	299	177
127	77	15	10	16	285	701
—	677	82	134	47	3321	3345
20	228	30	32	10	1718	1862
376	365	16	31	13	334	592
100	286	5	9	17	285	1675
1970	936	296	105	—	6011	267
553	689	113	113	124	1471	7058
—	30	—	—	—	—	—
—	—	—	—	—	—	—
—	—	—	—	—	—	—
—	—	—	—	—	—	—
—	121	—	—	—	149	437
—	—	—	—	—	—	—
—	—	—	—	—	235	2391
—	—	—	—	—	112	1210
—	—	—	—	—	—	544
—	—	—	—	—	268	4889
87	11057	63	696	285	2280	32163
87	1670	50	337	285	698	627
—	—	—	—	—	—	—

各地区三北防护林四期

地区	荒山荒(沙)地					
	合计	按造林方式分				
		人工造林	飞播造林	无林地和疏林地新封	用材林	经济林
全国合计	**928240**	**606561**	**—**	**321679**	**10573**	**138154**
北京	47	47	—	—	—	—
天津	2690	2690	—	—	893	37
河北	40085	25134	—	14951	1227	2927
山西	65743	43057	—	22686	—	11289
内蒙古	154753	90418	—	64335	1119	2726
内蒙古集团	—	—	—	—	—	—
辽宁	77218	39183	—	38035	1101	107
吉林	45513	29298	—	16215	—	—
吉林集团	—	—	—	—	—	—
黑龙江	129792	85359	—	44433	3218	104
龙江集团	—	—	—	—	—	—
上海	—	—	—	—	—	—
江苏	—	—	—	—	—	—
浙江	—	—	—	—	—	—
安徽	—	—	—	—	—	—
福建	—	—	—	—	—	—
江西	—	—	—	—	—	—
山东	—	—	—	—	—	—
河南	—	—	—	—	—	—
湖北	—	—	—	—	—	—
湖南	—	—	—	—	—	—
广东	—	—	—	—	—	—
广西	—	—	—	—	—	—
海南	—	—	—	—	—	—
重庆	—	—	—	—	—	—
四川	—	—	—	—	—	—
贵州	—	—	—	—	—	—
云南	—	—	—	—	—	—
西藏	—	—	—	—	—	—
陕西	89848	53847	—	36001	—	3216
甘肃	55635	28769	—	26866	—	80
青海	24860	13432	—	11428	—	—
宁夏	63363	53429	—	9934	1608	20991
新疆	178693	141898	—	36795	1407	96677
新疆兵团	39053	33720	—	5333	—	23156
大兴安岭	—	—	—	—	—	—

工程建设情况(一)

单位:公顷

造林面积								
按林种用途分								
防护林							薪炭林	特种用途林
小计	其中							
	水源涵养林	水土保持林	防风固沙林	农田、牧场防护林	护岸护堤林	护路林		
776238	**67320**	**234248**	**282070**	**55813**	**4061**	**9379**	**376**	**2899**
47	—	—	—	—	47	—	—	—
1760	—	—	1760	—	—	—	—	—
35931	1733	15587	1201	1020	60	420	—	—
54454	1533	31491	20136	—	—	—	—	—
150908	—	27094	82839	6375	1200	—	—	—
—	—	—	—	—	—	—	—	—
76010	18790	27058	19344	770	164	20	—	—
45446	13382	2868	22560	2617	56	763	—	67
—	—	—	—	—	—	—	—	—
124150	20080	41287	26006	14323	998	3328	129	2191
—	—	—	—	—	—	—	—	—
—	—	—	—	—	—	—	—	—
—	—	—	—	—	—	—	—	—
—	—	—	—	—	—	—	—	—
—	—	—	—	—	—	—	—	—
—	—	—	—	—	—	—	—	—
—	—	—	—	—	—	—	—	—
—	—	—	—	—	—	—	—	—
—	—	—	—	—	—	—	—	—
—	—	—	—	—	—	—	—	—
—	—	—	—	—	—	—	—	—
—	—	—	—	—	—	—	—	—
—	—	—	—	—	—	—	—	—
—	—	—	—	—	—	—	—	—
—	—	—	—	—	—	—	—	—
—	—	—	—	—	—	—	—	—
—	—	—	—	—	—	—	—	—
—	—	—	—	—	—	—	—	—
—	—	—	—	—	—	—	—	—
86632	5443	44720	20492	1801	513	3664	—	—
55222	2567	19010	21516	3831	—	48	—	333
24860	—	12265	10193	—	—	—	—	—
40714	2939	5671	15259	10388	1002	21	—	50
80104	853	7197	40764	14688	21	1115	247	258
15897	—	11	8647	4946	—	69	—	—
—	—	—	—	—	—	—	—	—

各地区三北防护林四期

地　区	年末实有封山(沙)育林面积	低产低效林改造面积	全部林业			
			合　计	其　中		造林
				国债资金	中央财政专项资金	
全国合计	**1700922**	**3658**	**284589**	**57620**	**11012**	**242368**
北　京	—	—	5858	—	911	5858
天　津	—	—	7946	400	—	7946
河　北	35872	—	19262	—	1783	11428
山　西	58606	—	16611	—	—	16611
内蒙古	418768	—	34636	30140	1580	32144
内蒙古集团	—	—	—	—	—	—
辽　宁	72250	50	16010	—	—	8145
吉　林	22663	—	7716	—	194	7085
吉林集团	—	—	—	—	—	—
黑龙江	89274	—	38119	2096	4567	29784
龙江集团	—	—	—	—	—	—
上　海	—	—	—	—	—	—
江　苏	—	—	—	—	—	—
浙　江	—	—	—	—	—	—
安　徽	—	—	—	—	—	—
福　建	—	—	—	—	—	—
江　西	—	—	—	—	—	—
山　东	—	—	—	—	—	—
河　南	—	—	—	—	—	—
湖　北	—	—	—	—	—	—
湖　南	—	—	—	—	—	—
广　东	—	—	—	—	—	—
广　西	—	—	—	—	—	—
海　南	—	—	—	—	—	—
重　庆	—	—	—	—	—	—
四　川	—	—	—	—	—	—
贵　州	—	—	—	—	—	—
云　南	—	—	—	—	—	—
西　藏	—	—	—	—	—	—
陕　西	64045	—	20840	—	—	20624
甘　肃	151419	47	13156	13044	32	13044
青　海	228548	—	7900	7900	—	7900
宁　夏	35610	—	12722	3805	—	12454
新　疆	523867	3561	83813	235	1945	69345
新疆兵团	29540	11	48484	235	1945	45357
大兴安岭	—	—	—	—	—	—

工程建设情况(二)

单位:公顷、万元

投资完成额						群众投工投劳（折合资金）
低产低效防护林改造	种苗	森林防火	病虫害防治	科技费用	其他	
598	**22314**	**500**	**929**	**385**	**17495**	**62143**
—	—	—	—	—	—	—
—	—	—	—	—	—	—
—	—	2	67	—	7765	3083
—	—	—	—	—	—	1240
400	177	1	1	72	1841	1184
—	—	—	—	—	—	—
—	7115	—	—	—	750	5531
—	117	21	20	10	463	100
—	—	—	—	—	—	—
111	3848	413	145	18	3800	10450
—	—	—	—	—	—	—
—	—	—	—	—	—	—
—	—	—	—	—	—	—
—	—	—	—	—	—	—
—	—	—	—	—	—	—
—	—	—	—	—	—	—
—	—	—	—	—	—	—
—	—	—	—	—	—	—
—	—	—	—	—	—	—
—	—	—	—	—	—	—
—	—	—	—	—	—	—
—	—	—	—	—	—	—
—	—	—	—	—	—	—
—	—	—	—	—	—	—
—	—	—	—	—	—	—
—	—	—	—	—	—	—
—	—	—	—	—	—	—
—	—	—	—	—	—	—
—	—	—	—	—	—	—
—	—	—	—	—	216	1749
—	—	—	—	—	112	1210
—	—	—	—	—	—	544
—	—	—	—	—	268	4889
87	11057	63	696	285	2280	32163
87	1670	50	337	285	698	627
—	—	—	—	—	—	—

各地区长江流域防护林体系

地　区	荒山荒(沙)地					
	合　计	按造林方式分				
		人工造林	飞播造林	无林地和疏林地新封	用材林	经济林
全国合计	**118814**	**77274**	**—**	**41540**	**9487**	**7580**
北　京	—	—	—	—	—	—
天　津	—	—	—	—	—	—
河　北	—	—	—	—	—	—
山　西	—	—	—	—	—	—
内蒙古	—	—	—	—	—	—
内蒙古集团	—	—	—	—	—	—
辽　宁	—	—	—	—	—	—
吉　林	—	—	—	—	—	—
吉林集团	—	—	—	—	—	—
黑龙江	—	—	—	—	—	—
龙江集团	—	—	—	—	—	—
上　海	—	—	—	—	—	—
江　苏	8093	7076	—	1017	787	197
浙　江	3113	2686	—	427	103	50
安　徽	25956	20376	—	5580	5683	3662
福　建	—	—	—	—	—	—
江　西	13876	7965	—	5911	1407	—
山　东	12091	9891	—	2200	133	—
河　南	24067	10735	—	13332	399	448
湖　北	10334	6401	—	3933	300	—
湖　南	10950	6611	—	4339	460	1284
广　东	—	—	—	—	—	—
广　西	—	—	—	—	—	—
海　南	—	—	—	—	—	—
重　庆	—	—	—	—	—	—
四　川	—	—	—	—	—	—
贵　州	—	—	—	—	—	—
云　南	—	—	—	—	—	—
西　藏	—	—	—	—	—	—
陕　西	10334	5533	—	4801	215	1939
甘　肃	—	—	—	—	—	—
青　海	—	—	—	—	—	—
宁　夏	—	—	—	—	—	—
新　疆	—	—	—	—	—	—
新疆兵团	—	—	—	—	—	—
大兴安岭	—	—	—	—	—	—

二期工程建设情况(一)

单位:公顷

造林面积								
按林种用途分								
防护林							薪炭林	特种用途林
小计	其中							
	水源涵养林	水土保持林	防风固沙林	农田、牧场防护林	护岸护堤林	护路林		
101219	**27417**	**31796**	**2608**	**2532**	**3454**	**1019**	**448**	**80**
—	—	—	—	—	—	—	—	—
—	—	—	—	—	—	—	—	—
—	—	—	—	—	—	—	—	—
—	—	—	—	—	—	—	—	—
—	—	—	—	—	—	—	—	—
—	—	—	—	—	—	—	—	—
—	—	—	—	—	—	—	—	—
—	—	—	—	—	—	—	—	—
—	—	—	—	—	—	—	—	—
—	—	—	—	—	—	—	—	—
—	—	—	—	—	—	—	—	—
—	—	—	—	—	—	—	—	—
7109	683	920	163	379	668	269	—	—
2960	1170	419	—	67	—	100	—	—
16163	1254	1806	1206	675	1047	47	448	—
—	—	—	—	—	—	—	—	—
12389	4106	3885	—	—	—	14	—	80
11958	600	5628	1106	543	404	189	—	—
23220	10758	9161	133	868	67	67	—	—
10034	3114	3052	—	—	601	—	—	—
9206	3287	4124	—	—	—	—	—	—
—	—	—	—	—	—	—	—	—
—	—	—	—	—	—	—	—	—
—	—	—	—	—	—	—	—	—
—	—	—	—	—	—	—	—	—
—	—	—	—	—	—	—	—	—
—	—	—	—	—	—	—	—	—
—	—	—	—	—	—	—	—	—
—	—	—	—	—	—	—	—	—
8180	2445	2801	—	—	667	333	—	—
—	—	—	—	—	—	—	—	—
—	—	—	—	—	—	—	—	—
—	—	—	—	—	—	—	—	—
—	—	—	—	—	—	—	—	—
—	—	—	—	—	—	—	—	—
—	—	—	—	—	—	—	—	—

各地区长江流域防护林体系

地　　区	年末实有封山(沙)育林面积	低产低效林改造面积	全部林业			
			合　计	其　中		造林
				国债资金	中央财政专项资金	
全国合计	**137574**	**5824**	**49422**	**7740**	**11817**	**42979**
北　京	—	—	—	—	—	—
天　津	—	—	—	—	—	—
河　北	—	—	—	—	—	—
山　西	—	—	—	—	—	—
内蒙古	—	—	—	—	—	—
内蒙古集团	—	—	—	—	—	—
辽　宁	—	—	—	—	—	—
吉　林	—	—	—	—	—	—
吉林集团	—	—	—	—	—	—
黑龙江	—	—	—	—	—	—
龙江集团	—	—	—	—	—	—
上　海	—	—	—	—	—	—
江　苏	2351	—	9712	3000	—	9712
浙　江	19850	—	2157	—	532	2013
安　徽	15048	1134	3872	735	1474	3125
福　建	—	—	—	—	—	—
江　西	17867	1184	5304	1251	3129	4774
山　东	19256	267	11288	1838	1621	10000
河　南	15199	306	7133	40	1269	5205
湖　北	17768	2933	4202	356	2617	3067
湖　南	20879	—	3400	520	1175	2748
广　东	—	—	—	—	—	—
广　西	—	—	—	—	—	—
海　南	—	—	—	—	—	—
重　庆	—	—	—	—	—	—
四　川	—	—	—	—	—	—
贵　州	—	—	—	—	—	—
云　南	—	—	—	—	—	—
西　藏	—	—	—	—	—	—
陕　西	9356	—	2354	—	—	2335
甘　肃	—	—	—	—	—	—
青　海	—	—	—	—	—	—
宁　夏	—	—	—	—	—	—
新　疆	—	—	—	—	—	—
新疆兵团	—	—	—	—	—	—
大兴安岭	—	—	—	—	—	—

二期工程建设情况(二)

单位:公顷、万元

投资完成额						群众投工投劳(折合资金)
低产低效防护林改造	种苗	森林防火	病虫害防治	科技费用	其他	
860	**1420**	**103**	**176**	**91**	**3793**	**7270**
—	—	—	—	—	—	—
—	—	—	—	—	—	—
—	—	—	—	—	—	—
—	—	—	—	—	—	—
—	—	—	—	—	—	—
—	—	—	—	—	—	—
—	—	—	—	—	—	—
—	—	—	—	—	—	—
—	—	—	—	—	—	—
—	—	—	—	—	—	—
—	—	—	—	—	—	—
—	—	—	—	—	—	—
—	—	—	—	—	—	—
14	130	—	—	—	—	402
243	100	5	5	27	367	775
—	—	—	—	—	—	—
127	77	15	10	16	285	701
—	284	32	89	8	875	1294
—	228	30	32	10	1628	1784
376	365	16	31	13	334	592
100	236	5	9	17	285	1080
—	—	—	—	—	—	—
—	—	—	—	—	—	—
—	—	—	—	—	—	—
—	—	—	—	—	—	—
—	—	—	—	—	—	—
—	—	—	—	—	—	—
—	—	—	—	—	—	—
—	—	—	—	—	—	—
—	—	—	—	—	19	642
—	—	—	—	—	—	—
—	—	—	—	—	—	—
—	—	—	—	—	—	—
—	—	—	—	—	—	—
—	—	—	—	—	—	—
—	—	—	—	—	—	—

各地区沿海防护林体系二期

地区	荒山荒(沙)地					
	合计	按造林方式分				
		人工造林	飞播造林	无林地和疏林地新封	用材林	经济林
全国合计	**173238**	**134645**	**—**	**38593**	**22073**	**3936**
北京	—	—	—	—	—	—
天津	8455	8455	—	—	5353	713
河北	20982	11463	—	9519	—	934
山西	—	—	—	—	—	—
内蒙古	—	—	—	—	—	—
内蒙古集团	—	—	—	—	—	—
辽宁	24981	10246	—	14735	210	310
吉林	—	—	—	—	—	—
吉林集团	—	—	—	—	—	—
黑龙江	—	—	—	—	—	—
龙江集团	—	—	—	—	—	—
上海	—	—	—	—	—	—
江苏	29552	17599	—	11953	1803	773
浙江	8504	7668	—	836	264	602
安徽	—	—	—	—	—	—
福建	10822	10072	—	750	67	53
江西	—	—	—	—	—	—
山东	21535	20735	—	800	305	291
河南	—	—	—	—	—	—
湖北	—	—	—	—	—	—
湖南	—	—	—	—	—	—
广东	21598	21598	—	—	—	—
广西	17604	17604	—	—	14071	260
海南	9205	9205	—	—	—	—
重庆	—	—	—	—	—	—
四川	—	—	—	—	—	—
贵州	—	—	—	—	—	—
云南	—	—	—	—	—	—
西藏	—	—	—	—	—	—
陕西	—	—	—	—	—	—
甘肃	—	—	—	—	—	—
青海	—	—	—	—	—	—
宁夏	—	—	—	—	—	—
新疆	—	—	—	—	—	—
新疆兵团	—	—	—	—	—	—
大兴安岭	—	—	—	—	—	—

工程建设情况(一)

单位:公顷

造林面积								
按林种用途分								
防护林							薪炭林	特种用途林
小计	其中							
	水源涵养林	水土保持林	防风固沙林	农田、牧场防护林	护岸护堤林	护路林		
146994	**16555**	**44183**	**13321**	**4268**	**11467**	**4042**	—	**235**
—	—	—	—	—	—	—	—	—
2389	—	—	2389	—	—	—	—	—
20048	132	3000	3000	1457	160	584	—	—
—	—	—	—	—	—	—	—	—
—	—	—	—	—	—	—	—	—
—	—	—	—	—	—	—	—	—
24461	3775	13237	—	—	133	323	—	—
—	—	—	—	—	—	—	—	—
—	—	—	—	—	—	—	—	—
—	—	—	—	—	—	—	—	—
—	—	—	—	—	—	—	—	—
—	—	—	—	—	—	—	—	—
26976	2134	5656	181	451	7193	660	—	—
7638	1394	2250	172	1406	207	202	—	—
—	—	—	—	—	—	—	—	—
10701	3343	3375	226	1	1083	555	—	1
—	—	—	—	—	—	—	—	—
20939	3058	8555	3714	953	668	1498	—	—
—	—	—	—	—	—	—	—	—
—	—	—	—	—	—	—	—	—
—	—	—	—	—	—	—	—	—
21598	2134	6590	2986	—	—	220	—	—
3039	233	606	—	—	2000	—	—	234
9205	352	914	653	—	23	—	—	—
—	—	—	—	—	—	—	—	—
—	—	—	—	—	—	—	—	—
—	—	—	—	—	—	—	—	—
—	—	—	—	—	—	—	—	—
—	—	—	—	—	—	—	—	—
—	—	—	—	—	—	—	—	—
—	—	—	—	—	—	—	—	—
—	—	—	—	—	—	—	—	—
—	—	—	—	—	—	—	—	—
—	—	—	—	—	—	—	—	—
—	—	—	—	—	—	—	—	—
—	—	—	—	—	—	—	—	—

各地区沿海防护林体系

全部林业

地　　区	年末实有封山(沙)育林面积	低产低效林改造面积	合　计	其中：国债资金	其中：中央财政专项资金	造林
全国合计	**243820**	**5852**	**192579**	**14632**	**19170**	**182764**
北　京	—	—	—	—	—	—
天　津	—	—	14500	1400	—	14500
河　北	9785	—	9410	—	1940	9401
山　西	—	—	—	—	—	—
内蒙古	—	—	—	—	—	—
内蒙古集团	—	—	—	—	—	—
辽　宁	34000	18	9900	—	—	7460
吉　林	—	—	—	—	—	—
吉林集团	—	—	—	—	—	—
黑龙江	—	—	—	—	—	—
龙江集团	—	—	—	—	—	—
上　海	—	—	—	—	—	—
江　苏	13953	5	84568	4500	—	84568
浙　江	71316	899	8558	—	346	7973
安　徽	—	—	—	—	—	—
福　建	20750	1016	10861	—	7986	9837
江　西	—	—	—	—	—	—
山　东	54673	1000	24463	2747	2113	22000
河　南	—	—	—	—	—	—
湖　北	—	—	—	—	—	—
湖　南	—	—	—	—	—	—
广　东	32889	2882	12726	3408	3031	10468
广　西	6044	32	14756	2127	3635	13750
海　南	410	—	2837	450	119	2807
重　庆	—	—	—	—	—	—
四　川	—	—	—	—	—	—
贵　州	—	—	—	—	—	—
云　南	—	—	—	—	—	—
西　藏	—	—	—	—	—	—
陕　西	—	—	—	—	—	—
甘　肃	—	—	—	—	—	—
青　海	—	—	—	—	—	—
宁　夏	—	—	—	—	—	—
新　疆	—	—	—	—	—	—
新疆兵团	—	—	—	—	—	—
大兴安岭	—	—	—	—	—	—

二期工程建设情况(二)

单位:公顷、万元

投资完成额						群众投工投劳（折合资金）
低产低效防护林改造	种苗	森林防火	病虫害防治	科技费用	其他	
2653	**2085**	**160**	**176**	**228**	**4513**	**12482**
—	—	—	—	—	—	—
—	—	—	—	—	—	—
—	—	—	9	—	—	2254
—	—	—	—	—	—	—
—	—	—	—	—	—	—
—	—	—	—	—	—	—
745	960	—	—	—	735	2525
—	—	—	—	—	—	—
—	—	—	—	—	—	—
—	—	—	—	—	—	—
—	—	—	—	—	—	—
—	—	—	—	—	—	—
—	—	—	—	—	—	—
447	26	—	—	—	112	81
—	—	—	—	—	—	—
611	5	—	9	100	299	177
—	—	—	—	—	—	—
—	393	50	35	39	1946	2051
—	—	—	—	—	—	—
—	—	—	—	—	—	—
—	—	—	—	—	—	—
840	359	20	33	—	1006	267
10	312	90	90	89	415	5127
—	30	—	—	—	—	—
—	—	—	—	—	—	—
—	—	—	—	—	—	—
—	—	—	—	—	—	—
—	—	—	—	—	—	—
—	—	—	—	—	—	—
—	—	—	—	—	—	—
—	—	—	—	—	—	—
—	—	—	—	—	—	—
—	—	—	—	—	—	—
—	—	—	—	—	—	—
—	—	—	—	—	—	—
—	—	—	—	—	—	—

各地区珠江流域防护林体系

地区	荒山荒(沙)地					
	合计	按造林方式分				
		人工造林	飞播造林	无林地和疏林地新封	用材林	经济林
全国合计	**66834**	**44539**	**—**	**22295**	**8621**	**6612**
北京	—	—	—	—	—	—
天津	—	—	—	—	—	—
河北	—	—	—	—	—	—
山西	—	—	—	—	—	—
内蒙古	—	—	—	—	—	—
内蒙古集团	—	—	—	—	—	—
辽宁	—	—	—	—	—	—
吉林	—	—	—	—	—	—
吉林集团	—	—	—	—	—	—
黑龙江	—	—	—	—	—	—
龙江集团	—	—	—	—	—	—
上海	—	—	—	—	—	—
江苏	—	—	—	—	—	—
浙江	—	—	—	—	—	—
安徽	—	—	—	—	—	—
福建	—	—	—	—	—	—
江西	3383	2483	—	900	1816	—
山东	—	—	—	—	—	—
河南	—	—	—	—	—	—
湖北	—	—	—	—	—	—
湖南	5735	3066	—	2669	—	215
广东	10879	10879	—	—	—	660
广西	13266	8831	—	4435	5144	137
海南	—	—	—	—	—	—
重庆	—	—	—	—	—	—
四川	—	—	—	—	—	—
贵州	21000	10733	—	10267	1327	4534
云南	12571	8547	—	4024	334	1066
西藏	—	—	—	—	—	—
陕西	—	—	—	—	—	—
甘肃	—	—	—	—	—	—
青海	—	—	—	—	—	—
宁夏	—	—	—	—	—	—
新疆	—	—	—	—	—	—
新疆兵团	—	—	—	—	—	—
大兴安岭	—	—	—	—	—	—

二期工程建设情况(一)

单位:公顷

造林面积									
按林种用途分									
防护林							薪炭林	特种用途林
小计	其中							
	水源涵养林	水土保持林	防风固沙林	农田、牧场防护林	护岸护堤林	护路林		
51521	**14341**	**22325**	—	—	—	—	—	**80**
—	—	—	—	—	—	—	—	—
—	—	—	—	—	—	—	—	—
—	—	—	—	—	—	—	—	—
—	—	—	—	—	—	—	—	—
—	—	—	—	—	—	—	—	—
—	—	—	—	—	—	—	—	—
—	—	—	—	—	—	—	—	—
—	—	—	—	—	—	—	—	—
—	—	—	—	—	—	—	—	—
—	—	—	—	—	—	—	—	—
—	—	—	—	—	—	—	—	—
—	—	—	—	—	—	—	—	—
—	—	—	—	—	—	—	—	—
—	—	—	—	—	—	—	—	—
—	—	—	—	—	—	—	—	—
—	—	—	—	—	—	—	—	—
1567	1434	133	—	—	—	—	—	—
—	—	—	—	—	—	—	—	—
—	—	—	—	—	—	—	—	—
—	—	—	—	—	—	—	—	—
5520	531	3583	—	—	—	—	—	—
10139	7326	80	—	—	—	—	—	80
7985	1191	2692	—	—	—	—	—	—
—	—	—	—	—	—	—	—	—
—	—	—	—	—	—	—	—	—
—	—	—	—	—	—	—	—	—
15139	3859	11280	—	—	—	—	—	—
11171	—	4557	—	—	—	—	—	—
—	—	—	—	—	—	—	—	—
—	—	—	—	—	—	—	—	—
—	—	—	—	—	—	—	—	—
—	—	—	—	—	—	—	—	—
—	—	—	—	—	—	—	—	—
—	—	—	—	—	—	—	—	—
—	—	—	—	—	—	—	—	—
—	—	—	—	—	—	—	—	—

各地区珠江流域防护林体系

地区	年末实有封山(沙)育林面积	低产低效林改造面积	全部林业			
			合计	其中		造林
				国债资金	中央财政专项资金	
全国合计	**114502**	**4911**	**27177**	**6049**	**6470**	**17740**
北京	—	—	—	—	—	—
天津	—	—	—	—	—	—
河北	—	—	—	—	—	—
山西	—	—	—	—	—	—
内蒙古	—	—	—	—	—	—
内蒙古集团	—	—	—	—	—	—
辽宁	—	—	—	—	—	—
吉林	—	—	—	—	—	—
吉林集团	—	—	—	—	—	—
黑龙江	—	—	—	—	—	—
龙江集团	—	—	—	—	—	—
上海	—	—	—	—	—	—
江苏	—	—	—	—	—	—
浙江	—	—	—	—	—	—
安徽	—	—	—	—	—	—
福建	—	—	—	—	—	—
江西	7840	936	1039	—	—	1039
山东	—	—	—	—	—	—
河南	—	—	—	—	—	—
湖北	—	—	—	—	—	—
湖南	6457	53	1225	400	200	1175
广东	17024	3420	10201	4958	707	3141
广西	26962	502	5897	532	2345	3840
海南	—	—	—	—	—	—
重庆	—	—	—	—	—	—
四川	—	—	—	—	—	—
贵州	44907	—	4461	—	—	4461
云南	11312	—	4354	159	3218	4084
西藏	—	—	—	—	—	—
陕西	—	—	—	—	—	—
甘肃	—	—	—	—	—	—
青海	—	—	—	—	—	—
宁夏	—	—	—	—	—	—
新疆	—	—	—	—	—	—
新疆兵团	—	—	—	—	—	—
大兴安岭	—	—	—	—	—	—

二期工程建设情况(二)

单位:公顷、万元

投资完成额						群众投工投劳（折合资金）
低产低效防护林改造	种苗	森林防火	病虫害防治	科技费用	其他	
1673	**1125**	**299**	**95**	**35**	**6210**	**2963**
—	—	—	—	—	—	—
—	—	—	—	—	—	—
—	—	—	—	—	—	—
—	—	—	—	—	—	—
—	—	—	—	—	—	—
—	—	—	—	—	—	—
—	—	—	—	—	—	—
—	—	—	—	—	—	—
—	—	—	—	—	—	—
—	—	—	—	—	—	—
—	—	—	—	—	—	—
—	—	—	—	—	—	—
—	—	—	—	—	—	—
—	—	—	—	—	—	—
—	—	—	—	—	—	—
—	—	—	—	—	—	—
—	—	—	—	—	—	—
—	—	—	—	—	—	—
—	—	—	—	—	—	—
—	—	—	—	—	—	—
—	50	—	—	—	—	595
1130	577	276	72	—	5005	—
543	377	23	23	35	1056	1931
—	—	—	—	—	—	—
—	—	—	—	—	—	—
—	—	—	—	—	—	—
—	—	—	—	—	—	—
—	121	—	—	—	149	437
—	—	—	—	—	—	—
—	—	—	—	—	—	—
—	—	—	—	—	—	—
—	—	—	—	—	—	—
—	—	—	—	—	—	—
—	—	—	—	—	—	—
—	—	—	—	—	—	—
—	—	—	—	—	—	—

各地区太行山绿化

地区	荒山荒(沙)地					
	合计	按造林方式分				
		人工造林	飞播造林	无林地和疏林地新封	用材林	经济林
全国合计	**69224**	**31885**	**—**	**37339**	**1341**	**5126**
北京	266	266	—	—	—	—
天津	—	—	—	—	—	—
河北	27819	13953	—	13866	880	3252
山西	24953	10999	—	13954	—	1744
内蒙古	—	—	—	—	—	—
内蒙古集团	—	—	—	—	—	—
辽宁	—	—	—	—	—	—
吉林	—	—	—	—	—	—
吉林集团	—	—	—	—	—	—
黑龙江	—	—	—	—	—	—
龙江集团	—	—	—	—	—	—
上海	—	—	—	—	—	—
江苏	—	—	—	—	—	—
浙江	—	—	—	—	—	—
安徽	—	—	—	—	—	—
福建	—	—	—	—	—	—
江西	—	—	—	—	—	—
山东	—	—	—	—	—	—
河南	16186	6667	—	9519	461	130
湖北	—	—	—	—	—	—
湖南	—	—	—	—	—	—
广东	—	—	—	—	—	—
广西	—	—	—	—	—	—
海南	—	—	—	—	—	—
重庆	—	—	—	—	—	—
四川	—	—	—	—	—	—
贵州	—	—	—	—	—	—
云南	—	—	—	—	—	—
西藏	—	—	—	—	—	—
陕西	—	—	—	—	—	—
甘肃	—	—	—	—	—	—
青海	—	—	—	—	—	—
宁夏	—	—	—	—	—	—
新疆	—	—	—	—	—	—
新疆兵团	—	—	—	—	—	—
大兴安岭	—	—	—	—	—	—

二期工程建设情况(一)

单位:公顷

造林面积								
按林种用途分								
防护林							薪炭林	特种用途林
小计	其中							
	水源涵养林	水土保持林	防风固沙林	农田、牧场防护林	护岸护堤林	护路林		
62757	**14590**	**31138**	**8489**	**20**	**—**	**—**	**—**	**—**
266	—	266	—	—	—	—	—	—
—	—	—	—	—	—	—	—	—
23687	7811	12019	1333	20	—	—	—	—
23209	5246	10393	7156	—	—	—	—	—
—	—	—	—	—	—	—	—	—
—	—	—	—	—	—	—	—	—
—	—	—	—	—	—	—	—	—
—	—	—	—	—	—	—	—	—
—	—	—	—	—	—	—	—	—
—	—	—	—	—	—	—	—	—
—	—	—	—	—	—	—	—	—
—	—	—	—	—	—	—	—	—
—	—	—	—	—	—	—	—	—
—	—	—	—	—	—	—	—	—
—	—	—	—	—	—	—	—	—
—	—	—	—	—	—	—	—	—
—	—	—	—	—	—	—	—	—
—	—	—	—	—	—	—	—	—
15595	1533	8460	—	—	—	—	—	—
—	—	—	—	—	—	—	—	—
—	—	—	—	—	—	—	—	—
—	—	—	—	—	—	—	—	—
—	—	—	—	—	—	—	—	—
—	—	—	—	—	—	—	—	—
—	—	—	—	—	—	—	—	—
—	—	—	—	—	—	—	—	—
—	—	—	—	—	—	—	—	—
—	—	—	—	—	—	—	—	—
—	—	—	—	—	—	—	—	—
—	—	—	—	—	—	—	—	—
—	—	—	—	—	—	—	—	—
—	—	—	—	—	—	—	—	—
—	—	—	—	—	—	—	—	—
—	—	—	—	—	—	—	—	—
—	—	—	—	—	—	—	—	—
—	—	—	—	—	—	—	—	—

各地区太行山绿化

地　区	年末实有封山(沙)育林面积	低产低效林改造面积	全部林业			
			合　计	其　中		造林
				国债资金	中央财政专项资金	
全国合计	**217397**	**133**	**16471**	**366**	**3634**	**14892**
北　京	4840	—	1706	—	—	1706
天　津	—	—	—	—	—	—
河　北	57974	—	6350	—	1336	4988
山　西	124665	—	6116	—	1360	6009
内蒙古	—	—	—	—	—	—
内蒙古集团	—	—	—	—	—	—
辽　宁	—	—	—	—	—	—
吉　林	—	—	—	—	—	—
吉林集团	—	—	—	—	—	—
黑龙江	—	—	—	—	—	—
龙江集团	—	—	—	—	—	—
上　海	—	—	—	—	—	—
江　苏	—	—	—	—	—	—
浙　江	—	—	—	—	—	—
安　徽	—	—	—	—	—	—
福　建	—	—	—	—	—	—
江　西	—	—	—	—	—	—
山　东	—	—	—	—	—	—
河　南	29918	133	2299	366	938	2189
湖　北	—	—	—	—	—	—
湖　南	—	—	—	—	—	—
广　东	—	—	—	—	—	—
广　西	—	—	—	—	—	—
海　南	—	—	—	—	—	—
重　庆	—	—	—	—	—	—
四　川	—	—	—	—	—	—
贵　州	—	—	—	—	—	—
云　南	—	—	—	—	—	—
西　藏	—	—	—	—	—	—
陕　西	—	—	—	—	—	—
甘　肃	—	—	—	—	—	—
青　海	—	—	—	—	—	—
宁　夏	—	—	—	—	—	—
新　疆	—	—	—	—	—	—
新疆兵团	—	—	—	—	—	—
大兴安岭	—	—	—	—	—	—

二期工程建设情况（二）

单位：公顷、万元

投资完成额						群众投工投劳（折合资金）
低产低效防护林改造	种苗	森林防火	病虫害防治	科技费用	其他	
20	**—**	**717**	**45**	**—**	**797**	**6441**
—	—	—	—	—	—	—
—	—	—	—	—	—	—
—	—	717	45	—	600	6220
—	—	—	—	—	107	143
—	—	—	—	—	—	—
—	—	—	—	—	—	—
—	—	—	—	—	—	—
—	—	—	—	—	—	—
—	—	—	—	—	—	—
—	—	—	—	—	—	—
—	—	—	—	—	—	—
—	—	—	—	—	—	—
—	—	—	—	—	—	—
—	—	—	—	—	—	—
—	—	—	—	—	—	—
—	—	—	—	—	—	—
—	—	—	—	—	—	—
—	—	—	—	—	—	—
20	—	—	—	—	90	78
—	—	—	—	—	—	—
—	—	—	—	—	—	—
—	—	—	—	—	—	—
—	—	—	—	—	—	—
—	—	—	—	—	—	—
—	—	—	—	—	—	—
—	—	—	—	—	—	—
—	—	—	—	—	—	—
—	—	—	—	—	—	—
—	—	—	—	—	—	—
—	—	—	—	—	—	—
—	—	—	—	—	—	—
—	—	—	—	—	—	—
—	—	—	—	—	—	—
—	—	—	—	—	—	—
—	—	—	—	—	—	—
—	—	—	—	—	—	—

地区	荒山荒(沙)地					
	合计	按造林方式分				
		人工造林	飞播造林	无林地和疏林地新封	用材林	经济林
全国合计	**4299**	**4299**	**—**	**—**	**172**	**1262**
北京	—	—	—	—	—	—
天津	—	—	—	—	—	—
河北	66	66	—	—	—	—
山西	200	200	—	—	—	—
内蒙古	—	—	—	—	—	—
内蒙古集团	—	—	—	—	—	—
辽宁	—	—	—	—	—	—
吉林	—	—	—	—	—	—
吉林集团	—	—	—	—	—	—
黑龙江	—	—	—	—	—	—
龙江集团	—	—	—	—	—	—
上海	—	—	—	—	—	—
江苏	—	—	—	—	—	—
浙江	—	—	—	—	—	—
安徽	—	—	—	—	—	—
福建	—	—	—	—	—	—
江西	—	—	—	—	—	—
山东	3767	3767	—	—	172	1262
河南	266	266	—	—	—	—
湖北	—	—	—	—	—	—
湖南	—	—	—	—	—	—
广东	—	—	—	—	—	—
广西	—	—	—	—	—	—
海南	—	—	—	—	—	—
重庆	—	—	—	—	—	—
四川	—	—	—	—	—	—
贵州	—	—	—	—	—	—
云南	—	—	—	—	—	—
西藏	—	—	—	—	—	—
陕西	—	—	—	—	—	—
甘肃	—	—	—	—	—	—
青海	—	—	—	—	—	—
宁夏	—	—	—	—	—	—
新疆	—	—	—	—	—	—
新疆兵团	—	—	—	—	—	—
大兴安岭	—	—	—	—	—	—

二期工程建设情况(一)

单位:公顷

造林面积								
按林种用途分								
防护林							薪炭林	特种用途林
小计	其中							
	水源涵养林	水土保持林	防风固沙林	农田、牧场防护林	护岸护堤林	护路林		
2865	**—**	**100**	**83**	**50**	**—**	**—**	**—**	**—**
—	—	—	—	—	—	—	—	—
—	—	—	—	—	—	—	—	—
66	—	—	33	—	—	—	—	—
200	—	100	50	50	—	—	—	—
—	—	—	—	—	—	—	—	—
—	—	—	—	—	—	—	—	—
—	—	—	—	—	—	—	—	—
—	—	—	—	—	—	—	—	—
—	—	—	—	—	—	—	—	—
—	—	—	—	—	—	—	—	—
—	—	—	—	—	—	—	—	—
—	—	—	—	—	—	—	—	—
—	—	—	—	—	—	—	—	—
—	—	—	—	—	—	—	—	—
—	—	—	—	—	—	—	—	—
—	—	—	—	—	—	—	—	—
—	—	—	—	—	—	—	—	—
2333	—	—	—	—	—	—	—	—
266	—	—	—	—	—	—	—	—
—	—	—	—	—	—	—	—	—
—	—	—	—	—	—	—	—	—
—	—	—	—	—	—	—	—	—
—	—	—	—	—	—	—	—	—
—	—	—	—	—	—	—	—	—
—	—	—	—	—	—	—	—	—
—	—	—	—	—	—	—	—	—
—	—	—	—	—	—	—	—	—
—	—	—	—	—	—	—	—	—
—	—	—	—	—	—	—	—	—
—	—	—	—	—	—	—	—	—
—	—	—	—	—	—	—	—	—
—	—	—	—	—	—	—	—	—
—	—	—	—	—	—	—	—	—
—	—	—	—	—	—	—	—	—
—	—	—	—	—	—	—	—	—
—	—	—	—	—	—	—	—	—
—	—	—	—	—	—	—	—	—

各地区平原绿化

地　区	年末实有封山(沙)育林面积	低产低效林改造面积	全部林业			
			合　计	其　中		造林
				国债资金	中央财政专项资金	
全国合计	**—**	**—**	**650**	**—**	**40**	**140**
北　京	—	—	—	—	—	—
天　津	—	—	—	—	—	—
河　北	—	—	20	—	—	20
山　西	—	—	80	—	—	80
内蒙古	—	—	—	—	—	—
内蒙古集团	—	—	—	—	—	—
辽　宁	—	—	—	—	—	—
吉　林	—	—	—	—	—	—
吉林集团	—	—	—	—	—	—
黑龙江	—	—	—	—	—	—
龙江集团	—	—	—	—	—	—
上　海	—	—	—	—	—	—
江　苏	—	—	—	—	—	—
浙　江	—	—	—	—	—	—
安　徽	—	—	—	—	—	—
福　建	—	—	—	—	—	—
江　西	—	—	—	—	—	—
山　东	—	—	510	—	—	—
河　南	—	—	40	—	40	40
湖　北	—	—	—	—	—	—
湖　南	—	—	—	—	—	—
广　东	—	—	—	—	—	—
广　西	—	—	—	—	—	—
海　南	—	—	—	—	—	—
重　庆	—	—	—	—	—	—
四　川	—	—	—	—	—	—
贵　州	—	—	—	—	—	—
云　南	—	—	—	—	—	—
西　藏	—	—	—	—	—	—
陕　西	—	—	—	—	—	—
甘　肃	—	—	—	—	—	—
青　海	—	—	—	—	—	—
宁　夏	—	—	—	—	—	—
新　疆	—	—	—	—	—	—
新疆兵团	—	—	—	—	—	—
大兴安岭	—	—	—	—	—	—

二期工程建设情况(二)

单位:公顷、万元

投资完成额						群众投工投劳（折合资金）
低产低效防护林改造	种苗	森林防火	病虫害防治	科技费用	其他	
—	**—**	**—**	**10**	**—**	**500**	**—**
—	—	—	—	—	—	—
—	—	—	—	—	—	—
—	—	—	—	—	—	—
—	—	—	—	—	—	—
—	—	—	—	—	—	—
—	—	—	—	—	—	—
—	—	—	—	—	—	—
—	—	—	—	—	—	—
—	—	—	—	—	—	—
—	—	—	—	—	—	—
—	—	—	—	—	—	—
—	—	—	—	—	—	—
—	—	—	—	—	—	—
—	—	—	—	—	—	—
—	—	—	—	—	—	—
—	—	—	—	—	—	—
—	—	—	—	—	—	—
—	—	—	10	—	500	—
—	—	—	—	—	—	—
—	—	—	—	—	—	—
—	—	—	—	—	—	—
—	—	—	—	—	—	—
—	—	—	—	—	—	—
—	—	—	—	—	—	—
—	—	—	—	—	—	—
—	—	—	—	—	—	—
—	—	—	—	—	—	—
—	—	—	—	—	—	—
—	—	—	—	—	—	—
—	—	—	—	—	—	—
—	—	—	—	—	—	—
—	—	—	—	—	—	—
—	—	—	—	—	—	—
—	—	—	—	—	—	—
—	—	—	—	—	—	—
—	—	—	—	—	—	—

林业系统野生动植物保护及自然保护区工程建设情况

指　标	单位	本年实际
一、年末实有自然保护区个数	**个**	**2035**
其中：国家级	个	247
二、年末实有自然保护区面积	**百公顷**	**1237092**
其中：国家级	百公顷	759742
三、年末实有自然保护小区个数	**个**	**48783**
年末实有自然保护小区面积	百公顷	158766
四、野生植物就地保护点个数	**个**	**351**
野生植物就地保护点面积	百公顷	47597
五、禁猎（采）区个数	**个**	**2425**
禁猎（采）区面积	百公顷	870559
六、国际重要湿地个数	**个**	**37**
国际重要湿地面积	百公顷	39148
七、湿地示范区面积	**百公顷**	**25083**
八、野生动物种源繁育基地	个	**560**
九、野生植物种源培育基地	个	**503**
十、野生动植物保护管理站	个	**5456**
十一、鸟类环志中心（站）个数	个	**148**
鸟类环志中心（站）人员	人	336
十二、野生动植物科研及监测机构个数	个	**663**
其中：各类专业技术人员	人	3221
十三、野生动物园个数	个	**61**
十四、植物园个数	个	**87**
十五、狩猎场个数	个	**147**
其中：对外国人开放的狩猎场个数	个	13
十六、从事野生动植物及自然保护区建设的职工人数	**人**	**48723**
其中：各类专业技术人员	人	13835
十七、野生动植物及自然保护区投资情况	**万元**	**100107**
其中：国债资金	万元	14975
中央财政专项资金	万元	42765

各地区林业系统野生动植物保护及自然保护区工程建设情况(一)

单位:个、百公顷

地区	年末实有自然保护区个数		年末实有自然保护区面积		年末实有自然保护小区		野生植物就地保护点		禁猎(采)区	
	合计	其中:国家级	合计	其中:国家级	个数	面积	个数	面积	个数	面积
全国合计	**2035**	**247**	**1237092**	**759742**	**48783**	**158766**	**351**	**47597**	**2425**	**870559**
北京	16	2	1273	264	—	—	—	—	15	1091
天津	5	1	579	54	—	—	—	—	—	—
河北	25	7	5204	1769	—	—	1	200	2	388
山西	45	5	11033	823	—	—	45	11085	—	—
内蒙古	138	17	104604	26832	54	12262	16	13980	59	311069
内蒙古集团	8	2	12365	2319	—	—	—	—	8	12365
辽宁	71	7	11409	1906	36	1800	17	800	14	1908
吉林	33	9	23508	8384	5	94	23	2029	—	—
吉林集团	—	—	—	—	1	22	—	—	—	—
黑龙江	107	17	39073	14589	170	5220	13	271	6	2526
龙江集团	22	6	10989	4528	—	—	—	—	—	—
上海	1	1	242	242	—	—	—	—	—	—
江苏	23	1	3943	780	7	28	—	—	2	1512
浙江	17	6	948	741	386	810	2	155	37	486
安徽	96	4	4129	876	11	1257	1	34	10	457
福建	88	10	5019	1697	3310	3129	6	10	—	—
江西	165	8	10715	1444	1575	1869	39	453	569	1337
山东	58	5	8997	1759	52	676	15	16	4	344
河南	25	9	5076	3255	6	—	—	—	33	2037
湖北	48	6	8857	2533	175	1247	16	2269	286	6739
湖南	116	16	13316	5121	175	5707	44	451	133	5260
广东	255	5	10659	978	38800	42000	4	155	668	28888
广西	63	12	13853	2515	102	3414	3	191	5	723
海南	30	6	2398	866	190	170	25	2302	1	34000
重庆	51	3	7184	1855	—	—	—	—	—	—
四川	121	17	77286	24543	317	18828	42	6835	191	50036
贵州	97	7	7600	2309	3267	4108	8	719	292	34
云南	132	14	28036	13270	55	8227	20	3778	37	5420
西藏	62	8	412531	370131	6	31740	—	—	7	320000
陕西	46	11	10629	3498	16	983	5	115	21	60
甘肃	49	13	67985	41114	53	12694	2	593	28	7456
青海	10	5	216874	202525	—	—	1	1079	—	—
宁夏	6	5	4907	4667	1	—	—	—	2	2895
新疆	28	7	105611	13549	9	1397	3	78	2	2380
新疆兵团	2	—	181	—	6	61	1	61	—	—
大兴安岭	8	3	13616	4856	5	1106	—	—	1	83512

注:国际重要湿地个数中,全国合计包括香港特别行政区1处。

各地区林业系统野生动植物保护

地区	国际重要湿地		湿地示范区面积	野生动物种源繁育基地	野生植物种源培育基地	野生动植物保护管理站	鸟类环志中心(站)		野生动植物科研及监测机构	
	个数	面积					个数	人员	个数	其中:各类专业技术人员
全国合计	**37**	**39148**	**25083**	**560**	**503**	**5456**	**148**	**336**	**663**	**3221**
北京	—	—	86	23	—	1	—	—	18	43
天津	—	—	—	—	—	6	—	—	—	—
河北	—	—	47	6	—	7	1	1	5	48
山西	—	—	—	—	—	27	—	—	5	34
内蒙古	2	7477	4256	8	7	62	3	11	26	179
内蒙古集团	—	—	—	2	1	—	1	8	6	86
辽宁	2	1397	2	63	3	60	2	7	15	36
吉林	1	1055	15	2	3	93	2	4	35	180
吉林集团	—	—	—	—	—	—	—	—	—	—
黑龙江	4	6249	96	2	4	400	5	32	22	93
龙江集团	—	—	—	—	—	374	1	12	7	46
上海	2	364	—	—	1	7	1	7	4	20
江苏	2	5310	60	1	—	8	8	15	9	38
浙江	1	3	150	57	11	52	7	13	15	89
安徽	—	—	134	6	8	68	—	—	4	45
福建	1	24	99	70	208	45	—	—	3	35
江西	1	224	43	54	77	258	28	56	52	190
山东	—	—	552	10	6	25	5	19	15	99
河南	—	—	327	7	3	36	1	6	14	142
湖北	1	435	355	31	13	119	6	15	69	195
湖南	3	6930	673	84	75	382	57	74	100	481
广东	3	323	237	1	2	15	—	2	4	90
广西	2	70	775	16	—	16	1	2	5	33
海南	1	54	—	74	55	5	—	—	4	60
重庆	—	—	3	9	5	320	—	—	8	126
四川	1	1666	449	5	2	539	—	—	33	118
贵州	—	—	—	—	5	1434	6	—	4	54
云南	4	121	14	11	9	1070	6	32	41	383
西藏	2	1173	114	1	2	43	—	—	12	20
陕西	—	—	30	6	1	36	—	—	5	15
甘肃	—	—	340	1	—	63	2	15	5	51
青海	3	6260	—	—	—	—	—	—	—	—
宁夏	—	—	352	1	—	10	1	1	3	53
新疆	—	—	575	11	3	237	2	5	108	206
新疆兵团	—	—	61	—	—	—	—	—	5	20
大兴安岭	—	—	15300	—	—	12	4	19	20	65

及自然保护区工程建设情况(二)

单位:个、百公顷、人、万元

野生动物园个数	植物园个数	狩猎场		从事野生动植物及自然保护区建设的职工人数		野生动植物及自然保护区投资情况		
						投资完成额		
							其中	
		个数	其中:对外国人开放的狩猎场个数	合计	其中:各类专业技术人员	合计	国债资金	中央财政专项资金
61	**87**	**147**	**13**	**48723**	**13835**	**100107**	**14975**	**42765**
2	—	—	—	866	186	5151	458	2903
—	—	—	—	136	52	100	—	100
2	1	—	—	965	294	2492	—	353
—	—	24	3	781	210	2218	—	651
3	3	1	—	2388	755	6347	1715	4484
—	—	—	—	735	322	2330	—	2330
1	2	—	—	1186	424	1912	—	832
3	1	2	2	1262	388	6004	—	3786
—	—	1	1	—	—	—	—	—
1	—	6	1	2382	354	4917	107	2644
—	—	6	1	980	176	—	—	—
—	1	—	—	51	43	916	—	500
2	2	—	—	330	108	1791	—	—
4	1	4	—	753	394	274	—	139
1	—	1	—	590	264	1799	—	573
1	4	—	—	1713	424	6782	—	3503
6	8	5	—	4380	1181	1724	—	63
3	3	—	—	2478	520	603	—	127
—	2	—	—	1969	403	154	—	30
2	2	12	1	1487	595	3456	641	1514
12	5	2	—	5943	1593	4742	193	2971
2	13	8	—	1203	438	2839	114	443
2	1	—	—	2776	760	14004	520	2450
1	10	—	—	810	73	678	36	642
4	12	33	—	768	258	313	—	100
4	1	9	—	2490	638	4498	—	3898
1	4	10	—	931	532	1356	—	170
1	7	—	—	2828	932	7058	1336	2744
—	—	—	—	172	27	2043	—	2043
1	—	2	1	1024	425	1240	359	801
—	1	3	3	3686	806	3415	1607	1735
—	—	—	—	265	56	7569	7209	120
—	—	1	—	892	377	1256	80	976
2	3	24	2	999	268	1856	—	1470
—	—	—	—	13	6	266	—	100
—	—	—	—	219	57	600	600	—

各地区林业系统

地 区	数量(个)							
	合计	森林生态	湿地生态	荒漠生态	野生植物	野生动物	地质遗迹	古生物遗迹
全国合计	**2035**	**1254**	**356**	**30**	**107**	**284**	**3**	**1**
北 京	16	11	3	—	—	2	—	—
天 津	5	2	3	—	—	—	—	—
河 北	25	15	7	—	—	3	—	—
山 西	45	17	2	—	3	23	—	—
内蒙古	138	71	36	16	10	5	—	—
辽 宁	71	51	14	—	—	6	—	—
吉 林	33	18	8	—	3	4	—	—
黑龙江	115	28	57	—	4	26	—	—
上 海	1	—	—	—	—	1	—	—
江 苏	23	6	15	—	—	2	—	—
浙 江	17	11	2	—	1	3	—	—
安 徽	96	80	14	—	—	2	—	—
福 建	88	55	7	—	8	18	—	—
江 西	165	111	21	—	18	15	—	—
山 东	58	36	16	—	1	4	1	—
河 南	25	12	11	—	—	2	—	—
湖 北	48	19	14	—	10	5	—	—
湖 南	116	106	8	—	—	2	—	—
广 东	255	222	19	—	5	9	—	—
广 西	63	48	1	—	2	12	—	—
海 南	30	17	6	—	2	5	—	—
重 庆	51	15	11	—	13	12	—	—
四 川	121	45	26	—	6	44	—	—
贵 州	97	84	2	—	6	5	—	—
云 南	132	98	12	—	9	10	2	1
西 藏	62	18	15	2	2	25	—	—
陕 西	46	19	7	—	—	20	—	—
甘 肃	49	25	9	7	—	8	—	—
青 海	10	3	2	2	—	3	—	—
宁 夏	6	4	1	1	—	—	—	—
新 疆	28	7	7	2	4	8	—	—

自然保护区分类情况

面积(万公顷)							
合计	森林生态	湿地生态	荒漠生态	野生植物	野生动物	地质遗迹	古生物遗迹
12370.92	**3086.26**	**3178.55**	**3709.34**	**168.32**	**2227.57**	**0.68**	**0.20**
12.73	9.03	1.16	—	—	2.54	—	—
5.79	0.58	5.21	—	—	—	—	—
52.04	32.60	11.18	—	—	8.26	—	—
110.33	29.51	9.81	—	5.66	65.35	—	—
1046.04	338.58	260.50	384.79	33.65	28.53	—	—
114.09	65.29	45.54	—	—	3.26	—	—
235.08	167.90	48.88	—	1.88	16.42	—	—
526.89	116.98	321.79	—	11.42	76.69	—	—
2.42	—	—	—	—	2.42	—	—
39.43	0.53	30.37	—	—	8.53	—	—
9.48	8.47	0.47	—	0.51	0.03	—	—
41.29	14.05	25.09	—	—	2.16	—	—
50.19	29.11	6.51	—	3.40	11.17	—	—
107.15	61.17	23.11	—	6.22	16.65	—	—
89.97	24.62	58.40	—	1.02	5.85	0.08	—
50.76	17.33	23.09	—	—	10.34	—	—
88.57	52.55	24.19	—	7.44	4.39	—	—
133.16	87.09	44.95	—	—	1.12	—	—
106.59	87.24	11.42	—	1.81	6.13	—	—
138.53	117.37	0.28	—	5.07	15.80	—	—
23.98	19.16	1.22	—	0.26	3.34	—	—
71.84	21.91	10.79	—	26.66	12.50	—	—
772.86	278.40	266.56	—	7.05	220.85	—	—
76.00	68.24	1.49	—	1.74	4.53	—	—
280.36	221.43	10.01	—	8.29	39.82	0.60	0.20
4125.31	705.14	73.44	2984.10	0.07	362.56	—	—
106.29	42.09	14.59	—	—	49.60	—	—
679.85	146.36	145.95	283.75	—	103.78	—	—
2168.74	95.96	1534.50	37.76	—	500.52	—	—
49.07	33.18	8.40	7.48	—	—	—	—
1056.11	194.39	159.64	11.47	46.16	644.45	—	—

各地区林业系统自然保护区分级情况

地区	数量(个)					面积(万公顷)					占土地面积比例(%)	占土地面积排名
	合计	国家级	省级	市级	县级	合计	国家级	省级	市级	县级		
全国合计	**2035**	**247**	**688**	**341**	**759**	**12370.92**	**7597.42**	**3429.76**	**592.66**	**751.08**	**12.89**	**—**
北　京	16	2	8	6	—	12.73	2.64	6.48	3.62	—	7.57	10
天　津	5	1	4	—	—	5.79	0.54	5.25	—	—	5.12	22
河　北	25	7	17	1	—	52.04	17.69	33.51	0.84	—	2.74	30
山　西	45	5	40	—	—	110.33	8.23	102.10	—	—	7.07	13
内蒙古	138	17	48	20	53	1046.04	268.32	642.64	41.88	93.20	8.84	7
辽　宁	71	7	22	22	20	114.09	19.06	34.44	45.61	14.98	7.83	9
吉　林	33	9	15	1	8	235.08	83.84	147.96	0.01	3.25	12.54	5
黑龙江	115	20	64	30	1	526.89	194.45	244.06	81.18	7.20	11.14	6
上　海	1	1	—	—	—	2.42	2.42	—	—	—	3.81	27
江　苏	23	1	5	16	1	39.43	7.80	5.44	25.90	0.30	3.84	26
浙　江	17	6	4	—	7	9.48	7.41	0.76	—	1.31	0.93	31
安　徽	96	4	26	4	62	41.29	8.76	26.38	1.71	4.43	2.96	29
福　建	88	10	22	9	47	50.19	16.97	9.52	15.75	7.95	4.13	25
江　西	165	8	18	3	136	107.15	14.44	23.55	3.04	66.12	6.42	15
山　东	58	5	25	18	10	89.97	17.59	35.49	34.22	2.67	5.73	20
河　南	25	9	16	—	—	50.76	32.55	18.21	—	—	3.04	28
湖　北	48	6	18	20	4	88.57	25.33	40.62	18.51	4.12	4.76	23
湖　南	116	16	27	—	73	133.16	51.21	44.24	—	37.70	6.29	17
广　东	255	5	48	89	113	106.59	9.78	38.65	31.86	26.30	5.93	18
广　西	63	12	41	2	8	138.53	25.15	89.53	11.86	11.99	5.86	19
海　南	30	6	18	1	5	23.98	8.66	14.24	0.09	0.99	7.07	14
重　庆	51	3	18	6	24	71.84	18.55	29.69	0.73	22.88	8.66	8
四　川	121	17	51	19	34	772.86	245.43	226.93	103.71	196.79	15.94	3
贵　州	97	7	3	14	73	76.00	23.09	5.22	19.69	28.00	4.31	24
云　南	132	14	41	45	32	280.36	132.70	82.23	44.67	20.76	7.12	12
西　藏	62	8	2	8	44	4125.31	3701.31	215.58	45.47	162.94	33.58	1
陕　西	46	11	30	3	2	106.29	34.98	66.02	3.27	2.01	5.16	21
甘　肃	49	13	35	—	1	679.85	411.14	268.03	—	0.67	14.94	4
青　海	10	5	5	—	—	2168.74	2025.25	143.49	—	—	30.12	2
宁　夏	6	5	1	—	—	49.07	46.67	2.4	—	—	7.39	11
新　疆	28	7	16	4	1	1056.11	135.49	827.11	59.01	34.50	6.34	16

重点地区速生丰产用材林基地工程建设情况

指　标	单位	本年实际
一、各种地类造林面积	**公顷**	**6230**
1. 荒山荒（沙）地造林	公顷	1777
2. 更新造林	公顷	4439
3. 非林业用地造林	公顷	14
各种地类造林面积按投资主体分		
1. 林场（国有、集体）造林	公顷	3848
2. 内资企业造林	公顷	—
3. 外资企业造林	公顷	155
4. 合资企业造林	公顷	—
5. 农户造林	公顷	1413
6. 其他主体造林	公顷	814
二、改培面积	**公顷**	**8010**
三、当年造林和改培面积按培育目的分		
1. 浆纸原料林	公顷	92
2. 人造板原料林	公顷	1724
3. 大径级用材林	公顷	7252
4. 其他工业原料林	公顷	5172
四、当年造林和改培面积按树种分		
1. 桉树	公顷	5684
2. 湿地松、火炬松、马尾松	公顷	275
3. 杉木、柳杉	公顷	3
4. 杨树	公顷	30
5. 落叶松、红松、云杉、冷杉、樟子松	公顷	5278
6. 柚木、楠木、西南桦、桃花心木	公顷	35
7. 水曲柳、核桃楸、黄波罗、椴树	公顷	1057
8. 竹类	公顷	—
9. 其他	公顷	1878
五、全部林业投资完成额	**万元**	**8075**
其中：国家投资	万元	1116

各地区速生丰产用材林

地　区	各种地类造林面积									
	合　计	荒山荒（沙）地造林	更新造林	非林业用地造林	各种地类造林面积按投资主体分					
					林场（国有、集体）造林	内资企业造林	外资企业造林	合资企业造林	农户造林	其他主体造林
全国合计	**6230**	**1777**	**4439**	**14**	**3848**	**—**	**155**	**—**	**1413**	**814**
北　京	—	—	—	—	—	—	—	—	—	—
天　津	—	—	—	—	—	—	—	—	—	—
河　北	—	—	—	—	—	—	—	—	—	—
山　西	—	—	—	—	—	—	—	—	—	—
内蒙古	—	—	—	—	—	—	—	—	—	—
内蒙古集团	—	—	—	—	—	—	—	—	—	—
辽　宁	89	89	—	—	89	—	—	—	—	—
吉　林	—	—	—	—	—	—	—	—	—	—
吉林集团	—	—	—	—	—	—	—	—	—	—
黑龙江	—	—	—	—	—	—	—	—	—	—
龙江集团	—	—	—	—	—	—	—	—	—	—
上　海	—	—	—	—	—	—	—	—	—	—
江　苏	—	—	—	—	—	—	—	—	—	—
浙　江	—	—	—	—	—	—	—	—	—	—
安　徽	—	—	—	—	—	—	—	—	—	—
福　建	—	—	—	—	—	—	—	—	—	—
江　西	—	—	—	—	—	—	—	—	—	—
山　东	—	—	—	—	—	—	—	—	—	—
河　南	—	—	—	—	—	—	—	—	—	—
湖　北	—	—	—	—	—	—	—	—	—	—
湖　南	—	—	—	—	—	—	—	—	—	—
广　东	—	—	—	—	—	—	—	—	—	—
广　西	5843	1596	4233	14	3667	—	155	—	1207	814
海　南	298	92	206	—	92	—	—	—	206	—
重　庆	—	—	—	—	—	—	—	—	—	—
四　川	—	—	—	—	—	—	—	—	—	—
贵　州	—	—	—	—	—	—	—	—	—	—
云　南	—	—	—	—	—	—	—	—	—	—
西　藏	—	—	—	—	—	—	—	—	—	—
陕　西	—	—	—	—	—	—	—	—	—	—
甘　肃	—	—	—	—	—	—	—	—	—	—
青　海	—	—	—	—	—	—	—	—	—	—
宁　夏	—	—	—	—	—	—	—	—	—	—
新　疆	—	—	—	—	—	—	—	—	—	—
新疆兵团	—	—	—	—	—	—	—	—	—	—
大兴安岭	—	—	—	—	—	—	—	—	—	—

基地工程建设情况(一)

单位:公顷、万元

改培面积	当年造林和改培面积按培育目的分				当年造林和改培面积按树种分			
	浆纸原料林	人造板原料林	大径级用材林	其他工业原料林	桉树	湿地松、火炬松、马尾松	杉木、柳杉	杨树
8010	**92**	**1724**	**7252**	**5172**	**5684**	**275**	**3**	**30**
—	—	—	—	—	—	—	—	—
—	—	—	—	—	—	—	—	—
—	—	—	—	—	—	—	—	—
—	—	—	—	—	—	—	—	—
—	—	—	—	—	—	—	—	—
—	—	—	—	—	—	—	—	—
—	—	—	89	—	—	—	—	—
7980	—	—	7163	817	—	—	—	—
3147	—	—	2330	817	—	—	—	—
—	—	—	—	—	—	—	—	—
—	—	—	—	—	—	—	—	—
—	—	—	—	—	—	—	—	—
—	—	—	—	—	—	—	—	—
—	—	—	—	—	—	—	—	—
30	—	30	—	—	—	—	—	30
—	—	—	—	—	—	—	—	—
—	—	—	—	—	—	—	—	—
—	—	—	—	—	—	—	—	—
—	—	—	—	—	—	—	—	—
—	—	—	—	—	—	—	—	—
—	—	—	—	—	—	—	—	—
—	—	—	—	—	—	—	—	—
—	—	1694	—	4149	5478	275	3	—
—	92	—	—	206	206	—	—	—
—	—	—	—	—	—	—	—	—
—	—	—	—	—	—	—	—	—
—	—	—	—	—	—	—	—	—
—	—	—	—	—	—	—	—	—
—	—	—	—	—	—	—	—	—
—	—	—	—	—	—	—	—	—
—	—	—	—	—	—	—	—	—
—	—	—	—	—	—	—	—	—
—	—	—	—	—	—	—	—	—
—	—	—	—	—	—	—	—	—
—	—	—	—	—	—	—	—	—
—	—	—	—	—	—	—	—	—

各地区速生丰产用材林基地工程建设情况(二)

单位:公顷、万元

地　区	当年造林和改培面积按树种分					全部林业投资完成额	
	落叶松、红松、云杉、冷杉、樟子松	柚木、楠木、西南桦、桃花心木	水曲柳、核桃楸、黄波罗、椴树	竹类	其他	合　计	其中:国家投资
全国合计	**5278**	**35**	**1057**	**—**	**1878**	**8075**	**1116**
北　京	—	—	—	—	—	—	—
天　津	—	—	—	—	—	—	—
河　北	—	—	—	—	—	—	—
山　西	—	—	—	—	—	—	—
内蒙古	—	—	—	—	—	—	—
内蒙古集团	—	—	—	—	—	—	—
辽　宁	89	—	—	—	—	40	40
吉　林	5189	—	1057	—	1734	351	—
吉林集团	1273	—	1057	—	817	351	—
黑龙江	—	—	—	—	—	—	—
龙江集团	—	—	—	—	—	—	—
上　海	—	—	—	—	—	—	—
江　苏	—	—	—	—	—	—	—
浙　江	—	—	—	—	—	—	—
安　徽	—	—	—	—	—	11	—
福　建	—	—	—	—	—	—	—
江　西	—	—	—	—	—	—	—
山　东	—	—	—	—	—	—	—
河　南	—	—	—	—	—	—	—
湖　北	—	—	—	—	—	—	—
湖　南	—	—	—	—	—	—	—
广　东	—	—	—	—	—	—	—
广　西	—	35	—	—	52	7643	1076
海　南	—	—	—	—	92	30	—
重　庆	—	—	—	—	—	—	—
四　川	—	—	—	—	—	—	—
贵　州	—	—	—	—	—	—	—
云　南	—	—	—	—	—	—	—
西　藏	—	—	—	—	—	—	—
陕　西	—	—	—	—	—	—	—
甘　肃	—	—	—	—	—	—	—
青　海	—	—	—	—	—	—	—
宁　夏	—	—	—	—	—	—	—
新　疆	—	—	—	—	—	—	—
新疆兵团	—	—	—	—	—	—	—
大兴安岭	—	—	—	—	—	—	—

3

产业发展

INDUSTRIAL DEVELOPMENT

林业产业总产值(一)

(按现行价格计算) 单位:万元

指　　标	总产值
总　　计	**227790232**
一、第一产业	**88952112**
(一)涉林产业合计	85649762
其中:湿地产业	293742
1. 林木的培育和种植	14785731
(1)育种和育苗	4827538
(2)造林	5628820
(3)林木的抚育和管理	4329373
①幼林的抚育和管理	2134190
②成林的抚育和管理	2195183
2. 木材和竹材的采运	8815154
(1)木材采运	7224082
①商品材	5957923
②农民自用材	536581
③农民烧柴	729578
(2)竹材采运	1591072
其中:除毛竹、蒿竹外的其他竹材	416997
3. 经济林产品的种植与采集	51581909
其中:水果及干果的种植与采集	35101489
茶及其他饮料作物的种植与采集	4266853
林产中药材的种植与采集	2726395
森林食品的种植与采集	5423919
4. 花卉的种植	7031168
5. 陆生野生动物繁育与利用	2261097
(1)陆生野生动物狩猎和捕捉	163164
(2)陆生野生动物饲养	2097933
6. 林业生产辅助服务	1174703
(二)林业系统非林产业	3302350

林业产业总产值(二)

(按现行价格计算)　　单位:万元

指　　标	总产值
二、第二产业	**118769494**
(一)涉林产业合计	115613617
其中:湿地产业	129299
1. 木材加工及木、竹、藤、棕、苇制品制造	49944331
(1)锯材、木片加工	7817800
(2)人造板制造	26639470
(3)木制品制造	11767815
(4)竹、藤、棕、苇制品制造	3719246
2. 木、竹、藤家具制造	16354583
3. 木、竹、苇浆造纸	29187530
4. 林产化学产品制造	3286800
5. 木制工艺品和木制文教体育用品制造	2539547
6. 非木制林产品加工制造业	9123246
7. 其他	5177580
(二)林业系统非林产业	3155877
三、第三产业	**20068626**
(一)涉林产业合计	17283988
其中:湿地产业	323822
1. 林业旅游与休闲服务	13103652
2. 林业生态服务	1969235
3. 林业专业技术服务	481646
4. 林业公共管理及其他组织服务	1729455
(二)林业系统非林产业	2784638
补充资料:竹产业产值	8209741
油茶产业产值	1399048
全部山区县茶、桑、果产值	12203134
全部丘陵县茶、桑、果产值	6969072

各地区林业

（按现行

地区	总计	第一						
		合计	涉林					
			小计	其中：湿地产业	林木的培育和			
					小计	育种和育苗	造林	林木
								计
全国合计	**227790232**	**88952112**	**85649762**	**293742**	**14785731**	**4827538**	**5628820**	**4329373**
北京	1200400	756890	751696	—	195341	72750	68118	54473
天津	215642	189500	189500	600	38348	4980	21515	11853
河北	6937260	3708645	3696292	—	388229	128471	182930	76828
山西	1898999	1479152	1473251	480	521412	93979	395642	31791
内蒙古	2022097	1145325	1040327	1196	566419	107066	313942	145411
内蒙古集团	459943	233177	228351	—	50473	125	1749	48599
辽宁	9384692	5814337	5728779	34986	815482	369485	362008	83989
吉林	7630018	1971996	1831138	—	199909	65807	68488	65614
吉林集团	891855	251123	236487	—	16969	4293	3380	9296
黑龙江	6933726	2654963	1500279	1272	265229	93115	116624	55490
龙江集团	3440190	1339238	543851	—	35607	3716	7947	23944
上海	3369645	277591	277591	—	37010	22595	5085	9330
江苏	15598797	3837674	3756203	40572	1408008	588033	298664	521311
浙江	17137667	5494265	5492278	150	1342909	1163493	110251	69165
安徽	7154214	2652311	2631668	25852	518694	164478	98826	255390
福建	16731501	4272807	4271989	1721	126547	20292	51733	54522
江西	10529719	4533001	4167527	10838	835411	110406	391230	333775
山东	18201442	8250803	8233619	37844	1255923	488640	266842	500441
河南	7590423	4159363	4111371	610	744433	187131	285005	272297
湖北	7069354	3221731	3086031	3413	485747	151159	201247	133341
湖南	11503145	4194294	3887521	80083	821005	158661	327855	334489
广东	28021579	3790759	3785369	4808	216437	34827	84862	96748
广西	12765494	4456981	4246744	899	487993	22823	206253	258917
海南	3468731	2405129	2398834	266	24833	4909	11015	8909
重庆	2656536	1639125	1635936	7961	592193	145594	407662	38937
四川	11567826	4340112	4244503	8024	628467	115919	305502	207046
贵州	2955417	1732419	1599928	9831	415079	191134	149492	74453
云南	5747968	4245984	4028177	—	442588	89402	316634	36552
西藏	161777	146083	146083	—	80397	4303	13884	62210
陕西	2612553	2233078	2216186	2010	384720	138936	195034	50750
甘肃	1620078	1391454	1383683	—	234066	36008	89243	108815
青海	74904	72530	72530	—	31970	3222	23130	5618
宁夏	712258	445957	445328	—	85886	18800	31341	35745
新疆	3591083	3106830	3098449	206	574808	28549	224418	321841
新疆兵团	945707	944180	944175	206	131330	5715	63082	62533
大兴安岭	725287	331023	220952	20120	20238	2571	4345	13322

产业总产值(一)

价格计算)　　　　单位:万元

产　业										
产　业										
种植		木材和竹材的采运								
的抚育和管理		小　计	木材采运				竹材采运			
幼林的抚育和管理	成林的抚育和管理		计	商品材	农民自用材	农民烧柴	计	其中:除毛竹、篙竹外的其他竹材		
2134190	**2195183**	**8815154**	**7224082**	**5957923**	**536581**	**729578**	**1591072**	**416997**		
12737	41736	6910	6910	4714	2182	14	—	—		
6414	5439	4780	4780	4745	35	—	—	—		
42029	34799	57424	57424	48936	5330	3158	—	—		
20956	10835	2109	2109	1797	294	18	—	—		
58800	86611	225136	225136	216663	2972	5501	—	—		
5334	43265	175170	175170	175158	12	—	—	—		
51800	32189	248157	248157	189969	13157	45031	—	—		
30989	34625	454735	454735	441510	6384	6841	—	—		
5006	4290	123676	123676	121129	—	2547	—	—		
28600	26890	465751	465751	460279	4634	838	—	—		
8754	15190	370475	370475	370175	300	—	—	—		
2392	6938	1816	286	185	100	1	1530	461		
217223	304088	270138	264414	235758	25096	3560	5724	1216		
9413	59752	428522	186291	162626	10336	13329	242231	33485		
112950	142440	569804	430526	335268	45794	49464	139278	26211		
38517	16005	1109059	749455	522915	57655	168885	359604	57236		
193195	140580	448243	368044	322719	22207	23118	80199	5926		
214598	285843	352151	336951	307383	25683	3885	15200	—		
122129	150168	250810	248405	183503	34941	29961	2405	712		
72307	61034	228756	185265	133856	40038	11371	43491	10975		
223161	111328	639635	550196	445618	40495	64083	89439	13068		
47601	49147	496743	374269	347636	15850	10783	122474	27981		
135281	123636	912064	753789	725483	5062	23244	158275	31681		
3682	5227	39281	33018	29382	543	3093	6263	2122		
22064	16873	40884	32382	16286	9897	6199	8502	6191		
103442	103604	484512	260954	124728	54100	82126	223558	162118		
48971	25482	418800	392871	280318	43843	68710	25929	18905		
21975	14577	433019	375225	242701	47455	85069	57794	15259		
45830	16380	28404	28381	15326	3165	9890	23	—		
29351	21399	39718	30750	8150	11955	10645	8968	3265		
32075	76740	4138	3953	2377	1556	20	185	185		
2467	3151	1216	1216	—	1216	—	—	—		
23313	12432	191	191	191	—	—	—	—		
157628	164213	23218	23218	17871	4606	741	—	—		
27390	35143	2619	2619	2256	363	—	—	—		
2300	11022	129030	129030	129030	—	—	—	—		

各地区林业

（按现行

地区	第一产业 涉林产业 经济林产品的种植与采集 小计	其中 水果及干果的种植与采集	茶及其他饮料作物的种植与采集	林产中药材的种植与采集	森林食品的种植与采集	花卉的种植	陆生野生动物繁育与利用 小计	陆生野生动物狩猎和捕捉	陆生野生动物饲养
全国合计	**51581909**	**35101489**	**4266853**	**2726395**	**5423919**	**7031168**	**2261097**	**163164**	**2097933**
北京	384467	380071	—	1197	2968	145077	4962	—	4962
天津	123079	123079	—	—	—	22368	325	—	325
河北	2967811	2868477	270	39994	30078	256200	18331	2	18329
山西	927656	918528	—	5668	2791	9873	2124	79	2045
内蒙古	203383	111089	4165	53791	16969	12799	14815	134	14681
内蒙古集团	—	—	—	—	—	—	—	—	—
辽宁	3270044	2045778	5988	469792	697450	536677	790375	1675	788700
吉林	738048	167742	339	276422	275179	59787	356058	31695	324363
吉林集团	73609	12787	—	31086	29546	547	13186	895	12291
黑龙江	614451	122422	2222	64054	411883	26484	101942	420	101522
龙江集团	127990	8907	212	8991	102960	40	7593	—	7593
上海	184029	178902	—	—	5127	54273	463	—	463
江苏	1051650	778859	132360	14726	70014	962389	33608	1225	32383
浙江	3251091	1542609	805907	92398	735053	246146	185065	2303	182762
安徽	1271204	549647	292137	108746	181857	209152	51705	16991	34714
福建	2669533	1291180	691670	59870	525516	338426	19195	14731	4464
江西	2129761	1183414	158748	136668	317498	564228	102172	26368	75804
山东	6179785	5867590	106204	9594	34723	379973	39695	425	39270
河南	2139891	1370361	147877	158952	417526	736026	142937	4747	138190
湖北	1988228	956077	441128	206948	320628	240406	37689	6589	31100
湖南	1884828	1067748	171458	197625	281053	329778	83382	19118	64264
广东	2328792	2014430	136857	25419	70542	675194	63994	10810	53184
广西	2595012	1890372	122005	64686	127997	142580	39546	15518	24028
海南	2225683	1022000	27220	8924	78276	74216	30678	—	30678
重庆	759368	530394	73857	51465	53338	213368	9791	1839	7952
四川	2497971	1654174	332103	122337	257554	405424	64827	1251	63576
贵州	705377	391746	193453	47603	35929	42001	3394	104	3290
云南	2783220	1259660	323473	124331	340564	266011	37804	1504	36300
西藏	36932	8684	102	6491	2477	—	55	45	10
陕西	1742438	1368096	90763	64232	71426	39245	3624	351	3273
甘肃	1037141	884694	5777	33599	12204	16021	5269	4700	569
青海	37680	3672	—	33808	200	1381	—	—	—
宁夏	340981	140692	770	198114	—	17917	340	—	340
新疆	2458474	2408012	—	48706	—	7404	1478	78	1400
新疆兵团	809721	802111	—	7610	—	500	5	—	5
大兴安岭	53901	1290	—	235	47099	344	15454	462	14992

产业总产值(二)

价格计算)

单位:万元

		第二产业							
			涉林产业						
					木材加工及木、竹、藤、棕、苇制品制造				
林业生产辅助服务	林业系统非林产业	合计	小计	其中:湿地产业	计	锯材、木片加工	人造板制造	木制品制造	竹、藤、棕、苇制品制造
1174703	**3302350**	**118769494**	**115613617**	**129299**	**49944331**	**7817800**	**26639470**	**11767815**	**3719246**
14939	5194	69637	50474	—	50474	—	30870	19604	—
600	—	10144	10144	—	10144	—	6089	4055	—
8297	12353	2942709	2907733	44	1874143	145330	1666484	51040	11289
10077	5901	322529	322529	9497	34735	8217	25876	642	—
17775	104998	556491	449233	—	342492	261541	65285	15498	168
2708	4826	97342	2946	—	46	46	—	—	—
68044	85558	2939787	2898044	—	1637188	459671	524605	652912	—
22601	140858	4786975	4200781	—	1810847	289624	686395	832868	1960
8500	14636	444517	254518	—	198503	2221	112957	83325	—
26422	1154684	3183694	2395120	1605	1409804	639058	348987	417450	4309
2146	795387	1391445	676058	—	522091	130794	144832	246465	—
—	—	3020056	3020056	—	649735	36996	210873	390499	11367
30410	81471	10670733	10340643	68001	6810078	335217	5183335	1111477	180049
38545	1987	9787394	9777847	—	4923415	529414	1244677	2239806	909518
11109	20643	3840572	3796380	11360	2860514	341607	1750018	415952	352937
9229	818	12084164	12081957	9865	4400679	454617	1724320	1409389	812353
87712	365474	3611699	3491632	3965	1923205	356992	621745	591663	352805
26092	17184	9559429	9542635	92	6360422	1226372	4133100	845412	155538
97274	47992	2833325	2795992	50	1352996	314910	865514	125950	46622
105205	135700	2961311	2855224	821	1065004	86690	579030	365431	33853
128893	306773	5031629	4594590	21763	2043310	541026	757354	395341	349589
4209	5390	23781144	23764765	—	3715693	419412	2263797	788356	244128
69549	210237	7835773	7770503	—	3707607	681621	2194485	746815	84686
4143	6295	1001743	1001137	—	118122	60750	56233	514	625
20332	3189	592764	589926	—	211601	41683	51183	68024	50711
163302	95609	4402748	4326243	5	1465122	227746	1027672	114270	95434
15277	132491	585813	470506	39	327237	94806	196188	25453	10790
65535	217807	1235434	1174017	—	500977	182268	266059	50407	2243
295	—	12620	12620	—	11053	9790	1263	—	—
6441	16892	172977	164802	2192	123646	13759	90413	11879	7595
87048	7771	92546	85172	—	4403	62	2339	1325	677
283	—	—	—	—	—	—	—	—	—
13	629	210445	210445	—	—	—	—	—	—
33067	8381	323434	323429	—	28884	7573	18122	3189	—
—	5	464	459	—	459	12	447	—	—
1985	110071	309775	189038	—	170801	51048	47159	72594	—

各地区林业

（按现行

地区	第二产业								
	涉林产业							合计	
	木、竹、藤家具制造	木、竹、苇浆造纸	林产化学产品制造	木制工艺品和木制文教体育用品制造	非木质林产品加工制造业	其他	林业系统非林产业		小计
全国合计	**16354583**	**29187530**	**3286800**	**2539547**	**9123246**	**5177580**	**3155877**	**20068626**	**17283988**
北京	—	—	—	—	—	—	19163	373873	361628
天津	—	—	—	—	—	—	—	15998	15998
河北	209529	22622	18375	2159	680654	100251	34976	285906	253597
山西	507	—	648	—	283625	3014	—	97318	76719
内蒙古	651	120	—	1270	7211	97489	107258	320281	189284
内蒙古集团	—	—	—	—	360	2540	94396	129424	21224
辽宁	738615	42421	3065	42758	287651	146346	41743	630568	595900
吉林	210041	441592	37781	19244	1584528	96748	586194	871047	582225
吉林集团	2657	—	21560	—	8612	23186	189999	196215	43143
黑龙江	279350	303653	11051	32451	8157	350654	788574	1095069	451543
龙江集团	91988	4248	9800	7701	4877	35353	715387	709507	163890
上海	231788	2123474	4508	1078	9466	7	—	71998	54309
江苏	681130	1765114	9465	64099	305616	705141	330090	1090390	972072
浙江	1896453	294046	149556	1254025	1258637	1715	9547	1856008	1853842
安徽	284031	44277	24564	102371	366498	114125	44192	661331	639763
福建	1143201	3739824	516463	486188	1124683	670919	2207	374530	369840
江西	496593	261984	257958	73042	376248	102602	120067	2385019	2225540
山东	891783	1071150	13936	201147	494699	509498	16794	391210	361824
河南	322533	442362	11796	43000	474984	148321	37333	597735	569521
湖北	385904	795044	29166	27838	327636	224632	106087	886312	670130
湖南	607221	1172397	150980	73945	329322	217415	437039	2277222	2007334
广东	5896993	13531044	456404	60908	85214	18509	16379	449676	438328
广西	356154	1474186	1199502	11032	309661	712361	65270	472740	389092
海南	34257	649684	1578	136	196098	1262	606	61859	59969
重庆	138868	109038	10794	21528	67280	30817	2838	424647	411817
四川	1476307	713715	18132	15306	53828	583833	76505	2824966	2577090
贵州	42336	42467	9656	3437	26041	19332	115307	637185	378358
云南	15378	91967	312706	1220	147486	104283	61417	266550	232218
西藏	1567	—	—	—	—	—	—	3074	1558
陕西	5629	—	108	1300	5599	28520	8175	206498	182859
甘肃	6519	—	—	65	33255	40930	7374	136078	109678
青海	—	—	—	—	—	—	—	2374	2374
宁夏	—	55349	21616	—	133018	462	—	55856	55856
新疆	—	—	—	—	146151	148394	5	160819	153728
新疆兵团	—	—	—	—	—	—	5	1063	1063
大兴安岭	1245	—	16992	—	—	—	120737	84489	39994

产业总产值(三)

价格计算)　　　　单位:万元

第三产业						补充资料			
涉林产业					林业系统非林产业	竹产业产值	油茶产业产值	全部山区县茶、桑、果产值	全部丘陵县茶、桑、果产值
其中:湿地产业	林业旅游与休闲服务	林业生态服务	林业专业技术服务	林业公共管理及其他组织服务					
323822	**13103652**	**1969235**	**481646**	**1729455**	**2784638**	**8209741**	**1399048**	**12203134**	**6969072**
136	231264	123362	1269	5733	12245	—	—	283008	62537
—	15998	—	—	—	—	—	—	14851	—
—	151924	44347	14514	42812	32309	—	—	803997	411377
80	24417	14110	2896	35296	20599	—	—	68453	296806
4399	123924	3976	5639	55745	130997	—	—	7910	62520
—	20900	—	324	—	108200	—	—	—	—
142	447772	100469	8558	39101	34668	—	—	579645	558461
59720	455106	36657	31448	59014	288822	—	—	35184	4726
—	18024	680	3087	21352	153072	—	—	—	—
15112	359126	26622	5532	60263	643526	—	—	1132	14121
460	154835	—	1403	7652	545617	—	—	—	—
—	7750	21266	3096	22197	17689	15	—	—	—
12910	602959	137600	41315	190198	118318	7216	548	13436	111106
19885	1534286	145852	15257	158447	2166	2631194	241500	1751383	363696
3443	445753	122865	18112	53033	21568	569520	95469	376034	122691
—	275720	13568	9773	70779	4690	2507649	125582	1262197	150435
17505	1460627	503732	76159	185022	159479	214129	253109	885398	138882
4838	316088	11190	14564	19982	29386	—	—	834958	929341
806	355992	142875	16802	53852	28214	7856	4800	247479	124490
8072	481681	58783	32827	96839	216182	127420	124534	734274	481297
158813	1659191	143995	70517	133631	269888	486800	426117	442922	353069
385	433647	1737	485	2459	11348	46716	5203	1090809	275119
7639	216875	60012	26451	85754	83648	214067	87640	356459	1302547
—	58676	250	—	1043	1890	4500	412	9854	5812
1707	333356	40373	10273	27815	12830	112099	2379	234236	204911
6581	2392454	34514	15130	134992	247876	1204541	4524	605085	837899
—	326862	13806	10582	27108	258827	23750	14965	160867	1360
—	151837	26018	18448	35915	34332	49522	9827	717567	3045
—	1173	35	—	350	1516	—	—	—	—
295	40392	130437	4164	7866	23639	2681	2439	232379	980
1204	16672	4953	14092	73961	26400	66	—	447555	151844
—	2374	—	—	—	—	—	—	6062	—
—	55856	—	—	—	—	—	—	—	—
150	89723	5517	11562	46926	7091	—	—	—	—
150	869	—	194	—	—	—	—	—	—
—	34177	314	2181	3322	44495	—	—	—	—

全国林产工业主要产品产量2010年与2009年比较

主要指标	单位	2010年	2009年	2010年比 2009年增减(%)
木材产量	万立方米	8089.62	7068.29	14.45
原木	万立方米	7513.21	6476.27	16.01
薪材	万立方米	576.41	592.02	-2.64
竹材产量	万根	143007.81	135649.87	5.42
锯材产量	万立方米	3722.63	3229.77	15.26
人造板产量	万立方米	15360.83	11546.65	33.03
其中:胶合板	万立方米	7139.66	4451.24	60.40
纤维板	万立方米	4354.54	3488.56	24.82
刨花板	万立方米	1264.20	1431.00	-11.66
其他人造板	万立方米	2602.43	2175.85	19.61
木竹地板产量	万平方米	47917.15	37753.20	26.92
松香类产品产量	吨	1332798	1117030	19.32
栲胶类产品产量	吨	10925	11000	-0.68
紫胶类产品产量	吨	3804	2755	38.08

全国主要木材、竹材产品产量

产品名称	单　位	全部产量
木材及竹材		
一、木材	万立方米	8089.62
其中:热带木材	万立方米	556.59
(一)原木	万立方米	7513.21
其中:针叶原木	万立方米	1534.26
1. 直接用原木	万立方米	2764.40
2. 特级原木	万立方米	100.25
3. 等内加工原木	万立方米	1578.33
其中:针叶原木	万立方米	761.94
4. 造纸用原木	万立方米	396.98
5. 胶合板材	万立方米	851.52
6. 杉原条	万立方米	598.44
7. 其他原木	万立方米	1223.29
(二)薪材	万立方米	576.41
二、竹材		
(一)竹材	万根	143007.81
1. 毛竹	万根	93495.69
2. 篙竹	万根	49512.12
(二)小杂竹	万吨	1000.85
补充资料:		
1. 按生产单位分的全部木材产量和竹材产量		
(1)系统内国有企业单位生产的木材	万立方米	1385.99
(2)系统内国有林场、事业单位生产的木材	万立方米	1293.29
(3)系统外企、事业单位采伐自营林地的木材	万立方米	266.02
(4)乡(镇)集体企业及单位生产的木材	万立方米	423.69
(5)村及村以下各级组织和农民个人生产的木材	万立方米	4720.62
(6)村及村以下各级组织和农民个人生产的竹材产量	万根	108410.44
2. 农民自用材采伐量	万立方米	823.37
3. 农民烧材采伐量	万立方米	2174.48

各地区主要木材、

地区	木材及竹材							
	木材							
	总计	其中：热带木材	原木					
			合计	其中：针叶原木	直接用原木	特级原木	等内加工原木	
							小计	其中：针叶原木
全国合计	**8089.62**	**556.59**	**7513.21**	**1534.26**	**2764.40**	**100.25**	**1578.33**	**761.94**
北京	9.72	—	9.72	—	3.80	—	—	—
天津	21.47	—	21.47	—	—	—	—	—
河北	71.34	—	65.73	17.48	41.44	—	2.09	0.15
山西	4.77	—	3.84	0.14	2.13	—	0.56	—
内蒙古	320.55	—	311.87	186.09	94.36	15.63	74.52	55.89
内蒙古集团	241.83	—	234.61	176.26	30.62	15.29	70.32	54.89
辽宁	194.64	—	170.57	53.66	146.30	—	11.67	9.34
吉林	475.89	—	474.04	92.08	176.38	47.07	206.33	63.89
吉林集团	108.00	—	106.90	20.32	6.53	21.73	64.97	14.39
黑龙江	571.43	—	561.37	92.19	162.11	7.90	247.23	95.45
龙江集团	404.71	—	398.45	77.73	76.92	7.86	223.05	92.78
上海	—	—	—	—	—	—	—	—
江苏	150.90	—	145.01	8.12	54.76	0.09	9.39	3.13
浙江	198.21	—	194.14	119.12	45.81	2.52	57.91	45.11
安徽	458.19	—	389.39	73.93	113.70	0.05	39.57	21.74
福建	684.57	—	612.64	—	285.84	2.67	119.72	89.29
江西	340.74	—	321.95	120.05	92.24	6.96	88.34	65.40
山东	301.28	—	275.80	4.29	94.34	0.81	24.40	—
河南	237.98	—	224.67	0.20	122.95	—	3.28	—
湖北	221.10	—	189.06	31.30	73.47	0.02	14.07	1.48
湖南	557.60	—	532.41	74.47	79.71	0.44	51.86	26.53
广东	654.91	159.17	611.56	91.65	241.47	7.11	101.79	33.09
广西	1270.36	266.18	1193.71	312.32	357.15	1.03	245.35	78.72
海南	95.75	54.16	86.25	—	63.18	—	0.31	—
重庆	26.14	—	24.23	6.17	7.88	—	3.81	1.55
四川	162.61	—	156.48	22.55	74.08	—	15.43	6.42
贵州	181.10	—	179.68	43.58	126.69	—	25.74	19.24
云南	532.24	77.08	470.33	119.40	189.27	—	138.14	79.52
西藏	69.90	—	29.91	8.94	27.19	—	—	—
陕西	32.66	—	17.52	2.29	8.45	—	—	—
甘肃	3.03	—	2.63	—	1.02	—	—	—
青海	1.61	—	1.61	—	1.61	—	—	—
宁夏	—	—	—	—	—	—	—	—
新疆	36.49	—	33.16	0.83	23.66	0.29	3.79	0.53
新疆兵团	5.77	—	5.77	—	3.90	—	1.77	—
大兴安岭	202.45	—	202.45	53.41	53.41	7.67	93.02	65.46

竹材产品产量(一)

单位:万立方米

木材及竹材								
木材					竹材			
原木				薪材	竹材(万根)			小杂竹(万吨)
造纸用原木	胶合板材	杉原条	其他原木		合计	毛竹	篙竹	
396.98	**851.52**	**598.44**	**1223.29**	**576.41**	**143007.81**	**93495.69**	**49512.12**	**1000.85**
—	—	—	5.92	—	—	—	—	—
—	—	—	21.47	—	—	—	—	—
0.31	2.59	—	19.29	5.61	—	—	—	—
—	—	—	1.15	0.92	—	—	—	—
12.65	3.07	—	111.63	8.68	—	—	—	—
12.65	0.36	—	105.38	7.22	—	—	—	—
—	0.59	—	12.02	24.07	—	—	—	—
0.34	16.44	—	27.48	1.85	—	—	—	—
—	3.84	—	9.84	1.10	—	—	—	—
3.04	26.01	0.34	114.73	10.06	—	—	—	—
2.42	26.01	—	62.20	6.26	—	—	—	—
—	—	—	—	—	—	—	—	0.15
2.97	60.50	0.80	16.51	5.89	436.55	388.56	47.99	0.90
0.13	4.05	72.44	11.28	4.07	16810.58	15029.89	1780.69	38.66
4.12	104.93	60.87	66.16	68.80	9383.87	8849.25	534.62	27.64
14.42	54.99	4.24	130.76	71.93	41386.00	26601.00	14785.00	49.02
1.12	10.91	88.27	34.12	18.79	6198.69	5691.07	507.61	16.13
15.05	113.77	—	27.44	25.48	—	—	—	—
1.70	51.13	1.39	44.22	13.31	203.20	184.09	19.11	1.55
2.88	46.45	13.39	38.78	32.04	2615.56	1494.45	1121.12	9.58
58.39	49.54	227.89	64.59	25.19	6029.20	5621.05	408.15	26.89
98.14	51.45	41.17	70.43	43.35	13252.03	3478.14	9773.89	95.92
118.71	204.67	52.22	214.59	76.65	26292.03	8712.93	17579.10	42.65
10.70	7.30	—	4.76	9.50	1615.94	430.74	1185.20	1.03
—	4.59	0.53	7.42	1.91	104.90	96.20	8.70	54.29
0.58	4.02	9.61	52.76	6.13	4446.99	4150.49	296.50	416.51
0.20	7.85	7.71	11.49	1.42	415.40	408.25	7.15	24.03
25.91	24.27	17.59	75.14	61.92	13004.91	11761.59	1243.32	192.92
—	—	—	2.71	39.99	35.75	35.75	—	0.01
—	1.21	—	7.87	15.13	776.22	562.25	213.96	2.70
—	—	—	1.61	0.39	—	—	—	0.27
—	—	—	—	—	—	—	—	—
—	—	—	—	—	—	—	—	—
—	1.21	—	4.21	3.32	—	—	—	—
—	0.04	—	0.07	—	—	—	—	—
25.60	—	—	22.75	—	—	—	—	—

各地区主要木材、竹材产品产量(二)

单位:万立方米

地　　区	补充资料							
	按生产单位分的全部木材产量和竹材产量						农民自用材采伐量	农民烧材采伐量
	系统内国有企业单位生产的木材	系统内国有林场、事业单位生产的木材	系统外企、事业单位采伐自营林地的木材	乡(镇)集体企业及单位生产的木材	村及村以下各级组织和农民个人生产的木材	村及村以下各级组织和农民个人生产的竹材(万根)		
全国合计	**1385.99**	**1293.29**	**266.02**	**423.69**	**4720.62**	**108410.44**	**823.37**	**2174.48**
北　京	—	0.80	0.44	0.89	7.59	—	7.54	0.08
天　津	—	—	—	—	21.47	—	8.22	—
河　北	0.03	25.61	0.32	1.17	44.20	—	6.06	13.50
山　西	—	1.35	0.19	—	3.22	—	0.85	0.12
内蒙古	242.41	37.81	1.68	2.61	36.04	—	6.05	0.59
内蒙古集团	241.83	—	—	—	—	—	—	—
辽　宁	1.61	54.30	17.19	15.89	105.65	—	9.08	99.48
吉　林	257.22	113.85	0.21	24.57	80.03	—	0.21	30.20
吉林集团	108.00	—	—	—	—	—	—	6.75
黑龙江	418.93	110.02	7.84	2.80	31.84	—	3.17	4.00
龙江集团	404.71	—	—	—	—	—	—	—
上　海	—	—	—	—	—	—	—	—
江　苏	0.73	18.97	17.54	13.87	99.80	160.76	16.86	5.25
浙　江	3.20	15.98	0.81	0.44	177.78	15515.03	24.62	40.40
安　徽	2.05	37.06	1.81	32.97	384.29	5318.72	46.65	83.71
福　建	92.53	89.64	15.37	62.96	424.06	41061.00	132.92	681.89
江　西	37.74	83.61	13.68	35.65	170.07	3472.84	39.67	55.77
山　东	0.87	1.22	0.88	6.38	291.93	—	16.86	4.61
河　南	0.01	4.93	4.59	3.08	225.38	53.61	39.84	76.68
湖　北	5.55	27.44	9.69	12.08	166.35	1986.78	78.72	54.01
湖　南	21.47	73.14	4.03	80.18	378.78	4223.86	55.61	56.50
广　东	11.07	156.50	63.89	18.23	405.22	9286.49	7.09	31.25
广　西	22.18	260.24	35.47	19.41	933.07	16071.56	9.90	39.25
海　南	29.20	5.44	11.78	8.71	40.61	67.61	0.89	2.22
重　庆	0.61	5.05	1.01	3.53	15.93	40.51	12.51	13.75
四　川	3.33	24.12	3.25	4.99	126.93	1509.73	106.32	252.50
贵　州	6.46	38.93	4.48	26.35	104.88	326.27	35.49	138.75
云　南	21.26	70.05	49.26	39.46	352.20	8928.96	93.28	418.06
西　藏	—	29.91	—	—	39.99	0.75	30.80	36.71
陕　西	1.14	5.18	0.01	7.33	19.01	385.96	20.29	32.84
甘　肃	—	1.72	0.24	0.03	1.04	—	1.79	0.04
青　海	—	—	—	—	1.61	—	1.61	—
宁　夏	—	—	—	—	—	—	0.49	—
新　疆	3.95	0.42	0.35	0.13	31.63	—	9.97	2.32
新疆兵团	1.99	0.10	—	0.04	3.65	—	—	—
大兴安岭	202.45	—	—	—	—	—	—	—

全国主要经济林产品生产情况(一)

单位:吨

指　　标	产　量
一、水果产量	**110304098**
1. 苹果	31279460
2. 柑橘	23330802
3. 梨	14471040
4. 葡萄	8342154
5. 桃	9716920
6. 杏	2470808
7. 荔枝	1620758
8. 龙眼	1331583
9. 猕猴桃	632805
10. 其他水果	17107768
二、干果产量	**7429434**
1. 核桃	1284351
2. 板栗	1701680
3. 枣(干重)	2587612
4. 柿子(干重)	926129
5. 仁用杏	69037
6. 山杏仁	125109
7. 银杏(白果)	70957
8. 榛子	60952
9. 松子	68912
10. 其他干果	534695
三、林产饮料产品(干重)	**1393414**
1. 毛茶	1280144
2. 可可豆	60
3. 咖啡	42666
4. 其他林产饮料产品	70544
四、林产调料产品(干重)	**500506**
1. 花椒	250505
2. 八角	116580
3. 桂皮	76118
4. 其他林产调料产品	57303
五、森林食品(干重)	**2559436**
1. 竹笋干	481192
2. 食用菌	1584442
3. 山野菜	331301
4. 其他森林食品	162501
六、木本药材	**1174297**
1. 杜仲	234583
2. 黄柏	16927
3. 厚朴	95465
4. 枸杞	149374
5. 山茱萸	52314
6. 其他木本药材	625634
七、木本油料	**1125787**
1. 油茶籽	1092243
2. 油橄榄	4940
3. 文冠果	24
4. 其他木本油料	28580
八、林产工业原料	**1680272**
1. 生漆	20093
2. 油桐籽	433624
3. 乌桕籽	33709
4. 五倍子	18197
5. 棕片	55698
6. 松脂	1115711
7. 紫胶(原胶)	3240

各地区主要经济林

地区	水果产量									
	合计	苹果	柑橘	梨	葡萄	桃	杏	荔枝	龙眼	猕猴桃
全国合计	**110304098**	**31279460**	**23330802**	**14471040**	**8342154**	**9716920**	**2470808**	**1620758**	**1331583**	**632805**
北京	801336	98377	—	144793	51479	425955	26342	—	—	3
天津	311049	56931	—	36870	106111	61295	2498	—	—	—
河北	9596911	2724614	—	3758287	1075468	1462150	213487	—	—	94
山西	3868183	2879660	—	416117	150651	333777	65605	—	—	31
内蒙古	304247	44603	—	53879	54046	390	12496	—	—	—
内蒙古集团	—	—	—	—	—	—	—	—	—	—
辽宁	3994983	1692968	—	922152	631040	329157	39447	—	—	—
吉林	376800	102969	—	109081	114014	189	787	—	—	—
吉林集团	—	—	—	—	—	—	—	—	—	—
黑龙江	244209	126397	—	50764	23100	2	257	—	—	—
龙江集团	2523	434	—	868	250	—	—	—	—	—
上海	441619	—	201573	38437	90814	101418	—	—	—	411
江苏	2398526	568497	43174	619524	421625	451745	16883	—	—	2777
浙江	3417559	—	1941083	477665	458027	325130	—	—	—	13697
安徽	2158894	385869	32865	958184	193722	415481	8343	—	—	10374
福建	5644799	309	2722988	185345	100171	222371	—	147281	241138	3781
江西	3184029	—	2718819	191993	28250	45282	—	—	—	10260
山东	16013877	9095558	—	1376410	1064038	2760272	240694	—	—	13997
河南	5426225	2926921	98810	930461	276658	644186	183478	—	—	59802
湖北	4383689	9761	3082167	595056	65646	514436	2079	—	—	11166
湖南	3933443	—	3218241	152859	84128	91979	2255	—	—	35825
广东	6079776	—	2276812	40468	2	44516	—	919929	574251	34125
广西	7446713	—	2739495	219045	226753	165496	—	465228	406426	2191
海南	2846000	—	2885	—	—	—	—	68364	22194	—
重庆	1783707	9326	1194914	242955	41999	64090	2758	258	5228	14659
四川	4745079	444244	2194744	711537	179591	415082	8435	6923	71084	48884
贵州	757260	29572	207515	216889	63931	96218	1897	437	81	12410
云南	2679933	223615	387445	225754	201757	160270	236	12338	11181	177
西藏	9943	5636	254	442	—	432	20	—	—	—
陕西	8459416	6525045	265897	403526	327863	317669	170474	—	—	358059
甘肃	3090498	2242994	1121	325345	185102	165152	95431	—	—	82
青海	3760	1975	—	1142	109	121	360	—	—	—
宁夏	649294	441598	—	34822	121449	5088	33352	—	—	—
新疆	5252341	642021	—	1031238	2004610	97571	1343194	—	—	—
新疆兵团	872023	191279	—	338739	297139	25999	18183	—	—	—
大兴安岭	—	—	—	—	—	—	—	—	—	—

产品生产情况(一)

单位:吨

	干果产量										
其他水果	合　计	核桃	板栗	枣(干重)	柿子(干重)	仁用杏	山杏仁	银杏(白果)	榛子	松子	其他干果
17107768	**7429434**	**1284351**	**1701680**	**2587612**	**926129**	**69037**	**125109**	**70957**	**60952**	**68912**	**534695**
54387	112026	11279	28399	5168	55375	11222	333	—	—	—	250
47344	2337	814	693	830	—	—	—	—	—	—	—
362811	864697	74392	174640	412410	148798	18738	20600	—	502	—	14617
22342	584771	65156	1346	391153	62897	8179	3053	—	—	260	52727
138833	17042	—	—	31	—	738	11408	—	4013	—	852
—	—	—	—	—	—	—	—	—	—	—	—
380219	519711	92499	101278	146430	—	22464	70198	130	54450	21597	10665
49760	37413	8339	551	—	—	—	80	—	205	18272	9966
—	4817	859	—	—	—	—	—	—	—	3958	—
43689	10786	2453	—	—	—	—	—	—	1647	4828	1858
971	5121	2023	—	—	—	—	—	—	12	1464	1622
8966	1	—	—	—	—	—	—	1	—	—	—
274301	87336	1	26805	6536	20437	—	—	33518	—	—	39
201957	84603	—	71436	1118	7775	—	—	2529	—	—	1745
154056	199494	16402	137239	9287	32340	—	—	2347	—	—	1879
2021415	127131	36	63471	45	57425	—	—	242	—	—	5912
189425	36982	91	24261	2995	4197	—	—	107	—	—	5331
1462908	939244	62187	273542	286034	155074	160	84	3607	—	—	158556
305909	605004	55407	206517	183655	147264	1773	2151	2655	—	—	5582
103378	422245	92286	276687	29823	14178	5	1	7721	—	—	1544
348156	117482	5484	72469	11557	7540	—	41	503	—	—	19888
2189673	68818	—	10616	4357	24024	—	—	3183	—	—	26638
3222079	142916	929	73059	792	25869	—	—	7878	—	—	34389
2752557	67080	—	—	—	—	—	—	—	—	—	67080
207520	25400	7881	6917	2804	4744	—	80	1753	130	—	1091
664555	198634	126109	23979	27155	7780	2	32	2435	—	340	10802
128310	60978	15356	19316	1083	6282	2	1	1620	4	291	17023
1457160	442563	353301	53601	718	16866	—	—	317	—	6964	10796
3159	8839	7589	—	—	—	—	30	20	—	—	1200
90883	627191	60488	52037	388442	110994	2258	7815	266	—	1299	3592
75271	157471	36288	2821	75648	16270	1584	2210	125	—	15061	7464
53	391	391	—	—	—	—	—	—	—	—	—
12985	42030	49	—	27841	—	160	6684	—	—	—	7296
133707	818818	189144	—	571700	—	1752	308	—	1	—	55913
684	192348	3490	—	185843	—	1497	—	—	—	—	1518
—	—	—	—	—	—	—	—	—	—	—	—

各地区主要经济林

地区	林产饮料产品(干重)					林产调料产品(干重)				
	合计	毛茶	可可豆	咖啡	其他林产饮料产品	合计	花椒	八角	桂皮	其他林产调料产品
全国合计	**1393414**	**1280144**	**60**	**42666**	**70544**	**500506**	**250505**	**116580**	**76118**	**57303**
北京	—	—	—	—	—	128	128	—	—	—
天津	—	—	—	—	—	9	9	—	—	—
河北	51	1	—	—	50	12271	12271	—	—	—
山西	—	—	—	—	—	8646	8646	—	—	—
内蒙古	9404	—	—	—	9404	—	—	—	—	—
内蒙古集团	—	—	—	—	—	—	—	—	—	—
辽宁	—	—	—	—	—	—	—	—	—	—
吉林	128	—	—	—	128	—	—	—	—	—
吉林集团	—	—	—	—	—	—	—	—	—	—
黑龙江	14750	—	—	—	14750	24	24	—	—	—
龙江集团	200	—	—	—	200	—	—	—	—	—
上海	—	—	—	—	—	—	—	—	—	—
江苏	14139	14019	—	—	120	699	694	—	—	5
浙江	167072	165089	—	—	1983	—	—	—	—	—
安徽	77886	77327	—	—	559	9	9	—	—	—
福建	273334	272616	—	—	718	56	—	56	—	—
江西	18623	17445	—	—	1178	669	84	20	292	273
山东	56017	52606	—	—	3411	31925	31905	—	—	20
河南	44138	40573	—	—	3565	29668	28448	—	—	1220
湖北	125207	125174	—	—	33	1051	1005	14	32	—
湖南	53316	51417	—	—	1899	1697	856	104	233	504
广东	29726	29354	—	—	372	54722	—	7812	46758	152
广西	40322	35638	—	—	4684	128701	—	99626	28655	420
海南	95	—	—	75	20	32136	871	—	—	31265
重庆	37257	18173	—	—	19084	27058	26765	138	83	72
四川	123431	122927	60	251	193	36288	34148	31	23	2086
贵州	60715	56459	—	—	4256	5151	4705	84	7	355
云南	224591	181614	—	42340	637	57123	27462	8695	35	20931
西藏	—	—	—	—	—	21	21	—	—	—
陕西	19010	19010	—	—	—	44789	44789	—	—	—
甘肃	702	702	—	—	—	27525	27525	—	—	—
青海	—	—	—	—	—	93	93	—	—	—
宁夏	3500	—	—	—	3500	47	47	—	—	—
新疆	—	—	—	—	—	—	—	—	—	—
新疆兵团	—	—	—	—	—	—	—	—	—	—
大兴安岭	—	—	—	—	—	—	—	—	—	—

产品生产情况(二)

单位:吨

森林食品(干重)					木本药材				
合　计	竹笋干	食用菌	山野菜	其他森林食品	合　计	杜仲	黄柏	厚朴	枸杞
2559436	**481192**	**1584442**	**331301**	**162501**	**1174297**	**234583**	**16927**	**95465**	**149374**
2289	—	2289	—	—	399	—	—	—	—
—	—	—	—	—	—	—	—	—	—
11196	—	3843	4203	3150	26726	10	—	—	11986
965	—	429	295	241	7869	20	—	—	80
6409	—	3257	2881	271	22432	—	—	—	16159
—	—	—	—	—	—	—	—	—	—
485712	—	349812	120612	15288	38341	—	800	—	87
98734	—	47041	47471	4222	31879	—	125	507	460
8006	—	3680	3453	873	66	—	—	—	—
172607	—	148742	20099	3766	7841	—	—	—	12
68089	—	54007	11869	2213	2212	—	—	—	—
—	—	—	—	—	—	—	—	—	—
16085	4291	11440	300	54	23775	10	—	—	3
218115	149182	65832	1024	2077	10807	2374	—	2420	—
99487	15113	53095	2235	29044	14611	1005	120	69	50
457108	86387	328483	42047	191	33541	—	—	4556	—
35740	8659	21168	2419	3494	33853	1884	44	1647	63
34073	—	11451	1087	21535	578	—	—	—	—
114579	113	88374	16866	9226	81796	13414	73	9	44
122820	9347	90149	9399	13925	111157	11776	3365	6566	149
135277	31873	80496	7395	15513	147153	44601	1933	62087	480
37567	30291	7025	18	233	16513	—	—	1006	—
62841	24477	38257	—	107	52929	372	120	1469	—
975	735	85	75	80	1397	—	—	—	—
33380	19049	10835	1723	1773	25105	6139	2865	2272	—
241624	78952	133619	5543	23510	73624	9827	6673	5523	1828
20964	11779	3210	1137	4838	13083	3141	599	40	—
64399	9718	32373	16774	5534	60150	497	121	1	—
1029	—	—	1029	—	702	—	—	—	—
42636	1218	29058	10904	1456	207217	139404	43	7209	54
10982	8	2414	7519	1041	22829	109	46	84	14499
—	—	—	—	—	3480	—	—	—	3480
—	—	—	—	—	77638	—	—	—	77638
—	—	—	—	—	26553	—	—	—	22302
—	—	—	—	—	3037	—	—	—	2009
31843	—	21665	8246	1932	319	—	—	—	—

各地区主要经济林

地　区	木本药材		木本油料				
	山茱萸	其他木本药材	合　计	油茶籽	油橄榄	文冠果	其他木本油料
全国合计	**52314**	**625634**	**1125787**	**1092243**	**4940**	**24**	**28580**
北　京	—	399	—	—	—	—	—
天　津	—	—	—	—	—	—	—
河　北	—	14730	1595	—	—	—	1595
山　西	1905	5864	2224	—	—	1	2223
内蒙古	—	6273	22	—	—	22	—
内蒙古集团	—	—	—	—	—	—	—
辽　宁	—	37454	—	—	—	—	—
吉　林	—	30787	—	—	—	—	—
吉林集团	—	66	—	—	—	—	—
黑龙江	—	7829	115	—	—	—	115
龙江集团	—	2212	100	—	—	—	100
上　海	—	—	—	—	—	—	—
江　苏	1	23761	—	—	—	—	—
浙　江	5320	693	40301	40301	—	—	—
安　徽	786	12581	25908	25864	—	—	44
福　建	—	28985	97303	94815	—	—	2488
江　西	2340	27875	179755	179697	—	—	58
山　东	—	578	—	—	—	—	—
河　南	31325	36931	21274	20823	—	—	451
湖　北	1601	87700	71900	71054	—	—	846
湖　南	4315	33737	393812	390455	—	—	3357
广　东	—	15507	88388	82417	—	—	5971
广　西	—	50968	148580	143749	—	—	4831
海　南	—	1397	—	—	—	—	—
重　庆	280	13549	6619	3505	14	—	3100
四　川	157	49616	9327	4360	1626	—	3341
贵　州	245	9058	20402	20368	—	—	34
云　南	—	59531	7812	7774	—	—	38
西　藏	—	702	—	—	—	—	—
陕　西	4039	56468	8049	7061	900	—	88
甘　肃	—	8091	2401	—	2400	1	—
青　海	—	—	—	—	—	—	—
宁　夏	—	—	—	—	—	—	—
新　疆	—	4251	—	—	—	—	—
新疆兵团	—	1028	—	—	—	—	—
大兴安岭	—	319	—	—	—	—	—

产品生产情况（三）

单位：吨

林产工业原料							
合　计	生漆	油桐籽	乌桕籽	五倍子	棕片	松脂	紫胶（原胶）
1680272	**20093**	**433624**	**33709**	**18197**	**55698**	**1115711**	**3240**
—	—	—	—	—	—	—	—
—	—	—	—	—	—	—	—
—	—	—	—	—	—	—	—
—	—	—	—	—	—	—	—
—	—	—	—	—	—	—	—
—	—	—	—	—	—	—	—
—	—	—	—	—	—	—	—
—	—	—	—	—	—	—	—
—	—	—	—	—	—	—	—
—	—	—	—	—	—	—	—
—	—	—	—	—	—	—	—
—	—	—	—	—	—	—	—
—	—	—	—	—	—	—	—
1973	—	72	—	—	485	1416	—
12109	213	3054	121	52	1048	7621	—
126771	147	23244	532	141	14847	87758	102
90015	822	12663	343	245	3960	71982	—
—	—	—	—	—	—	—	—
140902	2034	120701	11631	3986	—	2550	—
75797	7823	16919	9401	1892	1949	37813	—
90186	2484	38701	902	3285	7819	36946	49
190802	188	6050	527	—	2536	181141	360
571506	29	72536	118	109	2958	495750	6
3519	—	—	—	—	—	3519	—
24640	1085	14650	5638	2223	637	407	—
38240	675	22041	1364	623	1774	11662	101
82711	1614	63815	2468	2216	4365	8215	18
203652	1031	22029	83	122	9718	168065	2604
—	—	—	—	—	—	—	—
26812	1915	17096	581	3152	3202	866	—
637	33	53	—	151	400	—	—
—	—	—	—	—	—	—	—
—	—	—	—	—	—	—	—
—	—	—	—	—	—	—	—
—	—	—	—	—	—	—	—
—	—	—	—	—	—	—	—

全国油茶与花卉产业情况

指　　标	单位	产量
一、油茶产业情况		
1. 年末实有油茶林面积	公顷	3044388
当年新造面积	公顷	164329
当年低改面积	公顷	136755
2. 繁殖圃个数	个	294
繁殖圃面积	公顷	3602
3. 苗木产量	万株	54646.60
4. 油茶籽产量	万吨	109.22
二、花卉产业情况		
1. 年末实有花卉种植面积	公顷	764003
2. 切花切叶产量	万支	1252068
3. 盆栽植物产量	万盆	289360
4. 观赏苗木产量	万株	570772
5. 草坪产量	万平方米	32345
6. 花卉市场	个	4528
7. 花卉企业	个	40619
其中:大中型企业	个	7703
8. 花农	万户	115.38
9. 花卉从业人员	万人	386.84
其中:专业技术人员	万人	16.67
10. 控温温室面积	万平方米	4042
11. 日光温室面积	万平方米	13886

各地区油茶与花卉产业情况(一)

地区	油茶产业情况									
	年末实有油茶林面积(公顷)			繁殖圃		苗木产量(万株)	油茶籽产量(万吨)	年末实有花卉种植面积(公顷)	切花切叶产量(万支)	盆栽植物产量(万盆)
	合计	当年新造面积	当年低改面积	个数(个)	面积(公顷)					
全国合计	**3044388**	**164329**	**136755**	**294**	**3602**	**54646.60**	**109.22**	**764003**	**1252068**	**289360**
北京	—	—	—	—	—	—	—	4397	4488	14170
天津	—	—	—	—	—	—	—	1434	3277	642
河北	—	—	—	—	—	—	—	27315	8337	6720
山西	—	—	—	—	—	—	—	746	141	604
内蒙古	—	—	—	—	—	—	—	1904	301	2053
内蒙古集团	—	—	—	—	—	—	—	—	—	—
辽宁	—	—	—	—	—	—	—	26926	153141	22687
吉林	—	—	—	—	—	—	—	1834	—	359
吉林集团	—	—	—	—	—	—	—	—	—	—
黑龙江	—	—	—	—	—	—	—	4897	28	1237
龙江集团	—	—	—	—	—	—	—	5	1	4
上海	—	—	—	—	—	—	—	2087	45022	7747
江苏	80	80	—	—	—	246.10	—	106801	80374	12055
浙江	122176	3356	5692	21	75	3638.65	4.03	52282	144664	23224
安徽	46670	4312	3086	29	216	3144.10	2.59	9762	3566	2810
福建	137114	7046	9329	31	93	5256.31	9.48	17310	54639	22296
江西	727482	38800	46667	22	267	6139.94	17.97	22535	7807	8518
山东	—	—	—	—	—	—	—	70053	97565	93041
河南	14293	1105	332	4	18	580.00	2.08	110126	40427	5771
湖北	115164	10828	4570	32	1794	4240.04	7.11	35824	8410	12851
湖南	1280519	35380	51272	81	575	10845.00	39.05	36157	632	2889
广东	113738	17986	1200	15	175	1820.70	8.24	51475	147246	18380
广西	266667	5097	8434	14	111	5225.76	14.37	16514	7292	2002
海南	—	—	—	—	—	—	—	5161	21020	2748
重庆	37048	2655	1161	2	34	1050.00	0.35	19785	11051	5064
四川	12614	598	214	2	10	1205.00	0.44	37911	31775	13446
贵州	84413	4415	526	17	45	2636.19	2.04	81628	20263	776
云南	76485	31731	3345	16	176	8568.18	0.78	13030	351400	2978
西藏	—	—	—	—	—	—	—	—	—	—
陕西	9925	940	927	8	13	50.63	0.71	3144	485	487
甘肃	—	—	—	—	—	—	—	1174	4379	1928
青海	—	—	—	—	—	—	—	102	3333	62
宁夏	—	—	—	—	—	—	—	899	201	1363
新疆	—	—	—	—	—	—	—	788	805	452
新疆兵团	—	—	—	—	—	—	—	7	100	5
大兴安岭	—	—	—	—	—	—	—	2	—	—

各地区油茶与花卉产业情况(二)

地区	花卉产业情况									
	观赏苗木产量(万株)	草坪产量(万平方米)	花卉市场(个)	花卉企业(个)		花农(万户)	花卉从业人员(万人)		控温温室面积(万平方米)	日光温室面积(万平方米)
				合计	其中:大中型企业		合计	其中:专业技术人员		
全国合计	**570772**	**32345**	**4528**	**40619**	**7703**	**115.38**	**386.84**	**16.67**	**4042**	**13886**
北京	1166	805	32	284	77	0.11	1.20	0.15	277	357
天津	261	96	20	90	11	0.16	0.33	0.04	24	41
河北	32262	650	227	569	80	3.89	8.90	0.87	84	424
山西	806	61	201	257	25	0.16	0.66	0.17	10	1482
内蒙古	1985	15	56	63	1	0.16	0.60	0.05	1	165
内蒙古集团	—	—	—	—	—	—	—	—	—	—
辽宁	23909	3029	61	455	182	2.13	19.52	0.46	106	4422
吉林	2302	413	70	112	2	0.57	1.13	0.07	8	14
吉林集团	10	—	—	—	—	—	—	—	—	—
黑龙江	10450	391	12	2245	4	0.54	7.48	0.25	4	39
龙江集团	29	—	—	—	—	—	0.01	—	—	—
上海	308	850	23	272	48	0.22	0.75	0.10	178	176
江苏	89799	3017	846	4203	1225	21.55	67.91	1.05	246	1430
浙江	175396	6041	117	6446	1966	15.90	47.54	2.27	307	862
安徽	14448	885	246	631	88	2.69	10.91	0.89	11	87
福建	10232	4910	152	2038	315	3.63	13.90	0.80	611	913
江西	4539	649	517	900	64	1.89	5.07	0.53	14	25
山东	46153	135	251	1963	431	8.16	27.89	1.18	1263	720
河南	42650	3095	145	2395	723	12.48	42.00	1.38	106	232
湖北	26770	291	241	1293	116	3.36	11.19	0.97	23	69
湖南	18868	626	255	1123	206	7.14	31.11	1.41	46	53
广东	11252	2773	101	8833	1319	3.25	11.71	1.12	306	484
广西	3429	869	58	287	35	9.68	27.14	0.13	36	39
海南	1346	389	21	552	176	0.32	2.66	0.15	17	146
重庆	3435	745	191	1080	75	3.88	7.41	0.47	19	39
四川	15397	1349	360	3307	365	8.75	21.97	1.34	170	670
贵州	4601	132	42	229	33	0.15	0.83	0.09	10	69
云南	6308	14	45	671	71	3.54	13.19	0.33	37	392
西藏	—	—	—	—	—	—	—	—	—	—
陕西	13209	30	94	171	33	0.33	1.55	0.18	16	48
甘肃	2584	11	82	104	21	0.56	1.84	0.15	104	125
青海	12	—	4	2	—	0.02	0.04	0.01	1	7
宁夏	5560	2	18	22	7	0.12	0.28	0.01	2	349
新疆	1283	70	40	21	4	0.04	0.13	0.04	5	7
新疆兵团	1	—	—	1	—	—	—	—	—	1
大兴安岭	52	1	—	1	—	—	0.01	—	1	—

全国林产工业主要产品产量(一)

产　品　名　称	单位	全部产量
木材加工及竹、藤、棕、苇制品		
一、锯材	万立方米	3722.63
1. 普通锯材	万立方米	3628.68
2. 特种锯材	万立方米	28.79
3. 枕木及其他锯材	万立方米	65.16
二、木片、木粒加工产品	万实积立方米	1873.51
三、人造板	万立方米	15360.83
(一)胶合板	万立方米	7139.66
1. 木胶合板	万立方米	6154.74
2. 竹胶合板	万立方米	361.79
3. 其他胶合板	万立方米	623.13
(二)纤维板	万立方米	4354.54
1. 木质纤维板	万立方米	4246.18
(1)硬质纤维板	万立方米	334.27
(2)中密度纤维板	万立方米	3894.24
(3)软质纤维板	万立方米	17.66
2. 非木质纤维板	万立方米	108.36
(三)刨花板	万立方米	1264.20
1. 木质刨花板	万立方米	1212.08
2. 非木质刨花板	万立方米	52.12
(四)其他人造板	万立方米	2602.43
其中:细木工板	万立方米	1652.29
四、二次加工材及相关板材		
1. 单板	万立方米	2723.53
2. 强化木	万立方米	35.14
3. 指接材	万立方米	345.91
4. 人造板表面装饰板	万平方米	29534.98
五、木竹地板	万平方米	47917.15
1. 实木木地板	万平方米	11176.07
2. 复合木地板	万平方米	26821.06
3. 其他木地板	万平方米	5979.62
4. 竹地板	万平方米	3940.40
林产化学产品		
一、松香类产品	吨	1332798
1. 松香	吨	1205991
2. 松香深加工产品	吨	126807
二、松节油类产品	吨	158403
1. 松节油	吨	128617
2. 松节油深加工产品	吨	29786
三、樟脑	吨	11588
其中:合成樟脑	吨	10685
四、冰片	吨	963
其中:合成冰片	吨	391
五、栲胶类产品	吨	10925
1. 栲胶	吨	10925
2. 栲胶深加工产品	吨	—
六、紫胶类产品	吨	3804
1. 紫胶	吨	2080
2. 紫胶深加工产品	吨	1724
七、木材热解产品	吨	592029
其中:木炭	吨	399660

各地区林产工业

地　　区	木材加工及竹、								
	锯　　材				木片、木粒加工产品（万实积立方米）	总计	胶合板		
	合计	普通锯材	特种锯材	枕木及其他锯材			合计	木胶合板	竹胶合板
全国合计	**3722.63**	**3628.68**	**28.79**	**65.16**	**1873.51**	**15360.83**	**7139.66**	**6154.74**	**361.79**
北　京	—	—	—	—	—	22.05	—	—	—
天　津	—	—	—	—	—	5.50	0.40	0.40	—
河　北	190.62	190.62	—	—	19.29	1190.81	389.90	383.45	—
山　西	1.54	1.54	—	—	0.06	72.01	9.20	9.20	—
内蒙古	400.33	400.33	—	—	12.47	82.93	25.03	23.43	—
内蒙古集团	—	—	—	—	—	—	—	—	—
辽　宁	189.63	178.17	—	11.46	88.14	262.86	121.92	103.57	—
吉　林	114.46	107.63	4.10	2.73	27.55	236.14	91.43	46.61	0.35
吉林集团	1.59	1.59	—	—	—	61.60	0.50	0.50	—
黑龙江	124.32	119.73	4.59	—	36.19	162.38	31.12	21.79	—
龙江集团	66.84	66.12	0.73	—	21.39	78.59	10.32	9.52	—
上　海	1.64	1.64	—	—	1.43	110.05	8.61	8.61	—
江　苏	56.37	56.37	—	—	82.26	2301.19	1375.97	1182.02	—
浙　江	299.34	293.64	3.59	2.11	48.96	507.33	155.89	85.03	68.74
安　徽	139.09	136.89	—	2.20	42.74	730.47	381.18	298.27	75.41
福　建	163.84	158.02	—	5.83	97.52	749.45	283.75	226.70	55.91
江　西	153.36	147.50	2.61	3.25	55.01	249.94	69.42	31.27	24.83
山　东	599.82	584.51	10.09	5.22	621.31	3523.73	2207.78	2179.67	1.00
河　南	104.21	104.21	—	—	129.71	1173.83	365.10	277.01	—
湖　北	66.00	65.92	0.08	—	18.99	289.53	43.66	32.23	1.04
湖　南	238.17	231.11	3.16	3.90	24.67	479.95	211.82	119.85	85.41
广　东	128.02	127.01	—	1.01	201.90	784.11	202.53	127.58	—
广　西	337.22	334.72	—	2.50	266.15	1468.35	898.01	803.21	0.56
海　南	9.94	9.94	—	—	11.19	36.85	13.82	6.82	—
重　庆	17.72	16.42	—	1.31	5.52	29.59	20.79	11.38	1.45
四　川	136.96	123.41	0.53	13.02	20.05	583.37	157.09	104.89	46.50
贵　州	65.60	63.33	0.00	2.26	5.06	51.61	29.43	28.14	0.59
云　南	144.27	144.22	0.04	—	24.81	162.46	43.05	40.89	—
西　藏	9.51	9.51	—	—	—	—	—	—	—
陕　西	0.83	0.83	—	—	5.39	58.06	0.61	0.61	—
甘　肃	0.02	0.02	—	—	—	0.89	0.60	0.60	—
青　海	—	—	—	—	—	—	—	—	—
宁　夏	—	—	—	—	—	—	—	—	—
新　疆	2.23	2.23	—	—	—	3.08	0.51	0.51	—
新疆兵团	—	—	—	—	—	—	—	—	—
大兴安岭	27.56	19.20	—	8.36	27.15	32.32	1.04	1.04	—

主要产品产量(一)

单位:万立方米

藤、棕、苇制品									
	人造板								
	纤维板						刨花板		
其他胶合板	合计	木质纤维板				非木质纤维板	合计	木质刨花板	非木质刨花板
		小计	硬质纤维板	中密度纤维板	软质纤维板				
623.13	**4354.54**	**4246.18**	**334.27**	**3894.24**	**17.66**	**108.36**	**1264.20**	**1212.08**	**52.12**
—	22.05	22.05	—	22.05	—	—	—	—	—
—	—	—	—	—	—	—	4.80	4.80	—
6.46	299.05	299.05	20.19	278.87	—	—	233.68	215.68	18.00
—	14.15	14.15	—	14.15	—	—	26.01	26.01	—
1.60	14.31	14.31	0.03	14.28	—	—	26.22	26.22	—
—	—	—	—	—	—	—	—	—	—
18.35	74.58	74.58	—	74.58	—	—	30.24	30.24	—
44.47	53.43	53.43	5.05	45.96	2.41	—	61.59	61.59	—
—	11.27	11.27	—	11.27	—	—	49.46	49.46	—
9.33	30.92	30.92	2.73	28.19	—	—	58.54	58.54	—
0.80	25.10	25.10	2.73	22.37	—	—	30.88	30.88	—
—	19.00	19.00	16.90	2.10	—	—	—	—	—
193.96	400.36	400.27	15.94	384.13	0.20	0.10	129.89	129.59	0.30
2.12	109.97	109.84	6.90	102.49	0.46	0.13	15.37	12.84	2.53
7.50	211.44	185.44	10.80	174.64	—	26.00	42.66	41.86	0.80
1.14	174.59	174.59	9.08	165.50	—	—	165.62	165.62	—
13.32	123.04	120.04	—	118.04	2.00	3.00	19.44	19.14	0.30
27.11	806.30	727.26	84.15	640.81	2.30	79.04	121.24	120.18	1.06
88.09	403.68	403.68	32.67	363.01	8.00	—	90.60	90.60	—
10.40	177.42	177.42	2.75	174.67	—	—	14.12	14.12	—
6.56	82.71	82.61	4.60	78.01	—	0.10	26.74	26.74	—
74.95	387.48	387.48	52.51	332.67	2.30	—	90.60	68.71	21.89
94.24	439.12	439.12	24.69	414.43	—	—	40.57	40.57	—
7.00	18.97	18.97	—	18.97	—	—	3.50	3.50	—
7.96	1.05	1.05	—	1.05	—	—	4.15	0.65	3.50
5.70	310.93	310.93	5.89	305.04	—	—	52.17	49.35	2.82
0.70	7.85	7.85	5.20	2.65	—	—	1.11	1.11	—
2.16	95.91	95.91	—	95.91	—	—	4.90	3.98	0.92
—	—	—	—	—	—	—	—	—	—
—	57.21	57.21	18.01	39.20	—	—	0.25	0.25	—
—	0.29	0.29	—	0.29	—	—	—	—	—
—	—	—	—	—	—	—	—	—	—
—	—	—	—	—	—	—	—	—	—
—	2.57	2.57	—	2.57	—	—	—	—	—
—	—	—	—	—	—	—	—	—	—
—	16.19	16.19	16.19	—	—	—	0.20	0.20	—

地区	人造板		二次加工材及相关板材				木材加工及竹、木竹地板	
	其他人造板							
	合计	其中:细木工板	单板	强化木	指接材	人造板表面装饰板（万平方米）	合计	实木木地板
全国合计	**2602.43**	**1652.29**	**2723.53**	**35.14**	**345.91**	**29534.98**	**47917.15**	**11176.07**
北京	—	—	—	—	—	—	163.37	—
天津	0.30	—	—	—	—	—	32.70	5.30
河北	268.18	225.81	367.77	—	—	943.14	41.80	—
山西	22.65	—	—	—	—	120.38	—	—
内蒙古	17.38	14.15	7.27	—	—	—	8.83	8.83
内蒙古集团	—	—	—	—	—	—	—	—
辽宁	36.12	18.76	1.88	—	0.02	—	4594.69	1200.88
吉林	29.69	23.64	27.60	—	6.41	7979.55	3182.71	346.38
吉林集团	0.36	0.08	—	—	—	7979.28	340.95	—
黑龙江	41.80	15.74	12.73	—	3.33	141.58	513.31	412.38
龙江集团	12.29	12.29	1.72	—	3.24	141.58	138.02	102.85
上海	82.43	—	—	—	—	—	3589.73	486.69
江苏	394.97	299.51	1084.83	3.50	—	360.00	7046.07	644.30
浙江	226.10	219.36	0.81	15.16	114.06	18631.33	8014.40	3179.01
安徽	95.20	74.41	23.04	1.50	3.41	16.22	3481.75	85.70
福建	125.49	99.58	102.31	—	113.32	601.63	1707.40	28.62
江西	38.04	29.21	12.66	0.04	13.05	22.20	2188.44	109.57
山东	388.41	229.29	528.29	6.98	24.68	224.12	3350.92	727.99
河南	314.46	55.10	44.87	—	—	8.82	548.68	9.09
湖北	54.33	53.45	17.98	1.20	0.63	3.30	2795.83	44.72
湖南	158.68	135.63	9.89	—	42.69	2.28	1547.52	281.76
广东	103.50	20.06	24.84	—	—	479.76	3866.92	3157.06
广西	90.66	65.97	435.87	—	1.46	0.18	27.30	20.82
海南	0.57	—	—	—	—	—	0.25	—
重庆	3.60	0.03	—	—	0.03	—	3.00	1.50
四川	63.18	40.46	2.77	6.77	16.01	0.50	837.00	111.63
贵州	13.23	9.15	0.57	—	4.61	—	51.12	6.92
云南	18.59	16.07	14.42	—	2.20	—	292.40	280.93
西藏	—	—	—	—	—	—	—	—
陕西	—	—	—	—	—	—	—	—
甘肃	—	—	—	—	—	—	—	—
青海	—	—	—	—	—	—	—	—
宁夏	—	—	—	—	—	—	—	—
新疆	—	—	—	—	—	—	—	—
新疆兵团	—	—	—	—	—	—	—	—
大兴安岭	14.90	6.93	3.15	—	—	—	31.04	26.00

主要产品产量(二)

单位:万立方米

藤、棕、苇制品(万平方米)			林产化学产品(吨)					
			松香类产品			松节油类产品		
复合木地板	其他木地板	竹地板	合 计	松香	松香深加工产品	合 计	松节油	松节油深加工产品
26821.06	**5979.62**	**3940.40**	**1332798**	**1205991**	**126807**	**158403**	**128617**	**29786**
163.37	—	—	—	—	—	—	—	—
27.40	—	—	—	—	—	—	—	—
1.80	40.00	—	—	—	—	—	—	—
—	—	—	—	—	—	—	—	—
—	—	—	—	—	—	—	—	—
—	—	—	—	—	—	—	—	—
3393.80	—	—	500	500	—	—	—	—
2835.35	0.98	—	—	—	—	—	—	—
340.95	—	—	—	—	—	—	—	—
99.44	1.50	—	—	—	—	—	—	—
35.18	—	—	—	—	—	—	—	—
3103.04	—	—	—	—	—	—	—	—
4265.23	1940.51	196.02	—	—	—	—	—	—
3459.28	652.73	723.37	12800	—	12800	4300	—	4300
1794.50	1372.63	228.92	3692	3692	—	1088	1088	—
428.18	14.30	1236.30	86243	64693	21550	14668	12270	2398
85.75	1032.67	960.45	66045	48260	17785	32729	11009	21720
2579.81	40.10	3.02	—	—	—	—	—	—
55.00	484.59	—	2550	2550	—	—	—	—
2533.92	211.00	6.19	13871	13571	300	3261	2761	500
614.35	163.53	487.88	24764	11844	12920	3137	2269	868
694.86	—	15.00	129081	114726	14355	10247	10247	—
—	0.04	6.43	801838	772967	28871	41547	41547	—
0.25	—	—	4242	1842	2400	9	9	—
1.50	—	—	800	800	—	—	—	—
679.20	14.05	32.12	2239	1939	300	17430	17430	—
—	0.19	44.01	4593	4593	—	725	725	—
—	10.80	0.67	179540	164014	15526	29262	29262	—
—	—	—	—	—	—	—	—	—
—	—	—	—	—	—	—	—	—
—	—	—	—	—	—	—	—	—
—	—	—	—	—	—	—	—	—
—	—	—	—	—	—	—	—	—
—	—	—	—	—	—	—	—	—
—	—	—	—	—	—	—	—	—
5.04	—	—	—	—	—	—	—	—

各地区林产工业主要产品产量(三)

地　区	林产化学产品											
	樟脑		冰片		栲胶类产品			紫胶类产品			木材热解产品	
	合 计	其中:合成樟脑	合 计	其中:合成冰片	合 计	栲胶	栲胶深加工产品	合 计	紫胶	紫胶深加工产品	合计	其中:木炭
全国合计	**11588**	**10685**	**963**	**391**	**10925**	**10925**	**—**	**3804**	**2080**	**1724**	**592029**	**399660**
北　京	—	—	—	—	—	—	—	—	—	—	—	—
天　津	—	—	—	—	—	—	—	—	—	—	—	—
河　北	—	—	—	—	1200	1200	—	—	—	—	—	—
山　西	—	—	—	—	—	—	—	—	—	—	270	—
内蒙古	—	—	—	—	763	763	—	—	—	—	—	—
内蒙古集团	—	—	—	—	—	—	—	—	—	—	—	—
辽　宁	—	—	—	—	—	—	—	—	—	—	11431	11431
吉　林	—	—	—	—	—	—	—	—	—	—	3680	3680
吉林集团	—	—	—	—	—	—	—	—	—	—	—	—
黑龙江	—	—	—	—	—	—	—	—	—	—	5000	5000
龙江集团	—	—	—	—	—	—	—	—	—	—	—	—
上　海	—	—	—	—	—	—	—	—	—	—	—	—
江　苏	—	—	—	—	—	—	—	—	—	—	540	540
浙　江	—	—	—	—	—	—	—	—	—	—	12838	12838
安　徽	—	—	—	—	—	—	—	—	—	—	38371	33370
福　建	8940	8940	—	—	—	—	—	13	13	—	150306	1267
江　西	561	67	2	—	—	—	—	—	—	—	89986	70309
山　东	—	—	—	—	—	—	—	—	—	—	49442	49442
河　南	—	—	—	—	1550	1550	—	—	—	—	4786	4786
湖　北	—	—	—	—	—	—	—	—	—	—	—	—
湖　南	40	25	370	—	10	10	—	14	14	—	58794	43853
广　东	1997	1608	391	391	—	—	—	517	357	160	8041	6930
广　西	—	—	—	—	6376	6376	—	—	—	—	4713	4113
海　南	—	—	—	—	—	—	—	—	—	—	11699	11699
重　庆	—	—	—	—	—	—	—	—	—	—	1565	1565
四　川	45	45	200	—	—	—	—	101	101	—	6900	6900
贵　州	—	—	—	—	—	—	—	—	—	—	37522	37242
云　南	5	—	—	—	946	946	—	3159	1595	1564	91597	91597
西　藏	—	—	—	—	—	—	—	—	—	—	209	209
陕　西	—	—	—	—	80	80	—	—	—	—	—	—
甘　肃	—	—	—	—	—	—	—	—	—	—	—	—
青　海	—	—	—	—	—	—	—	—	—	—	—	—
宁　夏	—	—	—	—	—	—	—	—	—	—	—	—
新　疆	—	—	—	—	—	—	—	—	—	—	—	—
新疆兵团	—	—	—	—	—	—	—	—	—	—	—	—
大兴安岭	—	—	—	—	—	—	—	—	—	—	4339	2889

主要林产品销售实际平均价格

指 标 名 称	单 位	本年实际		
		产品销售实际平均价格	产品销售收入	产品销售量
一、木材	元/立方米	699	45735266916	65426336
二、竹材	元/根	7	9126265346	1285800284
三、锯材	元/立方米	1100	79521599248	72299543
四、木片	元/实积立方米	624	39770837953	63772350
五、木地板	元/平方米	125	32036632977	255358856
六、胶合板	元/立方米	1650	274246618832	166244967
七、硬质纤维板	元/立方米	1413	3460485174	2449094
八、中密度纤维板	元/立方米	1496	42406134162	28354831
九、刨花板	元/立方米	1130	11009395366	9740094
十、松香	元/吨	10587	9171353843	866274
十一、栲胶	元/吨	8493	92018500	10835
十二、紫胶	元/吨	15648	141330841	9032

各地区主要林产品

地　区	木　材			竹　材			锯　材		
	产品销售实际平均价格	产品销售收入	产品销售量	产品销售实际平均价格	产品销售收入	产品销售量	产品销售实际平均价格	产品销售收入	产品销售量
全国合计	**699**	**45735266916**	**65426336**	**7**	**9126265346**	**1285800284**	**1100**	**79521599248**	**72299543**
北　京	500	48755295	97513	—	—	—	—	—	—
天　津	—	—	—	—	—	—	—	—	—
河　北	641	361316636	563587	—	—	—	508	885529220	1742498
山　西	458	17135482	37433	—	—	—	1168	152068000	130172
内蒙古	669	2230223797	3331753	—	—	—	611	2355447773	3855945
内蒙古集团	694	1883363687	2713352	—	—	—	—	—	—
辽　宁	756	1235028016	1633352	—	—	—	1269	2222159360	1750803
吉　林	1091	2569274214	2355731	—	—	—	1485	93887317	63212
吉林集团	1063	1142700346	1074851	—	—	—	1799	31163029	17322
黑龙江	833	4477741354	5373427	—	—	—	1501	1188420475	791769
龙江集团	897	3647819316	4064491	—	—	—	1795	860796480	479474
上　海	—	—	—	—	—	—	—	—	—
江　苏	804	7323095563	9113857	7	22939232	3261244	1434	505786571	352771
浙　江	752	1369155120	1820685	12	1732025280	144335440	1523	4713752012	3095044
安　徽	692	2381923681	3442536	14	1099418752	76569182	1298	1470708277	1133029
福　建	776	1825142973	2350858	11	2316349131	203070000	1408	889653754	631723
江　西	978	2618643294	2677634	13	612375005	48703631	1280	1334403050	1042897
山　东	516	1094577966	2119285	—	—	—	1126	2109657129	1872896
河　南	650	393579044	605244	6	6049800	953100	1026	801642782	781292
湖　北	485	906062420	1868591	14	343696880	23917800	884	391227235	442652
湖　南	846	2443738060	2887448	11	356106789	33072825	1475	2016983130	1367530
广　东	607	2889689694	4757880	4	664493311	179817872	1036	1610102450	1554751
广　西	590	5558345949	9415514	9	608813168	71425784	1101	52982935721	48111572
海　南	713	71182500	99903	4	62630000	16159398	1647	46750000	28390
重　庆	703	201223272	286324	6	23221993	3777884	1109	175111876	157914
四　川	649	1270921382	1957452	2	732716816	325967897	1055	1286747818	1220029
贵　州	590	845986231	1433522	5	18443096	3740555	986	468649755	475304
云　南	438	2057714554	4699413	3	479990093	146080672	1034	1447085543	1399414
西　藏	—	—	—	—	—	—	1436	7180000	5000
陕　西	546	27310666	50007	9	46996000	4947000	1300	11000000	8460
甘　肃	637	11263779	17685	—	—	—	1250	150000	120
青　海	—	—	—	—	—	—	—	—	—
宁　夏	520	1710000	3288	—	—	—	—	—	—
新　疆	530	158235974	298320	—	—	—	1023	14400000	14074
新疆兵团	—	—	—	—	—	—	—	—	—
大兴安岭	633	1346290000	2128094	—	—	—	1259	340160000	270282

销售实际平均价格(一)

单位:元/(立方米、平方米、实积立方米、根),元,立方米,平方米,实积立方米,根

木　　片			木　地　板			胶　合　板		
产品销售实际平均价格	产品销售收入	产品销售量	产品销售实际平均价格	产品销售收入	产品销售量	产品销售实际平均价格	产品销售收入	产品销售量
624	**39770837953**	**63772350**	**125**	**32036632977**	**255358856**	**1650**	**274246618832**	**166244967**
—	—	—	120	196044000	1633700	—	—	—
—	—	—	—	—	—	—	—	—
386	138527580	359136	224	93600000	418000	1687	6585695850	3903835
—	—	—	—	—	—	1235	3490000	2826
382	9510960	24900	180	14360000	79777	980	316265000	322800
—	—	—	—	—	—	—	—	—
382	329463500	861790	77	3575413170	46382710	1857	1594333000	858471
470	26801138	57047	128	868471580	6807545	4935	117474161	23803
—	—	—	156	542655048	3478781	—	—	—
479	171010812	357150	61	215599512	3551156	2081	216708810	104112
224	47299792	211254	103	97949512	952436	2371	154042320	64966
—	—	—	—	—	—	—	—	—
849	1567076440	1846250	150	8296041510	55471930	1837	28953886832	15759127
1499	734790313	490187	175	11730626075	67032149	2601	4190086152	1610952
576	205984407	357419	74	2060469640	27978826	1329	8337629520	6272212
498	28821208	57876	168	118606443	705602	1987	2067620113	1040742
505	153415650	303525	189	649334262	3438883	2587	2245128060	867790
751	1062064971	1414039	68	202048468	2971301	2036	11283648921	5542356
944	757929214	803055	48	269340000	5565677	1389	2635998158	1897442
1008	176722500	175380	97	2102763550	21769519	1644	572551510	348334
645	157196340	243643	120	142175800	1187987	1678	1145282000	682366
680	1044247834	1534996	227	89437500	394150	1768	2242634036	1268666
603	32550551348	53968911	150	31383300	209677	1604	198229703116	123562216
878	19596444	22307	300	90000000	300000	2202	132719000	60281
1095	33154580	30284	90	2700000	30000	1390	306647853	220620
786	178818980	227369	141	838056412	5960286	1789	2121066711	1185471
731	36692015	50191	195	99563610	510800	1552	380404451	245153
893	218762519	244846	117	329118145	2815155	1124	493992426	439312
—	—	—	—	—	—	—	—	—
919	4989200	5429	—	—	—	3065	12633152	4122
833	50000	60	—	—	—	2600	15600000	6000
—	—	—	—	—	—	—	—	—
—	—	—	—	—	—	—	—	—
—	—	—	—	—	—	2006	10230000	5100
—	—	—	—	—	—	—	—	—
489	164660000	336560	149	21480000	144026	3241	35190000	10858

各地区主要林产品

地　区	硬质纤维板			中密度纤维板			刨花板		
	产品销售实际平均价格	产品销售收入	产品销售量	产品销售实际平均价格	产品销售收入	产品销售量	产品销售实际平均价格	产品销售收入	产品销售量
全国合计	**1413**	**3460485174**	**2449094**	**1496**	**42406134162**	**28354831**	**1130**	**11009395366**	**9740094**
北　京	—	—	—	1400	308700000	220500	—	—	—
天　津	—	—	—	—	—	—	—	—	—
河　北	1113	91300000	82000	1378	3803004327	2760620	957	2118130000	2212780
山　西	—	—	—	703	45700000	65000	600	180000	300
内蒙古	—	—	—	1000	30640000	30640	817	6900000	8448
内蒙古集团	—	—	—	—	—	—	—	—	—
辽　宁	1223	127221905	104002	2011	591440000	294091	590	185976600	315044
吉　林	—	—	—	1215	274187645	225734	1186	681529919	574744
吉林集团	—	—	—	1394	159863787	114642	1182	593599919	502222
黑龙江	1304	37290557	28595	1419	319008000	224779	1056	199793534	189123
龙江集团	1304	37290557	28595	1429	264008000	184779	1056	199793534	189123
上　海	—	—	—	—	—	—	—	—	—
江　苏	1447	348175000	240625	1610	7130250180	4428105	1359	1596004300	1174150
浙　江	2000	110400000	55200	1534	1088287096	709444	1876	288380596	153721
安　徽	1125	385290000	342480	1752	2808982150	1603042	1152	945928700	820898
福　建	1118	3798810	3397	1578	530794295	336461	1231	1739867924	1413011
江　西	1383	32794368	23712	1636	1013762334	619782	1213	172358600	142110
山　东	1134	231497748	204195	1610	5957121999	3699824	1258	412550165	327921
河　南	962	81090000	84250	1205	1102849100	914894	1336	429698570	321715
湖　北	1239	32212526	26000	1722	2699739000	1568040	1426	169934000	119180
湖　南	1820	54600000	30000	1491	481565000	322969	1009	132710113	131537
广　东	2094	1218984839	582084	1451	3191497613	2199445	953	1158712451	1216237
广　西	1668	423766480	254009	1231	5136504545	4174269	1017	141122590	138809
海　南	—	—	—	1172	211840000	180723	816	27370000	33552
重　庆	—	—	—	1582	16610000	10500	1075	44625000	41500
四　川	1716	92606000	53962	1605	4087224758	2546438	1388	536604000	386625
贵　州	—	—	—	878	22347735	25453	1022	11319800	11079
云　南	996	132189235	132745	1173	920571835	784795	1380	8178504	5925
西　藏	—	—	—	—	—	—	—	—	—
陕　西	—	17706	169884	1599	576756550	360712	800	40000	50
甘　肃	—	—	—	—	—	—	—	—	—
青　海	—	—	—	—	—	—	—	—	—
宁　夏	—	—	—	—	—	—	—	—	—
新　疆	—	—	—	—	—	—	—	—	—
新疆兵团	—	—	—	—	—	—	—	—	—
大兴安岭	1792	57250000	31954	1168	56750000	48571	905	1480000	1635

销售实际平均价格(二)

单位:元/(立方米、吨),元,立方米,吨

松香			栲胶			紫胶		
产品销售实际平均价格	产品销售收入	产品销售量	产品销售实际平均价格	产品销售收入	产品销售量	产品销售实际平均价格	产品销售收入	产品销售量
10587	**9171353843**	**866274**	**8493**	**92018500**	**10835**	**15648**	**141330841**	**9032**
—	—	—	—	—	—	—	—	—
—	—	—	—	—	—	—	—	—
—	—	—	12000	14400000	1200	—	—	—
—	—	—	—	—	—	—	—	—
—	—	—	6358	4851500	763	—	—	—
—	—	—	—	—	—	—	—	—
—	—	—	—	—	—	—	—	—
—	—	—	—	—	—	—	—	—
—	—	—	—	—	—	—	—	—
—	—	—	—	—	—	—	—	—
—	—	—	—	—	—	—	—	—
—	—	—	—	—	—	—	—	—
—	—	—	—	—	—	—	—	—
—	—	—	—	—	—	—	—	—
11075	23369027	2110	—	—	—	—	—	—
14107	747475643	52987	—	—	—	—	—	—
6286	415030080	66025	—	—	—	—	—	—
—	—	—	—	—	—	—	—	—
8800	11000000	1250	11871	18400000	1550	—	—	—
4850	38872575	8015	—	—	—	—	—	—
13251	161493070	12187	—	—	—	—	—	—
15983	976776113	61114	—	—	—	25000	7000000	280
10257	4930690100	480717	7282	46427000	6376	—	—	—
6961	12821500	1842	—	—	—	—	—	—
—	—	—	—	—	—	—	—	—
5605	11210500	2000	—	—	—	13000	650000	50
5890	26281180	4462	—	—	—	—	—	—
10465	1816334055	173565	8393	7940000	946	15362	133680841	8702
—	—	—	—	—	—	—	—	—
—	—	—	—	—	—	—	—	—
—	—	—	—	—	—	—	—	—
—	—	—	—	—	—	—	—	—
—	—	—	—	—	—	—	—	—
—	—	—	—	—	—	—	—	—
—	—	—	—	—	—	—	—	—
—	—	—	—	—	—	—	—	—
—	—	—	—	—	—	—	—	—

分树种的原木销售

指　　标	全部规格			材长 6m 径级 22～28cm		
	产品销售实际平均单价	产品销售收入	产品销售量	产品销售实际平均单价	产品销售收入	产品销售量
红松原木	1075	28120547	26164	1031	1075909	1044
白松原木	1057	104482882	98811	1031	12234801	11867
落叶松原木	884	723849544	818652	876	208362103	237928
马尾松原木	672	715576373	1065524	630	227551355	361128
樟子松原木	536	10202208	19021	—	—	—
云南松原木	667	148818049	223252	677	104875418	154878
杉木原木	890	1119497702	1257364	769	307359263	399680
冷杉原木	863	50078728	58047	690	1850873	2684
云杉原木	857	31970763	37284	834	1822260	2185
水曲柳原木	1771	107234904	60543	1253	1824368	1456
黄波萝原木	824	354201	430	—	—	—
胡桃楸原木	1332	77882397	58454	930	1308510	1407
柞木原木	1335	154240502	115567	735	5573300	7578
杨木原木	567	9139883541	16120263	625	4679832065	7482519
桦木原木	910	183711591	201928	647	16918323	26144
榆木原木	1041	66808825	64185	647	1165150	1801
柳木原木	335	3259016	9737	300	2415716	8040
椴木原木	1486	127421682	85771	1046	730165	698
栎类原木	919	47396776	51575	517	4248934	8218
桉树原木	517	316702855	612087	475	194019153	408812

实际平均价格

单位:元/立方米、元、立方米

材长 6m 径级 30cm 以上			材长 4m 径级 22~28cm			材长 4m 径级 30cm 以上		
产品销售实际平均单价	产品销售收入	产品销售量	产品销售实际平均单价	产品销售收入	产品销售量	产品销售实际平均单价	产品销售收入	产品销售量
1591	2676549	1682	1008	16064482	15942	1108	8303607	7496
1336	34334238	25692	833	24680332	29636	1051	33233511	31616
1064	69023934	64891	866	397637804	458950	858	48825703	56883
718	32892258	45819	667	363078073	544742	809	92054687	113835
—	—	—	536	10202208	19021	—	—	—
886	10014357	11300	519	14809133	28528	670	19119141	28546
845	24552544	29044	934	670689759	718191	1058	116896136	110449
1014	4629363	4567	846	33126581	39138	898	10471911	11658
977	5018190	5136	827	8540063	10328	845	16590250	19635
3246	6661267	2052	1485	51361440	34578	2110	47387829	22457
—	—	—	823	352101	428	1050	2100	2
2118	7360368	3475	1008	28567846	28349	1611	40645673	25223
1986	919515	463	1137	91204896	80233	2072	56542791	27293
599	605302198	1010792	499	3325852726	6667867	551	528896552	959085
1308	2810762	2149	870	112849322	129772	1166	51133184	43863
1486	6337198	4265	903	31018416	34365	1191	28288061	23754
—	—	—	476	724300	1522	680	119000	175
1433	773580	540	1294	55451435	42856	1691	70466502	41677
—	—	—	908	30497762	33584	1294	12650080	9773
595	29607961	49746	601	65635361	109167	619	27440380	44362

各地区林业旅游与休闲产业发展情况

地　区	旅游人次(万人)	旅游收入(万元)	人均花费(元)	直接带动的其他产业产值(万元)
全国合计	**1032037989**	**13103652**	**127**	**29659931**
北　京	169345472	231264	14	436700
天　津	1865755	15998	86	59000
河　北	17239951	151924	88	219139
山　西	3115050	24417	78	27065
内蒙古	6106003	123924	203	74116
内蒙古集团	307000	20900	681	5065
辽　宁	26578655	447772	168	641630
吉　林	9299752	455106	489	127144
吉林集团	133845	18024	1347	36649
黑龙江	9794362	359126	367	369139
龙江集团	5549389	154835	279	283359
上　海	1906675	7750	41	1975
江　苏	57082859	602959	106	551328
浙　江	85422518	1534286	180	708980
安　徽	24623611	445753	181	470159
福　建	23374301	275720	118	224756
江　西	30399940	1460627	480	11494650
山　东	41896945	316088	75	238681
河　南	57777357	355992	62	2347582
湖　北	23983237	481681	201	348411
湖　南	44213384	1659191	375	8057956
广　东	131576605	433647	33	166632
广　西	20350717	216875	107	218246
海　南	3063520	58676	192	293380
重　庆	33500238	333356	100	82212
四　川	146329245	2392454	163	1602931
贵　州	20545630	326862	159	464480
云　南	16964268	151837	90	124222
西　藏	30000	1173	391	11730
陕　西	4874870	40392	83	93707
甘　肃	7160930	16672	23	65369
青　海	342500	2374	69	3606
宁　夏	3195735	55856	175	75646
新　疆	9356080	89723	96	43283
新疆兵团	51700	869	168	4054
大兴安岭	721824	34177	473	16076

林业系统各地区森林公园主要指标(一)

地　区	森林公园总　数（处）	森林公园总面积（公顷）	国家森林公园数量（处）	国家森林公园面积（公顷）	省级森林公园数量（处）	省级森林公园面积（公顷）	县级森林公园数量（处）	县级森林公园面积（公顷）
全国合计	**2583**	**16776936**	**747**	**11776635**	**1149**	**3969499**	**687**	**1030802**
北　京	26	79111	15	68441	10	9710	1	960
天　津	1	2126	1	2126	—	—	—	—
河　北	80	496384	27	298852	53	197531	—	—
山　西	111	536645	18	380529	37	111143	56	44973
内蒙古	53	1135398	29	912506	22	214522	2	8370
内蒙古集团	8	400927	8	400927	—	—	—	—
辽　宁	67	223176	29	141248	38	81927	—	—
吉　林	48	2454517	32	2011237	16	443280	—	—
吉林集团	8	89773	8	89773	—	—	—	—
黑龙江	104	1911654	55	1638718	47	271395	2	1541
龙江集团	41	1328660	24	1209457	17	119203	—	—
上　海	4	1952	4	1952	—	—	—	—
江　苏	55	90138	15	33052	40	57086	—	—
浙　江	155	383437	37	219050	72	138766	46	25621
安　徽	54	140738	29	103611	25	37127	—	—
福　建	107	203167	28	121506	58	58405	21	23256
江　西	155	500362	43	356506	100	116202	12	27654
山　东	209	379162	38	176987	66	88460	105	113715
河　南	133	312460	28	115142	68	132798	37	64519
湖　北	83	388343	29	263692	54	124651	—	—
湖　南	105	389710	43	209611	54	173001	8	7098
广　东	424	995452	25	206684	67	110082	332	678685
广　西	50	258979	20	211547	24	45288	6	2144
海　南	10	134353	8	116287	2	18067	—	—
重　庆	81	185589	25	133937	55	50817	1	835
四　川	108	730371	31	635893	51	87894	26	6583
贵　州	69	258118	21	145061	29	95914	19	17143
云　南	40	147107	27	112612	13	34495	—	—
西　藏	8	1307014	8	1307014	—	—	—	—
陕　西	82	314366	31	158628	46	149890	5	5848
甘　肃	82	899856	21	434401	61	465455	—	—
青　海	17	462278	7	293297	10	168982	—	—
宁　夏	4	28587	4	28587	—	—	—	—
新　疆	56	1296413	17	807949	31	486608	8	1856
大兴安岭	2	129972	2	129972	—	—	—	—

林业系统各地区

地区	森林公园收入情况						旅游接待人数	
	收入总额（万元）	其中:旅游收入					旅游总人数（万人次）	海外旅游者（万人次）
		合计（万元）	门票收入（万元）	食宿收入（万元）	娱乐收入（万元）	其他收入（万元）		
全国合计	**7660954**	**2949397**	**563578**	**1283567**	**436012**	**666241**	**39611**	**1077**
北京	21293	21293	2122	15715	1845	1612	308	3
天津	1090	1090	670	—	300	120	19	—
河北	34453	34340	19718	8285	2548	3789	755	16
山西	37225	37225	5957	12005	5137	14126	620	7
内蒙古	27314	26314	4754	11182	3684	6694	285	2
内蒙古集团	20900	20900	3242	9438	3155	5065	31	—
辽宁	78155	78155	11012	41737	16102	9304	1625	92
吉林	364945	153910	12248	86362	25539	29761	713	26
吉林集团	3161	3161	31	2910	128	93	19	1
黑龙江	66175	66174	8166	32966	10123	14919	637	10
龙江集团	53052	53051	5408	26955	7862	12825	221	3
上海	12828	8722	6737	268	1263	454	402	5
江苏	119677	119677	23075	23464	5865	67273	3097	132
浙江	879129	879129	129632	412797	146166	190534	3304	121
安徽	46541	37243	9477	20616	1707	5443	646	8
福建	44416	42466	7129	20912	7858	6568	1347	106
江西	344373	328369	34097	143853	67857	82563	2425	27
山东	120079	112233	67972	24298	4673	15290	2181	57
河南	54247	54207	22151	18500	2444	11113	1575	37
湖北	4449954	35414	5522	15820	3809	10263	818	17
湖南	145944	113210	39588	35874	19541	18206	1681	61
广东	153393	153054	32274	75002	16465	29314	7270	188
广西	71616	60748	20048	20604	4450	15645	486	10
海南	10919	10861	191	10554	46	70	39	1
重庆	185719	185719	31335	82935	32540	38909	4254	125
四川	280978	280533	29231	141846	47657	61798	1444	7
贵州	33837	33400	4181	9518	6082	13620	1379	4
云南	9621	9621	4589	2798	143	2091	354	5
西藏	1514	1514	1358	88	—	69	41	—
陕西	36125	35383	18040	6261	1004	10079	936	4
甘肃	5540	5540	2265	2312	329	634	401	3
青海	6006	6006	647	919	19	4422	138	—
宁夏	1927	1927	890	431	468	138	62	—
新疆	15090	15090	8503	5019	260	1309	366	4
大兴安岭	827	827	—	627	88	112	2	—

森林公园主要指标(二)

本年度投入资金				环境保护投入(万元)	人员建设	
合计(万元)	国投(万元)	自筹(万元)	引资(万元)		职工总数(人)	导游人数(人)
2249860	**508421**	**780854**	**960585**	**253356**	**135357**	**13022**
14415	13390	725	300	1301	882	21
230	50	180	—	80	87	12
12793	5260	6633	900	3354	4441	544
84290	4356	35409	44525	20387	2952	514
36783	15854	13464	7465	2303	2730	201
8182	—	3182	5000	106	527	57
96197	7446	70886	17865	13174	3729	295
35848	1485	22810	11553	14803	6182	643
3926	—	3566	360	278	461	26
71705	10187	51310	10209	4389	5075	743
47106	5520	36198	5387	3128	3071	353
6393	3040	3354	—	2372	497	54
96782	27465	52542	16775	26967	8694	500
93869	12890	58849	22130	11282	11138	1160
46695	10555	17197	18943	4350	3662	180
31061	7933	11989	11139	4226	2023	504
395530	37473	76516	281540	18691	7600	653
186465	5739	86541	94185	40221	11761	1636
95997	8364	30152	57482	6707	6155	978
60427	17644	17093	25690	2708	10353	677
102420	32156	29440	40824	10155	11443	453
206411	41334	33833	131244	24335	9932	651
43286	17155	10756	15375	5768	3225	197
19313	3030	1283	15000	869	972	42
198886	57318	80296	61273	9553	4384	535
83038	50307	23615	9116	11642	4389	507
59252	54073	2539	2640	4271	2524	158
5929	1306	2234	2389	859	1694	138
1660	—	500	1160	230	86	25
74222	25342	19589	29291	4691	3524	436
17934	7163	7757	3014	606	3421	244
14134	6637	2854	4643	614	507	68
8023	3080	1343	3600	1065	240	29
49539	20171	9053	20315	1233	938	220
332	220	112	—	152	117	4

林业系统各地区森林公园主要指标(三)

地　　区	本年度环境建设		基础设施现状				社会旅游从业人员（人）
	植树造林（公顷）	改造林相（公顷）	车船总数（台/艘）	游道总数（千米）	床位总数（张）	餐位总数（个）	
全国合计	**126402**	**136045**	**25244**	**54717**	**626610**	**1136036**	**642468**
北　京	30	1365	87	411	1441	5145	3637
天　津	8	40	28	29	800	3500	80
河　北	2221	4754	674	1948	69670	73910	19428
山　西	19600	5607	758	1261	54440	60743	13033
内蒙古	3777	3391	526	1828	7883	12910	13729
内蒙古集团	—	—	229	318	3130	2310	10700
辽　宁	2181	2090	1810	1871	31612	52569	29316
吉　林	5284	938	1974	2996	31714	81121	29395
吉林集团	173	95	91	487	2376	6480	924
黑龙江	9354	14681	3631	4191	32880	63340	14099
龙江集团	5818	9797	2505	2381	22163	46370	11411
上　海	—	48	438	112	—	1050	550
江　苏	2424	2263	932	1774	11627	37180	21455
浙　江	5075	6724	1817	1724	44874	97413	50285
安　徽	909	1498	267	1205	7467	16151	22413
福　建	3128	1184	761	1984	6180	20848	18303
江　西	7540	12375	1384	3896	41197	76470	34491
山　东	8537	6461	1688	4434	37211	86772	136131
河　南	6496	14327	1019	1933	27242	63373	27938
湖　北	16375	15068	557	2860	32044	28170	20981
湖　南	2098	2136	1372	2555	24677	55020	36210
广　东	5027	15607	1393	2815	21903	65995	33111
广　西	909	352	920	600	6790	14978	5625
海　南	—	1333	24	182	2752	4950	1019
重　庆	4417	8946	652	2392	42256	63212	21261
四　川	3019	3725	786	2118	37369	46579	19808
贵　州	4024	1604	475	1505	7780	25522	14717
云　南	2495	1672	265	678	973	1364	1358
西　藏	55	—	76	73	971	1178	730
陕　西	4355	3228	379	1995	13809	21792	33695
甘　肃	3874	1296	142	1811	10905	12045	6794
青　海	2613	70	85	543	4360	26020	3901
宁　夏	423	293	47	288	500	1206	2295
新　疆	147	1322	269	2272	12853	14610	6380
大兴安岭	7	1649	8	434	430	900	300

4

从业人员和劳动报酬

EMPLOYMENT AND WAGES

林业系统国有单位从业人员和劳动报酬主要指标2010年与2009年比较

主要指标	单位	2010年	2009年	2010年比2009年增减%
一、企事业机关单位个数	**个**	**45950**	**45483**	**1.03**
其中：1. 林业	个	40021	39721	0.76
2. 工业	个	394	390	1.03
二、从业人员年末人数	**人**	**1373069**	**1316405**	**4.30**
其中：1. 林业	人	1149470	1109712	3.58
其中：木材及竹材采运业	人	449769	422307	6.50
国有林场	人	360485	355516	1.40
2. 工业	人	36235	27883	29.95
其中：木材加工及竹藤棕草制品业	人	16732	9234	81.20
林产化学产品制造业	人	718	1116	-35.66
三、在岗职工年末人数	**人**	**1325267**	**1274909**	**3.95**
其中：1. 林业	人	1111488	1076805	3.22
其中：木材及竹材采运业	人	444281	418851	6.07
国有林场	人	350698	346323	1.26
2. 工业	人	32284	24251	33.12
其中：木材加工及竹藤棕草制品业	人	16193	9040	79.13
林产化学产品制造业	人	678	1073	-36.81
四、在岗职工年工资总额	**千元**	**25733946**	**22246666**	**15.68**
其中：1. 林业	千元	18681355	16252260	14.95
其中：木材及竹材采运业	千元	5736739	4785862	19.87
国有林场	千元	5825808	5103117	14.16
2. 工业	千元	635950	351778	80.78
其中：木材加工及竹藤棕草制品业	千元	351821	118130	197.83
林产化学产品制造业	千元	12884	17155	-24.90
五、在岗职工年平均工资	**元**	**20386**	**17985**	**13.35**
其中：1. 林业	元	17789	15601	14.02
其中：木材及竹材采运业	元	14276	12025	18.73
国有林场	元	17118	15065	13.63
2. 工业	元	18701	14909	25.44
其中：木材加工及竹藤棕草制品业	元	19238	13558	41.90
林产化学产品制造业	元	18947	16338	15.97

林业系统按行业分全部单位个数、从业人员和劳动报酬情况(一)

指标	单位个数(个)	从业人员年末人数(人)	在册职工人数(人)			
			总计	在岗职工		
				合计	长期职工	临时职工
总　　计	**46396**	**1396494**	**1702350**	**1347142**	**1262315**	**84827**
一、国有经济单位	**45950**	**1373069**	**1574699**	**1325267**	**1243507**	**81760**
1. 企　　业	2200	561784	727311	549304	510316	38988
2. 事　　业	39952	715666	752390	682556	642179	40377
3. 机　　关	3798	95619	94998	93407	91012	2395
(一)农林牧渔业	39454	1132459	1326157	1095242	1028940	66302
1. 木材及竹材采运企业	798	449769	583985	444281	415898	28383
2. 国有林场	4557	360485	427536	350698	328441	22257
3. 国有苗圃	1732	31567	35093	31218	29824	1394
4. 林业工作站	20670	132370	125667	123304	117406	5898
5. 木材检查站	2375	22040	21969	21650	21096	554
6. 种苗站	871	7200	7225	7070	6995	75
7. 病虫害防治站	1595	11592	11620	11554	11349	205
8. 治沙站	79	1233	1192	1191	1182	9
9. 其他	6777	116203	111870	104276	96749	7527
(二)采矿业	6	2353	2749	2211	2195	16
(三)制造业	373	29499	33466	25690	23163	2527
1. 木材加工及木、竹、藤、棕、苇制品业	234	16732	21276	16193	14597	1596
2. 木、竹、藤家具制造业	48	1941	2595	1891	1688	203
3. 木、竹、苇浆造纸业	3	19	147	19	16	3
4. 林产化学产品制造	18	718	1110	678	655	23
5. 木质工艺品和木质文教体育用品制造业	2	14	47	14	10	4
6. 非木质林产品加工业	12	443	512	443	362	81
7. 其他	56	9632	7779	6452	5835	617
(四)电力、燃气及水的生产和供应业	15	4383	4528	4383	4334	49
(五)建筑业	22	4616	4217	3441	3062	379
(八)批发和零售业	239	4876	8452	4816	4621	195
(十三)科学研究、技术服务和地质勘查业	731	26402	26622	25893	23956	1937
其中:科技交流和推广服务	309	6005	6026	5910	5701	209
规划设计管理	159	8201	8021	7913	7534	379
(十四)水利、环境和公共设施管理业	693	38134	37149	36410	31127	5283
其中:自然保护区管理	415	15680	15219	14925	13446	1479
野生动植物保护	152	1331	1325	1321	1197	124
(十六)教育	69	9558	9403	9373	8803	570
(十七)卫生、社会保障和社会福利业	31	5805	5971	5756	5124	632
(十九)公共管理和社会组织	4051	104098	103598	101832	98746	3086
(二十)其他	266	10886	12387	10220	9436	784
二、集体经济单位	**191**	**6482**	**111124**	**5999**	**5823**	**176**
三、其他各种经济单位	**255**	**16943**	**16527**	**15876**	**12985**	**2891**

林业系统按行业分全部单位个数、

指 标	在册职工人数(人)				
	在岗职工			下岗待安置职工人数	离开本单位仍保留劳动关系人员
	其中:女性	其中:专业技术人员	其中:使用的农村劳动力		
总 计	**357625**	**356113**	**35193**	**145476**	**209732**
一、国有经济单位	**349927**	**353963**	**33423**	**84122**	**165310**
1. 企 业	140500	133815	11246	61061	116946
2. 事 业	191472	205750	21918	23028	46806
3. 机 关	17955	14398	259	33	1558
(一)农林牧渔业	286924	294558	23853	77609	153306
1. 木材及竹材采运企业	110790	116515	4877	50432	89272
2. 国有林场	96907	55406	9515	24073	52765
3. 国有苗圃	10587	6353	1045	1211	2664
4. 林业工作站	29277	63817	4122	554	1809
5. 木材检查站	2578	5319	82	64	255
6. 种苗站	2738	3939	22	48	107
7. 病虫害防治站	4378	6639	109	23	43
8. 治沙站	360	621	15	—	1
9. 其他	29309	35949	4066	1204	6390
(二)采矿业	612	418	33	326	212
(三)制造业	8044	4463	4710	3255	4521
1. 木材加工及木、竹、藤、棕、苇制品业	5543	3352	1980	2195	2888
2. 木、竹、藤家具制造业	565	228	621	91	613
3. 木、竹、苇浆造纸业	4	6	—	123	5
4. 林产化学产品制造	224	152	—	174	258
5. 木质工艺品和木质文教体育用品制造业	3	1	—	9	24
6. 非木质林产品加工业	229	75	—	38	31
7. 其他	1476	649	2109	625	702
(四)电力、燃气及水的生产和供应业	1473	238	—	52	93
(五)建筑业	453	1348	11	190	586
(八)批发和零售业	1471	1250	28	1526	2110
(十三)科学研究、技术服务和地质勘查业	8318	15228	1033	71	658
其中:科技交流和推广服务	2086	3338	106	31	85
规划设计管理	2292	5440	19	13	95
(十四)水利、环境和公共设施管理业	11516	7499	2481	607	132
其中:自然保护区管理	3796	3756	735	238	56
野生动植物保护	372	480	85	—	4
(十六)教育	4242	5602	89	1	29
(十七)卫生、社会保障和社会福利业	3315	3831	2	—	215
(十九)公共管理和社会组织	20235	16912	809	85	1681
(二十)其他	3324	2616	374	400	1767
二、集体经济单位	**3014**	**352**	**71**	**61273**	**43852**
三、其他各种经济单位	**4684**	**1798**	**1699**	**81**	**570**

从业人员和劳动报酬情况(二)

其他从业人员人数(人)	年末实有离退休人员人数(人)	在岗职工年平均人数(人)	在岗职工年工资总额(千元)	离退休人员年生活费(千元)	在岗职工年平均工资(元)
49352	**972123**	**1282493**	**25951196**	**15508622**	**20235**
47802	**904056**	**1262340**	**25733946**	**14776712**	**20386**
12480	520646	503482	7401069	7314595	14700
33110	333684	667635	15012352	5983865	22486
2212	49726	91223	3320525	1478252	36400
37217	763962	1034663	18271567	11521224	17659
5488	450847	401834	5736739	6351911	14276
9787	221282	340327	5825808	3425767	17118
349	17035	30332	539814	260742	17797
9066	22138	120534	2759645	467324	22895
390	2217	21361	480299	46859	22485
130	1993	7092	198485	51606	27987
38	2033	11391	321509	58413	28225
42	572	1388	45752	18146	32962
11927	45845	100404	2363516	840456	23540
142	1818	2051	37096	15912	18087
3809	19626	27600	542948	232202	19672
539	13941	18288	351821	167225	19238
50	577	1846	51557	2363	27929
—	17	19	373	23	19611
40	414	680	12884	4951	18947
—	6	14	235	9	16800
—	838	441	5490	10071	12449
3180	3833	6312	120588	47561	19105
—	742	4355	55906	8489	12837
1175	3318	2947	56275	35518	19096
60	6493	4659	71132	69465	15268
509	15017	25642	951906	430035	37123
95	3303	6067	187317	92122	30875
288	4100	7566	314243	127880	41534
1724	11910	35048	1402180	312823	40007
755	3079	14302	370552	72549	25909
10	176	1217	39237	5062	32241
185	5997	9377	353290	172892	37676
49	9927	5532	167590	208564	30295
2266	55966	100243	3574263	1625155	35656
666	9280	10223	249794	144433	24435
483	**64405**	**5900**	**56454**	**715218**	**9569**
1067	**3662**	**14253**	**160796**	**16692**	**11282**

地　区	总　计	合　计	企　业	事　业	机　关	国有经济 小　计	木材及竹材采运企业
全国合计	**46396**	**45950**	**2200**	**39952**	**3798**	**39454**	**798**
北　京	248	247	9	216	22	138	—
天　津	88	88	3	75	10	77	—
河　北	1560	1560	38	1354	168	1290	—
山　西	2203	2203	17	2058	128	2002	—
内蒙古	1599	1593	44	1367	182	1348	20
内蒙古集团	53	49	24	25	—	27	19
辽　宁	1688	1682	32	1538	112	1520	—
吉　林	1570	1534	249	1206	79	1382	21
吉林集团	46	46	46	—	—	9	8
黑龙江	1896	1813	117	1574	122	1538	40
龙江集团	209	158	86	59	13	47	40
上　海	41	41	—	39	2	13	—
江　苏	792	782	—	757	25	755	14
浙　江	1053	1041	18	925	98	872	—
安　徽	1445	1434	50	1202	182	1201	12
福　建	1944	1910	232	1491	187	1549	167
江　西	2276	2271	323	1756	192	1941	206
山　东	2361	2359	51	2199	109	2215	3
河　南	1142	1137	19	953	165	917	1
湖　北	2078	1921	103	1692	126	1671	11
湖　南	2951	2938	136	2618	184	2541	50
广　东	2159	2141	52	1876	213	1749	9
广　西	2158	2146	134	1805	207	1737	1
海　南	223	223	29	176	18	184	6
重　庆	1219	1217	9	1139	69	1112	—
四　川	3601	3583	194	3154	235	3115	84
贵　州	2384	2384	97	2156	131	2182	58
云　南	2337	2327	99	1990	238	1972	53
西　藏	75	75	3	24	48	27	—
陕　西	1650	1647	48	1459	140	1425	8
甘　肃	1501	1501	12	1363	126	1296	—
青　海	350	350	—	283	67	267	—
宁　夏	312	311	4	282	25	275	—
新　疆	1326	1326	60	1095	171	1092	25
新疆兵团	—	—	—	—	—	—	—
局直属单位	166	165	18	130	17	51	9
大兴安岭	64	63	18	29	16	13	9

企、事业及机关单位个数(一)

单位:个

单位							
农林牧渔业							
国有林场	国有苗圃	林业工作站	木材检查站	种苗站	病虫害防治站	治沙站	其他
4557	**1732**	**20670**	**2375**	**871**	**1595**	**79**	**6777**
25	15	28	5	5	8	1	51
1	9	52	1	2	1	—	11
141	149	568	23	43	68	4	294
241	135	1066	63	62	87	5	343
306	83	493	30	58	81	15	262
—	—	—	—	—	—	—	8
180	40	797	50	51	63	1	338
305	41	710	56	8	40	—	201
—	—	—	—	—	—	—	1
385	65	624	55	45	78	—	246
—	2	—	—	2	2	—	1
1	1	11	—	—	—	—	—
72	55	417	24	4	15	3	151
99	11	481	69	26	61	—	125
133	63	576	112	20	74	—	211
105	55	806	50	17	39	—	310
241	69	834	255	23	64	2	247
180	156	1393	47	53	96	—	287
87	81	208	89	37	86	1	327
241	40	809	142	40	69	—	319
206	75	1517	256	41	49	5	342
188	51	1056	185	19	55	—	186
154	62	742	155	41	73	—	509
32	7	67	46	—	9	—	17
73	6	852	68	18	34	—	61
186	107	2165	152	31	87	—	303
90	36	1452	133	59	88	1	265
151	16	1207	93	49	59	2	342
3	19	—	4	—	1	—	—
226	105	435	143	40	41	11	416
267	95	446	49	50	65	11	313
100	26	61	5	4	14	1	56
64	11	131	2	5	18	1	43
74	48	665	13	20	72	15	160
—	—	—	—	—	—	—	—
—	—	1	—	—	—	—	41
—	—	1	—	—	—	—	3

林业系统各地区按行业分

地区	国有经济					
	采矿业	制造业				
		小计	木材加工及木、竹、藤、棕、苇制品业	木、竹、藤家具制造业	木、竹、苇浆造纸业	林产化学产品制造
全国合计	**6**	**373**	**234**	**48**	**3**	**18**
北京	—	—	—	—	—	—
天津	—	—	—	—	—	—
河北	—	11	4	—	—	3
山西	—	5	2	—	—	—
内蒙古	—	2	1	—	1	—
内蒙古集团	—	1	—	—	1	—
辽宁	—	13	10	1	—	—
吉林	1	20	13	3	—	1
吉林集团	1	17	10	3	—	1
黑龙江	1	25	14	—	—	1
龙江集团	—	17	12	—	—	—
上海	—	—	—	—	—	—
江苏	—	—	—	—	—	—
浙江	—	—	—	—	—	—
安徽	1	5	4	1	—	—
福建	—	16	3	—	—	3
江西	—	20	8	3	—	3
山东	—	21	3	17	—	—
河南	1	1	—	—	—	—
湖北	—	13	7	2	—	1
湖南	1	77	55	17	1	1
广东	—	10	7	—	—	—
广西	—	3	3	—	—	—
海南	—	2	2	—	—	—
重庆	—	1	1	—	—	—
四川	—	77	66	3	—	3
贵州	—	23	20	—	1	1
云南	—	6	2	—	—	1
西藏	—	—	—	—	—	—
陕西	—	17	6	1	—	—
甘肃	—	3	2	—	—	—
青海	—	—	—	—	—	—
宁夏	—	—	—	—	—	—
新疆	—	2	1	—	—	—
新疆兵团	—	—	—	—	—	—
局直属单位	1	—	—	—	—	—
大兴安岭	1	—	—	—	—	—

企、事业及机关单位个数(二)

单位:个

单　位					
			电力、燃气及水的生产和供应业	建筑业	批发和零售业
木质工艺品和木质文教体育用品制造业	非木质林产品加工业	其他			
2	**12**	**56**	**15**	**22**	**239**
—	—	—	—	—	—
—	—	—	—	—	—
—	3	1	—	—	7
—	1	2	—	—	14
—	—	—	—	1	1
—	—	—	—	1	1
—	—	2	—	—	—
—	—	3	1	2	2
—	—	3	—	1	2
—	2	8	2	9	20
—	2	3	2	9	9
—	—	—	—	—	—
—	—	—	—	—	—
—	—	—	—	1	12
—	—	—	—	2	12
—	—	10	—	2	14
—	—	6	—	1	2
—	—	1	—	—	—
—	—	1	—	—	5
1	—	2	—	1	15
1	—	2	—	—	2
—	—	3	4	—	12
—	—	—	6	—	82
—	—	—	—	—	1
—	—	—	—	—	3
—	—	5	—	1	11
—	1	—	—	1	2
—	—	3	—	—	13
—	—	—	—	—	—
—	4	6	—	1	7
—	1	—	—	—	—
—	—	—	—	—	—
—	—	—	—	—	—
—	—	1	1	—	1
—	—	—	—	—	—
—	—	—	1	—	1
—	—	—	1	—	1

林业系统各地区按行业分

地　区	国　有　经　济					
	科学研究、技术服务和地质勘查业			水利、环境和公共设施管理业		
	小计	其中 科技交流和推广服务	其中 规划设计管理	小计	其中 自然保护区管理	其中 野生动植物保护
全国合计	**731**	**309**	**159**	**693**	**415**	**152**
北　京	5	—	5	81	1	2
天　津	—	—	—	—	—	—
河　北	30	25	1	5	3	1
山　西	28	14	11	16	12	2
内蒙古	18	3	4	16	14	—
内蒙古集团	2	—	—	1	—	—
辽　宁	19	8	6	13	8	5
吉　林	8	3	3	5	4	1
吉林集团	—	—	—	—	—	—
黑龙江	18	4	4	13	5	2
龙江集团	9	1	2	2	—	—
上　海	1	1	—	19	1	1
江　苏	—	—	—	—	—	—
浙　江	41	30	3	13	12	1
安　徽	13	6	4	15	10	3
福　建	54	16	23	26	21	4
江　西	56	21	16	24	11	11
山　东	6	1	—	5	4	1
河　南	26	3	3	10	7	3
湖　北	68	44	15	16	5	9
湖　南	66	27	13	35	24	8
广　东	62	21	4	71	58	13
广　西	43	15	4	18	17	1
海　南	3	2	—	11	9	2
重　庆	21	14	7	6	5	1
四　川	23	16	5	101	44	49
贵　州	15	5	3	15	14	1
云　南	23	8	4	67	65	1
西　藏	—	—	—	—	—	—
陕　西	12	5	4	17	8	9
甘　肃	21	12	3	40	31	9
青　海	4	1	3	2	2	—
宁　夏	1	—	1	6	5	1
新　疆	13	4	1	22	12	9
新疆兵团	—	—	—	—	—	—
局直属单位	33	—	9	5	3	2
大兴安岭	3	—	3	2	—	2

企、事业及机关单位个数(三)

单位:个

单位					
教育	卫生、社会保障和社会福利业	公共管理和社会组织	其他	集体经济单位	其他各种经济单位
69	**31**	**4051**	**266**	**191**	**255**
—	—	22	1	1	—
—	—	10	1	—	—
—	—	212	5	—	—
4	3	128	3	—	—
2	5	188	12	4	2
1	5	1	9	2	2
1	—	113	3	6	—
1	—	93	19	23	13
—	—	—	16	—	—
20	9	130	28	70	13
16	9	20	18	47	4
2	1	2	3	—	—
—	—	26	1	10	—
—	—	99	3	—	12
—	—	183	2	2	9
—	1	227	21	25	9
1	1	201	24	4	1
—	—	110	2	2	—
—	—	171	6	5	—
2	1	126	8	9	148
3	—	209	4	5	8
3	1	220	9	7	11
3	—	210	44	5	7
—	—	20	2	—	—
—	—	72	2	1	1
2	2	236	15	8	10
1	—	140	5	—	—
3	1	239	3	3	7
—	—	48	—	—	—
3	2	152	11	1	2
3	2	135	1	—	—
—	—	77	—	—	—
2	—	25	2	—	1
2	—	189	4	—	—
—	—	—	—	—	—
11	2	38	22	—	1
8	2	17	15	—	1

林业系统各地区按行业分

地区	总计	合计	企业	事业	机关	国有经济	
						小计	木材及竹材采运企业
全国合计	**1396494**	**1373069**	**561784**	**715666**	**95619**	**1132459**	**449769**
北京	25362	25294	1627	22413	1254	4969	—
天津	1186	1186	60	968	158	1006	—
河北	32348	32348	7450	21330	3568	20371	—
山西	25041	25041	153	22833	2055	21316	—
内蒙古	113222	112879	58857	47700	6322	102251	57157
内蒙古集团	60546	60209	57547	2662	—	57928	57157
辽宁	27662	27623	1647	24484	1492	24374	—
吉林	124083	121834	85536	33142	3156	101104	56133
吉林集团	35261	35261	35261	—	—	22861	20393
黑龙江	326039	317965	249630	63333	5002	294239	239775
龙江集团	265512	258720	247668	9126	1926	240434	239775
上海	2001	2001	—	1763	238	452	—
江苏	16487	16406	—	16191	215	16020	354
浙江	12856	12729	658	10007	2064	9292	—
安徽	23997	23546	1799	19624	2123	20502	467
福建	28109	25926	6562	15052	4312	18424	4629
江西	59919	59854	15603	37690	6561	50450	7592
山东	26981	26969	2059	23057	1853	23177	28
河南	31022	30954	182	25484	5288	24892	—
湖北	32592	28176	2310	22670	3196	22297	270
湖南	51554	50199	3521	40099	6579	37935	2434
广东	36162	35940	3347	26473	6120	25671	635
广西	47523	46992	3588	39806	3598	37937	14
海南	8076	8076	2891	4430	755	6327	1117
重庆	8706	8555	155	7074	1326	6677	—
四川	55733	54029	16841	30732	6456	43375	13218
贵州	33515	33515	4890	26374	2251	28748	2272
云南	48952	48362	10821	28766	8775	33037	6666
西藏	7214	7214	5824	301	1089	6125	—
陕西	35021	34505	3439	28556	2510	29053	2339
甘肃	40121	40121	9607	27771	2743	30535	—
青海	9811	9811	—	9151	660	9099	—
宁夏	10046	9908	842	8567	499	7747	—
新疆	23843	23843	4211	17317	2315	19707	2600
新疆兵团	—	—	—	—	—	—	—
局直属单位	71310	71268	57674	12508	1086	55350	52069
大兴安岭	62972	62930	57674	4400	856	54563	52069

从业人员年末人数(一)

单位:人

单　位							
农　林　牧　渔　业							
国有林场	国有苗圃	林业工作站	木材检查站	种苗站	病虫害防治站	治沙站	其他
360485	**31567**	**132370**	**22040**	**7200**	**11592**	**1233**	**116203**
963	1569	460	62	76	143	25	1671
58	199	207	54	43	8	—	437
6949	1681	2632	188	382	584	41	7914
8855	2082	4294	425	363	597	87	4613
33027	2154	3703	221	551	822	293	4323
—	—	—	—	—	—	—	771
13917	750	4934	373	361	540	2	3497
31715	1803	4607	405	65	357	—	6019
—	—	—	—	—	—	—	2468
45779	1566	2257	335	251	387	—	3889
—	563	—	—	45	19	—	32
49	97	306	—	—	—	—	—
9166	2197	2560	315	28	88	5	1307
4177	159	2318	899	180	386	—	1173
10682	2659	3165	1225	56	448	—	1800
5741	329	4071	1062	65	139	—	2388
28794	1238	5509	2714	167	405	20	4011
8059	2008	7771	495	314	654	—	3848
10268	1933	3139	1990	565	864	4	6129
9308	601	5572	1366	428	543	—	4209
14792	1309	12292	2641	328	351	112	3676
12842	516	7327	1593	125	338	—	2295
24348	538	3602	1408	338	369	—	7320
2865	82	660	312	—	67	—	1224
2931	28	2749	198	137	267	—	367
8344	932	8728	861	169	521	2	10600
5394	276	12116	783	219	338	1	7349
6790	106	11046	548	488	377	17	6999
5851	272	—	—	—	2	—	—
11885	1746	5346	1077	788	691	249	4932
18542	1638	2819	346	485	677	243	5785
6107	257	1043	22	20	120	16	1514
4530	253	1471	23	60	177	7	1226
7757	589	5553	99	148	332	109	2520
—	—	—	—	—	—	—	—
—	—	113	—	—	—	—	3168
—	—	113	—	—	—	—	2381

林业系统各地区按行业分

地　区	国有经济					
	采矿业	制造业				
		小　计	木材加工及木、竹、藤、棕、苇制品业	木、竹、藤家具制造业	木、竹、苇浆造纸业	林产化学产品制造
全国合计	**2353**	**29499**	**16732**	**1941**	**19**	**718**
北　京	—	—	—	—	—	—
天　津	—	—	—	—	—	—
河　北	—	6663	209	—	—	9
山　西	—	12	5	—	—	—
内蒙古	—	53	47	—	6	—
内蒙古集团	—	6	—	—	6	—
辽　宁	—	573	193	—	—	—
吉　林	983	10236	8076	956	—	318
吉林集团	983	8683	6564	956	—	318
黑龙江	—	3209	2609	—	—	106
龙江集团	—	2707	2249	—	—	—
上　海	—	—	—	—	—	—
江　苏	—	—	—	—	—	—
浙　江	—	—	—	—	—	—
安　徽	91	222	220	2	—	—
福　建	—	804	676	—	—	76
江　西	—	581	161	360	—	5
山　东	—	1656	330	512	—	—
河　南	5	5	—	—	—	—
湖　北	—	409	199	3	—	2
湖　南	4	291	204	21	10	15
广　东	—	170	140	—	—	—
广　西	—	266	266	—	—	—
海　南	—	552	506	46	—	—
重　庆	—	27	27	—	—	—
四　川	—	1028	618	21	—	124
贵　州	142	526	504	—	3	7
云　南	—	1147	1061	—	—	56
西　藏	—	—	—	—	—	—
陕　西	—	430	181	20	—	—
甘　肃	—	625	493	—	—	—
青　海	—	—	—	—	—	—
宁　夏	—	—	—	—	—	—
新　疆	—	11	7	—	—	—
新疆兵团	—	—	—	—	—	—
局直属单位	1128	3	—	—	—	—
大兴安岭	1128	3	—	—	—	—

从业人员年末人数(二)

单位:人

木质工艺品和木质文教体育用品制造业	非木质林产品加工业	其他	电力、燃气及水的生产和供应业	建筑业	批发和零售业
14	**443**	**9632**	**4383**	**4616**	**4876**
—	—	—	—	—	—
—	—	—	—	—	—
—	37	6408	—	—	105
—	7	—	—	—	169
—	—	—	—	164	129
—	—	—	—	164	129
—	—	380	—	—	—
—	—	886	31	1112	252
—	—	845	—	1104	252
—	52	442	1804	2622	448
—	52	406	1804	2622	226
—	—	—	—	—	—
—	—	—	—	—	—
—	—	—	—	3	202
—	—	—	—	37	253
—	—	52	—	10	219
—	—	55	—	24	16
—	—	814	—	—	—
—	—	5	—	—	24
—	—	205	—	22	127
14	—	27	—	—	8
—	—	30	186	—	133
—	—	—	31	—	1438
—	—	—	—	—	18
—	—	—	—	—	31
—	—	265	—	607	404
—	12	—	—	6	36
—	—	30	—	—	756
—	—	—	—	—	—
—	203	26	—	9	68
—	132	—	—	—	—
—	—	—	—	—	—
—	—	—	—	—	—
—	—	4	7	—	3
—	—	—	—	—	—
—	—	3	2324	—	37
—	—	3	2324	—	37

林业系统各地区按行业分

地区	国有经济					
	科学研究、技术服务和地质勘查业			水利、环境和公共设施管理业		
	小计	其中		小计	其中	
		科技交流和推广服务	规划设计管理		自然保护区管理	野生动植物保护
全国合计	**26402**	**6005**	**8201**	**38134**	**15680**	**1331**
北京	126	—	126	18769	35	41
天津	—	—	—	—	—	—
河北	475	343	77	368	304	5
山西	565	294	244	432	295	33
内蒙古	737	130	106	590	425	—
内蒙古集团	86	—	—	162	—	—
辽宁	351	192	103	592	562	30
吉林	986	76	758	690	684	6
吉林集团	—	—	—	—	—	—
黑龙江	2717	889	1074	338	66	183
龙江集团	2204	883	697	68	—	—
上海	113	113	—	895	24	11
江苏	—	—	—	—	—	—
浙江	577	315	104	316	299	17
安徽	105	40	26	165	113	17
福建	853	142	348	386	368	11
江西	1034	415	319	252	157	71
山东	80	3	—	191	186	5
河南	490	39	23	51	42	9
湖北	1095	511	373	427	175	62
湖南	1988	369	204	1981	1813	49
广东	1668	579	185	1307	1021	172
广西	1352	291	121	735	732	3
海南	134	51	—	196	173	23
重庆	252	170	82	145	138	7
四川	443	240	161	1014	738	112
贵州	566	32	232	698	696	2
云南	1580	174	885	2060	2018	2
西藏	—	—	—	—	—	—
陕西	579	87	346	616	521	95
甘肃	977	440	168	2504	1969	135
青海	52	12	40	—	—	—
宁夏	43	—	43	1439	1410	29
新疆	696	58	300	410	267	83
新疆兵团	—	—	—	—	—	—
局直属单位	5768	—	1753	567	449	118
大兴安岭	455	—	455	118	—	118

从业人员年末人数(三)

单位:人

单　位					
教育	卫生、社会保障和社会福利业	公共管理和社会组织	其他	集体经济单位	其他各种经济单位
9558	**5805**	**104098**	**10886**	**6482**	**16943**
—	—	1254	176	68	—
—	—	158	22	—	—
—	—	4266	100	—	—
425	38	2055	29	—	—
87	726	7120	1022	244	99
50	726	36	922	238	99
8	—	1569	156	39	—
122	—	4904	1414	463	1786
—	—	—	1378	—	—
2758	2654	6038	1138	4170	3904
2479	2654	2947	575	3331	3461
243	13	238	47	—	—
—	—	384	2	81	—
—	—	2094	245	—	127
—	—	2123	48	201	250
—	62	4633	535	245	1938
6	39	6719	733	64	1
—	—	1853	12	12	—
—	—	5333	154	68	—
350	48	3296	105	116	4300
660	—	7267	65	57	1298
341	3	6230	231	130	92
571	—	3805	857	68	463
—	—	820	29	—	—
—	—	1340	83	22	129
98	226	6560	274	402	1302
163	—	2271	359	—	—
439	9	8864	470	20	570
—	—	1089	—	—	—
270	587	2592	301	12	504
816	919	3548	197	—	—
—	—	660	—	—	—
90	—	499	90	—	138
265	—	2685	59	—	—
—	—	—	—	—	—
1846	481	1831	1933	—	42
1146	481	1228	1447	—	42

林业系统各地区按行业分

地　区	总　计	国有经济					
		合　计	企　业	事　业	机　关		
						小　计	木材及竹材采运企业
全国合计	**1702350**	**1574699**	**727311**	**752390**	**94998**	**1326157**	**583985**
北　京	24890	24822	1627	21941	1254	5063	—
天　津	1141	1141	60	923	158	961	—
河　北	28274	28274	4735	19838	3701	18941	—
山　西	25177	25177	261	22846	2070	21397	—
内蒙古	204373	149817	94602	48872	6343	138887	92880
内蒙古集团	150557	96007	93269	2738	—	93649	92880
辽　宁	29541	29470	1880	26159	1431	26176	—
吉　林	161231	156583	115979	37061	3543	134780	76406
吉林集团	42194	42194	42194	—	—	29309	25883
黑龙江	437006	381054	306615	69365	5074	355488	294664
龙江集团	369757	315586	304455	9216	1915	295819	294664
上　海	1898	1898	—	1660	238	444	—
江　苏	18627	18546	—	18331	215	18159	354
浙　江	13686	13565	718	10792	2055	10090	—
安　徽	26679	26226	3339	20790	2097	22321	939
福　建	27746	26041	6478	15456	4107	18756	4467
江　西	91673	91573	31631	53304	6638	79981	14920
山　东	26255	26243	2088	22205	1950	22334	28
河　南	31771	31701	396	26162	5143	25624	22
湖　北	38084	33693	5377	24995	3321	26074	452
湖　南	69565	68139	9819	51632	6688	54772	6881
广　东	39749	39527	4613	28736	6178	28303	676
广　西	53328	52781	5779	43583	3419	42171	48
海　南	7327	7327	2568	4188	571	6288	1166
重　庆	8772	8632	187	7120	1325	6723	—
四　川	55070	53348	17363	29653	6332	42628	12796
贵　州	24304	24304	4870	17188	2246	20041	2622
云　南	44446	43853	10602	24999	8252	28846	6115
西　藏	7219	7219	5829	301	1089	6130	—
陕　西	36612	36039	4579	28877	2583	29873	2782
甘　肃	41218	41218	9661	28814	2743	31577	—
青　海	9727	9727	—	9081	646	9029	—
宁　夏	10040	9902	842	8561	499	7741	—
新　疆	22586	22586	4093	16493	2000	18815	2616
新疆兵团	—	—	—	—	—	—	—
局直属单位	84335	84273	70720	12464	1089	67744	63151
大兴安岭	76038	75976	70720	4400	856	66966	63151

在册职工人数(一)

单位:人

单位							
农林牧渔业							
国有林场	国有苗圃	林业工作站	木材检查站	种苗站	病虫害防治站	治沙站	其他
427536	**35093**	**125667**	**21969**	**7225**	**11620**	**1192**	**111870**
963	1654	460	63	76	143	25	1679
58	199	207	9	43	8	—	437
7490	1854	2553	188	387	580	42	5847
8721	2142	4334	426	373	600	86	4715
33916	2156	3755	228	569	829	293	4261
—	—	—	—	—	—	—	769
16495	931	4031	352	358	529	2	3478
43197	2294	4654	407	65	361	—	7396
—	—	—	—	—	—	—	3426
51393	2097	2294	335	251	389	—	4065
—	1059	—	—	45	19	—	32
49	97	298	—	—	—	—	—
11277	2203	2569	324	28	88	5	1311
4934	177	2326	905	180	386	—	1182
11877	2736	3142	1215	56	447	—	1909
6539	329	3870	908	65	139	—	2439
49462	2208	5673	2773	167	406	20	4352
8115	2060	8055	495	314	655	—	2612
10565	2012	3145	2043	542	884	4	6407
11845	811	5640	1388	491	556	—	4891
25602	1740	13209	2686	323	350	87	3894
15186	555	7420	1598	125	338	—	2405
28800	619	3514	1356	276	360	—	7198
3151	85	283	312	—	65	—	1226
2992	28	2734	198	137	267	—	367
8407	944	8614	849	172	519	2	10325
5372	252	7389	784	220	338	1	3063
5780	98	9242	548	493	377	17	6176
5856	272	—	—	—	2	—	—
12206	1834	5436	1088	801	698	249	4779
19606	1637	2817	347	485	677	227	5781
6079	254	1016	22	20	120	16	1502
4602	253	1471	23	60	177	7	1148
7001	562	5403	99	148	332	109	2545
—	—	—	—	—	—	—	—
—	—	113	—	—	—	—	4480
—	—	113	—	—	—	—	3702

林业系统各地区按行业分

地区	国有经济					
	采矿业	制造业				
		小计	木材加工及木、竹、藤、棕、苇制品业	木、竹、藤家具制造业	木、竹、苇浆造纸业	林产化学产品制造
全国合计	**2749**	**33466**	**21276**	**2595**	**147**	**1110**
北京	—	—	—	—	—	—
天津	—	—	—	—	—	—
河北	—	3816	434	—	—	39
山西	—	12	5	—	—	—
内蒙古	—	53	47	—	6	—
内蒙古集团	—	6	—	—	6	—
辽宁	—	724	193	58	—	—
吉林	1078	10689	8501	954	—	346
吉林集团	1078	9008	6863	954	—	346
黑龙江	21	4935	4159	—	—	106
龙江集团	—	4372	3799	—	—	—
上海	—	—	—	—	—	—
江苏	—	—	—	—	—	—
浙江	—	—	—	—	—	—
安徽	91	339	261	78	—	—
福建	—	747	678	—	—	43
江西	—	2129	639	773	—	176
山东	—	1656	330	512	—	—
河南	23	5	—	—	—	—
湖北	—	1567	924	133	—	195
湖南	82	963	753	46	25	15
广东	—	573	351	—	—	—
广西	—	335	335	—	—	—
海南	—	33	33	—	—	—
重庆	—	27	27	—	—	—
四川	—	1028	618	21	—	124
贵州	—	701	563	—	116	10
云南	—	1479	1393	—	—	56
西藏	—	—	—	—	—	—
陕西	—	986	518	20	—	—
甘肃	—	644	493	—	—	—
青海	—	—	—	—	—	—
宁夏	—	—	—	—	—	—
新疆	—	25	21	—	—	—
新疆兵团	—	—	—	—	—	—
局直属单位	1454	—	—	—	—	—
大兴安岭	1454	—	—	—	—	—

在册职工人数(二)

单位:人

单 位					
木质工艺品和木质文教体育用品制造业	非木质林产品加工业	其他	电力、燃气及水的生产和供应业	建筑业	批发和零售业
47	**512**	**7779**	**4528**	**4217**	**8452**
—	—	—	—	—	—
—	—	—	—	—	—
—	37	3306	—	—	147
—	7	—	—	—	269
—	—	—	—	164	129
—	—	—	—	164	129
—	—	473	—	—	—
—	—	888	31	1112	306
—	—	845	—	1104	306
—	52	618	1804	1996	467
—	52	521	1804	1996	221
—	—	—	—	—	—
—	—	—	—	—	—
—	—	—	—	7	242
—	—	—	—	78	887
—	—	26	—	27	296
—	—	541	—	182	119
—	—	814	—	—	—
—	—	5	—	—	147
20	—	295	—	22	503
27	—	97	—	—	23
—	—	222	247	—	408
—	—	—	35	—	2937
—	—	—	—	—	18
—	—	—	—	—	57
—	—	265	—	607	448
—	12	—	—	13	49
—	—	30	—	—	819
—	—	—	—	—	—
—	253	195	—	9	126
—	151	—	—	—	—
—	—	—	—	—	—
—	—	—	—	—	—
—	—	4	7	—	3
—	—	—	—	—	—
—	—	—	2404	—	52
—	—	—	2404	—	52

林业系统各地区按行业分

地区	国有经济					
	科学研究、技术服务和地质勘查业			水利、环境和公共设施管理业		
	小计	其中		小计	其中	
		科技交流和推广服务	规划设计管理		自然保护区管理	野生动植物保护
全国合计	**26622**	**6026**	**8021**	**37149**	**15219**	**1325**
北京	126	—	126	18203	35	41
天津	—	—	—	—	—	—
河北	475	343	77	368	304	5
山西	563	294	242	432	295	33
内蒙古	735	130	106	794	629	—
内蒙古集团	84	—	—	162	—	—
辽宁	305	171	78	592	562	30
吉林	1004	85	767	690	684	6
吉林集团	—	—	—	—	—	—
黑龙江	2753	894	1099	338	66	183
龙江集团	2240	888	722	68	—	—
上海	95	95	—	860	24	11
江苏	—	—	—	—	—	—
浙江	577	315	104	342	325	17
安徽	105	40	26	160	113	12
福建	759	142	266	344	326	11
江西	1164	423	333	228	133	71
山东	80	3	—	191	186	5
河南	509	39	23	51	42	9
湖北	1156	489	345	488	173	62
湖南	2097	442	135	2082	1834	49
广东	1731	586	185	1325	1037	172
广西	1341	271	119	644	641	3
海南	134	51	—	189	163	26
重庆	252	170	82	145	138	7
四川	446	240	165	962	743	112
贵州	566	32	230	343	341	2
云南	1580	174	885	1869	1837	2
西藏	—	—	—	—	—	—
陕西	579	87	346	623	533	90
甘肃	977	440	168	2505	1969	136
青海	52	12	40	—	—	—
宁夏	43	—	43	1439	1410	29
新疆	670	58	274	375	227	83
新疆兵团	—	—	—	—	—	—
局直属单位	5748	—	1757	567	449	118
大兴安岭	455	—	455	118	—	118

在册职工人数(三)

单位:人

单位					
教育	卫生、社会保障和社会福利业	公共管理和社会组织	其他	集体经济单位	其他各种经济单位
9403	**5971**	**103598**	**12387**	**111124**	**16527**
—	—	1254	176	68	—
—	—	158	22	—	—
—	—	4405	122	—	—
357	38	2070	39	—	—
91	789	7141	1034	54458	98
54	789	36	934	54452	98
9	—	1508	156	71	—
122	—	5346	1425	2862	1786
—	—	—	1389	—	—
2692	2772	6210	1578	52087	3865
2413	2772	3035	846	50614	3557
224	3	238	34	—	—
—	—	385	2	81	—
—	—	2057	250	—	121
—	—	2097	148	201	252
—	62	4429	621	244	1461
4	39	6794	933	99	1
—	—	1950	32	12	—
—	—	5188	154	70	—
339	48	3421	75	139	4252
670	—	7376	74	128	1298
348	3	6289	300	130	92
560	—	3631	1127	79	468
—	—	636	29	—	—
—	—	1339	89	22	118
97	226	6436	470	335	1387
164	—	2266	161	—	—
439	9	8341	471	20	573
—	—	1089	—	—	—
270	582	2665	326	18	555
816	919	3549	231	—	—
—	—	646	—	—	—
90	—	499	90	—	138
265	—	2366	60	—	—
—	—	—	—	—	—
1846	481	1819	2158	—	62
1146	481	1228	1672	—	62

林业系统各地区按行业分

地　区	总　计	国　有　经　济					
		合　计	企　业	事　业	机　关		
						小　计	木材及竹材采运企业
全国合计	**1347142**	**1325267**	**549304**	**682556**	**93407**	**1095242**	**444281**
北　京	24518	24450	1627	21569	1254	4955	—
天　津	1141	1141	60	923	158	961	—
河　北	26632	26632	4303	18776	3553	17817	—
山　西	24763	24763	153	22555	2055	21108	—
内蒙古	112497	112155	58845	46988	6322	101533	57146
内蒙古集团	60527	60191	57535	2656	—	57915	57146
辽　宁	25617	25578	1647	22502	1429	22438	—
吉　林	123978	121729	85467	33106	3156	101067	56133
吉林集团	35193	35193	35193	—	—	22861	20393
黑龙江	322034	314315	246357	62994	4964	292022	237785
龙江集团	262094	255304	244399	9013	1892	238444	237785
上　海	1876	1876	—	1638	238	444	—
江　苏	16402	16321	—	16106	215	15935	354
浙　江	12760	12639	632	9953	2054	9266	—
安　徽	23822	23371	1791	19483	2097	20366	467
福　建	25111	23691	5442	14148	4101	16672	3610
江　西	56193	56128	14594	35087	6447	47130	7271
山　东	25587	25575	2056	21666	1853	21783	28
河　南	30340	30272	182	24952	5138	24360	—
湖　北	31746	27378	2253	21950	3175	21646	234
湖　南	50719	49370	3368	39502	6500	37262	2358
广　东	35916	35694	3327	26303	6064	25483	635
广　西	45784	45254	3578	38258	3418	36576	14
海　南	6851	6851	2244	4038	569	5848	1117
重　庆	8677	8537	155	7057	1325	6660	—
四　川	52419	51074	15925	28844	6305	40639	12214
贵　州	23176	23176	3929	17009	2238	19124	2024
云　南	43501	42911	9935	24767	8209	28347	5886
西　藏	7214	7214	5824	301	1089	6125	—
陕　西	34689	34173	3437	28228	2508	28738	2337
甘　肃	39978	39978	9607	27628	2743	30392	—
青　海	9727	9727	—	9081	646	9029	—
宁　夏	9968	9830	842	8489	499	7669	—
新　疆	22255	22255	4053	16203	1999	18507	2599
新疆兵团	—	—	—	—	—	—	—
局直属单位	71251	71209	57671	12452	1086	55340	52069
大兴安岭	62969	62927	57671	4400	856	54563	52069

在岗职工人数(一)

单位:人

国有林场	国有苗圃	林业工作站	木材检查站	种苗站	病虫害防治站	治沙站	其他
350698	**31218**	**123304**	**21650**	**7070**	**11554**	**1191**	**104276**
963	1555	460	62	76	143	25	1671
58	199	207	9	43	8	—	437
6943	1673	2543	188	382	579	41	5468
8679	2057	4293	425	363	597	86	4608
32418	2154	3703	221	551	822	293	4225
—	—	—	—	—	—	—	769
12972	750	4010	351	358	529	2	3466
31696	1803	4600	405	65	357	—	6008
—	—	—	—	—	—	—	2468
45556	1564	2257	335	251	387	—	3887
—	563	—	—	45	19	—	32
49	97	298	—	—	—	—	—
9087	2197	2554	315	28	88	5	1307
4158	159	2315	895	180	386	—	1173
10639	2657	3115	1215	56	447	—	1770
5617	302	3812	892	65	139	—	2235
26288	1141	5426	2693	167	405	20	3719
8059	1992	7771	495	314	654	—	2470
9860	1933	3139	1964	515	860	4	6085
8955	601	5432	1365	428	541	—	4090
14403	1256	12252	2619	320	350	87	3617
12661	514	7327	1593	121	338	—	2294
23751	532	3503	1356	273	360	—	6787
2765	82	283	312	—	65	—	1224
2931	28	2732	198	137	267	—	367
8093	901	8574	845	169	518	2	9323
5115	251	7354	783	219	338	1	3039
5559	98	9203	548	488	377	17	6171
5851	272	—	—	—	2	—	—
11788	1745	5321	1076	788	691	249	4743
18440	1636	2817	346	485	677	227	5764
6079	254	1016	22	20	120	16	1502
4530	253	1471	23	60	177	7	1148
6735	562	5403	99	148	332	109	2520
—	—	—	—	—	—	—	—
—	—	113	—	—	—	—	3158
—	—	113	—	—	—	—	2381

林业系统各地区按行业分

地　区		国　有　经　济				
	采矿业	制　造　业				
		小　计	木材加工及木、竹、藤、棕、苇制品业	木、竹、藤家具制造业	木、竹、苇浆造纸业	林产化学产品制造
全国合计	**2211**	**25690**	**16193**	**1891**	**19**	**678**
北　京	—	—	—	—	—	—
天　津	—	—	—	—	—	—
河　北	—	3516	209	—	—	9
山　西	—	12	5	—	—	—
内蒙古	—	53	47	—	6	—
内蒙古集团	—	6	—	—	6	—
辽　宁	—	573	193	—	—	—
吉　林	983	10223	8065	954	—	318
吉林集团	983	8670	6553	954	—	318
黑龙江	—	3190	2593	—	—	106
龙江集团	—	2691	2233	—	—	—
上　海	—	—	—	—	—	—
江　苏	—	—	—	—	—	—
浙　江	—	—	—	—	—	—
安　徽	91	222	220	2	—	—
福　建	—	730	669	—	—	36
江　西	—	579	161	358	—	5
山　东	—	1656	330	512	—	—
河　南	5	5	—	—	—	—
湖　北	—	409	199	3	—	2
湖　南	4	291	204	21	10	15
广　东	—	170	140	—	—	—
广　西	—	265	265	—	—	—
海　南	—	2	2	—	—	—
重　庆	—	27	27	—	—	—
四　川	—	1028	618	21	—	124
贵　州	—	526	504	—	3	7
云　南	—	1147	1061	—	—	56
西　藏	—	—	—	—	—	—
陕　西	—	430	181	20	—	—
甘　肃	—	625	493	—	—	—
青　海	—	—	—	—	—	—
宁　夏	—	—	—	—	—	—
新　疆	—	11	7	—	—	—
新疆兵团	—	—	—	—	—	—
局直属单位	1128	—	—	—	—	—
大兴安岭	1128	—	—	—	—	—

在岗职工人数(二)

单位:人

单　　位					
			电力、燃气及水的生产和供应业	建筑业	批发和零售业
木质工艺品和木质文教体育用品制造业	非木质林产品加工业	其他			
14	**443**	**6452**	**4383**	**3441**	**4816**
—	—	—	—	—	—
—	—	—	—	—	—
—	37	3261	—	—	105
—	7	—	—	—	169
—	—	—	—	164	129
—	—	—	—	164	129
—	—	380	—	—	—
—	—	886	31	1112	252
—	—	845	—	1104	252
—	52	439	1804	1447	435
—	52	406	1804	1447	213
—	—	—	—	—	—
—	—	—	—	—	—
—	—	—	—	3	178
—	—	—	—	37	245
—	—	25	—	10	209
—	—	55	—	24	16
—	—	814	—	—	—
—	—	5	—	—	24
—	—	205	—	22	127
14	—	27	—	—	8
—	—	30	186	—	131
—	—	—	31	—	1435
—	—	—	—	—	18
—	—	—	—	—	31
—	—	265	—	607	404
—	12	—	—	6	36
—	—	30	—	—	756
—	—	—	—	—	—
—	203	26	—	9	68
—	132	—	—	—	—
—	—	—	—	—	—
—	—	—	—	—	—
—	—	4	7	—	3
—	—	—	—	—	—
—	—	—	2324	—	37
—	—	—	2324	—	37

林业系统各地区按行业分

地区	国有经济					
	科学研究、技术服务和地质勘查业			水利、环境和公共设施管理业		
	小计	其中：科技交流和推广服务	其中：规划设计管理	小计	其中：自然保护区管理	其中：野生动植物保护
全国合计	**25893**	**5910**	**7913**	**36410**	**14925**	**1321**
北京	126	—	126	17939	35	41
天津	—	—	—	—	—	—
河北	475	343	77	368	304	5
山西	563	294	242	432	295	33
内蒙古	735	130	106	589	424	—
内蒙古集团	84	—	—	162	—	—
辽宁	305	171	78	592	562	30
吉林	986	76	758	690	684	6
吉林集团	—	—	—	—	—	—
黑龙江	2717	889	1074	338	66	183
龙江集团	2204	883	697	68	—	—
上海	95	95	—	839	24	11
江苏	—	—	—	—	—	—
浙江	577	315	104	316	299	17
安徽	105	40	26	160	113	12
福建	721	140	252	339	321	11
江西	1034	415	319	228	133	71
山东	80	3	—	191	186	5
河南	490	39	23	51	42	9
湖北	1018	477	330	419	173	62
湖南	1911	369	127	1981	1813	49
广东	1668	579	185	1307	1021	172
广西	1265	271	119	644	641	3
海南	134	51	—	186	163	23
重庆	252	170	82	145	138	7
四川	433	240	152	957	738	112
贵州	564	32	230	343	341	2
云南	1580	174	885	1865	1833	2
西藏	—	—	—	—	—	—
陕西	579	87	346	611	521	90
甘肃	977	440	168	2504	1969	135
青海	52	12	40	—	—	—
宁夏	43	—	43	1439	1410	29
新疆	670	58	274	370	227	83
新疆兵团	—	—	—	—	—	—
局直属单位	5738	—	1747	567	449	118
大兴安岭	455	—	455	118	—	118

在岗职工人数(三)

单位:人

单　位				集体经济单位	其他各种经济单位
教育	卫生、社会保障和社会福利业	公共管理和社会组织	其他		
9373	**5756**	**101832**	**10220**	**5999**	**15876**
—	—	1254	176	68	—
—	—	158	22	—	—
—	—	4251	100	—	—
357	38	2055	29	—	—
87	726	7120	1019	244	98
50	726	36	919	238	98
8	—	1506	156	39	—
122	—	4904	1359	463	1786
—	—	—	1323	—	—
2686	2625	6000	1051	4168	3551
2407	2625	2913	488	3329	3461
223	3	238	34	—	—
—	—	384	2	81	—
—	—	2056	243	—	121
—	—	2097	48	201	250
—	62	4419	529	129	1291
4	39	6603	471	64	1
—	—	1853	12	12	—
—	—	5183	154	68	—
339	48	3275	75	116	4252
660	—	7188	65	51	1298
341	3	6174	231	130	92
560	—	3625	853	67	463
—	—	634	29	—	—
—	—	1339	83	22	118
97	226	6409	274	44	1301
163	—	2258	156	—	—
439	9	8298	470	20	570
—	—	1089	—	—	—
270	577	2590	301	12	504
816	919	3548	197	—	—
—	—	646	—	—	—
90	—	499	90	—	138
265	—	2363	59	—	—
—	—	—	—	—	—
1846	481	1816	1932	—	42
1146	481	1228	1447	—	42

林业系统各地区按行业分

地 区	总 计	合 计	企 业	事 业	机 关	国有经济 小 计	国有经济 木材及竹材采运企业
全国合计	145476	84122	61061	23028	33	77609	50432
北 京	326	326	—	326	—	85	—
天 津	—	—	—	—	—	—	—
河 北	466	466	127	339	—	343	—
山 西	101	101	40	61	—	61	—
内蒙古	77089	30330	29235	1095	—	30125	29235
内蒙古集团	75994	29235	29235	—	—	29235	29235
辽 宁	1389	1389	—	1389	—	1389	—
吉 林	6897	5471	5406	65	—	5266	4114
吉林集团	928	928	928	—	—	775	775
黑龙江	24972	12182	11362	820	—	11840	10926
龙江集团	23791	11246	11246	—	—	10926	10926
上 海	22	22	—	22	—	—	—
江 苏	1711	1711	—	1711	—	1711	—
浙 江	87	87	8	79	—	73	—
安 徽	769	769	592	177	—	252	195
福 建	239	199	75	124	—	130	52
江 西	14602	14602	5764	8838	—	13356	2281
山 东	91	91	—	91	—	91	—
河 南	1060	1060	87	973	—	1026	22
湖 北	2219	2213	1114	1066	33	1409	95
湖 南	5902	5902	2804	3098	—	5317	1994
广 东	812	812	479	333	—	589	—
广 西	1764	1764	926	838	—	959	34
海 南	212	212	184	28	—	212	—
重 庆	26	26	26	—	—	—	—
四 川	643	310	179	131	—	291	15
贵 州	706	706	592	114	—	542	306
云 南	62	62	62	—	—	62	62
西 藏	—	—	—	—	—	—	—
陕 西	978	978	893	85	—	508	354
甘 肃	1165	1165	—	1165	—	1165	—
青 海	—	—	—	—	—	—	—
宁 夏	36	36	—	36	—	36	—
新 疆	24	24	—	24	—	24	—
新疆兵团	—	—	—	—	—	—	—
局直属单位	1106	1106	1106	—	—	747	747
大兴安岭	1106	1106	1106	—	—	747	747

下岗待安置职工人数(一)

单位:人

单位							
农林牧渔业							
国有林场	国有苗圃	林业工作站	木材检查站	种苗站	病虫害防治站	治沙站	其他
24073	**1211**	**554**	**64**	**48**	**23**	**—**	**1204**
—	85	—	—	—	—	—	—
—	—	—	—	—	—	—	—
89	27	—	—	—	—	—	227
10	—	2	—	10	—	—	39
877	—	8	—	—	—	—	5
—	—	—	—	—	—	—	—
1381	—	—	—	—	—	—	8
1096	—	—	—	—	—	—	56
—	—	—	—	—	—	—	—
875	9	—	—	—	—	—	30
—	—	—	—	—	—	—	—
—	—	—	—	—	—	—	—
1711	—	—	—	—	—	—	—
67	—	4	—	—	—	—	2
54	—	—	—	—	—	—	3
39	7	—	—	—	—	—	32
10261	742	—	33	—	—	—	39
3	5	25	—	—	—	—	58
659	31	2	13	17	15	—	267
1025	27	117	—	20	8	—	117
2761	194	297	15	1	—	—	55
585	1	—	3	—	—	—	—
783	36	8	—	—	—	—	98
212	—	—	—	—	—	—	—
—	—	—	—	—	—	—	—
129	16	10	—	—	—	—	121
202	—	12	—	—	—	—	22
—	—	—	—	—	—	—	—
—	—	—	—	—	—	—	—
53	31	69	—	—	—	—	1
1165	—	—	—	—	—	—	—
—	—	—	—	—	—	—	—
36	—	—	—	—	—	—	—
—	—	—	—	—	—	—	24
—	—	—	—	—	—	—	—
—	—	—	—	—	—	—	—
—	—	—	—	—	—	—	—

林业系统各地区按行业分

地　区	国有经济					
	采矿业	制造业				
		小　计	木材加工及木、竹、藤、棕、苇制品业	木、竹、藤家具制造业	木、竹、苇浆造纸业	林产化学产品制造
全国合计	**326**	**3255**	**2195**	**91**	**123**	**174**
北　京	—	—	—	—	—	—
天　津	—	—	—	—	—	—
河　北	—	123	123	—	—	—
山　西	—	—	—	—	—	—
内蒙古	—	—	—	—	—	—
内蒙古集团	—	—	—	—	—	—
辽　宁	—	—	—	—	—	—
吉　林	—	125	125	—	—	—
吉林集团	—	125	125	—	—	—
黑龙江	—	308	308	—	—	—
龙江集团	—	308	308	—	—	—
上　海	—	—	—	—	—	—
江　苏	—	—	—	—	—	—
浙　江	—	—	—	—	—	—
安　徽	—	116	40	76	—	—
福　建	—	—	—	—	—	—
江　西	—	760	203	—	—	171
山　东	—	—	—	—	—	—
河　南	—	—	—	—	—	—
湖　北	—	665	665	—	—	—
湖　南	—	459	355	15	10	—
广　东	—	121	121	—	—	—
广　西	—	—	—	—	—	—
海　南	—	—	—	—	—	—
重　庆	—	—	—	—	—	—
四　川	—	—	—	—	—	—
贵　州	—	156	40	—	113	3
云　南	—	—	—	—	—	—
西　藏	—	—	—	—	—	—
陕　西	—	422	215	—	—	—
甘　肃	—	—	—	—	—	—
青　海	—	—	—	—	—	—
宁　夏	—	—	—	—	—	—
新　疆	—	—	—	—	—	—
新疆兵团	—	—	—	—	—	—
局直属单位	326	—	—	—	—	—
大兴安岭	326	—	—	—	—	—

下岗待安置职工人数(二)

单位:人

木质工艺品和木质文教体育用品制造业	非木质林产品加工业	其他	电力、燃气及水的生产和供应业	建筑业	批发和零售业
9	**38**	**625**	**52**	**190**	**1526**
—	—	—	—	—	—
—	—	—	—	—	—
—	—	—	—	—	—
—	—	—	—	—	40
—	—	—	—	—	—
—	—	—	—	—	—
—	—	—	—	—	—
—	—	—	—	—	28
—	—	—	—	—	28
—	—	—	—	11	1
—	—	—	—	11	1
—	—	—	—	—	—
—	—	—	—	—	—
—	—	—	—	—	8
—	—	—	—	—	401
—	—	—	—	14	22
—	—	386	—	158	103
—	—	—	—	—	—
—	—	—	—	—	34
—	—	—	—	—	50
9	—	70	—	—	—
—	—	—	52	—	35
—	—	—	—	—	755
—	—	—	—	—	—
—	—	—	—	—	26
—	—	—	—	—	—
—	—	—	—	7	—
—	—	—	—	—	—
—	—	—	—	—	—
—	38	169	—	—	23
—	—	—	—	—	—
—	—	—	—	—	—
—	—	—	—	—	—
—	—	—	—	—	—
—	—	—	—	—	—
—	—	—	—	—	—
—	—	—	—	—	—

林业系统各地区按行业分

地区	国有经济					
	科学研究、技术服务和地质勘查业			水利、环境和公共设施管理业		
	小计	其中		小计	其中	
		科技交流和推广服务	规划设计管理		自然保护区管理	野生动植物保护
全国合计	**71**	**31**	**13**	**607**	**238**	**—**
北京	—	—	—	241	—	—
天津	—	—	—	—	—	—
河北	—	—	—	—	—	—
山西	—	—	—	—	—	—
内蒙古	—	—	—	205	205	—
内蒙古集团	—	—	—	—	—	—
辽宁	—	—	—	—	—	—
吉林	—	—	—	—	—	—
吉林集团	—	—	—	—	—	—
黑龙江	—	—	—	—	—	—
龙江集团	—	—	—	—	—	—
上海	—	—	—	21	—	—
江苏	—	—	—	—	—	—
浙江	—	—	—	6	6	—
安徽	—	—	—	—	—	—
福建	—	—	—	—	—	—
江西	6	6	—	—	—	—
山东	—	—	—	—	—	—
河南	—	—	—	—	—	—
湖北	21	3	13	35	—	—
湖南	42	22	—	84	12	—
广东	—	—	—	15	15	—
广西	2	—	—	—	—	—
海南	—	—	—	—	—	—
重庆	—	—	—	—	—	—
四川	—	—	—	—	—	—
贵州	—	—	—	—	—	—
云南	—	—	—	—	—	—
西藏	—	—	—	—	—	—
陕西	—	—	—	—	—	—
甘肃	—	—	—	—	—	—
青海	—	—	—	—	—	—
宁夏	—	—	—	—	—	—
新疆	—	—	—	—	—	—
新疆兵团	—	—	—	—	—	—
局直属单位	—	—	—	—	—	—
大兴安岭	—	—	—	—	—	—

下岗待安置职工人数(三)

单位:人

单　位				集体经济单位	其他各种经济单位
教育	卫生、社会保障和社会福利业	公共管理和社会组织	其他		
1	—	**85**	**400**	**61273**	**81**
—	—	—	—	—	—
—	—	—	—	—	—
—	—	—	—	—	—
—	—	—	—	—	—
—	—	—	—	46759	—
—	—	—	—	46759	—
—	—	—	—	—	—
—	—	52	—	1426	—
—	—	—	—	—	—
—	—	—	22	12790	—
—	—	—	—	12545	—
1	—	—	—	—	—
—	—	—	—	—	—
—	—	—	—	—	—
—	—	—	—	—	—
—	—	—	33	40	—
—	—	—	219	—	—
—	—	—	—	—	—
—	—	—	—	—	—
—	—	33	—	6	—
—	—	—	—	—	—
—	—	—	—	—	—
—	—	—	48	—	—
—	—	—	—	—	—
—	—	—	—	—	—
—	—	—	19	252	81
—	—	—	1	—	—
—	—	—	—	—	—
—	—	—	—	—	—
—	—	—	25	—	—
—	—	—	—	—	—
—	—	—	—	—	—
—	—	—	—	—	—
—	—	—	—	—	—
—	—	—	—	—	—
—	—	—	33	—	—
—	—	—	33	—	—

林业系统各地区按行业分

地　区	总　计	国有经济					
		合　计	企　业	事　业	机　关		
						小　计	木材及竹材采运企业
全国合计	**972123**	**904056**	**520646**	**333684**	**49726**	**763962**	**450847**
北　京	10478	10478	679	8984	815	2194	—
天　津	227	227	9	154	64	161	—
河　北	9255	9255	372	7209	1674	6933	—
山　西	8965	8965	213	7652	1100	7169	—
内蒙古	89662	89662	63061	24998	1603	78420	62776
内蒙古集团	71645	71645	62776	8869	—	62856	62776
辽　宁	11155	11128	856	9336	936	9599	—
吉　林	94320	93181	82151	9028	2002	88083	73023
吉林集团	36966	36966	36966	—	—	35450	35450
黑龙江	287138	225897	193781	27219	4897	197464	175324
龙江集团	260916	199814	192864	5096	1854	175636	175324
上　海	3897	3897	—	3559	338	309	—
江　苏	10888	10888	—	10389	499	10300	—
浙　江	7353	7352	387	5950	1015	5716	—
安　徽	11516	11444	1530	8743	1171	9384	579
福　建	27621	25213	14600	8163	2450	19040	11008
江　西	49036	49029	21816	23853	3360	43251	14224
山　东	8749	8735	243	7538	954	7692	4
河　南	8314	8293	77	6487	1729	6256	45
湖　北	14557	13733	3552	8286	1895	10432	346
湖　南	27781	27730	6739	17281	3710	21478	4522
广　东	28698	28612	4838	20200	3574	22755	491
广　西	31385	31275	3583	26062	1630	25589	56
海　南	5276	5276	3656	1327	293	4890	1062
重　庆	5338	5268	124	4001	1143	3848	—
四　川	81384	81210	39270	37835	4105	75585	49417
贵　州	11516	11516	2733	7219	1564	8910	1865
云　南	23364	22804	10763	9090	2951	15461	6234
西　藏	1639	1639	1170	168	301	1338	—
陕　西	14212	14191	5819	7244	1128	11433	4554
甘　肃	16220	16220	6006	9054	1160	12023	—
青　海	1289	1289	—	1152	137	1129	—
宁　夏	4316	4316	524	3379	413	3130	—
新　疆	9160	9160	3239	5198	723	7570	2301
新疆兵团	—	—	—	—	—	—	—
局直属单位	57414	56173	48855	6926	392	46420	43016
大兴安岭	52053	50812	48855	1565	392	46148	43016

年末实有离退休人员人数(一)

单位:人

单位							
农林牧渔业							
国有林场	国有苗圃	林业工作站	木材检查站	种苗站	病虫害防治站	治沙站	其他
221282	**17035**	**22138**	**2217**	**1993**	**2033**	**572**	**45845**
577	1182	85	—	18	24	—	308
10	38	47	66	—	—	—	—
3505	514	313	7	73	69	—	2452
4375	891	596	40	70	100	8	1089
11979	916	1047	52	147	387	193	923
—	—	—	—	—	—	—	80
7616	382	454	23	154	125	22	823
12570	711	514	56	17	89	—	1103
—	—	—	—	—	—	—	—
18868	644	555	13	93	61	—	1906
—	272	—	—	26	5	—	9
73	83	153	—	—	—	—	—
7654	1615	472	22	21	22	—	494
4744	147	247	102	60	96	—	320
6068	1273	696	100	23	132	—	513
5320	317	688	191	24	16	—	1476
24877	1621	736	352	27	66	—	1348
4106	1186	1468	32	59	94	—	743
4007	544	453	96	109	83	4	915
6990	344	1161	128	91	56	—	1316
13208	923	1654	209	33	16	5	908
18342	559	2033	99	130	32	3	1066
22328	433	552	103	138	68	—	1911
3717	47	15	4	—	9	—	36
3367	6	218	42	46	52	—	117
7782	602	1311	132	61	35	—	16245
4763	233	1065	83	37	14	4	846
3206	109	2375	51	282	64	181	2959
1170	168	—	—	—	—	—	—
3670	635	1361	146	137	84	57	789
9805	241	522	46	101	115	75	1118
776	71	150	—	—	62	4	66
2663	155	175	12	10	14	—	101
3146	445	946	10	32	48	16	626
—	—	—	—	—	—	—	—
—	—	76	—	—	—	—	3328
—	—	76	—	—	—	—	3056

林业系统各地区按行业分

地区	国有经济					
	采矿业	制造业				
		小计	木材加工及木、竹、藤、棕、苇制品业	木、竹、藤家具制造业	木、竹、苇浆造纸业	林产化学产品制造
全国合计	**1818**	**19626**	**13941**	**577**	**17**	**414**
北京	—	—	—	—	—	—
天津	—	—	—	—	—	—
河北	—	83	35	—	—	—
山西	—	105	37	—	—	—
内蒙古	—	19	19	—	—	—
内蒙古集团	—	—	—	—	—	—
辽宁	—	201	8	4	—	—
吉林	1325	219	170	8	—	32
吉林集团	1325	52	12	8	—	32
黑龙江	—	12072	9783	—	—	—
龙江集团	—	11712	9502	—	—	—
上海	—	—	—	—	—	—
江苏	—	—	—	—	—	—
浙江	—	—	—	—	—	—
安徽	89	84	57	27	—	—
福建	—	1746	333	—	—	42
江西	—	1074	262	437	—	123
山东	—	33	3	—	—	—
河南	4	—	—	—	—	—
湖北	—	688	354	43	—	162
湖南	—	559	442	11	15	5
广东	—	229	147	—	—	—
广西	—	86	86	—	—	—
海南	—	37	33	—	—	—
重庆	—	24	24	—	—	—
四川	—	202	112	37	—	50
贵州	—	122	119	—	2	—
云南	5	815	799	—	—	—
西藏	—	—	—	—	—	—
陕西	—	953	843	10	—	—
甘肃	—	150	150	—	—	—
青海	—	—	—	—	—	—
宁夏	—	—	—	—	—	—
新疆	—	125	125	—	—	—
新疆兵团	—	—	—	—	—	—
局直属单位	395	—	—	—	—	—
大兴安岭	395	—	—	—	—	—

年末实有离退休人员人数(二)

单位:人

单　位					
木质工艺品和木质文教体育用品制造业	非木质林产品加工业	其他	电力、燃气及水的生产和供应业	建筑业	批发和零售业
6	**838**	**3833**	**742**	**3318**	**6493**
—	—	—	—	—	—
—	—	—	—	—	—
—	—	48	—	—	19
—	1	67	—	—	197
—	—	—	—	—	—
—	—	—	—	—	—
—	—	189	—	—	—
—	—	9	—	16	91
—	—	—	—	—	91
—	811	1478	717	2272	227
—	811	1399	717	2272	153
—	—	—	—	—	—
—	—	—	—	—	—
—	—	—	—	3	171
—	—	—	—	19	568
—	—	1371	—	116	277
—	—	252	—	357	50
—	—	30	—	—	—
—	—	—	—	—	31
—	—	129	—	2	243
6	—	80	—	—	72
—	—	82	11	—	663
—	—	—	5	—	1784
—	—	4	—	—	8
—	—	—	—	—	61
—	—	3	—	528	207
—	1	—	—	3	17
—	—	16	—	—	991
—	—	—	—	—	—
—	25	75	—	2	40
—	—	—	—	—	—
—	—	—	—	—	—
—	—	—	—	—	—
—	—	—	9	—	9
—	—	—	—	—	—
—	—	—	—	—	767
—	—	—	—	—	767

林业系统各地区按行业分

地区	国有经济					
	科学研究、技术服务和地质勘查业			水利、环境和公共设施管理业		
	小计	其中		小计	其中	
		科技交流和推广服务	规划设计管理		自然保护区管理	野生动植物保护
全国合计	**15017**	**3303**	**4100**	**11910**	**3079**	**176**
北　京	14	—	14	7455	15	2
天　津	—	—	—	—	—	—
河　北	168	126	19	124	117	—
山　西	174	101	58	70	59	—
内蒙古	417	82	36	120	120	—
内蒙古集团	—	—	—	—	—	—
辽　宁	172	106	25	184	180	4
吉　林	552	69	380	68	68	—
吉林集团	—	—	—	—	—	—
黑龙江	2029	679	828	72	1	62
龙江集团	1775	679	680	8	—	—
上　海	42	42	—	1050	2	1
江　苏	—	—	—	—	—	—
浙　江	330	163	37	104	102	2
安　徽	51	28	3	28	14	2
福　建	116	62	31	28	24	—
江　西	505	227	59	24	22	2
山　东	24	—	—	23	23	—
河　南	207	10	5	—	—	—
湖　北	339	160	87	54	9	—
湖　南	917	366	10	328	305	1
广　东	1033	338	129	101	48	10
广　西	938	191	78	198	198	—
海　南	6	2	—	18	13	5
重　庆	130	107	23	49	44	5
四　川	205	114	69	18	17	1
贵　州	473	11	168	120	120	—
云　南	1145	101	683	322	310	—
西　藏	—	—	—	—	—	—
陕　西	237	39	163	157	141	16
甘　肃	353	162	47	271	228	43
青　海	17	7	10	—	—	—
宁　夏	16	—	16	615	611	4
新　疆	346	10	148	56	35	16
新疆兵团	—	—	—	—	—	—
局直属单位	4061	—	974	253	253	—
大兴安岭	238	—	96	—	—	—

年末实有离退休人员人数(三)

单位:人

单　位				集体经济单位	其他各种经济单位
教育	卫生、社会保障和社会福利业	公共管理和社会组织	其他		
5997	**9927**	**55966**	**9280**	**64405**	**3662**
—	—	815	—	—	—
—	—	64	2	—	—
—	—	1897	31	—	—
111	22	1114	3	—	—
76	7783	1852	975	—	—
52	7783	—	954	—	—
4	—	963	5	27	—
58	—	2721	48	1139	—
—	—	—	48	—	—
1307	1613	5335	2789	61215	26
1159	1613	2227	2542	61102	—
2122	7	338	29	—	—
—	—	588	—	—	—
—	—	1015	13	—	1
—	—	1171	50	67	5
—	1	2555	1334	454	1954
—	—	3382	386	7	—
—	—	954	9	14	—
—	—	1745	50	21	—
75	—	1895	5	34	790
300	—	4033	43	51	—
110	6	3611	93	86	—
269	—	1703	703	21	89
—	—	309	8	—	—
—	—	1143	13	2	68
64	19	4107	275	10	164
69	—	1613	189	—	—
227	3	2960	875	15	545
—	—	301	—	—	—
59	98	1128	84	1	20
96	98	3196	33	—	—
—	—	143	—	—	—
24	—	413	118	—	—
162	—	875	8	—	—
—	—	—	—	—	—
864	277	2027	1109	1241	—
607	277	1392	988	1241	—

林业系统各地区按行业分

地区	总计					国有经济	
		合计	企业	事业	机关	小计	木材及竹材采运企业
全国合计	**20235**	**20386**	**14700**	**22486**	**36400**	**17659**	**14276**
北京	50744	50853	47081	49766	74756	43211	—
天津	25393	25393	26426	24775	28608	24874	—
河北	24483	24483	36090	21882	31713	23730	—
山西	22163	22163	9553	21412	31275	20886	—
内蒙古	21900	21928	17641	24075	45727	20074	17623
内蒙古集团	17873	17903	17634	23624	—	17713	17623
辽宁	20483	20506	13919	20060	34577	19284	—
吉林	18267	18444	18760	16212	33690	17076	18497
吉林集团	22484	22484	22484	—	—	21567	22080
黑龙江	12891	12993	11101	17620	37176	11670	11041
龙江集团	12282	12361	11101	36388	44931	11057	11041
上海	79627	79627	—	76419	102080	67549	—
江苏	15399	15392	—	15131	34902	15058	25233
浙江	48701	48844	22916	43786	81050	41833	—
安徽	17982	17993	11474	16867	33789	16514	7114
福建	26770	27344	20752	26874	37756	25169	19452
江西	14597	14583	11998	13472	26134	12774	12390
山东	23108	23112	19726	22816	35075	22445	34961
河南	16062	16062	9514	14949	22650	15016	—
湖北	16849	18327	12458	17416	28541	16566	9478
湖南	19943	20064	17443	18996	27982	17491	16071
广东	28112	28167	15909	25889	44336	22622	19495
广西	21599	21657	15403	20884	36261	19599	15475
海南	23357	23357	17531	23536	49752	20981	21248
重庆	23376	23578	14773	21198	37300	20889	—
四川	22638	22887	18257	22672	36174	20892	21393
贵州	21877	21877	12378	22761	31800	20233	13877
云南	23509	23693	17449	23470	32347	22171	17913
西藏	14948	14948	8436	40910	43029	9940	—
陕西	25036	25144	15761	25578	33302	24333	15146
甘肃	23140	23140	12500	24273	38141	22591	—
青海	22233	22233	—	20497	46236	20343	—
宁夏	25538	25850	17409	25956	38921	24221	—
新疆	27110	27110	29728	25354	35607	25004	36207
新疆兵团	—	—	—	—	—	—	—
局直属单位	21330	21333	15128	46975	44944	15782	15351
大兴安岭	16383	16383	15128	28424	36739	15236	15351

在岗职工年平均工资(一)

单位:元

单位							
农林牧渔业							
国有林场	国有苗圃	林业工作站	木材检查站	种苗站	病虫害防治站	治沙站	其他
17118	**17797**	**22895**	**22485**	**27987**	**28225**	**32962**	**23540**
49384	44058	50708	35123	52275	54713	75211	35955
27228	19403	23921	24433	27189	24081	—	27299
24521	16617	31735	21000	21231	22291	30821	21576
21540	15178	19404	14470	22598	21388	16370	24000
20249	22256	32428	36610	35752	36147	36010	32166
—	—	—	—	—	—	—	24346
16821	12934	20159	27099	27016	27451	30350	25989
13646	11704	20713	26317	32215	25081	—	20107
—	—	—	—	—	—	—	16400
13030	13638	21939	20968	26025	26677	—	19684
—	13469	—	—	28289	36211	—	32204
82622	28921	77807	—	—	—	—	—
12152	9240	25565	33093	18357	20808	—	16629
31741	39822	48520	45416	63120	58889	—	51912
14428	12422	22556	20689	25398	22983	—	22206
27636	24446	26841	26362	29773	30914	—	24714
9623	14073	19517	20334	21919	24040	23375	18549
22890	19540	21659	18008	25528	28292	—	24743
13927	12664	15892	13723	14429	15451	17969	17508
15643	12463	17910	17003	20350	17746	—	16954
14622	11497	18669	21234	23912	24557	22980	23570
22773	17015	20144	22428	39804	34802	16380	27227
18143	18001	21498	19932	23241	25740	—	23191
18813	11126	51560	22081	—	36577	—	20209
21692	18223	18325	21571	27961	31457	—	23197
19230	20447	21773	24287	30106	29296	—	20015
21370	20768	19933	23995	25112	32877	28057	20656
22633	21838	21763	25774	26697	30339	18169	25809
8600	40454	—	—	—	57000	—	—
22887	21263	25712	26759	33256	28299	40185	28675
19469	19714	27587	29952	29716	29021	36451	28176
17298	30241	32835	39075	46329	45584	46562	19792
22709	18913	23866	31598	32269	31967	23850	29885
17054	25166	27902	27690	34944	32019	34903	26572
—	—	—	—	—	—	—	—
—	—	32607	—	—	—	—	22196
—	—	32607	—	—	—	—	11873

林业系统各地区按行业分

地区	国有经济					
	采矿业	制造业				
		小计	木材加工及木、竹、藤、棕、苇制品业	木、竹、藤家具制造业	木、竹、苇浆造纸业	林产化学产品制造
全国合计	**18087**	**19672**	**19238**	**27929**	**19611**	**18947**
北京	—	—	—	—	—	—
天津	—	—	—	—	—	—
河北	—	21362	18616	—	—	27152
山西	—	28452	28452	—	—	—
内蒙古	—	13974	12120	—	28500	—
内蒙古集团	—	28500	—	—	28500	—
辽宁	—	17000	22234	—	—	—
吉林	15910	23388	21617	39156	—	17086
吉林集团	15910	23907	22826	39156	—	17086
黑龙江	—	11856	11738	—	—	20412
龙江集团	—	11656	11763	—	—	—
上海	—	—	—	—	—	—
江苏	—	—	—	—	—	—
浙江	—	—	—	—	—	—
安徽	5000	15710	15874	4800	—	—
福建	22500	27302	28009	—	—	20867
江西	—	12453	19660	8623	—	10457
山东	—	19903	21148	21840	—	—
河南	6000	3600	—	—	—	—
湖北	—	11197	15510	30000	—	6000
湖南	3000	12516	11498	17400	18000	17247
广东	—	12127	13256	—	—	—
广西	—	29304	29304	—	—	—
海南	—	2400	2400	—	—	—
重庆	—	9778	9778	—	—	—
四川	—	17148	18295	15810	—	17170
贵州	—	14968	15331	—	7200	7200
云南	23765	16726	16016	—	—	31738
西藏	—	—	—	—	—	—
陕西	—	14260	16365	10000	—	—
甘肃	—	10297	7868	9000	—	—
青海	—	—	—	—	—	—
宁夏	—	—	—	—	—	—
新疆	—	22267	27980	—	—	—
新疆兵团	—	—	—	—	—	—
局直属单位	21159	—	—	—	—	—
大兴安岭	21159	—	—	—	—	—

在岗职工年平均工资(二)

单位:元

单　位					
木质工艺品和木质文教体育用品制造业	非木质林产品加工业	其他	电力、燃气及水的生产和供应业	建筑业	批发和零售业
16800	**12449**	**19105**	**12837**	**19096**	**15268**
—	—	—	—	—	—
—	—	—	—	—	—
—	9395	21659	—	—	6851
—	28452	—	—	—	14710
—	—	—	—	14661	25558
—	—	—	—	14661	25558
—	—	14342	—	—	—
—	—	25363	14903	21353	20929
—	—	17283	—	21373	20929
—	11308	10403	10427	15805	16253
—	11308	11056	10427	15805	19280
—	—	—	—	—	—
—	—	—	—	—	—
—	—	—	—	5800	28895
—	—	—	—	19189	11952
—	—	12053	—	26600	11505
—	—	15964	—	14650	11619
—	—	14400	—	—	—
—	—	3600	—	—	5751
—	—	6787	—	23636	10727
16800	—	8741	—	—	17006
—	—	6900	15760	—	17420
—	—	—	21175	—	13769
—	—	—	—	—	4739
—	—	—	—	—	20734
—	—	14681	—	23129	17898
—	8640	—	—	7200	20252
—	—	16383	—	—	13141
—	—	—	—	—	—
—	8461	49294	—	33420	13032
—	19326	—	—	—	—
—	—	—	—	—	—
—	—	—	—	—	—
—	—	6557	27461	—	44558
—	—	—	—	—	—
—	—	—	14227	—	20730
—	—	—	14227	—	20730

林业系统各地区按行业分

地　区	国有经济					
	科学研究、技术服务和地质勘查业			水利、环境和公共设施管理业		
	小计	其中		小计	其中	
		科技交流和推广服务	规划设计管理		自然保护区管理	野生动植物保护
全国合计	**37123**	**30875**	**41534**	**40007**	**25909**	**32241**
北　京	59902	—	59902	51648	75276	48022
天　津	—	—	—	—	—	—
河　北	26037	23280	35897	23104	24828	35800
山　西	31698	29794	34272	25067	26602	24304
内蒙古	35786	33805	31700	29846	37494	—
内蒙古集团	13679	—	—	12440	—	—
辽　宁	36547	39429	29369	25881	25222	38229
吉　林	42079	32225	43032	11731	11640	22000
吉林集团	—	—	—	—	—	—
黑龙江	32385	30440	31230	31261	17259	35214
龙江集团	31765	30547	30789	39439	—	—
上　海	89474	89474	—	84437	75692	97583
江　苏	—	—	—	—	—	—
浙　江	65754	55598	114181	45458	43920	76000
安　徽	21156	21463	23548	19368	18748	19818
福　建	23312	28307	26319	30519	30622	37300
江　西	20050	18557	22168	23783	20544	27658
山　东	34363	36000	—	36988	37080	33600
河　南	16060	19066	25259	14362	14648	13026
湖　北	17535	13859	24531	23131	22182	27020
湖　南	29819	28342	21023	23912	25025	21352
广　东	40071	52291	58203	33288	35146	28306
广　西	37337	21148	28299	22429	22431	21840
海　南	17219	19697	—	26272	26937	22110
重　庆	22667	24364	19148	33398	26884	32592
四　川	34465	31330	39030	26679	26060	31502
贵　州	26446	25433	27839	32161	32245	21384
云　南	22967	25616	21017	21849	21847	31846
西　藏	—	—	—	—	—	—
陕　西	37065	29962	43023	32536	33354	28053
甘　肃	25103	27199	26178	20261	19629	35831
青　海	47318	49404	46692	—	—	—
宁　夏	31847	—	31847	29707	29700	30145
新　疆	41636	26058	47349	25404	24332	35849
新疆兵团	—	—	—	—	—	—
局直属单位	55286	—	73909	34200	36847	—
大兴安岭	28369	—	53904	24723	—	—

在岗职工年平均工资(三)

单位:元

单　位				集体经济单位	其他各种经济单位
教育	卫生、社会保障和社会福利业	公共管理和社会组织	其他		
37676	**30295**	**35656**	**24435**	**9569**	**11282**
—	—	74756	23279	12072	—
—	—	28608	24978	—	—
—	—	30654	21849	—	—
30397	22052	31275	10224	—	—
37161	19551	44693	27958	8702	23626
26200	19551	33000	28299	8691	23626
43080	—	35221	13240	5585	—
32639	—	26932	34826	9046	8940
—	—	—	35400	—	—
40562	37819	36207	17555	7664	10165
41486	37819	40352	19393	7284	11666
56513	109667	102080	87914	—	—
—	—	29138	14600	16780	—
—	—	81015	17919	—	32716
—	—	33640	3888	19428	16043
—	45333	36966	22362	16296	17554
26060	31508	26065	16582	27500	14600
—	—	36448	9183	14083	—
—	—	21155	15678	15937	—
40302	23300	28081	29088	13763	6200
37933	—	28416	14555	13429	15613
47848	15000	44960	44332	27991	9019
47935	—	36666	13872	12695	17216
—	—	47486	21034	—	—
—	—	37194	11306	7227	15044
29366	20369	35958	21146	11639	12892
30412	—	33579	20958	—	—
20496	27726	32308	12182	9180	9800
—	—	43029	—	—	—
39752	17539	33185	16085	8400	18246
17044	17970	34041	9714	—	—
—	—	46236	—	—	—
30460	—	38921	29857	—	3261
33369	—	38881	17453	—	—
—	—	—	—	—	—
43224	40798	41799	33097	—	15550
33165	40798	30750	19530	—	15550

林业系统按行业分职工伤亡事故情况

国民经济行业	轻伤（人次）	重伤（人次）	死亡（人）
总　　计	**875**	**116**	**165**
一、农、林、牧、渔业	**855**	**113**	**123**
其中：国有林场	175	30	54
木材及竹材采运业	586	44	12
二、采矿业	**2**	**—**	**—**
三、制造业	**6**	**—**	**38**
1. 木材加工及木、竹、藤、棕、苇制品业	6	—	—
2. 木、竹、藤家具制造业	—	—	—
3. 木、竹、苇浆造纸业	—	—	—
4. 林产化学产品制造	—	—	37
5. 其他	—	—	1
四、建筑业	**1**	**—**	**—**
五、其他	**11**	**3**	**4**

林业系统各地区按行业分职工轻伤事故情况

单位：人

地区	总计	农、林、牧、渔业			采矿业	制造业						建筑业	其他
		合计	其中			合计	木材加工及木、竹、藤、棕、苇制品业	木、竹、藤家具制造业	木、竹、苇浆造纸业	林产化学产品制造	其他		
			国有林场	木材及竹材采运业									
全国合计	**875**	**855**	**175**	**586**	**2**	**6**	**6**	**—**	**—**	**—**	**—**	**1**	**11**
北京	—	—	—	—	—	—	—	—	—	—	—	—	—
天津	—	—	—	—	—	—	—	—	—	—	—	—	—
河北	—	—	—	—	—	—	—	—	—	—	—	—	—
山西	—	—	—	—	—	—	—	—	—	—	—	—	—
内蒙古	205	205	12	186	—	—	—	—	—	—	—	—	—
内蒙古集团	184	184	—	184	—	—	—	—	—	—	—	—	—
辽宁	—	—	—	—	—	—	—	—	—	—	—	—	—
吉林	55	54	15	36	—	—	—	—	—	—	—	—	1
吉林集团	10	10	—	10	—	—	—	—	—	—	—	—	—
黑龙江	370	368	28	318	—	2	2	—	—	—	—	—	—
龙江集团	370	368	28	318	—	2	2	—	—	—	—	—	—
上海	—	—	—	—	—	—	—	—	—	—	—	—	—
江苏	—	—	—	—	—	—	—	—	—	—	—	—	—
浙江	—	—	—	—	—	—	—	—	—	—	—	—	—
安徽	1	1	—	—	—	—	—	—	—	—	—	—	—
福建	—	—	—	—	—	—	—	—	—	—	—	—	—
江西	28	28	28	—	—	—	—	—	—	—	—	—	—
山东	—	—	—	—	—	—	—	—	—	—	—	—	—
河南	—	—	—	—	—	—	—	—	—	—	—	—	—
湖北	6	6	—	—	—	—	—	—	—	—	—	—	—
湖南	39	37	26	3	—	2	2	—	—	—	—	—	—
广东	19	18	15	—	—	—	—	—	—	—	—	—	1
广西	5	2	2	—	—	—	—	—	—	—	—	—	3
海南	19	19	19	—	—	—	—	—	—	—	—	—	—
重庆	—	—	—	—	—	—	—	—	—	—	—	—	—
四川	42	41	10	19	—	—	—	—	—	—	—	1	—
贵州	6	6	3	—	—	—	—	—	—	—	—	—	—
云南	14	12	3	8	—	—	—	—	—	—	—	—	2
西藏	—	—	—	—	—	—	—	—	—	—	—	—	—
陕西	1	1	1	—	—	—	—	—	—	—	—	—	—
甘肃	1	1	1	—	—	—	—	—	—	—	—	—	—
青海	5	5	5	—	—	—	—	—	—	—	—	—	—
宁夏	2	2	2	—	—	—	—	—	—	—	—	—	—
新疆	10	8	5	—	—	—	—	—	—	—	—	—	2
新疆兵团	—	—	—	—	—	—	—	—	—	—	—	—	—
大兴安岭	47	41	—	16	2	2	2	—	—	—	—	—	2

林业系统各地区按行业分职工重伤事故情况

单位：人

地区	总计	农、林、牧、渔业			采矿业	制造业						建筑业	其他
		合计	其中			合计	木材加工及木、竹、藤、棕、苇制品业	木、竹、藤家具制造业	木、竹、苇浆造纸业	林产化学产品制造	其他		
			国有林场	木材及竹材采运业									
全国合计	**116**	**113**	**30**	**44**	**—**	**—**	**—**	**—**	**—**	**—**	**—**	**—**	**3**
北　京	—	—	—	—	—	—	—	—	—	—	—	—	—
天　津	—	—	—	—	—	—	—	—	—	—	—	—	—
河　北	—	—	—	—	—	—	—	—	—	—	—	—	—
山　西	—	—	—	—	—	—	—	—	—	—	—	—	—
内蒙古	4	4	—	4	—	—	—	—	—	—	—	—	—
内蒙古集团	4	4	—	4	—	—	—	—	—	—	—	—	—
辽　宁	—	—	—	—	—	—	—	—	—	—	—	—	—
吉　林	1	1	1	—	—	—	—	—	—	—	—	—	—
吉林集团	—	—	—	—	—	—	—	—	—	—	—	—	—
黑龙江	20	20	—	20	—	—	—	—	—	—	—	—	—
龙江集团	20	20	—	20	—	—	—	—	—	—	—	—	—
上　海	—	—	—	—	—	—	—	—	—	—	—	—	—
江　苏	—	—	—	—	—	—	—	—	—	—	—	—	—
浙　江	—	—	—	—	—	—	—	—	—	—	—	—	—
安　徽	—	—	—	—	—	—	—	—	—	—	—	—	—
福　建	—	—	—	—	—	—	—	—	—	—	—	—	—
江　西	13	13	4	—	—	—	—	—	—	—	—	—	—
山　东	—	—	—	—	—	—	—	—	—	—	—	—	—
河　南	—	—	—	—	—	—	—	—	—	—	—	—	—
湖　北	2	2	2	—	—	—	—	—	—	—	—	—	—
湖　南	13	12	2	—	—	—	—	—	—	—	—	—	1
广　东	7	7	7	—	—	—	—	—	—	—	—	—	—
广　西	—	—	—	—	—	—	—	—	—	—	—	—	—
海　南	6	6	6	—	—	—	—	—	—	—	—	—	—
重　庆	—	—	—	—	—	—	—	—	—	—	—	—	—
四　川	7	7	4	2	—	—	—	—	—	—	—	—	—
贵　州	1	1	1	—	—	—	—	—	—	—	—	—	—
云　南	2	2	1	1	—	—	—	—	—	—	—	—	—
西　藏	—	—	—	—	—	—	—	—	—	—	—	—	—
陕　西	—	—	—	—	—	—	—	—	—	—	—	—	—
甘　肃	1	1	—	—	—	—	—	—	—	—	—	—	—
青　海	—	—	—	—	—	—	—	—	—	—	—	—	—
宁　夏	—	—	—	—	—	—	—	—	—	—	—	—	—
新　疆	4	4	2	—	—	—	—	—	—	—	—	—	—
新疆兵团	—	—	—	—	—	—	—	—	—	—	—	—	—
大兴安岭	35	33	—	17	—	—	—	—	—	—	—	—	2

林业系统各地区按行业分职工死亡事故情况

单位：人

地区	总计	农、林、牧、渔业			采矿业	制造业						建筑业	其他
		合计	其中			合计	木材加工及木、竹、藤、棕、苇制品业	木、竹、藤家具制造业	木、竹、苇浆造纸业	林产化学产品制造	其他		
			国有林场	木材及竹材采运业									
全国合计	**165**	**123**	**54**	**12**	**—**	**38**	**—**	**—**	**—**	**37**	**1**	**—**	**4**
北京	1	1	—	—	—	—	—	—	—	—	—	—	—
天津	—	—	—	—	—	—	—	—	—	—	—	—	—
河北	1	1	1	—	—	—	—	—	—	—	—	—	—
山西	—	—	—	—	—	—	—	—	—	—	—	—	—
内蒙古	6	6	2	2	—	—	—	—	—	—	—	—	—
内蒙古集团	2	2	—	2	—	—	—	—	—	—	—	—	—
辽宁	—	—	—	—	—	—	—	—	—	—	—	—	—
吉林	3	3	2	1	—	—	—	—	—	—	—	—	—
吉林集团	—	—	—	—	—	—	—	—	—	—	—	—	—
黑龙江	51	14	11	1	—	37	—	—	—	37	—	—	—
龙江集团	38	1	—	1	—	37	—	—	—	37	—	—	—
上海	—	—	—	—	—	—	—	—	—	—	—	—	—
江苏	2	2	—	—	—	—	—	—	—	—	—	—	—
浙江	—	—	—	—	—	—	—	—	—	—	—	—	—
安徽	6	6	—	—	—	—	—	—	—	—	—	—	—
福建	—	—	—	—	—	—	—	—	—	—	—	—	—
江西	—	—	—	—	—	—	—	—	—	—	—	—	—
山东	2	2	—	—	—	—	—	—	—	—	—	—	—
河南	—	—	—	—	—	—	—	—	—	—	—	—	—
湖北	2	2	1	—	—	—	—	—	—	—	—	—	—
湖南	7	7	1	1	—	—	—	—	—	—	—	—	—
广东	—	—	—	—	—	—	—	—	—	—	—	—	—
广西	6	6	1	—	—	—	—	—	—	—	—	—	—
海南	4	4	3	1	—	—	—	—	—	—	—	—	—
重庆	—	—	—	—	—	—	—	—	—	—	—	—	—
四川	15	14	3	1	—	—	—	—	—	—	—	—	1
贵州	3	3	2	—	—	—	—	—	—	—	—	—	—
云南	19	16	6	1	—	1	—	—	—	—	1	—	2
西藏	—	—	—	—	—	—	—	—	—	—	—	—	—
陕西	5	5	4	—	—	—	—	—	—	—	—	—	—
甘肃	20	20	14	—	—	—	—	—	—	—	—	—	—
青海	—	—	—	—	—	—	—	—	—	—	—	—	—
宁夏	—	—	—	—	—	—	—	—	—	—	—	—	—
新疆	6	6	3	—	—	—	—	—	—	—	—	—	—
新疆兵团	—	—	—	—	—	—	—	—	—	—	—	—	—
大兴安岭	6	5	—	4	—	—	—	—	—	—	—	—	1

国家林业局机关及直属单位

单位名称	单位个数（个）	从业人员年末人数（人）	在册职			
			总计	在岗		
				合计	长期职工	临时职工
总计	**166**	**71310**	**84335**	**71251**	**69810**	**1441**
（一）农、林、牧、渔业	**38**	**787**	**778**	**777**	**755**	**22**
国家林业局天然林保护工程管理中心	1	29	26	26	26	—
国家林业局退耕还林（草）工程管理中心	1	30	30	30	30	—
国家林业局西北华北东北防护林建设局	1	90	90	90	81	9
国家林业局防治荒漠化管理中心	1	19	19	19	18	1
国家林业局世界银行贷款项目管理中心	1	29	30	29	29	—
国家林业局濒危物种进出口管理中心	20	120	116	116	107	9
国家林业局林业工作站管理总站	1	25	25	25	25	—
国家林业局国有林场和林木种苗管理总站	1	41	38	38	38	—
国家林业局林业基金管理总站	1	35	35	35	34	1
国家林业局湿地保护管理中心	1	15	15	15	13	2
国家林业局森林病虫害防治总站	1	121	121	121	121	—
国家林业局西南航空护林总站	7	120	120	120	120	—
国家林业局东北航空护林中心	1	113	113	113	113	—
（九）住宿餐饮业	**2**	**65**	**65**	**65**	**55**	**10**
国家林业局北戴河职工培训中心	1	26	26	26	16	10
国家林业局招待所	1	39	39	39	39	—
（十二）租赁和商务服务业	**1**	**22**	**21**	**21**	**21**	**—**
国家林业局人才开发交流中心	1	22	21	21	21	—
（十三）科学研究、技术服务、地质勘查业	**30**	**5313**	**5293**	**5283**	**4146**	**1137**
中国林业科学研究院	20	3805	3781	3781	2697	1084
国家林业局经济发展研究中心	1	69	69	69	69	—
国家林业局科技发展中心	1	20	20	20	20	—
国家林业局对外合作项目中心	1	26	26	26	26	—
国际竹藤网络中心	1	95	95	95	69	26
国家林业局昆明勘察设计院	1	207	207	207	200	7
国家林业局林产工业规划设计院	1	286	286	286	286	—
国家林业局调查规划设计院	1	295	299	289	286	3
国家林业局华东林业调查规划设计院	1	152	152	152	152	—
国家林业局中南林业调查规划设计院	1	170	170	170	161	9
国家林业局西北林业调查规划设计院	1	188	188	188	180	8
（十四）水利、环境和公共设施管理业	**3**	**449**	**449**	**449**	**401**	**48**
陕西佛坪国家级自然保护区管理局	1	94	94	94	80	14
甘肃白水江国家级自然保护区管理局	1	119	119	119	119	—
国家林业局卧龙自然保护区管理局	1	236	236	236	202	34
（十五）居民服务和其他服务业	**1**	**161**	**162**	**161**	**138**	**23**
国家林业局机关服务中心	1	161	162	161	138	23
（十六）教育	**3**	**700**	**700**	**700**	**553**	**147**
国家林业局管理干部学院	1	201	201	201	149	52
南京森林公安高等专科学校	1	454	454	454	359	95
国家林业局幼儿园	1	45	45	45	45	—
（十八）文化、体育和娱乐业	**3**	**238**	**238**	**238**	**238**	**—**
国家林业局宣传中心	1	24	24	24	24	—
中国林业出版社	1	102	102	102	102	—
中国绿色时报社	1	112	112	112	112	—
（十九）公共管理和社会组织	**21**	**603**	**591**	**588**	**534**	**54**
国家林业局机关	1	230	233	230	219	11
国家林业局离退休干部局	1	70	70	70	51	19
国家林业局森林资源监督管理办公室	1	24	24	24	24	—
驻黑龙江省森林资源监督专员办事处	1	24	24	24	24	—
驻内蒙古自治区森林资源监督专员办事处	1	22	22	22	22	—
驻长春森林资源监督专员办事处	1	21	21	21	20	1
驻大兴安岭森林资源监督专员办事处	1	23	23	23	20	3
驻福州森林资源监督专员办事处	1	10	8	8	8	—
驻云南省森林资源监督专员办事处	1	8	8	8	8	—
驻成都森林资源监督专员办事处	1	11	11	11	10	1
驻西安森林资源监督专员办事处	1	10	10	10	7	3
驻合肥森林资源监督专员办事处	1	8	8	8	8	—
驻武汉森林资源监督专员办事处	1	9	9	9	7	2
驻贵阳森林资源监督专员办事处	1	6	6	6	6	—
驻乌鲁木齐森林资源监督专员办事处	1	9	9	9	7	2
驻兰州森林资源监督专员办事处	1	11	11	11	8	3
驻海口森林资源监督专员办事处	1	10	10	10	8	2
中国花卉协会	1	11	11	11	11	—
中国野生动物保护协会	1	31	27	27	23	4
中国林学会	1	37	37	37	34	3
中国绿化基金会	1	18	9	9	9	—
（二十）其他	**64**	**62972**	**76038**	**62969**	**62969**	**—**
大兴安岭林业集团公司	64	62972	76038	62969	62969	—

从业人员和劳动报酬情况

工人数(人)					其他从业人员(人)	年末实有离退休人员(人)	在岗职工年平均人数(人)	在岗职工年工资总额(千元)	离退休人员年生活费(千元)	在岗职工年平均工资(元)
职工			下岗待安置职工人数	离开本单位仍保留劳动关系人员						
其中:女性	其中:专业技术人员	其中:使用的农村劳动力								
23620	**23476**	**843**	**1106**	**11978**	**59**	**57414**	**68678**	**1464874**	**947048**	**21330**
222	**343**	**9**	**—**	**1**	**10**	**272**	**768**	**40571**	**10360**	**52827**
5	4	—	—	—	3	—	26	1937	—	74489
11	6	—	—	—	—	—	28	1831	—	65409
20	49	9	—	—	—	57	90	3787	2187	42074
6	—	—	—	—	—	1	19	1091	45	57428
13	20	—	—	1	—	3	27	1845	167	68315
49	—	—	—	—	4	6	114	7494	314	65734
7	23	—	—	—	—	9	23	1467	328	63774
11	18	—	—	—	3	18	37	1669	816	45110
11	33	—	—	—	—	2	36	2131	7	59191
6	15	—	—	—	—	—	14	1045	—	74622
22	75	—	—	—	—	53	121	5974	2396	49372
33	51	—	—	—	—	55	120	6136	1948	51137
28	49	—	—	—	—	68	113	4165	2153	36862
23	**—**	**—**	**—**	**—**	**—**	**20**	**107**	**4307**	**1864**	**40257**
6	—	—	—	—	—	13	68	1464	1600	21534
17	—	—	—	—	—	7	39	2843	264	72902
5	**—**	**—**	**—**	**—**	**1**	**1**	**20**	**1183**	**53**	**59154**
5	—	—	—	—	1	1	20	1183	53	59154
1549	**2759**	**744**	**—**	**10**	**30**	**3823**	**5281**	**304215**	**116204**	**57605**
1043	1601	732	—	—	24	2912	3816	194946	89244	51086
32	29	—	—	—	—	31	67	3513	1228	52429
6	20	—	—	—	—	—	20	1203	—	60170
12	—	—	—	—	—	—	25	1408	—	56308
33	58	1	—	—	—	2	90	6237	106	69305
49	178	7	—	—	—	204	197	4618	6443	23439
156	230	—	—	—	—	288	286	17429	3529	60940
110	257	—	—	10	6	138	289	41722	6375	144367
23	121	—	—	—	—	66	151	12652	2431	83790
41	136	—	—	—	—	84	170	9797	3057	57629
44	129	4	—	—	—	98	170	10690	3791	62880
133	**229**	**14**	**—**	**—**	**—**	**253**	**401**	**14776**	**6570**	**36847**
19	43	14	—	—	—	25	80	3807	566	47592
25	84	—	—	—	—	62	119	3310	1681	27814
89	102	—	—	—	—	166	202	7659	4323	37913
62	**3**	**—**	**—**	**1**	**—**	**10**	**157**	**10889**	**389**	**69358**
62	3	—	—	1	—	10	157	10889	389	69358
307	**307**	**71**	**—**	**—**	**—**	**257**	**697**	**41775**	**9971**	**59935**
106	54	21	—	—	—	81	192	11188	2634	58272
185	253	46	—	—	—	174	460	28290	7272	61500
16	—	4	—	—	—	2	45	2297	65	51039
129	**140**	**4**	**—**	**—**	**—**	**90**	**239**	**19571**	**3557**	**81889**
8	4	—	—	—	—	7	24	1908	417	79500
55	70	—	—	—	—	60	103	8108	1952	78716
66	66	4	—	—	—	23	112	9556	1188	85319
172	**46**	**1**	**—**	**3**	**15**	**635**	**572**	**37477**	**34358**	**65519**
66	—	—	—	3	—	—	240	17391	—	72463
31	—	1	—	—	—	564	52	3571	30388	68673
4	—	—	—	—	—	—	24	1296	—	54018
5	—	—	—	—	—	14	24	1104	863	46011
3	—	—	—	—	—	9	22	1315	466	59782
3	—	—	—	—	—	5	21	1000	228	47602
2	16	—	—	—	—	5	20	1407	228	70356
2	—	—	—	—	2	2	8	580	168	72498
2	—	—	—	—	—	1	7	456	92	65143
2	—	—	—	—	—	—	11	740	—	67273
4	—	—	—	—	—	—	10	525	—	52542
3	—	—	—	—	—	—	8	449	—	56138
1	—	—	—	—	—	—	9	784	—	87137
1	5	—	—	—	—	—	5	235	—	47097
3	—	—	—	—	—	—	9	419	—	46600
3	—	—	—	—	—	—	11	445	—	40415
3	—	—	—	—	—	—	10	597	—	59731
5	4	—	—	—	—	—	11	539	—	49036
9	—	—	—	—	4	10	25	1937	446	77491
17	20	—	—	—	—	23	36	1990	1360	55291
3	1	—	—	—	9	2	9	694	121	77080
21018	**19649**	**—**	**1106**	**11963**	**3**	**52053**	**60436**	**990109**	**763722**	**16383**
21018	19649	—	1106	11963	3	52053	60436	990109	763722	16383

5

林业投资

INVESTMENT IN FORESTRY

林业固定资产投资主要指标2010年与2009年比较(一)

单位:万元

指标名称	2010年	2009年	2010年与2009年比较(%)
林业固定资产投资完成额(万元)	**15533217**	**13513349**	**14.95**
其中:国家投资	7452396	7104764	4.89
一、基本建设投资完成额	14491880	12881763	12.50
其中:国家投资	7327541	7070314	3.64
二、更新改造投资完成额	822069	520547	57.92
其中:国家投资	55635	17171	224.01
三、森工其他投资完成额	219268	111039	97.47
其中:国家投资	69220	17279	300.60
四、本年新增固定资产	5668829	4622205	22.64
营林固定资产投资完成额(万元)	**11942956**	**11161861**	**7.00**
一、营林基本建设投资完成额	11709639	11095168	5.54
其中:国家投资	6909319	6822495	1.27
(一)按构成分:建筑安装	876634	631212	38.88
设备工器具购置	187338	147133	27.33
其他费用	10645667	10316823	3.19
(二)按用途分:营造林业	7668906	7247012	5.82
木材及竹材采运业	199188	216338	-7.93
木材加工及竹藤棕苇制品业	327248	387698	-15.59
其他	3514297	3244120	8.33
(三)本年新增固定资产	3500334	3376013	3.68
二、营林更新改造投资完成额	233317	66693	249.84
其中:国家投资	54183	13831	291.75
(一)按构成分:建筑安装	64300	37701	70.55
设备工器具购置	3665	1653	121.72
其他费用	165352	27339	504.82
(二)按用途分:营造林业	96910	44433	118.10
木材及竹材采运业	2874	327	778.90
木材加工及竹藤棕苇制品业	1600	1610	-0.62
其他	131933	20323	549.18
(三)本年新增固定资产	50437	37013	36.27

林业固定资产投资主要指标2010年与2009年比较(二)

单位:万元

指标名称	2010年	2009年	2010年与2009年比较(%)
森工固定资产投资完成额(万元)	**3590261**	**2351488**	**52.68**
一、森工基本建设投资完成额	2782241	1786595	55.73
其中:国家投资	418222	247819	68.76
(一)按构成分:建筑安装	1772794	1075003	64.91
设备工器具购置	351218	119984	192.72
其他费用	658229	591608	11.26
(二)按用途分:营造林业	171375	30297	465.65
木材及竹材采运业	361305	213435	69.28
木材加工及竹藤棕苇制品业	1102310	539204	104.43
其他	1147251	1003659	14.31
(三)本年新增固定资产	1500689	830735	80.65
二、森工更新改造投资完成额	588752	453854	29.72
其中:国家投资	1452	3340	-56.53
(一)按构成分:建筑安装	147820	115448	28.04
设备工器具购置	240683	162247	48.34
其他费用	200249	176159	13.68
(二)按用途分:营造林业	98	635	-84.57
木材及竹材采运业	5658	12325	-54.09
木材加工及竹藤棕苇制品业	330594	261193	26.57
其他	252402	179701	40.46
(三)本年新增固定资产	447334	290888	53.78
三、森工其他投资完成额	219268	111039	97.47
其中:国家投资	69220	17279	300.60
(一)按构成分:建筑安装	52342	19401	169.79
设备工器具购置	28424	8109	250.52
其他费用	138502	83529	65.81
(二)本年新增固定资产	170035	87556	94.20

林业固定资产投资完成情况

单位:万元

指标名称	总 计	营林固定资产投资			森工固定资产投资			
		合 计	基本建设	更新改造	合 计	基本建设	更新改造	其他投资
一、本年计划投资	**14198945**	**10630092**	**10428159**	**201933**	**3568853**	**2762354**	**583779**	**222720**
二、自年初累计完成投资	**15533217**	**11942956**	**11709639**	**233317**	**3590261**	**2782241**	**588752**	**219268**
其中:国家投资	7452396	6963502	6909319	54183	488894	418222	1452	69220
其中:国债资金	355261	326538	325569	969	28723	28703	—	20
按构成分:								
1. 建筑工程	2695452	892345	829072	63273	1803107	1682415	70110	50582
2. 安装工程	218438	48589	47562	1027	169849	90379	77710	1760
3. 设备、工具、器具购置	811328	191003	187338	3665	620325	351218	240683	28424
4. 其他	11807999	10811019	10645667	165352	996980	658229	200249	138502
按行业分:								
1. 营造林业	7941255	7765816	7668906	96910	175439	171375	98	3966
2. 木材及竹材采运业	570721	202062	199188	2874	368659	361305	5658	1696
3. 木材加工及竹、藤、棕、苇制品业	1832242	328848	327248	1600	1503394	1102310	330594	70490
其中:人造板制造业	649054	94192	93092	1100	554862	363437	170713	20712
4. 其他	5188999	3646230	3514297	131933	1542769	1147251	252402	143116
按性质分:								
其中:1. 新建	9385781	7936988	7855487	81501	1448793	1329801	38491	80501
2. 扩建	3297296	2132490	2070405	62085	1164806	919957	161124	83725
3. 改建和技术改造	879749	312106	262468	49638	567643	160721	367373	39549
4. 单纯建造生活设施	120702	39758	22367	17391	80944	80754	20	170
5. 迁建	11157	3533	3533	—	7624	7534	—	90
6. 恢复	141706	139940	133242	6698	1766	950	516	300
7. 单纯购置	135679	65342	62559	2783	70337	55884	5513	8940
三、本年新增固定资产	**5668829**	**3550771**	**3500334**	**50437**	**2118058**	**1500689**	**447334**	**170035**
四、本年各项应付款合计	**1152058**	**1006254**	**972830**	**33424**	**145804**	**128096**	**17203**	**505**
其中:工程款	553418	495237	479739	15498	58181	52432	5749	—
五、房屋建筑面积及竣工价值								
本年房屋施工面积(万平方米)	1166.26	271.11	230.01	41.10	895.15	877.35	15.48	2.33
其中:住宅	992.38	190.32	159.57	30.75	802.06	792.28	8.65	1.13
本年房屋竣工面积(万平方米)	827.07	82.69	74.36	8.34	744.37	727.13	15.25	1.99
其中:住宅	758.82	53.94	47.50	6.44	704.88	691.38	12.40	1.09
本年房屋竣工价值	1003194	96855	89077	7778	906339	880331	25386	622
其中:住宅	887963	51127	45323	5804	836836	819338	17156	342

各地区按性质分林业固定资产投资完成情况

单位:万元

地　　区	总　计	营林固定资产投资			森工固定资产投资			
		合 计	基本建设	更新改造	合 计	基本建设	更新改造	其他投资
全国合计	**15533217**	**11942956**	**11709639**	**233317**	**3590261**	**2782241**	**588752**	**219268**
北　京	348034	348034	304740	43294	—	—	—	—
天　津	30323	30323	30323	—	—	—	—	—
河　北	317065	317065	316564	501	—	—	—	—
山　西	657941	657941	657941	—	—	—	—	—
内蒙古	819932	658289	658289	—	161643	111954	—	49689
内蒙古集团	221668	60411	60411	—	161257	111588	—	49669
辽　宁	317498	317498	317498	—	—	—	—	—
吉　林	489491	260175	260175	—	229316	194721	22063	12532
吉林集团	195312	59254	59254	—	136058	108782	14744	12532
黑龙江	1058455	448059	448059	—	610396	610196	200	—
龙江集团	806521	196125	196125	—	610396	610196	200	—
上　海	47627	47627	47302	325	—	—	—	—
江　苏	720751	711251	709193	2058	9500	3000	4000	2500
浙　江	52940	52690	52159	531	250	250	—	—
安　徽	152316	152316	152186	130	—	—	—	—
福　建	55557	52737	52737	—	2820	2219	473	128
江　西	285369	284073	254838	29235	1296	296	1000	—
山　东	235169	235169	230203	4966	—	—	—	—
河　南	325638	325638	325638	—	—	—	—	—
湖　北	322295	297710	292026	5684	24585	18585	6000	—
湖　南	373541	373541	373541	—	—	—	—	—
广　东	77995	77995	77995	—	—	—	—	—
广　西	3716926	1297678	1159150	138528	2419248	1730570	541265	147413
海　南	44111	44111	43860	251	—	—	—	—
重　庆	577434	577434	577434	—	—	—	—	—
四　川	1715300	1700603	1700326	277	14697	14577	120	—
贵　州	332761	332761	332761	—	—	—	—	—
云　南	459922	452575	448133	4442	7347	4936	74	2337
西　藏	78515	77815	75792	2023	700	700	—	—
陕　西	376174	375069	374740	329	1105	—	1105	—
甘　肃	722797	722797	722797	—	—	—	—	—
青　海	147661	147661	147661	—	—	—	—	—
宁　夏	146527	146527	146527	—	—	—	—	—
新　疆	298387	295778	295035	743	2609	1560	—	1049
新疆兵团	129457	129457	129014	443	—	—	—	—
局直属单位	228765	124016	124016	—	104749	88677	12452	3620
大兴安岭	193656	88907	88907	—	104749	88677	12452	3620

各地区林业固定资产

地　区	本年计划投资	自年初累				
		合 计	其中:国家投资		按　构	
			小计	其中:国债资金	建筑工程	安装工程
全国合计	**14198945**	**15533217**	**7452396**	**355261**	**2695452**	**218438**
北　京	378448	348034	310665	5819	92194	—
天　津	30323	30323	30323	591	—	—
河　北	299925	317065	276621	160	1326	—
山　西	657941	657941	310819	—	900	—
内蒙古	929656	819932	808917	103483	160184	2691
内蒙古集团	239202	221668	221668	—	146585	1452
辽　宁	285184	317498	228745	—	1954	—
吉　林	525215	489491	267408	—	169995	3234
吉林集团	194861	195312	77970	—	81447	999
黑龙江	1022512	1058455	549670	11255	637659	5392
龙江集团	842372	806521	365784	—	607913	2835
上　海	42971	47627	13542	—	—	—
江　苏	334958	720751	12438	4512	3353	1015
浙　江	38552	52940	38434	6141	19169	9
安　徽	85013	152316	88182	3292	5470	—
福　建	42199	55557	27229	3628	7132	465
江　西	233349	285369	195643	4779	45427	100
山　东	168393	235169	25467	6133	9009	5808
河　南	289813	325638	128263	3140	4121	—
湖　北	206782	322295	189543	9283	29301	6489
湖　南	206378	373541	214103	20711	53418	20
广　东	77995	77995	31310	4638	16116	791
广　西	3540785	3716926	289069	10509	942822	161196
海　南	9501	44111	26853	856	8590	276
重　庆	555313	577434	379526	1357	71315	12132
四　川	1646129	1715300	899615	174	144682	9140
贵　州	350493	332761	304114	—	11304	150
云　南	304137	459922	272852	21106	49145	2483
西　藏	10998	78515	77815	—	2163	5358
陕　西	375790	376174	276759	12725	20244	—
甘　肃	731473	722797	574728	34552	45871	—
青　海	166680	147661	147661	21147	—	—
宁　夏	146527	146527	127772	8701	112	—
新　疆	252252	298387	176874	17859	8669	1575
新疆兵团	83322	129457	34196	9192	92	4
局直属单位	253260	228765	151436	38710	133807	114
大兴安岭	217682	193656	116708	38710	109317	—

投资完成情况(一)

单位:万元

计完成投资						
成 分		按 行 业 分				
设备、工具、器具购置	其 他	营造林业	木材及竹材采运业	木材加工及竹、藤、棕、苇制品业		其 他
				小 计	其中:人造板制造业	
811328	**11807999**	**7941255**	**570721**	**1832242**	**649054**	**5188999**
1524	254316	348034	—	—	—	—
—	30323	—	—	—	—	30323
303	315436	281107	236	—	—	35722
4916	652125	657941	—	—	—	—
12962	644095	549496	60854	294	—	209288
9524	64107	111588	60411	—	—	49669
237	315307	238934	1048	140	—	77376
38548	277714	188790	85534	18834	17611	196333
27376	85490	64224	29289	17385	17259	84414
6793	408611	291151	254002	102	—	513200
5844	189929	130931	254002	—	—	421588
325	47302	35734	—	—	—	11893
4850	711533	576324	—	22631	10100	121796
1346	32416	30937	—	—	—	22003
832	146014	110063	47	48	48	42158
2801	45159	35498	448	1359	609	18252
4925	234917	184429	1962	1000	—	97978
11663	208689	165327	2608	13313	8694	53921
1631	319886	105446	—	—	—	220192
7447	279058	219464	1000	22496	19096	79335
4466	315637	282792	1558	111	—	89080
11957	49131	39715	408	—	—	37872
579167	2033741	784513	87980	1453229	507620	1391204
483	34762	14521	38	26	—	29526
21	493966	481780	—	—	—	95654
74645	1486833	528556	43024	290800	84101	852920
4707	316600	191614	134	153	70	140860
5248	403046	288392	5263	6311	—	159956
13645	57349	37771	700	—	—	40044
30	355900	307898	12753	1395	1105	54128
448	676478	492546	—	—	—	230251
—	147661	137616	—	—	—	10045
64	146351	51972	—	—	—	94555
3871	284272	253697	986	—	—	43704
162	129199	117775	32	—	—	11650
11473	83371	29197	10138	—	—	189430
3847	80492	28326	10138	—	—	155192

各地区林业固定资产

地　区	自年初累计完成投资							本年新增固定资产
	按性质分							
	其　中							
	新建	扩建	改建和技术改造	单纯建造生活设施	迁建	恢复	单纯购置	
全国合计	**9385781**	**3297296**	**879749**	**120702**	**11157**	**141706**	**135679**	**5668829**
北　京	218503	523	57715	250	—	3996	1524	53257
天　津	30323	—	—	—	—	—	—	30323
河　北	285499	18193	50	—	5	5199	49	140250
山　西	16739	636286	—	—	—	—	4916	5504
内蒙古	454012	248894	3440	—	—	3486	3476	214162
内蒙古集团	—	221668	—	—	—	—	—	80905
辽　宁	243468	3299	—	—	—	—	—	142053
吉　林	261297	126043	62559	1463	—	3706	9270	193732
吉林集团	120244	24502	19404	487	—	3455	4992	53143
黑龙江	614197	234016	92067	80426	4034	57	719	588299
龙江集团	416637	211191	90960	80426	4034	—	298	476251
上　海	34376	—	—	—	—	—	325	32466
江　苏	666859	6800	20525	—	3	728	3899	45867
浙　江	42782	808	1532	23	10	125	744	21994
安　徽	112987	17199	4787	625	—	245	106	78146
福　建	28777	11253	9021	143	—	1768	656	25459
江　西	194872	34285	7788	2978	1572	366	926	129033
山　东	164925	12671	14496	299	—	733	3997	78377
河　南	244590	—	—	—	—	—	11	87773
湖　北	180126	70923	27582	3876	—	13623	284	120062
湖　南	171931	77779	26983	1842	666	181	596	127853
广　东	37994	4621	8372	1489	—	269	2807	29449
广　西	1683439	1200564	453856	17851	4379	14611	64908	1830027
海　南	16536	1330	2204	—	—	177	469	9405
重　庆	505232	38170	1795	—	—	3840	1110	194986
四　川	1212843	193473	59212	111	141	52672	16506	112093
贵　州	155646	161374	3885	1021	11	8775	2049	231191
云　南	301139	57544	8042	539	100	236	4485	128735
西　藏	15844	—	—	—	—	—	—	11587
陕　西	267533	39368	1978	3555	—	18228	42	228373
甘　肃	690303	28503	—	233	—	—	556	417128
青　海	147661	—	—	—	—	—	—	97927
宁　夏	129928	—	—	—	—	—	67	36982
新　疆	222960	38442	7167	176	—	8370	2739	121445
新疆兵团	111345	2113	6221	3	—	3987	—	92750
局直属单位	32460	34935	4693	3802	236	315	8443	104891
大兴安岭	15021	26306	3308	3600	—	—	1719	92240

投资完成情况(二)

单位:万元

本年各项应付款合计		房屋建筑面积及竣工价值					
		本年房屋施工面积(万平方米)		本年房屋竣工面积(万平方米)		本年房屋竣工价值	
合计	其中:工程款	合 计	其中:住宅	合 计	其中:住宅	合 计	其中:住宅
1152058	**553418**	**1166.26**	**992.38**	**827.07**	**758.82**	**1003194**	**887963**
34272	14086	1.51	—	0.28	0.08	426	144
—	—	—	—	—	—	—	—
32018	16868	1.37	0.61	0.76	—	1139	—
—	—	—	—	—	—	—	—
24097	22843	162.32	127.41	107.09	103.89	114799	109183
—	—	151.70	119.03	103.48	102.46	108804	108449
36829	2385	—	—	—	—	—	—
44963	19266	155.70	153.54	114.41	113.66	172838	171599
34652	19222	48.97	48.88	50.19	50.11	113102	113102
4125	2375	513.47	498.28	465.12	456.95	523377	500578
2749	1369	504.48	493.60	460.38	452.27	518108	495405
23725	450	—	—	—	—	—	—
6525	397	—	—	—	—	—	—
6917	5982	1.55	1.47	—	—	—	—
70807	23841	3.33	—	0.71	—	2227	920
9373	1370	0.90	0.16	0.84	0.31	932	384
29152	11494	4.10	3.24	0.03	—	101	—
89799	35918	2.04	0.41	1.93	0.41	1187	341
21995	3504	—	—	—	—	—	—
47590	18348	6.25	0.36	6.25	0.36	3078	435
7669	1851	3.46	2.57	2.09	1.43	3915	1019
12513	5938	5.14	3.79	4.14	1.22	3845	1170
191101	55429	95.95	36.51	36.87	9.57	60834	11700
3168	271	4.19	3.99	1.59	1.59	992	992
30929	21223	—	—	—	—	—	—
77075	73601	29.79	11.21	8.80	4.62	14354	6493
63851	26153	4.16	1.34	2.52	0.48	2373	405
36159	10554	12.18	8.43	7.18	3.66	9964	5302
—	—	—	—	—	—	—	—
76406	60361	2.28	1.77	1.39	0.52	1208	—
9035	9035	40.77	32.05	2.98	2.97	3221	3206
97927	93051	25.17	25.17	—	—	—	—
24751	8765	0.56	0.45	0.56	0.45	660	660
34491	7689	7.57	6.54	3.53	2.26	4777	2584
19231	146	—	—	—	—	—	—
4796	370	82.51	73.10	58.00	54.39	76947	70848
—	—	74.90	73.10	55.35	53.55	72367	70247

各地区营林固定资产

地　区	本年计划投资	自年初累				
		合计	其中:国家投资		按　构	
			小计	其中:国债资金	建筑工程	安装工程
全国合计	**10630092**	**11942956**	**6963502**	**326538**	**892345**	**48589**
北　京	378448	348034	310665	5819	92194	—
天　津	30323	30323	30323	591	—	—
河　北	299925	317065	276621	160	1326	—
山　西	657941	657941	310819	—	900	—
内蒙古	750616	658289	647320	103463	15536	1239
内蒙古集团	61660	60411	60411	—	1983	—
辽　宁	285184	317498	228745	—	1954	—
吉　林	277180	260175	205734	—	20051	579
吉林集团	55649	59254	39860	—	223	—
黑龙江	376711	448059	367600	11255	32948	2557
龙江集团	196571	196125	183714	—	3202	—
上　海	42971	47627	13542	—	—	—
江　苏	334958	711251	12438	4512	353	15
浙　江	38302	52690	38184	6141	19169	9
安　徽	85013	152316	88182	3292	5470	—
福　建	40589	52737	26870	3359	6529	385
江　西	232053	284073	195643	4779	45131	100
山　东	168393	235169	25467	6133	9009	5808
河　南	289813	325638	128263	3140	4121	—
湖　北	182625	297710	187205	9283	14344	5309
湖　南	206378	373541	214103	20711	53418	20
广　东	77995	77995	31310	4638	16116	791
广　西	1243393	1297678	258413	10509	172727	808
海　南	9501	44111	26853	856	8590	276
重　庆	555313	577434	379526	1357	71315	12132
四　川	1604433	1700603	885991	174	131603	8978
贵　州	350493	332761	304114	—	11304	150
云　南	297685	452575	271093	21106	47146	2386
西　藏	10998	77815	77815	—	1463	5358
陕　西	374685	375069	275654	12725	20244	—
甘　肃	731473	722797	574728	34552	45871	—
青　海	166680	147661	147661	21147	—	—
宁　夏	146527	146527	127772	8701	112	—
新　疆	249643	295778	175446	17859	7012	1575
新疆兵团	83322	129457	34196	9192	92	4
局直属单位	133850	124016	119402	10276	36389	114
大兴安岭	98272	88907	84674	10276	11899	—

投资完成情况(一)

单位:万元

计完成投资						
成分		按行业分				
设备、工具、器具购置	其他	营造林业	木材及竹材采运业	木材加工及竹、藤、棕、苇制品业		其他
				小计	其中:人造板制造业	
191003	**10811019**	**7765816**	**202062**	**328848**	**94192**	**3646230**
1524	254316	348034	—	—	—	—
—	30323	—	—	—	—	30323
303	315436	281107	236	—	—	35722
4916	652125	657941	—	—	—	—
4631	636883	437908	60854	294	—	159233
1513	56915	—	60411	—	—	—
237	315307	238934	1048	140	—	77376
4125	235420	160697	15188	—	—	84290
1154	57877	36655	13342	—	—	9257
5579	406975	291151	34349	102	—	122457
4630	188293	130931	34349	—	—	30845
325	47302	35734	—	—	—	11893
2650	708233	576324	—	13131	600	121796
1346	32166	30837	—	—	—	21853
832	146014	110063	47	48	48	42158
1885	43938	35498	142	68	18	17029
4925	233917	184429	1962	—	—	97682
11663	208689	165327	2608	13313	8694	53921
1631	319886	105446	—	—	—	220192
2447	275610	214964	300	4061	661	78385
4466	315637	282792	1558	111	—	89080
11957	49131	39715	408	—	—	37872
12290	1111853	761643	21815	—	—	514220
483	34762	14521	38	26	—	29526
21	493966	481780	—	—	—	95654
74399	1485623	527005	34084	290800	84101	848714
4707	316600	191614	134	153	70	140860
5133	397910	282599	4368	6311	—	159297
13645	57349	37771	—	—	—	40044
30	354795	307898	12753	290	—	54128
448	676478	492546	—	—	—	230251
—	147661	137616	—	—	—	10045
64	146351	51972	—	—	—	94555
3310	283881	252753	32	—	—	42993
162	129199	117775	32	—	—	11650
11031	76482	29197	10138	—	—	84681
3405	73603	28326	10138	—	—	50443

各地区营林固定资产

地　区	自年初累计完成投资							本年新增固定资产
	按性质分							
	其　中							
	新建	扩建	改建和技术改造	单纯建造生活设施	迁建	恢复	单纯购置	
全国合计	**7936988**	**2132490**	**312106**	**39758**	**3533**	**139940**	**65342**	**3550771**
北　京	218503	523	57715	250	—	3996	1524	53257
天　津	30323	—	—	—	—	—	—	30323
河　北	285499	18193	50	—	5	5199	49	140250
山　西	16739	636286	—	—	—	—	4916	5504
内蒙古	453966	87637	3440	—	—	3486	3156	143467
内蒙古集团	—	60411	—	—	—	—	—	10268
辽　宁	243468	3299	—	—	—	—	—	142053
吉　林	95964	94504	39170	1226	—	2456	1702	119544
吉林集团	29774	492	3567	250	—	2205	738	3883
黑龙江	211231	198824	6515	—	—	57	523	117072
龙江集团	13671	175999	5408	—	—	—	102	5024
上　海	34376	—	—	—	—	—	325	32466
江　苏	665859	1300	20225	—	3	228	1699	37367
浙　江	42632	808	1532	23	10	125	744	21994
安　徽	112987	17199	4787	625	—	245	106	78146
福　建	27577	10084	8672	136	—	1752	577	24158
江　西	194576	34285	6788	2978	1572	366	926	128706
山　东	164925	12671	14496	299	—	733	3997	78377
河　南	244590	—	—	—	—	—	11	87773
湖　北	179176	53716	21154	3876	—	13623	284	106677
湖　南	171931	77779	26983	1842	666	181	596	127853
广　东	37994	4621	8372	1489	—	269	2807	29449
广　西	829461	307675	6530	17851	789	14611	5694	444588
海　南	16536	1330	2204	—	—	177	469	9405
重　庆	505232	38170	1795	—	—	3840	1110	194986
四　川	1205597	186213	59132	—	141	52672	16506	111752
贵　州	155646	161374	3885	1021	11	8775	2049	231191
云　南	297590	57544	7653	539	100	236	4485	127022
西　藏	15144	—	—	—	—	—	—	10887
陕　西	267533	39368	873	3555	—	18228	42	227268
甘　肃	690303	28503	—	233	—	—	556	417128
青　海	147661	—	—	—	—	—	—	97927
宁　夏	129928	—	—	—	—	—	67	36982
新　疆	221194	38197	7079	13	—	8370	2412	118669
新疆兵团	111345	2113	6221	3	—	3987	—	92750
局直属单位	22847	22387	3056	3802	236	315	8010	18530
大兴安岭	5408	13758	1671	3600	—	—	1286	5879

投资完成情况(二)

单位:万元

本年各项应付款合计		房屋建筑面积及竣工价值					
合计	其中: 工程款	本年房屋施工面积(万平方米)		本年房屋竣工面积(万平方米)		本年房屋竣工价值	
		合 计	其中:住宅	合 计	其中:住宅	合 计	其中:住宅
1006254	**495237**	**271.11**	**190.32**	**82.69**	**53.94**	**96855**	**51127**
34272	14086	1.51	—	0.28	0.08	426	144
—	—	—	—	—	—	—	—
32018	16868	1.37	0.61	0.76	—	1139	—
—	—	—	—	—	—	—	—
23731	22797	10.69	8.39	3.74	1.44	6076	740
—	—	0.14	0.01	0.14	0.01	81	6
36829	2385	—	—	—	—	—	—
25294	229	51.03	49.43	24.10	23.90	21804	21658
14983	185	8.91	8.91	5.46	5.46	10000	10000
1376	1006	9.22	4.68	4.97	4.68	5521	5173
—	—	0.23	—	0.23	—	252	—
23725	450	—	—	—	—	—	—
5525	397	—	—	—	—	—	—
6917	5982	1.55	1.47	—	—	—	—
70807	23841	3.33	—	0.71	—	2227	920
8964	1167	0.77	0.16	0.71	0.31	729	384
29152	11494	4.10	3.24	0.03	—	101	—
89799	35918	2.04	0.41	1.93	0.41	1187	341
21995	3504	—	—	—	—	—	—
47590	18348	1.25	0.36	1.25	0.36	2078	435
7669	1851	3.46	2.57	2.09	1.43	3915	1019
12513	5938	5.14	3.79	4.14	1.22	3845	1170
69490	17903	56.76	33.59	11.71	7.13	12472	4741
3168	271	4.19	3.99	1.59	1.59	992	992
30929	21223	—	—	—	—	—	—
77075	73601	17.24	4.64	4.92	1.03	9083	1672
63851	26153	4.16	1.34	2.52	0.48	2373	405
36159	10554	11.16	7.50	6.98	3.66	9466	5302
—	—	—	—	—	—	—	—
76406	60361	2.28	1.77	1.39	0.52	1208	—
9035	9035	40.77	32.05	2.98	2.97	3221	3206
97927	93051	25.17	25.17	—	—	—	—
24751	8765	0.56	0.45	0.56	0.45	660	660
34491	7689	5.76	4.74	2.69	1.43	3752	1564
19231	146	—	—	—	—	—	—
4796	370	7.61	—	2.65	0.84	4580	601
—	—	—	—	—	—	—	—

各地区营林基本建设

地　区	本年计划投资	自年初累				
		合 计	其中:国家投资		按 构	
			小计	其中:国债资金	建筑工程	安装工程
全国合计	**10428159**	**11709639**	**6909319**	**325569**	**829072**	**47562**
北　京	324836	304740	271356	5819	84219	—
天　津	30323	30323	30323	591	—	—
河　北	299424	316564	276621	160	1326	—
山　西	657941	657941	310819	—	900	—
内蒙古	750616	658289	647320	103463	15536	1239
内蒙古集团	61660	60411	60411	—	1983	—
辽　宁	285184	317498	228745	—	1954	—
吉　林	277180	260175	205734	—	20051	579
吉林集团	55649	59254	39860	—	223	—
黑龙江	376711	448059	367600	11255	32948	2557
龙江集团	196571	196125	183714	—	3202	—
上　海	42646	47302	13217	—	—	—
江　苏	327538	709193	11680	4114	353	15
浙　江	37771	52159	37875	6141	19160	9
安　徽	84902	152186	88182	3292	5459	—
福　建	40589	52737	26870	3359	6529	385
江　西	202818	254838	189422	4779	28698	100
山　东	165093	230203	25467	6133	8893	5608
河　南	289813	325638	128263	3140	4121	—
湖　北	180925	292026	187205	9283	14344	5309
湖　南	206378	373541	214103	20711	53418	20
广　东	77995	77995	31310	4638	16116	791
广　西	1140102	1159150	254473	10503	137520	488
海　南	9501	43860	26853	856	8529	276
重　庆	555069	577434	379526	1357	71315	12132
四　川	1604156	1700326	885714	174	131533	8771
贵　州	350493	332761	304114	—	11304	150
云　南	297074	448133	270446	20870	43755	2386
西　藏	10998	75792	75792	—	1463	5358
陕　西	374356	374740	275325	12396	20244	—
甘　肃	731473	722797	574728	34552	45871	—
青　海	166680	147661	147661	21147	—	—
宁　夏	146527	146527	127772	8701	112	—
新　疆	249197	295035	175401	17859	7012	1275
新疆兵团	83176	129014	34151	9192	92	4
局直属单位	133850	124016	119402	10276	36389	114
大兴安岭	98272	88907	84674	10276	11899	—

投资完成情况(一)

单位:万元

计完成投资						
成 分		按 行 业 分				
设备、工具、器具购置	其 他	营造林业	木材及竹材采运业	木材加工及竹、藤、棕、苇制品业		其 他
				小 计	其中:人造板制造业	
187338	**10645667**	**7668906**	**199188**	**327248**	**93092**	**3514297**
1524	218997	304740	—	—	—	—
—	30323	—	—	—	—	30323
303	314935	280606	236	—	—	35722
4916	652125	657941	—	—	—	—
4631	636883	437908	60854	294	—	159233
1513	56915	—	60411	—	—	—
237	315307	238934	1048	140	—	77376
4125	235420	160697	15188	—	—	84290
1154	57877	36655	13342	—	—	9257
5579	406975	291151	34349	102	—	122457
4630	188293	130931	34349	—	—	30845
—	47302	35734	—	—	—	11568
2650	706175	575566	—	13131	600	120496
1346	31644	30315	—	—	—	21844
832	145895	109950	47	48	48	42141
1885	43938	35498	142	68	18	17029
4925	221115	155377	1962	—	—	97499
10513	205189	163527	2308	11713	7594	52655
1631	319886	105446	—	—	—	220192
2447	269926	214964	300	4061	661	72701
4466	315637	282792	1558	111	—	89080
11957	49131	39715	408	—	—	37872
10262	1010880	744875	19532	—	—	394743
483	34572	14369	—	26	—	29465
21	493966	481780	—	—	—	95654
74399	1485623	527005	33877	290800	84101	848644
4707	316600	191614	134	153	70	140860
4971	397021	279421	4322	6311	—	158079
13645	55326	37771	—	—	—	38021
30	354466	307569	12753	290	—	54128
448	676478	492546	—	—	—	230251
—	147661	137616	—	—	—	10045
64	146351	51972	—	—	—	94555
3310	283438	252310	32	—	—	42693
162	128756	117332	32	—	—	11650
11031	76482	29197	10138	—	—	84681
3405	73603	28326	10138	—	—	50443

各地区营林基本建设

地　区	自年初累计完成投资							本年新增固定资产
	按性质分							
	其　中							
	新建	扩建	改建和技术改造	单纯建造生活设施	迁建	恢复	单纯购置	
全国合计	**7855487**	**2070405**	**262468**	**22367**	**3533**	**133242**	**62559**	**3500334**
北　京	218503	523	17701	250	—	3996	1524	42589
天　津	30323	—	—	—	—	—	—	30323
河　北	285499	18193	50	—	5	5199	49	140250
山　西	16739	636286	—	—	—	—	4916	5504
内蒙古	453966	87637	3440	—	—	3486	3156	143467
内蒙古集团	—	60411	—	—	—	—	—	10268
辽　宁	243468	3299	—	—	—	—	—	142053
吉　林	95964	94504	39170	1226	—	2456	1702	119544
吉林集团	29774	492	3567	250	—	2205	738	3883
黑龙江	211231	198824	6515	—	—	57	523	117072
龙江集团	13671	175999	5408	—	—	—	102	5024
上　海	34376	—	—	—	—	—	—	32141
江　苏	665859	—	20225	—	3	228	1699	36067
浙　江	42632	808	1001	23	10	125	744	21913
安　徽	112959	17199	4687	625	—	245	106	78029
福　建	27577	10084	8672	136	—	1752	577	24158
江　西	182843	17085	6507	2978	1572	345	926	128706
山　东	164925	11671	11946	99	—	733	2997	73411
河　南	244590	—	—	—	—	—	11	87773
湖　北	179176	53716	19303	3876	—	9790	284	106677
湖　南	171931	77779	26983	1842	666	181	596	127853
广　东	37994	4621	8372	1489	—	269	2807	29449
广　西	760538	265457	6164	765	789	12185	4286	417060
海　南	16475	1330	2204	—	—	25	469	9405
重　庆	505232	38170	1795	—	—	3840	1110	194986
四　川	1205597	186006	59092	—	141	52642	16506	111752
贵　州	155646	161374	3885	1021	11	8775	2049	231191
云　南	297184	57464	4386	434	100	—	4435	125234
西　藏	15144	—	—	—	—	—	—	10887
陕　西	267204	39368	873	3555	—	18228	42	224177
甘　肃	690303	28503	—	233	—	—	556	417128
青　海	147661	—	—	—	—	—	—	97927
宁　夏	129928	—	—	—	—	—	67	36982
新　疆	221173	38117	6441	13	—	8370	2412	118096
新疆兵团	111324	2033	5883	3	—	3987	—	92485
局直属单位	22847	22387	3056	3802	236	315	8010	18530
大兴安岭	5408	13758	1671	3600	—	—	1286	5879

投资完成情况(二)

单位:万元

本年各项应付款合计		房屋建筑面积及竣工价值					
		本年房屋施工面积(万平方米)		本年房屋竣工面积(万平方米)		本年房屋竣工价值	
合计	其中:工程款	合 计	其中:住宅	合 计	其中:住宅	合 计	其中:住宅
972830	**479739**	**230.01**	**159.57**	**74.36**	**47.50**	**89077**	**45323**
26283	13518	1.22	—	0.09	—	162	—
—	—	—	—	—	—	—	—
32018	16868	1.37	0.61	0.76	—	1139	—
—	—	—	—	—	—	—	—
23731	22797	10.69	8.39	3.74	1.44	6076	740
—	—	0.14	0.01	0.14	0.01	81	6
36829	2385	—	—	—	—	—	—
25294	229	46.63	45.04	19.71	19.51	17691	17545
14983	185	8.91	8.91	5.46	5.46	10000	10000
1376	1006	9.22	4.68	4.97	4.68	5521	5173
—	—	0.23	—	0.23	—	252	—
23725	450	—	—	—	—	—	—
5525	397	—	—	—	—	—	—
6917	5982	1.55	1.47	—	—	—	—
70790	23841	3.33	—	0.71	—	2227	920
8964	1167	0.77	0.16	0.71	0.31	729	384
21152	3494	4.10	3.24	0.03	—	101	—
86499	34918	2.00	0.40	1.90	0.40	1167	335
21995	3504	—	—	—	—	—	—
47590	18348	1.25	0.36	1.25	0.36	2078	435
7669	1851	3.46	2.57	2.09	1.43	3915	1019
12513	5938	5.14	3.79	4.14	1.22	3845	1170
63076	15289	22.45	8.87	9.80	6.54	10182	4091
3168	271	3.08	2.88	0.46	0.46	556	556
30929	21223	—	—	—	—	—	—
77075	73601	16.71	4.10	4.68	0.79	8628	1217
63851	26153	4.16	1.34	2.52	0.48	2373	405
32023	10554	10.71	7.50	6.53	3.66	9266	5302
—	—	—	—	—	—	—	—
73315	57345	2.28	1.77	1.39	0.52	1208	—
9035	9035	40.77	32.05	2.98	2.97	3221	3206
97927	93051	25.17	25.17	—	—	—	—
24751	8765	0.56	0.45	0.56	0.45	660	660
34014	7389	5.76	4.74	2.69	1.43	3752	1564
19054	146	—	—	—	—	—	—
4796	370	7.61	—	2.65	0.84	4580	601
—	—	—	—	—	—	—	—

各地区营林更新改造

地区	本年计划投资	自年初累				
		合计	其中:国家投资		按构	
			小计	其中:国债资金	建筑工程	安装工程
全国合计	**201933**	**233317**	**54183**	**969**	**63273**	**1027**
北京	53612	43294	39309	—	7975	—
天津	—	—	—	—	—	—
河北	501	501	—	—	—	—
山西	—	—	—	—	—	—
内蒙古	—	—	—	—	—	—
内蒙古集团	—	—	—	—	—	—
辽宁	—	—	—	—	—	—
吉林	—	—	—	—	—	—
吉林集团	—	—	—	—	—	—
黑龙江	—	—	—	—	—	—
龙江集团	—	—	—	—	—	—
上海	325	325	325	—	—	—
江苏	7420	2058	758	398	—	—
浙江	531	531	309	—	9	—
安徽	111	130	—	—	11	—
福建	—	—	—	—	—	—
江西	29235	29235	6221	—	16433	—
山东	3300	4966	—	—	116	200
河南	—	—	—	—	—	—
湖北	1700	5684	—	—	—	—
湖南	—	—	—	—	—	—
广东	—	—	—	—	—	—
广西	103291	138528	3940	6	35207	320
海南	—	251	—	—	61	—
重庆	244	—	—	—	—	—
四川	277	277	277	—	70	207
贵州	—	—	—	—	—	—
云南	611	4442	647	236	3391	—
西藏	—	2023	2023	—	—	—
陕西	329	329	329	329	—	—
甘肃	—	—	—	—	—	—
青海	—	—	—	—	—	—
宁夏	—	—	—	—	—	—
新疆	446	743	45	—	—	300
新疆兵团	146	443	45	—	—	—
局直属单位	—	—	—	—	—	—
大兴安岭	—	—	—	—	—	—

投资完成情况(一)

单位:万元

计完成投资						
成　分		按　行　业　分				
				木材加工及竹、藤、棕、苇制品业		
设备、工具、器具购置	其　他	营造林业	木材及竹材采运业	小　计	其中:人造板制造业	其　他
3665	**165352**	**96910**	**2874**	**1600**	**1100**	**131933**
—	35319	43294	—	—	—	—
—	—	—	—	—	—	—
—	501	501	—	—	—	—
—	—	—	—	—	—	—
—	—	—	—	—	—	—
—	—	—	—	—	—	—
—	—	—	—	—	—	—
—	—	—	—	—	—	—
—	—	—	—	—	—	—
—	—	—	—	—	—	—
—	—	—	—	—	—	—
325	—	—	—	—	—	325
—	2058	758	—	—	—	1300
—	522	522	—	—	—	9
—	119	113	—	—	—	17
—	—	—	—	—	—	—
—	12802	29052	—	—	—	183
1150	3500	1800	300	1600	1100	1266
—	—	—	—	—	—	—
—	5684	—	—	—	—	5684
—	—	—	—	—	—	—
—	—	—	—	—	—	—
2028	100973	16768	2283	—	—	119477
—	190	152	38	—	—	61
—	—	—	—	—	—	—
—	—	—	207	—	—	70
—	—	—	—	—	—	—
162	889	3178	46	—	—	1218
—	2023	—	—	—	—	2023
—	329	329	—	—	—	—
—	—	—	—	—	—	—
—	—	—	—	—	—	—
—	—	—	—	—	—	—
—	443	443	—	—	—	300
—	443	443	—	—	—	—
—	—	—	—	—	—	—
—	—	—	—	—	—	—

各地区营林更新改造

地区	自年初累计完成投资							本年新增固定资产
	按性质分							
	其中							
	新建	扩建	改建和技术改造	单纯建造生活设施	迁建	恢复	单纯购置	
全国合计	**81501**	**62085**	**49638**	**17391**	**—**	**6698**	**2783**	**50437**
北京	—	—	40014	—	—	—	—	10668
天津	—	—	—	—	—	—	—	—
河北	—	—	—	—	—	—	—	—
山西	—	—	—	—	—	—	—	—
内蒙古	—	—	—	—	—	—	—	—
内蒙古集团	—	—	—	—	—	—	—	—
辽宁	—	—	—	—	—	—	—	—
吉林	—	—	—	—	—	—	—	—
吉林集团	—	—	—	—	—	—	—	—
黑龙江	—	—	—	—	—	—	—	—
龙江集团	—	—	—	—	—	—	—	—
上海	—	—	—	—	—	—	325	325
江苏	—	1300	—	—	—	—	—	1300
浙江	—	—	531	—	—	—	—	81
安徽	28	—	100	—	—	—	—	117
福建	—	—	—	—	—	—	—	—
江西	11733	17200	281	—	—	21	—	—
山东	—	1000	2550	200	—	—	1000	4966
河南	—	—	—	—	—	—	—	—
湖北	—	—	1851	—	—	3833	—	—
湖南	—	—	—	—	—	—	—	—
广东	—	—	—	—	—	—	—	—
广西	68923	42218	366	17086	—	2426	1408	27528
海南	61	—	—	—	—	152	—	—
重庆	—	—	—	—	—	—	—	—
四川	—	207	40	—	—	30	—	—
贵州	—	—	—	—	—	—	—	—
云南	406	80	3267	105	—	236	50	1788
西藏	—	—	—	—	—	—	—	—
陕西	329	—	—	—	—	—	—	3091
甘肃	—	—	—	—	—	—	—	—
青海	—	—	—	—	—	—	—	—
宁夏	—	—	—	—	—	—	—	—
新疆	21	80	638	—	—	—	—	573
新疆兵团	21	80	338	—	—	—	—	265
局直属单位	—	—	—	—	—	—	—	—
大兴安岭	—	—	—	—	—	—	—	—

投资完成情况(二)

单位:万元

本年各项应付款合计		房屋建筑面积及竣工价值					
		本年房屋施工面积(万平方米)		本年房屋竣工面积(万平方米)		本年房屋竣工价值	
合计	其中:工程款	合 计	其中:住宅	合 计	其中:住宅	合 计	其中:住宅
33424	**15498**	**41.10**	**30.75**	**8.34**	**6.44**	**7778**	**5804**
7989	568	0.29	—	0.19	0.08	264	144
—	—	—	—	—	—	—	—
—	—	—	—	—	—	—	—
—	—	—	—	—	—	—	—
—	—	—	—	—	—	—	—
—	—	—	—	—	—	—	—
—	—	—	—	—	—	—	—
—	—	4.39	4.39	4.39	4.39	4113	4113
—	—	—	—	—	—	—	—
—	—	—	—	—	—	—	—
—	—	—	—	—	—	—	—
—	—	—	—	—	—	—	—
—	—	—	—	—	—	—	—
—	—	—	—	—	—	—	—
17	—	—	—	—	—	—	—
—	—	—	—	—	—	—	—
8000	8000	—	—	—	—	—	—
3300	1000	0.04	0.01	0.03	0.01	20	6
—	—	—	—	—	—	—	—
—	—	—	—	—	—	—	—
—	—	—	—	—	—	—	—
—	—	—	—	—	—	—	—
6414	2614	34.30	24.71	1.91	0.59	2290	650
—	—	1.10	1.10	1.13	1.13	436	436
—	—	—	—	—	—	—	—
—	—	0.53	0.53	0.24	0.24	455	455
—	—	—	—	—	—	—	—
4136	—	0.45	—	0.45	—	200	—
—	—	—	—	—	—	—	—
3091	3016	—	—	—	—	—	—
—	—	—	—	—	—	—	—
—	—	—	—	—	—	—	—
—	—	—	—	—	—	—	—
477	300	—	—	—	—	—	—
177	—	—	—	—	—	—	—
—	—	—	—	—	—	—	—
—	—	—	—	—	—	—	—

各地区森工固定资产

地 区	本年计划投资	自年初累				
		合 计	其中:国家投资		按 构	
			小计	其中:国债资金	建筑工程	安装工程
全国合计	**3568853**	**3590261**	**488894**	**28723**	**1803107**	**169849**
北 京	—	—	—	—	—	—
天 津	—	—	—	—	—	—
河 北	—	—	—	—	—	—
山 西	—	—	—	—	—	—
内蒙古	179040	161643	161597	20	144648	1452
内蒙古集团	177542	161257	161257	—	144602	1452
辽 宁	—	—	—	—	—	—
吉 林	248035	229316	61674	—	149944	2655
吉林集团	139212	136058	38110	—	81224	999
黑龙江	645801	610396	182070	—	604711	2835
龙江集团	645801	610396	182070	—	604711	2835
上 海	—	—	—	—	—	—
江 苏	—	9500	—	—	3000	1000
浙 江	250	250	250	—	—	—
安 徽	—	—	—	—	—	—
福 建	1610	2820	359	269	603	80
江 西	1296	1296	—	—	296	—
山 东	—	—	—	—	—	—
河 南	—	—	—	—	—	—
湖 北	24157	24585	2338	—	14957	1180
湖 南	—	—	—	—	—	—
广 东	—	—	—	—	—	—
广 西	2297392	2419248	30656	—	770095	160388
海 南	—	—	—	—	—	—
重 庆	—	—	—	—	—	—
四 川	41696	14697	13624	—	13079	162
贵 州	—	—	—	—	—	—
云 南	6452	7347	1759	—	1999	97
西 藏	—	700	—	—	700	—
陕 西	1105	1105	1105	—	—	—
甘 肃	—	—	—	—	—	—
青 海	—	—	—	—	—	—
宁 夏	—	—	—	—	—	—
新 疆	2609	2609	1428	—	1657	—
新疆兵团	—	—	—	—	—	—
局直属单位	119410	104749	32034	28434	97418	—
大兴安岭	119410	104749	32034	28434	97418	—

投资完成情况(一)

单位:万元

计完成投资						
成　分		按　行　业　分				
设备、工具、器具购置	其　他	营造林业	木材及竹材采运业	木材加工及竹、藤、棕、苇制品业		其　他
				小　计	其中:人造板制造业	
620325	**996980**	**175439**	**368659**	**1503394**	**554862**	**1542769**
—	—	—	—	—	—	—
—	—	—	—	—	—	—
—	—	—	—	—	—	—
—	—	—	—	—	—	—
8331	7212	111588	—	—	—	50055
8011	7192	111588	—	—	—	49669
—	—	—	—	—	—	—
34423	42294	28093	70346	18834	17611	112043
26222	27613	27569	15947	17385	17259	75157
1214	1636	—	219653	—	—	390743
1214	1636	—	219653	—	—	390743
—	—	—	—	—	—	—
2200	3300	—	—	9500	9500	—
—	250	100	—	—	—	150
—	—	—	—	—	—	—
916	1221	—	306	1291	591	1223
—	1000	—	—	1000	—	296
—	—	—	—	—	—	—
—	—	—	—	—	—	—
5000	3448	4500	700	18435	18435	950
—	—	—	—	—	—	—
—	—	—	—	—	—	—
566877	921888	22870	66165	1453229	507620	876984
—	—	—	—	—	—	—
—	—	—	—	—	—	—
246	1210	1551	8940	—	—	4206
—	—	—	—	—	—	—
115	5136	5793	895	—	—	659
—	—	—	700	—	—	—
—	1105	—	—	1105	1105	—
—	—	—	—	—	—	—
—	—	—	—	—	—	—
—	—	—	—	—	—	—
561	391	944	954	—	—	711
—	—	—	—	—	—	—
442	6889	—	—	—	—	104749
442	6889	—	—	—	—	104749

各地区森工固定资产

地　区	自年初累计完成投资							本年新增固定资产
	按性质分							
	其　中							
	新建	扩建	改建和技术改造	单纯建造生活设施	迁建	恢复	单纯购置	
全国合计	**1448793**	**1164806**	**567643**	**80944**	**7624**	**1766**	**70337**	**2118058**
北　京	—	—	—	—	—	—	—	—
天　津	—	—	—	—	—	—	—	—
河　北	—	—	—	—	—	—	—	—
山　西	—	—	—	—	—	—	—	—
内蒙古	46	161257	—	—	—	—	320	70695
内蒙古集团	—	161257	—	—	—	—	—	70637
辽　宁	—	—	—	—	—	—	—	—
吉　林	165333	31539	23389	237	—	1250	7568	74188
吉林集团	90470	24010	15837	237	—	1250	4254	49260
黑龙江	402966	35192	85552	80426	4034	—	196	471227
龙江集团	402966	35192	85552	80426	4034	—	196	471227
上　海	—	—	—	—	—	—	—	—
江　苏	1000	5500	300	—	—	500	2200	8500
浙　江	150	—	—	—	—	—	—	—
安　徽	—	—	—	—	—	—	—	—
福　建	1200	1169	349	7	—	16	79	1301
江　西	296	—	1000	—	—	—	—	327
山　东	—	—	—	—	—	—	—	—
河　南	—	—	—	—	—	—	—	—
湖　北	950	17207	6428	—	—	—	—	13385
湖　南	—	—	—	—	—	—	—	—
广　东	—	—	—	—	—	—	—	—
广　西	853978	892889	447326	—	3590	—	59214	1385439
海　南	—	—	—	—	—	—	—	—
重　庆	—	—	—	—	—	—	—	—
四　川	7246	7260	80	111	—	—	—	341
贵　州	—	—	—	—	—	—	—	—
云　南	3549	—	389	—	—	—	—	1713
西　藏	700	—	—	—	—	—	—	700
陕　西	—	—	1105	—	—	—	—	1105
甘　肃	—	—	—	—	—	—	—	—
青　海	—	—	—	—	—	—	—	—
宁　夏	—	—	—	—	—	—	—	—
新　疆	1766	245	88	163	—	—	327	2776
新疆兵团	—	—	—	—	—	—	—	—
局直属单位	9613	12548	1637	—	—	—	433	86361
大兴安岭	9613	12548	1637	—	—	—	433	86361

投资完成情况(二)

单位:万元

本年各项应付款合计		房屋建筑面积及竣工价值					
合计	其中:工程款	本年房屋施工面积(万平方米)		本年房屋竣工面积(万平方米)		本年房屋竣工价值	
		合 计	其中:住宅	合 计	其中:住宅	合 计	其中:住宅
145804	**58181**	**895.15**	**802.06**	**744.37**	**704.88**	**906339**	**836836**
—	—	—	—	—	—	—	—
—	—	—	—	—	—	—	—
—	—	—	—	—	—	—	—
—	—	—	—	—	—	—	—
366	46	151.63	119.02	103.35	102.45	108723	108443
—	—	151.57	119.02	103.35	102.45	108723	108443
—	—	—	—	—	—	—	—
19669	19037	104.67	104.12	90.31	89.76	151034	149941
19669	19037	40.05	39.97	44.73	44.65	103102	103102
2749	1369	504.25	493.60	460.15	452.27	517856	495405
2749	1369	504.25	493.60	460.15	452.27	517856	495405
—	—	—	—	—	—	—	—
1000	—	—	—	—	—	—	—
—	—	—	—	—	—	—	—
—	—	—	—	—	—	—	—
409	203	0.13	—	0.13	—	203	—
—	—	—	—	—	—	—	—
—	—	—	—	—	—	—	—
—	—	—	—	—	—	—	—
—	—	5.00	—	5.00	—	1000	—
—	—	—	—	—	—	—	—
—	—	—	—	—	—	—	—
121611	37526	39.19	2.92	25.16	2.44	48362	6959
—	—	—	—	—	—	—	—
—	—	—	—	—	—	—	—
—	—	12.55	6.58	3.89	3.59	5271	4821
—	—	—	—	—	—	—	—
—	—	1.03	0.93	0.20	—	498	—
—	—	—	—	—	—	—	—
—	—	—	—	—	—	—	—
—	—	—	—	—	—	—	—
—	—	—	—	—	—	—	—
—	—	—	—	—	—	—	—
—	—	1.81	1.81	0.83	0.83	1025	1020
—	—	—	—	—	—	—	—
—	—	74.90	73.10	55.35	53.55	72367	70247
—	—	74.90	73.10	55.35	53.55	72367	70247

各地区森工基本建设

地区	本年计划投资	自年初累				
		合计	其中:国家投资		按构	
			小计	其中:国债资金	建筑工程	安装工程
全国合计	**2762354**	**2782241**	**418222**	**28703**	**1682415**	**90379**
北京	—	—	—	—	—	—
天津	—	—	—	—	—	—
河北	—	—	—	—	—	—
山西	—	—	—	—	—	—
内蒙古	117268	111954	111908	—	105999	1000
内蒙古集团	115770	111588	111588	—	105953	1000
辽宁	—	—	—	—	—	—
吉林	218976	194721	61404	—	147970	1646
吉林集团	123440	108782	37840	—	80862	—
黑龙江	645601	610196	181995	—	604511	2835
龙江集团	645601	610196	181995	—	604511	2835
上海	—	—	—	—	—	—
江苏	—	3000	—	—	3000	—
浙江	250	250	250	—	—	—
安徽	—	—	—	—	—	—
福建	1184	2219	269	269	603	80
江西	296	296	—	—	296	—
山东	—	—	—	—	—	—
河南	—	—	—	—	—	—
湖北	18157	18585	2338	—	14457	1000
湖南	—	—	—	—	—	—
广东	—	—	—	—	—	—
广西	1610439	1730570	11481	—	702904	83659
海南	—	—	—	—	—	—
重庆	—	—	—	—	—	—
四川	41304	14577	13504	—	13059	62
贵州	—	—	—	—	—	—
云南	4041	4936	1685	—	1999	97
西藏	—	700	—	—	700	—
陕西	—	—	—	—	—	—
甘肃	—	—	—	—	—	—
青海	—	—	—	—	—	—
宁夏	—	—	—	—	—	—
新疆	1560	1560	1354	—	1286	—
新疆兵团	—	—	—	—	—	—
局直属单位	103278	88677	32034	28434	85631	—
大兴安岭	103278	88677	32034	28434	85631	—

投资完成情况(一)

单位:万元

计完成投资						
成 分		按 行 业 分				
				木材加工及竹、藤、棕、苇制品业		
设备、工具、器具购置	其 他	营造林业	木材及竹材采运业	小 计	其中:人造板制造业	其 他
351218	**658229**	**171375**	**361305**	**1102310**	**363437**	**1147251**
—	—	—	—	—	—	—
—	—	—	—	—	—	—
—	—	—	—	—	—	—
—	—	—	—	—	—	—
320	4635	111588	—	—	—	366
—	4635	111588	—	—	—	—
—	—	—	—	—	—	—
7741	37364	26573	63902	157	147	104089
5237	22683	26073	15145	157	147	67407
1214	1636	—	219653	—	—	390543
1214	1636	—	219653	—	—	390543
—	—	—	—	—	—	—
—	—	—	—	3000	3000	—
—	250	100	—	—	—	150
—	—	—	—	—	—	—
604	932	—	219	1000	300	1000
—	—	—	—	—	—	296
—	—	—	—	—	—	—
—	—	—	—	—	—	—
500	2628	4500	700	12435	12435	950
—	—	—	—	—	—	—
—	—	—	—	—	—	—
339970	604037	22870	66165	1085718	347555	555817
—	—	—	—	—	—	—
—	—	—	—	—	—	—
246	1210	1551	8940	—	—	4086
—	—	—	—	—	—	—
115	2725	3382	895	—	—	659
—	—	—	700	—	—	—
—	—	—	—	—	—	—
—	—	—	—	—	—	—
—	—	—	—	—	—	—
—	—	—	—	—	—	—
66	208	811	131	—	—	618
—	—	—	—	—	—	—
442	2604	—	—	—	—	88677
442	2604	—	—	—	—	88677

各地区森工基本建设

地　区	自年初累计完成投资							本年新增固定资产
	按性质分							
	其　中							
	新建	扩建	改建和技术改造	单纯建造生活设施	迁建	恢复	单纯购置	
全国合计	**1329801**	**919957**	**160721**	**80754**	**7534**	**950**	**55884**	**1500689**
北　京	—	—	—	—	—	—	—	—
天　津	—	—	—	—	—	—	—	—
河　北	—	—	—	—	—	—	—	—
山　西	—	—	—	—	—	—	—	—
内蒙古	46	111588	—	—	—	—	320	34122
内蒙古集团	—	111588	—	—	—	—	—	34122
辽　宁	—	—	—	—	—	—	—	—
吉　林	160991	21413	7243	237	—	950	3887	41185
吉林集团	89274	13884	1135	237	—	950	3302	23537
黑龙江	402966	34992	85552	80426	4034	—	196	471227
龙江集团	402966	34992	85552	80426	4034	—	196	471227
上　海	—	—	—	—	—	—	—	—
江　苏	1000	2000	—	—	—	—	—	2000
浙　江	150	—	—	—	—	—	—	—
安　徽	—	—	—	—	—	—	—	—
福　建	1200	1003	—	—	—	—	16	1222
江　西	296	—	—	—	—	—	—	327
山　东	—	—	—	—	—	—	—	—
河　南	—	—	—	—	—	—	—	—
湖　北	950	17207	428	—	—	—	—	13385
湖　南	—	—	—	—	—	—	—	—
广　东	—	—	—	—	—	—	—	—
广　西	740634	715506	65466	—	3500	—	51032	867810
海　南	—	—	—	—	—	—	—	—
重　庆	—	—	—	—	—	—	—	—
四　川	7146	7260	80	91	—	—	—	327
贵　州	—	—	—	—	—	—	—	—
云　南	3549	—	315	—	—	—	—	1713
西　藏	700	—	—	—	—	—	—	700
陕　西	—	—	—	—	—	—	—	—
甘　肃	—	—	—	—	—	—	—	—
青　海	—	—	—	—	—	—	—	—
宁　夏	—	—	—	—	—	—	—	—
新　疆	1540	—	—	—	—	—	—	1021
新疆兵团	—	—	—	—	—	—	—	—
局直属单位	8633	8988	1637	—	—	—	433	65650
大兴安岭	8633	8988	1637	—	—	—	433	65650

投资完成情况(二)

单位:万元

本年各项应付款合计		房屋建筑面积及竣工价值					
		本年房屋施工面积(万平方米)		本年房屋竣工面积(万平方米)		本年房屋竣工价值	
合计	其中:工程款	合 计	其中:住宅	合 计	其中:住宅	合 计	其中:住宅
128096	**52432**	**877.35**	**792.28**	**727.13**	**691.38**	**880331**	**819338**
—	—	—	—	—	—	—	—
—	—	—	—	—	—	—	—
—	—	—	—	—	—	—	—
—	—	—	—	—	—	—	—
366	46	149.31	117.89	101.36	101.36	108101	108101
—	—	149.24	117.89	101.36	101.36	108101	108101
—	—	—	—	—	—	—	—
19188	19037	96.80	96.25	78.65	78.10	136924	135835
19188	19037	32.18	32.10	33.08	32.99	88996	88996
2749	1369	503.84	493.60	459.74	452.27	517856	495405
2749	1369	503.84	493.60	459.74	452.27	517856	495405
—	—	—	—	—	—	—	—
1000	—	—	—	—	—	—	—
—	—	—	—	—	—	—	—
—	—	—	—	—	—	—	—
219	203	0.13	—	0.13	—	203	—
—	—	—	—	—	—	—	—
—	—	—	—	—	—	—	—
—	—	—	—	—	—	—	—
—	—	5.00	—	5.00	—	1000	—
—	—	—	—	—	—	—	—
—	—	—	—	—	—	—	—
104574	31777	32.49	2.63	22.47	2.18	37326	4149
—	—	—	—	—	—	—	—
—	—	—	—	—	—	—	—
—	—	12.06	6.09	3.40	3.10	5031	4581
—	—	—	—	—	—	—	—
—	—	1.03	0.93	0.20	—	498	—
—	—	—	—	—	—	—	—
—	—	—	—	—	—	—	—
—	—	—	—	—	—	—	—
—	—	—	—	—	—	—	—
—	—	—	—	—	—	—	—
—	—	1.81	1.81	0.83	0.83	1025	1020
—	—	—	—	—	—	—	—
—	—	74.90	73.10	55.35	53.55	72367	70247
—	—	74.90	73.10	55.35	53.55	72367	70247

各地区森工更新改造

地　区	本年计划投资	自年初累				
		合　计	其中:国家投资		按　构	
			小计	其中:国债资金	建筑工程	安装工程
全国合计	**583779**	**588752**	**1452**	**—**	**70110**	**77710**
北　京	—	—	—	—	—	—
天　津	—	—	—	—	—	—
河　北	—	—	—	—	—	—
山　西	—	—	—	—	—	—
内蒙古	—	—	—	—	—	—
内蒙古集团	—	—	—	—	—	—
辽　宁	—	—	—	—	—	—
吉　林	15208	22063	—	—	1627	1009
吉林集团	1921	14744	—	—	15	999
黑龙江	200	200	75	—	200	—
龙江集团	200	200	75	—	200	—
上　海	—	—	—	—	—	—
江　苏	—	4000	—	—	—	1000
浙　江	—	—	—	—	—	—
安　徽	—	—	—	—	—	—
福　建	291	473	78	—	—	—
江　西	1000	1000	—	—	—	—
山　东	—	—	—	—	—	—
河　南	—	—	—	—	—	—
湖　北	6000	6000	—	—	500	180
湖　南	—	—	—	—	—	—
广　东	—	—	—	—	—	—
广　西	547057	541265	—	—	57961	75421
海　南	—	—	—	—	—	—
重　庆	—	—	—	—	—	—
四　川	392	120	120	—	20	100
贵　州	—	—	—	—	—	—
云　南	74	74	74	—	—	—
西　藏	—	—	—	—	—	—
陕　西	1105	1105	1105	—	—	—
甘　肃	—	—	—	—	—	—
青　海	—	—	—	—	—	—
宁　夏	—	—	—	—	—	—
新　疆	—	—	—	—	—	—
新疆兵团	—	—	—	—	—	—
局直属单位	12452	12452	—	—	9802	—
大兴安岭	12452	12452	—	—	9802	—

投资完成情况(一)

单位:万元

计完成投资						
成分		按行业分				
				木材加工及竹、藤、棕、苇制品业		
设备、工具、器具购置	其他	营造林业	木材及竹材采运业	小计	其中:人造板制造业	其他
240683	**200249**	**98**	**5658**	**330594**	**170713**	**252402**
—	—	—	—	—	—	—
—	—	—	—	—	—	—
—	—	—	—	—	—	—
—	—	—	—	—	—	—
—	—	—	—	—	—	—
—	—	—	—	—	—	—
—	—	—	—	—	—	—
19427	—	24	5642	16118	14992	279
13730	—	—	—	14669	14640	75
—	—	—	—	—	—	200
—	—	—	—	—	—	200
—	—	—	—	—	—	—
2200	800	—	—	4000	4000	—
—	—	—	—	—	—	—
—	—	—	—	—	—	—
291	182	—	16	291	291	166
—	1000	—	—	1000	—	—
—	—	—	—	—	—	—
—	—	—	—	—	—	—
4500	820	—	—	6000	6000	—
—	—	—	—	—	—	—
—	—	—	—	—	—	—
214265	193618	—	—	302080	144325	239185
—	—	—	—	—	—	—
—	—	—	—	—	—	—
—	—	—	—	—	—	120
—	—	—	—	—	—	—
—	74	74	—	—	—	—
—	—	—	—	—	—	—
—	1105	—	—	1105	1105	—
—	—	—	—	—	—	—
—	—	—	—	—	—	—
—	—	—	—	—	—	—
—	—	—	—	—	—	—
—	—	—	—	—	—	—
—	2650	—	—	—	—	12452
—	2650	—	—	—	—	12452

各地区森工更新改造

地 区	自年初累计完成投资							本年新增固定资产
	按性质分							
	其 中							
	新建	扩建	改建和技术改造	单纯建造生活设施	迁建	恢复	单纯购置	
全国合计	**38491**	**161124**	**367373**	**20**	**—**	**516**	**5513**	**447334**
北 京	—	—	—	—	—	—	—	—
天 津	—	—	—	—	—	—	—	—
河 北	—	—	—	—	—	—	—	—
山 西	—	—	—	—	—	—	—	—
内蒙古	—	—	—	—	—	—	—	—
内蒙古集团	—	—	—	—	—	—	—	—
辽 宁	—	—	—	—	—	—	—	—
吉 林	3146	—	16146	—	—	—	2771	21967
吉林集团	—	—	14702	—	—	—	42	14687
黑龙江	—	200	—	—	—	—	—	—
龙江集团	—	200	—	—	—	—	—	—
上 海	—	—	—	—	—	—	—	—
江 苏	—	1000	300	—	—	500	2200	4000
浙 江	—	—	—	—	—	—	—	—
安 徽	—	—	—	—	—	—	—	—
福 建	—	166	291	—	—	16	—	16
江 西	—	—	1000	—	—	—	—	—
山 东	—	—	—	—	—	—	—	—
河 南	—	—	—	—	—	—	—	—
湖 北	—	—	6000	—	—	—	—	—
湖 南	—	—	—	—	—	—	—	—
广 东	—	—	—	—	—	—	—	—
广 西	34265	156198	342457	—	—	—	542	409188
海 南	—	—	—	—	—	—	—	—
重 庆	—	—	—	—	—	—	—	—
四 川	100	—	—	20	—	—	—	—
贵 州	—	—	—	—	—	—	—	—
云 南	—	—	74	—	—	—	—	—
西 藏	—	—	—	—	—	—	—	—
陕 西	—	—	1105	—	—	—	—	1105
甘 肃	—	—	—	—	—	—	—	—
青 海	—	—	—	—	—	—	—	—
宁 夏	—	—	—	—	—	—	—	—
新 疆	—	—	—	—	—	—	—	—
新疆兵团	—	—	—	—	—	—	—	—
局直属单位	980	3560	—	—	—	—	—	11058
大兴安岭	980	3560	—	—	—	—	—	11058

投资完成情况(二)

单位:万元

本年各项应付款合计		房屋建筑面积及竣工价值					
		本年房屋施工面积(万平方米)		本年房屋竣工面积(万平方米)		本年房屋竣工价值	
合计	其中:工程款	合 计	其中:住宅	合 计	其中:住宅	合 计	其中:住宅
17203	**5749**	**15.48**	**8.65**	**15.25**	**12.40**	**25386**	**17156**
—	—	—	—	—	—	—	—
—	—	—	—	—	—	—	—
—	—	—	—	—	—	—	—
—	—	—	—	—	—	—	—
—	—	—	—	—	—	—	—
—	—	—	—	—	—	—	—
—	—	—	—	—	—	—	—
—	—	7.88	7.87	11.66	11.66	14110	14106
—	—	7.87	7.87	11.66	11.66	14106	14106
—	—	0.41	—	0.41	—	—	—
—	—	0.41	—	0.41	—	—	—
—	—	—	—	—	—	—	—
—	—	—	—	—	—	—	—
—	—	—	—	—	—	—	—
—	—	—	—	—	—	—	—
166	—	—	—	—	—	—	—
—	—	—	—	—	—	—	—
—	—	—	—	—	—	—	—
—	—	—	—	—	—	—	—
—	—	—	—	—	—	—	—
—	—	—	—	—	—	—	—
—	—	—	—	—	—	—	—
17037	5749	6.71	0.29	2.69	0.26	11036	2810
—	—	—	—	—	—	—	—
—	—	—	—	—	—	—	—
—	—	0.49	0.49	0.49	0.49	240	240
—	—	—	—	—	—	—	—
—	—	—	—	—	—	—	—
—	—	—	—	—	—	—	—
—	—	—	—	—	—	—	—
—	—	—	—	—	—	—	—
—	—	—	—	—	—	—	—
—	—	—	—	—	—	—	—
—	—	—	—	—	—	—	—
—	—	—	—	—	—	—	—
—	—	—	—	—	—	—	—
—	—	—	—	—	—	—	—

各地区森工其他

地　区	本年计划投资	自年初累				
		合 计	其中：国家投资		按　构	
			小计	其中：国债资金	建筑工程	安装工程
全国合计	**222720**	**219268**	**69220**	**20**	**50582**	**1760**
北　京	—	—	—	—	—	—
天　津	—	—	—	—	—	—
河　北	—	—	—	—	—	—
山　西	—	—	—	—	—	—
内蒙古	61772	49689	49689	20	38649	452
内蒙古集团	61772	49669	49669	—	38649	452
辽　宁	—	—	—	—	—	—
吉　林	13851	12532	270	—	347	—
吉林集团	13851	12532	270	—	347	—
黑龙江	—	—	—	—	—	—
龙江集团	—	—	—	—	—	—
上　海	—	—	—	—	—	—
江　苏	—	2500	—	—	—	—
浙　江	—	—	—	—	—	—
安　徽	—	—	—	—	—	—
福　建	135	128	12	—	—	—
江　西	—	—	—	—	—	—
山　东	—	—	—	—	—	—
河　南	—	—	—	—	—	—
湖　北	—	—	—	—	—	—
湖　南	—	—	—	—	—	—
广　东	—	—	—	—	—	—
广　西	139896	147413	19175	—	9230	1308
海　南	—	—	—	—	—	—
重　庆	—	—	—	—	—	—
四　川	—	—	—	—	—	—
贵　州	—	—	—	—	—	—
云　南	2337	2337	—	—	—	—
西　藏	—	—	—	—	—	—
陕　西	—	—	—	—	—	—
甘　肃	—	—	—	—	—	—
青　海	—	—	—	—	—	—
宁　夏	—	—	—	—	—	—
新　疆	1049	1049	74	—	371	—
新疆兵团	—	—	—	—	—	—
局直属单位	3680	3620	—	—	1985	—
大兴安岭	3680	3620	—	—	1985	—

投资完成情况(一)

单位:万元

计完成投资						
成分		按行业分				
				木材加工及竹、藤、棕、苇制品业		
设备、工具、器具购置	其他	营造林业	木材及竹材采运业	小计	其中:人造板制造业	其他
28424	**138502**	**3966**	**1696**	**70490**	**20712**	**143116**
—	—	—	—	—	—	—
—	—	—	—	—	—	—
—	—	—	—	—	—	—
—	—	—	—	—	—	—
8011	2577	—	—	—	—	49689
8011	2557	—	—	—	—	49669
—	—	—	—	—	—	—
7255	4930	1496	802	2559	2472	7675
7255	4930	1496	802	2559	2472	7675
—	—	—	—	—	—	—
—	—	—	—	—	—	—
—	—	—	—	—	—	—
—	2500	—	—	2500	2500	—
—	—	—	—	—	—	—
—	—	—	—	—	—	—
21	107	—	71	—	—	57
—	—	—	—	—	—	—
—	—	—	—	—	—	—
—	—	—	—	—	—	—
—	—	—	—	—	—	—
—	—	—	—	—	—	—
—	—	—	—	—	—	—
12642	124233	—	—	65431	15740	81982
—	—	—	—	—	—	—
—	—	—	—	—	—	—
—	—	—	—	—	—	—
—	—	—	—	—	—	—
—	2337	2337	—	—	—	—
—	—	—	—	—	—	—
—	—	—	—	—	—	—
—	—	—	—	—	—	—
—	—	—	—	—	—	—
—	—	—	—	—	—	—
495	183	133	823	—	—	93
—	—	—	—	—	—	—
—	1635	—	—	—	—	3620
—	1635	—	—	—	—	3620

各地区森工其他

地区	自年初累计完成投资							本年新增固定资产
	按性质分							
	其中							
	新建	扩建	改建和技术改造	单纯建造生活设施	迁建	恢复	单纯购置	
全国合计	**80501**	**83725**	**39549**	**170**	**90**	**300**	**8940**	**170035**
北京	—	—	—	—	—	—	—	—
天津	—	—	—	—	—	—	—	—
河北	—	—	—	—	—	—	—	—
山西	—	—	—	—	—	—	—	—
内蒙古	—	49669	—	—	—	—	—	36573
内蒙古集团	—	49669	—	—	—	—	—	36515
辽宁	—	—	—	—	—	—	—	—
吉林	1196	10126	—	—	—	300	910	11036
吉林集团	1196	10126	—	—	—	300	910	11036
黑龙江	—	—	—	—	—	—	—	—
龙江集团	—	—	—	—	—	—	—	—
上海	—	—	—	—	—	—	—	—
江苏	—	2500	—	—	—	—	—	2500
浙江	—	—	—	—	—	—	—	—
安徽	—	—	—	—	—	—	—	—
福建	—	—	58	7	—	—	63	63
江西	—	—	—	—	—	—	—	—
山东	—	—	—	—	—	—	—	—
河南	—	—	—	—	—	—	—	—
湖北	—	—	—	—	—	—	—	—
湖南	—	—	—	—	—	—	—	—
广东	—	—	—	—	—	—	—	—
广西	79079	21185	39403	—	90	—	7640	108441
海南	—	—	—	—	—	—	—	—
重庆	—	—	—	—	—	—	—	—
四川	—	—	—	—	—	—	—	14
贵州	—	—	—	—	—	—	—	—
云南	—	—	—	—	—	—	—	—
西藏	—	—	—	—	—	—	—	—
陕西	—	—	—	—	—	—	—	—
甘肃	—	—	—	—	—	—	—	—
青海	—	—	—	—	—	—	—	—
宁夏	—	—	—	—	—	—	—	—
新疆	226	245	88	163	—	—	327	1755
新疆兵团	—	—	—	—	—	—	—	—
局直属单位	—	—	—	—	—	—	—	9653
大兴安岭	—	—	—	—	—	—	—	9653

投资完成情况(二)

单位:万元

本年各项应付款合计		房屋建筑面积及竣工价值					
		本年房屋施工面积(万平方米)		本年房屋竣工面积(万平方米)		本年房屋竣工价值	
合计	其中:工程款	合 计	其中:住宅	合 计	其中:住宅	合 计	其中:住宅
505	—	**2.33**	**1.13**	**1.99**	**1.09**	**622**	**342**
—	—	—	—	—	—	—	—
—	—	—	—	—	—	—	—
—	—	—	—	—	—	—	—
—	—	—	—	—	—	—	—
—	—	2.33	1.13	1.99	1.09	622	342
—	—	2.33	1.13	1.99	1.09	622	342
—	—	—	—	—	—	—	—
481	—	—	—	—	—	—	—
481	—	—	—	—	—	—	—
—	—	—	—	—	—	—	—
—	—	—	—	—	—	—	—
—	—	—	—	—	—	—	—
—	—	—	—	—	—	—	—
—	—	—	—	—	—	—	—
—	—	—	—	—	—	—	—
24	—	—	—	—	—	—	—
—	—	—	—	—	—	—	—
—	—	—	—	—	—	—	—
—	—	—	—	—	—	—	—
—	—	—	—	—	—	—	—
—	—	—	—	—	—	—	—
—	—	—	—	—	—	—	—
—	—	—	—	—	—	—	—
—	—	—	—	—	—	—	—
—	—	—	—	—	—	—	—
—	—	—	—	—	—	—	—
—	—	—	—	—	—	—	—
—	—	—	—	—	—	—	—
—	—	—	—	—	—	—	—
—	—	—	—	—	—	—	—
—	—	—	—	—	—	—	—
—	—	—	—	—	—	—	—
—	—	—	—	—	—	—	—
—	—	—	—	—	—	—	—
—	—	—	—	—	—	—	—
—	—	—	—	—	—	—	—
—	—	—	—	—	—	—	—
—	—	—	—	—	—	—	—

国家林业局机关及直属单位基本

单位名称	本年计划投资	自年初累计						
		合计	其中:国家投资		按构成分			
			小计	其中:国债资金	建筑工程	安装工程	设备、工具、器具购置	其他
总计	**253260**	**228765**	**151436**	**38710**	**133807**	**114**	**11473**	**83371**
一、中国林业科学研究院	**9457**	**8848**	**8848**	**—**	**5781**	**—**	**2344**	**723**
院部	2120	1971	1971	—	1723	—	128	120
林业研究所	607	262	262	—	—	—	152	110
木材工业研究所	957	1095	1095	—	134	—	961	—
森林生态环境与保护研究所	600	318	318	—	318	—	—	—
林业科技信息研究所	—	—	—	—	—	—	—	—
资源信息研究所	320	320	320	—	—	—	320	—
华北林业实验中心	125	147	147	—	121	—	25	1
热带林业研究所	478	620	620	—	384	—	187	49
亚热带林业研究所	415	706	706	—	576	—	39	91
林产化学工业研究所	839	733	733	—	330	—	403	—
热带林业实验中心	255	378	378	—	378	—	—	—
亚热带林业实验中心	1169	1008	1008	—	999	—	9	—
沙漠林业实验中心	400	400	400	—	400	—	—	—
资源昆虫研究所	140	158	158	—	143	—	—	15
国家林业局泡桐研究开发中心	86	134	134	—	125	—	—	9
国家林业局桉树研究开发中心	260	53	53	—	32	—	8	13
国家林业局竹子研究开发中心	126	118	118	—	118	—	—	—
北京林业机械研究所	535	402	402	—	—	—	112	290
哈尔滨林业机械研究所	25	25	25	—	—	—	—	25
二、林业教育	**3161**	**6442**	**6132**	**—**	**5061**	**—**	**881**	**500**
国家林业局管理干部学院	1007	4288	4288	—	2957	—	831	500
南京森林警察学院	2154	2154	1844	—	2104	—	50	—
三、森林保护	**9003**	**8978**	**8978**	**—**	**8925**	**—**	**54**	**—**
国家林业局森林病虫害防治总站	225	318	318	—	292	—	26	—
陕西佛坪国家级自然保护区管理局	667	614	614	—	614	—	—	—
甘肃白水江国家级自然保护区管理局	407	342	342	—	315	—	28	—
国家林业局卧龙自然保护区管理局	7704	7704	7704	—	7704	—	—	—
四、森林防火	**4188**	**1102**	**1102**	**—**	**795**	**62**	**235**	**10**
国家林业局西南航空护林总站	2800	113	113	—	—	62	41	10
国家林业局东北航空护林指挥中心	1388	989	989	—	795	—	194	—
五、勘察设计	**579**	**596**	**596**	**—**	**195**	**—**	**222**	**179**
国家林业局昆明勘察设计院	260	260	260	—	195	—	65	—
国家林业局林产工业规划设计院	319	336	336	—	—	—	157	179
六、调查规划	**4452**	**4085**	**4085**	**—**	**779**	**—**	**2942**	**364**
国家林业局调查规划设计院	3207	2636	2636	—	—	—	2636	—
国家林业局华东林业调查规划设计院	629	874	874	—	564	—	239	71
国家林业局中南林业调查规划设计院	275	500	500	—	188	—	29	283
国家林业局西北林业调查规划设计院	341	75	75	—	27	—	38	10
七、资源监督	**623**	**1176**	**1176**	**—**	**844**	**35**	**179**	**118**
国家林业局森林资源监督管理办公室	4	4	4	—	—	—	4	—

建设投资完成情况（一）

单位:万元

完成投资												本年新增固定资产
按行业分					按性质分							
					其中							
营造林业	木材及竹材采运业	木材加工及竹、藤、棕、苇制品业		其他	新建	扩建	改建和技术改造	单纯建造生活设施	迁建	恢复	单纯购置	
		小计	其中:人造板制造业									
29197	**10138**	—	—	**189430**	**32460**	**34935**	**4693**	**3802**	**236**	**315**	**8443**	**104891**
532	—	—	—	**8316**	**6162**	**412**	**610**	—	—	—	**1664**	**6666**
—	—	—	—	1971	1891	—	—	—	—	—	80	3011
—	—	—	—	262	262	—	—	—	—	—	—	152
—	—	—	—	1095	—	—	134	—	—	—	961	314
—	—	—	—	318	318	—	—	—	—	—	—	—
—	—	—	—	—	—	—	—	—	—	—	—	—
—	—	—	—	320	320	—	—	—	—	—	—	439
—	—	—	—	147	147	—	—	—	—	—	—	394
—	—	—	—	620	433	—	—	—	—	—	187	—
4	—	—	—	702	494	—	212	—	—	—	—	331
—	—	—	—	733	330	—	—	—	—	—	403	900
378	—	—	—	—	100	278	—	—	—	—	—	—
150	—	—	—	858	789	—	219	—	—	—	—	—
—	—	—	—	400	400	—	—	—	—	—	—	—
—	—	—	—	158	158	—	—	—	—	—	—	993
—	—	—	—	134	—	134	—	—	—	—	—	—
—	—	—	—	53	—	—	45	—	—	—	8	118
—	—	—	—	118	118	—	—	—	—	—	—	—
—	—	—	—	402	402	—	—	—	—	—	—	—
—	—	—	—	25	—	—	—	—	—	—	25	14
—	**—**	**—**	**—**	**6442**	**—**	**6442**	**—**	**—**	**—**	**—**	**—**	**—**
—	—	—	—	4288	—	4288	—	—	—	—	—	—
—	—	—	—	2154	—	2154	—	—	—	—	—	—
—	**—**	**—**	**—**	**8978**	**8318**	**—**	**292**	**—**	**—**	**315**	**54**	**367**
—	—	—	—	318	—	—	292	—	—	—	26	25
—	—	—	—	614	614	—	—	—	—	—	—	—
—	—	—	—	342	—	—	—	—	—	315	28	342
—	—	—	—	7704	7704	—	—	—	—	—	—	—
—	**—**	**—**	**—**	**1102**	**559**	**—**	**113**	**—**	**236**	**—**	**194**	**214**
—	—	—	—	113	—	—	113	—	—	—	—	—
—	—	—	—	989	559	—	—	—	236	—	194	214
—	**—**	**—**	**—**	**596**	**195**	**—**	**—**	**—**	**—**	**—**	**222**	**417**
—	—	—	—	260	195	—	—	—	—	—	65	260
—	—	—	—	336	—	—	—	—	—	—	157	157
48	**—**	**—**	**—**	**4037**	**1118**	**—**	**—**	**25**	**—**	**—**	**2942**	**3538**
—	—	—	—	2636	—	—	—	—	—	—	2636	2636
—	—	—	—	874	635	—	—	—	—	—	239	239
38	—	—	—	462	471	—	—	—	—	—	29	560
10	—	—	—	65	12	—	—	25	—	—	38	103
4	**—**	**—**	**—**	**1172**	**502**	**80**	**—**	**—**	**—**	**—**	**594**	**279**
4	—	—	—	—	—	—	—	—	—	—	4	4

国家林业局机关及直属单位基本

单位名称	本年计划投资	自年初累计						
		合计	其中:国家投资		按构成分			
			小计	其中:国债资金	建筑工程	安装工程	设备、工具、器具购置	其他
驻黑龙江省森林资源监督专员办事处	—	—	—	—	—	—	—	—
驻内蒙古自治区森林资源监督专员办事处	—	—	—	—	—	—	—	—
驻长春森林资源监督专员办事处	45	43	43	—	—	—	—	43
驻大兴安岭森林资源监督专员办事处	35	35	35	—	—	—	10	25
驻福州森林资源监督专员办事处	—	—	—	—	—	—	—	—
驻云南省森林资源监督专员办事处	—	—	—	—	—	—	—	—
驻成都森林资源监督专员办事处	—	55	55	—	—	—	55	—
驻兰州森林资源监督专员办事处	10	10	10	—	—	—	10	—
驻乌鲁木齐森林资源监督专员办事处	12	11	11	—	—	—	11	—
驻海口森林资源监督专员办事处	8	7	7	—	—	—	7	—
驻武汉森林资源监督专员办事处	80	80	80	—	—	—	30	50
驻合肥森林资源监督专员办事处	—	502	502	—	473	—	29	—
驻贵阳森林资源监督专员办事处	421	421	421	—	371	35	15	—
驻西安森林资源监督专员办事处	8	8	8	—	—	—	8	—
八、其他	**221798**	**197537**	**120519**	**38710**	**111427**	**17**	**4617**	**81477**
国家林业局天然林资源保护工程管理中心	5	5	5	—	—	—	5	—
国家林业局退耕还林(草)工程管理办公室	1	1	1	—	—	—	1	—
国家林业局西北华北东北防护林建设局	745	432	432	—	116	—	45	271
国家林业局防治荒漠化管理中心	6	6	6	—	—	—	6	—
国家林业局世界银行贷款项目管理中心	—	—	—	—	—	—	—	—
国家林业局湿地保护管理中心	23	23	23	—	—	—	23	—
国家林业局林业工作站管理总站	10	10	10	—	—	—	10	—
国家林业局国有林场和林木种苗工作总站	25	25	25	—	—	—	25	—
国家林业局林业基金管理总站	—	—	—	—	—	—	—	—
国家林业局宣传中心	—	16	16	—	—	—	—	16
国家林业局经济发展研究中心	125	74	74	—	—	—	25	49
国家林业局科技发展中心	103	99	99	—	—	—	16	83
国家林业局对外合作项目中心	—	8	—	—	—	—	8	—
国际竹藤网络中心	1939	1939	1939	—	1695	—	244	—
国家林业局濒危物种进出口管理中心	255	335	335	—	102	—	92	141
国家林业局人才开发交流中心	—	—	—	—	—	—	—	—
国家林业局离退休干部局	36	33	33	—	—	—	—	33
中国花卉协会	1	1	1	—	—	—	1	—
中国野生动物保护协会	—	—	—	—	—	—	—	—
中国林学会	62	62	—	—	40	—	22	—
中国绿化基金会	16	16	16	—	—	—	16	—
中国林业出版社	244	284	284	—	143	—	80	61
中国绿色时报社	391	391	391	—	—	—	61	330
国家林业局基建办	128	121	121	—	14	17	89	1
国家林业局幼儿园	—	—	—	—	—	—	—	—
国家林业局北戴河培训中心	—	—	—	—	—	—	—	—
国家林业局招待所	—	—	—	—	—	—	—	—
大兴安岭林业集团公司	217682	193656	116708	38710	109317	—	3847	80492

建设投资完成情况(二)

单位:万元

完成投资												本年新增固定资产
按行业分					按性质分							
营造林业	木材及竹材采运业	木材加工及竹、藤、棕、苇制品业		其他	其中							
		小计	其中:人造板制造业		新建	扩建	改建和技术改造	单纯建造生活设施	迁建	恢复	单纯购置	
—	—	—	—	—	—	—	—	—	—	—	—	—
—	—	—	—	—	—	—	—	—	—	—	—	—
—	—	—	—	43	—	—	—	—	—	—	43	43
—	—	—	—	35	—	—	—	—	—	—	35	19
—	—	—	—	—	—	—	—	—	—	—	—	41
—	—	—	—	—	—	—	—	—	—	—	—	—
—	—	—	—	55	—	—	—	—	—	—	55	45
—	—	—	—	10	—	—	—	—	—	—	10	10
—	—	—	—	11	—	—	—	—	—	—	11	11
—	—	—	—	7	—	—	—	—	—	—	7	7
—	—	—	—	80	—	80	—	—	—	—	—	80
—	—	—	—	502	502	—	—	—	—	—	—	—
—	—	—	—	421	—	—	—	—	—	—	421	11
—	—	—	—	8	—	—	—	—	—	—	8	8
28613	**10138**	**—**	**—**	**158786**	**15606**	**28001**	**3678**	**3777**	**—**	**—**	**2774**	**93409**
—	—	—	—	5	—	—	—	—	—	—	5	5
—	—	—	—	1	—	—	—	—	—	—	1	1
271	—	—	—	161	306	—	—	81	—	—	45	45
—	—	—	—	6	—	—	—	—	—	—	6	6
—	—	—	—	—	—	—	—	—	—	—	—	—
—	—	—	—	23	—	—	—	—	—	—	23	23
—	—	—	—	10	—	—	—	—	—	—	10	—
—	—	—	—	25	—	—	—	—	—	—	25	25
—	—	—	—	—	—	—	—	—	—	—	—	—
—	—	—	—	16	4	—	—	—	—	—	12	—
—	—	—	—	74	49	—	—	—	—	—	25	25
—	—	—	—	99	83	—	—	—	—	—	16	16
—	—	—	—	8	—	—	—	—	—	—	8	8
—	—	—	—	1939	—	1695	—	—	—	—	244	111
—	—	—	—	335	—	—	—	—	—	—	335	453
—	—	—	—	—	—	—	—	—	—	—	—	8
—	—	—	—	33	—	—	—	—	—	—	33	47
—	—	—	—	1	—	—	—	—	—	—	1	1
—	—	—	—	—	—	—	—	—	—	—	—	33
—	—	—	—	62	—	—	40	—	—	—	22	22
16	—	—	—	—	—	—	—	—	—	—	16	16
—	—	—	—	284	143	—	—	—	—	—	141	141
—	—	—	—	391	—	—	330	—	—	—	61	61
—	—	—	—	121	—	—	—	96	—	—	25	121
—	—	—	—	—	—	—	—	—	—	—	—	—
—	—	—	—	—	—	—	—	—	—	—	—	—
—	—	—	—	—	—	—	—	—	—	—	—	—
28326	10138	—	—	155192	15021	26306	3308	3600	—	—	1719	92240

国家林业局机关及直属单位基本建设投资完成情况(三)

单位:万元

单位名称	本年各项应付款合计		房屋建筑面积及竣工价值					
	合计	其中:工程款	本年房屋施工面积(万平方米)		本年房屋竣工面积(万平方米)		本年房屋竣工价值	
			合 计	其中:住宅	合 计	其中:住宅	合 计	其中:住宅
总计	**4796**	**370**	**82.51**	**73.10**	**58.00**	**54.39**	**76947**	**70848**
一、中国林业科学研究院	**224**	**186**	**3.52**	**—**	**1.26**	**—**	**4226**	**601**
院部	112	112	1.48	—	0.54	—	2838	—
林业研究所	—	—	—	—	—	—	—	—
木材工业研究所	31	—	0.07	—	0.07	—	261	—
森林生态环境与保护研究所	—	—	0.25	—	—	—	—	—
林业科技信息研究所	—	—	—	—	—	—	—	—
资源信息研究所	—	—	—	—	—	—	—	—
华北林业实验中心	—	—	—	—	—	—	—	—
热带林业研究所	7	—	—	—	—	—	—	—
亚热带林业研究所	—	—	—	—	0.03	—	43	—
林产化学工业研究所	—	—	0.27	—	0.27	—	601	601
热带林业实验中心	57	57	0.13	—	—	—	—	—
亚热带林业实验中心	—	—	0.28	—	0.35	—	483	—
沙漠林业实验中心	—	—	0.44	—	—	—	—	—
资源昆虫研究所	—	—	—	—	—	—	—	—
国家林业局泡桐研究开发中心	17	17	0.60	—	—	—	—	—
国家林业局桉树研究开发中心	—	—	—	—	—	—	—	—
国家林业局竹子研究开发中心	—	—	—	—	—	—	—	—
北京林业机械研究所	—	—	—	—	—	—	—	—
哈尔滨林业机械研究所	—	—	—	—	—	—	—	—
二、林业教育	**4118**	**1**	**—**	**—**	**0.21**	**—**	**—**	**—**
国家林业局管理干部学院	18	—	—	—	—	—	—	—
南京森林警察学院	4100	1	—	—	0.21	—	—	—
三、森林保护	**—**	**10**	**3.11**	**—**	**1.11**	**0.84**	**135**	**—**
国家林业局森林病虫害防治总站	—	10	—	—	—	—	—	—
陕西佛坪国家级自然保护区管理局	—	—	—	—	—	—	—	—
甘肃白水江国家级自然保护区管理局	—	—	0.27	—	0.27	—	135	—
国家林业局卧龙自然保护区管理局	—	—	2.84	—	0.84	0.84	—	—
四、森林防火	**20**	**—**	**—**	**—**	**—**	**—**	**—**	**—**
国家林业局西南航空护林总站	—	—	—	—	—	—	—	—
国家林业局东北航空护林指挥中心	20	—	—	—	—	—	—	—
五、勘察设计	**—**	**—**	**—**	**—**	**—**	**—**	**—**	**—**
国家林业局昆明勘察设计院	—	—	—	—	—	—	—	—
国家林业局林产工业规划设计院	—	—	—	—	—	—	—	—
六、调查规划	**61**	**57**	**0.11**	**—**	**—**	**—**	**—**	**—**
国家林业局调查规划设计院	—	—	—	—	—	—	—	—
国家林业局华东林业调查规划设计院	1	—	—	—	—	—	—	—
国家林业局中南林业调查规划设计院	—	—	0.11	—	—	—	—	—
国家林业局西北林业调查规划设计院	60	57	—	—	—	—	—	—
七、资源监督	**3**	**—**	**—**	**—**	**—**	**—**	**—**	**—**
国家林业局森林资源监督管理办公室	—	—	—	—	—	—	—	—

国家林业局机关及直属单位基本建设投资完成情况(四)

单位:万元

单位名称	本年各项应付款合计		房屋建筑面积及竣工价值					
			本年房屋施工面积(万平方米)		本年房屋竣工面积(万平方米)		本年房屋竣工价值	
	合计	其中:工程款	合 计	其中:住宅	合 计	其中:住宅	合 计	其中:住宅
驻黑龙江省森林资源监督专员办事处	—	—	—	—	—	—	—	—
驻内蒙古自治区森林资源监督专员办事处	—	—	—	—	—	—	—	—
驻长春森林资源监督专员办事处	—	—	—	—	—	—	—	—
驻大兴安岭森林资源监督专员办事处	—	—	—	—	—	—	—	—
驻福州森林资源监督专员办事处	—	—	—	—	—	—	—	—
驻云南省森林资源监督专员办事处	—	—	—	—	—	—	—	—
驻成都森林资源监督专员办事处	—	—	—	—	—	—	—	—
驻兰州森林资源监督专员办事处	1	—	—	—	—	—	—	—
驻乌鲁木齐森林资源监督专员办事处	—	—	—	—	—	—	—	—
驻海口森林资源监督专员办事处	—	—	—	—	—	—	—	—
驻武汉森林资源监督专员办事处	—	—	—	—	—	—	—	—
驻合肥森林资源监督专员办事处	—	—	—	—	—	—	—	—
驻贵阳森林资源监督专员办事处	—	—	—	—	—	—	—	—
驻西安森林资源监督专员办事处	2	—	—	—	—	—	—	—
八、其他	**370**	**116**	**75.77**	**73.10**	**55.42**	**53.55**	**72586**	**70247**
国家林业局天然林资源保护工程管理中心	—	—	—	—	—	—	—	—
国家林业局退耕还林(草)工程管理办公室	—	—	—	—	—	—	—	—
国家林业局西北华北东北防护林建设局	—	—	0.86	—	—	—	—	—
国家林业局防治荒漠化管理中心	—	—	—	—	—	—	—	—
国家林业局世界银行贷款项目管理中心	—	—	—	—	—	—	—	—
国家林业局湿地保护管理中心	—	—	—	—	—	—	—	—
国家林业局林业工作站管理总站	—	—	—	—	—	—	—	—
国家林业局国有林场和林木种苗工作总站	—	—	—	—	—	—	—	—
国家林业局林业基金管理总站	—	—	—	—	—	—	—	—
国家林业局宣传中心	—	—	—	—	—	—	—	—
国家林业局经济发展研究中心	—	—	—	—	—	—	—	—
国家林业局科技发展中心	—	—	—	—	—	—	—	—
国家林业局对外合作项目中心	—	—	—	—	—	—	—	—
国际竹藤网络中心	24	20	—	—	—	—	—	—
国家林业局濒危物种进出口管理中心	—	—	0.01	—	0.07	—	219	—
国家林业局人才开发交流中心	—	—	—	—	—	—	—	—
国家林业局离退休干部局	250	—	—	—	—	—	—	—
中国花卉协会	—	—	—	—	—	—	—	—
中国野生动物保护协会	—	—	—	—	—	—	—	—
中国林学会	—	—	—	—	—	—	—	—
中国绿化基金会	—	—	—	—	—	—	—	—
中国林业出版社	—	—	—	—	—	—	—	—
中国绿色时报社	—	—	—	—	—	—	—	—
国家林业局基建办	96	96	—	—	—	—	—	—
国家林业局幼儿园	—	—	—	—	—	—	—	—
国家林业局北戴河培训中心	—	—	—	—	—	—	—	—
国家林业局招待所	—	—	—	—	—	—	—	—
大兴安岭林业集团公司	—	—	74.90	73.10	55.35	53.55	72367	70247

按事业分的营林基本建设投资完成情况

单位:万元

指　　标	本年完成投资			在总计中:国有林场、苗圃
	总　计	其中		
		中央投资	地方投资	
总　　计	**11709639**	**5718849**	**3542439**	**617135**
一、造林	4975390	2111554	1944385	119473
二、更新造林	85950	11467	17176	24018
三、低产林改造	61917	10854	34133	3162
四、森林管护	682443	535185	86513	85271
五、中、幼龄林抚育	325091	128857	44096	47371
六、种苗工程	126666	35540	45482	15644
七、森林防火	132916	66497	51721	12134
八、森林病虫鼠害防治	69594	22227	29397	2963
九、林业工作站	12575	4009	5709	228
十、森林公安	75099	56924	12721	4299
十一、森林公园	62555	4363	44171	7151
十二、野生动植物保护及自然保护区	82269	53866	15186	2918
十三、湿地恢复与保护	112884	21435	72892	763
十四、花 卉	117648	220	19618	3880
十五、林政及木材检查站	10513	5269	3467	414
十六、林业调查规划设计	15987	6514	5642	208
十七、林业教育	54927	50087	1366	1010
十八、林业科技及重点实验室	21263	16934	3155	513
十九、其 他	4683952	2577047	1105609	285715

各地区按事业分的营林基本建设投资完成情况(一)

单位:万元

地　区	总　计	造林	更新造林	低产林改造	森林管护	中、幼龄林抚育	种苗工程	森林防火	森林病虫鼠害防治
全国合计	**11709639**	**4975390**	**85950**	**61917**	**682443**	**325091**	**126666**	**132916**	**69594**
北　京	304740	241975	—	298	11019	654	1018	11225	2712
天　津	30323	22446	—	—	—	—	—	200	580
河　北	316564	198543	45	—	3671	2097	811	5353	2759
山　西	657941	500330	—	20	21507	1409	3598	4070	2404
内蒙古	658289	234012	215	—	79412	12700	2251	8717	1756
内蒙古集团	60411	—	—	—	18291	250	—	2531	41
辽　宁	317498	176997	169	1417	28092	2896	3284	2136	2086
吉　林	260175	31720	2930	27	22052	12454	2150	5404	2066
吉林集团	59254	1293	2910	—	6071	7508	859	2028	252
黑龙江	448059	105118	—	—	42570	40510	3529	13743	1841
龙江集团	196125	—	—	—	21056	37380	472	8251	550
上　海	47302	29350	350	939	7079	869	100	100	256
江　苏	709193	558587	434	179	4366	6159	14498	8458	6387
浙　江	52159	16745	475	1992	200	738	2070	1687	1336
安　徽	152186	71004	244	431	13877	7023	8650	836	1611
福　建	52737	20756	1568	2332	8155	1134	1558	2104	725
江　西	254838	129818	2247	200	23459	5438	1930	4227	1189
山　东	230203	133424	1202	728	17464	13353	5545	4721	16973
河　南	325638	101761	100	110	1885	4235	12662	629	3611
湖　北	292026	141559	1759	12670	20670	6424	3216	2939	732
湖　南	373541	166838	11558	12430	20946	7478	3352	2194	2148
广　东	77995	14958	10142	5973	3113	3055	1569	4428	1690
广　西	1159150	424907	45425	6241	62070	131824	13678	16408	626
海　南	43860	10343	785	—	6802	1093	1231	189	199
重　庆	577434	445751	—	—	10321	1837	1375	2436	2511
四　川	1700326	380404	682	1688	45994	15721	6715	4279	2574
贵　州	332761	118161	1340	—	10707	3098	778	4378	1426
云　南	448133	180679	2429	13363	40359	3288	12321	11122	2550
西　藏	75792	17002	992	—	45507	2066	351	711	783
陕　西	374740	201549	—	808	21130	2890	7450	711	1079
甘　肃	722797	64285	—	—	27631	2529	2050	3658	1260
青　海	147661	21147	—	—	11567	2000	4126	675	169
宁　夏	146527	51536	—	—	2918	250	550	1200	1014
新　疆	295035	163685	829	71	51177	23165	4250	1139	2046
新疆兵团	129014	82908	349	54	17516	19396	2349	49	491
局直属单位	124016	—	30	—	16723	6704	—	2839	495
大兴安岭	88907	—	30	—	16723	6704	—	1737	177

各地区按事业分的营林基本建设投资完成情况(二)

单位:万元

地区	林业工作站	森林公安	森林公园	野生动植物保护及自然保护区	湿地恢复与保护	花卉	林政及木材检查站	林业调查规划设计	林业教育	林业科技及重点实验室	其他
全国合计	**12575**	**75099**	**62555**	**82269**	**112884**	**117648**	**10513**	**15987**	**54927**	**21263**	**4683952**
北京	629	13	4509	85	90	1253	—	70	120	—	29070
天津	100	—	—	100	—	—	—	—	—	—	6897
河北	337	995	611	309	801	22	23	7	11	96	100073
山西	108	3543	740	2218	6561	400	48	986	96	445	109458
内蒙古	414	8713	2955	1308	3398	—	88	3905	232	350	297863
内蒙古集团	—	—	—	—	—	—	60	—	—	—	39238
辽宁	285	121	220	1183	784	125	—	260	—	300	97143
吉林	315	7340	—	6572	430	—	90	301	10121	401	155802
吉林集团	—	3806	—	—	—	—	10	—	4050	100	30367
黑龙江	20	13814	—	1468	1784	—	10	3	25984	470	197195
龙江集团	—	13334	—	—	—	—	—	—	25884	—	89198
上海	403	—	—	953	—	—	10	94	505	—	6294
江苏	571	279	1410	1992	72543	2775	304	638	250	263	29100
浙江	503	418	15180	523	823	—	375	20	41	128	8905
安徽	171	419	6230	1738	403	599	80	115	13	400	38342
福建	359	1846	255	3049	774	244	330	73	11	1007	6457
江西	445	4551	60	547	—	65	449	140	15	—	80058
山东	286	119	253	709	6357	5369	196	188	83	385	22848
河南	74	1352	—	361	67	2073	93	—	273	140	196212
湖北	1125	1365	5794	492	3690	7342	370	469	295	153	80962
湖南	2234	1743	3784	2622	239	671	1172	300	156	972	132704
广东	95	236	9816	754	500	—	75	298	—	439	20854
广西	582	1113	648	7836	—	28748	31	971	2442	42	415558
海南	132	72	—	178	950	240	82	20	62	21	21461
重庆	162	1863	4230	3516	2339	—	191	97	—	1150	99655
四川	948	4604	537	11195	2890	67250	3016	1142	323	1724	1148640
贵州	152	2819	756	1169	258	82	384	202	20	151	186880
云南	1337	4293	753	6861	805	268	407	760	8	170	166360
西藏	—	—	—	2058	—	—	5	5	11	—	6301
陕西	—	595	1045	1026	—	—	30	—	307	211	135909
甘肃	251	5445	2641	3348	2259	—	40	20	1301	567	605512
青海	—	2488	—	7569	1650	—	—	140	—	300	95830
宁夏	—	390	—	1056	2300	—	—	—	100	1754	83459
新疆	527	1007	128	414	166	122	1438	82	345	376	44068
新疆兵团	171	—	—	—	166	50	—	2	14	226	5273
局直属单位	10	3543	—	9060	23	—	1176	4681	11802	8848	58082
大兴安岭	—	3543	—	400	—	—	—	—	5360	—	54233

各地区按事业分的营林中央投资完成情况(一)

单位:万元

地　区	总　计	造林	更新造林	低产林改造	森林管护	中、幼龄林抚育	种苗工程	森林防火	森林病虫鼠害防治
全国合计	**5718849**	**2111554**	**11467**	**10854**	**535185**	**128857**	**35540**	**66497**	**22227**
北　京	13172	7868	—	—	—	300	—	190	88
天　津	5477	1800	—	—	—	—	—	200	400
河　北	258322	169546	30	—	3159	1529	744	2413	1075
山　西	213676	122801	—	—	16017	1010	490	1540	879
内蒙古	540898	185050	108	—	76765	12590	1931	8156	1516
内蒙古集团	60411	—	—	—	18291	250	—	2531	41
辽　宁	152769	76656	12	95	19567	2337	1548	1288	1084
吉　林	200138	25467	162	—	19188	7793	1306	2801	1062
吉林集团	36753	500	150	—	4107	3029	249	287	91
黑龙江	360362	71436	—	—	40926	37731	2758	11100	1340
龙江集团	183714	—	—	—	21056	35350	380	6898	350
上　海	100	—	—	—	—	—	—	—	—
江　苏	7524	5532	—	—	119	280	—	—	49
浙　江	15284	5568	70	1373	200	500	545	957	1030
安　徽	76897	40934	—	80	9627	4634	1183	155	970
福　建	23789	10322	181	894	3631	618	629	730	123
江　西	141459	63926	1031	50	14996	3324	1579	1203	545
山　东	17688	12268	196	70	1903	100	119	371	397
河　南	116895	63082	40	60	1261	435	562	425	621
湖　北	170005	90478	1301	3000	14930	3134	1937	1505	289
湖　南	197850	111754	4315	1046	18176	1900	1359	628	1380
广　东	11112	5765	366	884	14	129	197	947	105
广　西	198829	69228	1310	—	34947	6510	5025	15222	287
海　南	17214	5859	3	—	2801	777	245	90	—
重　庆	251565	186397	—	—	7892	1537	1375	641	1435
四　川	808974	241757	323	698	43971	14792	5784	2464	1605
贵　州	284172	98878	769	—	10101	3000	580	2863	700
云　南	218304	99947	—	2098	33749	1484	647	2212	1261
西　藏	75792	17002	992	—	45507	2066	351	711	783
陕　西	250627	123551	—	489	18498	2400	690	45	195
甘　肃	543004	59858	—	—	24950	2529	1745	3227	1050
青　海	137786	21147	—	—	8195	2000	426	575	—
宁　夏	127772	44327	—	—	2889	250	550	897	928
新　疆	161991	73350	228	17	44483	6464	1235	682	554
新疆兵团	31855	8990	128	—	15049	3113	172	2	131
局直属单位	119402	—	30	—	16723	6704	—	2259	476
大兴安岭	84674	—	30	—	16723	6704	—	1157	158

各地区按事业分的营林中央投资完成情况(二)

单位:万元

地　区	林业工作站	森林公安	森林公园	野生动植物保护及自然保护区	湿地恢复与保护	花卉	林政及木材检查站	林业调查规划设计	林业教育	林业科技及重点实验室	其他
全国合计	**4009**	**56924**	**4363**	**53866**	**21435**	**220**	**5269**	**6514**	**50087**	**16934**	**2577047**
北　京	150	13	—	85	—	—	—	—	120	—	4358
天　津	100	—	—	100	—	—	—	—	—	—	2877
河　北	182	904	111	36	307	—	17	—	—	5	78264
山　西	20	3193	30	1162	—	80	—	494	—	220	65740
内蒙古	350	6290	95	1308	3140	—	88	280	232	340	242659
内蒙古集团	—	—	—	—	—	—	60	—	—	—	39238
辽　宁	130	50	—	245	659	—	—	—	—	300	48798
吉　林	137	5590	—	4149	430	—	20	204	10121	401	121307
吉林集团	—	2340	—	—	—	—	10	—	4050	100	21840
黑龙江	20	13455	—	963	931	—	10	—	25984	390	153318
龙江集团	—	13334	—	—	—	—	—	—	25884	—	80462
上　海	60	—	—	40	—	—	—	—	—	—	—
江　苏	—	—	—	—	1150	—	16	3	—	—	375
浙　江	381	338	—	523	624	—	179	20	23	94	2859
安　徽	75	280	230	405	400	—	22	2	—	180	17720
福　建	105	992	25	1759	656	—	56	—	—	401	2667
江　西	109	2717	—	423	—	—	64	—	—	—	51492
山　东	60	20	26	481	—	—	15	—	20	44	1598
河　南	—	1057	—	130	12	—	68	—	200	—	48942
湖　北	344	945	—	173	811	—	168	63	—	113	50814
湖　南	84	1025	610	2384	20	7	185	69	15	646	52247
广　东	7	45	24	325	233	—	12	—	—	225	1834
广　西	60	512	220	1858	—	45	—	—	15	2	63588
海　南	40	—	—	120	950	—	—	—	2	—	6327
重　庆	160	1705	100	1133	2239	—	188	5	—	1150	45608
四　川	636	3171	21	7088	2433	80	1661	286	209	1332	480663
贵　州	140	2767	—	1006	258	5	264	—	—	60	162781
云　南	195	1619	130	4381	—	3	—	262	—	100	70216
西　藏	—	—	—	2058	—	—	5	5	11	—	6301
陕　西	—	538	100	870	—	—	30	—	229	200	102792
甘　肃	211	2760	2641	2612	2209	—	40	—	1236	474	437462
青　海	—	2488	—	7569	1650	—	—	140	—	—	93596
宁　夏	—	390	—	1056	2300	—	—	—	100	1254	72831
新　疆	243	517	—	364	—	—	985	—	78	155	32636
新疆兵团	10	—	—	—	—	—	—	—	—	105	4155
局直属单位	10	3543	—	9060	23	—	1176	4681	11492	8848	54377
大兴安岭	—	3543	—	400	—	—	—	—	5360	—	50599

各地区按事业分的营林地方投资完成情况(一)

单位:万元

地区	总计	造林	更新造林	低产林改造	森林管护	中、幼龄林抚育	种苗工程	森林防火	森林病虫鼠害防治
全国合计	**3542439**	**1944385**	**17176**	**34133**	**86513**	**44096**	**45482**	**51721**	**29397**
北京	291568	234107	—	298	11019	354	1018	11035	2624
天津	24846	20646	—	—	—	—	—	—	180
河北	36585	19625	5	—	92	3	52	2808	1636
山西	444265	377529	—	20	5490	399	3108	2530	1525
内蒙古	72020	23733	107	—	1585	25	320	471	192
内蒙古集团	—	—	—	—	—	—	—	—	—
辽宁	126039	81226	35	1319	7943	169	1299	819	841
吉林	21783	1677	1825	27	1154	914	696	204	287
吉林集团	10309	793	1818	—	767	829	556	35	78
黑龙江	45689	13544	—	—	1470	2317	578	1854	358
龙江集团	11244	—	—	—	—	2030	92	1305	200
上海	38416	25535	350	939	7079	869	100	100	189
江苏	595771	491475	300	120	2197	1958	2605	3978	3501
浙江	28032	8250	405	615	—	188	1345	559	157
安徽	29972	8811	172	120	934	2004	783	503	531
福建	19785	8763	1187	1104	2671	169	590	1127	533
江西	89173	54222	142	—	7584	1306	325	2515	561
山东	96930	72939	6	70	3728	2257	1012	2896	7223
河南	137327	14676	60	50	394	3612	11937	162	1096
湖北	58950	22327	—	6293	3585	560	524	1069	187
湖南	106164	13411	6248	10489	2123	4088	1808	1304	680
广东	46707	7878	1639	4192	2665	1841	1366	3417	1483
广西	77818	27594	3118	106	2386	2519	477	352	58
海南	15910	1933	—	—	3095	150	986	77	165
重庆	182250	133203	—	—	2429	120	—	1795	1043
四川	376011	78450	209	595	1128	627	657	1364	747
贵州	48589	19283	571	—	606	98	198	1515	726
云南	144047	43152	584	7410	3533	1068	3969	7459	954
西藏	—	—	—	—	—	—	—	—	—
陕西	77595	54100	—	319	1377	290	3920	315	155
甘肃	179793	4427	—	—	2681	—	305	431	210
青海	7620	—	—	—	3351	—	3700	100	169
宁夏	18755	7209	—	—	29	—	—	303	86
新疆	103431	74660	213	47	4185	16191	1804	80	1281
新疆兵团	92317	70779	213	47	2425	16191	1394	44	320
局直属单位	598	—	—	—	—	—	—	579	19
大兴安岭	598	—	—	—	—	—	—	579	19

各地区按事业分的营林地方投资完成情况(二)

单位:万元

地　　区	林业工作站	森林公安	森林公园	野生动植物保护及自然保护区	湿地恢复与保护	花卉	林政及木材检查站	林业调查规划设计	林业教育	林业科技及重点实验室	其他
全国合计	**5709**	**12721**	**44171**	**15186**	**72892**	**19618**	**3467**	**5642**	**1366**	**3155**	**1105609**
北　京	479	—	4509	—	90	1253	—	70	—	—	24712
天　津	—	—	—	—	—	—	—	—	—	—	4020
河　北	155	69	500	203	494	20	6	—	10	88	10819
山　西	88	350	710	1056	6561	320	48	492	96	225	43718
内蒙古	64	2232	2860	—	258	—	—	1390	—	—	38783
内蒙古集团	—	—	—	—	—	—	—	—	—	—	—
辽　宁	155	57	220	849	99	125	—	260	—	—	30623
吉　林	62	537	—	506	—	—	1	—	—	—	13893
吉林集团	—	508	—	—	—	—	—	—	—	—	4925
黑龙江	—	230	—	—	853	—	—	3	—	80	24402
龙江集团	—	—	—	—	—	—	—	—	—	—	7617
上　海	164	—	—	82	—	—	10	27	485	—	2487
江　苏	241	30	1250	1800	60233	2125	—	200	190	125	23443
浙　江	113	50	15180	—	40	—	165	—	—	26	939
安　徽	42	43	—	466	3	499	38	3	9	220	14791
福　建	157	335	200	230	117	244	100	52	5	226	1975
江　西	286	1654	—	120	—	15	385	120	15	—	19923
山　东	111	72	18	15	120	746	85	105	10	—	5517
河　南	74	52	—	157	45	2073	21	—	35	30	102853
湖　北	553	138	4709	139	2270	1700	52	256	60	27	14501
湖　南	1784	547	3015	120	39	604	493	144	101	266	58900
广　东	50	173	8929	398	92	—	58	280	—	210	12036
广　西	239	118	225	1084	—	1550	—	944	16	30	37002
海　南	10	37	—	12	—	200	—	—	—	—	9245
重　庆	2	158	11	2383	100	—	3	92	—	—	40911
四　川	114	1218	16	3267	457	8017	1355	856	114	337	276483
贵　州	12	52	756	163	—	77	120	202	20	91	24099
云　南	624	1422	30	1304	805	—	299	109	—	60	71265
西　藏	—	—	—	—	—	—	—	—	—	—	—
陕　西	—	57	945	96	—	—	—	—	78	—	15943
甘　肃	40	2685	—	736	50	—	—	20	65	93	168050
青　海	—	—	—	—	—	—	—	—	—	300	—
宁　夏	—	—	—	—	—	—	—	—	—	500	10628
新　疆	90	405	88	—	166	50	228	17	57	221	3648
新疆兵团	80	—	—	—	166	50	—	2	7	121	478
局直属单位	—	—	—	—	—	—	—	—	—	—	—
大兴安岭	—	—	—	—	—	—	—	—	—	—	—

各地区按事业分的国有林场、苗圃营林基本建设投资完成情况(一)

单位:万元

地 区	总 计	造林	更新造林	低产林改造	森林管护	中、幼龄林抚育	种苗工程	森林防火	森林病虫鼠害防治
全国合计	**617135**	**119473**	**24018**	**3162**	**85271**	**47371**	**15644**	**12134**	**2963**
北 京	8618	395	—	98	259	441	988	4903	—
天 津	56	—	—	—	—	—	—	—	—
河 北	3036	690	—	—	440	595	255	—	—
山 西	48844	18179	—	20	8063	1083	1222	114	244
内蒙古	83540	22133	107	—	21145	6395	405	570	63
内蒙古集团	3219	—	—	—	823	—	—	—	—
辽 宁	833	130	79	—	162	235	—	20	30
吉 林	36181	6937	8	27	2265	649	1177	605	343
吉林集团	9969	793	—	—	—	199	673	20	—
黑龙江	80541	23530	—	—	14164	1593	1654	1564	308
龙江集团	—	—	—	—	—	—	—	—	—
上 海	—	—	—	—	—	—	—	—	—
江 苏	3800	539	14	19	286	610	124	798	554
浙 江	1919	20	130	48	—	345	447	28	—
安 徽	6226	2502	95	30	402	629	1106	64	45
福 建	3779	645	207	74	324	304	258	102	8
江 西	7037	1879	—	—	52	912	539	199	12
山 东	3511	265	—	—	324	317	109	457	297
河 南	1275	218	—	—	—	—	—	5	12
湖 北	16984	2212	78	422	1361	1017	663	412	172
湖 南	31044	1508	316	897	20	583	753	—	—
广 东	19939	1568	7963	143	635	1364	132	922	249
广 西	91676	14937	14580	1064	7391	19618	1627	429	146
海 南	2840	12	100	—	877	303	100	10	12
重 庆	21854	3467	—	—	1645	1377	320	111	161
四 川	21335	6215	—	20	4384	2288	445	52	127
贵 州	8831	791	45	—	526	3000	238	21	50
云 南	13598	913	296	244	1938	1110	978	293	21
西 藏	—	—	—	—	—	—	—	—	—
陕 西	25128	5012	—	56	7347	880	524	133	57
甘 肃	59602	4445	—	—	5971	1519	387	68	41
青 海	6542	—	—	—	3761	30	337	170	10
宁 夏	1330	—	—	—	—	—	550	—	—
新 疆	7236	331	—	—	1529	174	306	84	1
新疆兵团	7	—	—	—	—	—	7	—	—
局直属单位	—	—	—	—	—	—	—	—	—
大兴安岭	—	—	—	—	—	—	—	—	—

各地区按事业分的国有林场、苗圃营林基本建设投资完成情况(二)

单位:万元

地　　区	林业工作站	森林公安	森林公园	野生动植物保护及自然保护区	湿地恢复与保护	花卉	林政及木材检查站	林业调查规划设计	林业教育	林业科技及重点实验室	其他
全国合计	**228**	**4299**	**7151**	**2918**	**763**	**3880**	**414**	**208**	**1010**	**513**	**285715**
北　京	80	—	—	—	—	928	—	—	—	—	526
天　津	—	—	—	—	—	—	—	—	—	—	56
河　北	—	162	500	35	—	—	—	7	—	3	349
山　西	—	335	82	910	—	—	—	—	—	84	18508
内蒙古	—	1973	2955	—	—	—	10	—	60	—	27724
内蒙古集团	—	—	—	—	—	—	—	—	—	—	2396
辽　宁	—	—	—	—	—	—	—	—	—	—	177
吉　林	78	1470	—	—	—	—	69	97	741	—	21715
吉林集团	—	1244	—	—	—	—	—	—	741	—	6299
黑龙江	—	62	—	24	—	—	—	—	100	370	37172
龙江集团	—	—	—	—	—	—	—	—	—	—	—
上　海	—	—	—	—	—	—	—	—	—	—	—
江　苏	—	—	—	10	—	1	—	33	6	9	797
浙　江	—	—	—	—	—	—	—	—	—	—	901
安　徽	—	—	—	685	—	—	—	—	—	—	668
福　建	—	12	—	—	—	—	—	7	—	22	1816
江　西	—	—	—	—	—	—	—	—	—	—	3444
山　东	—	—	26	481	—	—	—	—	20	—	1215
河　南	—	20	—	—	—	—	—	—	—	—	1020
湖　北	—	—	1104	8	—	1902	—	—	60	5	7568
湖　南	—	—	—	—	—	—	—	—	—	—	26967
广　东	—	18	713	41	—	—	—	—	—	—	6191
广　西	30	139	423	175	—	784	31	34	10	—	30258
海　南	—	15	—	—	—	—	—	—	5	—	1406
重　庆	—	18	142	—	763	—	10	30	—	—	13810
四　川	—	—	5	187	—	—	30	—	8	20	7554
贵　州	—	4	756	—	—	—	—	—	—	—	3400
云　南	—	—	—	24	—	265	—	—	—	—	7516
西　藏	—	—	—	—	—	—	—	—	—	—	—
陕　西	—	—	445	338	—	—	—	—	—	—	10336
甘　肃	40	71	—	—	—	—	—	—	—	—	47060
青　海	—	—	—	—	—	—	—	—	—	—	2234
宁　夏	—	—	—	—	—	—	—	—	—	—	780
新　疆	—	—	—	—	—	—	264	—	—	—	4547
新疆兵团	—	—	—	—	—	—	—	—	—	—	—
局直属单位	—	—	—	—	—	—	—	—	—	—	—
大兴安岭	—	—	—	—	—	—	—	—	—	—	—

林业利用外资基本情况

单位:万美元

指　　标	项目个数（个）	实际利用外资金额				协议利用外资金额			
		合计	国外借款	外商投资	无偿援助	合计	国外借款	外商投资	无偿援助
总　　计	**339**	**65713**	**8445**	**54952**	**2316**	**83648**	**5958**	**69769**	**7921**
一、营造林	191	16500	8314	6968	1218	10101	5900	2006	2195
1. 公益林	100	5781	4602	65	1114	6525	4256	88	2181
2. 商品林	91	10719	3712	6903	104	3576	1644	1918	14
二、木竹材加工	34	12462	—	12461	1	15020	—	10520	4500
其中:木家具制造	9	3640	—	3640	—	11900	—	7400	4500
人造板制造	4	2050	—	2050	—	580	—	580	—
木制品制造	19	2968	—	2968	—	2540	—	2540	—
三、林纸一体化	7	15480	—	15480	—	41418	—	41418	—
四、林产化工	5	1769	14	1755	—	—	—	—	—
五、非木质林产品加工	4	4111	—	4111	—	1500	—	1500	—
六、花卉、种苗	16	1938	8	1930	—	524	—	524	—
七、科学研究	3	11	—	—	11	1535	—	1500	35
八、其他	79	13442	109	12247	1086	13550	58	12301	1191

各地区林业利用

地　区	总　计	营造林			木竹材加工		
		合　计	公益林	商品林	合　计	其中：木家具制造	其中：人造板制造
全国合计	**339**	**191**	**100**	**91**	**34**	**9**	**4**
北　京	—	—	—	—	—	—	—
天　津	—	—	—	—	—	—	—
河　北	7	2	1	1	—	—	—
山　西	—	—	—	—	—	—	—
内蒙古	5	5	5	—	—	—	—
内蒙古集团	—	—	—	—	—	—	—
辽　宁	1	1	1	—	—	—	—
吉　林	25	25	21	4	—	—	—
吉林集团	—	—	—	—	—	—	—
黑龙江	4	4	—	4	—	—	—
龙江集团	—	—	—	—	—	—	—
上　海	—	—	—	—	—	—	—
江　苏	8	2	1	1	4	2	1
浙　江	5	—	—	—	4	—	—
安　徽	6	4	3	1	—	—	—
福　建	77	2	—	2	23	7	2
江　西	44	37	4	33	1	—	1
山　东	4	4	4	—	—	—	—
河　南	53	52	29	23	—	—	—
湖　北	3	3	2	1	—	—	—
湖　南	1	1	1	—	—	—	—
广　东	5	2	1	1	1	—	—
广　西	25	21	2	19	—	—	—
海　南	1	1	—	1	—	—	—
重　庆	2	2	2	—	—	—	—
四　川	34	4	4	—	1	—	—
贵　州	4	2	2	—	—	—	—
云　南	2	—	—	—	—	—	—
西　藏	—	—	—	—	—	—	—
陕　西	—	—	—	—	—	—	—
甘　肃	15	11	11	—	—	—	—
青　海	3	1	1	—	—	—	—
宁　夏	2	2	2	—	—	—	—
新　疆	3	3	3	—	—	—	—
新疆兵团	—	—	—	—	—	—	—
大兴安岭	—	—	—	—	—	—	—

外资项目个数

单位:个

木制品制造	林纸一体化	林产化工	非木质林产品加工	花卉、种苗	科学研究	其他
19	**7**	**5**	**4**	**16**	**3**	**79**
—	—	—	—	—	—	—
—	—	—	—	—	—	—
—	—	—	—	—	—	5
—	—	—	—	—	—	—
—	—	—	—	—	—	—
—	—	—	—	—	—	—
—	—	—	—	—	—	—
—	—	—	—	—	—	—
—	—	—	—	—	—	—
—	—	—	—	—	—	—
—	—	—	—	—	—	—
—	—	—	—	—	—	—
1	—	—	1	1	—	—
4	—	—	—	1	—	—
—	—	—	—	—	—	2
13	4	3	3	12	1	29
—	—	1	—	2	—	3
—	—	—	—	—	—	—
—	—	1	—	—	—	—
—	—	—	—	—	—	—
—	—	—	—	—	—	—
1	1	—	—	—	—	1
—	1	—	—	—	—	3
—	—	—	—	—	—	—
—	—	—	—	—	—	—
—	—	—	—	—	1	28
—	1	—	—	—	—	1
—	—	—	—	—	—	2
—	—	—	—	—	—	—
—	—	—	—	—	—	—
—	—	—	—	—	1	3
—	—	—	—	—	—	2
—	—	—	—	—	—	—
—	—	—	—	—	—	—
—	—	—	—	—	—	—
—	—	—	—	—	—	—

各地区林业实际

地　区	总　计	营造林			木竹材加工		
		合　计	公益林	商品林	合　计	其　中	
						木家具制造	人造板制造
全国合计	**65713**	**16500**	**5781**	**10719**	**12462**	**3640**	**2050**
北　京	—	—	—	—	—	—	—
天　津	—	—	—	—	—	—	—
河　北	74	10	9	1	—	—	—
山　西	—	—	—	—	—	—	—
内蒙古	25	25	25	—	—	—	—
内蒙古集团	—	—	—	—	—	—	—
辽　宁	45	45	45	—	—	—	—
吉　林	1455	1455	1308	147	—	—	—
吉林集团	—	—	—	—	—	—	—
黑龙江	44	44	—	44	—	—	—
龙江集团	—	—	—	—	—	—	—
上　海	—	—	—	—	—	—	—
江　苏	895	505	5	500	260	90	50
浙　江	700	—	—	—	350	—	—
安　徽	722	233	225	8	—	—	—
福　建	32704	3394	—	3394	10531	3550	1000
江　西	3750	724	91	633	1000	—	1000
山　东	609	609	609	—	—	—	—
河　南	2365	2351	1612	739	—	—	—
湖　北	158	158	90	68	—	—	—
湖　南	27	27	27	—	—	—	—
广　东	569	131	4	127	320	—	—
广　西	19288	5065	11	5054	—	—	—
海　南	4	4	—	4	—	—	—
重　庆	15	15	15	—	—	—	—
四　川	705	407	407	—	1	—	—
贵　州	80	48	48	—	—	—	—
云　南	—	—	—	—	—	—	—
西　藏	—	—	—	—	—	—	—
陕　西	—	—	—	—	—	—	—
甘　肃	986	773	773	—	—	—	—
青　海	449	433	433	—	—	—	—
宁　夏	12	12	12	—	—	—	—
新　疆	32	32	32	—	—	—	—
新疆兵团	—	—	—	—	—	—	—
大兴安岭	—	—	—	—	—	—	—

利用外资情况

单位:万美元

木制品制造	林纸一体化	林产化工	非木质林产品加工	花卉、种苗	科学研究	其他
2968	**15480**	**1769**	**4111**	**1938**	**11**	**13442**
—	—	—	—	—	—	—
—	—	—	—	—	—	—
—	—	—	—	—	—	64
—	—	—	—	—	—	—
—	—	—	—	—	—	—
—	—	—	—	—	—	—
—	—	—	—	—	—	—
—	—	—	—	—	—	—
—	—	—	—	—	—	—
—	—	—	—	—	—	—
—	—	—	—	—	—	—
—	—	—	—	—	—	—
120	—	—	30	100	—	—
350	—	—	—	350	—	—
—	—	—	—	—	—	489
2178	3898	755	4081	680	—	9365
—	—	1000	—	808	—	218
—	—	—	—	—	—	—
—	—	14	—	—	—	—
—	—	—	—	—	—	—
—	—	—	—	—	—	—
320	54	—	—	—	—	64
—	11500	—	—	—	—	2723
—	—	—	—	—	—	—
—	—	—	—	—	—	—
—	—	—	—	—	1	296
—	28	—	—	—	—	4
—	—	—	—	—	—	—
—	—	—	—	—	—	—
—	—	—	—	—	—	—
—	—	—	—	—	10	203
—	—	—	—	—	—	16
—	—	—	—	—	—	—
—	—	—	—	—	—	—
—	—	—	—	—	—	—
—	—	—	—	—	—	—

各地区林业协议

地区	总计	营造林			木竹材加工		
		合计	公益林	商品林	合计	其中	
						木家具制造	人造板制造
全国合计	**83648**	**10101**	**6525**	**3576**	**15020**	**11900**	**580**
北京	—	—	—	—	—	—	—
天津	—	—	—	—	—	—	—
河北	71	7	—	7	—	—	—
山西	—	—	—	—	—	—	—
内蒙古	—	—	—	—	—	—	—
内蒙古集团	—	—	—	—	—	—	—
辽宁	—	—	—	—	—	—	—
吉林	1596	1596	1448	148	—	—	—
吉林集团	—	—	—	—	—	—	—
黑龙江	—	—	—	—	—	—	—
龙江集团	—	—	—	—	—	—	—
上海	—	—	—	—	—	—	—
江苏	180	—	—	—	180	100	80
浙江	360	—	—	—	360	—	—
安徽	681	200	200	—	—	—	—
福建	32638	1465	—	1465	14480	11800	500
江西	757	757	—	757	—	—	—
山东	1384	1384	1384	—	—	—	—
河南	1499	1499	1256	243	—	—	—
湖北	25	25	25	—	—	—	—
湖南	27	27	27	—	—	—	—
广东	—	—	—	—	—	—	—
广西	41671	1048	96	952	—	—	—
海南	4	4	—	4	—	—	—
重庆	11	11	11	—	—	—	—
四川	121	—	—	—	—	—	—
贵州	—	—	—	—	—	—	—
云南	163	—	—	—	—	—	—
西藏	—	—	—	—	—	—	—
陕西	—	—	—	—	—	—	—
甘肃	2460	2078	2078	—	—	—	—
青海	—	—	—	—	—	—	—
宁夏	—	—	—	—	—	—	—
新疆	—	—	—	—	—	—	—
新疆兵团	—	—	—	—	—	—	—
大兴安岭	—	—	—	—	—	—	—

利用外资情况

单位:万美元

木制品制造	林纸一体化	林产化工	非木质林产品加工	花卉、种苗	科学研究	其他
2540	**41418**	—	**1500**	**524**	**1535**	**13550**
—	—	—	—	—	—	—
—	—	—	—	—	—	—
—	—	—	—	—	—	64
—	—	—	—	—	—	—
—	—	—	—	—	—	—
—	—	—	—	—	—	—
—	—	—	—	—	—	—
—	—	—	—	—	—	—
—	—	—	—	—	—	—
—	—	—	—	—	—	—
—	—	—	—	—	—	—
—	—	—	—	—	—	—
—	—	—	—	—	—	—
360	—	—	—	—	—	—
—	—	—	—	—	—	481
2180	3518	—	1500	524	1500	9651
—	—	—	—	—	—	—
—	—	—	—	—	—	—
—	—	—	—	—	—	—
—	—	—	—	—	—	—
—	—	—	—	—	—	—
—	—	—	—	—	—	—
—	37900	—	—	—	—	2723
—	—	—	—	—	—	—
—	—	—	—	—	—	—
—	—	—	—	—	—	121
—	—	—	—	—	—	—
—	—	—	—	—	—	163
—	—	—	—	—	—	—
—	—	—	—	—	—	—
—	—	—	—	—	35	347
—	—	—	—	—	—	—
—	—	—	—	—	—	—
—	—	—	—	—	—	—
—	—	—	—	—	—	—
—	—	—	—	—	—	—

林业建设资金

指　标	总　计	其中:地方配套资金
本年应拨、贷资金额	**15445442**	**1379723**
自年初累计实际到位资金额	**16625614**	**1523611**
一、林业生态体系工程	**7531161**	**736097**
1. 天然林资源保护工程	714936	58390
2. 退耕还林工程	3154990	60596
3. 京津风沙源工程	238503	5013
4. 三北及长江流域等重点防护林工程	633977	204942
(1)三北防护林四期工程	279891	35872
(2)长江流域防护林体系二期工程	80584	24208
(3)沿海防护林体系二期工程	187218	92332
(4)珠江流域防护林体系二期工程	22043	1803
(5)太行山绿化二期工程	15866	3347
(6)平原绿化二期工程	48375	47380
5. 野生动植物保护及自然保护区工程	61207	5877
6. 速生丰产用材林基地建设工程	44865	1013
7. 林业血防工程抑螺防病林项目	30024	7363
8. 岩溶地区石漠化综合治理林业项目	44747	707
9. 湿地保护工程	125985	65816
10. 其他林业生态体系建设工程	2481927	326380
二、林业基础设施	**2023308**	**349877**
1. 种苗	112756	19043
2. 森林防火	160554	19712
3. 林业有害生物防治	91766	12933
4. 森林公安	65858	8041
5. 科技教育	24539	3259
6. 其他林业基础设施	1567835	286889
三、林业财政专项补助	**3119907**	**184964**
1. 森林生态效益补偿基金	1017782	85476
2. 造林补贴试点资金	45422	9446
3. 森林抚育补贴试点资金	156069	1849
4. 林业救灾补助资金	241353	4353
5. 其他财政专项资金(含财政贴息)	1659281	83840
四、其他	**3951238**	**252673**
其中:财政事业费	892857	—

到位情况

单位:万元

国家预算内资金				国内贷款	利用外资	自筹资金	其他资金
合计	其中						
	国家预算内基建资金	国债资金	中央财政专项资金				
8933282	**1691717**	**295205**	**4677993**	**1812647**	**80790**	**2144169**	**2474554**
9449646	**1694147**	**344404**	**5119218**	**1762458**	**70202**	**2568661**	**2774647**
5218650	**838166**	**277653**	**3562771**	**679307**	**43431**	**1106679**	**483094**
691594	85191	35519	542277	—	—	1207	22135
3099379	152589	89594	2752645	—	—	26279	29332
238325	38825	53246	141630	—	—	63	115
369842	217974	75591	24047	435	10	174024	89666
196454	118210	62444	5109	—	—	58822	24615
66638	32540	6128	6188	—	10	5602	8334
69609	45686	4166	6899	—	—	61220	56389
21091	10795	2853	4491	—	—	649	303
15691	10501	—	1360	—	—	175	—
359	242	—	—	435	—	47556	25
49569	18255	10713	15997	—	1002	2299	8337
731	—	—	226	17465	6039	13523	7107
23275	13443	1103	5393	—	—	4852	1897
44312	34765	800	8046	—	—	—	435
51404	18094	4722	13388	—	—	69575	5006
650219	259030	6365	59122	661407	36380	814857	319064
1046633	**793611**	**63948**	**—**	**16189**	**9903**	**598623**	**351960**
44307	33149	2631	—	224	1311	36735	30179
125685	80802	17867	—	210	1391	11517	21751
49229	25043	2881	—	—	464	15212	26861
49899	37662	3273	—	—	3	2921	13035
16917	9663	548	—	1000	—	5003	1619
760596	607292	36748	—	14755	6734	527235	258515
2166558	**—**	**—**	**1493384**	**—**	**—**	**300987**	**652362**
908213	—	—	662068	—	—	5293	104276
33814	—	—	32075	—	—	1725	9883
149348	—	—	143331	—	—	3126	3595
224541	—	—	218911	—	—	2194	14618
850642	—	—	436999	—	—	288649	519990
1017805	**62370**	**2803**	**63063**	**1066962**	**16868**	**562372**	**1287231**
537615	—	—	—	—	—	—	355242

各地区本年实际

地　区	自年初累计实际到位资金额	林业生态						
		合　计	天然林资源保护工程	退耕还林工程	京津风沙源工程	三北及长江		
						小计	三北防护林四期工程	长江流域防护林体系二期工程
全国合计	**16625614**	**7531161**	**714936**	**3154990**	**238503**	**633977**	**279891**	**80584**
北　京	473542	292018	—	—	20532	3495	1748	—
天　津	30323	24270	—	1133	591	22446	7946	—
河　北	482796	287929	—	203344	19848	29586	13646	—
山　西	725803	567620	15390	99827	40029	22807	16611	—
内蒙古	849822	416150	83835	100181	157503	35356	35356	—
内蒙古集团	176199	60411	60411	—	—	—	—	—
辽　宁	494512	198492	—	71229	—	26278	16378	—
吉　林	553575	148452	58111	62104	—	10440	10440	—
吉林集团	167702	24141	24061	80	—	—	—	—
黑龙江	1089866	293504	145747	93668	—	46653	46633	—
龙江集团	825801	145747	145747	—	—	—	—	—
上　海	79405	29133	—	—	—	24915	—	24915
江　苏	711066	600683	—	15600	—	136881	—	4757
浙　江	427802	48560	—	—	—	12068	—	2879
安　徽	201872	93152	—	66974	—	4525	—	4525
福　建	1145096	297531	—	—	—	9000	—	—
江　西	476541	183770	—	93785	—	9631	—	8720
山　东	700358	334294	—	—	—	40820	—	14178
河　南	951927	335760	4115	95803	—	8570	—	6500
湖　北	280082	193969	17317	133444	—	7552	—	7552
湖　南	508008	295814	—	188469	—	5831	—	4253
广　东	437226	41356	—	—	—	13731	—	—
广　西	508232	172626	—	78803	—	13827	—	—
海　南	58565	22891	8008	4926	—	6475	—	—
重　庆	564679	223918	16573	201430	—	—	—	—
四　川	1790489	604121	108171	406297	—	8	—	—
贵　州	362643	286378	18854	208994	—	4461	—	—
云　南	573758	276883	63540	169669	—	5183	—	—
西　藏	75774	24309	2403	7199	—	—	—	—
陕　西	456327	354823	43397	236755	—	23143	20838	2305
甘　肃	715630	435238	31571	385780	—	13156	13156	—
青　海	147661	87651	16875	50799	—	7900	7900	—
宁　夏	146529	117227	3636	99034	—	11201	11201	—
新　疆	373858	174940	9694	79743	—	78038	78038	—
新疆兵团	105741	81162	368	31700	—	47859	47859	—
局直属单位	231847	67699	67699	—	—	—	—	—
大兴安岭	196738	67699	67699	—	—	—	—	—

到位资金额(一)

单位:万元

体系工程									
流域等重点防护林工程				野生动植物保护及自然保护区工程	速生丰产用材林基地建设工程	林业血防工程抑螺防病林项目	岩溶地区石漠化综合治理林业项目	湿地保护工程	其他林业生态体系建设工程
沿海防护林体系二期工程	珠江流域防护林体系二期工程	太行山绿化二期工程	平原绿化二期工程						
187218	**22043**	**15866**	**48375**	**61207**	**44865**	**30024**	**44747**	**125985**	**2481927**
—	—	1747	—	85	—	—	—	90	267816
14500	—	—	—	100	—	—	—	—	—
9877	—	6003	60	1394	20	—	—	494	33243
—	—	6116	80	2218	—	—	—	6561	380788
—	—	—	—	2512	—	—	—	2410	34353
—	—	—	—	—	—	—	—	—	—
9900	—	—	—	532	—	—	—	806	99647
—	—	—	—	3189	—	—	—	1800	12808
—	—	—	—	—	—	—	—	—	—
—	—	—	20	1468	436	—	—	2844	2688
—	—	—	—	—	—	—	—	—	—
—	—	—	—	834	—	—	—	—	3384
84568	—	—	47556	424	100	4270	—	79255	364153
9189	—	—	—	521	—	—	—	1419	34552
—	—	—	—	1306	—	3646	—	553	16148
9000	—	—	—	1745	—	—	—	656	286130
—	911	—	—	429	2651	5645	—	352	71277
26525	—	—	117	500	6050	—	—	5694	281230
—	—	2000	70	2359	—	—	—	—	224913
—	—	—	—	694	—	8135	750	1061	25016
—	1138	—	440	2612	4630	6549	4504	185	83034
8531	5176	—	24	447	—	—	120	1638	25420
8653	5174	—	—	3071	26118	—	4014	10	46783
6475	—	—	—	112	—	—	—	950	2420
—	—	—	—	1077	—	—	2500	2338	—
—	—	—	8	10259	4860	1703	4297	7615	60911
—	4461	—	—	1006	—	—	22000	258	30805
—	5183	—	—	6126	—	76	6562	1034	24693
—	—	—	—	2058	—	—	—	—	12649
—	—	—	—	1018	—	—	—	359	50151
—	—	—	—	2343	—	—	—	2112	276
—	—	—	—	7569	—	—	—	1650	2858
—	—	—	—	1056	—	—	—	1500	800
—	—	—	—	2143	—	—	—	2341	2981
—	—	—	—	392	—	—	—	166	677
—	—	—	—	—	—	—	—	—	—
—	—	—	—	—	—	—	—	—	—

各地区本年实际

地　区	林业基础设施						
	合计	种苗	森林防火	林业有害生物防治	森林公安	科技教育	其他林业基础设施
全国合计	**2023308**	**112756**	**160554**	**91766**	**65858**	**24539**	**1567835**
北　京	29397	1018	14171	2624	35	219	11330
天　津	1100	—	200	580	—	—	320
河　北	19646	1531	5763	4207	3662	3269	1214
山　西	29828	3598	4070	2404	3543	96	16117
内蒙古	138829	1212	8846	1015	4603	439	122714
内蒙古集团	115788	—	2531	41	—	—	113216
辽　宁	25804	1131	3681	2333	112	—	18547
吉　林	253041	1706	3231	2286	604	310	244904
吉林集团	90653	77	381	81	38	—	90076
黑龙江	657106	3341	13123	1986	8359	622	629675
龙江集团	639899	472	8185	550	7888	100	622704
上　海	3084	117	92	203	—	500	2172
江　苏	39097	16501	6476	6713	294	537	8576
浙　江	32169	1298	3718	3688	620	425	22420
安　徽	30215	8365	1461	4484	624	357	14924
福　建	7565	760	2825	750	120	150	2960
江　西	63003	17375	7652	2434	13598	863	21081
山　东	77027	12717	6938	32427	1073	389	23483
河　南	6511	900	2230	860	2151	370	—
湖　北	20580	1907	2100	882	1257	405	14029
湖　南	37010	2889	2188	2237	1673	901	27122
广　东	66401	2582	9072	4113	1122	937	48575
广　西	42472	1992	17407	1669	2094	4684	14626
海　南	5599	2442	206	322	1117	20	1492
重　庆	16315	400	1064	706	305	130	13710
四　川	125480	922	4172	1932	3671	1196	113587
贵　州	13457	778	4378	1426	2819	80	3976
云　南	64548	12918	12314	2298	4618	206	32194
西　藏	3599	351	711	783	—	11	1743
陕　西	21638	2261	1556	1405	611	207	15598
甘　肃	56825	1373	3551	1023	2477	701	47700
青　海	13134	4126	675	169	2488	276	5400
宁　夏	9286	550	1199	599	390	900	5648
新　疆	32432	5695	5887	2656	1199	1181	15814
新疆兵团	4926	4190	39	374	10	20	293
局直属单位	81110	—	9597	552	619	4158	66184
大兴安岭	81110	—	9597	552	619	4158	66184

到位资金额(二)

单位:万元

林业财政专项补助						其　他	
合　计	森林生态效益补偿基金	造林补贴试点资金	森林抚育补贴试点资金	林业救灾补助资金	其他财政专项资金(含财政贴息)	合　计	其中:财政事业费
3119907	**1017782**	**45422**	**156069**	**241353**	**1659281**	**3951238**	**892857**
67642	15342	—	—	—	52300	84485	84485
933	125	—	—	—	808	4020	4020
40740	20020	1050	4050	815	14805	134481	43902
60493	18156	3152	1600	127	37458	67862	67862
160608	87272	3027	9131	890	60288	134235	75208
—	—	—	—	—	—	—	—
130933	39437	1100	3594	1048	85754	139283	22918
83045	26909	130	21523	3175	31308	69037	25186
13660	—	—	4058	2119	7483	39248	1196
106325	22639	1828	40831	910	40117	32931	8058
36800	—	—	36800	—	—	3355	—
41772	38623	—	574	—	2575	5416	1087
23326	6612	4257	402	186	11869	47960	525
148863	61621	5159	3906	305	77872	198210	54180
33164	19002	—	1614	147	12401	45341	13833
138550	52074	1050	3000	1020	81406	701450	11609
125162	52314	544	5320	3603	63381	104606	36339
62767	22774	61	—	171	39761	226270	28386
605410	11687	1050	3000	—	589673	4246	4246
39066	20540	1142	2163	310	14911	26467	11635
108693	57279	1848	2682	3192	43692	66491	37060
194765	87748	1685	2184	995	102153	134704	47333
135488	69341	1226	2172	2368	60381	157646	11343
18582	8470	62	830	2771	6449	11493	1058
48690	3920	—	2000	1000	41770	275756	28917
293843	25803	3072	10505	198663	55800	767045	47388
34158	22503	—	3000	400	8255	28650	28650
119716	53426	3078	4579	5940	52693	112611	36714
47866	45507	5	5	—	2349	—	—
36902	12894	900	5915	781	16412	42964	14568
83389	33648	3205	4411	11973	30152	140178	93834
35029	27301	2625	2000	—	3103	11847	11530
16677	3866	1051	2000	—	9760	3339	764
68476	50929	3115	4244	563	9625	98010	40219
6662	4954	49	39	—	1620	12991	108
8834	—	—	8834	—	—	74204	—
8834	—	—	8834	—	—	39095	—

6

林业教育

FORESTRY EDUCATION

2010～2011学年初普通高、中等林业院校和其他高、中等院校林科基本情况

单位：人

名　称	学校数（所、个）	毕业生数	招生数	在校学生数	毕业班学生数	教职工数	
						计	其中：专任教师
总计	**—**	**101905**	**206611**	**514412**	**119649**	**14722**	**8700**
一、研究生	**75**	**5398**	**6663**	**19384**	**6580**	**—**	**—**
1. 高等林业院校	6	3501	4866	13917	4711	10975	6866
2. 其他高等院校（林科）	62	1678	1528	4658	1577	—	—
3. 科研单位	7	219	269	809	292	—	—
二、普通本专科生	**365**	**52803**	**61289**	**212240**	**55703**	**—**	**—**
1. 高等林业院校	6	22040	25374	95242	22631	—	—
2. 森林警察学院	1	1483	1500	4451	1475	360	247
3. 其他高等院校（林科）	358	29280	34415	112547	31597	—	—
三、中专生	**618**	**43704**	**138659**	**282788**	**57366**	**—**	**—**
1. 中等林业（园林）职业学校	31	12242	23032	54720	15156	3387	1587
2. 其他中等职业学校（林科）	587	31462	115627	228068	42210	—	—

2010～2011 学年初普通高等林业院校教职工情况(一)

单位:人

学校名称	教职工数								
	合计	校本部教职工							
		计	专任教师						行政人员
			小计	正高级	副高级	中级	初级	无职称者	
总　计	**10965**	**10175**	**6709**	**925**	**1962**	**2412**	**1389**	**21**	**1660**
一、高等林业院校	**10593**	**9818**	**6464**	**913**	**1898**	**2326**	**1306**	**21**	**1589**
北京林业大学	1588	1442	991	157	365	381	68	20	194
东北林业大学	2756	2321	1356	241	422	451	241	1	452
南京林业大学	1805	1669	1148	142	279	439	288	—	247
浙江农林大学	1267	1237	853	117	276	345	115	—	193
中南林业科技大学	2234	2221	1481	170	417	451	443	—	358
西南林业大学	943	928	635	86	139	259	151	—	145
二、森林公安高等学校	**372**	**357**	**245**	**12**	**64**	**86**	**83**	**—**	**71**
南京森林警察学院	372	357	245	12	64	86	83	—	71

2010～2011 学年初普通高等林业院校教职工情况(二)

单位:人

学校名称	教职工数					另有其他人员			
	校本部教职工		科研机构人员	校办企业职工	其他附设机构人员	聘请校外教师	离退休人员	附属中小学幼儿园教职工	集体所有制人员
	教辅人员	工勤人员							
总　计	**999**	**807**	**88**	**262**	**440**	**1112**	**4279**	**105**	**242**
一、高等林业院校	**982**	**783**	**83**	**262**	**430**	**1089**	**4113**	**105**	**242**
北京林业大学	163	94	—	113	33	227	732	37	—
东北林业大学	336	177	6	111	318	74	1065	29	187
南京林业大学	112	162	37	38	61	296	950	—	55
浙江农林大学	125	66	12	—	18	50	5	—	—
中南林业科技大学	158	224	13	—	—	285	1011	—	—
西南林业大学	88	60	15	—	—	157	350	39	—
二、森林公安高等学校	**17**	**24**	**5**	**—**	**10**	**23**	**166**	**—**	**—**
南京森林警察学院	17	24	5	—	10	23	166	—	—

学校名称	总　计	教学及辅助用房				
		计	教室	图书馆	实验室、实习场所	体育馆
一、学校产权建筑面积	**3708898**	**1646767**	**518159**	**192602**	**757910**	**145740**
1. 高等林业院校	3547115	1570592	498465	180964	730358	128449
北京林业大学	330012	122258	40138	22521	50379	9220
东北林业大学	890798	306800	63208	41765	153235	39216
南京林业大学	679167	305648	68360	31146	169503	26700
浙江农林大学	389986	200013	127813	20785	38133	4110
中南林业科技大学	815010	394956	118185	34933	200845	37124
西南林业大学	442142	240917	80761	29814	118263	12079
2. 森林公安高等学校	161783	76175	19694	11638	27552	17291
南京森林警察学院	161783	76175	19694	11638	27552	17291
二、正在施工面积	**46520**	**35007**	**10000**	**—**	**22887**	**2120**
1. 高等林业院校	32887	32887	10000	—	22887	—
北京林业大学	—	—	—	—	—	—
东北林业大学	23492	23492	10000	—	13492	—
南京林业大学	—	—	—	—	—	—
浙江农林大学	—	—	—	—	—	—
中南林业科技大学	9395	9395	—	—	9395	—
西南林业大学	—	—	—	—	—	—
2. 森林公安高等学校	13633	2120	—	—	—	2120
南京森林警察学院	13633	2120	—	—	—	2120
三、非学校产权建筑面积	**209313**	**154544**	**80317**	**601**	**72826**	**—**
1. 高等林业院校	209313	154544	80317	601	72826	—
北京林业大学	51350	49600	600	—	49000	—
东北林业大学	—	—	—	—	—	—
南京林业大学	—	—	—	—	—	—
浙江农林大学	37601	—	—	—	—	—
中南林业科技大学	120362	104944	79717	601	23826	—
西南林业大学	—	—	—	—	—	—
2. 森林公安高等学校	—	—	—	—	—	—
南京森林警察学院	—	—	—	—	—	—

高等林业院校校舍情况

单位:平方米

	行政办公用房	生活用房						教工住宅
会堂		计	学生宿舍	学生食堂	教工单身宿舍	教工食堂	生活福利及其他用房	
32356	**231342**	**1429674**	**1051755**	**121466**	**60239**	**18824**	**177390**	**401115**
32356	221493	1353915	1011485	104890	50513	18824	168203	401115
—	22343	185411	151567	7456	7153	—	19235	—
9376	63690	266573	148280	14067	4414	4966	94846	253735
9939	63425	254478	196587	22638	21622	9501	4130	55616
9172	30793	159180	133118	17382	7621	—	1059	—
3869	33063	340101	284910	23573	3600	3857	24161	46890
—	8179	148172	97023	19774	6103	500	24772	44874
—	9849	75759	40270	16576	9726	—	9187	—
—	9849	75759	40270	16576	9726	—	9187	—
—	**—**	**11513**	**11513**	**—**	**—**	**—**	**—**	**—**
—	—	—	—	—	—	—	—	—
—	—	—	—	—	—	—	—	—
—	—	—	—	—	—	—	—	—
—	—	—	—	—	—	—	—	—
—	—	—	—	—	—	—	—	—
—	—	—	—	—	—	—	—	—
—	—	—	—	—	—	—	—	—
—	—	11513	11513	—	—	—	—	—
—	—	11513	11513	—	—	—	—	—
800	**4950**	**49819**	**38009**	**6258**	**3192**	**1258**	**1102**	**—**
800	4950	49819	38009	6258	3192	1258	1102	—
—	150	1600	1600	—	—	—	—	—
—	—	—	—	—	—	—	—	—
—	—	—	—	—	—	—	—	—
—	—	37601	29809	5000	2792	—	—	—
800	4800	10618	6600	1258	400	1258	1102	—
—	—	—	—	—	—	—	—	—
—	—	—	—	—	—	—	—	—
—	—	—	—	—	—	—	—	—

2010～2011 学年初普通高等林业院校资产情况

学校名称	占地面积(平方米)			图书资料		拥有教学用计算机(台)	语音实验室座位数(个)	多媒体教室座位数(个)	网上教学课程数(种)	固定资产总值(万元)	
	总面积	其中:		一般图书(万册)	电子图书(片)					计	其中:教学、科研仪器设备资产
		绿化用地	运动场地								
一、学校产权	**9764489**	**3975728**	**475461**	**989**	**294266**	**33155**	**7218**	**80326**	**2403**	**847836**	**160250**
1. 高等林业院校	9002518	3559526	390245	933	293012	31472	6898	74647	2335	801222	155604
北京林业大学	468796	124750	56505	150	20391	5256	616	12434	2001	163500	35744
东北林业大学	1359837	400000	100291	186	54657	7209	1400	13457	294	154360	46324
南京林业大学	3730262	1492104	66475	150	146061	5336	1124	13660	40	116157	26347
浙江农林大学	1547074	748044	64681	154	37280	4134	692	15285	—	119405	16963
中南林业科技大学	1307246	586000	62175	180	26000	5373	2392	12931	—	95570	17906
西南林业大学	589303	208628	40118	114	8623	4164	674	6880	—	152229	12320
2. 森林公安高等学校	761971	416202	85216	56	1254	1683	320	5679	68	46614	4646
南京森林警察学院	761971	416202	85216	56	1254	1683	320	5679	68	46614	4646
二、非学校产权	**202700**	**70000**	**13500**	**35**	**—**	**980**	**210**	**1585**	**—**	**—**	**5300**
1. 高等林业院校	202700	70000	13500	35	—	980	210	1585	—	—	5300
北京林业大学	—	—	—	—	—	—	—	—	—	—	—
东北林业大学	—	—	—	—	—	—	—	—	—	—	—
南京林业大学	—	—	—	—	—	—	—	—	—	—	—
浙江农林大学	—	—	—	—	—	—	—	—	—	—	—
中南林业科技大学	202700	70000	13500	35	—	980	210	1585	—	—	5300
西南林业大学	437329	—	—	—	—	—	—	—	—	—	—
2. 森林公安高等学校	—	—	—	—	—	—	—	—	—	—	—
南京森林警察学院	—	—	—	—	—	—	—	—	—	—	—

2010～2011学年初普通高等林业院校和其他高等院校、科研院所林科分单位研究生情况(一)

单位:人

学校名称	毕业生数	招生数	在校学生数	毕业班学生数
总计	**5398**	**6663**	**19384**	**6580**
一、博士生	**598**	**827**	**3389**	**1747**
1. 高等林业院校	430	608	2576	1377
北京林业大学	180	242	918	442
东北林业大学	126	196	855	469
南京林业大学	83	121	591	351
中南林业科技大学	41	49	212	115
2. 林业科研单位	90	96	324	135
中国林业科学研究院	90	96	324	135
3. 其他高等院校(林业学科)	78	123	489	235
二、硕士生	**4800**	**5836**	**15995**	**4833**
1. 高等林业院校	3071	4258	11341	3334
北京林业大学	829	1086	2987	966
东北林业大学	854	1031	2709	726
南京林业大学	582	865	2306	723
中南林业科技大学	371	543	1435	414
西南林业大学	256	375	924	213
浙江农林大学	179	358	980	292
2. 其他高等院校(林业学科)	1600	1405	4169	1342
北京师范大学	9	3	13	7
中国农业大学	21	20	70	22
中国人民大学	2	1	3	2
北京农学院	19	18	69	28
天津科技大学	1	4	10	1
河北农业大学	68	44	166	63
山西大学	4	7	16	3
山西农业大学	28	21	55	14
内蒙古农业大学	94	65	236	85
沈阳农业大学	75	57	184	70
辽宁工程技术大学	10	5	17	6
东北师范大学	5	—	1	1
吉林农业大学	35	17	64	25
北华大学	23	10	36	13
东北农业大学	40	38	103	35
上海交通大学	15	9	38	15
上海财经大学	—	2	3	1
南京农业大学	24	31	94	32
苏州大学	15	16	38	8
浙江大学	8	6	19	8
安徽农业大学	65	73	175	48
福建农林大学	111	137	322	73
福建师范大学	2	2	4	1
江西农业大学	44	42	117	36
南昌大学	3	2	12	6
江西财经大学	3	5	8	2

2010～2011 学年初普通高等林业院校和其他高等院校、科研院所林科分单位研究生情况(二)

单位:人

学校名称	毕业生数	招生数	在校学生数	毕业班学生数
山东建筑大学	5	6	20	7
山东轻工业学院	3	—	—	—
青岛农业大学	19	12	47	19
曲阜师范大学	5	—	5	4
山东农业大学	69	67	198	65
聊城大学	10	6	11	1
河南农业大学	37	32	73	17
华北水利水电学院	3	3	13	3
华中农业大学	90	86	274	101
湖北民族学院	6	4	7	1
长江大学	12	7	17	6
湖南师范大学	3	—	1	1
吉首大学	2	4	13	3
仲恺农业工程学院	13	18	27	4
华南农业大学	56	53	175	70
华南师范大学	7	8	23	7
广西大学	32	36	102	31
广西师范大学	10	2	6	—
海南大学	27	32	79	19
西南大学	66	52	160	56
西南交通大学	9	6	22	10
四川大学	17	7	23	10
西华师范大学	14	1	7	2
四川农业大学	115	64	256	89
贵州大学	27	33	92	27
云南农业大学	25	31	83	21
西藏大学	4	—	2	—
长安大学	1	—	1	—
西北农林科技大学	147	151	442	133
西安理工大学	3	3	8	2
陕西科技大学	2	—	1	1
陕西师范大学	4	—	3	—
甘肃农业大学	15	24	55	16
兰州交通大学	1	—	—	—
青海大学	4	5	7	—
新疆农业大学	13	17	43	11
3. 科研单位	129	173	485	157
中国林业科学研究院	115	152	427	139
中国农业科学院研究生院	1	2	5	2
中国科学院沈阳应用生态所	1	1	3	1
中国科学院南京土壤研究所	2	2	4	1
中国科学院华南植物研究所	5	6	18	6
武汉植物研究所	—	4	6	—
中国科学院新疆生态与地理研究所	5	6	22	8

2010～2011学年初普通高等林业院校和其他高等院校、科研院所林科分学科研究生情况(一)

单位:人

学科名称	毕业生数	招生数	在校学生数	毕业班学生数
总计	**5398**	**6663**	**19384**	**6580**
一、博士生	**598**	**827**	**3389**	**1747**
1. 林业学科小计	540	738	3016	1552
森林工程	38	85	338	174
木材科学与技术	31	51	202	103
林产化学加工工程	12	27	92	42
林木遗传育种	39	51	164	66
森林培育	96	84	408	227
森林保护学	20	43	173	83
森林经理学	31	37	170	88
野生动植物保护与利用	9	28	98	45
园林植物与观赏园艺	30	58	220	102
水土保持与荒漠化防治	37	60	188	80
林业经济管理	74	65	383	244
其他林业学科	123	149	580	298
2. 林业院校和科研单位其他学科	58	89	373	195
草业科学	5	4	20	11
发育生物学	4	4	16	6
机械设计及理论	9	15	120	89
生物化学与分子生物学	4	11	26	7
微生物学	2	5	18	3
遗传学	7	5	19	12
载运工具运用工程	7	5	22	14
制浆造纸工程	1	6	33	20
思想政治教育	1	2	8	3
动物学	—	1	1	—
环境科学与工程	4	7	26	11
农业经济管理	11	18	46	13
食品科学与工程	—	1	1	—
细胞生物学	3	5	17	6
二、硕士	**4800**	**5836**	**15995**	**4833**
1. 林业学科小计	3322	3436	9874	3068
森林工程	118	165	452	129
木材科学与技术	126	167	512	157
林产化工加工工程	85	92	261	81
林木遗传育种	152	128	392	121
森林培育	404	261	769	247
森林保护学	209	153	461	141
森林经理学	255	191	577	192
野生动植物保护与利用	168	92	281	76
园林植物与观赏园艺	980	1007	3002	984
水土保持与荒漠化防治	247	314	829	237
林业经济管理	78	80	272	92
其他林业学科	500	786	2066	611

2010～2011学年初普通高等林业院校和其他高等院校、科研院所林科分学科研究生情况(二)

单位:人

学科名称	毕业生数	招生数	在校学生数	毕业班学生数
2. 林业院校和科研单位其他学科	1478	2400	6121	1765
材料加工工程	5	6	22	6
材料学	8	15	41	11
草业科学	19	16	50	16
测试计量技术及仪器	7	13	36	10
车辆工程	6	12	26	6
道路与铁道工程	23	30	90	28
地图学与地理信息系统	34	50	159	52
动物学	12	33	89	22
动物遗传育种与繁殖	6	3	7	2
发酵工程	4	2	11	3
发育生物学	19	17	52	17
法学理论	8	7	26	10
风景园林	—	272	401	120
高分子化学与物理	15	18	47	16
工业设计工程	—	33	33	—
管理科学与工程	56	56	165	46
国际贸易学	24	13	39	12
果树学	9	5	11	3
汉语言文字学	7	7	27	11
化学工程	—	5	5	—
化学工艺	16	18	50	15
环境工程	22	21	68	19
环境科学	60	90	270	84
环境与资源保护法学	75	82	279	95
会计学	32	32	87	21
机械电子工程	5	16	36	4
机械工程	14	8	20	12
机械设计及理论	26	44	115	22
机械制造及其自动化	6	25	55	3
计算机技术	—	8	8	—
计算机软件与理论	9	9	26	10
计算机应用技术	54	62	172	55
技术经济及管理	—	4	9	—
检测技术与自动化装置	11	18	50	9
建筑与土木工程	—	36	41	5
交通信息工程及控制	2	2	13	8
交通运输工程	—	13	14	—
交通运输规划与管理	6	8	33	12
结构工程	21	43	107	33
金融学	5	6	18	5
科学技术哲学	21	17	51	15
控制理论与控制工程	26	20	53	12

2010～2011 学年初普通高等林业院校和其他高等院校、科研院所林科分学科研究生情况（三）

单位：人

学科名称	毕业生数	招生数	在校学生数	毕业班学生数
旅游管理	29	25	82	28
伦理学	17	15	40	10
马克思主义基本原理	6	13	32	8
马克思主义中国化研究	14	23	83	27
农产品加工及储藏工程	22	27	79	16
农村与区域发展	—	112	159	42
农业电气化与自动化	11	6	8	—
农业机械化工程	9	8	20	6
农业经济管理	6	21	37	3
农业生物环境与能源工程	8	6	22	10
农业信息化	—	15	38	23
企业管理	43	70	240	79
桥梁与隧道工程	12	27	61	11
轻工技术与工程	—	7	7	—
人口、资源与环境经济学	20	11	35	13
设计艺术学	154	238	649	205
生理学	5	8	24	8
生物化工	12	12	38	13
生物化学与分子生物学	44	45	147	52
生物物理学	10	19	49	15
生药学	11	21	66	11
食品加工与安全	—	25	25	—
食品科学	21	25	78	28
水生生物学	4	13	31	5
思想政治教育	27	37	92	25
特种经济动物饲养	12	5	16	5
统计学	13	11	37	11
外国语言学及应用语言学	35	44	102	27
微生物学	32	43	119	33
细胞生物学	18	24	78	23
行政管理	37	46	134	37
岩土工程	6	10	26	4
养殖	—	1	1	—
药物化学	2	10	25	5
遗传学	21	18	57	15
应用化学	7	16	47	14
应用数学	13	15	39	9
应用心理学	9	13	41	13
英语语言文学	34	40	106	32
园艺	—	1	1	—
载运工具运用工程	19	25	70	20
植物营养学	17	11	32	8
制浆造纸工程	37	35	112	33
自然地理学	8	8	24	8

2010～2011学年初普通高等林业院校和其他高等院校林科分学校本专科学生情况(一)

单位:人

学校名称	毕业生数			招生数			在校学生数			毕业班学生数		
	计	本科生	专科生	计	本科生	专科生	计	本科生	专科生	计	本科生	专科生
总　　计	**52803**	**32698**	**20105**	**61289**	**42755**	**18534**	**212240**	**153614**	**58626**	**55703**	**35493**	**20210**
一、普通高等林业院校	**23523**	**20499**	**3024**	**26874**	**25461**	**1413**	**99693**	**93672**	**6021**	**24106**	**21927**	**2179**
北京林业大学	3064	3064	—	3398	3398	—	13079	13079	—	3099	3099	—
东北林业大学	4464	4112	352	4647	4647	—	18644	18503	141	4317	4176	141
南京林业大学	3654	3654	—	3974	3974	—	15390	15390	—	3761	3761	—
中南林业科技大学	5551	4362	1189	6150	5394	756	22785	20513	2272	5695	5132	563
西南林业大学	2401	2401	—	3711	3711	—	12240	12240	—	2668	2668	—
浙江农林大学	2906	2906	—	3494	3494	—	13104	13104	—	3091	3091	—
南京森林警察学院	1483	—	1483	1500	843	657	4451	843	3608	1475	—	1475
二、其他高等院校(林科)	**29280**	**12199**	**17081**	**34415**	**17294**	**17121**	**112547**	**59942**	**52605**	**31597**	**13566**	**18031**
北京联合大学	12	—	12	13	—	13	42	—	42	15	—	15
北京城市学院	98	—	98	20	—	20	159	—	159	94	—	94
中国农业大学	51	51	—	34	34	—	197	197	—	53	53	—
北京农业职业学院	79	—	79	33	—	33	215	—	215	110	—	110
北京农学院	123	123	—	140	140	—	530	530	—	145	145	—
天津科技大学	45	45	—	70	70	—	249	249	—	50	50	—
天津滨海职业学院	17	—	17	26	—	26	82	—	82	29	—	29
天津城市建设学院	56	56	—	97	97	—	284	284	—	68	68	—
天津农学院	127	93	34	172	139	33	705	456	249	195	103	92
河北政法职业学院	130	—	130	112	—	112	414	—	414	239	—	239
唐山职业技术学院	44	—	44	108	—	108	300	—	300	99	—	99
河北科技师范学院	99	53	46	141	77	64	415	351	64	108	108	—
中国环境管理干部学院	56	—	56	58	—	58	215	—	215	57	—	57
河北工程大学	59	59	—	42	42	—	292	200	92	141	74	67
河北农业大学现代科技学院	73	73	—	70	70	—	267	267	—	71	71	—
廊坊东方职业技术学院	—	—	—	58	—	58	87	—	87	—	—	—
保定职业技术学院	55	—	55	76	—	76	229	—	229	86	—	86
河北农业大学	417	281	136	353	233	120	1353	1044	309	446	294	152
河北北方学院	76	—	76	68	—	68	162	—	162	50	—	50
河北旅游职业学院	130	—	130	87	—	87	326	—	326	105	—	105
沧州职业技术学院	29	—	29	49	—	49	149	—	149	47	—	47
沧州师范学院	43	—	43	74	—	74	135	—	135	61	—	61
廊坊职业技术学院	85	—	85	108	—	108	302	—	302	107	—	107
廊坊师范学院	28	—	28	—	—	—	37	—	37	37	—	37
衡水学院	109	70	39	60	60	—	193	159	34	73	39	34
衡水职业技术学院	23	—	23	33	—	33	236	—	236	103	—	103
山西林业职业技术学院	616	—	616	436	—	436	1344	—	1344	439	—	439
长治职业技术学院	23	—	23	49	—	49	129	—	129	27	—	27
山西农业大学信息学院	91	91	—	150	150	—	423	423	—	97	97	—
山西运城农业职业技术学院	—	—	—	52	—	52	102	—	102	—	—	—
山西农业大学	254	189	65	258	258	—	723	723	—	180	180	—
运城学院	52	—	52	68	68	—	112	68	44	44	—	44
山西师范大学	33	33	—	83	83	—	159	159	—	—	—	—
吕梁学院	70	—	70	37	—	37	178	—	178	74	—	74
内蒙古农业大学	665	568	97	881	853	28	2794	2651	143	593	538	55
内蒙古民族大学	54	54	—	78	78	—	329	329	—	87	87	—
内蒙古商贸职业学院	—	—	—	26	—	26	27	—	27	—	—	—
乌兰察布职业学院	36	—	36	66	—	66	197	—	197	53	—	53
沈阳大学	68	36	32	63	32	31	228	130	98	66	31	35

2010～2011 学年初普通高等林业院校和其他高等院校林科分学校本专科学生情况(二)

单位:人

学校名称	毕业生数			招生数			在校学生数			毕业班学生数		
	计	本科生	专科生	计	本科生	专科生	计	本科生	专科生	计	本科生	专科生
辽宁林业职业技术学院	581	—	581	395	—	395	1564	—	1564	692	—	692
辽宁商贸职业学院	16	—	16	—	—	—	7	—	7	7	—	7
沈阳大学科技工程学院	30	30	—	—	—	—	81	81	—	30	30	—
沈阳建筑大学	23	23	—	22	22	—	99	99	—	30	30	—
沈阳化工大学	—	—	—	27	27	—	27	27	—	—	—	—
沈阳农业大学	199	178	21	210	165	45	863	742	121	183	148	35
沈阳农业大学科学技术学院	52	52	—	75	75	—	258	258	—	56	56	—
辽宁科技学院	—	—	—	—	—	—	111	—	111	59	—	59
辽东学院	68	—	68	83	—	83	298	—	298	104	—	104
辽宁农业职业技术学院	137	—	137	121	—	121	325	—	325	85	—	85
辽宁工程技术大学	56	56	—	47	47	—	202	202	—	52	52	—
阜新高等专科学校	11	—	11	24	—	24	77	—	77	21	—	21
辽宁职业学院	35	—	35	32	—	32	151	—	151	55	—	55
吉林农业大学	230	194	36	255	224	31	923	892	31	229	229	—
长春大学	68	68	—	76	76	—	298	298	—	83	83	—
吉林建筑工程学院建筑装饰学院	—	—	—	64	64	—	174	174	—	28	28	—
吉林农业大学发展学院	75	75	—	90	65	25	374	224	150	112	57	55
吉林农业科技学院	53	24	29	133	133	—	373	290	83	55	29	26
北华大学	126	126	—	195	195	—	790	790	—	206	206	—
松原职业技术学院	17	—	17	7	—	7	29	—	29	—	—	—
延边大学	—	—	—	68	68	—	212	212	—	35	35	—
哈尔滨师范大学	18	—	18	34	34	—	130	67	63	19	—	19
黑龙江林业职业技术学院	214	—	214	235	—	235	946	—	946	358	—	358
黑龙江农垦职业学院	—	—	—	47	—	47	47	—	47	—	—	—
齐齐哈尔职业学院	—	—	—	10	—	10	23	—	23	—	—	—
黑龙江大学	29	29	—	29	29	—	142	142	—	41	41	—
黑龙江生物科技职业学院	109	—	109	76	—	76	311	—	311	111	—	111
黑龙江农垦科技职业学院	—	—	—	—	—	—	1	—	1	—	—	—
黑龙江农业工程职业学院	56	—	56	61	—	61	149	—	149	44	—	44
东北农业大学	143	143	—	53	53	—	496	496	—	157	157	—
黑龙江生态工程职业学院	211	—	211	72	—	72	449	—	449	184	—	184
黑龙江畜牧兽医职业学院	130	—	130	26	—	26	195	—	195	80	—	80
伊春职业学院	—	—	—	54	—	54	152	—	152	—	—	—
齐齐哈尔大学	27	27	—	56	56	—	198	198	—	29	29	—
大庆职业学院	35	—	35	—	—	—	—	—	—	—	—	—
黑龙江八一农垦大学	96	96	—	61	61	—	289	289	—	101	101	—
佳木斯大学	32	32	—	38	38	—	113	113	—	34	34	—
黑龙江农业职业技术学院	124	—	124	27	—	27	119	—	119	57	—	57
牡丹江师范学院	53	53	—	68	68	—	186	186	—	54	54	—
黑龙江农业经济职业学院	67	—	67	69	—	69	284	—	284	119	—	119
黑龙江农垦林业职业技术学院	40	—	40	—	—	—	55	—	55	55	—	55
大兴安岭职业学院	42	—	42	35	—	35	173	—	173	83	—	83
上海交通大学	13	13	—	141	141	—	210	210	—	23	23	—
上海商学院	—	—	—	72	72	—	322	322	—	103	103	—
上海应用技术学院	40	40	—	77	77	—	283	283	—	49	49	—
上海海洋大学	57	57	—	37	37	—	125	125	—	38	38	—
同济大学	—	—	—	—	—	—	—	—	—	—	—	—
上海农林职业技术学院	151	—	151	113	—	113	302	—	302	84	—	84
上海建桥学院	36	—	36	—	—	—	128	—	128	50	—	50
南京农业大学	58	58	—	34	34	—	236	236	—	78	78	—
江苏联合职业技术学院	56	—	56	—	—	—	244	—	244	121	—	121

2010～2011学年初普通高等林业院校和其他高等院校林科分学校本专科学生情况(三)

单位:人

学校名称	毕业生数			招生数			在校学生数			毕业班学生数		
	计	本科生	专科生	计	本科生	专科生	计	本科生	专科生	计	本科生	专科生
三江学院	12	—	12	23	—	23	64	—	64	14	—	14
金陵科技学院	76	49	27	78	78	—	333	333	—	73	73	—
金陵科技学院龙蟠学院	72	72	—	126	126	—	279	279	—	74	74	—
南京交通职业技术学院	35	—	35	45	—	45	126	—	126	34	—	34
无锡城市职业技术学院	40	—	40	35	—	35	70	—	70	35	—	35
徐州工程学院	128	91	37	94	94	—	432	395	37	158	121	37
徐州师范大学	49	49	—	47	47	—	188	188	—	48	48	—
苏州大学	40	40	—	24	24	—	134	134	—	40	40	—
苏州农业职业技术学院	187	—	187	126	—	126	482	—	482	175	—	175
苏州科技学院	60	60	—	—	—	—	215	215	—	60	60	—
苏州科技学院天平学院	—	—	—	67	67	—	160	160	—	—	—	—
硅湖职业技术学院	46	—	46	14	—	14	100	—	100	47	—	47
南通农业职业技术学院	168	—	168	157	—	157	410	—	410	89	—	89
连云港师范高等专科学校	—	—	—	—	—	—	40	—	40	20	—	20
淮阴工学院	—	—	—	67	67	—	67	67	—	—	—	—
江汉大学	—	—	—	17	—	17	48	—	48	—	—	—
梧州学院	—	—	—	43	43	—	86	86	—	—	—	—
扬州大学	33	33	—	61	61	—	256	256	—	54	54	—
扬州环境资源职业技术学院	190	—	190	78	—	78	303	—	303	121	—	121
扬州大学广陵学院	—	—	—	91	91	—	250	250	—	65	65	—
江苏城市职业学院	—	—	—	34	—	34	34	—	34	—	—	—
江苏农林职业技术学院	385	—	385	405	—	405	1036	—	1036	244	—	244
南京林业大学南方学院	—	—	—	294	294	—	775	775	—	199	199	—
江苏畜牧兽医职业技术学院	101	—	101	157	—	157	465	—	465	140	—	140
宿迁学院	57	57	—	37	37	—	150	150	—	40	40	—
杭州职业技术学院	138	—	138	—	—	—	148	—	148	148	—	148
杭州万向职业技术学院	37	—	37	—	—	—	—	—	—	—	—	—
绍兴文理学院元培学院	—	—	—	37	37	—	37	37	—	—	—	—
浙江大学	27	27	—	—	—	—	40	40	—	17	17	—
浙江外国语学院	43	—	43	—	—	—	—	—	—	—	—	—
浙江农林大学天目学院	100	100	—	141	141	—	447	447	—	110	110	—
宁波城市职业技术学院	92	—	92	46	—	46	263	—	263	98	—	98
温州科技职业学院	175	—	175	188	—	188	522	—	522	168	—	168
温州职业技术学院	19	—	19	68	—	68	187	—	187	56	—	56
嘉兴职业技术学院	134	—	134	157	—	157	438	—	438	130	—	130
金华职业技术学院	157	—	157	41	—	41	268	—	268	124	—	124
台州科技职业学院	—	—	—	41	—	41	147	—	147	62	—	62
丽水学院	134	89	45	117	77	40	493	332	161	133	94	39
丽水职业技术学院	213	—	213	134	—	134	469	—	469	205	—	205
安徽城市管理职业学院	74	—	74	73	—	73	191	—	191	59	—	59
安徽林业职业技术学院	246	—	246	357	—	357	794	—	794	199	—	199
安徽农业大学	335	256	79	244	244	—	986	917	69	357	288	69
安徽建筑工业学院	50	50	—	—	—	—	61	61	—	61	61	—
芜湖职业技术学院	60	—	60	56	—	56	126	—	126	16	—	16
淮南师范学院	44	44	—	137	137	—	492	492	—	48	48	—
安庆职业技术学院	56	—	56	107	—	107	198	—	198	37	—	37
安徽农业大学经济技术学院	76	76	—	92	92	—	345	345	—	75	75	—
黄山学院	199	106	93	276	276	—	940	871	69	235	166	69
滁州学院	—	—	—	48	48	—	48	48	—	—	—	—
安徽科技学院	103	103	—	66	66	—	307	307	—	68	68	—
阜阳师范学院	32	32	—	83	83	—	236	236	—	54	54	—

2010～2011学年初普通高等林业院校和其他高等院校林科分学校本专科学生情况(四)

单位:人

学校名称	毕业生数			招生数			在校学生数			毕业班学生数		
	计	本科生	专科生	计	本科生	专科生	计	本科生	专科生	计	本科生	专科生
宿州职业技术学院	79	—	79	97	—	97	249	—	249	61	—	61
巢湖职业技术学院	58	—	58	36	—	36	76	—	76	—	—	—
六安职业技术学院	65	—	65	62	—	62	230	—	230	71	—	71
皖西学院	—	—	—	—	—	—	87	—	87	87	—	87
池州职业技术学院	75	—	75	147	—	147	313	—	313	77	—	77
宣城职业技术学院	42	—	42	80	—	80	179	—	179	36	—	36
福州黎明职业技术学院	13	—	13	51	—	51	127	—	127	33	—	33
福建农林大学	403	403	—	668	668	—	2108	2108	—	477	477	—
福建农业职业技术学院	109	—	109	272	—	272	679	—	679	179	—	179
福建农林大学东方学院	33	33	—	46	46	—	203	203	—	50	50	—
三明学院	41	—	41	—	—	—	52	—	52	52	—	52
福建农林大学金山学院	—	—	—	148	148	—	186	186	—	—	—	—
武夷山职业学院	—	—	—	—	—	—	36	—	36	—	—	—
漳州城市职业学院	22	—	22	56	—	56	123	—	123	36	—	36
漳州师范学院	—	—	—	97	97	—	305	305	—	50	50	—
漳州职业技术学院	—	—	—	57	—	57	210	—	210	82	—	82
福建林业职业技术学院	152	—	152	154	—	154	540	—	540	189	—	189
龙岩学院	—	—	—	—	—	—	72	—	72	39	—	39
闽西职业技术学院	45	—	45	48	—	48	166	—	166	87	—	87
宁德职业技术学院	—	—	—	28	—	28	106	—	106	35	—	35
江西农业大学	209	164	45	246	213	33	899	798	101	197	165	32
南昌工程学院	76	48	28	94	62	32	361	268	93	88	56	32
江西生物科技职业学院	71	—	71	113	—	113	255	—	255	52	—	52
江西赣江职业技术学院	—	—	—	30	—	30	30	—	30	—	—	—
江西农业大学南昌商学院	82	82	—	85	85	—	348	348	—	72	72	—
江西财经大学	103	55	48	—	—	—	154	—	154	96	—	96
江西科技师范学院	44	—	44	89	—	89	256	—	256	56	—	56
景德镇高等专科学校	106	—	106	52	—	52	133	—	133	42	—	42
九江学院	—	—	—	23	23	—	61	61	—	—	—	—
江西渝州科技职业学院	2	—	2	—	—	—	12	—	12	12	—	12
江西环境工程职业学院	97	—	97	411	—	411	921	—	921	208	—	208
井冈山大学	—	—	—	45	45	—	147	147	—	—	—	—
宜春学院	88	48	40	88	60	28	295	205	90	65	33	32
山东建筑大学	70	70	—	69	69	—	276	276	—	74	74	—
山东省农业管理干部学院	118	—	118	65	—	65	300	—	300	129	—	129
山东轻工业学院	34	34	—	36	36	—	116	116	—	41	41	—
青岛农业大学	126	126	—	120	120	—	540	540	—	154	154	—
青岛求实职业技术学院	132	—	132	45	—	45	112	—	112	41	—	41
淄博职业学院	34	—	34	27	—	27	80	—	80	26	—	26
东营职业学院	39	—	39	25	—	25	133	—	133	41	—	41
山东大王职业学院	—	—	—	5	—	5	45	—	45	24	—	24
烟台职业学院	75	—	75	—	—	—	43	—	43	38	—	38
青岛农业大学海都学院	—	—	—	53	53	—	158	158	—	—	—	—
潍坊学院	31	31	—	40	40	—	147	147	—	34	34	—
潍坊职业学院	308	—	308	168	—	168	703	—	703	310	—	310
潍坊科技学院	57	—	57	50	—	50	206	—	206	87	—	87
济宁职业技术学院	30	—	30	9	—	9	131	—	131	60	—	60
山东农业大学	459	458	1	382	382	—	1472	1471	1	524	523	1
泰山职业技术学院	87	—	87	38	—	38	220	—	220	91	—	91
莱芜职业技术学院	28	—	28	16	—	16	63	—	63	40	—	40
临沂大学	92	79	13	100	78	22	398	346	52	79	65	14

2010～2011学年初普通高等林业院校和其他高等院校林科分学校本专科学生情况(五)

单位:人

学校名称	毕业生数			招生数			在校学生数			毕业班学生数		
	计	本科生	专科生	计	本科生	专科生	计	本科生	专科生	计	本科生	专科生
山东现代职业学院	—	—	—	20	—	20	50	—	50	—	—	—
聊城大学	80	61	19	38	38	—	154	154	—	45	45	—
聊城职业技术学院	—	—	—	25	—	25	119	—	119	43	—	43
山东英才学院	—	—	—	21	—	21	91	—	91	40	—	40
滁州职业技术学院	32	—	32	79	—	79	171	—	171	48	—	48
德州学院	7	—	7	—	—	—	9	—	9	9	—	9
河南农业大学华豫学院	—	—	—	76	76	—	165	165	—	—	—	—
河南城建学院	—	—	—	38	38	—	38	38	—	—	—	—
商丘师范学院	—	—	—	44	44	—	44	44	—	—	—	—
滨州职业学院	31	—	31	30	—	30	160	—	160	100	—	100
菏泽学院	101	101	—	21	21	—	113	113	—	34	34	—
河南农业大学	234	234	—	216	216	—	722	722	—	266	266	—
河南农业职业学院	255	—	255	260	—	260	663	—	663	207	—	207
河南科技大学林业职业学院	477	—	477	—	—	—	404	—	404	404	—	404
河南科技大学	177	177	—	400	217	183	1198	720	478	223	223	—
安阳工学院	27	—	27	—	—	—	37	—	37	10	—	10
河南科技学院	97	97	—	127	127	—	560	560	—	58	58	—
新乡学院	103	—	103	119	—	119	348	—	348	94	—	94
濮阳职业技术学院	52	—	52	103	—	103	251	—	251	71	—	71
许昌职业技术学院	63	—	63	47	—	47	183	—	183	70	—	70
三门峡职业技术学院	59	—	59	78	—	78	214	—	214	63	—	63
商丘职业技术学院	96	—	96	110	—	110	265	—	265	45	—	45
信阳农业高等专科学校	307	—	307	323	—	323	1072	—	1072	343	—	343
周口职业技术学院	33	—	33	28	—	28	133	—	133	55	—	55
黄淮学院	70	—	70	156	156	—	505	415	90	155	65	90
武汉软件工程职业学院	19	—	19	36	—	36	101	—	101	33	—	33
湖北生物科技职业学院	70	—	70	116	—	116	291	—	291	76	—	76
华中农业大学	180	180	—	200	200	—	849	849	—	205	205	—
湖北民族学院科技学院	—	—	—	31	31	—	60	60	—	—	—	—
武汉民政职业学院	44	—	44	67	—	67	293	—	293	112	—	112
湖北生态工程职业技术学院	419	—	419	606	—	606	1656	—	1656	532	—	532
华中农业大学楚天学院	87	87	—	300	300	—	513	513	—	32	32	—
武汉科技大学中南分校	28	9	19	—	—	—	66	14	52	32	—	32
武汉生物工程学院	280	47	233	319	83	236	1015	286	729	368	74	294
湖北三峡职业技术学院	28	—	28	33	—	33	121	—	121	54	—	54
荆楚理工学院	36	—	36	86	—	86	252	—	252	85	—	85
长江大学	163	163	—	167	145	22	623	520	103	203	146	57
荆州职业技术学院	14	—	14	32	—	32	122	—	122	48	—	48
黄冈职业技术学院	92	—	92	82	—	82	192	—	192	26	—	26
咸宁职业技术学院	89	—	89	83	—	83	133	—	133	28	—	28
随州职业技术学院	13	—	13	—	—	—	39	—	39	21	—	21
恩施职业技术学院	51	—	51	23	—	23	133	—	133	69	—	69
湖北民族学院	38	38	—	80	80	—	213	213	—	18	18	—
仙桃职业学院	52	—	52	25	—	25	107	—	107	48	—	48
湖南农业大学	105	103	2	80	80	—	408	408	—	124	124	—
湖南城市学院	58	58	—	—	—	—	89	89	—	34	34	—
湖南农业大学东方科技学院	131	131	—	132	132	—	551	551	—	139	139	—
湖南生物机电职业技术学院	167	—	167	185	—	185	572	—	572	212	—	212
中南林业科技大学涉外学院	105	105	—	140	140	—	530	530	—	122	122	—
长沙职业技术学院	21	—	21	18	—	18	64	—	64	—	—	—
湖南科技大学	—	—	—	57	57	—	223	223	—	50	50	—
湖南环境生物职业技术学院	216	—	216	226	—	226	674	—	674	270	—	270
吉首大学张家界学院	—	—	—	58	58	—	82	82	—	—	—	—
邵阳学院	35	35	—	55	55	—	179	179	—	39	39	—

2010～2011 学年初普通高等林业院校和其他高等院校林科分学校本专科学生情况(六)

单位:人

学校名称	毕业生数			招生数			在校学生数			毕业班学生数		
	计	本科生	专科生	计	本科生	专科生	计	本科生	专科生	计	本科生	专科生
邵阳职业技术学院	3	—	3	—	—	—	2	—	2	2	—	2
岳阳职业技术学院	46	—	46	55	—	55	137	—	137	39	—	39
益阳职业技术学院	30	—	30	38	—	38	213	—	213	66	—	66
永州职业技术学院	24	—	24	28	—	28	88	—	88	32	—	32
怀化学院	36	36	—	72	72	—	264	264	—	44	44	—
娄底职业技术学院	27	—	27	90	—	90	218	—	218	65	—	65
吉首大学	38	38	—	68	68	—	196	196	—	53	53	—
湘西民族职业技术学院	28	—	28	16	—	16	32	—	32	—	—	—
仲恺农业工程学院	86	86	—	113	113	—	342	342	—	103	103	—
华南农业大学	370	370	—	373	373	—	1210	1210	—	297	297	—
私立华联学院	36	—	36	53	—	53	170	—	170	45	—	45
韶关学院	72	35	37	75	53	22	320	206	114	114	58	56
深圳职业技术学院	110	—	110	147	—	147	459	—	459	147	—	147
佛山科学技术学院	31	31	—	56	56	—	234	234	—	63	63	—
顺德职业技术学院	132	—	132	219	—	219	535	—	535	150	—	150
湛江师范学院	33	33	—	47	47	—	168	168	—	37	37	—
广东海洋大学	86	86	—	105	105	—	409	409	—	93	93	—
广东农工商职业技术学院	—	—	—	54	—	54	113	—	113	—	—	—
广东海洋大学寸金学院	—	—	—	109	109	—	212	212	—	—	—	—
长江大学文理学院	38	38	—	29	29	—	115	115	—	23	23	—
肇庆学院	—	—	—	47	47	—	152	152	—	26	26	—
惠州学院	19	19	—	71	71	—	183	183	—	31	31	—
嘉应学院	69	33	36	77	47	30	191	161	30	35	35	—
阳江职业技术学院	38	—	38	66	—	66	215	—	215	88	—	88
广西大学行健文理学院	—	—	—	35	35	—	118	118	—	—	—	—
广西职业技术学院	23	—	23	—	—	—	23	—	23	23	—	23
广西大学	202	202	—	249	249	—	875	875	—	244	244	—
桂林理工大学	37	37	—	—	—	—	26	26	—	26	26	—
玉林师范学院	—	—	—	54	—	54	54	—	54	—	—	—
广西农业职业技术学院	124	—	124	135	—	135	398	—	398	129	—	129
广西生态工程职业技术学院	193	—	193	352	—	352	818	—	818	235	—	235
北京航空航天大学北海学院	—	—	—	54	54	—	114	114	—	—	—	—
广西英华国际职业学院	16	—	16	8	—	8	40	—	40	14	—	14
贺州学院	—	—	—	12	—	12	58	—	58	20	—	20
广西城市职业学院	43	—	43	54	—	54	146	—	146	47	—	47
三峡旅游职业技术学院	21	—	21	23	—	23	129	—	129	53	—	53
海南师范大学	—	—	—	44	44	—	87	87	—	—	—	—
海南职业技术学院	42	—	42	84	—	84	235	—	235	69	—	69
海南大学	160	160	—	152	152	—	598	598	—	133	133	—
琼台师范高等专科学校	—	—	—	28	—	28	67	—	67	—	—	—
海南大学三亚学院	56	56	—	99	99	—	389	389	—	79	79	—
重庆三峡职业学院	144	—	144	301	—	301	742	—	742	223	—	223
重庆工贸职业技术学院	47	—	47	149	—	149	338	—	338	121	—	121
西南大学	232	232	—	408	408	—	1139	1139	—	162	162	—
重庆城市管理职业学院	104	—	104	167	—	167	383	—	383	98	—	98
西南大学育才学院	—	—	—	93	93	—	240	240	—	59	59	—
重庆文理学院	95	95	—	212	212	—	589	589	—	99	99	—
西南交通大学	36	36	—	—	—	—	34	34	—	34	34	—
四川大学	19	19	—	—	—	—	38	38	—	23	23	—
成都理工大学	22	22	—	52	52	—	179	179	—	31	31	—
成都学院	—	—	—	91	91	—	358	358	—	48	48	—
四川国际标榜职业学院	29	—	29	56	—	56	107	—	107	28	—	28
成都农业科技职业学院	151	—	151	182	—	182	471	—	471	150	—	150
绵阳师范学院	43	43	—	67	67	—	251	251	—	73	73	—
内江职业技术学院	53	—	53	44	—	44	133	—	133	52	—	52
南充职业技术学院	35	—	35	98	—	98	233	—	233	68	—	68

2010～2011学年初普通高等林业院校和其他高等院校林科分学校本专科学生情况(七)

单位:人

学校名称	毕业生数			招生数			在校学生数			毕业班学生数		
	计	本科生	专科生	计	本科生	专科生	计	本科生	专科生	计	本科生	专科生
西华师范大学	35	35	—	126	56	70	332	176	156	37	37	—
眉山职业技术学院	49	—	49	28	—	28	101	—	101	40	—	40
广安职业技术学院	49	—	49	25	—	25	128	—	128	56	—	56
四川农业大学	831	645	186	1016	854	162	4122	3744	378	875	758	117
四川现代职业学院	—	—	—	63	—	63	63	—	63	—	—	—
西昌学院	48	48	—	55	20	35	237	148	89	88	55	33
贵州师范大学	43	43	—	61	61	—	261	215	46	96	50	46
贵州大学	220	220	—	227	227	—	972	972	—	242	242	—
贵州师范大学求是学院	18	18	—	—	—	—	98	98	—	61	61	—
安顺职业技术学院	26	—	26	20	—	20	103	—	103	37	—	37
铜仁学院	34	—	34	32	—	32	95	—	95	38	—	38
贵阳职业技术学院	—	—	—	107	—	107	107	—	107	—	—	—
贵阳学院	—	—	—	63	63	—	127	127	—	—	—	—
黔西南民族职业技术学院	—	—	—	15	—	15	41	—	41	12	—	12
黔东南民族职业技术学院	21	—	21	18	—	18	89	—	89	37	—	37
黔南民族职业技术学院	—	—	—	28	—	28	105	—	105	32	—	32
云南民族大学	73	73	—	85	85	—	271	271	—	47	47	—
云南农业职业技术学院	263	—	263	118	—	118	491	—	491	225	—	225
云南师范大学文理学院	71	71	—	69	69	—	347	347	—	52	52	—
云南林业职业技术学院	749	—	749	776	—	776	1843	—	1843	488	—	488
昆明学院	—	—	—	37	—	37	37	—	37	—	—	—
昆明理工大学	—	—	—	31	31	—	67	67	—	—	—	—
云南农业大学	200	200	—	157	157	—	661	661	—	209	209	—
玉溪农业职业技术学院	50	—	50	69	—	69	177	—	177	48	—	48
思茅师范高等专科学校	51	—	51	37	—	37	104	—	104	46	—	46
云南热带作物职业学院	163	—	163	100	—	100	348	—	348	132	—	132
云南国防工业职业技术学院	—	—	—	62	—	62	62	—	62	—	—	—
西双版纳职业技术学院	16	—	16	16	—	16	16	—	16	—	—	—
西藏职业技术学院	—	—	—	98	—	98	239	—	239	48	—	48
藏大农学院	238	148	90	279	201	78	705	529	176	190	128	62
西北农林科技大学	351	351	—	523	523	—	1862	1862	—	337	337	—
西安外事学院	—	—	—	27	27	—	117	117	—	29	29	—
西安东方亚太职业技术学院	—	—	—	16	—	16	16	—	16	—	—	—
延安大学西安创新学院	40	40	—	61	61	—	165	165	—	40	40	—
咸阳职业技术学院	20	—	20	65	—	65	186	—	186	68	—	68
西安职业技术学院	—	—	—	—	—	—	13	—	13	—	—	—
杨凌职业技术学院	28	—	28	30	—	30	89	—	89	30	—	30
延安大学	37	37	—	40	40	—	198	198	—	54	54	—
汉中职业技术学院	13	—	13	21	—	21	40	—	40	3	—	3
榆林学院	39	—	39	60	35	25	186	83	103	50	—	50
安康学院	27	—	27	85	63	22	277	174	103	71	36	35
甘肃农业职业技术学院	159	—	159	45	—	45	148	—	148	63	—	63
甘肃农业大学	176	176	—	229	229	—	836	836	—	176	176	—
甘肃林业职业技术学院	672	—	672	671	—	671	1891	—	1891	575	—	575
河西学院	—	—	—	25	—	25	87	—	87	62	—	62
青海大学	—	—	—	45	45	—	94	94	—	—	—	—
青海畜牧兽医职业技术学院	47	—	47	22	—	22	125	—	125	45	—	45
宁夏大学	81	81	—	—	—	—	186	186	—	68	68	—
宁夏职业技术学院	36	—	36	44	—	44	113	—	113	35	—	35
新疆农业大学	210	210	—	181	181	—	773	773	—	139	139	—
新疆农业大学科学技术学院	46	46	—	153	153	—	450	450	—	79	79	—
巴音郭楞职业技术学院	33	—	33	35	—	35	87	—	87	15	—	15
塔里木大学	107	107	—	100	100	—	419	419	—	100	100	—
伊犁师范学院	40	—	40	26	—	26	121	—	121	35	—	35
伊犁职业技术学院	48	—	48	15	—	15	84	—	84	31	—	31
石河子大学	103	103	—	173	173	—	615	615	—	144	144	—

2010～2011 学年初普通高等林业院校和其他高等院校林科分专业本专科学生情况(一)

单位:人

专业名称	毕业生数			招生数			在校学生数			毕业班学生数		
	计	本科生	专科生	计	本科生	专科生	计	本科生	专科生	计	本科生	专科生
总　　计	**52803**	**32698**	**20105**	**61375**	**42841**	**18534**	**212326**	**153700**	**58626**	**55703**	**35493**	**20210**
一、林科专业	**32926**	**15756**	**17170**	**38611**	**21455**	**17156**	**128357**	**75660**	**52697**	**35342**	**17303**	**18039**
1. 林业工程类	2876	2100	776	4159	3412	747	14092	11847	2245	3435	2590	845
森林工程	481	274	207	548	456	92	1905	1473	432	491	273	218
木材科学与工程	1944	1416	528	3044	2474	570	10365	8705	1660	2479	1886	593
林产化工	451	410	41	567	482	85	1822	1669	153	465	431	34
2. 森林资源类	6075	3231	2844	7847	4211	3636	24240	14652	9588	6222	3291	2931
林学	3994	2048	1946	5630	2844	2786	17296	10317	6979	4336	2237	2099
森林资源保护与游憩	1363	823	540	1654	914	740	5297	3204	2093	1262	695	567
野生动物与自然保护区管理	718	360	358	477	367	110	1561	1045	516	624	359	265
森林资源类新专业	—	—	—	86	86	—	86	86	—	—	—	—
3. 环境生态类	23629	10079	13550	26261	13488	12773	88674	47810	40864	25368	11105	14263
园林	22637	9087	13550	24671	11898	12773	83794	42930	40864	24432	10169	14263
水土保持与荒漠化防治	860	860	—	994	994	—	3527	3527	—	784	784	—
环境生态类新专业	132	132	—	596	596	—	1353	1353	—	152	152	—
4. 农林经济管理类	346	346	—	344	344	—	1351	1351	—	317	317	—
农林经济管理	346	346	—	344	344	—	1351	1351	—	317	317	—
二、林业院校非林科专业	**19877**	**16942**	**2935**	**22764**	**21386**	**1378**	**83969**	**78040**	**5929**	**20361**	**18190**	**2171**
安全工程	—	—	—	—	—	—	75	75	—	—	—	—
包装工程	161	161	—	182	182	—	679	679	—	158	158	—
保险	—	—	—	33	33	—	78	78	—	—	—	—
材料成型及控制工程	57	57	—	46	46	—	207	207	—	49	49	—
材料化学	51	51	—	154	154	—	446	446	—	56	56	—
财务管理	—	—	—	45	45	—	198	198	—	—	—	—
草业科学	58	58	—	58	58	—	259	259	—	27	27	—
测绘工程	107	107	—	151	151	—	580	580	—	98	98	—
测控技术与仪器	59	59	—	49	49	—	251	251	—	55	55	—
朝鲜语	—	—	—	28	28	—	100	100	—	26	26	—
车辆工程	40	40	—	233	233	—	643	643	—	57	57	—
城市管理	58	58	—	68	68	—	243	243	—	60	60	—
城市规划	374	374	—	314	314	—	1228	1228	—	278	278	—
地理信息系统	226	226	—	224	224	—	889	889	—	218	218	—
电气工程及其自动化	66	66	—	219	219	—	743	743	—	132	132	—
电气信息工程	—	—	—	33	33	—	33	33	—	—	—	—
电子科学与技术	—	—	—	30	30	—	146	146	—	45	45	—
电子商务	114	114	—	59	59	—	399	399	—	114	114	—
电子信息工程	453	453	—	352	352	—	1694	1694	—	479	479	—
电子信息科学类	—	—	—	210	210	—	210	210	—	—	—	—
电子信息科学与技术	52	52	—	59	59	—	236	236	—	57	57	—
动画	34	34	—	174	174	—	352	352	—	21	21	—

2010～2011学年初普通高等林业院校和其他高等院校林科分专业本专科学生情况(二)

单位:人

专业名称	毕业生数			招生数			在校学生数			毕业班学生数		
	计	本科生	专科生	计	本科生	专科生	计	本科生	专科生	计	本科生	专科生
动物科学	81	81	—	116	116	—	340	340	—	67	67	—
动物医学	55	55	—	42	42	—	212	212	—	56	56	—
俄语	22	22	—	67	67	—	282	282	—	33	33	—
法学	360	360	—	367	367	—	1552	1552	—	405	405	—
法语	33	33	—	114	114	—	252	252	—	48	48	—
高分子材料与工程	198	198	—	268	268	—	927	927	—	199	199	—
给水排水工程	—	—	—	58	58	—	223	223	—	58	58	—
工程管理	240	240	—	276	276	—	1113	1113	—	247	247	—
工程力学	28	28	—	—	—	—	80	80	—	29	29	—
工商管理	494	494	—	468	468	—	1473	1473	—	352	352	—
工业工程	55	55	—	75	75	—	264	264	—	53	53	—
工业设计	578	578	—	423	423	—	2075	2075	—	530	530	—
公安学类新专业	—	—	—	136	136	—	136	136	—	—	—	—
公共事业管理	92	92	—	183	183	—	496	496	—	84	84	—
广播电视新闻学	—	—	—	27	27	—	55	55	—	—	—	—
广告学	208	208	—	226	226	—	1013	1013	—	251	251	—
国际经济与贸易	684	684	—	502	502	—	1814	1814	—	486	486	—
国际商务	—	—	—	50	50	—	101	101	—	—	—	—
过程装备与控制工程	55	55	—	55	55	—	243	243	—	57	57	—
汉语言	—	—	—	28	28	—	114	114	—	27	27	—
汉语言文学	156	156	—	161	161	—	531	531	—	128	128	—
化学	41	41	—	47	47	—	190	190	—	51	51	—
化学工程与工艺	226	226	—	258	258	—	1061	1061	—	239	239	—
环境工程	183	183	—	221	221	—	937	937	—	252	252	—
环境科学	310	310	—	196	196	—	1029	1029	—	321	321	—
环境科学类新专业	—	—	—	88	88	—	88	88	—	—	—	—
会计学	771	771	—	1194	1194	—	4113	4113	—	931	931	—
机械电子工程	—	—	—	141	141	—	269	269	—	—	—	—
机械类	—	—	—	239	239	—	239	239	—	—	—	—
机械设计制造及其自动化	787	787	—	944	944	—	3723	3723	—	916	916	—
计算机科学与技术	727	727	—	459	459	—	2611	2611	—	733	733	—
建筑环境与设备工程	68	68	—	63	63	—	303	303	—	63	63	—
建筑学	—	—	—	171	171	—	450	450	—	56	56	—
交通工程	134	134	—	57	57	—	310	310	—	145	145	—
交通运输	443	443	—	384	384	—	1713	1713	—	387	387	—
金融学	168	168	—	334	334	—	1160	1160	—	304	304	—
经济学	—	—	—	69	69	—	212	212	—	44	44	—
景观建筑设计	—	—	—	65	65	—	200	200	—	—	—	—
旅游管理	531	531	—	424	424	—	1786	1786	—	506	506	—
农村区域发展	30	30	—	47	47	—	199	199	—	—	—	—

2010～2011学年初普通高等林业院校和其他高等院校林科分专业本专科学生情况(三)

单位:人

专业名称	毕业生数			招生数			在校学生数			毕业班学生数		
	计	本科生	专科生	计	本科生	专科生	计	本科生	专科生	计	本科生	专科生
农学	44	44	—	97	97	—	260	260	—	38	38	—
农业机械化及其自动化	—	—	—	—	—	—	125	125	—	23	23	—
农业资源与环境	31	31	—	74	74	—	286	286	—	86	86	—
汽车服务工程	—	—	—	44	44	—	154	154	—	—	—	—
轻化工程	182	182	—	209	209	—	774	774	—	206	206	—
热能与动力工程	115	115	—	155	155	—	541	541	—	120	120	—
人力资源管理	126	126	—	153	153	—	547	547	—	125	125	—
日语	195	195	—	243	243	—	1045	1045	—	236	236	—
软件工程	—	—	—	101	101	—	378	378	—	62	62	—
社会工作	44	44	—	86	86	—	327	327	—	71	71	—
社会体育	30	30	—	32	32	—	126	126	—	35	35	—
摄影	32	32	—	—	—	—	132	132	—	42	42	—
生态学	60	60	—	125	125	—	347	347	—	74	74	—
生物工程	119	119	—	137	137	—	576	576	—	142	142	—
生物技术	289	289	—	323	323	—	1130	1130	—	307	307	—
生物科学	212	212	—	209	209	—	784	784	—	164	164	—
食品科学与工程	333	333	—	346	346	—	1541	1541	—	402	402	—
食品质量与安全	28	28	—	39	39	—	218	218	—	30	30	—
市场营销	389	389	—	224	224	—	1200	1200	—	317	317	—
数学与应用数学	96	96	—	98	98	—	394	394	—	89	89	—
数字媒体艺术	—	—	—	61	61	—	294	294	—	61	61	—
体育教育	32	32	—	55	55	—	182	182	—	45	45	—
通信工程	121	121	—	158	158	—	644	644	—	200	200	—
统计学	159	159	—	87	87	—	501	501	—	154	154	—
统计学类新专业	—	—	—	90	90	—	90	90	—	—	—	—
土地资源管理	57	57	—	—	—	—	106	106	—	57	57	—
土木工程	871	871	—	1335	1335	—	4055	4055	—	970	970	—
网络工程	—	—	—	30	30	—	30	30	—	—	—	—
文化产业管理	1	1	—	64	64	—	246	246	—	60	60	—
物理学	29	29	—	41	41	—	182	182	—	43	43	—
物流工程	168	168	—	150	150	—	731	731	—	178	178	—
物流管理	—	—	—	152	152	—	417	417	—	86	86	—
物业管理	—	—	—	123	123	—	462	462	—	108	108	—
消防工程	35	35	—	46	46	—	158	158	—	34	34	—
心理学	83	83	—	67	67	—	314	314	—	81	81	—
信息管理与信息系统	267	267	—	203	203	—	1213	1213	—	319	319	—
信息与计算科学	206	206	—	205	205	—	941	941	—	212	212	—
行政管理	35	35	—	39	39	—	169	169	—	30	30	—
艺术类	—	—	—	295	295	—	295	295	—	—	—	—
艺术设计	972	972	—	1135	1135	—	4256	4256	—	1118	1118	—

2010～2011 学年初普通高等林业院校和其他高等院校林科分专业本专科学生情况(四)

单位:人

专业名称	毕业生数			招生数			在校学生数			毕业班学生数		
	计	本科生	专科生	计	本科生	专科生	计	本科生	专科生	计	本科生	专科生
艺术设计学	202	202	—	—	—	—	525	525	—	191	191	—
音乐表演	47	47	—	43	43	—	192	192	—	64	64	—
印刷工程	56	56	—	54	54	—	187	187	—	50	50	—
应用化学	136	136	—	166	166	—	604	604	—	147	147	—
应用物理学	—	—	—	—	—	—	52	52	—	—	—	—
英语	599	599	—	662	662	—	2518	2518	—	649	649	—
园艺	196	196	—	281	281	—	986	986	—	243	243	—
侦查学	—	—	—	414	414	—	414	414	—	—	—	—
政治学与行政学	50	50	—	58	58	—	190	190	—	38	38	—
植物保护	92	92	—	100	100	—	347	347	—	62	62	—
治安学	—	—	—	293	293	—	293	293	—	—	—	—
中药学	80	80	—	—	—	—	178	178	—	57	57	—
资源环境与城乡规划管理	165	165	—	238	238	—	776	776	—	138	138	—
自动化	290	290	—	282	282	—	1029	1029	—	238	238	—
汽车检测与维修技术	45	—	45	—	—	—	—	—	—	—	—	—
市场营销	75	—	75	—	—	—	—	—	—	—	—	—
涉外旅游	55	—	55	—	—	—	—	—	—	—	—	—
酒店管理	5	—	5	—	—	—	2	—	2	2	—	2
网络系统管理	67	—	67	—	—	—	3	—	3	3	—	3
物业管理	—	—	—	—	—	—	22	—	22	22	—	22
旅游管理	179	—	179	—	—	—	28	—	28	28	—	28
机电一体化技术	54	—	54	—	—	—	31	—	31	31	—	31
商务英语	—	—	—	—	—	—	113	—	113	34	—	34
室内设计技术	62	—	62	—	—	—	39	—	39	39	—	39
森林消防	32	—	32	—	—	—	40	—	40	40	—	40
电子商务	97	—	97	72	—	72	248	—	248	47	—	47
酒店管理	177	—	177	320	—	320	515	—	515	53	—	53
艺术设计	144	—	144	98	—	98	327	—	327	65	—	65
道路桥梁工程技术	76	—	76	—	—	—	71	—	71	71	—	71
会计电算化	282	—	282	152	—	152	504	—	504	115	—	115
警察管理	115	—	115	63	—	63	299	—	299	118	—	118
信息网络安全监察	150	—	150	—	—	—	255	—	255	126	—	126
警察指挥与战术	137	—	137	—	—	—	133	—	133	133	—	133
国际商务	134	—	134	79	—	79	418	—	418	186	—	186
刑事技术	222	—	222	—	—	—	402	—	402	192	—	192
侦查	394	—	394	282	—	282	1215	—	1215	433	—	433
治安管理	433	—	433	312	—	312	1264	—	1264	433	—	433

2010～2011学年初普通高等林业院校分学科专业学生情况(一)

单位:人

学校	学科专业	毕业生数	招生数	在校学生数	毕业班学生数
北京林业大学	学生总数	4073	4726	16984	4507
	其中:林业学科专业学生	1148	1272	4682	1381
	占学生总数的比例(%)	28.2	26.9	27.6	30.6
	一、研究生合计	1009	1328	3905	1408
	(一)博士小计	180	242	918	442
	1.林业学科	127	167	656	332
	森林工程	2	4	13	5
	木材科学与技术	4	7	36	20
	林产化工加工工程	1	6	15	5
	林业工程新专业	12	17	73	35
	林木遗传育种	9	12	36	12
	森林培育	19	20	72	34
	森林保护学	4	10	27	9
	森林经理学	6	13	58	32
	野生动植物保护与利用	2	7	27	14
	园林植物与观赏园艺	16	17	59	26
	水土保持与荒漠化防治	14	22	66	26
	林学新专业	2	7	20	8
	林业经济管理	36	25	154	106
	2.其他学科	53	75	262	110
	(二)硕士小计	829	1086	2987	966
	1.林业学科	327	360	1070	346
	森林工程	6	7	23	8
	木材科学与技术	36	40	114	35
	林产化工加工工程	16	20	56	16
	林业工程新专业	19	17	67	20
	林学新专业	3	21	59	15
	林木遗传育种	24	25	76	26
	森林培育	35	34	101	32
	森林保护学	19	24	71	22
	森林经理学	25	25	75	28
	野生动植物保护与利用	15	16	49	16
	园林植物与观赏园艺	70	70	206	67
	水土保持与荒漠化防治	36	48	131	44
	自然保护区学	6	—	—	—
	林业经济管理	17	13	42	17
	2.其他学科	502	726	1917	620
	二、本专科生合计	3064	3398	13079	3099
	(一)本科生小计	3064	3398	13079	3099
	1.林科专业	694	745	2956	703
	木材科学与工程	121	156	574	130
	林产化工	97	90	353	98
	林学	84	98	398	89
	森林资源保护与游憩	30	30	98	22

2010～2011学年初普通高等林业院校分学科专业学生情况(二)

单位:人

学校	学科专业	毕业生数	招生数	在校学生数	毕业班学生数
	野生动物与自然保护区管理	29	32	116	23
	园林	189	175	767	188
	水土保持与荒漠化防治	85	97	372	88
	农林经济管理	59	67	278	65
	2. 其他专业	2380	2653	10123	2396
	(二)专科生合计	—	—	—	—
东北林业大学	学生总数	5444	5874	22208	5512
	其中:林业学科专业学生	1073	1036	4111	1191
	占学生总数的比例(%)	19.7	17.6	18.5	21.6
	一、研究生合计	980	1227	3564	1195
	(一)博士小计	126	196	855	469
	1. 林业学科	74	141	572	302
	森林工程	15	27	111	60
	木材科学与技术	5	19	60	26
	林产化学加工工程	2	5	25	15
	林学	7	19	60	23
	林木遗传育种	9	11	35	16
	森林保护学	4	9	48	30
	森林培育	4	4	19	11
	森林经理学	3	5	30	18
	野生动植物保护与利用	6	14	46	20
	水土保持与荒漠化防治	3	7	25	13
	园林植物与观赏园艺	1	4	12	7
	林业经济管理	15	17	101	63
	2. 其他学科	52	55	283	167
	(二)硕士小计	854	1031	2709	726
	1. 林业学科	227	210	612	189
	森林工程	25	39	95	25
	木材科学与技术	16	20	64	17
	林产化学加工工程	10	7	24	12
	林学	24	30	77	17
	林木遗传育种	15	14	59	24
	森林培育	11	6	22	7
	森林保护学	28	15	51	18
	森林经理学	29	20	58	20
	野生动植物保护与利用	21	13	37	6
	园林植物与观赏园艺	28	28	83	29
	水土保持与荒漠化防治	14	12	24	8
	林业经济管理	6	6	18	6
	2. 其他学科	627	821	2097	537
	二、本专科生合计	4464	4647	18644	4317
	(一)本科生小计	4112	4647	18503	4176
	1. 林科专业	732	685	2927	700
	森林工程	58	106	397	68

2010~2011学年初普通高等林业院校分学科专业学生情况(三)

单位:人

学校	学科专业	毕业生数	招生数	在校学生数	毕业班学生数
	木材科学与工程	115	147	558	116
	林产化工	41	53	196	44
	林学	65	93	395	69
	森林资源保护与游憩	55	51	206	54
	野生动物与自然保护区管理	117	68	349	99
	园林	206	92	520	184
	农林经济管理	75	75	306	66
	2. 其他专业	3380	3962	15576	3476
	(二)专科生合计	352	—	141	141
	1. 园林技术	40	—	—	—
	2. 其他专业	312	—	141	141
南京林业大学	学生总数	4319	4960	18287	4835
	其中:林业学科专业学生	801	890	3239	1290
	占学生总数的比例(%)	18.5	17.9	17.7	26.7
	一、研究生合计	665	986	2897	1074
	(一)博士小计	83	121	591	351
	1. 林业学科	60	82	421	258
	森林工程	1	9	37	21
	木材科学与技术	9	13	55	32
	林产化学加工工程	4	7	19	9
	林业工程新专业	2	10	49	29
	林木遗传育种	5	8	32	19
	森林培育	12	8	41	22
	森林保护学	6	3	37	25
	森林经理学	3	1	20	17
	野生动植物保护与利用	—	1	4	1
	园林植物与观赏园艺	5	7	35	19
	水土保持与荒漠化防治	4	4	19	13
	林学新专业	—	—	1	1
	林业经济管理	9	11	72	50
	2. 其他学科	23	39	170	93
	(二)硕士小计	582	865	2306	723
	1. 林业学科	188	216	676	221
	森林工程	5	8	21	5
	木材科学与技术	15	37	131	40
	林产化学加工工程	19	17	43	12
	林业工程新专业	25	26	89	33
	林木遗传育种	11	17	47	12
	森林培育	28	23	70	26
	森林保护学	18	18	49	15
	森林经理学	15	12	48	21
	野生动植物保护与利用	2	2	4	1
	园林植物与观赏园艺	29	30	102	33
	水土保持与荒漠化防治	13	16	39	10

2010～2011学年初普通高等林业院校分学科专业学生情况(四)

单位:人

学校	学科专业	毕业生数	招生数	在校学生数	毕业班学生数
	林学新专业	2	—	1	1
	林业经济管理	6	10	32	12
	2. 其他学科	394	649	1630	502
	二、本专科生合计	3654	3974	15390	3761
	(一)本科生小计	3654	3974	15390	3761
	1. 林科专业	553	592	2142	811
	森林工程	24	28	104	23
	木材科学与工程	175	242	825	202
	林产化工	23	27	116	30
	林学	168	169	619	415
	园林	100	97	354	110
	农林经济管理	63	29	124	31
	2. 其他学科	3101	3382	13248	2950
	(二)专科生合计	—	—	—	—
中南林业科技大学	学生总数	5963	6021	22252	5669
	其中:林业学科专业学生	784	762	2950	758
	占学生总数的比例(%)	13.1	12.7	13.3	13.4
	一、研究生合计	412	592	1647	529
	(一)博士小计	41	49	212	115
	1. 林业学科	18	31	130	60
	森林工程	2	5	25	14
	木材科学与技术	1	2	14	7
	林产化学加工工程	4	3	10	3
	林业工程新专业	—	3	3	—
	林木遗传育种	2	1	5	3
	森林培育	6	1	29	20
	森林保护学	2	5	13	5
	森林经理学	1	3	9	1
	野生动植物保护与利用	—	1	1	—
	园林植物与观赏园艺	—	3	17	7
	水土保持与荒漠化防治	—	1	1	—
	林学新专业	—	3	3	—
	2. 其他学科	23	18	82	55
	(二)硕士小计	371	543	1435	414
	1. 林业学科	188	175	454	127
	森林工程	6	9	24	6
	木材科学与技术	8	12	35	11
	林产化学加工工程	7	11	25	6
	林业工程新专业	—	14	14	—
	林木遗传育种	7	—	3	1
	森林培育	45	13	34	9

2010～2011学年初普通高等林业院校分学科专业学生情况(五)

单位:人

学校	学科专业	毕业生数	招生数	在校学生数	毕业班学生数
	森林保护学	10	3	11	4
	森林经理学	46	20	71	25
	野生动植物保护与利用	8	1	5	1
	园林植物与观赏园艺	40	47	156	52
	水土保持与荒漠化防治	10	12	25	4
	林学新专业	—	29	29	—
	林业经济管理	1	4	22	8
	2. 其他学科	183	368	981	287
	二、本专科生合计	5551	5429	20605	5140
	(一)本科生小计	4362	5394	20513	5132
	1. 林科专业	529	521	2274	563
	森林工程	47	38	164	22
	木材科学与工程	108	83	413	113
	林产化工	52	34	169	50
	林学	113	138	511	113
	森林资源保护与游憩	33	30	152	40
	园林	139	143	675	182
	农林经济管理	37	55	190	43
	2. 其他学科	3833	4873	18239	4569
	(二)专科生合计	1189	35	92	8
	1. 林科专业(花卉)	49	35	92	8
	2. 其他学科	1140	—	—	—
西南林业大学	学生总数	2657	4086	13164	2881
	其中:林业学科专业学生	776	920	3156	706
	占学生总数的比例(%)	29.2	22.5	24.0	24.5
	一、研究生合计	256	375	924	213
	(一)博士小计	—	—	—	—
	(二)硕士小计	256	375	924	213
	1. 林业学科	142	133	313	61
	森林工程	5	11	17	2
	木材科学与技术	8	11	25	6
	林产化学加工工程	1	3	6	—
	林木遗传育种	6	8	19	2
	森林培育	11	13	35	8
	森林保护学	20	13	30	5
	森林经理学	17	19	36	5
	野生动植物保护与利用	28	11	28	6
	园林植物与观赏园艺	31	24	67	19
	水土保持与荒漠化防治	8	11	23	4
	林业经济管理	7	9	27	4

2010～2011学年初普通高等林业院校分学科专业学生情况(六)

单位:人

学校	学科专业	毕业生数	招生数	在校学生数	毕业班学生数
	2. 其他学科	114	242	611	152
	二、本专科生合计	2401	3711	12240	2668
	(一)本科生小计	2401	3711	12240	2668
	1. 林科专业	634	787	2843	645
	森林工程	59	62	253	61
	木材科学与工程	70	98	364	76
	林产化工	45	41	149	35
	林学	110	132	504	95
	森林资源保护与游憩	93	104	392	90
	野生动物与自然保护区管理	33	39	157	40
	园林	136	217	651	165
	水土保持与荒漠化防治	34	48	165	29
	农林经济管理	54	46	208	54
	2. 其他专业	1767	2924	9397	2023
	(二)专科生合计	—	—	—	—
浙江农林大学	学生总数	3085	3852	14084	3383
	其中:林业学科专业学生	578	758	1995	739
	占学生总数的比例(%)	18.7	19.7	14.2	21.8
	一、研究生合计	179	358	980	292
	(一)博士小计	—	—	—	—
	(二)硕士小计	179	358	980	292
	1. 林业学科	172	352	391	282
	林业工程	11	16	43	10
	林木遗传育种	10	14	36	9
	森林培育	21	26	64	17
	森林保护学	11	19	43	9
	森林经理学	7	16	48	14
	园林植物与观赏园艺	22	55	157	46
	林业经济管理	90	206	—	177
	2. 其他学科	7	6	589	10
	二、本专科生合计	2906	3494	13104	3091
	(一)本科生小计	2906	3494	13104	3091
	1. 林科专业	406	406	1604	457
	木材科学与工程	147	151	674	182
	林学	64	59	352	119
	森林资源保护与游憩	50	—	—	—
	园林	87	124	333	98
	农林经济管理	58	72	245	58
	2. 其他专业	2500	3088	11500	2634
	(二)专科生合计	—	—	—	—

2010～2011学年初普通中等林业(园林)职业学校和其他中等职业学校林科分学校基本情况

单位:人

学校名称	毕业生数	招生数	在校学生数	毕业班学生数
总　　计	**43704**	**138659**	**282788**	**57366**
(一)中等林业(园林)职业学校(包含高职中专部)	12242	23032	54720	15156
涿鹿县宝峰寺林业中学	87	96	276	60
山西林业职业技术学院	40	—	35	35
沈阳市园林学校	73	70	157	31
辽宁林业职业技术学院中专部	32	65	150	37
伊春市双丰林业局高级职业中学	32	—	—	—
朗乡林业局职业中学	25	20	85	33
漠河县阿木尔林业局中学职业高中	30	—	—	—
黑龙江农垦林业职业技术学院	35	—	10	10
黑龙江林业职业技术学院(中专部)	133	156	529	186
黑龙江省伊春林业学校	1079	1750	4061	2106
黑龙江省齐齐哈尔林业学校	370	605	1673	567
黑龙江省林业卫生学校	1519	2639	6486	1198
上海市园林学校	224	206	775	260
福建省浦城县石陂林业职业中学	92	—	—	—
福建林业职业技术学院	82	71	281	107
福建三明林业学校	908	1856	5945	1560
西峡县工业中等职业学校	294	68	444	169
河南省农业经济学校	1232	2803	5019	945
湖北省黄冈林校	1328	753	2264	915
湖北省园林工程学校	486	791	1854	731
广东省林业职业技术学校	978	1706	4141	1193
广西壮族自治区桂林林业学校	455	1117	1953	435
贵州省林业学校	209	1247	4176	1575
云南林业职业技术学院(中专部)	103	1062	1733	125
普洱林业学校	107	444	1648	439
陕西省榆林林业学校	474	774	1767	557
陕西省林业广播电视学校	—	50	50	—
甘肃省庆阳林业学校	940	1259	3529	820
甘肃省庆阳市庆城县太白梁林业中学	181	728	1337	95
宁夏生态工程学校	243	1549	2408	550
新疆林业学校	451	1147	1934	417
(二)其他中等专业学校(林科)	31462	115627	228068	42210

2010～2011 学年初普通中等林业(园林)职业学校和其他中等职业学校林科分专业基本情况(一)

单位:人

专业名称	毕业生数	招生数	在校学生数	毕业班学生数
总　　计	**43704**	**138659**	**282788**	**57366**
(一)林科专业	34345	124779	248794	47372
林产化工	119	97	415	176
现代林业技术	4024	14198	27557	5589
木材加工	673	8969	15296	4063
森林资源保护与管理	1115	4702	7610	1677
生态环境保护	122	119	603	279
园林绿化	4781	18130	31198	5027
园林技术	14512	47289	87335	18187
农林类新专业	8999	31275	78780	12374
(二)非林科专业	9359	13880	33994	9994
播音与节目主持	—	3	4	1
采矿技术	—	20	20	—
茶叶生产与加工	—	83	188	—
船舶电气技术	—	—	7	7
船舶制造与修理	—	—	26	24
道路与桥梁工程施工	1	98	194	3
电气技术应用	153	71	229	93
电子电器应用与维修	43	—	42	42
电子技术应用	460	20	592	341
电子商务	346	256	778	314
电子与信息技术	160	28	249	134
动漫游戏	—	24	24	—
法律事务	—	—	97	72
房地产营销与管理	—	20	69	16
服装设计与工艺	55	64	316	198
工程测量	—	—	4	—
工程造价	—	59	73	—
工业分析与检验	—	60	60	60
工艺美术	—	46	68	—
工艺美术	—	—	22	22
广播影视节目制作	—	—	—	—
国际商务	—	14	28	—
果蔬花卉生产技术	35	300	467	94
焊接技术应用	36	13	57	44
航空服务	27	26	55	44
护理	1232	2696	6143	1030
化工机械与设备	—	—	2	2
化学工艺	133	78	220	106
会计	215	335	852	345
会计电算化	642	619	1961	709
会展服务与管理	—	—	7	—
机电技术应用	457	69	750	488
机电设备安装与维修	115	224	403	135
机械加工技术	30	20	247	89
机械制造技术	66	32	115	47
计算机动漫与游戏制作	37	—	37	37
计算机平面设计	37	39	65	—
计算机网络技术	97	49	343	255
计算机应用	1633	1316	4551	2132
计算机与数码产品维修	—	21	21	—

2010～2011学年初普通中等林业(园林)职业学校和其他中等职业学校林科分专业基本情况(二)

单位:人

专业名称	毕业生数	招生数	在校学生数	毕业班学生数
家具设计与制作	56	66	168	48
建筑工程施工	—	176	253	—
建筑装饰	42	8	50	30
金融事务	—	7	17	—
酒店服务与管理	29	284	392	36
康复技术	3	—	—	—
口腔修复工艺	232	170	446	139
粮油储运与检验技术	28	—	—	—
林产化工	—	—	51	49
旅游服务类新专业	14	—	—	—
旅游服务与管理	142	59	278	164
旅游外语	—	100	141	—
美术设计与制作	44	51	145	44
模具制造技术	332	—	352	342
农产品保鲜与加工	86	134	406	160
农村电气技术	—	590	790	3
农村经济综合管理	—	568	899	—
农村医学	—	46	46	—
农林牧渔类新专业	87	66	435	68
农业机械使用与维护	—	421	428	—
农业与农村用水	—	19	19	—
平面媒体印制技术	—	—	17	—
汽车运用与维修	82	299	519	78
轻纺食品类新专业	—	5	5	—
商品经营	—	8	21	—
商务俄语	41	11	62	28
设施农业生产技术	—	345	440	46
生态环境保护	—	1	14	13
生物技术制药	—	1	13	—
市场营销	57	29	140	29
市政工程施工	—	107	279	88
数控技术应用	892	483	1560	576
水利水电工程施工	16	—	5	5
通信技术	1	43	112	—
土木水利类新专业	6	—	19	3
网页美术设计	1	—	—	—
文秘	380	691	1558	526
物流服务与管理	44	5	45	40
现代农艺技术	10	956	1181	15
信息技术类新专业	—	—	24	—
畜牧兽医	41	1050	1451	53
畜禽生产与疾病防治	—	—	136	—
学前教育	77	37	92	36
眼视光与配镜	—	45	86	—
药剂	—	36	36	—
营养与保健	58	—	83	29
影像与影视技术	—	1	1	—
中草药种植	58	155	155	1
中药制药	46	19	93	74
种子生产与经营	92	—	—	—
其他新专业	352	85	1145	387

2010～2011 学年初普通中等林业

学校名称	教职工数总计	校本部			
		合　计	专任		
			计	正高级	副高级
合计	**3375**	**2723**	**1587**	**3**	**498**
涿鹿县宝峰寺林业中学	28	28	25	—	4
沈阳市园林学校	41	41	36	—	6
朗乡林业局职业中学	46	42	35	—	6
朗乡林业局教师进修学校	21	21	8	—	1
黑龙江省伊春林业学校	143	141	67	—	46
黑龙江省齐齐哈尔林业学校	201	201	110	—	51
黑龙江省林业卫生学校	261	160	91	—	35
上海市园林学校	168	168	70	—	11
福建三明林业学校	314	138	92	—	35
西峡县工业中等职业学校	22	18	12	—	—
河南省农业经济学校	191	153	79	—	13
湖北省黄冈林校	186	186	87	—	28
湖北省园林工程学校	114	114	54	—	21
广东省林业职业技术学校	282	227	136	—	61
广西壮族自治区桂林林业学校	112	106	83	—	13
贵州省林业学校	169	158	88	—	30
普洱林业学校	61	60	44	—	16
陕西省榆林林业学校	213	201	112	—	37
陕西省林业广播电视学校	322	102	78	3	16
甘肃省庆阳林业学校	119	119	83	—	25
甘肃省庆阳市庆城县太白梁林业中学	20	20	20	—	2
宁夏生态工程学校	129	118	80	—	17
新疆林业学校	212	201	97	—	24

(园林)职业学校教职工基本情况

单位:人

职工数						校办厂(场)职工	附设机构人员	兼任教师(不在教职工数中)
教师			教辅人员	行政人员	工勤人员			
讲师	助理讲师	教员						
554	**423**	**109**	**402**	**340**	**394**	**4**	**—**	**648**
21	—	—	3	—	—	—	—	—
20	10	—	4	—	1	—	—	—
20	9	—	4	2	1	—	—	4
4	2	1	10	3	—	—	—	—
10	6	5	21	26	27	2	—	—
16	38	5	25	20	46	—	—	—
24	26	6	23	30	16	—	—	101
37	22	—	20	49	29	—	—	—
29	24	4	11	25	10	—	—	176
6	4	2	2	2	2	2	—	2
24	22	20	43	5	26	—	—	38
28	20	11	53	23	23	—	—	—
11	13	9	27	8	25	—	—	—
52	21	2	26	31	34	—	—	55
49	21	—	11	9	3	—	—	6
39	19	—	30	12	28	—	—	11
18	10	—	4	6	6	—	—	1
48	27	—	11	40	38	—	—	12
20	19	20	12	12	—	—	—	220
27	31	—	8	17	11	—	—	—
4	8	6	—	—	—	—	—	—
7	41	15	18	5	15	—	—	11
40	30	3	36	15	53	—	—	11

附录一

国有林区135个木材采运企业和20个重点营林局主要统计指标

ANNEX Ⅰ

国有林区营

指标名称	计量单位	合　计
一、荒山荒(沙)地造林面积	公顷	114172
1. 人工造林	公顷	42848
2. 飞播造林	公顷	—
3. 无林地和疏林地新封	公顷	71324
二、有林地造林面积	公顷	55332
1. 林冠下造林	公顷	29669
2. 飞播营林	公顷	—
3. 有林地和灌木林地新封	公顷	25663
三、更新造林	公顷	16863
四、低产低效林改造面积	公顷	7183
五、森林管护面积	公顷	39119007
六、幼林抚育实际面积	公顷	397108
七、幼林抚育作业面积	公顷次	571522
八、成林抚育面积	公顷	737437
其中：中、幼龄林抚育面积	公顷	618144
九、抚育改造出材量	立方米	2638223
十、年末实有育苗面积	公顷	1454
其中：本年新育	公顷	311

林生产情况

135 个木材采运企业	20 个重点营林局
101767	12405
35110	7738
—	—
66657	4667
51896	3436
28374	1295
—	—
23522	2141
15559	1304
7077	106
33887081	5231926
340046	57062
507509	64013
555073	182364
532066	86078
2237459	400764
1139	315
224	87

国有林区分企业的

企业名称	荒山荒(沙)地造林面积				有林地造林面积			
	合计	人工造林	飞播造林	无林地和疏林地新封	合计	林冠下造林	飞播营林	有林地和灌木林地新封
全国合计	**114172**	**42848**	**—**	**71324**	**55332**	**29669**	**—**	**25663**
135 个木材采运企业小计	101767	35110	—	66657	51896	28374	—	23522
20 个重点营林局小计	12405	7738	—	4667	3436	1295	—	2141
内蒙古	**5525**	**1525**	**—**	**4000**	**—**	**—**	**—**	**—**
内蒙古集团林管局	**90**	**90**	**—**	**—**	**—**	**—**	**—**	**—**
阿尔山	—	—	—	—	—	—	—	—
绰尔	—	—	—	—	—	—	—	—
绰源	—	—	—	—	—	—	—	—
乌尔旗汉	—	—	—	—	—	—	—	—
库都尔	90	90	—	—	—	—	—	—
图里河	—	—	—	—	—	—	—	—
伊图里河	—	—	—	—	—	—	—	—
克一河	—	—	—	—	—	—	—	—
甘河	—	—	—	—	—	—	—	—
吉文	—	—	—	—	—	—	—	—
阿里河	—	—	—	—	—	—	—	—
根河	—	—	—	—	—	—	—	—
金河	—	—	—	—	—	—	—	—
阿龙山	—	—	—	—	—	—	—	—
满归	—	—	—	—	—	—	—	—
得耳布尔	—	—	—	—	—	—	—	—
莫尔道嘎	—	—	—	—	—	—	—	—
内蒙古集团营林局	**—**	**—**	**—**	**—**	**—**	**—**	**—**	**—**
大杨树	—	—	—	—	—	—	—	—
毕拉河	—	—	—	—	—	—	—	—
内蒙古林业厅营林局	**5435**	**1435**	**—**	**4000**	**—**	**—**	**—**	**—**
免渡河	—	—	—	—	—	—	—	—
乌奴尔	—	—	—	—	—	—	—	—
巴林	—	—	—	—	—	—	—	—
南木	—	—	—	—	—	—	—	—
红花尔基	2235	235	—	2000	—	—	—	—
柴河	—	—	—	—	—	—	—	—
五岔沟	3200	1200	—	2000	—	—	—	—
白狼	—	—	—	—	—	—	—	—
吉林	**—**	**—**	**—**	**—**	**25438**	**25438**	**—**	**—**
吉林集团林管局	**—**	**—**	**—**	**—**	**18803**	**18803**	**—**	**—**
临江	—	—	—	—	1422	1422	—	—
三岔子	—	—	—	—	—	—	—	—
湾沟	—	—	—	—	353	353	—	—
松江河	—	—	—	—	3095	3095	—	—

营林生产情况(一)

单位:公顷

更新造林	低产低效林改造面积	森林管护面积	幼林抚育面积		成林抚育面积		抚育改造出材量（立方米）	年末实有育苗面积	
			实际面积	作业面积（公顷次）	合计	其中:中、幼龄林抚育面积		合计	其中:本年新育
16863	**7183**	**39119007**	**397108**	**571522**	**737437**	**618144**	**2638223**	**1454**	**311**
15559	7077	33887081	340046	507509	555073	532066	2237459	1139	224
1304	106	5231926	57062	64013	182364	86078	400764	315	87
9834	**30**	**10057114**	**21548**	**30863**	**290074**	**213970**	**829479**	**191**	**72**
8530	**—**	**6765550**	**18424**	**26983**	**170194**	**170194**	**663962**	**47**	**10**
2367	—	420656	4946	7304	6380	6380	44592	9	3
94	—	338234	200	293	11331	11331	66591	9	2
208	—	299764	207	413	11333	11333	34838	—	—
2475	—	577017	4010	6485	10839	10839	56082	—	—
144	—	375902	810	1044	8021	8021	37636	5	2
37	—	379339	187	187	10795	10795	33046	—	—
72	—	345612	167	227	6882	6882	22897	—	—
—	—	337873	67	67	9445	9445	35851	—	—
143	—	357258	153	297	13199	13199	56555	—	—
92	—	309333	126	218	11062	11062	55140	9	—
107	—	392479	305	413	15246	15246	76430	10	3
1451	—	627885	2628	4079	9768	9768	31466	—	—
1077	—	517228	3418	4493	7633	7633	26862	3	—
70	—	357427	465	535	7714	7714	21584	—	—
99	—	360976	405	505	9668	9668	19896	1	—
66	—	211220	290	356	9853	9853	17020	—	—
28	—	557347	40	67	11025	11025	27476	1	—
260	**—**	**828570**	**1508**	**962**	**2669**	**2669**	**7913**	**6**	**2**
199	—	793033	551	840	1336	1336	1977	6	2
61	—	35537	957	122	1333	1333	5936	—	—
1044	**30**	**2462994**	**1616**	**2918**	**117211**	**41107**	**157604**	**138**	**60**
677	—	237778	1278	2557	69263	—	23546	—	—
—	30	214995	338	361	2696	2696	22387	2	2
—	—	227613	—	—	7270	429	10000	2	2
—	—	291973	—	—	7138	7138	8995	—	—
367	—	498799	—	—	8000	8000	41762	1	1
—	—	327858	—	—	9511	9511	26423	—	—
—	—	584275	—	—	8667	8667	19491	133	55
—	—	79703	—	—	4666	4666	5000	—	—
—	**—**	**3653812**	**207911**	**327435**	**137773**	**118775**	**1184598**	**401**	**104**
—	**—**	**1283127**	**89190**	**143640**	**31988**	**29511**	**244842**	**256**	**71**
—	—	171549	5750	5750	10858	9914	64916	139	39
—	—	223438	15951	25708	2228	2228	39690	33	13
—	—	89017	1858	3063	3788	3788	58500	2	1
—	—	150412	30816	50708	4182	4182	38406	17	4

国有林区分企业的

企业名称	荒山荒(沙)地造林面积				有林地造林面积			
	合计	人工造林	飞播造林	无林地和疏林地新封	合计	林冠下造林	飞播营林	有林地和灌木林地新封
泉阳	—	—	—	—	1970	1970	—	—
露水河	—	—	—	—	3894	3894	—	—
白石山	—	—	—	—	1804	1804	—	—
红石	—	—	—	—	6265	6265	—	—
延边林管局	**—**	**—**	**—**	**—**	**5340**	**5340**	**—**	**—**
黄泥河	—	—	—	—	494	494	—	—
敦化	—	—	—	—	453	453	—	—
大石头	—	—	—	—	150	150	—	—
八家子	—	—	—	—	117	117	—	—
和龙	—	—	—	—	300	300	—	—
汪清	—	—	—	—	413	413	—	—
大兴沟	—	—	—	—	2079	2079	—	—
天桥岭	—	—	—	—	667	667	—	—
白河	—	—	—	—	—	—	—	—
珲春	—	—	—	—	667	667	—	—
吉林省林业厅营林局	**—**	**—**	**—**	**—**	**1295**	**1295**	**—**	**—**
上营	—	—	—	—	970	970	—	—
辉南	—	—	—	—	—	—	—	—
长白	—	—	—	—	—	—	—	—
安图	—	—	—	—	325	325	—	—
长白山 *	—	—	—	—	—	—	—	—
龙江集团	**180**	**180**	**—**	**—**	**4292**	**4231**	**—**	**61**
牡丹江林业管理局	**—**	**—**	**—**	**—**	**1576**	**1576**	**—**	**—**
大海林	—	—	—	—	438	438	—	—
柴河	—	—	—	—	52	52	—	—
东京城	—	—	—	—	2	2	—	—
穆棱	—	—	—	—	238	238	—	—
绥阳	—	—	—	—	276	276	—	—
海林	—	—	—	—	264	264	—	—
林口	—	—	—	—	—	—	—	—
八面通	—	—	—	—	306	306	—	—
合江林业管理局	**—**	**—**	**—**	**—**	**1359**	**1359**	**—**	**—**
桦南	—	—	—	—	219	219	—	—
双鸭山	—	—	—	—	200	200	—	—
鹤立	—	—	—	—	30	30	—	—
鹤北	—	—	—	—	365	365	—	—
东方红	—	—	—	—	241	241	—	—
迎春	—	—	—	—	304	304	—	—
清河	—	—	—	—	—	—	—	—
伊春林业管理局	**180**	**180**	**—**	**—**	**722**	**661**	**—**	**61**
双丰	—	—	—	—	—	—	—	—

营林生产情况(二)

单位:公顷

更新造林	低产低效林改造面积	森林管护面积	幼林抚育面积		成林抚育面积		抚育改造出材量(立方米)	年末实有育苗面积	
			实际面积	作业面积(公顷次)	合计	其中:中、幼龄林抚育面积		合计	其中:本年新育
—	—	103234	7832	14991	3485	3485	5760	7	2
—	—	121227	12101	19357	3013	3013	25960	16	4
—	—	128835	6668	11178	2133	600	5215	22	4
—	—	295415	8214	12885	2301	2301	6395	20	4
—	**—**	**2126880**	**108783**	**166148**	**82296**	**71757**	**723364**	**135**	**32**
—	—	196504	9840	13331	8719	2034	122869	28	6
—	—	229921	13397	23531	2407	2407	37538	14	2
—	—	256974	4177	5353	13350	13350	132267	6	2
—	—	155814	8012	13059	4764	2300	33596	6	1
—	—	170143	18342	24919	6993	6993	53487	13	6
—	—	303640	6719	13438	5756	5756	140743	17	2
—	—	99646	2000	3006	7923	7923	61977	—	—
—	—	194106	5534	7081	18109	18109	77000	10	1
—	—	190470	28905	44985	10275	8885	52684	34	10
—	—	329662	11857	17445	4000	4000	11203	7	2
—	**—**	**243805**	**9938**	**17647**	**23489**	**17507**	**216392**	**10**	**1**
—	—	—	2122	7092	8857	8263	61832	6	—
—	—	56530	2038	2714	3874	95	31853	1	—
—	—	88172	2805	3828	4264	4264	51607	—	—
—	—	99103	2973	4013	6494	4885	71100	3	1
—	—	—	—	—	—	—	—	—	—
6338	**2303**	**8920144**	**89945**	**133876**	**153788**	**145765**	**321997**	**352**	**64**
1173	**—**	**2202867**	**26314**	**44513**	**200**	**200**	**—**	**72**	**12**
—	—	258775	3600	5400	—	—	—	15	2
3	—	326308	2273	3013	—	—	—	6	1
682	—	373170	5076	9894	200	200	—	16	3
32	—	243401	3174	8000	—	—	—	5	1
90	—	487352	4612	7934	—	—	—	5	2
9	—	150204	2629	3980	—	—	—	12	1
333	—	229229	2667	3333	—	—	—	5	1
24	—	134428	2283	2959	—	—	—	8	1
123	**503**	**1339605**	**18727**	**25774**	**33618**	**33618**	**74052**	**82**	**16**
13	—	158617	1917	2486	5529	5529	30933	7	1
—	—	134311	1447	2047	4000	4000	25350	11	2
—	503	62988	2952	4786	6003	6003	2361	13	2
—	—	347722	4382	5536	6400	6400	8025	19	3
—	—	352666	3467	5057	6667	6667	6392	13	5
—	—	152347	2453	3133	4686	4686	412	7	1
110	—	130954	2109	2729	333	333	579	12	2
2649	**—**	**3049078**	**22321**	**28163**	**85047**	**82575**	**242432**	**124**	**23**
114	—	113366	724	974	—	—	—	4	1

国有林区分企业的

企业名称	荒山荒(沙)地造林面积				有林地造林面积			
	合计	人工造林	飞播造林	无林地和疏林地新封	合计	林冠下造林	飞播营林	有林地和灌木林地新封
铁力	—	—	—	—	—	—	—	—
桃山	—	—	—	—	113	113	—	—
朗乡	—	—	—	—	—	—	—	—
南岔	6	6	—	—	108	47	—	61
金山屯	75	75	—	—	392	392	—	—
美溪	—	—	—	—	—	—	—	—
乌马河	—	—	—	—	—	—	—	—
翠峦	99	99	—	—	—	—	—	—
友好	—	—	—	—	—	—	—	—
上甘岭	—	—	—	—	109	109	—	—
五营	—	—	—	—	—	—	—	—
红星	—	—	—	—	—	—	—	—
新青	—	—	—	—	—	—	—	—
汤旺河	—	—	—	—	—	—	—	—
乌伊岭	—	—	—	—	—	—	—	—
松花江林业管理局	**—**	**—**	**—**	**—**	**635**	**635**	**—**	**—**
山河屯	—	—	—	—	—	—	—	—
苇河	—	—	—	—	—	—	—	—
亚布力	—	—	—	—	—	—	—	—
方正	—	—	—	—	179	179	—	—
兴隆	—	—	—	—	—	—	—	—
绥棱	—	—	—	—	293	293	—	—
通北	—	—	—	—	163	163	—	—
沾河	—	—	—	—	—	—	—	—
总局直属单位	**—**	**—**	**—**	**—**	**—**	**—**	**—**	**—**
带岭实验局	—	—	—	—	—	—	—	—
大兴安岭	**3080**	**3080**	**—**	**—**	**—**	**—**	**—**	**—**
大兴安岭林管局	**2844**	**2844**	**—**	**—**	**—**	**—**	**—**	**—**
松岭	450	450	—	—	—	—	—	—
新林	539	539	—	—	—	—	—	—
塔河	21	21	—	—	—	—	—	—
呼中	21	21	—	—	—	—	—	—
阿木尔	6	6	—	—	—	—	—	—
图强	15	15	—	—	—	—	—	—
西林吉	—	—	—	—	—	—	—	—
十八站	893	893	—	—	—	—	—	—
韩家园	899	899	—	—	—	—	—	—
大兴安岭营林局	**236**	**236**	**—**	**—**	**—**	**—**	**—**	**—**
加格达奇	236	236	—	—	—	—	—	—

营林生产情况(三)

单位:公顷

更新造林	低产低效林改造面积	森林管护面积	幼林抚育面积		成林抚育面积		抚育改造出材量(立方米)	年末实有育苗面积	
			实际面积	作业面积(公顷次)	合计	其中:中、幼龄林抚育面积		合计	其中:本年新育
143	—	183592	713	927	10003	10003	1837	11	3
131	—	140139	693	953	4713	4713	—	—	—
89	—	257325	1627	2032	3365	3365	1445	—	—
114	—	262198	1043	1256	3908	3908	34643	9	—
51	—	178362	2301	3472	—	—	—	9	2
80	—	214071	988	1271	5620	5620	—	9	1
220	—	114944	1518	2071	8191	8191	33771	2	2
148	—	149266	1817	2523	5806	3334	66600	6	1
453	—	243999	2420	3740	18790	18790	2189	8	2
—	—	121772	872	1135	2761	2761	—	4	—
201	—	117068	1164	1533	3319	3319	44700	8	3
205	—	215561	945	1403	10571	10571	57247	11	—
181	—	255669	1774	1310	—	—	—	15	5
238	—	205012	2143	1405	4667	4667	—	9	1
281	—	276734	1579	2158	3333	3333	—	19	2
2140	**1800**	**2235753**	**21466**	**33740**	**34923**	**29372**	**5513**	**67**	**11**
316	—	194666	1952	2605	4150	2672	3299	9	2
404	—	186200	2074	3197	3336	3336	—	7	1
69	333	278660	783	1043	3633	3633	550	6	4
134	267	186301	1988	5295	5467	5467	924	13	3
333	667	291542	5550	8310	5600	2260	—	14	—
—	—	179260	2888	3634	6004	6004	740	7	1
37	—	280920	1367	1733	3333	3333	—	1	—
847	533	638204	4864	7923	3400	2667	—	10	—
253	**—**	**92841**	**1117**	**1686**	**—**	**—**	**—**	**7**	**2**
253	—	92841	1117	1686	—	—	—	7	2
—	**—**	**7149709**	**6850**	**6850**	**93384**	**93384**	**257497**	**45**	**13**
—	**—**	**6393989**	**6850**	**6850**	**87618**	**87618**	**253846**	**18**	**9**
—	—	675328	—	—	1000	1000	8118	1	1
—	—	866261	6850	6850	24546	24546	62858	—	—
—	—	910237	—	—	2500	2500	26700	9	2
—	—	754841	—	—	23849	23849	41753	2	—
—	—	522602	—	—	6877	6877	18605	—	—
—	—	497137	—	—	8625	8625	18615	2	2
—	—	716089	—	—	8762	8762	18162	—	—
—	—	672417	—	—	7500	7500	29337	3	3
—	—	779077	—	—	3959	3959	29698	1	1
—	**—**	**755720**	**—**	**—**	**5766**	**5766**	**3651**	**27**	**4**
—	—	755720	—	—	5766	5766	3651	27	4

国有林区分企业的

企业名称	荒山荒(沙)地造林面积				有林地造林面积			
	合计	人工造林	飞播造林	无林地和疏林地新封	合计	林冠下造林	飞播营林	有林地和灌木林地新封
四川	**61959**	**22633**	**—**	**39326**	**7877**	**—**	**—**	**7877**
阿坝州林管局	**18667**	**2667**	**—**	**16000**	**—**	**—**	**—**	**—**
川西	667	—	—	667	—	—	—	—
黑水	2267	267	—	2000	—	—	—	—
马尔康	4000	667	—	3333	—	—	—	—
小金	2667	667	—	2000	—	—	—	—
观音桥	3067	400	—	2667	—	—	—	—
松潘	2333	333	—	2000	—	—	—	—
南坪	1666	333	—	1333	—	—	—	—
壤塘	2000	—	—	2000	—	—	—	—
甘孜州林管局	**13337**	**2734**	**—**	**10603**	**—**	**—**	**—**	**—**
道孚	2533	800	—	1733	—	—	—	—
新龙	2200	467	—	1733	—	—	—	—
丹巴	2000	200	—	1800	—	—	—	—
炉霍	2067	200	—	1867	—	—	—	—
白玉	1733	400	—	1333	—	—	—	—
力邱河	1471	467	—	1004	—	—	—	—
翁达	1333	200	—	1133	—	—	—	—
其他地、州林管局	**29955**	**17232**	**—**	**12723**	**7877**	**—**	**—**	**7877**
川南	5456	5333	—	123	5877	—	—	5877
雷波	4899	3566	—	1333	—	—	—	—
凉北	4134	2667	—	1467	—	—	—	—
夹金山	4133	333	—	3800	—	—	—	—
木里	7000	5000	—	2000	—	—	—	—
普威	2333	333	—	2000	—	—	—	—
盐边	2000	—	—	2000	2000	—	—	2000
云南	**3813**	**1147**	**—**	**2666**	**11950**	**—**	**—**	**11950**
云南省林管局	**3813**	**1147**	**—**	**2666**	**11950**	**—**	**—**	**11950**
华坪	—	—	—	—	2000	—	—	2000
碧泉	81	81	—	—	2617	—	—	2617
黑白水	—	—	—	—	1333	—	—	1333
中甸 *	—	—	—	—	—	—	—	—
巨甸	—	—	—	—	1333	—	—	1333
红旗	1333	—	—	1333	—	—	—	—
云台山	333	333	—	—	1333	—	—	1333
漾江	200	200	—	—	—	—	—	—
景东	133	133	—	—	667	—	—	667

营林生产情况(四)

单位:公顷

更新造林	低产低效林改造面积	森林管护面积	幼林抚育面积		成林抚育面积		抚育改造出材量（立方米）	年末实有育苗面积	
			实际面积	作业面积（公顷次）	合计	其中:中、幼龄林抚育面积		合计	其中:本年新育
—	**2107**	**4404688**	**15659**	**18717**	**9333**	**9333**	**2563**	**50**	**12**
—	**—**	**1605923**	**13726**	**14517**	**3867**	**3867**	**—**	**35**	**9**
—	—	113826	—	—	800	800	—	1	—
—	—	242995	—	—	800	800	—	22	5
—	—	—	2897	4829	667	667	—	1	—
—	—	190891	1400	2800	—	—	—	2	1
—	—	302296	2680	2680	800	800	—	2	1
—	—	364436	5082	2541	—	—	—	3	1
—	—	221868	1667	1667	800	800	—	3	1
—	—	169611	—	—	—	—	—	1	—
—	**840**	**1667450**	**800**	**800**	**800**	**800**	**—**	**12**	**3**
—	173	361200	—	—	800	800	—	2	—
—	260	367804	—	—	—	—	—	3	1
—	147	341200	—	—	—	—	—	1	—
—	260	222100	—	—	—	—	—	1	1
—	—	184146	800	800	—	—	—	2	1
—	—	131300	—	—	—	—	—	1	—
—	—	59700	—	—	—	—	—	2	—
—	**1267**	**1131315**	**1133**	**3400**	**4666**	**4666**	**2563**	**3**	**—**
—	—	102560	—	—	533	533	—	—	—
—	—	166224	—	—	267	267	210	—	—
—	—	142384	—	—	—	—	—	—	—
—	—	104860	1133	3400	1466	1466	2197	2	—
—	—	567780	—	—	800	800	156	1	—
—	867	47507	—	—	800	800	—	—	—
—	400	—	—	—	800	800	—	—	—
691	**2667**	**1605066**	**5067**	**5067**	**5834**	**4500**	**15527**	**18**	**4**
691	**2667**	**1605066**	**5067**	**5067**	**5834**	**4500**	**15527**	**18**	**4**
—	—	101067	—	—	—	—	—	2	2
—	—	204299	—	—	1000	1000	6597	—	—
—	—	204758	—	—	—	—	—	—	—
—	—	—	—	—	—	—	—	—	—
—	—	128467	—	—	—	—	—	2	—
—	667	109334	—	—	—	—	—	—	—
—	—	254	—	—	1500	1500	—	—	—
—	—	110553	—	—	—	—	—	—	—
—	—	251733	—	—	—	—	—	—	—

国有林区分企业的

企业名称	荒山荒(沙)地造林面积				有林地造林面积			
	合计	人工造林	飞播造林	无林地和疏林地新封	合计	林冠下造林	飞播营林	有林地和灌木林地新封
墨江	333	333	—	—	—	—	—	—
卫国	—	—	—	—	—	—	—	—
江边 *	—	—	—	—	—	—	—	—
清水江 *	—	—	—	—	—	—	—	—
南盘江 *	—	—	—	—	—	—	—	—
新平	1333	—	—	1333	—	—	—	—
宁蒗	67	67	—	—	2667	—	—	2667
陕西	**17599**	**800**	**—**	**16799**	**—**	**—**	**—**	**—**
陕西省林管局	**16865**	**733**	**—**	**16132**	**—**	**—**	**—**	**—**
宁西	2466	133	—	2333	—	—	—	—
太白	2800	133	—	2667	—	—	—	—
长青	3200	67	—	3133	—	—	—	—
宁东	4533	200	—	4333	—	—	—	—
汉西	2466	133	—	2333	—	—	—	—
龙草坪	1400	67	—	1333	—	—	—	—
陕西省营林局	**734**	**67**	**—**	**667**	**—**	**—**	**—**	**—**
马头滩	334	—	—	334	—	—	—	—
辛家山	400	67	—	333	—	—	—	—
甘肃	**22016**	**13483**	**—**	**8533**	**—**	**—**	**—**	**—**
甘肃省林管局	**16016**	**7483**	**—**	**8533**	**—**	**—**	**—**	**—**
舟曲	2934	1267	—	1667	—	—	—	—
迭部	6015	2816	—	3199	—	—	—	—
洮河	5733	2733	—	3000	—	—	—	—
白水江	1334	667	—	667	—	—	—	—
甘肃省营林局	**6000**	**6000**	**—**	**—**	**—**	**—**	**—**	**—**
小陇山	6000	6000	—	—	—	—	—	—
青海	**—**	**—**	**—**	**—**	**—**	**—**	**—**	**—**
青海省林管局	**—**	**—**	**—**	**—**	**—**	**—**	**—**	**—**
玛可河 *	—	—	—	—	—	—	—	—
新疆	**—**	**—**	**—**	**—**	**5775**	**—**	**—**	**5775**
新疆自治区林管局	**—**	**—**	**—**	**—**	**3634**	**—**	**—**	**3634**
天山西部	—	—	—	—	—	—	—	—
阿尔泰山	—	—	—	—	3634	—	—	3634
新疆自治区营林局	**—**	**—**	**—**	**—**	**2141**	**—**	**—**	**2141**
天山中东部	—	—	—	—	2141	—	—	2141

注:标 * 的单位已改为从事管护工作的事业性质单位或划归地方管理,因此没有数据。

营林生产情况(五)

单位:公顷

更新造林	低产低效林改造面积	森林管护面积	幼林抚育面积		成林抚育面积		抚育改造出材量(立方米)	年末实有育苗面积	
			实际面积	作业面积(公顷次)	合计	其中:中、幼龄林抚育面积		合计	其中:本年新育
—	—	206734	—	—	667	—	1729	2	1
691	—	—	—	—	667	—	6037	—	—
—	—	—	—	—	—	—	—	—	—
—	—	—	—	—	—	—	—	—	—
—	—	—	—	—	—	—	—	—	—
—	—	65067	—	—	—	—	—	—	—
—	2000	222800	5067	5067	2000	2000	1164	12	1
—	**—**	**487839**	**—**	**—**	**8000**	**8000**	**11358**	**38**	**2**
—	**—**	**430066**	**—**	**—**	**8000**	**8000**	**11358**	**29**	**2**
—	—	108093	—	—	1333	1333	1228	4	—
—	—	134867	—	—	1333	1333	1940	8	2
—	—	36413	—	—	—	—	—	5	—
—	—	80680	—	—	2667	2667	5240	12	—
—	—	38967	—	—	2000	2000	1787	—	—
—	—	31046	—	—	667	667	1163	—	—
—	**—**	**57773**	**—**	**—**	**—**	**—**	**—**	**9**	**—**
—	—	32473	—	—	—	—	—	2	—
—	—	25300	—	—	—	—	—	7	—
—	**76**	**1174759**	**47261**	**47274**	**8352**	**7718**	**15204**	**250**	**30**
—	**—**	**681827**	**5261**	**5261**	**4072**	**3438**	**—**	**181**	**19**
—	—	99800	—	—	1333	1333	—	20	2
—	—	234200	3261	3261	72	72	—	66	8
—	—	283887	2000	2000	2000	2000	—	79	5
—	—	63940	—	—	667	33	—	16	4
—	**76**	**492932**	**42000**	**42013**	**4280**	**4280**	**15204**	**69**	**11**
—	76	492932	42000	42013	4280	4280	15204	69	11
—	**—**	**—**	**—**	**—**	**—**	**—**	**—**	**—**	**—**
—	**—**	**—**	**—**	**—**	**—**	**—**	**—**	**—**	**—**
—	—	—	—	—	—	—	—	—	—
—	**—**	**1665876**	**2867**	**1440**	**30899**	**16699**	**—**	**109**	**10**
—	**—**	**1275744**	**867**	**967**	**1950**	**1950**	**—**	**53**	**1**
—	—	421124	867	967	1477	1477	—	53	1
—	—	854620	—	—	473	473	—	—	—
—	**—**	**390132**	**2000**	**473**	**28949**	**14749**	**—**	**56**	**9**
—	—	390132	2000	473	28949	14749	—	56	9

国有林区企业总产值、

（按现行价

指标名称	计量单位	合　计
一、企业总产值	**万元**	**5098232**
1. 第一产业	万元	2335031
（1）涉林产业	万元	1456612
①林木的培育和种植	万元	193355
②木、竹材采运	万元	980924
③经济林产品的种植与采集	万元	211519
④陆生野生动物繁育与利用	万元	33252
⑤其他	万元	37562
（2）非林产业	万元	878419
2. 第二产业	万元	1930609
（1）涉林产业	万元	998230
①非木质林产品加工	万元	25326
②锯材木片加工	万元	188175
③人造板制造	万元	203967
④木制品制造	万元	352599
⑤木质家具	万元	102220
⑥其他	万元	125943
（2）非林产业	万元	932379
3. 第三产业	万元	832592
其中：非林产业	万元	566867
二、企业销售产值	**万元**	**3451561**
三、企业增加值	**万元**	**2260364**

销售产值和增加值

格计算)

135 个木材采运企业	20 个重点营林局
4966822	**131410**
2245855	89176
1382764	73848
161400	31955
944716	36208
208778	2741
31427	1825
36443	1119
863091	15328
1913776	16833
993426	4804
25326	—
186183	1992
203194	773
352401	198
102138	82
124184	1759
920350	12029
807191	25401
553382	13485
3408807	**42754**
2210068	**50296**

国有林区分企业的企业总产值、

（按现行价

企业名称	企业总								
	总计	第一产业							
		合计	涉林产业						非林产业
			小计	林木的培育和种植	木、竹材采运	经济林产品的种植与采集	陆生野生动物繁育与利用	其他	
全国合计	**5098232**	**2335031**	**1456612**	**193355**	**980924**	**211519**	**33252**	**37562**	**878419**
135 个木材采运企业小计	4966822	2245855	1382764	161400	944716	208778	31427	36443	863091
20 个重点营林局小计	131410	89176	73848	31955	36208	2741	1825	1119	15328
内蒙古	**420085**	**261621**	**244337**	**55859**	**186810**	**902**	**34**	**732**	**17284**
内蒙古集团林管局	**355274**	**220912**	**215938**	**41674**	**174264**	**—**	**—**	**—**	**4974**
阿尔山	18474	8281	8280	1184	7096	—	—	—	1
绰尔	29804	12302	12287	1562	10725	—	—	—	15
绰源	13114	10615	7886	2031	5855	—	—	—	2729
乌尔旗汉	24032	16413	15944	3647	12297	—	—	—	469
库都尔	16230	10963	10899	2941	7958	—	—	—	64
图里河	12302	8854	8201	2601	5600	—	—	—	653
伊图里河	8546	5425	5401	2037	3364	—	—	—	24
克一河	13602	9316	9305	2167	7138	—	—	—	11
甘河	19110	14175	13859	3188	10671	—	—	—	316
吉文	12637	8726	8721	1640	7081	—	—	—	5
阿里河	21946	14999	14765	4397	10368	—	—	—	234
根河	30671	22593	22366	3796	18570	—	—	—	227
金河	24378	16919	16849	1613	15236	—	—	—	70
阿龙山	20352	13994	13902	2976	10926	—	—	—	92
满归	27468	16184	16164	2477	13687	—	—	—	20
得耳布尔	29329	10383	10360	2036	8324	—	—	—	23
莫尔道嘎	33279	20770	20749	1381	19368	—	—	—	21
内蒙古集团营林局	**18038**	**8050**	**7832**	**6926**	**906**	**—**	**—**	**—**	**218**
大杨树	9306	4771	4555	4304	251	—	—	—	216
毕拉河	8732	3279	3277	2622	655	—	—	—	2
内蒙古林业厅营林局	**46773**	**32659**	**20567**	**7259**	**11640**	**902**	**34**	**732**	**12092**
免渡河	6243	4951	2630	586	1916	78	—	50	2321
乌奴尔	4962	4349	2851	886	1773	142	—	50	1498
巴林	2842	2395	1598	759	746	34	34	25	797
南木	3120	2505	1500	475	553	152	—	320	1005
红花尔基	9151	7349	5743	2354	2791	437	—	161	1606
柴河	4682	4036	3496	1590	1757	23	—	126	540
五岔沟	12363	5079	2574	609	1929	36	—	—	2505
白狼	3410	1995	175	—	175	—	—	—	1820
吉林	**754585**	**387065**	**373486**	**30862**	**289735**	**31765**	**10111**	**11013**	**13579**
吉林集团林管局	**368361**	**192541**	**181451**	**16130**	**124230**	**24844**	**6840**	**9407**	**11090**
临江	54415	28395	26945	1920	14200	7145	2500	1180	1450
三岔子	51276	30164	29498	4039	21462	—	—	3997	666
湾沟	37560	15367	8393	764	6133	1114	175	207	6974
松江河	57796	26673	26673	3741	20242	—	—	2690	—

销售产值和增加值（一）

格计算）

单位：万元

产　值											企业销售产值	企业增加值
第二产业									第三产业			
合计	涉林产业							非林产业	合计	其中：非林产业		
	小计	非木质林产品加工	锯材木片加工	人造板制造	木制品制造	木质家具	其他					
1930609	**998230**	**25326**	**188175**	**203967**	**352599**	**102220**	**125943**	**932379**	**832592**	**566867**	**3451561**	**2260364**
1913776	993426	25326	186183	203194	352401	102138	124184	920350	807191	553382	3408807	2210068
16833	4804	—	1992	773	198	82	1759	12029	25401	13485	42754	50296
96519	**3761**	**834**	**1098**	**—**	**112**	**82**	**1635**	**92758**	**61945**	**47243**	**204282**	**217182**
88184	**880**	**834**	**46**	**—**	**—**	**—**	**—**	**87304**	**46178**	**37002**	**192908**	**189134**
8817	474	474	—	—	—	—	—	8343	1376	1306	9173	8162
17000	—	—	—	—	—	—	—	17000	502	502	11998	13794
160	—	—	—	—	—	—	—	160	2339	1178	6055	7664
4600	—	—	—	—	—	—	—	4600	3019	2673	14698	14163
2976	—	—	—	—	—	—	—	2976	2291	2291	7132	7452
3358	406	360	46	—	—	—	—	2952	90	90	5993	6081
2205	—	—	—	—	—	—	—	2205	916	916	3396	5359
1753	—	—	—	—	—	—	—	1753	2533	1468	8093	8150
2350	—	—	—	—	—	—	—	2350	2585	2585	11798	10132
1629	—	—	—	—	—	—	—	1629	2282	2282	7332	5470
3071	—	—	—	—	—	—	—	3071	3876	2696	10503	11753
6021	—	—	—	—	—	—	—	6021	2057	2057	19721	17593
4416	—	—	—	—	—	—	—	4416	3043	3043	17532	16177
4028	—	—	—	—	—	—	—	4028	2330	2300	11770	11025
7186	—	—	—	—	—	—	—	7186	4098	3254	16132	13691
16516	—	—	—	—	—	—	—	16516	2430	2430	9852	12465
2098	—	—	—	—	—	—	—	2098	10411	5931	21730	20003
5146	**—**	**—**	**—**	**—**	**—**	**—**	**—**	**5146**	**4842**	**3193**	**906**	**8549**
3736	—	—	—	—	—	—	—	3736	799	799	251	4164
1410	—	—	—	—	—	—	—	1410	4043	2394	655	4385
3189	**2881**	**—**	**1052**	**—**	**112**	**82**	**1635**	**308**	**10925**	**7048**	**10468**	**19499**
439	266	—	200	—	—	66	—	173	853	703	1823	3797
251	251	—	139	—	112	—	—	—	362	—	2710	3031
—	—	—	—	—	—	—	—	—	447	90	746	1763
—	—	—	—	—	—	—	—	—	615	109	553	1900
310	310	—	288	—	—	16	6	—	1492	845	310	4114
—	—	—	—	—	—	—	—	—	646	81	2634	2856
2064	1929	—	300	—	—	—	1629	135	5220	5220	1517	8
125	125	—	125	—	—	—	—	—	1290	—	175	2030
220200	**120338**	**1001**	**9677**	**27328**	**43860**	**600**	**37872**	**99862**	**147320**	**108934**	**611102**	**339444**
100790	**51124**	**—**	**2221**	**13760**	**3552**	**222**	**31369**	**49666**	**75030**	**51082**	**308577**	**190206**
10710	2710	—	—	—	2710	—	—	8000	15310	8400	17600	32649
20484	20484	—	—	—	—	—	20484	—	628	259	51276	28202
19381	180	—	—	—	—	—	180	19201	2812	1263	13347	4197
—	—	—	—	—	—	—	—	—	31123	31123	58643	41035

国有林区分企业的企业总产值、

（按现行价

企业名称	企业总								
	总 计	第一产业							
		合计	涉林产业						非林产业
			小计	林木的培育和种植	木、竹材采运	经济林产品的种植与采集	陆生野生动物繁育与利用	其他	
泉阳	20590	9000	9000	1122	7448	430	—	—	—
露水河	37183	27309	27309	1824	16799	7916	—	770	—
白石山	27796	13948	13948	958	12990	—	—	—	—
红石	81745	41685	39685	1762	24956	8239	4165	563	2000
延边林管局	**348564**	**167202**	**164904**	**12208**	**143201**	**6539**	**1531**	**1425**	**2298**
黄泥河	42269	21345	21345	2281	16401	2663	—	—	—
敦化	41917	22014	22014	814	21200	—	—	—	—
大石头	32189	18854	18854	2579	16257	—	18	—	—
八家子	19658	14089	13827	492	12657	—	—	678	262
和龙	37753	17173	17173	—	17173	—	—	—	—
汪清	36184	14234	14234	—	14234	—	—	—	—
大兴沟	11369	8427	8427	1523	6904	—	—	—	—
天桥岭	22174	7945	7945	1145	6800	—	—	—	—
白河	89972	31109	29073	2950	21209	3282	1037	595	2036
珲春	15079	12012	12012	424	10366	594	476	152	—
吉林省林业厅营林局	**37660**	**27322**	**27131**	**2524**	**22304**	**382**	**1740**	**181**	**191**
上营	10150	10000	10000	450	8750	—	800	—	—
辉南	6468	3779	3588	192	2146	382	788	80	191
长白	7666	4977	4977	1169	3808	—	—	—	—
安图	13376	8566	8566	713	7600	—	152	101	—
长白山 *	—	—	—	—	—	—	—	—	—
龙江集团	**3214950**	**1335602**	**540574**	**34384**	**368449**	**124305**	**7593**	**5843**	**795028**
牡丹江林业管理局	**543472**	**262652**	**127066**	**7121**	**89853**	**29571**	**84**	**437**	**135586**
大海林	69679	30294	15441	1478	13963	—	—	—	14853
柴河	78077	35212	20707	685	18217	1800	5	—	14505
东京城	115970	59544	26106	720	23584	1802	—	—	33438
穆棱	88386	39383	26687	1128	11880	13600	79	—	12696
绥阳	64604	45526	12187	279	10525	1383	—	—	33339
海林	59289	20456	10671	557	6039	3638	—	437	9785
林口	36720	19637	11211	1498	3527	6186	—	—	8426
八面通	30747	12600	4056	776	2118	1162	—	—	8544
合江林业管理局	**456290**	**222261**	**111179**	**8155**	**67417**	**28085**	**6560**	**962**	**111082**
桦南	60142	31603	4963	1087	3140	736	—	—	26640
双鸭山	53198	21317	3800	730	2159	777	—	134	17517
鹤立	27943	14303	3807	1368	2088	351	—	—	10496
鹤北	68118	41360	22619	1530	18642	2107	—	340	18741
东方红	79993	49774	39592	1496	22874	8174	6560	488	10182
迎春	37192	19034	6419	797	5024	598	—	—	12615
清河	129704	44870	29979	1147	13490	15342	—	—	14891
伊春林业管理局	**1555630**	**534864**	**162234**	**10757**	**104380**	**42481**	**949**	**3667**	**372630**
双丰	70928	32199	11678	400	3869	6460	949	—	20521

销售产值和增加值(二)

格计算)　　　　　　　　　　　　　　　　　　　　　　　单位:万元

产值												
第二产业									第三产业		企业销售产值	企业增加值
合计	涉林产业							非林产业	合计	其中:非林产业		
	小计	非木质林产品加工	锯材木片加工	人造板制造	木制品制造	木质家具	其他					
10442	10422	—	—	—	—	—	10422	20	1148	1148	19755	7206
5747	429	—	146	—	—	—	283	5318	4127	—	37122	27637
5556	5556	—	—	5556	—	—	—	—	8292	—	27455	10407
28470	11343	—	2075	8204	842	222	—	17127	11590	8889	83379	38873
112301	**67630**	**1001**	**6516**	**13134**	**40222**	**378**	**6379**	**44671**	**69061**	**56468**	**272019**	**130571**
7381	286	—	—	—	—	—	286	7095	13543	12692	40578	13209
16005	7192	—	1398	—	5416	378	—	8813	3898	3838	40612	13885
6699	—	—	—	—	—	—	—	6699	6636	6242	28508	14955
1387	409	—	—	—	—	—	409	978	4182	2715	13096	8256
20580	14001	—	—	626	13375	—	—	6579	—	—	36355	14723
21950	18833	—	1036	2943	9471	—	5383	3117	—	—	33246	11940
2550	1555	—	294	500	681	—	80	995	392	45	10142	5015
4406	3231	167	—	—	3064	—	—	1175	9823	9823	11972	7539
28773	20753	834	2988	9065	7866	—	—	8020	30090	20850	47562	35089
2570	1370	—	800	—	349	—	221	1200	497	263	9948	5960
7109	**1584**	**—**	**940**	**434**	**86**	**—**	**124**	**5525**	**3229**	**1384**	**30506**	**18667**
100	—	—	—	—	—	—	—	100	50	—	9997	7044
124	124	—	—	—	—	—	124	—	2565	1300	5441	2173
2605	—	—	—	—	—	—	—	2605	84	84	6335	3431
4280	1460	—	940	434	86	—	—	2820	530	—	8733	6019
—	—	—	—	—	—	—	—	—	—	—	—	—
1346514	**644258**	**23491**	**126259**	**121010**	**236033**	**91084**	**46381**	**702256**	**532834**	**375603**	**2179577**	**1366164**
186340	**88157**	**—**	**19566**	**7732**	**59368**	**931**	**560**	**98183**	**94480**	**81518**	**371030**	**250562**
21908	12817	—	6199	98	6520	—	—	9091	17477	12677	62711	31355
25373	11523	—	3236	2001	6223	—	63	13850	17492	15612	75289	36803
46937	9990	—	1666	—	8324	—	—	36947	9489	7489	24418	48200
28312	18395	—	5561	5633	6704	—	497	9917	20691	19691	73094	46056
13508	9645	—	1594	—	7120	931	—	3863	5570	4770	55036	33022
26751	19164	—	42	—	19122	—	—	7587	12082	12082	41569	24399
10537	1961	—	1268	—	693	—	—	8576	6546	4190	28152	16891
13014	4662	—	—	—	4662	—	—	8352	5133	5007	10761	13836
151863	**53331**	**4184**	**25297**	**4412**	**10405**	**3377**	**5656**	**98532**	**82166**	**74214**	**228696**	**145397**
13026	2529	—	1234	1124	134	37	—	10497	15513	14712	7035	18745
23645	2105	98	1407	—	600	—	—	21540	8236	7136	53360	15368
10775	4339	—	1803	240	1480	—	816	6436	2865	2039	2138	5291
15634	8625	250	4062	41	800	2160	1312	7009	11124	9980	48570	16665
18547	12837	3836	7708	428	865	—	—	5710	11672	10161	80850	35558
4729	2001	—	475	96	1430	—	—	2728	13429	12929	5676	15349
65507	20895	—	8608	2483	5096	1180	3528	44612	19327	17257	31067	38421
767947	**400175**	**18887**	**36436**	**91761**	**133019**	**80197**	**39875**	**367772**	**252819**	**141299**	**1288657**	**712541**
33762	28752	—	4480	2430	—	21780	62	5010	4967	2315	70928	30737

国有林区分企业的企业总产值、

（按现行价

企业名称	企业总								
	总计	第一产业							
		合计	涉林产业						非林产业
			小计	林木的培育和种植	木、竹材采运	经济林产品的种植与采集	陆生野生动物繁育与利用	其他	
铁力	132443	51713	6310	1031	5279	—	—	—	45403
桃山	58144	36359	3146	157	1416	1573	—	—	33213
朗乡	147404	42092	17903	1179	11426	5298	—	—	24189
南岔	59290	14306	9211	283	3796	5132	—	—	5095
金山屯	116058	28050	9134	267	4427	4430	—	10	18916
美溪	95446	25841	14364	2168	6308	5888	—	—	11477
乌马河	104759	20978	5697	273	4625	799	—	—	15281
翠峦	112841	25498	12412	443	4670	7299	—	—	13086
友好	181646	82495	17668	2090	12508	3070	—	—	64827
上甘岭	49165	10442	2433	271	1307	855	—	—	8009
五营	98502	22166	3664	271	3393	—	—	—	18502
红星	62474	23494	8418	553	7865	—	—	—	15076
新青	103435	45876	12283	375	11908	—	—	—	33593
汤旺河	113483	46413	15009	712	12620	1677	—	—	31404
乌伊岭	49612	26942	12904	284	8963	—	—	3657	14038
松花江林业管理局	**548427**	**292229**	**130359**	**7631**	**99588**	**22408**	**—**	**732**	**161870**
山河屯	58487	25345	16185	384	9023	6318	—	460	9160
苇河	71917	41780	10681	363	9138	1180	—	—	31099
亚布力	93557	49413	23812	943	18437	4432	—	—	25601
方正	68809	34976	15955	1650	12683	1350	—	272	19021
兴隆	70670	52145	23290	680	22011	599	—	—	28855
绥棱	75513	26178	11006	530	10219	257	—	—	15172
通北	45901	26397	3980	951	3029	—	—	—	22417
沾河	63573	35995	25450	2130	15048	8272	—	—	10545
总局直属单位	**111131**	**23596**	**9736**	**720**	**7211**	**1760**	**—**	**45**	**13860**
带岭实验局	111131	23596	9736	720	7211	1760	—	45	13860
大兴安岭	**561838**	**270352**	**220495**	**19780**	**128994**	**53901**	**15455**	**2365**	**49857**
大兴安岭林管局	**555905**	**264770**	**217157**	**17759**	**128945**	**52633**	**15455**	**2365**	**47613**
松岭	67000	24046	19389	1759	13063	2475	971	1121	4657
新林	115097	64932	42656	1321	16459	22490	2250	136	22276
塔河	55963	23814	19344	1392	15557	2185	210	—	4470
呼中	54298	32296	29183	3670	13637	11402	432	42	3113
阿木尔	24469	12944	11211	1125	7637	1986	463	—	1733
图强	42123	25806	24077	1109	12891	3898	6179	—	1729
西林吉	104045	33502	27898	2849	18185	3889	2894	81	5604
十八站	49401	22018	20120	1820	15841	2299	—	160	1898
韩家园	43509	25412	23279	2714	15675	2009	2056	825	2133
大兴安岭营林局	**5933**	**5582**	**3338**	**2021**	**49**	**1268**	**—**	**—**	**2244**
加格达奇	5933	5582	3338	2021	49	1268	—	—	2244

销售产值和增加值(三)

格计算) **单位:万元**

产值											企业销售产值	企业增加值
第二产业									第三产业			
合计	涉林产业							非林产业	合计	其中:非林产业		
	小计	非木质林产品加工	锯材木片加工	人造板制造	木制品制造	木质家具	其他					
58916	12384	—	1465	324	9993	602	—	46532	21814	8714	106528	60771
18127	10084	10084	—	—	—	—	—	8043	3658	1369	38842	28536
96610	57972	—	3124	24025	21286	7337	2200	38638	8702	6702	124240	57488
34314	11132	—	360	423	433	9916	—	23182	10670	9980	25714	31253
62757	36676	—	7306	3061	1487	17944	6878	26081	25251	6507	69173	53697
42450	16566	—	1518	4251	9237	1560	—	25884	27155	14272	45575	50586
68710	30810	—	3370	9240	18200	—	—	37900	15071	13540	70631	50692
75039	14963	—	701	3496	10097	669	—	60076	12304	8989	26789	36805
83875	37563	—	—	15211	10755	11597	—	46312	15276	13066	172564	82517
28517	20146	—	7245	3956	7250	1695	—	8371	10206	4810	—	28140
30551	8803	8803	—	—	—	—	—	21748	45785	16790	249133	43377
30068	21917	—	—	3713	18204	—	—	8151	8912	8912	55938	31237
43449	42545	—	4755	—	—	7055	30735	904	14110	10961	73763	52704
43002	39252	—	372	20090	18790	—	—	3750	24068	9788	117819	51285
17800	10610	—	1740	1541	7287	42	—	7190	4870	4584	41020	22716
180002	**70032**	**—**	**31438**	**14456**	**17962**	**5886**	**290**	**109970**	**76196**	**63149**	**196733**	**207253**
20532	3000	—	1000	—	—	2000	—	17532	12610	10110	8920	24550
19876	6200	—	4441	1759	—	—	—	13676	10261	8734	52111	25849
27553	9793	—	2319	248	7226	—	—	17760	16591	12840	20150	36800
18666	5623	—	3626	348	1649	—	—	13043	15167	13551	13051	28087
12839	10555	—	8136	—	1743	386	290	2284	5686	4586	33993	31570
41333	19544	—	5977	11884	1683	—	—	21789	8002	7200	41348	23234
15993	4504	—	612	—	3892	—	—	11489	3511	2661	8164	15282
23210	10813	—	5327	217	1769	3500	—	12397	4368	3467	18996	21881
60362	**32563**	**420**	**13522**	**2649**	**15279**	**693**	**—**	**27799**	**27173**	**15423**	**94461**	**50411**
60362	32563	420	13522	2649	15279	693	—	27799	27173	15423	94461	50411
223546	**189039**	**—**	**51048**	**47159**	**72594**	**1508**	**16730**	**34507**	**67940**	**31364**	**436684**	**285270**
223546	**189039**	**—**	**51048**	**47159**	**72594**	**1508**	**16730**	**34507**	**67589**	**31364**	**436684**	**285270**
30313	24722	—	10069	2073	9711	1214	1655	5591	12641	7129	45062	35369
42016	32875	—	6275	11777	14560	263	—	9141	8149	4108	100360	63012
25527	24155	—	4395	6924	12836	—	—	1372	6622	5719	43330	28695
17443	17355	—	3034	9060	5230	31	—	88	4559	2476	37556	27169
7265	6152	—	1557	414	3709	—	472	1113	4260	4260	21893	12889
15056	14632	—	4582	1858	6171	—	2021	424	1261	801	35381	21779
43238	38221	—	10211	3824	12901	—	11285	5017	27305	4845	69053	46229
26233	15541	—	5927	4646	3671	—	1297	10692	1150	404	44829	28382
16455	15386	—	4998	6583	3805	—	—	1069	1642	1622	39220	21746
—	**—**	**—**	**—**	**—**	**—**	**—**	**—**	**—**	**351**	**—**	**—**	**—**
—	—	—	—	—	—	—	—	—	351	—	—	—

国有林区分企业的企业总产值、

（按现行价

企业名称	企业总								
	总计	第一产业							
		合计	涉林产业						非林产业
			小计	林木的培育和种植	木、竹材采运	经济林产品的种植与采集	陆生野生动物繁育与利用	其他	
四川	**32596**	**30883**	**30883**	**21556**	**394**	**5**	**—**	**8928**	**—**
阿坝州林管局	**13511**	**12693**	**12693**	**5408**	**179**	**5**	**—**	**7101**	**—**
川西	1654	1047	1047	547	—	—	—	500	—
黑水	1802	1724	1724	1059	—	—	—	665	—
马尔康	2181	2075	2075	560	179	5	—	1331	—
小金	1529	1529	1529	1016	—	—	—	513	—
观音桥	2264	2237	2237	440	—	—	—	1797	—
松潘	1606	1606	1606	1093	—	—	—	513	—
南坪	1505	1505	1505	405	—	—	—	1100	—
壤塘	970	970	970	288	—	—	—	682	—
甘孜州林管局	**6300**	**6006**	**6006**	**5723**	**—**	**—**	**—**	**283**	**—**
道孚	1100	1061	1061	1061	—	—	—	—	—
新龙	1000	988	988	988	—	—	—	—	—
丹巴	1100	1004	1004	1004	—	—	—	—	—
炉霍	900	871	871	871	—	—	—	—	—
白玉	900	871	871	638	—	—	—	233	—
力邱河	700	685	685	685	—	—	—	—	—
翁达	600	526	526	476	—	—	—	50	—
其他地、州林管局	**12785**	**12184**	**12184**	**10425**	**215**	**—**	**—**	**1544**	**—**
川南	3357	3114	3114	3010	104	—	—	—	—
雷波	1310	1308	1308	1274	34	—	—	—	—
凉北	1381	1381	1381	1381	—	—	—	—	—
夹金山	1706	1400	1400	1323	77	—	—	—	—
木里	3189	3189	3189	3189	—	—	—	—	—
普威	1842	1792	1792	248	—	—	—	1544	—
盐边	—	—	—	—	—	—	—	—	—
云南	**16748**	**8367**	**8367**	**4369**	**3116**	**—**	**—**	**882**	**—**
云南省林管局	**16748**	**8367**	**8367**	**4369**	**3116**	**—**	**—**	**882**	**—**
华坪	390	390	390	—	180	—	—	210	—
碧泉	—	—	—	—	—	—	—	—	—
黑白水	140	140	140	—	—	—	—	140	—
中甸 *	—	—	—	—	—	—	—	—	—
巨甸	—	—	—	—	—	—	—	—	—
红旗	—	—	—	—	—	—	—	—	—
云台山	—	—	—	—	—	—	—	—	—
漾江	1788	1788	1788	1788	—	—	—	—	—
景东	1898	1758	1758	807	951	—	—	—	—

销售产值和增加值(四)

格计算)

单位:万元

产值											企业销售产值	企业增加值
第二产业									第三产业			
合计	涉林产业							非林产业	合计	其中:非林产业		
	小计	非木质林产品加工	锯材木片加工	人造板制造	木制品制造	木质家具	其他					
717	**—**	**—**	**—**	**—**	**—**	**—**	**—**	**717**	**996**	**819**	**638**	**10004**
614	**—**	**—**	**—**	**—**	**—**	**—**	**—**	**614**	**204**	**204**	**534**	**5987**
534	—	—	—	—	—	—	—	534	73	73	534	1094
61	—	—	—	—	—	—	—	61	17	17	—	1081
—	—	—	—	—	—	—	—	—	106	106	—	—
—	—	—	—	—	—	—	—	—	—	—	—	918
19	—	—	—	—	—	—	—	19	8	8	—	1348
—	—	—	—	—	—	—	—	—	—	—	—	964
—	—	—	—	—	—	—	—	—	—	—	—	—
—	—	—	—	—	—	—	—	—	—	—	—	582
—	**—**	**—**	**—**	**—**	**—**	**—**	**—**	**—**	**294**	**279**	**—**	**1969**
—	—	—	—	—	—	—	—	—	39	39	—	—
—	—	—	—	—	—	—	—	—	12	12	—	529
—	—	—	—	—	—	—	—	—	96	96	—	394
—	—	—	—	—	—	—	—	—	29	29	—	381
—	—	—	—	—	—	—	—	—	29	29	—	45
—	—	—	—	—	—	—	—	—	15	—	—	465
—	—	—	—	—	—	—	—	—	74	74	—	155
103	**—**	**—**	**—**	**—**	**—**	**—**	**—**	**103**	**498**	**336**	**104**	**2048**
—	—	—	—	—	—	—	—	—	243	243	104	—
—	—	—	—	—	—	—	—	—	2	—	—	345
—	—	—	—	—	—	—	—	—	—	—	—	414
103	—	—	—	—	—	—	—	103	203	43	—	—
—	—	—	—	—	—	—	—	—	—	—	—	—
—	—	—	—	—	—	—	—	—	50	50	—	1289
—	—	—	—	—	—	—	—	—	—	—	—	—
8364	**8224**	**—**	**93**	**8131**	**—**	**—**	**—**	**140**	**17**	**6**	**11730**	**7027**
8364	**8224**	**—**	**93**	**8131**	**—**	**—**	**—**	**140**	**17**	**6**	**11730**	**7027**
—	—	—	—	—	—	—	—	—	—	—	—	—
—	—	—	—	—	—	—	—	—	—	—	21	3
—	—	—	—	—	—	—	—	—	—	—	—	—
—	—	—	—	—	—	—	—	—	—	—	—	—
—	—	—	—	—	—	—	—	—	—	—	20	—
—	—	—	—	—	—	—	—	—	—	—	—	—
—	—	—	—	—	—	—	—	—	—	—	—	269
—	—	—	—	—	—	—	—	—	—	—	—	715
140	—	—	—	—	—	—	—	140	—	—	759	724

国有林区分企业的企业总产值、

(按现行价

企业名称	企业总								
	总计	第一产业							
		合计	涉林产业						非林产业
			小计	林木的培育和种植	木、竹材采运	经济林产品的种植与采集	陆生野生动物繁育与利用	其他	
墨江	2037	1874	1874	1322	552	—	—	—	—
卫国	9961	1885	1885	452	1433	—	—	—	—
江边 *	—	—	—	—	—	—	—	—	—
清水江 *	—	—	—	—	—	—	—	—	—
南盘江 *	—	—	—	—	—	—	—	—	—
新平	534	532	532	—	—	—	—	532	—
宁蒗	—	—	—	—	—	—	—	—	—
陕西	**10941**	**4539**	**4515**	**3793**	**462**	**260**	**—**	**—**	**24**
陕西省林管局	**8828**	**4114**	**4090**	**3368**	**462**	**260**	**—**	**—**	**24**
宁西	2717	571	571	571	—	—	—	—	—
太白	1316	855	855	618	237	—	—	—	—
长青	1691	359	359	359	—	—	—	—	—
宁东	1506	1331	1331	945	126	260	—	—	—
汉西	1328	728	704	605	99	—	—	—	24
龙草坪	270	270	270	270	—	—	—	—	—
陕西省营林局	**2113**	**425**	**425**	**425**	**—**	**—**	**—**	**—**	**—**
马头滩	1264	369	369	369	—	—	—	—	—
辛家山	849	56	56	56	—	—	—	—	—
甘肃	**69378**	**21959**	**21921**	**14043**	**1123**	**263**	**8**	**6484**	**38**
甘肃省林管局	**55340**	**12838**	**12838**	**6272**	**—**	**74**	**8**	**6484**	**—**
舟曲	13384	1909	1909	1187	—	74	8	640	—
迭部	13381	4393	4393	1829	—	—	—	2564	—
洮河	20922	5278	5278	2717	—	—	—	2561	—
白水江	7653	1258	1258	539	—	—	—	719	—
甘肃省营林局	**14038**	**9121**	**9083**	**7771**	**1123**	**189**	**—**	**—**	**38**
小陇山	14038	9121	9083	7771	1123	189	—	—	38
青海	**—**	**—**	**—**	**—**	**—**	**—**	**—**	**—**	**—**
青海省林管局	**—**	**—**	**—**	**—**	**—**	**—**	**—**	**—**	**—**
玛可河 *	—	—	—	—	—	—	—	—	—
新疆	**17111**	**14643**	**12034**	**8709**	**1841**	**118**	**51**	**1315**	**2609**
新疆自治区林管局	**10256**	**8626**	**6562**	**3680**	**1655**	**118**	**—**	**1109**	**2064**
天山西部	8095	6685	5227	2706	1294	118	—	1109	1458
阿尔泰山	2161	1941	1335	974	361	—	—	—	606
新疆自治区营林局	**6855**	**6017**	**5472**	**5029**	**186**	**—**	**51**	**206**	**545**
天山中东部	6855	6017	5472	5029	186	—	51	206	545

销售产值和增加值（五）

格计算）

单位：万元

产　值											企业销售产值	企业增加值
第二产业									第三产业			
合计	涉林产业							非林产业	合计	其中：非林产业		
	小计	非木质林产品加工	锯材木片加工	人造板制造	木制品制造	木质家具	其他					
152	152	—	93	59	—	—	—	—	11	—	921	1361
8072	8072	—	—	8072	—	—	—	—	4	4	10009	3955
—	—	—	—	—	—	—	—	—	—	—	—	—
—	—	—	—	—	—	—	—	—	—	—	—	—
—	—	—	—	—	—	—	—	—	—	—	—	—
—	—	—	—	—	—	—	—	—	2	2	—	—
—	—	—	—	—	—	—	—	—	—	—	—	—
4216	**2077**	**—**	**—**	**—**	**—**	**—**	**2077**	**2139**	**2186**	**725**	**3362**	**550**
3166	**2077**	**—**	**—**	**—**	**—**	**—**	**2077**	**1089**	**1548**	**617**	**3362**	**550**
2027	2027	—	—	—	—	—	2027	—	119	119	306	136
388	—	—	—	—	—	—	—	388	73	73	1262	101
401	—	—	—	—	—	—	—	401	931	—	1083	77
50	50	—	—	—	—	—	50	—	125	125	622	75
300	—	—	—	—	—	—	—	300	300	300	89	147
—	—	—	—	—	—	—	—	—	—	—	—	14
1050	**—**	**—**	**—**	**—**	**—**	**—**	**—**	**1050**	**638**	**108**	**—**	**—**
577	—	—	—	—	—	—	—	577	318	—	—	—
473	—	—	—	—	—	—	—	473	320	108	—	—
30533	**30533**	**—**	**—**	**339**	**—**	**8946**	**21248**	**—**	**16886**	**1139**	**705**	**24279**
30194	**30194**	**—**	**—**	**—**	**—**	**8946**	**21248**	**—**	**12308**	**—**	**705**	**24279**
8946	8946	—	—	—	—	8946	—	—	2529	—	—	5401
6081	6081	—	—	—	—	—	6081	—	2907	—	—	6965
9804	9804	—	—	—	—	—	9804	—	5840	—	705	9461
5363	5363	—	—	—	—	—	5363	—	1032	—	—	2452
339	**339**	**—**	**—**	**339**	**—**	**—**	**—**	**—**	**4578**	**1139**	**—**	**—**
339	339	—	—	339	—	—	—	—	4578	1139	—	—
—	**—**	**—**	**—**	**—**	**—**	**—**	**—**	**—**	**—**	**—**	**—**	**—**
—	**—**	**—**	**—**	**—**	**—**	**—**	**—**	**—**	**—**	**—**	**—**	**—**
—	—	—	—	—	—	—	—	—	—	—	—	—
—	**—**	**—**	**—**	**—**	**—**	**—**	**—**	**—**	**2468**	**1034**	**3481**	**10444**
—	**—**	**—**	**—**	**—**	**—**	**—**	**—**	**—**	**1630**	**421**	**2607**	**6863**
—	—	—	—	—	—	—	—	—	1410	252	2607	5658
—	—	—	—	—	—	—	—	—	220	169	—	1205
—	**—**	**—**	**—**	**—**	**—**	**—**	**—**	**—**	**838**	**613**	**874**	**3581**
—	—	—	—	—	—	—	—	—	838	613	874	3581

国有林区主

指标名称	计量单位	合 计
一、木材产量	**立方米**	**11308429**
1. 原木	立方米	11083271
2. 薪材	立方米	225158
二、木材销售量	**立方米**	**11676403**
其中:胶合板材	立方米	346579
三、木材实际库存量	**立方米**	**2909204**
四、锯材产量	**立方米**	**994171**
五、人造板产量	**立方米**	**1260009**
其中:胶合板	立方米	129752
纤维板	立方米	564014
刨花板	立方米	279658
六、木片、木粒加工产品产量	**实积立方米**	**554425**
七、木地板	**平方米**	**2618766**
八、卫生筷子	**标准箱**	**2722613**

要产品产量

135 个木材采运企业	20 个重点营林局
10887889	**420540**
10666374	416897
221515	3643
11211946	**464457**
346579	—
2767265	**141939**
976807	**17364**
1256033	**3976**
128665	1087
561125	2889
279658	—
542425	**12000**
2618766	**—**
2712761	**9852**

企业名称	木材产量			木材销售量		木材实际库存量
	合 计	原 木	薪 材	合 计	其中：胶合板材	
全国合计	**11308429**	**11083271**	**225158**	**11676403**	**346579**	**2909204**
135 个木材采运企业小计	10887889	10666374	221515	11211946	346579	2767265
20 个重点营林局小计	420540	416897	3643	464457	—	141939
内蒙古	**2575878**	**2503694**	**72184**	**2920336**	**—**	**517853**
内蒙古集团林管局	**2410361**	**2338177**	**72184**	**2695687**	**—**	**490363**
阿尔山	88039	88039	—	113815	—	814
绰尔	143579	143579	—	167574	—	21051
绰源	79554	79554	—	87346	—	5386
乌尔旗汉	174897	160569	14328	210042	—	25808
库都尔	118949	118949	—	113560	—	33000
图里河	76953	76953	—	82357	—	12400
伊图里河	47243	46229	1014	46396	—	12012
克一河	97711	93092	4619	110789	—	23372
甘河	137423	123959	13464	150204	—	6571
吉文	105283	105283	—	109014	—	33906
阿里河	154610	142695	11915	156623	—	40538
根河	231450	231450	—	269383	—	54225
金河	226963	226963	—	261277	—	85196
阿龙山	168847	154469	14378	181893	—	31785
满归	175479	163013	12466	206819	—	39223
得耳布尔	110598	110598	—	122535	—	15018
莫尔道嘎	272783	272783	—	306060	—	50058
内蒙古集团营林局	**7913**	**7913**	**—**	**17665**	**—**	**871**
大杨树	1977	1977	—	6190	—	219
毕拉河	5936	5936	—	11475	—	652
内蒙古林业厅营林局	**157604**	**157604**	**—**	**206984**	**—**	**26619**
免渡河	23546	23546	—	28639	—	23546
乌奴尔	22387	22387	—	30597	—	—
巴林	10000	10000	—	11176	—	2811
南木	8995	8995	—	8995	—	—
红花尔基	41762	41762	—	65043	—	—
柴河	26423	26423	—	39543	—	262
五岔沟	19491	19491	—	19491	—	—
白狼	5000	5000	—	3500	—	—
吉林	**2572219**	**2559654**	**12565**	**2422906**	**141934**	**662310**
吉林集团林管局	**1080030**	**1069047**	**10983**	**1074851**	**15571**	**154877**
临江	148668	148045	623	136636	—	27619
三岔子	181818	173091	8727	181818	—	14256
湾沟	58500	58500	—	58515	—	3647
松江河	172847	171424	1423	179861	—	36480

的主要产品产量(一)

单位:立方米

锯材产量	人造板产量				木片、木粒加工产品产量（实积立方米）	木地板（平方米）	卫生筷子（标准箱）
	合　计	其　中					
		胶合板	纤维板	刨花板			
994171	**1260009**	**129752**	**564014**	**279658**	**554425**	**2618766**	**2722613**
976807	1256033	128665	561125	279658	542425	2618766	2712761
17364	3976	1087	2889	—	12000	—	9852
7464	**—**	**—**	**—**	**—**	**1000**	**—**	**9852**
—	**—**	**—**	**—**	**—**	**—**	**—**	**—**
—	—	—	—	—	—	—	—
—	—	—	—	—	—	—	—
—	—	—	—	—	—	—	—
—	—	—	—	—	—	—	—
—	—	—	—	—	—	—	—
—	—	—	—	—	—	—	—
—	—	—	—	—	—	—	—
—	—	—	—	—	—	—	—
—	—	—	—	—	—	—	—
—	—	—	—	—	—	—	—
—	—	—	—	—	—	—	—
—	—	—	—	—	—	—	—
—	—	—	—	—	—	—	—
—	—	—	—	—	—	—	—
—	—	—	—	—	—	—	—
—	—	—	—	—	—	—	—
—	**—**	**—**	**—**	**—**	**—**	**—**	**—**
—	—	—	—	—	—	—	—
—	—	—	—	—	—	—	—
7464	**—**	**—**	**—**	**—**	**1000**	**—**	**9852**
—	—	—	—	—	1000	—	—
1637	—	—	—	—	—	—	9852
—	—	—	—	—	—	—	—
—	—	—	—	—	—	—	—
2827	—	—	—	—	—	—	—
—	—	—	—	—	—	—	—
2000	—	—	—	—	—	—	—
1000	—	—	—	—	—	—	—
66344	**204718**	**3272**	**123704**	**71744**	**37025**	**1256563**	**89164**
15945	**98682**	**—**	**98682**	**—**	**—**	**—**	**—**
—	—	—	—	—	—	—	—
—	—	—	—	—	—	—	—
—	—	—	—	—	—	—	—
—	—	—	—	—	—	—	—

企业名称	木材产量			木材销售量		木材实际库存量
	合　计	原　木	薪　材	合　计	其中：胶合板材	
泉阳	63932	63816	116	70619	—	12810
露水河	133066	133066	—	132560	—	23484
白石山	96225	96131	94	100468	15571	3943
红石	224974	224974	—	214374	—	32638
延边林管局	**1257420**	**1255958**	**1462**	**1137704**	**126363**	**399419**
黄泥河	145659	145659	—	113149	33669	75593
敦化	179509	179509	—	169892	46814	71285
大石头	133148	133147	1	102995	—	57042
八家子	101148	101148	—	104528	—	14193
和龙	133032	133032	—	132363	35424	20789
汪清	142201	142201	—	146284	—	15861
大兴沟	63770	63770	—	52751	—	26172
天桥岭	97291	97291	—	90341	—	42599
白河	177778	176317	1461	155376	10456	31517
珲春	83884	83884	—	70025	—	44368
吉林省林业厅营林局	**234769**	**234649**	**120**	**210351**	**—**	**108014**
上营	79353	79233	120	78019	—	1334
辉南	31853	31853	—	28494	—	12926
长白	52463	52463	—	50686	—	42076
安图	71100	71100	—	53152	—	51678
长白山 *	—	—	—	—	—	—
龙江集团	**4024954**	**3897856**	**127098**	**4064491**	**188284**	**888088**
牡丹江林业管理局	**885354**	**865430**	**19924**	**880167**	**26824**	**166564**
大海林	151239	151239	—	157357	—	39260
柴河	142097	142097	—	120352	24874	21745
东京城	204725	199007	5718	211964	—	24907
穆棱	131008	131008	—	128713	1200	27504
绥阳	123612	117061	6551	123995	—	5421
海林	54700	54700	—	50838	750	12021
林口	46182	40588	5594	47528	—	16007
八面通	31791	29730	2061	39420	—	19699
合江林业管理局	**709202**	**709202**	**—**	**696177**	**52100**	**275987**
桦南	37832	37832	—	40179	—	10755
双鸭山	25350	25350	—	27353	—	7675
鹤立	25650	25650	—	26280	—	10327
鹤北	197269	197269	—	195429	1289	85781
东方红	202723	202723	—	216196	30871	32556
迎春	66981	66981	—	75642	12786	28371
清河	153397	153397	—	115098	7154	100522
伊春林业管理局	**1282716**	**1178989**	**103727**	**1215336**	**—**	**193213**
双丰	39699	39160	539	38392	—	11480

的主要产品产量(二)

单位:立方米

锯材产量	人造板产量				木片、木粒加工产品产量(实积立方米)	木地板(平方米)	卫生筷子(标准箱)
	合　计	其　中					
		胶合板	纤维板	刨花板			
—	—	—	—	—	—	—	—
1078	—	—	—	—	—	—	—
—	42352	—	42352	—	—	—	—
14867	56330	—	56330	—	—	—	—
40499	**104949**	**2185**	**25022**	**71744**	**26025**	**1256563**	**89164**
—	—	—	—	—	—	—	—
10580	—	—	—	—	—	—	—
—	—	—	—	—	—	—	—
—	—	—	—	—	—	—	—
—	2185	2185	—	—	—	—	—
1820	25945	—	25022	—	23500	1000000	2583
2050	1800	—	—	—	1200	—	—
3961	—	—	—	—	—	65777	—
20190	75019	—	—	71744	—	190786	86581
1898	—	—	—	—	1325	—	—
9900	**1087**	**1087**	**—**	**—**	**11000**	**—**	**—**
9900	—	—	—	—	—	—	—
—	—	—	—	—	—	—	—
—	—	—	—	—	—	—	—
—	1087	1087	—	—	11000	—	—
—	—	—	—	—	—	—	—
643928	**664850**	**103186**	**235553**	**205913**	**244871**	**1051853**	**1515488**
141190	**51156**	**3353**	**—**	**40400**	**22300**	**206604**	**817415**
41327	490	490	—	—	20400	—	107639
21570	10266	2863	—	—	—	—	49975
6800	—	—	—	—	—	—	97500
48893	40400	—	—	40400	—	180039	143080
16600	—	—	—	—	—	—	360000
—	—	—	—	—	1500	—	—
6000	—	—	—	—	400	26565	59221
—	—	—	—	—	—	—	—
122583	**12850**	**12440**	**—**	**—**	**70926**	**162540**	**277427**
9492	1837	1837	—	—	2333	—	15227
10000	—	—	—	—	333	—	20000
13500	2000	2000	—	—	2000	—	—
30000	410	—	—	—	16800	—	100000
33818	1875	1875	—	—	42747	—	92200
1769	638	638	—	—	6713	—	50000
24004	6090	6090	—	—	—	162540	—
205029	**516308**	**83539**	**163783**	**165513**	**52450**	**353953**	**114280**
28000	7600	3000	—	—	—	—	—

企业名称	木材产量			木材销售量		木材实际库存量
	合　计	原　木	薪　材	合　计	其中：胶合板材	
铁力	66085	62305	3780	66818	—	5312
桃山	19867	19823	44	18629	—	5886
朗乡	119107	106488	12619	108268	—	12024
南岔	44557	33847	10710	44823	—	13445
金山屯	56686	56241	445	51445	—	5241
美溪	67479	67479	—	67479	—	—
乌马河	54998	54969	29	51643	—	8022
翠峦	66600	—	66600	62437	—	4744
友好	164765	163557	1208	142872	—	32888
上甘岭	17974	17911	63	17527	—	2207
五营	44700	44700	—	47859	—	4578
红星	89374	89374	—	80168	—	16712
新青	153725	153725	—	143617	—	24113
汤旺河	174897	167207	7690	174897	—	21301
乌伊岭	102203	102203	—	98462	—	25260
松花江林业管理局	**1045854**	**1045574**	**280**	**1147929**	**104077**	**238763**
山河屯	99490	99490	—	98353	25277	1844
苇河	92817	92817	—	100167	—	17182
亚布力	164995	164995	—	170332	—	41179
方正	149811	149811	—	154162	1580	25384
兴隆	220196	220196	—	234468	70796	99383
绥棱	107672	107408	264	126157	6424	1103
通北	35474	35474	—	42863	—	10974
沾河	175399	175383	16	221427	—	41714
总局直属单位	**101828**	**98661**	**3167**	**124882**	**5283**	**13561**
带岭实验局	101828	98661	3167	124882	5283	13561
大兴安岭	**2024473**	**2024473**	**—**	**2152613**	**—**	**786964**
大兴安岭林管局	**2021856**	**2021856**	**—**	**2151372**	**—**	**784347**
松岭	301368	301368	—	356554	—	20711
新林	229981	229981	—	266539	—	84940
塔河	222000	222000	—	239610	—	86553
呼中	169317	169317	—	198493	—	117508
阿木尔	110726	110726	—	138900	—	28655
图强	171594	171594	—	181900	—	115080
西林吉	244819	244819	—	270427	—	51818
十八站	393057	393057	—	282940	—	223499
韩家园	178994	178994	—	216009	—	55583
大兴安岭营林局	**2617**	**2617**	**—**	**1241**	**—**	**2617**
加格达奇	2617	2617	—	1241	—	2617

的主要产品产量（三）

单位:立方米

锯材产量	人造板产量				木片、木粒加工产品产量（实积立方米）	木地板（平方米）	卫生筷子（标准箱）
	合 计	其 中					
		胶合板	纤维板	刨花板			
9845	2160	2160	—	—	—	343922	17000
—	—	—	—	—	—	—	—
—	147000	—	70000	77000	—	—	—
—	1512	1512	—	—	3000	—	—
39566	1500	—	—	1500	—	—	—
8348	3678	3678	—	—	—	4429	42280
—	92740	27140	40000	25600	—	—	—
—	—	—	—	—	18450	—	—
—	37025	12644	24381	—	—	—	—
60250	38265	28405	—	—	—	—	—
19400	1200	—	—	1200	—	—	—
—	37127	—	29402	—	—	—	—
39620	10860	—	—	10860	—	5602	—
—	121141	—	—	49353	31000	—	55000
—	14500	5000	—	—	—	—	—
112626	**78036**	**3854**	**71770**	**—**	**99195**	**328756**	**209166**
2000	—	—	—	—	—	—	—
14035	4270	1314	2956	—	6644	—	—
6850	960	960	—	—	20667	—	36000
16460	2492	1580	—	—	16684	—	31000
20900	—	—	—	—	33367	—	16000
13089	68814	—	68814	—	7000	328756	—
6000	—	—	—	—	1500	—	—
33292	1500	—	—	—	13333	—	126166
62500	**6500**	**—**	**—**	**—**	**—**	**—**	**97200**
62500	6500	—	—	—	—	—	97200
275607	**323194**	**10361**	**161862**	**2001**	**271529**	**310350**	**1108109**
275607	**323194**	**10361**	**161862**	**2001**	**271529**	**310350**	**1108109**
31815	9555	1380	—	—	35884	184650	90084
41934	101561	—	88932	2001	—	—	393861
17648	53615	—	38467	—	95852	—	55653
11288	62615	4374	34463	—	30813	—	24000
11903	1520	—	—	—	—	125700	26636
6093	7336	—	—	—	34749	—	49371
40929	11363	1927	—	—	43465	—	18040
68272	32033	2680	—	—	1318	—	222704
45725	43596	—	—	—	29448	—	227760
—	**—**	**—**	**—**	**—**	**—**	**—**	**—**
—	—	—	—	—	—	—	—

企业名称	木材产量			木材销售量		木材实际库存量
	合　计	原　木	薪　材	合　计	其中：胶合板材	
四川	**6502**	**6292**	**210**	**2490**	**—**	**—**
阿坝州林管局	**—**	**—**	**—**	**—**	**—**	**—**
川西	—	—	—	—	—	—
黑水	—	—	—	—	—	—
马尔康	—	—	—	—	—	—
小金	—	—	—	—	—	—
观音桥	—	—	—	—	—	—
松潘	—	—	—	—	—	—
南坪	—	—	—	—	—	—
壤塘	—	—	—	—	—	—
甘孜州林管局	**2000**	**2000**	**—**	**—**	**—**	**—**
道孚	—	—	—	—	—	—
新龙	—	—	—	—	—	—
丹巴	—	—	—	—	—	—
炉霍	—	—	—	—	—	—
白玉	—	—	—	—	—	—
力邱河	—	—	—	—	—	—
翁达	2000	2000	—	—	—	—
其他地、州林管局	**4502**	**4292**	**210**	**2490**	**—**	**—**
川南	2095	2095	—	2095	—	—
雷波	210	—	210	—	—	—
凉北	—	—	—	—	—	—
夹金山	2197	2197	—	395	—	—
木里	—	—	—	—	—	—
普威	—	—	—	—	—	—
盐边	—	—	—	—	—	—
云南	**59418**	**59258**	**160**	**56405**	**16361**	**48573**
云南省林管局	**59418**	**59258**	**160**	**56405**	**16361**	**48573**
华坪	3500	3500	—	—	—	3500
碧泉	1607	1447	160	1607	—	—
黑白水	—	—	—	—	—	—
中甸 *	—	—	—	—	—	—
巨甸	—	—	—	—	—	—
红旗	—	—	—	—	—	—
云台山	—	—	—	—	—	—
漾江	—	—	—	—	—	—
景东	16985	16985	—	11238	—	16288

的主要产品产量(四)

单位:立方米

锯材产量	人造板产量				木片、木粒加工产品产量(实积立方米)	木地板(平方米)	卫生筷子(标准箱)
	合　计	其　中					
		胶合板	纤维板	刨花板			
—	—	—	—	—	—	—	—
—	—	—	—	—	—	—	—
—	—	—	—	—	—	—	—
—	—	—	—	—	—	—	—
—	—	—	—	—	—	—	—
—	—	—	—	—	—	—	—
—	—	—	—	—	—	—	—
—	—	—	—	—	—	—	—
—	—	—	—	—	—	—	—
—	—	—	—	—	—	—	—
—	—	—	—	—	—	—	—
—	—	—	—	—	—	—	—
—	—	—	—	—	—	—	—
—	—	—	—	—	—	—	—
—	—	—	—	—	—	—	—
—	—	—	—	—	—	—	—
—	—	—	—	—	—	—	—
—	—	—	—	—	—	—	—
—	—	—	—	—	—	—	—
—	—	—	—	—	—	—	—
—	—	—	—	—	—	—	—
—	—	—	—	—	—	—	—
—	—	—	—	—	—	—	—
—	—	—	—	—	—	—	—
—	—	—	—	—	—	—	—
—	—	—	—	—	—	—	—
828	**64358**	**12933**	**40006**	—	—	—	—
828	**64358**	**12933**	**40006**	—	—	—	—
—	—	—	—	—	—	—	—
—	—	—	—	—	—	—	—
—	—	—	—	—	—	—	—
—	—	—	—	—	—	—	—
—	—	—	—	—	—	—	—
—	—	—	—	—	—	—	—
—	—	—	—	—	—	—	—
—	—	—	—	—	—	—	—
—	—	—	—	—	—	—	—

企业名称	木材产量			木材销售量		木材实际库存量
	合　计	原　木	薪　材	合　计	其中：胶合板材	
墨江	10872	10872	—	14800	—	6286
卫国	25290	25290	—	28760	16361	21335
江边 *	—	—	—	—	—	—
清水江 *	—	—	—	—	—	—
南盘江 *	—	—	—	—	—	—
新平	—	—	—	—	—	—
宁蒗	1164	1164	—	—	—	1164
陕西	**11358**	**1940**	**9418**	**11358**	**—**	**—**
陕西省林管局	**11358**	**1940**	**9418**	**11358**	**—**	**—**
宁西	1228	—	1228	1228	—	—
太白	1940	1940	—	1940	—	—
长青	—	—	—	—	—	—
宁东	5240	—	5240	5240	—	—
汉西	1787	—	1787	1787	—	—
龙草坪	1163	—	1163	1163	—	—
陕西省营林局	**—**	**—**	**—**	**—**	**—**	**—**
马头滩	—	—	—	—	—	—
辛家山	—	—	—	—	—	—
甘肃	**15204**	**11681**	**3523**	**25783**	**—**	**3532**
甘肃省林管局	**—**	**—**	**—**	**—**	**—**	**—**
舟曲	—	—	—	—	—	—
迭部	—	—	—	—	—	—
洮河	—	—	—	—	—	—
白水江	—	—	—	—	—	—
甘肃省营林局	**15204**	**11681**	**3523**	**25783**	**—**	**3532**
小陇山	15204	11681	3523	25783	—	3532
青海	**—**	**—**	**—**	**—**	**—**	**—**
青海省林管局	**—**	**—**	**—**	**—**	**—**	**—**
玛可河 *	—	—	—	—	—	—
新疆	**18423**	**18423**	**—**	**20021**	**—**	**1884**
新疆自治区林管局	**15990**	**15990**	**—**	**17588**	**—**	**1598**
天山西部	15990	15990	—	17588	—	1598
阿尔泰山	—	—	—	—	—	—
新疆自治区营林局	**2433**	**2433**	**—**	**2433**	**—**	**286**
天山中东部	2433	2433	—	2433	—	286

的主要产品产量(五)

单位:立方米

锯材产量	人造板产量				木片、木粒加工产品产量(实积立方米)	木地板(平方米)	卫生筷子(标准箱)
	合计	其中					
		胶合板	纤维板	刨花板			
828	348	348	—	—	—	—	—
—	64010	12585	40006	—	—	—	—
—	—	—	—	—	—	—	—
—	—	—	—	—	—	—	—
—	—	—	—	—	—	—	—
—	—	—	—	—	—	—	—
—	—	—	—	—	—	—	—
—	—	—	—	—	—	—	—
—	—	—	—	—	—	—	—
—	—	—	—	—	—	—	—
—	—	—	—	—	—	—	—
—	—	—	—	—	—	—	—
—	—	—	—	—	—	—	—
—	—	—	—	—	—	—	—
—	—	—	—	—	—	—	—
—	—	—	—	—	—	—	—
—	—	—	—	—	—	—	—
—	—	—	—	—	—	—	—
—	**2889**	**—**	**2889**	**—**	**—**	**—**	**—**
—	—	—	—	—	—	—	—
—	—	—	—	—	—	—	—
—	—	—	—	—	—	—	—
—	—	—	—	—	—	—	—
—	—	—	—	—	—	—	—
—	**2889**	**—**	**2889**	**—**	**—**	**—**	**—**
—	2889	—	2889	—	—	—	—
—	—	—	—	—	—	—	—
—	—	—	—	—	—	—	—
—	—	—	—	—	—	—	—
—	—	—	—	—	—	—	—
—	—	—	—	—	—	—	—
—	—	—	—	—	—	—	—
—	—	—	—	—	—	—	—
—	—	—	—	—	—	—	—
—	—	—	—	—	—	—	—

国有林区非木材产品产量

指标名称	单 位	合 计	135 个木材采运企业	20 个重点营林局
一、各类经济林产品产量合计	吨	31968	30226	1742
二、中药材	吨	8979	8474	505
三、食用菌	吨	76632	76069	563
四、山野菜	吨	22883	21781	1102
五、年末大牲畜存栏头数	万只	33	28	5
六、年末家禽存栏头数	万只	427	420	7
七、森林旅游人数	人次	5192353	4600671	591682

国有林区主要经济效益指标

指标名称	单位	合 计	135 个木材采运企业	20 个重点营林局
一、总资产贡献率	%	2.6	2.7	2.1
二、资本保值增值率	%	100.8	99.9	108.8
三、资产负债率	%	58.0	59.3	44.8
四、流动资产周转率	次	0.6	0.7	0.3
五、成本费用利润率	%	10.2	10.3	8.9
六、全员劳动生产率	元/人	14443	14877	1103
七、产品销售率	%	87.9	88.3	66.2

国有林区分企业的非木材产品产量(一)

企业名称	各类经济林产品产量合计(吨)	中药材(吨)	食用菌(吨)	山野菜(吨)	年末大牲畜存栏头数(万只)	年末家禽存栏头数(万只)	森林旅游人数(人次)
全国合计	**31968**	**8979**	**76632**	**22883**	**33**	**427**	**5192353**
135 个木材采运企业小计	30226	8474	76069	21781	28	420	4600671
20 个重点营林局小计	1742	505	563	1102	5	7	591682
内蒙古	**—**	**16**	**95**	**99**	**4**	**4**	**396162**
内蒙古集团林管局	**—**	**—**	**—**	**—**	**—**	**—**	**275600**
阿尔山	—	—	—	—	—	—	141500
绰尔	—	—	—	—	—	—	—
绰源	—	—	—	—	—	—	22500
乌尔旗汉	—	—	—	—	—	—	6500
库都尔	—	—	—	—	—	—	—
图里河	—	—	—	—	—	—	—
伊图里河	—	—	—	—	—	—	—
克一河	—	—	—	—	—	—	14200
甘河	—	—	—	—	—	—	—
吉文	—	—	—	—	—	—	—
阿里河	—	—	—	—	—	—	14800
根河	—	—	—	—	—	—	—
金河	—	—	—	—	—	—	—
阿龙山	—	—	—	—	—	—	—
满归	—	—	—	—	—	—	8100
得耳布尔	—	—	—	—	—	—	—
莫尔道嘎	—	—	—	—	—	—	68000
内蒙古集团营林局	**—**	**—**	**—**	**—**	**—**	**—**	**31400**
大杨树	—	—	—	—	—	—	—
毕拉河	—	—	—	—	—	—	31400
内蒙古林业厅营林局	**—**	**16**	**95**	**99**	**4**	**4**	**89162**
免渡河	—	—	2	10	—	—	—
乌奴尔	—	—	2	23	—	—	—
巴林	—	—	4	10	—	—	25000
南木	—	—	13	4	—	—	2000
红花尔基	—	6	31	14	1	1	42062
柴河	—	2	2	3	—	—	—
五岔沟	—	8	24	—	2	2	2600
白狼	—	—	17	35	1	1	17500
吉林	**9499**	**2947**	**8698**	**5652**	**7**	**51**	**425049**
吉林集团林管局	**4476**	**1629**	**3680**	**3453**	**2**	**15**	**124044**
临江	—	260	1120	460	—	—	2350
三岔子	262	6	406	270	—	—	—
湾沟	—	16	21	450	—	—	—
松江河	380	531	56	365	—	—	71694

国有林区分企业的非木材产品产量(二)

企业名称	各类经济林产品产量合计(吨)	中药材(吨)	食用菌(吨)	山野菜(吨)	年末大牲畜存栏头数(万只)	年末家禽存栏头数(万只)	森林旅游人数(人次)
泉阳	250	130	10	50	—	—	1100
露水河	1819	385	20	274	—	—	10500
白石山	500	250	2000	300	2	15	500
红石	1265	51	47	1284	—	—	37900
延边林管局	**3281**	**890**	**4661**	**1661**	**5**	**34**	**162807**
黄泥河	348	5	824	17	1	—	—
敦化	380	23	578	76	1	6	7500
大石头	393	154	849	155	—	8	1800
八家子	272	113	107	327	1	2	—
和龙	95	200	433	214	—	1	—
汪清	750	3	122	27	1	4	—
大兴沟	25	152	118	45	—	3	—
天桥岭	50	60	1400	300	—	2	—
白河	852	—	227	450	1	5	150000
珲春	116	180	3	50	—	3	3507
吉林省林业厅营林局	**1742**	**428**	**357**	**538**	**—**	**2**	**138198**
上营	1500	428	120	500	—	—	38198
辉南	—	—	26	—	—	—	100000
长白	—	—	—	—	—	—	—
安图	242	—	211	38	—	2	—
长白山 *	—	—	—	—	—	—	—
龙江集团	**22469**	**5696**	**59590**	**15119**	**18**	**339**	**3173989**
牡丹江林业管理局	**2982**	**949**	**20682**	**2803**	**3**	**51**	**408720**
大海林	—	124	2430	703	—	14	120000
柴河	330	13	2030	1100	—	7	75800
东京城	964	—	4255	100	2	12	90000
穆棱	320	762	3090	358	—	7	70000
绥阳	488	—	6400	350	—	11	30000
海林	880	50	620	80	—	—	—
林口	—	—	1425	—	—	—	8100
八面通	—	—	432	112	1	—	14820
合江林业管理局	**9292**	**2692**	**5828**	**2246**	**—**	**23**	**408700**
桦南	520	—	20	500	—	6	30500
双鸭山	416	—	196	220	—	4	70000
鹤立	920	—	815	105	—	2	32000
鹤北	1624	99	1006	101	—	4	60400
东方红	2677	1000	1040	1055	—	2	80800
迎春	321	60	121	200	—	2	30000
清河	2814	1533	2630	65	—	3	105000
伊春林业管理局	**1261**	**1100**	**16376**	**7231**	**5**	**187**	**1649636**
双丰	—	100	220	950	1	78	50995

国有林区分企业的非木材产品产量(三)

企业名称	各类经济林产品产量合计(吨)	中药材(吨)	食用菌(吨)	山野菜(吨)	年末大牲畜存栏头数(万只)	年末家禽存栏头数(万只)	森林旅游人数(人次)
铁力	—	—	175	850	1	2	224360
桃山	—	—	—	—	—	—	28981
朗乡	—	260	8607	1355	1	14	140000
南岔	—	—	—	—	—	—	112000
金山屯	—	—	—	—	—	—	260000
美溪	—	—	—	—	—	—	—
乌马河	—	—	400	55	—	6	1000
翠峦	1261	—	680	581	—	1	55300
友好	—	—	—	—	—	—	—
上甘岭	—	230	366	235	—	72	104000
五营	—	—	2524	1900	—	7	390000
红星	—	—	222	500	—	—	—
新青	—	—	—	595	2	4	67000
汤旺河	—	—	2342	—	—	—	210000
乌伊岭	—	510	840	210	—	3	6000
松花江林业管理局	**8934**	**355**	**15804**	**2239**	**4**	**73**	**551893**
山河屯	8190	355	2539	355	1	28	150000
苇河	—	—	5422	130	—	—	61600
亚布力	—	—	4241	420	—	—	118138
方正	454	—	62	90	1	12	92565
兴隆	—	—	1391	503	—	16	60000
绥棱	290	—	806	155	1	10	30300
通北	—	—	75	—	—	6	9290
沾河	—	—	1268	586	1	1	30000
总局直属单位	**—**	**600**	**900**	**600**	**6**	**5**	**155040**
带岭实验局	—	600	900	600	6	5	155040
大兴安岭	**—**	**320**	**8246**	**1932**	**1**	**33**	**721824**
大兴安岭林管局	**—**	**259**	**8135**	**1477**	**—**	**32**	**713824**
松岭	—	—	455	—	—	14	56512
新林	—	5	3465	233	—	—	—
塔河	—	20	200	8	—	8	4562
呼中	—	27	2921	198	—	4	—
阿木尔	—	27	36	25	—	1	—
图强	—	23	356	—	—	1	—
西林吉	—	9	154	401	—	2	651750
十八站	—	136	255	200	—	1	—
韩家园	—	12	293	412	—	1	1000
大兴安岭营林局	**—**	**61**	**111**	**455**	**1**	**1**	**8000**
加格达奇	—	61	111	455	1	1	8000

国有林区分企业的非木材产品产量(四)

企业名称	各类经济林产品产量合计(吨)	中药材(吨)	食用菌(吨)	山野菜(吨)	年末大牲畜存栏头数(万只)	年末家禽存栏头数(万只)	森林旅游人数(人次)
四川	**—**	**—**	**2**	**1**	**—**	**—**	**—**
阿坝州林管局	**—**	**—**	**1**	**—**	**—**	**—**	**—**
川西	—	—	—	—	—	—	—
黑水	—	—	—	—	—	—	—
马尔康	—	—	1	—	—	—	—
小金	—	—	—	—	—	—	—
观音桥	—	—	—	—	—	—	—
松潘	—	—	—	—	—	—	—
南坪	—	—	—	—	—	—	—
壤塘	—	—	—	—	—	—	—
甘孜州林管局	**—**	**—**	**1**	**1**	**—**	**—**	**—**
道孚	—	—	—	—	—	—	—
新龙	—	—	—	—	—	—	—
丹巴	—	—	—	—	—	—	—
炉霍	—	—	—	—	—	—	—
白玉	—	—	—	—	—	—	—
力邱河	—	—	—	—	—	—	—
翁达	—	—	1	1	—	—	—
其他地、州林管局	**—**	**—**	**—**	**—**	**—**	**—**	**—**
川南	—	—	—	—	—	—	—
雷波	—	—	—	—	—	—	—
凉北	—	—	—	—	—	—	—
夹金山	—	—	—	—	—	—	—
木里	—	—	—	—	—	—	—
普威	—	—	—	—	—	—	—
盐边	—	—	—	—	—	—	—
云南	**—**	**—**	**—**	**—**	**—**	**—**	**13333**
云南省林管局	**—**	**—**	**—**	**—**	**—**	**—**	**13333**
华坪	—	—	—	—	—	—	—
碧泉	—	—	—	—	—	—	—
黑白水	—	—	—	—	—	—	—
中甸 *	—	—	—	—	—	—	—
巨甸	—	—	—	—	—	—	—
红旗	—	—	—	—	—	—	—
云台山	—	—	—	—	—	—	—
漾江	—	—	—	—	—	—	—
景东	—	—	—	—	—	—	—

国有林区分企业的非木材产品产量(五)

企业名称	各类经济林产品产量合计(吨)	中药材(吨)	食用菌(吨)	山野菜(吨)	年末大牲畜存栏头数(万只)	年末家禽存栏头数(万只)	森林旅游人数(人次)
墨江	—	—	—	—	—	—	—
卫国	—	—	—	—	—	—	13333
江边 *	—	—	—	—	—	—	—
清水江 *	—	—	—	—	—	—	—
南盘江 *	—	—	—	—	—	—	—
新平	—	—	—	—	—	—	—
宁蒗	—	—	—	—	—	—	—
陕西	**—**	**—**	**—**	**—**	**—**	**—**	**106750**
陕西省林管局	**—**	**—**	**—**	**—**	**—**	**—**	**1250**
宁西	—	—	—	—	—	—	—
太白	—	—	—	—	—	—	—
长青	—	—	—	—	—	—	—
宁东	—	—	—	—	—	—	1250
汉西	—	—	—	—	—	—	—
龙草坪	—	—	—	—	—	—	—
陕西省营林局	**—**	**—**	**—**	**—**	**—**	**—**	**105500**
马头滩	—	—	—	—	—	—	52000
辛家山	—	—	—	—	—	—	53500
甘肃	**—**	**—**	**1**	**80**	**—**	**—**	**204472**
甘肃省林管局	**—**	**—**	**1**	**70**	**—**	**—**	**70000**
舟曲	—	—	1	70	—	—	—
迭部	—	—	—	—	—	—	5000
洮河	—	—	—	—	—	—	65000
白水江	—	—	—	—	—	—	—
甘肃省营林局	**—**	**—**	**—**	**10**	**—**	**—**	**134472**
小陇山	—	—	—	10	—	—	134472
青海	**—**	**—**	**—**	**—**	**—**	**—**	**—**
青海省林管局	**—**	**—**	**—**	**—**	**—**	**—**	**—**
玛可河 *	—	—	—	—	—	—	—
新疆	**—**	**—**	**—**	**—**	**3**	**—**	**150774**
新疆自治区林管局	**—**	**—**	**—**	**—**	**3**	**—**	**65824**
天山西部	—	—	—	—	1	—	61494
阿尔泰山	—	—	—	—	2	—	4330
新疆自治区营林局	**—**	**—**	**—**	**—**	**—**	**—**	**84950**
天山中东部	—	—	—	—	—	—	84950

国有林区分企业的

企业名称	总资产贡献率			资本保值增值率			资产负债率		
	指标（%）	子项（万元）	母项（万元）	指标（%）	子项（万元）	母项（万元）	指标（%）	子项（万元）	母项（万元）
全国合计	**2.6**	**134735**	**5146368**	**100.8**	**2044952**	**2028572**	**58.0**	**2792299**	**4810289**
135 个木材采运企业小计	2.7	126621	4763154	99.9	1821446	1823224	59.3	2604815	4392168
20 个重点营林局小计	2.1	8114	383214	108.8	223506	205348	44.8	187484	418121
内蒙古	**2.9**	**28304**	**971661**	**104.1**	**286042**	**274820**	**71.9**	**749744**	**1043404**
内蒙古集团林管局	**3.2**	**24724**	**784882**	**100.3**	**190022**	**189434**	**77.3**	**645487**	**835515**
阿尔山	0.8	397	50825	103.0	13177	12789	75.8	41254	54432
绰尔	3.9	1399	35521	98.2	6462	6581	82.6	30598	37061
绰源	3.7	1191	32270	154.4	2743	1777	91.9	31203	33946
乌尔旗汉	5.6	2994	53012	102.7	22201	21607	57.2	29682	51884
库都尔	-0.5	-271	56774	80.5	7980	9915	86.8	52289	60269
图里河	-1.7	-562	33792	87.1	8036	9222	77.5	27750	35787
伊图里河	-3.7	-922	25166	112.5	5832	5183	79.9	23237	29069
克一河	2.5	739	29258	107.6	8616	8005	71.4	21498	30114
甘河	0.2	71	35561	104.8	8631	8237	77.8	30293	38924
吉文	0.8	195	25006	104.4	5024	4814	82.8	24163	29187
阿里河	2.2	1144	52576	105.5	12565	11909	77.4	42975	55541
根河	4.2	2850	68162	99.3	25880	26063	62.7	43471	69351
金河	6.0	4191	69294	97.3	16171	16622	78.1	57644	73815
阿龙山	4.9	2435	50049	100.7	12585	12492	75.0	37781	50366
满归	5.1	3083	60254	102.6	10077	9825	84.9	56563	66640
得耳布尔	3.1	1414	45582	93.3	5118	5487	90.4	48440	53558
莫尔道嘎	7.1	4376	61780	100.1	18924	18906	71.1	46646	65571
内蒙古集团营林局	**—**	**4**	**32283**	**122.0**	**12266**	**10057**	**66.1**	**23970**	**36236**
大杨树	—	-3	21417	122.5	6968	5687	71.0	17035	24003
毕拉河	0.1	7	10866	121.2	5298	4370	56.7	6935	12233
内蒙古林业厅营林局	**2.3**	**3576**	**154496**	**111.2**	**83754**	**75329**	**46.8**	**80287**	**171653**
免渡河	0.2	61	29527	115.3	16292	14134	48.0	15049	31341
乌奴尔	0.1	20	17825	109.3	13957	12770	24.7	4573	18530
巴林	2.3	25	1106	124.7	6772	5431	47.3	6085	12858
南木	0.6	52	9346	102.6	5466	5325	43.7	4242	9708
红花尔基	8.3	3878	46749	109.8	23723	21605	49.3	23026	46749
柴河	0.3	45	17770	110.0	10350	9409	44.3	8231	18582
五岔沟	0.5	81	14888	99.2	2440	2459	34.5	5589	16197
白狼	-3.4	-586	17285	113.3	4754	4196	76.3	13492	17688
吉林	**6.2**	**54438**	**883290**	**106.4**	**339637**	**319246**	**64.4**	**617011**	**958716**
吉林集团林管局	**10.7**	**41019**	**382110**	**105.2**	**127846**	**121581**	**68.8**	**285993**	**415936**
临江	16.3	4172	25583	119.3	13400	11232	57.0	17773	31172
三岔子	17.5	6157	35180	98.7	15291	15491	59.7	22624	37915
湾沟	13.3	3695	27758	109.9	15291	13914	47.3	13737	29028
松江河	8.3	7892	94722	100.4	28044	27944	72.4	73527	101572

主要经济效益指标(一)

流动资产周转率			成本费用利润率			全员劳动生产率			产品销售率		
指标（次）	子项（万元）	母项（万元）	指标（%）	子项（万元）	母项（万元）	指标（元/人·年）	子项（元）	母项（人）	指标（%）	子项（万元）	母项（万元）
0.6	1416985	2219577	10.2	132139	1289800	14443	6932925663	480006	87.9	2255978	2566848
0.7	1370468	2070202	10.3	128492	1248819	14877	6916258457	464898	88.3	2226872	2522905
0.3	46517	149375	8.9	3647	40981	1103	16667206	15108	66.2	29106	43943
0.5	231413	483448	7.1	23275	327742	18303	1157916647	63264	102.3	203022	198479
0.5	214609	395967	7.3	22910	311749	21144	1146370000	54216	110.7	192908	174252
0.4	10820	24529	1.9	316	16869	12189	40420000	3316	129.3	9173	7096
1.2	15436	12684	6.8	1415	20878	20278	69980000	3451	111.9	11998	10725
0.4	7139	17518	10.8	1140	10549	20454	31090000	1520	103.4	6055	5855
0.6	15611	26483	14.5	2991	20591	23179	89400000	3857	119.5	14698	12297
0.3	9522	36320	-2.6	-423	16528	12429	44410000	3573	89.6	7132	7958
0.4	7813	18310	-4.3	-631	14548	8983	25360000	2823	107.0	5993	5600
0.3	3929	11718	-11.0	-853	7760	9590	22440000	2340	101.0	3396	3364
0.6	8832	14118	4.6	623	13628	17950	44120000	2458	113.4	8093	7138
0.6	12085	18764	0.5	102	19140	15717	64080000	4077	110.6	11798	10666
0.7	9195	13890	0.8	120	14785	13106	44260000	3377	103.5	7332	7081
0.4	10709	28052	6.4	1045	16301	20593	69110000	3356	101.3	10503	10368
0.5	21264	40620	8.8	2482	28113	32755	131120000	4003	106.2	19721	18570
0.5	18813	36900	17.5	4168	23765	33166	109680000	3307	115.1	17532	15229
0.4	12708	30469	11.1	2049	18517	27867	68330000	2452	107.7	11770	10926
0.7	17491	26304	12.1	3030	25037	28473	91540000	3215	117.9	16132	13687
0.5	10065	19062	6.4	983	15328	23512	66820000	2842	118.4	9852	8324
1.1	23177	20226	14.8	4353	29412	31586	134210000	4249	112.2	21730	19368
0.2	2348	12363	—	—	1210	5047	7500000	1486	100.0	906	906
0.1	1215	8839	—	—	163	2594	2080000	802	100.0	251	251
0.3	1133	3524	—	—	1047	7924	5420000	684	100.0	655	655
0.2	14456	75118	2.5	365	14783	535	4046647	7562	39.5	9208	23321
0.1	1823	15587	4.0	68	1695	792	950000	1199	63.6	1498	2355
0.5	2710	5961	0.3	11	3190	1689	1346000	797	133.9	2710	2024
0.2	746	3737	-0.7	-4	594	—	—	496	—	—	—
0.1	553	3732	20.0	49	245	—	—	578	—	—	—
0.1	2863	19702	21.1	758	3587	1299	1250000	962	44.2	2791	6315
0.4	2634	7125	1.3	36	2778	—	—	—	—	—	—
0.4	2827	7454	0.5	8	1662	—	647	2380	15.6	1929	12327
—	300	11820	-54.4	-561	1032	435	500000	1150	93.3	280	300
0.9	465772	494316	12.9	44966	349014	22871	1317665639	57612	101.5	273394	269442
1.2	275555	233195	15.4	33871	220032	42469	1024214097	24117	103.4	177682	171896
2.9	45186	15809	9.1	3817	41720	38448	85200000	2216	123.9	17600	14200
1.5	30190	20125	33.8	5038	14904	30478	118650000	3893	100.0	20110	20110
1.0	16290	15995	19.5	2236	11487	57367	78650000	1371	103.6	13347	12880
0.9	60099	65691	11.8	6686	56444	37806	145290000	3843	104.1	20070	19287

国有林区分企业的

企业名称	总资产贡献率			资本保值增值率			资产负债率		
	指标（%）	子项（万元）	母项（万元）	指标（%）	子项（万元）	母项（万元）	指标（%）	子项（万元）	母项（万元）
泉阳	8.8	1936	21957	78.8	7825	9926	56.8	12939	22764
露水河	9.2	4516	48898	100.0	19048	19045	64.6	34753	53801
白石山	7.4	2389	32484	95.7	11472	11983	68.3	24954	36523
红石	10.7	10262	95528	145.1	17475	12046	83.1	85686	103161
延边林管局	**2.4**	**8766**	**361592**	**107.1**	**128607**	**120078**	**66.9**	**260363**	**388937**
黄泥河	2.7	909	33149	104.0	10272	9878	75.2	30973	41209
敦化	2.3	1220	52762	107.5	11730	10916	77.8	41209	52939
大石头	1.5	648	41972	120.7	14557	12061	66.7	29189	43746
八家子	2.3	665	29395	104.5	10829	10366	66.5	21487	32316
和龙	2.1	980	47623	105.7	26549	25122	45.5	22199	48747
汪清	3.3	1292	39504	107.3	17360	16184	59.0	24953	42314
大兴沟	1.8	229	12990	104.7	4873	4654	63.4	8438	13312
天桥岭	2.4	676	27988	111.0	9657	8699	67.4	19978	29635
白河	2.9	1338	46056	101.9	14633	14366	71.2	36117	50750
珲春	2.7	809	30153	104.0	8147	7832	76.0	25820	33969
吉林省林业厅营林局	**3.3**	**4653**	**139588**	**107.2**	**83184**	**77587**	**45.9**	**70655**	**153843**
上营	2.1	1367	64109	103.0	45832	44497	36.8	26665	72498
辉南	0.5	183	33312	117.2	20707	17668	38.7	13087	33796
长白	9.4	2472	26238	109.2	10237	9378	63.5	17840	28077
安图	4.0	631	15929	106.0	6408	6044	67.1	13063	19472
长白山 *	—	—	—	—	—	—	—	—	—
龙江集团	**1.6**	**39514**	**2397563**	**100.7**	**1020840**	**1013936**	**48.4**	**920768**	**1901499**
牡丹江林业管理局	**2.0**	**12348**	**610648**	**111.5**	**168346**	**150962**	**50.6**	**150928**	**298524**
大海林	9.1	3087	33760	122.4	21412	17488	39.0	13671	35083
柴河	9.4	7403	78824	122.4	54674	44673	36.0	30692	85366
东京城	3.1	1940	62580	105.2	29132	27681	52.4	32010	61142
穆棱	6.9	2833	41355	111.1	19888	17895	53.7	23056	42944
绥阳	0.2	569	340139	110.5	18489	16734	114.8	17532	15273
海林	1.5	351	23153	118.3	11327	9578	57.2	15113	26439
林口	-2.2	-382	17642	97.6	12292	12597	35.9	6892	19184
八面通	-26.2	-3453	13195	26.2	1132	4316	91.4	11962	13093
合江林业管理局	**3.2**	**7914**	**246654**	**98.7**	**129120**	**130803**	**48.5**	**121732**	**250852**
桦南	0.6	136	24680	98.8	20220	20467	21.5	5554	25774
双鸭山	-3.6	-731	20302	94.4	8233	8718	59.8	12244	20477
鹤立	-1.8	-328	18277	98.8	7849	7946	58.3	10980	18828
鹤北	6.3	3378	53649	101.4	23665	23349	56.5	30698	54364
东方红	4.2	2641	62555	93.8	29956	31932	51.9	32375	62331
迎春	7.1	2110	29894	109.2	21814	19973	27.8	8415	30229
清河	1.9	708	37297	94.4	17383	18418	55.3	21466	38849
伊春林业管理局	**-0.4**	**-3648**	**957837**	**95.7**	**486687**	**508634**	**52.3**	**512670**	**979997**
双丰	-1.0	-289	30035	97.2	12383	12746	59.1	17918	30301

主要经济效益指标(二)

流动资产周转率			成本费用利润率			全员劳动生产率			产品销售率		
指标（次）	子项（万元）	母项（万元）	指标（%）	子项（万元）	母项（万元）	指标（元/人·年）	子项（元）	母项（人）	指标（%）	子项（万元）	母项（万元）
1.4	14723	10808	14.6	1933	13224	17060	40960000	2401	109.6	8165	7448
0.8	28382	34769	16.0	3917	24514	73075	276370000	3782	99.8	37122	37183
1.4	25934	18678	19.2	1867	9744	32041	104070000	3248	98.3	19163	19504
1.1	54751	51320	17.5	8377	47995	52044	175024097	3363	102.0	42105	41284
0.8	**161086**	**208827**	**7.3**	**7661**	**105487**	**10326**	**288331321**	**27923**	**98.8**	**77217**	**78168**
0.8	14904	19813	18.6	810	4344	1042	3390000	3253	97.2	978	1006
1.3	37639	29386	4.8	1106	23128	8215	40950000	4985	98.6	12336	12505
0.5	16689	34368	10.5	609	5793	1080	3750000	3472	100.0	1035	1035
0.7	13485	18978	6.9	807	11639	568	1460000	2572	100.0	409	409
0.7	17506	26335	6.8	1000	14791	29482	54601321	1852	99.5	13932	14001
0.5	12454	24553	5.9	852	14332	20712	67770000	3272	98.8	18601	18833
2.4	6580	2699	3.8	124	3305	5351	9440000	1764	98.7	2516	2550
0.6	10019	17904	6.3	501	8004	7247	16850000	2325	96.5	4251	4406
1.1	21264	20155	10.5	1139	10856	28414	86010000	3027	99.3	21888	22053
0.7	10546	14636	7.7	713	9295	2934	4110000	1401	92.8	1271	1370
0.6	**29131**	**52294**	**14.6**	**3434**	**23495**	**919**	**5120221**	**5572**	**95.4**	**18495**	**19378**
0.4	10006	23797	14.4	1138	7924	3	7044	2294	98.5	9997	10150
0.4	5441	13531	1.5	81	5295	1	2173	1483	95.2	118	124
1.8	6409	3632	32.1	1509	4704	1	1004	745	82.9	6335	7644
0.6	7275	11334	12.7	706	5572	4867	5110000	1050	140.1	2045	1460
—	—	—	—	—	—	—	—	—	—	—	—
0.6	**552314**	**977212**	**4.7**	**22244**	**472763**	**12502**	**3679260364**	**294295**	**87.3**	**1066740**	**1221579**
1.1	**114696**	**105674**	**16.7**	**12705**	**76126**	**13013**	**440681389**	**33866**	**94.5**	**164701**	**174329**
1.7	17123	9920	52.2	3075	5887	13477	71590000	5312	90.0	14319	15908
0.6	21324	34163	54.8	7646	13950	19402	105060000	5415	96.4	75289	78077
1.9	29410	15359	15.5	2029	13118	2322	12971000	5585	103.6	24426	23584
0.7	12986	19505	30.4	2869	9449	17449	66900389	3834	99.1	12264	12377
1.3	11534	8861	3.6	564	15492	15339	57890000	3774	100.3	10558	10525
1.5	9299	6068	6.1	280	4620	22438	83000000	3699	81.6	20564	25203
1.7	8378	4890	-6.0	-464	7735	10124	32690000	3229	83.5	5460	6537
0.7	4642	6908	-56.1	-3294	5875	3506	10580000	3018	86.0	1821	2118
0.9	**90988**	**100684**	**7.4**	**6956**	**93407**	**3512**	**81334680**	**23156**	**96.6**	**108603**	**112396**
0.9	10775	11778	-1.4	-272	19616	2448	8336000	3405	67.1	3581	5335
0.7	4804	7043	-15.2	-757	4981	3	183	64	100.3	53360	53198
1.0	5287	5490	-12.7	-383	3012	—	—	4052	—	—	—
0.8	19535	23895	19.2	3326	17338	113	673000	5941	100.0	476	476
0.9	27241	31032	8.2	2400	29349	3	15497	4706	104.3	34863	33440
1.0	10752	10682	25.6	2014	7876	3705	10740000	2899	90.0	2416	2685
1.2	12594	10764	5.6	628	11235	29473	61570000	2089	80.6	13907	17262
0.4	**213984**	**589203**	**-7.4**	**-16078**	**215902**	**11349**	**2147210871**	**189191**	**82.6**	**579247**	**701294**
0.3	3709	12258	-58.4	-3044	5211	3347	23220000	6938	72.7	2811	3869

国有林区分企业的

企业名称	总资产贡献率			资本保值增值率			资产负债率		
	指标（%）	子项（万元）	母项（万元）	指标（%）	子项（万元）	母项（万元）	指标（%）	子项（万元）	母项（万元）
铁力	-3.7	-1212	33194	95.4	23170	24283	30.2	10023	33194
桃山	-4.8	-1492	30963	83.4	8046	9653	74.0	22917	30963
朗乡	0.1	50	48370	95.8	32244	33651	35.0	17399	49643
南岔	-1.8	-413	23301	98.0	14366	14656	39.1	9211	23577
金山屯	-0.5	-2404	492546	95.9	252253	263146	51.8	261179	503752
美溪	2.0	649	31690	114.3	16700	14613	51.8	17936	34637
乌马河	-4.0	-1024	25674	94.1	13857	14724	46.4	12000	25858
翠峦	-3.8	-974	25894	68.7	3933	5729	84.8	21962	25894
友好	2.9	1108	38562	98.7	19417	19669	43.0	16909	39288
上甘岭	-44.7	-897	2008	91.5	9112	9955	137.8	12227	8875
五营	-0.1	-37	27339	99.2	13167	13278	52.1	14301	27469
红星	-10.7	-3011	28137	79.6	13119	16483	54.0	15197	28136
新青	5.8	2873	49270	96.9	23752	24510	46.1	20331	44082
汤旺河	6.9	3253	46860	100.4	23562	23460	50.9	24443	48005
乌伊岭	0.7	172	23994	94.2	7606	8078	71.1	18717	26323
松花江林业管理局	**7.3**	**22430**	**307897**	**106.1**	**221228**	**208596**	**35.7**	**123065**	**344293**
山河屯	8.2	2826	34323	100.5	19496	19400	45.4	16190	35686
苇河	5.9	1702	28918	106.5	20905	19624	25.1	7007	27911
亚布力	10.9	5395	49657	118.3	22893	19349	57.4	30856	53749
方正	8.2	2551	30936	111.2	16393	14748	46.1	14018	30411
兴隆	7.8	5192	66686	103.7	50677	48883	21.8	14155	64832
绥棱	6.1	2328	38331	108.6	30303	27896	22.4	8764	39067
通北	-3.5	-751	21613	103.7	4064	3920	77.1	13706	17770
沾河	8.5	3187	37433	103.1	56497	54776	24.5	18369	74867
总局直属单位	**0.2**	**470**	**274527**	**103.5**	**15459**	**14941**	**44.5**	**12373**	**27833**
带岭实验局	0.2	470	274527	103.5	15459	14941	44.5	12373	27833
大兴安岭	**1.7**	**13437**	**782272**	**94.7**	**362921**	**383411**	**54.3**	**430992**	**793366**
大兴安岭林管局	**1.8**	**13429**	**726469**	**93.4**	**319151**	**341724**	**56.8**	**418831**	**737435**
松岭	0.7	413	59210	96.9	33451	34531	43.5	25759	59210
新林	2.0	2266	114652	92.3	36996	40104	70.0	86433	123429
塔河	1.0	1013	105761	95.6	51996	54378	50.9	53765	105530
呼中	1.6	1583	98121	99.0	45785	46242	54.9	55750	101535
阿木尔	1.2	651	54161	97.0	38769	39975	29.1	15912	54680
图强	1.7	1228	71542	94.2	41482	44014	41.6	29537	71019
西林吉	2.6	2517	98018	80.0	38669	48325	58.8	54701	93009
十八站	2.6	1964	74150	86.6	16065	18553	78.7	59447	75513
韩家园	3.5	1794	50854	102.2	15938	15602	70.1	37527	53510
大兴安岭营林局	**—**	**8**	**55803**	**105.0**	**43770**	**41687**	**21.7**	**12161**	**55931**
加格达奇	—	8	55803	105.0	43770	41687	21.7	12161	55931

主要经济效益指标(三)

流动资产周转率			成本费用利润率			全员劳动生产率			产品销售率		
指标（次）	子项（万元）	母项（万元）	指标（%）	子项（万元）	母项（万元）	指标（元/人·年）	子项（元）	母项（人）	指标（%）	子项（万元）	母项（万元）
0.5	6485	13684	-20.8	-1245	5972	15175	61550000	4056	100.0	22907	22907
0.2	2837	16430	-29.3	-1638	5582	2582	9812710	3801	95.2	1728	1815
0.9	9632	11021	-0.2	-20	10591	2868	27684000	9654	96.0	68145	70985
0.7	4598	6504	-24.2	-447	1847	2565	24041000	9372	100.5	4598	4576
0.4	109365	300280	-7.9	-8651	109127	11983	1144424997	95506	82.0	302460	368985
0.6	7022	10965	-2.7	-437	16338	37199	234760000	6311	65.9	29198	44295
0.5	4501	8742	-22.9	-1136	4966	22713	131960000	5810	85.0	26199	30810
0.4	6175	14373	-76.9	-1265	1646	4307	28430000	6601	126.6	5901	4660
0.9	13489	15088	7.5	1009	13484	10225	85050000	8318	87.4	10933	12508
0.2	1702	7092	-66.5	-924	1390	2628	7100000	2702	43.7	18230	41737
—	3931	112133	-4.8	-183	3809	14559	91360000	6275	80.1	16610	20746
1.0	6129	6133	-141.2	-3222	2282	1670	12123000	7260	93.4	33387	35765
0.5	13172	26473	17.6	2133	12143	11757	80980000	6888	106.9	12735	11908
0.5	14069	26876	21.6	2968	13745	26015	142275164	5469	89.7	12759	14228
6.2	7168	1151	0.3	24	7769	10033	42440000	4230	92.6	10646	11500
0.7	**122005**	**167139**	**21.6**	**18442**	**85250**	**18590**	**777303424**	**41813**	**93.7**	**168963**	**180353**
0.6	13461	20830	2.1	208	9763	56330	238106000	4227	98.9	8920	9023
1.0	12397	11899	19.8	1462	7395	78	429480	5537	105.8	12044	11379
1.0	19880	20561	50.7	5191	10234	33407	134462000	4025	95.0	26824	28229
0.9	13051	14597	17.8	2405	13532	2	8944	5879	50.5	18674	36980
0.8	23988	29370	25.5	5042	19757	29262	167000000	5707	104.4	33993	32566
1.2	16573	14114	13.3	1946	14625	26058	126277000	4846	104.4	41348	39595
0.2	3659	19511	-15.5	-777	4997	8190	42340000	5170	108.4	8164	7533
0.5	18996	36257	59.9	2965	4947	10694	68680000	6422	126.2	18996	15048
0.7	**10641**	**14512**	**10.5**	**219**	**2078**	**37124**	**232730000**	**6269**	**85.0**	**45226**	**53207**
0.7	10641	14512	10.5	219	2078	37124	232730000	6269	85.0	45226	53207
0.7	**153216**	**212865**	**34.4**	**42767**	**124309**	**13165**	**773681000**	**58768**	**80.8**	**698061**	**863466**
0.8	**153131**	**203568**	**34.6**	**42762**	**123519**	**13165**	**773681000**	**58768**	**80.8**	**698061**	**863466**
0.6	13603	23311	1.5	136	8926	17520	113443000	6475	83.0	251579	303130
0.9	18524	20099	15.8	1665	10525	8199	139630000	17030	76.1	319825	420160
0.6	17547	31399	6.1	431	7039	9055	66828000	7380	93.8	23935	25527
0.3	14909	42695	184.4	13794	7480	10479	64538000	6159	88.7	15468	17443
1.4	13838	9978	1.7	328	19126	5921	27072000	4572	113.8	8266	7265
0.9	13451	14876	8.3	899	10860	9546	48033000	5032	96.5	14528	15056
1.0	22624	22374	166.2	24065	14476	26560	158511000	5968	89.1	38539	43238
0.7	21711	30397	0.8	238	29369	29798	97499000	3272	59.6	9051	15192
2.0	16924	8439	7.7	1206	15718	20183	58127000	2880	102.5	16870	16455
—	**85**	**9297**	**0.6**	**5**	**790**	**—**	**—**	**—**	**—**	**—**	**—**
—	85	9297	0.6	5	790	—	—	—	—	—	—

企业名称	总资产贡献率			资本保值增值率			资产负债率		
	指标（%）	子项（万元）	母项（万元）	指标（%）	子项（万元）	母项（万元）	指标（%）	子项（万元）	母项（万元）
四川	**3.0**	**444**	**14998**	**79.9**	**1635**	**2046**	**51.9**	**7430**	**14306**
阿坝州林管局	**—**	**—**	**—**	**—**	**—**	**—**	**—**	**—**	**—**
川西	—	—	—	—	—	—	—	—	—
黑水	—	—	—	—	—	—	—	—	—
马尔康	—	—	—	—	—	—	—	—	—
小金	—	—	—	—	—	—	—	—	—
观音桥	—	—	—	—	—	—	—	—	—
松潘	—	—	—	—	—	—	—	—	—
南坪	—	—	—	—	—	—	—	—	—
壤塘	—	—	—	—	—	—	—	—	—
甘孜州林管局	**—**	**—**	**—**	**—**	**—**	**—**	**—**	**—**	**—**
道孚	—	—	—	—	—	—	—	—	—
新龙	—	—	—	—	—	—	—	—	—
丹巴	—	—	—	—	—	—	—	—	—
炉霍	—	—	—	—	—	—	—	—	—
白玉	—	—	—	—	—	—	—	—	—
力邱河	—	—	—	—	—	—	—	—	—
翁达	—	—	—	—	—	—	—	—	—
其他地、州林管局	**3.0**	**444**	**14998**	**79.9**	**1635**	**2046**	**51.9**	**7430**	**14306**
川南	3.0	444	14998	79.9	1635	2046	51.9	7430	14306
雷波	—	—	—	—	—	—	—	—	—
凉北	—	—	—	—	—	—	—	—	—
夹金山	—	—	—	—	—	—	—	—	—
木里	—	—	—	—	—	—	—	—	—
普威	—	—	—	—	—	—	—	—	—
盐边	—	—	—	—	—	—	—	—	—
云南	**-0.8**	**-446**	**57108**	**98.6**	**24692**	**25044**	**57.7**	**33889**	**58723**
云南省林管局	**-0.8**	**-446**	**57108**	**98.6**	**24692**	**25044**	**57.7**	**33889**	**58723**
华坪	-1.9	-70	3724	95.7	1606	1678	56.9	2116	3722
碧泉	-0.1	-6	6450	100.0	4201	4202	36.4	2402	6604
黑白水	-43.3	-1966	4541	92.0	3227	3509	28.9	1314	4541
中甸*	—	—	—	—	—	—	—	—	—
巨甸	1.4	30	2206	102.4	1289	1259	41.6	917	2206
红旗	—	—	—	—	—	—	—	—	—
云台山	3.8	306	8146	92.7	1300	1402	84.3	6991	8291
漾江	-0.2	-5	2077	99.0	511	516	75.3	1558	2069
景东	3.9	133	3408	115.0	1007	876	71.4	2510	3516

主要经济效益指标(四)

流动资产周转率			成本费用利润率			全员劳动生产率			产品销售率		
指标（次）	子项（万元）	母项（万元）	指标（%）	子项（万元）	母项（万元）	指标（元/人·年）	子项（元）	母项（人）	指标（%）	子项（万元）	母项（万元）
—	**279**	**8700**	**-572.2**	**-412**	**72**	**—**	**—**	**—**	**—**	**—**	**—**
—	—	—	—	—	—	—	—	—	—	—	—
—	—	—	—	—	—	—	—	—	—	—	—
—	—	—	—	—	—	—	—	—	—	—	—
—	—	—	—	—	—	—	—	—	—	—	—
—	—	—	—	—	—	—	—	—	—	—	—
—	—	—	—	—	—	—	—	—	—	—	—
—	—	—	—	—	—	—	—	—	—	—	—
—	—	—	—	—	—	—	—	—	—	—	—
—	—	—	—	—	—	—	—	—	—	—	—
—	—	—	—	—	—	—	—	—	—	—	—
—	—	—	—	—	—	—	—	—	—	—	—
—	—	—	—	—	—	—	—	—	—	—	—
—	—	—	—	—	—	—	—	—	—	—	—
—	—	—	—	—	—	—	—	—	—	—	—
—	—	—	—	—	—	—	—	—	—	—	—
—	—	—	—	—	—	—	—	—	—	—	—
—	—	—	—	—	—	—	—	—	—	—	—
—	**279**	**8700**	**-572.2**	**-412**	**72**	**—**	**—**	**—**	**—**	**—**	**—**
—	279	8700	-572.2	-412	72	—	—	—	—	—	—
—	—	—	—	—	—	—	—	—	—	—	—
—	—	—	—	—	—	—	—	—	—	—	—
—	—	—	—	—	—	—	—	—	—	—	—
—	—	—	—	—	—	—	—	—	—	—	—
—	—	—	—	—	—	—	—	—	—	—	—
—	—	—	—	—	—	—	—	—	—	—	—
0.4	**10475**	**25002**	**0.5**	**52**	**10815**	**1245**	**4381376**	**3518**	**106.9**	**11098**	**10378**
0.4	**10475**	**25002**	**0.5**	**52**	**10815**	**1245**	**4381376**	**3518**	**106.9**	**11098**	**10378**
—	58	2883	-58.5	-72	123	—	—	382	—	—	—
—	28	2189	-15.0	-6	40	—	—	322	100.0	28	28
—	2	2111	-61.5	-246	400	—	—	216	—	—	—
—	—	—	—	—	—	—	—	—	—	—	—
0.3	95	370	40.5	30	74	—	—	135	—	—	—
—	—	—	—	—	—	—	—	—	—	—	—
0.1	192	2947	-16.9	-107	633	1	269	186	—	—	—
—	—	879	100.0	-5	-5	25	7152	288	—	—	—
0.4	1016	2629	12.8	122	953	30	10000	329	107.7	140	130

企业名称	总资产贡献率			资本保值增值率			资产负债率		
	指标（%）	子项（万元）	母项（万元）	指标（%）	子项（万元）	母项（万元）	指标（%）	子项（万元）	母项（万元）
墨江	0.4	19	4302	74.8	1503	2010	59.6	2425	4069
卫国	6.8	1156	16887	104.3	10112	9694	39.5	6601	16713
江边 *	—	—	—	—	—	—	—	—	—
清水江 *	—	—	—	—	—	—	—	—	—
南盘江 *	—	—	—	—	—	—	—	—	—
新平	—	—	—	103.7	562	542	72.3	1466	2029
宁蒗	-0.8	-43	5367	97.2	-626	-644	112.6	5589	4963
陕西	**-2.2**	**-829**	**38432**	**92.2**	**8653**	**9381**	**80.5**	**32054**	**39817**
陕西省林管局	**-2.2**	**-829**	**38432**	**92.2**	**8653**	**9381**	**80.5**	**32054**	**39817**
宁西	-1.6	-160	10043	102.9	4043	3930	63.6	6853	10783
太白	-5.9	-398	6779	82.5	1992	2416	70.1	4658	6649
长青	-2.5	-107	4321	88.6	830	937	126.2	5540	4391
宁东	-0.1	-20	13425	99.9	1006	1007	93.0	13291	14297
汉西	5.7	96	1683	87.9	500	569	85.6	1552	1813
龙草坪	-11.0	-240	2181	54.0	282	522	8.5	160	1884
陕西省营林局	**—**	**—**	**—**	**—**	**—**	**—**	**—**	**—**	**—**
马头滩	—	—	—	—	—	—	—	—	—
辛家山	—	—	—	—	—	—	—	—	—
甘肃	**-12.2**	**-127**	**1044**	**77.3**	**532**	**688**	**89.7**	**411**	**458**
甘肃省林管局	**—**	**—**	**—**	**—**	**—**	**—**	**—**	**—**	**—**
舟曲	—	—	—	—	—	—	—	—	—
迭部	—	—	—	—	—	—	—	—	—
洮河	—	—	—	—	—	—	—	—	—
白水江	—	—	—	—	—	—	—	—	—
甘肃省营林局	**-12.2**	**-127**	**1044**	**77.3**	**532**	**688**	**89.7**	**411**	**458**
小陇山	-12.2	-127	1044	77.3	532	688	89.7	411	458
青海	**—**	**—**	**—**	**—**	**—**	**—**	**—**	**—**	**—**
青海省林管局	**—**	**—**	**—**	**—**	**—**	**—**	**—**	**—**	**—**
玛可河 *	—	—	—	—	—	—	—	—	—
新疆	**—**	**—**	**—**	**—**	**—**	**—**	**—**	**—**	**—**
新疆自治区林管局	**—**	**—**	**—**	**—**	**—**	**—**	**—**	**—**	**—**
天山西部	—	—	—	—	—	—	—	—	—
阿尔泰山	—	—	—	—	—	—	—	—	—
新疆自治区营林局	**—**	**—**	**—**	**—**	**—**	**—**	**—**	**—**	**—**
天山中东部	—	—	—	—	—	—	—	—	—

主要经济效益指标(五)

流动资产周转率			成本费用利润率			全员劳动生产率			产品销售率		
指标（次）	子项（万元）	母项（万元）	指标（%）	子项（万元）	母项（万元）	指标（元/人·年）	子项（元）	母项（人）	指标（%）	子项（万元）	母项（万元）
0.3	752	2747	3.3	18	547	19207	4360000	227	128.8	921	715
1.4	8309	5848	4.0	318	8050	5	3955	836	105.3	10009	9505
—	—	—	—	—	—	—	—	—	—	—	—
—	—	—	—	—	—	—	—	—	—	—	—
—	—	—	—	—	—	—	—	—	—	—	—
—	—	—	—	—	—	—	—	—	—	—	—
—	23	2399	—	—	—	—	—	597	—	—	—
0.2	**3019**	**17731**	**-13.6**	**-596**	**4382**	**10**	**20299**	**2061**	**100.0**	**3166**	**3166**
0.2	**3019**	**17731**	**-13.6**	**-596**	**4382**	**10**	**20299**	**2061**	**100.0**	**3166**	**3166**
0.1	306	2763	-18.5	-171	925	—	123	625	100.0	2027	2027
0.2	600	3489	-31.3	-425	1358	25	20000	800	100.0	388	388
0.7	1083	1609	-11.4	-146	1283	1	65	76	100.0	401	401
0.1	622	9345	-1.2	-8	645	—	75	354	100.0	50	50
0.8	408	525	90.1	154	171	—	36	206	100.0	300	300
—	—	—	—	—	—	—	—	—	—	—	—
—	—	—	—	—	—	—	—	—	—	—	—
—	—	—	—	—	—	—	—	—	—	—	—
—	—	—	—	—	—	—	—	—	—	—	—
1.6	**497**	**303**	**-22.3**	**-157**	**703**	**1**	**338**	**488**	**147.0**	**497**	**338**
—	—	—	—	—	—	—	—	—	—	—	—
—	—	—	—	—	—	—	—	—	—	—	—
—	—	—	—	—	—	—	—	—	—	—	—
—	—	—	—	—	—	—	—	—	—	—	—
—	—	—	—	—	—	—	—	—	—	—	—
1.6	**497**	**303**	**-22.3**	**-157**	**703**	**1**	**338**	**488**	**147.0**	**497**	**338**
1.6	497	303	-22.3	-157	703	1	338	488	147.0	497	338
—	—	—	—	—	—	—	—	—	—	—	—
—	—	—	—	—	—	—	—	—	—	—	—
—	—	—	—	—	—	—	—	—	—	—	—
—	—	—	—	—	—	—	—	—	—	—	—
—	—	—	—	—	—	—	—	—	—	—	—
—	—	—	—	—	—	—	—	—	—	—	—
—	—	—	—	—	—	—	—	—	—	—	—
—	—	—	—	—	—	—	—	—	—	—	—
—	—	—	—	—	—	—	—	—	—	—	—

国有林区从业人员和劳动报酬情况

指标名称	计量单位	合　计	135 个木材采运企业	20 个重点营林局
一、年末全部在册职工人数	**人**	**672844**	**645136**	**27708**
其中:混岗职工人数	人	73782	72628	1154
1. 在岗职工人数	人	465734	441895	23839
其中:混岗职工人数	人	16439	15606	833
①长期职工	人	437080	413625	23455
②临时职工	人	28654	28270	384
2. 下岗待安置职工人数	人	93224	92062	1162
其中:领取生活费职工人数	人	2430	2277	153
3. 离开本单位仍保留劳动关系人员	人	113886	111179	2707
二、其他从业人员	**人**	**4298**	**4296**	**2**
三、在岗职工平均人数	**人**	**409290**	**385466**	**23824**
四、在岗职工工资总额	**千元**	**5783247**	**5409315**	**373932**
五、工程实施以来累计一次性安置人数	**人**	**518131**	**492536**	**25595**
其中:本年一次性安置人数	人	1470	409	1061
六、本年一次性安置费	**万元**	**3793**	**474**	**3319**
七、年末参加基本养老保险人数	**人**	**747041**	**718832**	**28209**
八、年末参加基本医疗保险人数	**人**	**867484**	**836884**	**30600**
九、年末离退休人员人数	**人**	**486877**	**470912**	**15965**
十、离退休人员年生活费	**千元**	**7059981**	**6791497**	**268484**

国有林区分企业的从业人员和劳动报酬情况(一)

单位:人

企业名称	年末全部在册职工人数								
	总计	其中:混岗职工人数	在岗职工人数				下岗待安置职工人数		离开本单位仍保留劳动关系人员
			合计	其中:混岗职工人数	长期职工	临时职工	合计	其中:领取生活费职工人数	
全国合计	**672844**	**73782**	**465734**	**16439**	**437080**	**28654**	**93224**	**2430**	**113886**
135 个木材采运企业小计	645136	72628	441895	15606	413625	28270	92062	2277	111179
20 个重点营林局小计	27708	1154	23839	833	23455	384	1162	153	2707
内蒙古	**135952**	**41389**	**65358**	**9440**	**65358**	**—**	**63601**	**—**	**6993**
内蒙古集团林管局	**124597**	**40235**	**55642**	**8607**	**55642**	**—**	**62722**	**—**	**6233**
阿尔山	7888	2914	3445	312	3445	—	4124	—	319
绰尔	6883	1640	3351	1966	3351	—	3193	—	339
绰源	3967	1626	1815	—	1815	—	2082	—	70
乌尔旗汉	8270	2638	3639	25	3639	—	4461	—	170
库都尔	7941	1864	3537	402	3537	—	4338	—	66
图里河	8633	2892	3226	176	3226	—	4443	—	964
伊图里河	4286	1542	2334	—	2334	—	1918	—	34
克一河	5247	1420	2711	718	2711	—	2125	—	411
甘河	10259	3281	4038	1419	4038	—	5544	—	677
吉文	6963	2532	3221	—	3221	—	3618	—	124
阿里河	10146	2954	4375	37	4375	—	4563	—	1208
根河	10287	3256	3996	128	3996	—	5294	—	997
金河	7891	2309	3307	—	3307	—	4584	—	—
阿龙山	5159	1788	2511	1788	2511	—	2307	—	341
满归	6821	3426	3062	—	3062	—	3759	—	—
得耳布尔	6749	2573	2819	936	2819	—	3573	—	357
莫尔道嘎	7207	1580	4255	700	4255	—	2796	—	156
内蒙古集团营林局	**2604**	**288**	**1504**	**12**	**1504**	**—**	**834**	**—**	**266**
大杨树	1310	40	820	12	820	—	486	—	4
毕拉河	1294	248	684	—	684	—	348	—	262
内蒙古林业厅营林局	**8751**	**866**	**8212**	**821**	**8212**	**—**	**45**	**—**	**494**
免渡河	1199	287	1187	287	1187	—	—	—	12
乌奴尔	876	—	807	—	807	—	—	—	69
巴林	539	—	486	—	486	—	—	—	53
南木	636	—	573	—	573	—	—	—	63
红花尔基	1022	—	972	—	972	—	—	—	50
柴河	949	45	904	—	904	—	45	—	—
五岔沟	2380	534	2380	534	2380	—	—	—	—
白狼	1150	—	903	—	903	—	—	—	247
吉林	**93734**	**1883**	**70766**	**25**	**66329**	**4437**	**5249**	**2108**	**17719**
吉林集团林管局	**38098**	**—**	**31954**	**—**	**31954**	**—**	**860**	**499**	**5284**
临江	3577	—	2915	—	2915	—	—	—	662
三岔子	6602	—	6103	—	6103	—	499	499	—
湾沟	3887	—	2787	—	2787	—	—	—	1100
松江河	5269	—	4436	—	4436	—	223	—	610

国有林区分企业的从业人员和劳动报酬情况（二）

单位：人

企业名称	其他从业人员	在岗职工		工程实施以来累计一次性安置人数	本年一次性安置		年末参加基本养老保险人数	年末参加基本医疗保险人数	年末离退休人员人数	离退休人员年生活费（千元）
		平均人数	工资总额（千元）		安置人数	安置费（万元）				
全国合计	**4298**	**409290**	**5783247**	**518131**	**1470**	**3793**	**747041**	**867484**	**486877**	**7059981**
135个木材采运企业小计	4296	385466	5409315	492536	409	474	718832	836884	470912	6791497
20个重点营林局小计	2	23824	373932	25595	1061	3319	28209	30600	15965	268484
内蒙古	**11**	**64104**	**1122696**	**76858**	**1119**	**1134**	**95976**	**97150**	**68377**	**1226252**
内蒙古集团林管局	**11**	**54198**	**955425**	**66260**	**402**	**460**	**84362**	**84362**	**60642**	**1081261**
阿尔山	—	3316	54470	3095	54	56	4974	4974	3965	76530
绰尔	—	3451	53221	2654	—	—	5243	5243	2148	43953
绰源	—	1520	23104	2195	1	1	2341	2341	1398	22939
乌尔旗汉	—	3857	62051	2360	54	48	5632	5632	3678	75813
库都尔	—	3573	54698	3743	—	—	6077	6077	5052	93125
图里河	11	2805	50615	7003	60	89	5741	5741	3267	65797
伊图里河	—	2340	38364	1306	49	45	2744	2744	3030	64197
克一河	—	2458	41750	4776	—	—	3827	3827	2906	57152
甘河	—	4077	63644	5153	18	54	6978	6978	7123	98393
吉文	—	3377	56636	2228	—	—	4431	4431	3114	50580
阿里河	—	3356	56290	2917	—	—	7192	7192	4237	68382
根河	—	4003	91781	7298	—	—	7031	7031	6627	117836
金河	—	3307	63654	4465	—	—	5582	5582	3880	72833
阿龙山	—	2452	41842	5603	—	—	3371	3371	2580	50077
满归	—	3215	80750	3563	—	—	3395	3395	2702	46234
得耳布尔	—	2842	46448	4336	42	29	4176	4176	2468	45660
莫尔道嘎	—	4249	76107	3565	124	138	5627	5627	2467	31760
内蒙古集团营林局	**—**	**1486**	**25900**	**1773**	**—**	**—**	**2316**	**2316**	**2134**	**33100**
大杨树	—	802	14388	1267	—	—	1270	1270	1696	23973
毕拉河	—	684	11512	506	—	—	1046	1046	438	9127
内蒙古林业厅营林局	**—**	**8420**	**141371**	**8825**	**717**	**674**	**9298**	**10472**	**5601**	**111891**
免渡河	—	1174	20140	1121	—	—	1199	1199	1146	22150
乌奴尔	—	797	17789	1545	496	459	876	1737	861	17482
巴林	—	496	9450	1001	114	106	1218	1218	679	13040
南木	—	578	12103	809	—	—	595	636	600	11060
红花尔基	—	962	21985	53	—	—	1022	1022	420	8637
柴河	—	883	20203	591	107	109	858	1130	278	5534
五岔沟	—	2380	31158	2824	—	—	2380	2380	1210	23712
白狼	—	1150	8543	881	—	—	1150	1150	407	10276
吉林	**—**	**57608**	**1044232**	**112084**	**7**	**14**	**89723**	**94709**	**74794**	**1076561**
吉林集团林管局	**—**	**24113**	**513049**	**49584**	**3**	**5**	**36308**	**36308**	**35450**	**538682**
临江	—	2212	46620	7268	—	—	3577	3577	7343	112170
三岔子	—	3893	90148	5697	3	5	6245	6245	7005	117291
湾沟	—	1371	43174	5998	—	—	3887	3887	2813	39695
松江河	—	3843	124667	9998	—	—	4569	4569	6403	96918

国有林区分企业的从业人员和劳动报酬情况(三)

单位:人

企业名称	年末全部在册职工人数								
	总计	其中:混岗职工人数	在岗职工人数				下岗待安置职工人数		离开本单位仍保留劳动关系人员
			合计	其中:混岗职工人数	长期职工	临时职工	合计	其中:领取生活费职工人数	
泉阳	3712	—	3521	—	3521	—	—	—	191
露水河	4966	—	4251	—	4251	—	138	—	577
白石山	4577	—	3541	—	3541	—	—	—	1036
红石	5508	—	4400	—	4400	—	—	—	1108
延边林管局	**47927**	**1883**	**33233**	**25**	**29180**	**4053**	**4171**	**1456**	**10523**
黄泥河	4126	—	3462	—	3462	—	151	—	513
敦化	8546	996	5979	—	5979	—	1692	513	875
大石头	4405	—	3534	—	3534	—	59	—	812
八家子	6864	548	5462	—	2018	3444	17	11	1385
和龙	2876	129	2137	6	2007	130	—	—	739
汪清	4926	—	3324	—	3324	—	758	479	844
大兴沟	3322	208	1743	19	1743	—	676	—	903
天桥岭	4569	—	2452	—	2452	—	—	—	2117
白河	5272	2	3005	—	3005	—	818	453	1449
珲春	3021	—	2135	—	1656	479	—	—	886
吉林省林业厅营林局	**7709**	**—**	**5579**	**—**	**5195**	**384**	**218**	**153**	**1912**
上营	2703	—	2292	—	2292	—	166	153	245
辉南	1549	—	1494	—	1110	384	52	—	3
长白	1592	—	751	—	751	—	—	—	841
安图	1865	—	1042	—	1042	—	—	—	823
长白山 *	—	—	—	—	—	—	—	—	—
龙江集团	**347241**	**15747**	**245711**	**60**	**221696**	**24015**	**23273**	**72**	**78257**
牡丹江林业管理局	**47090**	**16**	**42005**	**—**	**38519**	**3486**	**2666**	**—**	**2419**
大海林	6357	—	5875	—	5875	—	—	—	482
柴河	6930	—	6462	—	4857	1605	468	—	—
东京城	8371	—	7468	—	7468	—	451	—	452
穆棱	6755	—	5850	—	3969	1881	—	—	905
绥阳	3777	16	3777	—	3777	—	—	—	—
海林	5164	—	4358	—	4358	—	689	—	117
林口	4108	—	3886	—	3886	—	—	—	222
八面通	5628	—	4329	—	4329	—	1058	—	241
合江林业管理局	**38855**	**385**	**34235**	**60**	**31928**	**2307**	**2168**	**72**	**2452**
桦南	6606	—	4674	—	4674	—	—	—	1932
双鸭山	4784	247	3942	6	3904	38	820	—	22
鹤立	4828	—	4718	—	3438	1280	110	—	—
鹤北	7406	63	6720	—	6720	—	594	13	92
东方红	7359	75	6537	54	6000	537	644	59	178
迎春	3596	—	3513	—	3513	—	—	—	83
清河	4276	—	4131	—	3679	452	—	—	145
伊春林业管理局	**184591**	**1998**	**106898**	**—**	**102983**	**3915**	**16511**	**—**	**61182**
双丰	14665	—	7541	—	6637	904	498	—	6626

国有林区分企业的从业人员和劳动报酬情况(四)

单位:人

企业名称	其他从业人员	在岗职工		工程实施以来累计一次性安置人数	本年一次性安置		年末参加基本养老保险人数	年末参加基本医疗保险人数	年末离退休人员人数	离退休人员年生活费(千元)
		平均人数	工资总额(千元)		安置人数	安置费(万元)				
泉阳	—	2401	40955	7102	—	—	3712	3712	3549	54563
露水河	—	3782	66551	4228	—	—	4625	4625	3658	55136
白石山	—	3248	42224	5569	—	—	4204	4204	2766	40450
红石	—	3363	58710	3724	—	—	5489	5489	1913	22459
延边林管局	**—**	**27923**	**450002**	**53712**	**—**	**—**	**47357**	**51782**	**35783**	**488093**
黄泥河	—	3253	41733	7639	—	—	4126	4126	4248	58733
敦化	—	4985	79276	10225	—	—	6877	12949	6308	94331
大石头	—	3472	54814	7181	—	—	4405	4405	5217	58370
八家子	—	2572	47827	5453	—	—	2563	2734	3042	42206
和龙	—	1852	39945	5488	—	—	2560	2560	2983	40133
汪清	—	3272	46461	5978	—	—	9709	9709	4783	67779
大兴沟	—	1764	19909	1678	—	—	4991	3173	1669	21882
天桥岭	—	2325	31793	2627	—	—	4569	4569	3097	42148
白河	—	3027	61257	6068	—	—	5272	5272	3633	50472
珲春	—	1401	26987	1375	—	—	2285	2285	803	12039
吉林省林业厅营林局	**—**	**5572**	**81181**	**8788**	**4**	**9**	**6058**	**6619**	**3561**	**49786**
上营	—	2294	29133	948	—	—	2703	2703	1410	17874
辉南	—	1483	17315	2536	4	9	967	1798	685	9333
长白	—	745	9673	3482	—	—	751	751	572	7809
安图	—	1050	25060	1822	—	—	1637	1367	894	14770
长白山 *	—	—	—	—	—	—	—	—	—	—
龙江集团	**3165**	**208404**	**2295672**	**223218**	**—**	**—**	**415025**	**500898**	**232012**	**3207603**
牡丹江林业管理局	**4**	**33866**	**462690**	**55796**	**—**	**—**	**95338**	**111646**	**44649**	**628465**
大海林	—	5312	54595	11947	—	—	14632	24650	6811	93759
柴河	4	5415	85299	11710	—	—	12941	12941	8238	114362
东京城	—	5585	88612	9182	—	—	14614	25509	8241	115309
穆棱	—	3834	70685	7812	—	—	15688	8169	6077	90417
绥阳	—	3774	54616	7987	—	—	18401	20252	5032	70206
海林	—	3699	42566	3102	—	—	7991	7861	4207	58958
林口	—	3229	32293	2168	—	—	5382	6268	3328	46020
八面通	—	3018	34024	1888	—	—	5689	5996	2715	39434
合江林业管理局	**1986**	**26683**	**294508**	**24704**	**—**	**—**	**77022**	**66626**	**29964**	**415954**
桦南	1643	3505	41616	3678	—	—	12503	8924	5910	78030
双鸭山	144	3312	31119	4099	—	—	11339	7278	3660	49389
鹤立	—	4052	25550	1942	—	—	6481	6346	2473	32665
鹤北	14	6120	73211	2452	—	—	11906	10728	3920	54569
东方红	—	4706	74974	7178	—	—	21140	16722	7112	110386
迎春	185	2899	24903	1703	—	—	4064	7052	2827	39915
清河	—	2089	23135	3652	—	—	9589	9576	4062	51000
伊春林业管理局	**1175**	**99660**	**1030258**	**94600**	**—**	**—**	**163994**	**227497**	**108643**	**1458550**
双丰	—	6938	37210	3253	—	—	8514	10087	7749	94671

国有林区分企业的从业人员和劳动报酬情况（五）

单位：人

企业名称	年末全部在册职工人数								
	总计	其中：混岗职工人数	在岗职工人数				下岗待安置职工人数		离开本单位仍保留劳动关系人员
			合计	其中：混岗职工人数	长期职工	临时职工	合计	其中：领取生活费职工人数	
铁力	8847	—	4943	—	4943	—	1695	—	2209
桃山	19147	—	4553	—	4553	—	13565	—	1029
朗乡	11332	—	9678	—	9678	—	—	—	1654
南岔	12886	—	9437	—	9437	—	—	—	3449
金山屯	15325	—	6609	—	6275	334	—	—	8716
美溪	9736	—	6336	—	6336	—	—	—	3400
乌马河	16231	—	5808	—	5808	—	—	—	10423
翠峦	12025	1998	6605	—	6605	—	—	—	5420
友好	14524	—	12036	—	10092	1944	—	—	2488
上甘岭	6215	—	4344	—	4344	—	—	—	1871
五营	7714	—	5734	—	5734	—	—	—	1980
红星	7260	—	6207	—	6207	—	753	—	300
新青	13016	—	6926	—	6926	—	—	—	6090
汤旺河	8998	—	5777	—	5044	733	—	—	3221
乌伊岭	6670	—	4364	—	4364	—	—	—	2306
松花江林业管理局	**67783**	**8884**	**56304**	**—**	**41997**	**14307**	**1928**	**—**	**9551**
山河屯	8447	—	5347	—	4043	1304	1819	—	1281
苇河	9829	1515	7743	—	7743	—	—	—	2086
亚布力	9402	473	6667	—	4486	2181	109	—	2626
方正	7432	—	6265	—	5877	388	—	—	1167
兴隆	9320	196	8138	—	6495	1643	—	—	1182
绥棱	7022	1382	6910	—	5528	1382	—	—	112
通北	5940	5318	5940	—	3412	2528	—	—	—
沾河	10391	—	9294	—	4413	4881	—	—	1097
总局直属单位	**8922**	**4464**	**6269**	**—**	**6269**	**—**	**—**	**—**	**2653**
带岭实验局	8922	4464	6269	—	6269	—	—	—	2653
大兴安岭	**65176**	**14578**	**54094**	**6866**	**54094**	**—**	**747**	**138**	**10335**
大兴安岭林管局	**63151**	**14578**	**52069**	**6866**	**52069**	**—**	**747**	**138**	**10335**
松岭	6988	892	6292	892	6292	—	—	—	696
新林	11597	5570	8192	2062	8192	—	747	138	2658
塔河	11476	4126	7350	—	7350	—	—	—	4126
呼中	8602	—	7374	—	7374	—	—	—	1228
阿木尔	4954	676	4665	598	4665	—	—	—	289
图强	5360	1016	5360	1016	5360	—	—	—	—
西林吉	6357	2298	6206	2298	6206	—	—	—	151
十八站	3750	—	3750	—	3750	—	—	—	—
韩家园	4067	—	2880	—	2880	—	—	—	1187
大兴安岭营林局	**2025**	**—**	**2025**	**—**	**2025**	**—**	**—**	**—**	**—**
加格达奇	2025	—	2025	—	2025	—	—	—	—

国有林区分企业的从业人员和劳动报酬情况(六)

单位:人

企业名称	其他从业人员	在岗职工		工程实施以来累计一次性安置人数	本年一次性安置		年末参加基本养老保险人数	年末参加基本医疗保险人数	年末离退休人员人数	离退休人员年生活费(千元)
		平均人数	工资总额(千元)		安置人数	安置费(万元)				
铁力	—	4056	70471	18492	—	—	20753	14208	7902	108847
桃山	—	3801	46776	3463	—	—	7155	16023	7621	84423
朗乡	—	9654	78773	8676	—	—	9325	21845	10072	134719
南岔	—	9372	101012	8104	—	—	12886	12886	7209	94160
金山屯	—	6022	60128	5377	—	—	11973	14971	7641	99708
美溪	—	6311	74812	7646	—	—	8738	8738	3622	57208
乌马河	—	5810	57250	3333	—	—	9645	10755	8355	96305
翠峦	—	6554	88347	6468	—	—	10262	11445	11235	140342
友好	—	8318	102699	7218	—	—	8625	35032	5134	90082
上甘岭	—	2702	31412	3044	—	—	5493	8683	3751	55815
五营	1175	6275	69349	5929	—	—	7675	8885	4998	77996
红星	—	7260	53767	3424	—	—	7312	7002	6775	88550
新青	—	6888	61838	4971	—	—	17538	25146	7654	115055
汤旺河	—	5469	65154	3092	—	—	11465	16671	4777	66532
乌伊岭	—	4230	31260	2110	—	—	6635	5120	4148	54137
松花江林业管理局	**—**	**41926**	**451078**	**45266**	**—**	**—**	**78671**	**95129**	**42761**	**623079**
山河屯	—	4227	39358	5303	—	—	11510	14834	5855	81763
苇河	—	5589	74388	7400	—	—	11501	13358	5963	80175
亚布力	—	4025	67419	2950	—	—	10421	16410	5673	84581
方正	—	5879	57591	3680	—	—	19532	13034	4638	66921
兴隆	—	5707	58894	4685	—	—	5670	6732	6229	95524
绥棱	—	4907	30806	8417	—	—	4143	5018	6528	91143
通北	—	5170	32742	7978	—	—	7547	13408	4294	71954
沾河	—	6422	89880	4853	—	—	8347	12335	3581	51018
总局直属单位	**—**	**6269**	**57138**	**2852**	**—**	**—**	**—**	**—**	**5995**	**81555**
带岭实验局	—	6269	57138	2852	—	—	—	—	5995	81555
大兴安岭	**—**	**51682**	**784167**	**79454**	**—**	**—**	**67667**	**83222**	**45437**	**680324**
大兴安岭林管局	**—**	**49757**	**763825**	**74883**	**—**	**—**	**63640**	**79572**	**43351**	**653390**
松岭	—	6475	73882	7380	—	—	6988	5516	6197	79600
新林	—	8019	136564	19021	—	—	11597	14888	8934	125400
塔河	—	7380	132700	11690	—	—	11476	11195	6570	125013
呼中	—	6159	95954	13158	—	—	8602	7374	7961	125709
阿木尔	—	4572	63010	5199	—	—	4693	11000	3144	45587
图强	—	5032	55576	5623	—	—	5360	6788	2964	41504
西林吉	—	5968	104428	5875	—	—	7739	14427	4569	69204
十八站	—	3272	53929	4754	—	—	3750	5409	2427	34620
韩家园	—	2880	47782	2183	—	—	3435	2975	585	6753
大兴安岭营林局	**—**	**1925**	**20342**	**4571**	**—**	**—**	**4027**	**3650**	**2086**	**26934**
加格达奇	—	1925	20342	4571	—	—	4027	3650	2086	26934

国有林区分企业的从业人员和劳动报酬情况(七)

单位:人

企业名称	年末全部在册职工人数								
	总计	其中:混岗职工人数	在岗职工人数				下岗待安置职工人数		离开本单位仍保留劳动关系人员
			合计	其中:混岗职工人数	长期职工	临时职工	合计	其中:领取生活费职工人数	
四川	**7500**	**124**	**7307**	**—**	**7183**	**124**	**—**	**—**	**193**
阿坝州林管局	**2533**	**124**	**2469**	**—**	**2345**	**124**	**—**	**—**	**64**
川西	259	—	195	—	195	—	—	—	64
黑水	341	—	341	—	341	—	—	—	—
马尔康	517	—	517	—	517	—	—	—	—
小金	207	—	207	—	207	—	—	—	—
观音桥	293	—	293	—	293	—	—	—	—
松潘	283	—	283	—	283	—	—	—	—
南坪	369	—	369	—	369	—	—	—	—
壤塘	264	124	264	—	140	124	—	—	—
甘孜州林管局	**1373**	**—**	**1322**	**—**	**1322**	**—**	**—**	**—**	**51**
道孚	283	—	255	—	255	—	—	—	28
新龙	235	—	212	—	212	—	—	—	23
丹巴	305	—	305	—	305	—	—	—	—
炉霍	190	—	190	—	190	—	—	—	—
白玉	126	—	126	—	126	—	—	—	—
力邱河	151	—	151	—	151	—	—	—	—
翁达	83	—	83	—	83	—	—	—	—
其他地、州林管局	**3594**	**—**	**3516**	**—**	**3516**	**—**	**—**	**—**	**78**
川南	1636	—	1636	—	1636	—	—	—	—
雷波	242	—	173	—	173	—	—	—	69
凉北	112	—	103	—	103	—	—	—	9
夹金山	524	—	524	—	524	—	—	—	—
木里	604	—	604	—	604	—	—	—	—
普威	341	—	341	—	341	—	—	—	—
盐边	135	—	135	—	135	—	—	—	—
云南	**4146**	**13**	**3917**	**—**	**3917**	**—**	**—**	**—**	**229**
云南省林管局	**4146**	**13**	**3917**	**—**	**3917**	**—**	**—**	**—**	**229**
华坪	387	—	382	—	382	—	—	—	5
碧泉	322	—	322	—	322	—	—	—	—
黑白水	219	—	212	—	212	—	—	—	7
中甸 *	—	—	—	—	—	—	—	—	—
巨甸	189	—	135	—	135	—	—	—	54
红旗	185	—	185	—	185	—	—	—	—
云台山	451	—	436	—	436	—	—	—	15
漾江	279	—	279	—	279	—	—	—	—
景东	326	13	326	—	326	—	—	—	—

国有林区分企业的从业人员和劳动报酬情况(八)

单位:人

企业名称	其他从业人员	在岗职工		工程实施以来累计一次性安置人数	本年一次性安置		年末参加基本养老保险人数	年末参加基本医疗保险人数	年末离退休人员人数	离退休人员年生活费(千元)
		平均人数	工资总额(千元)		安置人数	安置费(万元)				
四川	**375**	**7383**	**166197**	**4347**	**3**	**6**	**47723**	**53475**	**45526**	**568837**
阿坝州林管局	**346**	**2514**	**62904**	**417**	**—**	**—**	**26032**	**26032**	**23624**	**238971**
川西	1	203	7090	84	—	—	1918	1918	1660	2933
黑水	20	343	9344	88	—	—	5238	5238	4897	90952
马尔康	—	530	11397	98	—	—	5667	5667	5150	88249
小金	—	210	7089	37	—	—	2250	2250	2043	37996
观音桥	325	303	7147	38	—	—	4609	4609	4316	6548
松潘	—	287	5789	36	—	—	1853	1853	1570	5072
南坪	—	369	11564	36	—	—	2878	2878	2509	4561
壤塘	—	269	3484	—	—	—	1619	1619	1479	2660
甘孜州林管局	**—**	**1324**	**41416**	**1408**	**—**	**—**	**9819**	**9819**	**8446**	**124336**
道孚	—	255	7400	499	—	—	2049	2049	1766	25110
新龙	—	212	6870	331	—	—	2139	2139	1904	24740
丹巴	—	305	8307	128	—	—	1899	1899	1594	23336
炉霍	—	190	5380	265	—	—	1709	1709	1519	22240
白玉	—	126	4350	97	—	—	955	955	829	14620
力邱河	—	153	5714	49	—	—	681	681	530	8810
翁达	—	83	3395	39	—	—	387	387	304	5480
其他地、州林管局	**29**	**3545**	**61877**	**2522**	**3**	**6**	**11872**	**17624**	**13456**	**205530**
川南	—	1658	21356	877	2	4	1636	5427	3791	58685
雷波	29	173	4059	203	—	—	242	2203	1990	33000
凉北	—	104	4999	194	—	—	1699	1699	1587	26709
夹金山	—	526	8880	149	1	2	1078	1078	554	7313
木里	—	604	15817	313	—	—	4636	4636	4636	63012
普威	—	345	4387	708	—	—	1548	1548	—	—
盐边	—	135	2379	78	—	—	1033	1033	898	16811
云南	**740**	**4090**	**82107**	**4919**	**—**	**—**	**7577**	**8820**	**6597**	**74118**
云南省林管局	**740**	**4090**	**82107**	**4919**	**—**	**—**	**7577**	**8820**	**6597**	**74118**
华坪	—	382	8920	281	—	—	898	898	511	8220
碧泉	180	322	4957	369	—	—	264	1033	711	—
黑白水	—	216	5142	644	—	—	219	219	431	7107
中甸*	—	—	—	—	—	—	—	—	—	—
巨甸	88	135	3134	166	—	—	117	117	180	3080
红旗	—	185	3260	492	—	—	182	515	333	386
云台山	109	468	8196	1547	—	—	794	951	1211	9145
漾江	151	288	3545	275	—	—	684	670	405	4710
景东	—	329	5746	132	—	—	1092	1092	766	11120

国有林区分企业的从业人员和劳动报酬情况(九)

单位:人

企业名称	年末全部在册职工人数								
	总计	其中:混岗职工人数	在岗职工人数				下岗待安置职工人数		离开本单位仍保留劳动关系人员
			合计	其中:混岗职工人数	长期职工	临时职工	合计	其中:领取生活费职工人数	
墨江	267	—	223	—	223	—	—	—	44
卫国	822	—	720	—	720	—	—	—	102
江边 *	—	—	—	—	—	—	—	—	—
清水江 *	—	—	—	—	—	—	—	—	—
南盘江 *	—	—	—	—	—	—	—	—	—
新平	102	—	100	—	100	—	—	—	2
宁蒗	597	—	597	—	597	—	—	—	—
陕西	**2782**	**48**	**2337**	**48**	**2337**	**—**	**354**	**112**	**91**
陕西省林管局	**2443**	**48**	**2093**	**48**	**2093**	**—**	**289**	**112**	**61**
宁西	625	48	604	48	604	—	—	—	21
太白	813	—	800	—	800	—	9	—	4
长青	243	—	75	—	75	—	168	—	—
宁东	457	—	354	—	354	—	103	103	—
汉西	171	—	126	—	126	—	9	9	36
龙草坪	134	—	134	—	134	—	—	—	—
陕西省营林局	**339**	**—**	**244**	**—**	**244**	**—**	**65**	**—**	**30**
马头滩	174	—	144	—	144	—	—	—	30
辛家山	165	—	100	—	100	—	65	—	—
甘肃	**13486**	**—**	**13451**	**—**	**13451**	**—**	**—**	**—**	**35**
甘肃省林管局	**8031**	**—**	**7996**	**—**	**7996**	**—**	**—**	**—**	**35**
舟曲	1609	—	1574	—	1574	—	—	—	35
迭部	2818	—	2818	—	2818	—	—	—	—
洮河	2665	—	2665	—	2665	—	—	—	—
白水江	939	—	939	—	939	—	—	—	—
甘肃省营林局	**5455**	**—**	**5455**	**—**	**5455**	**—**	**—**	**—**	**—**
小陇山	5455	—	5455	—	5455	—	—	—	—
青海	**—**	**—**	**—**	**—**	**—**	**—**	**—**	**—**	**—**
青海省林管局	**—**	**—**	**—**	**—**	**—**	**—**	**—**	**—**	**—**
玛可河 *	—	—	—	—	—	—	—	—	—
新疆	**2827**	**—**	**2793**	**—**	**2715**	**78**	**—**	**—**	**34**
新疆自治区林管局	**2002**	**—**	**1973**	**—**	**1895**	**78**	**—**	**—**	**29**
天山西部	1083	—	1057	—	1051	6	—	—	26
阿尔泰山	919	—	916	—	844	72	—	—	3
新疆自治区营林局	**825**	**—**	**820**	**—**	**820**	**—**	**—**	**—**	**5**
天山中东部	825	—	820	—	820	—	—	—	5

国有林区分企业的从业人员和劳动报酬情况(十)

单位:人

企业名称	其他从业人员	在岗职工		工程实施以来累计一次性安置人数	本年一次性安置		年末参加基本养老保险人数	年末参加基本医疗保险人数	年末离退休人员人数	离退休人员年生活费(千元)
		平均人数	工资总额(千元)		安置人数	安置费(万元)				
墨江	212	227	4915	138	—	—	267	267	510	7274
卫国	—	836	16064	470	—	—	1564	1564	742	10746
江边 *	—	—	—	—	—	—	—	—	—	—
清水江 *	—	—	—	—	—	—	—	—	—	—
南盘江 *	—	—	—	—	—	—	—	—	—	—
新平	—	105	2109	112	—	—	333	331	231	2911
宁蒗	—	597	16119	293	—	—	1163	1163	566	9419
陕西	**—**	**2340**	**35441**	**4879**	**—**	**—**	**2777**	**6009**	**4554**	**52876**
陕西省林管局	**—**	**2096**	**31265**	**4879**	**—**	**—**	**2443**	**5666**	**4398**	**50296**
宁西	—	610	7651	1673	—	—	625	2004	1379	1700
太白	—	796	11826	1142	—	—	813	2161	1378	23009
长青	—	76	1189	234	—	—	243	35	561	7419
宁东	—	354	6030	564	—	—	457	921	464	8170
汉西	—	126	2089	521	—	—	171	411	240	3648
龙草坪	—	134	2480	745	—	—	134	134	376	6350
陕西省营林局	**—**	**244**	**4176**	**—**	**—**	**—**	**334**	**343**	**156**	**2580**
马头滩	—	144	2584	—	—	—	174	174	77	1350
辛家山	—	100	1592	—	—	—	160	169	79	1230
甘肃	**—**	**10942**	**148510**	**7582**	**341**	**2639**	**18011**	**17999**	**6997**	**118688**
甘肃省林管局	**—**	**5586**	**73858**	**7212**	**1**	**3**	**12655**	**12643**	**5703**	**96714**
舟曲	—	925	12118	1520	—	—	3124	3124	1515	26101
迭部	—	1962	25996	2305	1	3	5036	5036	2417	37943
洮河	—	2075	27620	2470	—	—	3035	3035	1250	23342
白水江	—	624	8124	917	—	—	1460	1448	521	9328
甘肃省营林局	**—**	**5356**	**74652**	**370**	**340**	**2636**	**5356**	**5356**	**1294**	**21974**
小陇山	—	5356	74652	370	340	2636	5356	5356	1294	21974
青海	**—**	**—**	**—**	**—**	**—**	**—**	**—**	**—**	**—**	**—**
青海省林管局	**—**	**—**	**—**	**—**	**—**	**—**	**—**	**—**	**—**	**—**
玛可河 *	—	—	—	—	—	—	—	—	—	—
新疆	**7**	**2737**	**104225**	**4790**	**—**	**—**	**2562**	**5202**	**2583**	**54722**
新疆自治区林管局	**5**	**1916**	**77915**	**3522**	**—**	**—**	**1742**	**3358**	**1450**	**32503**
天山西部	5	1073	41488	2637	—	—	983	1864	804	18076
阿尔泰山	—	843	36427	885	—	—	759	1494	646	14427
新疆自治区营林局	**2**	**821**	**26310**	**1268**	**—**	**—**	**820**	**1844**	**1133**	**22219**
天山中东部	2	821	26310	1268	—	—	820	1844	1133	22219

国有林区固定资产投资和资金来源情况

指标名称	计量单位	合　计	135 个木材采运企业	20 个重点营林局
一、固定资产投资	**万元**	**1639201**	**1547211**	**91990**
其中:国家投资	万元	815083	750020	65063
1. 营林固定资产投资	万元	622532	539721	82811
其中:公益林建设	万元	50203	38689	11514
2. 森工固定资产投资	万元	1016669	1007490	9179
二、本年新增固定资产	**万元**	**659656**	**639067**	**20589**
三、本年资金来源总计	**万元**	**1634605**	**1524056**	**110549**
1. 上年末结余资金	万元	82828	76746	6082
2. 本年资金来源	万元	1551777	1447310	104467
其中:地方配套资金	万元	245036	232050	12986
①国家预算内资金	万元	839315	756260	83055
其中:国债资金	万元	44461	39832	4629
中央财政专项资金	万元	466328	409126	57202
②国内贷款	万元	—	—	—
③利用外资	万元	—	—	—
④自筹资金	万元	489489	480714	8775
⑤其他资金	万元	222973	210336	12637
四、本年房屋竣工面积	**平方米**	**6969690**	**6881370**	**88320**
本年房屋竣工价值	万元	776761	765337	11424
五、本年新增公路里程	**公里**	**531**	**393**	**138**

国有林区分企业的固定资

企业名称	固定资产投资					本年新增固定资产		
	总计	其中：国家投资	营林固定资产投资		森工固定资产投资		总计	上年末结余资金
			合计	其中：公益林建设				
全国合计	**1639201**	**815083**	**622532**	**50203**	**1016669**	**659656**	**1634605**	**82828**
135 个木材采运企业小计	1547211	750020	539721	38689	1007490	639067	1524056	76746
20 个重点营林局小计	91990	65063	82811	11514	9179	20589	110549	6082
内蒙古	**213855**	**94428**	**101334**	**5206**	**112521**	**18933**	**102254**	**—**
内蒙古集团林管局	**177122**	**72454**	**71866**	**—**	**105256**	**9776**	**61132**	**—**
阿尔山	21055	3431	3814	—	17241	1059	3902	—
绰尔	7152	3399	3399	—	3753	374	3127	—
绰源	7486	3765	3765	—	3721	149	2913	—
乌尔旗汉	7513	4226	4226	—	3287	391	4522	—
库都尔	7226	3261	3256	—	3970	761	4330	—
图里河	5914	5623	5623	—	291	—	3168	—
伊图里河	8503	4802	4697	—	3806	403	2554	—
克一河	8262	3653	3463	—	4799	675	3003	—
甘河	13271	8190	8190	—	5081	220	5974	—
吉文	5496	3324	3324	—	2172	681	3386	—
阿里河	13128	3740	3328	—	9800	558	4554	—
根河	13674	6811	6811	—	6863	616	5221	—
金河	12243	4093	4093	—	8150	786	2408	—
阿龙山	6352	2547	2547	—	3805	522	3509	—
满归	7670	2001	2001	—	5669	1154	2671	—
得耳布尔	17967	5834	5575	—	12392	980	3224	—
莫尔道嘎	14210	3754	3754	—	10456	447	2666	—
内蒙古集团营林局	**10356**	**3346**	**3091**	**—**	**7265**	**997**	**2911**	**—**
大杨树	6552	2290	2035	—	4517	935	1883	—
毕拉河	3804	1056	1056	—	2748	62	1028	—
内蒙古林业厅营林局	**26377**	**18628**	**26377**	**5206**	**—**	**8160**	**38211**	**—**
免渡河	2549	2376	2549	—	—	—	4705	—
乌奴尔	2480	2480	2480	—	—	108	4706	—
巴林	1927	1927	1927	71	—	—	3239	—
南木	1991	1991	1991	10	—	—	3065	—
红花尔基	6489	3272	6489	89	—	7418	7706	—
柴河	2360	2360	2360	36	—	634	6209	—
五岔沟	5000	4222	5000	5000	—	—	5000	—
白狼	3581	—	3581	—	—	—	3581	—
吉林	**294306**	**149855**	**112995**	**—**	**181311**	**50018**	**325285**	**22552**
吉林集团林管局	**148804**	**77331**	**59254**	**—**	**89550**	**21961**	**145725**	**5466**
临江	25810	12377	8232	—	17578	2678	26965	2040
三岔子	24892	14990	13342	—	11550	1263	25076	—
湾沟	9683	4738	3166	—	6517	1059	10016	—
松江河	35999	10969	11153	—	24846	—	28704	—

产投资和资金来源情况(一)

单位:万元

本年资金来源总计									本年房屋竣工		本年新增公路里程(千米)
本年资金来源合计											
合计	其中:地方配套资金	国家预算内资金			国内贷款	利用外资	自筹资金	其他资金	面积(平方米)	价值(万元)	
		小计	其中								
			国债资金	中央财政专项资金							
1551777	**245036**	**839315**	**44461**	**466328**	**—**	**—**	**489489**	**222973**	**6969690**	**776761**	**531**
1447310	232050	756260	39832	409126	—	—	480714	210336	6881370	765337	393
104467	12986	83055	4629	57202	—	—	8775	12637	88320	11424	138
102254	**4880**	**87930**	**1533**	**73646**	**—**	**—**	**14324**	**—**	**788336**	**75598**	**4**
61132	**—**	**53529**	**—**	**52529**	**—**	**—**	**7603**	**—**	**703864**	**64865**	**—**
3902	—	2843	—	2843	—	—	1059	—	119000	8343	—
3127	—	2753	—	2753	—	—	374	—	47500	3335	—
2913	—	2764	—	2764	—	—	149	—	4617	577	—
4522	—	4131	—	4131	—	—	391	—	17310	1593	—
4330	—	3874	—	3874	—	—	456	—	36825	2975	—
3168	—	2877	—	2877	—	—	291	—	—	—	—
2554	—	2345	—	2345	—	—	209	—	37490	2205	—
3003	—	2558	—	2558	—	—	445	—	72550	3792	—
5974	—	5754	—	5754	—	—	220	—	12999	2931	—
3386	—	3088	—	2088	—	—	298	—	—	—	—
4554	—	4408	—	4408	—	—	146	—	117016	8739	—
5221	—	4605	—	4605	—	—	616	—	84809	10400	—
2408	—	2303	—	2303	—	—	105	—	34151	4416	—
3509	—	2987	—	2987	—	—	522	—	19309	2099	—
2671	—	1517	—	1517	—	—	1154	—	39411	4551	—
3224	—	2503	—	2503	—	—	721	—	51399	6811	—
2666	—	2219	—	2219	—	—	447	—	9478	2098	—
2911	**—**	**2169**	**—**	**2169**	**—**	**—**	**742**	**—**	**62963**	**5488**	**—**
1883	—	1203	—	1203	—	—	680	—	57358	4896	—
1028	—	966	—	966	—	—	62	—	5605	592	—
38211	**4880**	**32232**	**1533**	**18948**	**—**	**—**	**5979**	**—**	**21509**	**5245**	**4**
4705	948	4532	16	1774	—	—	173	—	—	—	—
4706	991	4706	16	1796	—	—	—	—	—	—	—
3239	563	3239	17	1851	—	—	—	—	—	—	—
3065	477	3065	33	1960	—	—	—	—	—	—	—
7706	559	4489	448	2079	—	—	3217	—	21029	5130	4
6209	557	3620	15	1895	—	—	2589	—	480	115	—
5000	785	5000	778	4222	—	—	—	—	—	—	—
3581	—	3581	210	3371	—	—	—	—	—	—	—
302733	**30172**	**154204**	**200**	**90052**	**—**	**—**	**61411**	**87118**	**959591**	**94414**	**278**
140259	**16120**	**77595**	**—**	**35106**	**—**	**—**	**26406**	**36258**	**503513**	**46435**	**—**
24925	2800	12230	—	5050	—	—	4111	8584	74000	7400	—
25076	3450	15174	—	6563	—	—	3350	6552	116576	14106	—
10016	950	5071	—	2711	—	—	3190	1755	7129	580	—
28704	2560	10334	—	4239	—	—	8152	10218	142489	8054	—

国有林区分企业的固定资

企业名称	固定资产投资					本年新增固定资产		
	总计	其中:国家投资	营林固定资产投资		森工固定资产投资		总计	上年末结余资金
			合计	其中:公益林建设				
泉阳	12081	8357	3467	—	8614	3123	12081	779
露水河	13417	10844	6882	—	6535	6656	15068	1539
白石山	16592	9401	6261	—	10331	3079	16592	1108
红石	10330	5655	6751	—	3579	4103	11223	—
延边林管局	**129103**	**60551**	**37342**	**—**	**91761**	**24098**	**155173**	**14089**
黄泥河	15073	7035	3276	—	11797	2798	15073	—
敦化	16589	9099	4679	—	11910	4429	29983	2909
大石头	12374	6916	4444	—	7930	1551	15283	1434
八家子	7758	4344	3079	—	4679	1592	9099	1138
和龙	13551	3443	2759	—	10792	3255	15474	2743
汪清	26251	11146	4391	—	21860	3315	26676	1193
大兴沟	5317	2958	1949	—	3368	993	6220	145
天桥岭	7058	5560	4269	—	2789	1029	7058	1024
白河	14508	5710	5074	—	9434	4552	16240	1444
珲春	10624	4340	3422	—	7202	584	14067	2059
吉林省林业厅营林局	**16399**	**11973**	**16399**	**—**	**—**	**3959**	**24387**	**2997**
上营	2235	2235	2235	—	—	3101	3101	618
辉南	2444	2364	2444	—	—	80	6915	2059
长白	4374	3262	4374	—	—	175	3262	—
安图	7346	4112	7346	—	—	603	11109	320
长白山 *	—	—	—	—	—	—	—	—
龙江集团	**774998**	**339313**	**171967**	**—**	**603031**	**476157**	**796069**	**243**
牡丹江林业管理局	**131617**	**61181**	**34349**	**—**	**97268**	**37735**	**136634**	**243**
大海林	11988	6237	4570	—	7418	1446	11988	—
柴河	30294	11766	6177	—	24117	10008	31918	—
东京城	23316	10891	4789	—	18527	19324	23316	—
穆棱	17099	9320	4753	—	12346	1945	20292	243
绥阳	12380	6269	4619	—	7761	2852	12380	—
海林	6471	3756	3168	—	3303	2160	6471	—
林口	10802	5852	3563	—	7239	—	11002	—
八面通	19267	7090	2710	—	16557	—	19267	—
合江林业管理局	**79202**	**40664**	**23246**	**—**	**55956**	**55917**	**93206**	**—**
桦南	22796	8710	3679	—	19117	19080	22796	—
双鸭山	9754	6085	2570	—	7184	7184	13852	—
鹤立	9179	5160	3471	—	5708	5708	10587	—
鹤北	6737	5073	4353	—	2384	2384	9235	—
东方红	12992	7406	4670	—	8322	8320	12992	—
迎春	12645	6204	2564	—	10081	10081	12645	—
清河	5099	2026	1939	—	3160	3160	11099	—
伊春林业管理局	**375352**	**154059**	**72935**	**—**	**302417**	**303444**	**375854**	**—**
双丰	8776	6991	3346	—	5430	9750	9572	—

产投资和资金来源情况(二)

单位:万元

本年资金来源总计									本年房屋竣工		本年新增公路里程（千米）
本年资金来源合计									面积（平方米）	价值（万元）	
合计	其中:地方配套资金	国家预算内资金			国内贷款	利用外资	自筹资金	其他资金			
		小计	其中								
			国债资金	中央财政专项资金							
11302	1800	7578	—	3179	—	—	1700	2024	8930	760	—
13529	100	8457	—	4785	—	—	2500	2572	90496	8326	—
15484	3760	12003	—	3103	—	—	1131	2350	54593	6000	—
11223	700	6748	—	5476	—	—	2272	2203	9300	1209	—
141084	**10975**	**64602**	**200**	**45898**	**—**	**—**	**33826**	**42656**	**455778**	**47932**	**233**
15073	1050	7035	—	5187	—	—	3312	4726	—	—	—
27074	3374	10014	—	5153	—	—	5548	11512	79723	6934	80
13849	1285	8371	—	6047	—	—	3967	1511	128	22	—
7961	176	4447	—	3877	—	—	1590	1924	41000	4000	—
12731	—	4653	—	4201	—	—	1804	6274	107390	15859	—
25483	2520	10378	—	5481	—	—	5283	9822	150291	14378	—
6075	802	3582	—	2617	—	—	1106	1387	11000	2370	—
6034	50	4486	—	4486	—	—	1318	230	—	—	—
14796	1174	6468	—	5156	—	—	6896	1432	64036	4131	—
12008	544	5168	200	3693	—	—	3002	3838	2210	238	153
21390	**3077**	**12007**	**—**	**9048**	**—**	**—**	**1179**	**8204**	**300**	**47**	**45**
2483	—	1617	—	1617	—	—	—	866	—	—	—
4856	—	1487	—	1487	—	—	—	3369	—	—	—
3262	1113	3262	—	3262	—	—	—	—	300	47	—
10789	1964	5641	—	2682	—	—	1179	3969	—	—	45
—	—	—	—	—	—	—	—	—	—	—	—
795826	**114377**	**342488**	**2635**	**152556**	**—**	**—**	**338961**	**114377**	**4579844**	**521098**	**66**
136391	**20912**	**61382**	**—**	**30708**	**—**	**—**	**54097**	**20912**	**577430**	**57345**	**—**
11988	1569	6237	—	4284	—	—	4182	1569	52437	5800	—
31918	5474	11766	—	5444	—	—	14678	5474	—	—	—
23316	3635	10891	—	4606	—	—	8790	3635	164050	15804	—
20049	2781	9320	—	4218	—	—	7948	2781	109500	10865	—
12380	1745	6270	—	3999	—	—	4365	1745	—	—	—
6471	880	3756	—	2735	—	—	1835	880	18000	2160	—
11002	1689	6052	—	3121	—	—	3261	1689	76665	6954	—
19267	3139	7090	—	2301	—	—	9038	3139	156778	15762	—
93206	**12449**	**43977**	**—**	**21176**	**—**	**—**	**36780**	**12449**	**534501**	**56584**	**—**
22796	3351	8710	—	3268	—	—	10735	3351	171471	19023	—
13852	1415	6085	—	2489	—	—	6352	1415	66700	8004	—
10587	1341	5160	—	2862	—	—	4086	1341	32300	4936	—
9235	1155	5886	—	3993	—	—	2194	1155	36935	2238	—
12992	2064	7406	—	4335	—	—	3522	2064	139045	14008	—
12645	2051	6204	—	2369	—	—	4390	2051	88050	8375	—
11099	1072	4526	—	1860	—	—	5501	1072	—	—	—
375854	**56944**	**153727**	**—**	**64877**	**—**	**—**	**165183**	**56944**	**2489192**	**286620**	**66**
9572	2111	5938	—	2814	—	—	1523	2111	—	—	40

国有林区分企业的固定资

企业名称	固定资产投资					本年新增固定资产		
	总计	其中：国家投资	营林固定资产投资		森工固定资产投资		总计	上年末结余资金
			合计	其中:公益林建设				
铁力	43018	16148	6297	—	36721	37154	43018	—
桃山	9887	5851	4323	—	5564	5564	8737	—
朗乡	23226	10244	6209	—	17017	17017	23226	—
南岔	10770	8988	5572	—	5198	1279	11626	—
金山屯	27865	10045	4323	—	23542	23542	27865	—
美溪	26575	11065	4951	—	21624	21624	26575	—
乌马河	53422	17070	4477	—	48945	48945	53422	—
翠峦	40383	13856	4881	—	35502	35502	40383	—
友好	27315	11225	5795	—	21520	21520	27315	—
上甘岭	12169	5528	3298	—	8871	8871	12169	—
五营	11862	6285	4479	—	7383	7390	11862	—
红星	11860	5119	2840	—	9020	9020	11860	—
新青	28917	11164	5184	—	23733	23919	28917	—
汤旺河	29455	9625	3996	—	25459	25459	29455	—
乌伊岭	9852	4855	2964	—	6888	6888	9852	—
松花江林业管理局	**178169**	**77178**	**37432**	**—**	**140737**	**72239**	**178169**	**—**
山河屯	19195	9085	4658	—	14537	8535	19195	—
苇河	16867	8553	5625	—	11242	11844	16867	—
亚布力	22289	8582	3930	—	18359	18542	22289	—
方正	6815	5676	4986	—	1829	705	6815	—
兴隆	14645	8116	4587	—	10058	10184	14645	—
绥棱	39735	14155	4615	—	35120	640	39735	—
通北	35225	12446	3189	—	32036	3714	35225	—
沾河	23398	10565	5842	—	17556	18075	23398	—
总局直属单位	**10658**	**6231**	**4005**	**—**	**6653**	**6822**	**12206**	**—**
带岭实验局	10658	6231	4005	—	6653	6822	12206	—
大兴安岭	**165926**	**91212**	**62837**	**—**	**103089**	**79927**	**165854**	**—**
大兴安岭林管局	**160906**	**87574**	**58843**	**—**	**102063**	**78290**	**160906**	**—**
松岭	18824	10315	6783	—	12041	12539	18824	—
新林	28516	13184	7860	—	20656	8586	28516	—
塔河	34995	15919	9644	—	25351	13450	34995	—
呼中	21456	15011	8476	—	12980	12980	21456	—
阿木尔	7255	4904	5218	—	2037	4756	7255	—
图强	8342	6183	4964	—	3378	—	8342	—
西林吉	19588	10886	8038	—	11550	11683	19588	—
十八站	7033	5414	4404	—	2629	2752	7033	—
韩家园	14897	5758	3456	—	11441	11544	14897	—
大兴安岭营林局	**5020**	**3638**	**3994**	**—**	**1026**	**1637**	**4948**	**—**
加格达奇	5020	3638	3994	—	1026	1637	4948	—

产投资和资金来源情况(三)

单位:万元

本年资金来源总计									本年房屋竣工		本年新增公路里程（千米）
本年资金来源合计											
合计	其中：地方配套资金	国家预算内资金			国内贷款	利用外资	自筹资金	其他资金	面积（平方米）	价值（万元）	
		小计	其中								
			国债资金	中央财政专项资金							
43018	6914	16148	—	5249	—	—	19956	6914	337937	36737	—
8737	1101	5851	—	3754	—	—	1785	1101	60000	5256	—
23226	3088	10245	—	5481	—	—	9893	3088	138550	16626	—
11626	2298	8988	—	5239	—	—	340	2298	—	—	18
27865	4161	10045	—	3936	—	—	13659	4161	186800	22416	8
26575	4186	11065	—	4264	—	—	11324	4186	200000	21000	—
53422	8238	17070	—	3905	—	—	28114	8238	405000	48646	—
40383	6232	13856	—	4214	—	—	20295	6232	300000	35116	—
27315	4370	11225	—	4557	—	—	11720	4370	199600	20940	—
12169	1645	5528	—	3191	—	—	4996	1645	70000	8400	—
11862	1363	6285	—	4313	—	—	4214	1363	60200	7224	—
11860	1582	5118	—	2634	—	—	5160	1582	73250	8790	—
28917	4071	11164	—	4855	—	—	13682	4071	194700	23352	—
29455	4318	10346	—	3684	—	—	14791	4318	213355	25541	—
9852	1266	4855	—	2787	—	—	3731	1266	49800	6576	—
178169	**22526**	**77171**	**—**	**32199**	**—**	**—**	**78472**	**22526**	**926339**	**114449**	**—**
19195	1916	9085	—	3981	—	—	8194	1916	30423	3650	—
16867	2349	8553	—	4755	—	—	5965	2349	103860	10506	—
22289	3256	8582	—	3541	—	—	10451	3256	151730	18307	—
6815	527	5676	—	3379	—	—	612	527	20900	1480	—
14645	2403	8116	—	4325	—	—	4126	2403	7926	9726	—
39735	6312	14155	—	4360	—	—	19268	6312	300000	33400	—
35225	3544	12439	—	2894	—	—	19242	3544	236000	28320	—
23398	2219	10565	—	4964	—	—	10614	2219	75500	9060	—
12206	**1546**	**6231**	**2635**	**3596**	**—**	**—**	**4429**	**1546**	**52382**	**6100**	**—**
12206	1546	6231	2635	3596	—	—	4429	1546	52382	6100	—
165854	**71702**	**91009**	**29302**	**52559**	**—**	**—**	**71702**	**3143**	**543020**	**70945**	**74**
160906	**70932**	**87371**	**29046**	**49877**	**—**	**—**	**70932**	**2603**	**540132**	**70476**	**—**
18824	8441	9734	3600	6134	—	—	8441	649	100342	12041	—
28516	15256	13184	5400	6889	—	—	15256	76	137216	20656	—
34995	18661	15919	6154	8535	—	—	18661	415	100000	11975	—
21456	6376	15011	6404	7327	—	—	6376	69	100000	11776	—
7255	1126	5282	533	3858	—	—	1126	847	—	—	—
8342	2089	6183	697	4258	—	—	2089	70	—	—	—
19588	8469	10886	2810	6562	—	—	8469	233	65620	7429	—
7033	1479	5414	1150	3434	—	—	1479	140	—	—	—
14897	9035	5758	2298	2880	—	—	9035	104	36954	6599	—
4948	**770**	**3638**	**256**	**2682**	**—**	**—**	**770**	**540**	**2888**	**469**	**74**
4948	770	3638	256	2682	—	—	770	540	2888	469	74

国有林区分企业的固定资

企业名称	固定资产投资					本年新增固定资产		
	总计	其中：国家投资	营林固定资产投资		森工固定资产投资		总计	上年末结余资金
			合计	其中：公益林建设				
四川	**49750**	**35037**	**40092**	**18292**	**9658**	**200**	**79216**	**27882**
阿坝州林管局	**18605**	**9410**	**12683**	**8450**	**5922**	**186**	**41523**	**26164**
川西	2473	2075	922	793	1551	—	6591	5117
黑水	3172	2208	2032	1914	1140	—	7831	5799
马尔康	2558	—	2558	2282	—	—	2558	—
小金	3488	—	1285	1162	2203	—	4338	2232
观音桥	2096	1441	2040	320	56	—	3510	1095
松潘	2167	1858	1195	876	972	94	7089	5746
南坪	1740	1242	1740	192	—	92	8288	6175
壤塘	911	586	911	911	—	—	1318	—
甘孜州林管局	**10401**	**7820**	**8120**	**1451**	**2281**	**—**	**11960**	**1558**
道孚	1915	1490	1703	338	212	—	3125	1210
新龙	1825	1281	1450	258	375	—	1825	—
丹巴	2021	1428	1561	199	460	—	2021	—
炉霍	1490	1082	1116	205	374	—	1490	—
白玉	1167	939	980	112	187	—	1168	—
力邱河	1236	1011	756	196	480	—	1584	348
翁达	747	589	554	143	193	—	747	—
其他地、州林管局	**20744**	**17807**	**19289**	**8391**	**1455**	**14**	**25733**	**160**
川南	5254	5250	4002	1784	1252	—	7564	—
雷波	2688	2072	2577	2577	111	14	3632	—
凉北	2086	1654	2086	1026	—	—	2872	160
夹金山	3125	3125	3125	399	—	—	3125	—
木里	4840	3864	4748	1448	92	—	5789	—
普威	1842	1842	1842	248	—	—	1842	—
盐边	909	—	909	909	—	—	909	—
云南	**23202**	**13237**	**19620**	**3080**	**3582**	**763**	**28505**	**9539**
云南省林管局	**23202**	**13237**	**19620**	**3080**	**3582**	**763**	**28505**	**9539**
华坪	1916	968	968	100	948	—	1916	—
碧泉	1683	1441	1066	356	617	21	1802	96
黑白水	1003	1003	1003	220	—	—	709	-335
中甸 *	—	—	—	—	—	—	—	—
巨甸	1359	789	1358	121	1	238	1816	742
红旗	946	946	—	—	946	—	1046	100
云台山	758	360	485	147	273	112	2250	530
漾江	925	925	128	128	797	8	1878	1028
景东	1666	1365	1666	161	—	—	1666	—

产投资和资金来源情况(四)

单位:万元

本年资金来源总计									本年房屋竣工		本年新增公路里程(千米)
本年资金来源合计									面积(平方米)	价值(万元)	
合计	其中:地方配套资金	国家预算内资金			国内贷款	利用外资	自筹资金	其他资金			
		小计	其中								
			国债资金	中央财政专项资金							
51334	**10053**	**45603**	**248**	**19985**	**—**	**—**	**4**	**5727**	**23224**	**3621**	**—**
15359	**4714**	**15359**	**—**	**5679**	**—**	**—**	**—**	**—**	**—**	**—**	**—**
1474	556	1474	—	338	—	—	—	—	—	—	—
2032	964	2032	—	718	—	—	—	—	—	—	—
2558	1073	2558	—	769	—	—	—	—	—	—	—
2106	—	2106	—	584	—	—	—	—	—	—	—
2415	889	2415	—	1050	—	—	—	—	—	—	—
1343	309	1343	—	656	—	—	—	—	—	—	—
2113	598	2113	—	925	—	—	—	—	—	—	—
1318	325	1318	—	639	—	—	—	—	—	—	—
10402	**2581**	**7821**	**—**	**4729**	**—**	**—**	**—**	**2581**	**—**	**—**	**—**
1915	425	1490	—	997	—	—	—	425	—	—	—
1825	544	1281	—	798	—	—	—	544	—	—	—
2021	593	1428	—	918	—	—	—	593	—	—	—
1490	408	1082	—	632	—	—	—	408	—	—	—
1168	228	940	—	603	—	—	—	228	—	—	—
1236	225	1011	—	464	—	—	—	225	—	—	—
747	158	589	—	317	—	—	—	158	—	—	—
25573	**2758**	**22423**	**248**	**9577**	**—**	**—**	**4**	**3146**	**23224**	**3621**	**—**
7564	1219	6581	—	1955	—	—	4	979	20161	3024	—
3632	651	3220	—	913	—	—	—	412	3063	597	—
2712	746	2516	—	858	—	—	—	196	—	—	—
3125	—	3013	—	2403	—	—	—	112	—	—	—
5789	—	5280	—	2424	—	—	—	509	—	—	—
1842	—	904	248	545	—	—	—	938	—	—	—
909	142	909	—	479	—	—	—	—	—	—	—
18966	**1619**	**15323**	**4106**	**10850**	**—**	**—**	**1895**	**1748**	**51387**	**7145**	**94**
18966	**1619**	**15323**	**4106**	**10850**	**—**	**—**	**1895**	**1748**	**51387**	**7145**	**94**
1916	—	968	100	868	—	—	948	—	—	—	—
1706	294	1441	684	757	—	—	242	23	—	—	—
1044	—	1044	93	951	—	—	—	—	—	—	—
—	—	—	—	—	—	—	—	—	—	—	—
1074	125	782	172	610	—	—	64	228	—	—	—
946	105	841	—	841	—	—	—	105	—	—	—
1720	118	1650	184	1426	—	—	—	70	8706	1000	—
850	115	845	130	715	—	—	—	5	—	—	—
1666	144	1365	161	877	—	—	51	250	—	—	—

国有林区分企业的固定资

企业名称	固定资产投资					本年新增固定资产		
	总计	其中：国家投资	营林固定资产投资		森工固定资产投资		总计	上年末结余资金
			合计	其中：公益林建设				
墨江	2567	2567	2567	1607	—	—	4328	2635
卫国	2960	2124	2960	—	—	384	3675	1778
江边 *	—	—	—	—	—	—	—	—
清水江 *	—	—	—	—	—	—	—	—
南盘江 *	—	—	—	—	—	—	—	—
新平	933	749	933	139	—	—	933	—
宁蒗	6486	—	6486	101	—	—	6486	2965
陕西	**14506**	**10714**	**13618**	**1914**	**888**	**4283**	**24171**	**4357**
陕西省林管局	**12753**	**10060**	**12753**	**1858**	**—**	**2530**	**21390**	**4357**
宁西	3267	2751	3267	275	—	635	3792	—
太白	3440	2779	3440	306	—	1895	3532	—
长青	1127	1050	1127	323	—	—	3359	847
宁东	2528	2528	2528	526	—	—	7211	2930
汉西	1392	952	1392	275	—	—	1761	—
龙草坪	999	—	999	153	—	—	1735	580
陕西省营林局	**1753**	**654**	**865**	**56**	**888**	**1753**	**2781**	**—**
马头滩	888	309	—	—	888	888	1164	—
辛家山	865	345	865	56	—	865	1617	—
甘肃	**75135**	**61296**	**75135**	**6352**	**—**	**25931**	**81186**	**13288**
甘肃省林管局	**51480**	**40953**	**51480**	**3512**	**—**	**22590**	**57531**	**13288**
舟曲	12413	9462	12413	634	—	3477	16155	6063
迭部	13701	10583	13701	1254	—	7310	15076	1777
洮河	18004	15204	18004	1311	—	9804	18699	1705
白水江	7362	5704	7362	313	—	1999	7601	3743
甘肃省营林局	**23655**	**20343**	**23655**	**2840**	**—**	**3341**	**23655**	**—**
小陇山	23655	20343	23655	2840	—	3341	23655	—
青海	**—**	**—**	**—**	**—**	**—**	**—**	**—**	**—**
青海省林管局	**—**	**—**	**—**	**—**	**—**	**—**	**—**	**—**
玛可河 *	—	—	—	—	—	—	—	—
新疆	**27523**	**19991**	**24934**	**15359**	**2589**	**3444**	**32065**	**4967**
新疆自治区林管局	**19093**	**13510**	**16504**	**11947**	**2589**	**2702**	**18409**	**1882**
天山西部	8957	6072	6368	1811	2589	2191	8957	1882
阿尔泰山	10136	7438	10136	10136	—	511	9452	—
新疆自治区营林局	**8430**	**6481**	**8430**	**3412**	**—**	**742**	**13656**	**3085**
天山中东部	8430	6481	8430	3412	—	742	13656	3085

产投资和资金来源情况（五）

单位：万元

本年资金来源总计									本年房屋竣工		本年新增公路里程（千米）
本年资金来源合计											
合计	其中：地方配套资金	国家预算内资金			国内贷款	利用外资	自筹资金	其他资金	面积（平方米）	价值（万元）	
		小计	其中								
			国债资金	中央财政专项资金							
1693	324	1438	498	940	—	—	140	115	11480	1243	—
1897	—	1897	400	1497	—	—	—	—	7824	384	94
—	—	—	—	—	—	—	—	—	—	—	—
—	—	—	—	—	—	—	—	—	—	—	—
—	—	—	—	—	—	—	—	—	—	—	—
933	184	749	206	543	—	—	—	184	—	—	—
3521	210	2303	1478	825	—	—	450	768	23377	4518	—
19814	**5640**	**15677**	**—**	**11654**	**—**	**—**	**—**	**4137**	**3987**	**737**	**—**
17033	**4591**	**13413**	**—**	**10990**	**—**	**—**	**—**	**3620**	**3987**	**737**	**—**
3792	885	3139	—	2511	—	—	—	653	3350	584	—
3532	986	2817	—	2511	—	—	—	715	—	—	—
2512	844	1725	—	1402	—	—	—	787	637	153	—
4281	1195	3335	—	2597	—	—	—	946	—	—	—
1761	391	1463	—	1188	—	—	—	298	—	—	—
1155	290	934	—	781	—	—	—	221	—	—	—
2781	**1049**	**2264**	**—**	**664**	**—**	**—**	**—**	**517**	**—**	**—**	**—**
1164	532	1164	—	321	—	—	—	—	—	—	—
1617	517	1100	—	343	—	—	—	517	—	—	—
67898	**4253**	**61628**	**6437**	**39589**	**—**	**—**	**—**	**6270**	**114**	**114**	**15**
44243	**2897**	**41285**	**3597**	**22086**	**—**	**—**	**—**	**2958**	**—**	**—**	**—**
10092	451	9541	634	5867	—	—	—	551	—	—	—
13299	1408	12155	1339	5930	—	—	—	1144	—	—	—
16994	795	16102	1311	7152	—	—	—	892	—	—	—
3858	243	3487	313	3137	—	—	—	371	—	—	—
23655	**1356**	**20343**	**2840**	**17503**	**—**	**—**	**—**	**3312**	**114**	**114**	**15**
23655	1356	20343	2840	17503	—	—	—	3312	114	114	15
—	**—**	**—**	**—**	**—**	**—**	**—**	**—**	**—**	**—**	**—**	**—**
—	**—**	**—**	**—**	**—**	**—**	**—**	**—**	**—**	**—**	**—**	**—**
—	—	—	—	—	—	—	—	—	—	—	—
27098	**2340**	**25453**	**—**	**15437**	**—**	**—**	**1192**	**453**	**20187**	**3089**	**—**
16527	**486**	**15051**	**—**	**9249**	**—**	**—**	**1087**	**389**	**19641**	**3028**	**—**
7075	486	5810	—	3556	—	—	1087	178	10260	1106	—
9452	—	9241	—	5693	—	—	—	211	9381	1922	—
10571	**1854**	**10402**	**—**	**6188**	**—**	**—**	**105**	**64**	**546**	**61**	**—**
10571	1854	10402	—	6188	—	—	105	64	546	61	—

附录二

林业工作站和乡村林场基本情况

ANNEX Ⅱ

各地区基层林业

地区	至本年底实有工作站个数					本年新建站数	已加挂野保站牌子站数	已加挂仲裁委员会牌子站数	至本年底已核定编制数(人)
	总站个数		派出机构	双重领导	乡镇管理				
	计	片站							
全国总计	**28112**	**2903**	**10167**	**8524**	**9421**	**219**	**10857**	**2729**	**119687**
北　京	186	2	29	58	99	18	–	–	765
天　津	161	—	24	66	71	—	–	–	–
河　北	1117	521	505	146	466	73	89	17	3678
山　西	1234	23	52	1014	168	–	328	10	2874
内蒙古	669	20	533	98	38	–	–	–	2493
辽　宁	1066	–	–	544	522	–	1066	–	4328
吉　林	704	–	223	459	22	–	357	16	3881
黑龙江	863	12	348	329	186	–	137	–	2358
上　海	103	–	–	–	103	–	–	–	354
江　苏	1020	10	7	46	967	–	–	–	3206
浙　江	1137	69	106	109	922	1	113	–	3290
安　徽	740	187	331	246	163	8	284	33	3137
福　建	934	36	791	63	80	4	673	105	3853
江　西	939	285	858	39	42	5	758	3	4516
山　东	1707	–	50	440	1217	–	64	–	6472
河　南	1821	184	121	199	1501	24	312	27	4781
湖　北	865	—	704	108	53	7	406	17	3586
湖　南	1982	208	1204	511	267	17	1277	2	13382
广　东	1045	–	527	247	271	—	207	1206	5702
广　西	1028	46	332	301	395	12	5	82	4127
海　南	56	–	56	–	–	–	–	–	196
重　庆	915	55	18	210	687	23	500	107	2672
四　川	1552	733	1034	422	96	17	1301	157	10564
贵　州	1464	18	893	482	89	–	1147	–	6272
云　南	1353	–	672	564	117	–	678	15	8830
西　藏	64	11	21	20	23	–	1	–	30
陕　西	1071	160	160	704	207	–	662	762	3792
甘　肃	996	175	205	432	359	4	100	–	3548
青　海	262	12	32	98	132		40	–	640
宁　夏	110	102	42	65	3	3	30	4	695
新　疆	787	6	289	343	155	3	320	5	3772
新疆兵团	161	28	–	161	–	–	2	161	1893

注：1. 总站数中的“片站”是指管理两个以上乡镇林业工作的林业站。

2. 人、财、物三权属县林业主管部门的站为派出机构；三权属乡镇的为乡镇管理；介于二者之间的为双重领导。三者

3. 已加挂野保站牌子站数指截至本年底加挂“野生动植物保护管理站”牌子的林业站总数。

4. 已加挂仲裁委员会牌子站数指截至本年底加挂“林业承包合同仲裁委员会”牌子的林业站总数。

5. 林业站“在岗职工”是指在林业站工作并在林业站开支的人员，不包括林业站临时聘用的后勤服务人员及其所办工，以及新分配的大中专毕业生。

6. 有交通工具的站数指配备机动交通工具的站数，该栏下“本年新增”指本年新增加机动交通工具的站数。

7. 有通讯设备的站数指配备电话或无线通讯设备的站数，该栏下“本年新增”指本年新增加配备电话或无线通讯设

工作站基本情况

单位：个

年末在岗职工总数（人）		经费渠道（人）				至本年底自有办公用房站数		至本年底有交通工具站数		至本年底有通讯设备站数	
计	其中：长期职工	财政全额	财政差额	林业经费	自收自支	计	本年新建	计	本年新增	计	本年新增
136459	**133006**	**98384**	**12498**	**13622**	**11955**	**19457**	**733**	**14158**	**943**	**20422**	**604**
1118	1045	570	92	4	452	65	24	125	2	192	7
483	397	–	345	–	138	161	–	142	–	161	–
3774	3724	2434	648	40	652	819	57	415	30	648	41
3137	2994	2509	287	72	269	783	28	430	83	504	21
2953	2953	2493	–	–	460	52	–	73	–	658	–
4803	4485	3028	636	221	918	1066	–	1066	–	1066	–
4464	4352	3019	487	217	741	323	56	316	32	411	2
2578	2548	1639	152	387	400	843	18	202	3	230	7
289	234	149	91	10	39	60	–	40	–	89	–
3886	3700	2203	897	84	702	240	51	200	61	713	30
3380	3172	2251	720	305	104	787	22	422	30	879	19
3284	3279	2465	255	104	460	498	8	413	27	1168	13
3978	3813	3132	400	281	165	759	20	502	47	663	1
5337	5208	4157	343	380	457	590	43	570	39	656	52
6129	6008	4813	1136	12	168	677	–	1706	–	1706	–
6367	5786	5035	551	271	510	2893	70	568	100	1023	144
4782	4782	2224	890	231	1437	490	44	331	59	559	31
15281	15157	10421	2318	1250	1292	1293	20	729	14	1361	125
6821	6666	2962	1126	2225	508	693	7	1045	–	1045	–
4700	4470	3323	150	1034	193	672	31	504	28	693	–
200	200	77	–	123	–	56	–	56	–	56	–
2956	2956	2848	85	—	23	626	22	569	98	687	6
11293	11293	7278	221	3083	711	1119	152	788	84	1366	57
5503	5503	5181	51	26	245	1299	27	1029	114	1328	25
8715	8677	8617	11	36	51	948	16	778	31	1184	2
154	146	72	–	82	–	23	1	8	–	11	–
4253	4113	3583	70	518	82	475	–	274	–	500	–
4339	4196	3671	243	250	175	525	14	254	1	339	13
753	753	701	2	37	13	101	1	194	27	78	1
682	682	682	–	–	–	15	–	45	29	61	–
4300	4051	3774	150	289	87	440	–	266	3	236	5
5767	5663	3073	141	2050	503	66	1	98	1	151	2

之和为总站数。

经济实体中聘用的人员。“长期职工”是指“在岗职工”中用工期限在1年（含1年）以上的职工，包括正式职工和合同制职

备的站数。

各地区地、县林业

地　区	地(市)								
	林业站个数	管理人员							
		文化程度				专业技术人员			
		合计	大专以上学历	中专学历	高中以下文化	合计	高级	中级	初级
全国总计	**306**	**2562**	**2120**	**253**	**189**	**2045**	**546**	**899**	**600**
北　京	—	—	—	—	—	—	—	—	—
天　津	—	—	—	—	—	—	—	—	—
河　北	11	133	101	20	12	100	53	22	25
山　西	11	139	121	15	3	121	23	64	34
内蒙古	12	169	155	14	—	154	47	64	43
辽　宁	14	57	32	21	4	57	17	30	10
吉　林	9	101	80	18	3	88	27	43	18
黑龙江	12	59	54	5	—	46	5	26	15
上　海	9	240	159	42	39	190	31	74	85
江　苏	13	53	52	—	1	53	21	24	8
浙　江	5	31	25	4	2	30	6	20	4
安　徽	12	71	66	3	2	61	20	26	15
福　建	5	44	36	6	2	41	19	16	6
江　西	8	46	41	1	4	23	7	10	6
山　东	17	148	139	6	3	148	53	64	31
河　南	18	235	221	8	6	198	49	85	64
湖　北	17	94	74	10	10	72	10	43	19
湖　南	4	40	40	—	—	23	6	13	4
广　东	—	—	—	—	—	—	—	—	—
广　西	10	69	54	12	3	59	8	32	19
海　南	—	—	—	—	—	—	—	—	—
重　庆	40	108	99	5	4	59	12	32	15
四　川	11	45	41	4	—	29	10	16	3
贵　州	—	—	—	—	—	17	4	13	—
云　南	1	30	28	2	—	12	6	4	2
西　藏	8	78	38	13	27	26	2	3	21
陕　西	10	76	67	4	5	53	21	19	13
甘　肃	14	172	132	13	27	127	19	54	54
青　海	8	119	91	7	21	92	20	36	36
宁　夏	5	85	74	4	7	62	26	20	16
新　疆	9	76	66	6	4	61	13	29	19
新疆兵团	13	44	34	10	—	43	11	17	15

注:1."管理人员"指从事林业站管理工作的专兼职人员。

2. 有林业站的既统计站数又统计管理人员,无林业站的只统计管理人员。

工作站及管理人员情况

单位:个、人

县(市、区)								
林业站个数	管理人员							
	文化程度				专业技术人员			
	合计	大专以上学历	中专学历	高中以下文化	合计	高级	中级	初级
2171	**22021**	**14418**	**4976**	**2627**	**15787**	**1503**	**6261**	**8023**
13	287	237	35	15	213	14	87	112
12	254	106	119	29	254	26	113	115
176	1459	1042	322	95	1191	217	587	387
109	1741	920	500	321	1312	56	437	819
99	929	782	147	—	506	85	83	338
101	641	564	65	12	546	61	275	210
61	636	411	184	41	488	82	220	186
96	576	459	106	11	512	55	268	189
—	—	—	—	—	—	—	—	—
93	463	372	69	22	434	102	212	120
73	584	401	109	74	537	71	253	213
73	363	300	51	12	320	51	161	108
36	209	175	27	7	242	26	128	88
62	408	232	110	66	277	9	127	141
140	763	615	115	33	696	143	284	269
158	2107	1265	574	268	1410	97	493	820
95	315	210	89	16	234	18	124	92
39	616	426	150	40	438	20	224	194
—	—	—	—	—	—	—	—	—
77	390	268	70	52	307	6	164	137
—	—	—	—	—	—	—	—	—
—	—	—	—	—	—	—	—	—
111	995	522	216	257	587	35	267	285
3	479	384	69	26	338	6	132	200
123	2905	1570	806	529	1784	64	463	1257
88	275	94	50	131	23	5	13	5
104	1282	809	301	172	863	64	324	475
86	1024	726	174	124	689	65	311	313
39	599	457	84	58	419	53	197	169
21	359	305	26	28	290	42	132	116
83	1362	766	408	188	877	30	182	665
—	—	—	—	—	—	—	—	—

各地区基层林业工作站

地　区	林业站长期职工人数	文化程度情况				专业技术人员			林业大专班		
		大专以上学历人数	中专学历人数	高中文化人数	初中以下文化人数	高级	中级	初级	本年毕业生数	在校生人数	本年入学人数
全国总计	**133006**	**62566**	**34545**	**25365**	**10530**	**2172**	**23383**	**49143**	**1222**	**2853**	**772**
北　京	1045	754	138	99	54	34	214	207	1	18	6
天　津	397	65	200	85	47	6	106	285	—	—	—
河　北	3724	2122	1009	535	58	189	1080	1180	28	19	8
山　西	2994	956	934	859	245	268	431	1119	8	21	5
内蒙古	2953	1321	1076	469	87	71	581	1006	—	—	—
辽　宁	4485	3139	802	317	227	94	1404	1842	67	470	107
吉　林	4352	1568	1696	819	269	63	800	1640	22	27	29
黑龙江	2548	1540	770	205	33	44	766	1231	22	14	17
上　海	234	118	79	20	17	15	112	99	—	—	—
江　苏	3700	1776	863	759	302	59	1009	1703	12	19	3
浙　江	3172	1177	897	778	320	33	1212	1916	25	88	50
安　徽	3279	1896	977	307	99	129	1060	1497	17	18	8
福　建	3813	2029	919	687	178	105	1110	1541	94	75	7
江　西	5208	1633	1298	1674	603	88	486	1846	84	245	59
山　东	6008	3319	2100	512	77	192	1431	3123	—	—	—
河　南	5786	2719	1781	1132	154	148	970	2234	33	57	9
湖　北	4782	2115	1444	953	270	81	1192	1673	87	54	2
湖　南	15157	5705	4026	4192	1234	108	1814	4376	286	713	255
广　东	6666	2186	1836	1838	806	26	331	2527	29	162	9
广　西	4470	2546	1098	683	143	10	730	2081	46	46	26
海　南	200	33	97	70	—	—	—	45	—	—	—
重　庆	2956	1737	616	484	119	38	269	1149	1	25	—
四　川	11293	5119	2385	2339	1450	166	1804	3765	36	163	42
贵　州	5503	3469	1292	530	212	5	544	3008	55	192	30
云　南	8677	5833	1575	632	637	61	1737	1071	204	228	79
西　藏	146	45	23	22	56	1	6	38	1	—	—
陕　西	4113	1708	1495	821	89	37	528	1714	—	—	—
甘　肃	4196	2071	1004	785	336	32	716	1936	36	108	7
青　海	753	440	110	133	70	5	145	393	—	11	3
宁　夏	682	512	102	56	12	7	146	370	13	47	9
新　疆	4051	1958	1378	525	190	25	368	1840	15	33	2
新疆兵团	5663	957	525	2045	2136	32	281	688	—	—	—

注：1. 林业中专班指在林业学校学习的，不包括在农广校参加学习的林业中专人数。

2. 正在接受学历教育的人员按原学历统计。

人员素质和培训情况

单位:人

学历教育情况									岗位培训情况			
林业中专班			农广校中专班			专业证书班			截止本年底已完成培训量		其中本年完成的培训量	
本年毕业生数	在校生总数	本年入学人数	本年毕业生数	在校生总数	本年入学人数	本年毕业生数	在校生总数	本年入学人数	站长	站员	站长	站员
283	**645**	**189**	**163**	**197**	**118**	**328**	**231**	**234**	**42855**	**152002**	**12807**	**42567**
—	—	—	—	6	6	35	6	36	241	1104	226	429
—	—	—	—	—	—	—	—	—	161	397	30	81
17	15	6	15	15	5	9	4	4	1492	3555	404	—
4	6	2	3	43	43	16	5	1	2005	3641	461	663
—	—	—	—	—	—	—	—	—	370	—	67	—
91	393	113	—	—	—	—	—	—	1122	4535	1122	5010
—	—	—	—	—	—	—	—	—	2170	7112	305	1023
4	—	—	2	—	—	17	8	12	1562	2767	524	1155
—	—	—	—	—	—	—	—	—	—	—	34	—
—	—	—	8	4	—	29	27	19	471	3329	75	203
51	51	—	13	13	19	7	4	3	1178	2113	379	—
—	—	—	—	—	—	4	5	—	1847	4225	332	736
44	1	—	11	—	—	48	6	—	605	1420	208	765
3	57	61	4	—	—	13	27	14	1879	7434	613	2846
—	—	—	—	—	—	—	—	—	—	—	—	887
26	12	6	23	35	4	3	—	—	1544	2490	513	4535
5	60	—	2	—	—	7	8	21	1656	5961	622	2416
—	2	—	4	4	—	92	65	47	3833	22438	1277	—
—	1	—	—	—	1	1	1	1	2045	16146	297	1278
1	—	—	—	—	—	2	1	—	1497	3677	476	1542
—	—	—	—	—	—	—	—	—	—	—	—	—
16	4	—	22	36	22	—	—	10	2628	6865	847	1921
1	3	1	3	5	—	11	8	12	3407	10335	977	3016
2	9	—	—	—	—	—	—	35	1484	4335	—	—
2	6	—	45	5	2	7	42	1	1831	7546	1016	4239
—	—	—	1	—	—	—	—	—	2	10	7	10
—	—	—	—	—	—	—	—	—	—	—	—	1365
13	2	—	7	21	16	20	12	10	1514	3442	439	—
—	—	—	—	—	—	—	—	—	134	243	—	254
—	—	—	—	—	—	—	—	—	141	503	59	3486
3	23	—	—	10	—	7	2	8	5878	18699	1476	—
—	—	—	—	—	—	—	—	—	158	7680	21	4707

地区	至本年底累计完成投资						
	合计	国家投资			地方投资		
		计	局投资	其他	计	省(区、市)	地(市)、县、乡
全国总计	**406104**	**83865**	**61726**	**22139**	**322239**	**46543**	**275696**
北京	11519	2073	1302	771	9446	546	8900
天津	820	410	410	—	410	410	—
河北	10741	2648	2229	419	8093	3836	4257
山西	8923	2046	1765	281	6877	2487	4390
内蒙古	1540	1070	1070	—	470	470	—
辽宁	12257	2910	2694	216	9347	1558	7789
吉林	13253	3829	1415	2414	9424	2903	6521
黑龙江	3714	1502	1428	74	2212	136	2076
上海	1709	605	552	53	1104	552	552
江苏	9288	1540	537	1003	7748	3222	4526
浙江	18668	2978	1934	1044	15690	2561	13129
安徽	14818	1499	1499	—	13319	879	12440
福建	12615	526	522	4	12090	468	11622
江西	30324	2935	1828	1107	27389	1912	25478
山东	18318	685	603	83	17633	85	17548
河南	12653	1544	1544	—	11109	1812	9298
湖北	16837	2630	2490	140	14207	1237	12970
湖南	23642	4702	4017	685	18940	1480	17461
广东	31392	1756	1756	—	29637	3083	26553
广西	12791	1483	1455	28	11308	4556	6752
海南	3324	713	713	—	2611	458	2153
重庆	5001	1762	1708	54	3239	510	2730
四川	72154	24441	16057	8384	47712	995	46718
贵州	15391	2716	2680	36	12675	3328	9347
云南	16752	2288	1759	529	14464	2378	12086
西藏	886	886	886	—	—	—	—
陕西	9234	2848	1724	1124	6386	1361	5026
甘肃	6357	3832	1177	2656	2524	513	2011
青海	2486	1068	972	96	1418	1069	349
宁夏	2783	998	836	162	1785	1494	291
新疆	5323	2632	1854	778	2691	211	2480
新疆兵团	594	312	312	—	282	36	246

站建设完成投资情况

单位:万元

本年完成投资						
合　计	国家投资			地方投资		
	计	局投资	其他	计	省(区、市)	地(市)、县、乡
51943	**17444**	**6858**	**10586**	**34499**	**6771**	**27728**
160	160	160	—	—	—	—
200	100	100	—	100	100	—
2053	270	270	—	1783	1783	—
600	200	200	—	400	240	160
350	240	240	—	110	110	—
1000	500	500	—	500	—	500
2322	400	400	—	1922	752	1170
430	260	260	—	170	—	170
180	60	60	—	120	60	60
160	80	80	—	80	—	80
2256	393	165	228	1862	992	870
1881	220	220	—	1661	76	1585
1788	284	284	—	1505	54	1451
3154	220	220	—	2934	300	2634
2162	220	220	—	1942	—	1942
1555	362	362	—	1193	120	1073
3082	330	200	130	2752	258	2494
5353	814	445	369	4538	73	4465
4520	120	120	—	4400	—	4400
1794	180	180	—	1614	845	769
80	40	40	—	40	—	40
355	240	160	80	115	—	115
8287	8031	180	7851	256	128	128
976	140	140	—	836	260	576
3064	441	413	28	2623	452	2171
80	80	80	—	—	—	—
399	230	230	—	169	—	169
3076	2379	479	1900	697	22	676
90	90	90	—	—	—	—
246	100	100	—	146	146	—
200	200	200	—	—	—	—
90	60	60	—	30	—	30

各地区基层林业工作站

地区	营林情况						森林病虫鼠害防治面积
	本年新造林面积		本年新封山育林面积	本年育苗面积	本年抚育作业面积	四旁植树株数（万株）	
	计	其中：林业重点工程造林面积					
全国总计	**41731**	**36572**	**29039**	**4744**	**99350**	**196548**	**137396**
北　京	54	52	286	123	829	510	1988
天　津	113	66	—	20	—	111	124
河　北	2192	1808	689	223	7585	9221	9800
山　西	1595	1595	572	400	915	7009	1393
内蒙古	3154	3154	3516	143	14321	4672	—
辽　宁	677	677	878	79	2389	14169	1081
吉　林	487	404	331	17	1135	1331	2190
黑龙江	1191	1089	384	115	1866	1911	1728
上　海	13	2	—	47	210	213	313
江　苏	751	337	137	277	1862	14087	1641
浙　江	256	158	201	1014	2186	2491	991
安　徽	292	292	291	99	3631	8832	3441
福　建	1090	863	150	13	1901	1711	1679
江　西	2178	1052	406	73	6255	8398	4528
山　东	2035	2035	198	733	16465	17476	12424
河　南	1794	1794	529	255	1703	20506	4523
湖　北	1193	1193	772	115	168	9143	6882
湖　南	1781	1781	353	240	6564	11349	3285
广　东	1328	317	302	30	2178	6922	1189
广　西	1929	1361	538	11	5811	724	1080
海　南	161	161	—	5	169	255	127
重　庆	1669	1669	659	150	948	6381	1009
四　川	2142	2142	11976	68	4183	17296	31869
贵　州	727	727	1241	32	1286	2473	1476
云　南	6088	6088	1292	58	776	9261	30844
西　藏	435	435	434	7	—	158	984
陕　西	2395	2151	1257	114	4523	10670	—
甘　肃	1073	565	463	77	2146	5489	2655
青　海	337	337	535	28	429	941	689
宁　夏	590	553	176	72	2872	946	1349
新　疆	1539	1243	423	101	3910	1631	5923
新疆兵团	472	472	51	5	134	260	192

注：1. 本表只统计本年基层林业工作站所单独或参与完成的主要工作。
2. 林业重点工程造林面积指林业站当年所完成的各项国家级林业重点工程面积的总和。
3. 本年抚育作业面积指幼林抚育作业面积与成林抚育作业面积之和。
4. 本年推广面积指林业站当年所完成的林业科技推广面积总和，不包括站办科技推广示范基地的面积。
5. 受委托行使林业行政执法权站数指截止到本年底的总站数。

职能作用主要指标情况

单位：百公顷、个

采伐设计面积	受委托行使林业行政执法权站数	受理林政案件(件)	参与调处林权纠纷(件)	受理林业承包合同纠纷(件)	科技推广	
					站办示范基地面积	本年推广面积
22495	**12755**	**105483**	**217065**	**31455**	**17025**	**25181**
987	8	80	147	13	883	2514
—	86	—	—	—	1801	—
312	240	1866	1319	332	2865	3027
—	218	112	456	98	89	153
—	—	—	—	—	—	4800
—	596	330	398	309	—	—
273	658	5495	2012	1264	14	125
164	314	656	817	376	9	54
—	—	22	—	—	360	200
110	222	349	1573	1225	128	1516
1050	145	1344	1040	271	60	1064
799	404	2367	6214	912	1095	770
912	628	3197	1681	7965	1622	538
2144	840	5205	5561	528	179	1409
104	—	—	—	—	50	1003
343	247	1121	2386	1243	413	1385
980	573	8217	4436	932	362	709
1363	1882	52478	137210	7924	2501	711
909	486	2264	8658	1878	91	116
855	769	4297	8658	1878	70	310
188	62	—	73	73	56	11
127	534	1605	1042	378	187	208
2203	1542	5362	8296	601	2223	1103
504	934	4721	16393	19	14	35
6358	71	651	3336	354	1006	322
—	—	230	—	—	—	—
196	520	1689	3414	855	340	1227
4	267	379	1221	338	511	703
5	74	3	1	—	—	7
—	57	115	112	2	3	74
162	218	717	207	1433	94	1086
1441	160	611	404	254	—	—

各地区乡村林

地区	林场个数					经营面积		
	合计	按经营形式分				合计	其中：有林地	其中：经济林
		集体林场	联办林场	站办林场	户办林场			
全国总计	**87520**	**33761**	**13187**	**1015**	**39557**	**8324746**	**6386313**	**1936740**
北　京	15	14	—	—	1	6062	4710	1173
天　津	45	28	1	2	14	2057	1852	11
河　北	563	200	100	88	175	205738	166885	15485
山　西	1941	222	107	56	1556	76962	58480	18483
内蒙古	223	29	3	—	191	255400	—	—
辽　宁	1002	86	310	—	606	43021	25123	17898
吉　林	50	29	2	10	9	65404	58205	3857
黑龙江	12531	133	3	3	12392	54339	31097	9221
上　海	1	1	—	—	—	—	—	—
江　苏	612	258	75	32	247	46307	39937	7059
浙　江	734	416	108	4	206	78494	66401	17139
安　徽	6904	3197	1034	154	2519	401300	331855	40398
福　建	700	383	244	44	29	99207	118330	22515
江　西	3247	1731	605	35	876	559052	510610	48442
山　东	201	93	108	—	—	364312	364312	111164
河　南	6881	1519	722	35	4605	169202	131134	34774
湖　北	6981	2820	815	131	3215	689496	351336	37742
湖　南	21370	10718	3620	126	6906	1623482	1232078	195525
广　东	3294	2225	747	146	176	1309427	1137348	95120
广　西	2341	1281	361	23	676	780381	496767	252862
海　南	14	10	4	—	—	548	466	82
重　庆	378	309	31	11	27	28281	23119	5597
四　川	1671	825	603	15	228	211047	187917	12234
贵　州	4956	2023	1968	32	933	401969	358047	28017
云　南	1413	838	468	46	61	32033	19837	1409
西　藏	—	—	—	—	—	—	—	—
陕　西	1297	435	235	2	625	444887	374661	70227
甘　肃	5788	3681	887	19	1201	288368	217009	885525
青　海	95	92	1	1	1	4035	2846	—
宁　夏	183	118	25	—	40	72639	68738	808
新　疆	5	5	—	—	—	665	488	68
新疆兵团	2084	42	—	—	2042	10629	6725	3904

场基本情况

单位：公顷、百立方米、百根、万元

蓄积量		本年林业生产				年末实有从业人员	年经营收入
林木	毛竹	造林面积	育苗面积	木材产量	毛竹产量		
75086398	**3326268**	**558590**	**53303**	**1437486**	**576924**	**364877**	**244648**
1992	—	—	13	—	—	159	222
—	—	81	3	—	—	77	102
71371	—	4147	1924	345	—	5338	3692
11167	—	12760	1012	1	—	2516	2661
—	—	—	—	—	—	—	—
11133	—	976	456	1418	—	2276	747
54521	—	7093	169	679	—	679	5206
284231	274	750	104	38	126	165	546
—	—	—	—	—	—	—	—
17013	9049	6332	1271	1081	267388	12732	4410
101742	211226	48053	10189	4958	28827	4558	11524
134400	9824	10679	729	73	241	25168	23649
60130	22526	6540	222	104676	81608	4700	4655
710647	1885738	65416	1733	22175	142587	22295	40097
—	—	60131	7340	101200	6827	21738	—
37223	5296	22480	2720	22876	2192	26692	15428
164453	42237	72031	7876	20855	4142	40684	44547
44387252	89879	109822	12715	814995	3052	101889	28297
197047	908806	31474	188	198994	7253	14902	17120
104826	63186	43776	329	49177	1819	4673	14310
41958	1200	223	375	970	800	293	44
12109	11478	1643	74	561	1639	1115	484
292226	27769	6439	630	35883	21898	6506	3649
191729	5783	1009	101	3114	370	15814	4460
28121305	30830	1241	555	34433	6080	10734	5309
—	—	—	—	—	—	—	—
21966	1155	19656	1035	16372	70	8699	—
45649	2	10249	1130	2582	5	27075	9499
—	—	—	—	—	—	130	—
369	—	11942	290	—	—	733	975
235	9	61	40	—	—	475	—
9704	—	3585	80	32	—	2062	3016

附录三
森林主要灾害情况
ANNEX Ⅲ

全国森林主要灾害情况(一)

指　标　名　称	单　　位	2010年	2009年	2010年比2009年增减%
一、森林火灾				
1. 火灾次数	次	7723	8859	-12.82
其中:重大火灾	次	22	35	-37.14
特大火灾	次	4	1	300.00
2. 火场总面积	公顷	116243	213636	-45.59
其中:受害森林面积	公顷	45800	46156	-0.77
3. 扑火经费	万元	16091.63	10633.14	51.33
4. 出动扑火人工数	工日	1053212	1344403	-21.66
5. 伤亡人数				
(1)受伤人数	人次	43	71	-39.44
(2)死亡人数	人	65	39	66.67
二、森林病虫鼠害				
1. 发生面积	千公顷	11642	11420	1.95
2. 防治面积	千公顷	8124	8194	-0.86
3. 防治率	%	69.78	71.75	-2.75
(一)森林病害				
1. 发生面积	千公顷	1291	1031	25.16
2. 防治面积	千公顷	896	819	9.38

全国森林主要灾害情况(二)

指 标 名 称	单 位	2010 年	2009 年	2010 年比 2009 年增减%
3. 防治率	%	69.39	79.40	-12.60
(二)森林虫害				
1. 发生面积	千公顷	8523	8503	0.24
其中:松毛虫	千公顷	910	903	0.73
杨树食叶害虫	千公顷	949	1233	-23.08
杨树蛀干害虫	千公顷	507	619	-18.03
2. 防治面积	千公顷	6287	6381	-1.48
其中:松毛虫	千公顷	715	715	0.02
杨树食叶害虫	千公顷	859	1022	-15.94
杨树蛀干害虫	千公顷	417	496	-15.98
在防治面积中:				
化学防治	千公顷	1362	1046	30.24
生物防治	千公顷	1591	1694	-6.12
3. 防治率	%	73.76	75.05	-1.71
(三)森林鼠害				
1. 发生面积	千公顷	1829	1885	-3.02
2. 防治面积	千公顷	941	994	-5.29
3. 防治率	%	51.46	52.70	-2.34

地区	森林火灾次数(次)					火场总面积(公顷)	受害森林面积(公顷)		
	合计	一般火灾	较大火灾	重大火灾	特大火灾		合计	其中	
								原始林	人工林
全国合计	**7723**	**4795**	**2902**	**22**	**4**	**116243**	**45800**	**20209**	**21049**
北 京	3	3	—	—	—	2	2	—	2
天 津	10	10	—	—	—	20	6	—	6
河 北	34	34	—	—	—	221	6	—	6
山 西	17	10	7	—	—	499	164	17	147
内蒙古	88	31	48	8	1	9129	8559	5423	8
辽 宁	58	44	14	—	—	404	99	20	79
吉 林	19	18	1	—	—	84	5	—	5
黑龙江	30	11	9	7	3	13779	11738	11738	—
上 海	—	—	—	—	—	—	—	—	—
江 苏	53	53	—	—	—	44	3	—	3
浙 江	97	22	75	—	—	715	361	—	255
安 徽	184	93	91	—	—	938	393	—	393
福 建	131	7	124	—	—	1823	1449	68	1380
江 西	79	24	55	—	—	1338	729	37	692
山 东	22	11	11	—	—	157	56	1	55
河 南	519	388	131	—	—	1374	505	—	505
湖 北	682	598	84	—	—	3190	589	75	483
湖 南	1047	490	556	1	—	7955	4893	112	4769
广 东	59	19	40	—	—	676	304	29	274
广 西	715	382	333	—	—	16906	1600	51	1549
海 南	121	85	36	—	—	247	126	—	126
重 庆	105	80	25	—	—	266	116	35	80
四 川	361	301	58	2	—	4595	1241	1024	170
贵 州	2537	1699	835	3	—	28675	9102	1207	7872
云 南	569	226	342	1	—	21686	3234	347	1973
西 藏	8	6	2	—	—	166	16	—	—
陕 西	95	86	9	—	—	347	84	1	83
甘 肃	18	13	5	—	—	273	38	5	33
青 海	21	17	4	—	—	622	303	—	54
宁 夏	7	7	—	—	—	49	35	—	29
新 疆	34	27	7	—	—	66	44	18	16

火灾情况(一)

损失林木		人员伤亡(人)				其他损失折款(万元)	出动扑火人工(工日)	出动车辆(台)		出动飞机(架次)	扑火经费(万元)
成林蓄积(立方米)	幼林株数(万株)	计	轻伤	重伤	死亡			计	其中:汽车		
740099	**29228**	**108**	**25**	**18**	**65**	**11610.68**	**1053212**	**89581**	**63844**	**827**	**16091.63**
—	—	—	—	—	—	—	530	28	28	—	3.05
23	—	—	—	—	—	0.85	690	65	65	—	3.65
—	20	1	—	—	1	—	3821	218	213	—	7.67
9539	3	—	—	—	—	275.36	19053	1432	1060	—	202.75
63	—	—	—	—	—	5.64	18394	925	680	340	6.54
127	3	—	—	—	—	61.00	9044	833	708	—	40.65
12	—	—	—	—	—	16.02	1048	91	91	1	8.23
—	—	—	—	—	—	—	29031	410	410	212	8552.78
—	—	—	—	—	—	—	—	—	—	—	—
1	—	—	—	—	—	4.96	4439	466	466	—	18.44
8773	34	—	—	—	—	—	13198	1398	957	—	119.23
7203	37	2	—	1	1	19.40	14884	2164	1228	—	108.14
38840	13561	—	—	—	—	31.47	15657	2337	1090	—	138.20
4253	110	1	—	—	1	210.34	14445	1182	825	9	128.65
1	3	—	—	—	—	46.62	6742	553	553	—	17.97
1850	24	—	—	—	—	246.24	28933	2302	2302	8	163.42
3151	46	2	—	—	2	62.31	33005	3381	2731	—	129.90
80038	7210	8	—	—	8	1192.11	108364	6348	5199	—	525.01
5847	15	—	—	—	—	136.82	10602	1068	707	8	163.57
50014	3749	6	2	—	4	482.46	52583	5565	3178	36	462.12
1766	5	—	—	—	—	10.29	4854	723	350	—	13.36
2306	7	4	1	—	3	297.15	22781	1066	986	25	48.62
165287	118	1	—	—	1	734.99	107647	12920	2737	4	1278.55
201825	1947	52	15	11	26	5259.40	240638	17975	16848	—	991.38
158793	2319	19	2	1	16	2412.78	268040	24318	18873	182	2798.75
12	—	8	2	4	2	19.30	4333	323	113	—	9.90
277	5	1	—	1	—	7.15	9848	594	583	—	39.30
1	1	—	—	—	—	10.06	5300	433	433	—	13.07
—	7	3	3	—	—	62.49	3056	213	209	—	15.68
1	—	—	—	—	—	—	123	26	26	—	2.00
95	1	—	—	—	—	5.48	2129	224	195	2	81.06

各地区森林

地　区	已　查　明　火													
	合计	生产性火源												
		计	烧荒烧炭	炼山造林	烧牧场	烧窑	烧隔离带	火车喷漏	火车甩瓦	机车喷火	其他	计	野外吸烟	取暖做饭
全国合计	**6008**	**2981**	**2046**	**314**	**45**	**2**	**12**	**—**	**1**	**1**	**560**	**2734**	**357**	**83**
北　京	1	—	—	—	—	—	—	—	—	—	—	1	—	—
天　津	10	—	—	—	—	—	—	—	—	—	—	10	3	—
河　北	30	11	10	—	—	—	—	—	—	—	1	17	1	—
山　西	16	1	—	—	—	—	—	—	—	—	1	10	4	—
内蒙古	78	2	1	—	—	—	—	—	—	—	1	7	1	—
辽　宁	52	15	14	—	—	—	—	—	—	—	1	36	10	2
吉　林	19	7	7	—	—	—	—	—	—	—	—	12	5	—
黑龙江	29	1	1	—	—	—	—	—	—	—	—	2	—	—
上　海	—	—	—	—	—	—	—	—	—	—	—	—	—	—
江　苏	51	4	3	—	—	—	1	—	—	—	—	45	24	—
浙　江	85	33	26	7	—	—	—	—	—	—	—	49	12	2
安　徽	167	45	26	16	—	—	—	—	—	—	3	119	14	—
福　建	106	73	53	2	1	1	—	—	—	—	16	30	4	—
江　西	77	33	16	13	—	—	—	—	—	—	4	44	10	—
山　东	13	6	2	—	—	—	1	—	—	—	3	7	3	—
河　南	301	94	72	6	2	—	—	—	—	—	14	203	39	1
湖　北	620	206	98	73	—	—	2	—	—	—	33	410	32	5
湖　南	1005	649	474	104	4	1	—	—	—	1	65	338	37	—
广　东	50	8	5	1	—	—	—	—	—	—	2	40	5	2
广　西	605	445	315	52	9	—	4	—	—	—	65	124	13	3
海　南	63	27	18	2	5	—	—	—	—	—	2	31	2	—
重　庆	90	35	18	—	—	—	—	—	—	—	17	51	9	1
四　川	284	123	71	8	3	—	—	—	—	—	41	154	26	11
贵　州	1621	892	614	22	14	—	4	—	1	—	237	669	48	11
云　南	469	227	166	8	4	—	—	—	—	—	49	214	40	26
西　藏	7	1	—	—	—	—	—	—	—	—	1	5	—	2
陕　西	89	33	29	—	—	—	—	—	—	—	4	55	7	3
甘　肃	13	3	1	—	2	—	—	—	—	—	—	10	—	6
青　海	21	—	—	—	—	—	—	—	—	—	—	21	3	3
宁　夏	7	—	—	—	—	—	—	—	—	—	—	7	—	—
新　疆	29	7	6	—	1	—	—	—	—	—	—	13	5	5

火灾情况(二)

源	次	数	(次)									未查明火源次数(次)	火案处理情况(人)		
非生产性用火							故意放火	外省(区)烧入	外国烧入	雷击火	其他自然火		已处理起数(起)	已处理人数	其中刑事处罚人数
上坟烧纸	烧山驱兽	小孩玩火	痴呆弄火	家火上山	电线引起	其他									
1091	**20**	**260**	**214**	**5**	**86**	**618**	**91**	**74**	**10**	**52**	**66**	**1715**	**3913**	**3864**	**999**
1	—	—	—	—	—	—	—	—	—	—	—	2	1	1	—
2	—	—	2	—	—	3	—	—	—	—	—	—	5	6	—
7	—	—	4	—	2	3	1	1	—	—	—	4	21	19	3
2	—	—	—	—	2	2	1	—	—	4	—	1	15	7	7
4	—	—	1	—	—	1	—	—	—	7	62	10	5	6	1
16	1	1	1	—	—	5	1	—	—	—	—	6	44	42	14
3	—	—	—	—	2	2	—	—	—	—	—	—	19	57	1
—	—	—	—	—	—	2	—	1	—	25	—	1	3	6	—
—	—	—	—	—	—	—	—	—	—	—	—	—	—	—	—
10	—	4	1	—	—	6	—	2	—	—	—	2	35	30	—
23	—	—	6	—	3	3	—	—	—	3	—	12	62	43	14
75	—	2	9	—	3	16	1	2	—	—	—	17	91	98	23
6	—	3	1	—	5	11	2	—	—	1	—	25	90	84	68
17	—	—	2	—	3	12	—	—	—	—	—	2	77	70	17
1	—	1	—	—	—	2	—	—	—	—	—	9	4	7	2
96	2	5	4	—	8	48	—	4	—	—	—	218	182	154	6
227	3	17	19	3	2	102	—	4	—	—	—	62	383	362	15
177	1	29	28	—	5	61	—	16	—	1	1	42	944	854	320
7	1	1	4	—	2	18	2	—	—	—	—	9	41	35	5
20	4	14	23	—	7	40	32	1	2	—	1	110	447	397	101
14	3	—	1	—	—	11	3	2	—	—	—	58	7	7	—
16	—	7	5	—	5	8	3	1	—	—	—	15	72	73	17
28	3	21	22	—	13	30	3	—	—	3	1	77	204	351	13
287	2	94	36	—	6	185	28	32	—	—	—	916	662	625	179
19	—	51	40	1	16	21	13	8	7	—	—	100	452	457	184
—	—	1	—	—	1	1	—	—	1	—	—	1	—	—	—
25	—	3	2	1	1	13	1	—	—	—	—	6	33	54	6
—	—	—	2	—	—	2	—	—	—	—	—	5	4	9	1
7	—	6	—	—	—	2	—	—	—	—	—	—	4	3	2
1	—	—	—	—	—	6	—	—	—	—	—	—	6	7	—
—	—	—	1	—	—	2	—	—	—	8	1	5	—	—	—

各地区森林病虫鼠害

地　区	森林病虫害防治检疫机构								
	省级		地级		县级		检疫员		
	站数	人数	站数	人数	站数	人数	合计	专职人员	兼职人员
全国合计	**35**	**669**	**370**	**2826**	**2660**	**16496**	**32517**	**15152**	**17365**
北　京	1	30	—	—	13	162	569	218	351
天　津	1	10	—	—	21	147	198	98	100
河　北	1	18	15	123	156	1004	1763	1083	680
山　西	1	17	21	144	115	586	775	576	199
内蒙古	2	32	12	221	129	1198	1652	959	693
辽　宁	1	26	14	106	72	490	1094	453	641
吉　林	1	14	9	85	75	465	1151	337	814
黑龙江	2	15	19	141	134	530	1947	487	1460
上　海	1	14	—	—	9	151	161	98	63
江　苏	1	8	13	132	81	725	431	309	122
浙　江	1	18	11	70	81	451	1744	685	1059
安　徽	1	38	17	109	89	493	1277	565	712
福　建	1	20	9	37	75	318	1110	780	330
江　西	1	50	11	84	98	524	2011	712	1299
山　东	1	20	17	121	142	935	1430	783	647
河　南	1	16	18	165	123	986	1505	714	791
湖　北	1	21	18	125	80	534	702	348	354
湖　南	1	10	14	55	113	614	1546	439	1107
广　东	1	24	21	103	94	443	766	342	424
广　西	1	15	14	121	107	531	780	481	299
海　南	1	33	5	12	16	52	170	81	89
重　庆	1	58	—	—	35	261	916	708	208
四　川	1	17	20	110	172	894	1529	635	894
贵　州	1	9	9	73	88	357	1404	448	956
云　南	1	20	16	114	130	660	2043	725	1318
西　藏	1	6	6	36	72	144	—	—	—
陕　西	1	18	12	116	114	1269	953	651	302
甘　肃	1	31	24	229	86	640	853	554	299
宁　夏	1	17	5	53	15	124	209	105	104
青　海	1	7	6	52	31	179	396	188	208
新　疆	2	20	14	89	84	543	1329	526	803
大兴安岭	1	17	—	—	10	86	103	64	39

防治检疫机构情况

单位:个、人

森林病虫害基层测报机构						
基层测报站、点				测　报　员		
合计	国家级	省级	一般	合计	专职人员	兼职人员
28122	**1000**	**1901**	**25221**	**81044**	**15067**	**65977**
2341	11	980	1350	2341	249	2092
159	9	28	122	196	87	109
4021	37	41	3943	5654	1980	3674
490	34	22	434	859	171	688
605	44	26	535	7817	3858	3959
557	44	25	488	3204	264	2940
411	33	10	368	786	166	620
951	48	35	868	2431	426	2005
115	7	13	95	207	149	58
397	31	30	336	652	192	460
1021	42	15	964	4008	551	3457
549	37	10	502	1453	368	1085
658	40	52	566	1447	389	1058
3032	36	67	2929	3158	423	2735
162	43	37	82	1187	520	667
1212	38	12	1162	3910	657	3253
1677	36	33	1608	1839	143	1696
136	40	—	96	2180	326	1854
718	43	27	648	2822	449	2373
707	39	11	657	3967	541	3426
114	10	10	94	185	62	123
1127	24	16	1087	11228	265	10963
2447	40	21	2386	5049	602	4447
387	35	53	299	3688	226	3462
2009	35	62	1912	6202	572	5630
78	3	—	75	—	—	—
780	35	15	730	1635	442	1193
152	35	42	75	791	226	565
113	16	8	89	295	85	210
180	29	—	151	403	102	301
795	38	200	557	1348	528	820
21	8	—	13	102	48	54

各地区森林病虫

地区	发生面积				寄主树种面积	发生率（%）
	总计	轻度	中度	重度		
全国合计	**11642430**	**7718947**	**2845293**	**1078190**	**263004264**	**4.43**
北　京	39561	35567	2887	1107	688160	5.75
天　津	46686	40440	5720	526	201387	23.18
河　北	577960	419086	118307	40567	4341333	13.31
山　西	235419	185480	45626	4313	4618473	5.10
内蒙古	1128215	545414	380967	201834	24775547	4.55
辽　宁	720920	411266	218467	91187	4365905	16.51
吉　林	239746	149087	56479	34180	8257000	2.90
黑龙江	594512	207646	328253	58613	16544502	3.59
上　海	7446	6633	800	13	89868	8.29
江　苏	93987	62507	13780	17700	1596853	5.89
浙　江	63906	55986	5980	1940	5785300	1.10
安　徽	355954	268540	58900	28514	4309460	8.26
福　建	191681	138814	42700	10167	9148100	2.10
江　西	396779	300860	70493	25426	9794500	4.05
山　东	602979	531253	54586	17140	3852333	15.65
河　南	516501	511854	3667	980	4311387	11.98
湖　北	325074	243421	65420	16233	5788200	5.62
湖　南	389095	302774	66607	19714	9903640	3.93
广　东	420447	323853	92220	4374	9760734	4.31
广　西	349541	279760	54127	15654	13730800	2.55
海　南	12487	6980	2874	2633	25935294	0.05
重　庆	276860	185973	60560	30327	3227840	8.58
四　川	715560	453667	189826	72067	16324880	4.38
贵　州	268594	231040	32780	4774	5606000	4.79
云　南	349946	194200	111700	44046	15816300	2.21
西　藏	282300	99853	80960	101487	14626500	1.93
陕　西	402407	279747	81593	41067	9840313	4.09
甘　肃	238300	134933	71507	31860	5496833	4.34
青　海	283807	160374	98860	24573	4440733	6.39
宁　夏	336326	239793	83213	13320	1340853	25.08
新　疆	1051060	665679	265907	119474	12051240	8.72
大兴安岭	128374	46467	79527	2380	6433993	2.00

鼠害防治情况

单位:公顷

防治面积						防治率（%）
总计	化学防治	仿生制剂	人工防治	生物防治	其他	
8123614	**1727016**	**1690699**	**1996114**	**1776919**	**932866**	**69.78**
39333	—	26767	3973	5893	2700	99.42
46687	713	32240	1540	9267	2927	100.00
599905	96827	408086	35266	33420	26306	100.00
150113	40753	43200	33713	18267	14180	63.76
519101	145334	200366	79441	30993	62967	46.01
640013	26386	71827	128967	324540	88293	88.78
110587	29687	18000	28460	13140	21300	46.13
460641	85007	54873	74734	56793	189234	77.48
7387	1207	4800	987	393	—	99.21
69381	9247	39867	16120	947	3200	73.82
61533	5980	10767	28887	9993	5906	96.29
304934	74527	44460	79900	71727	34320	85.67
107627	1133	1607	33480	62360	9047	56.15
288853	7693	45447	58240	109413	68060	72.80
564194	149694	132293	81527	124233	76447	93.57
463660	435527	—	28133	—	—	89.77
274494	36307	112240	51820	65440	8687	84.44
223566	21453	34700	64400	59460	43553	57.46
145519	4840	56593	36126	35460	12500	34.61
84634	1707	5107	9273	63154	5393	24.21
9434	607	47	147	8633	—	75.55
269561	1660	21527	11200	206960	28214	97.36
573333	35020	83300	252913	156040	46060	80.12
216113	3387	30840	119453	30306	32127	80.46
314882	111873	30714	94981	57774	19540	89.98
98346	34166	—	64180	—	—	34.84
272639	44540	13867	196079	9360	8793	67.75
188046	99067	15833	36587	32586	3973	78.91
205397	10566	34139	122573	11540	26579	72.37
206294	89487	333	113354	1387	1733	61.34
570974	120827	83280	109533	166507	90827	54.32
36433	1794	33579	127	933	—	28.38

各地区森林病害防治情况

单位:公顷

地　区	发生面积				防治面积						防治率(%)
	总计	轻度	中度	重度	总计	化学防治	仿生制剂	人工防治	生物防治	其他	
全国合计	**1290648**	**808213**	**348726**	**133709**	**895555**	**218283**	**82726**	**273020**	**85620**	**235906**	**69.39**
北　京	2040	1840	200	—	2040	—	40	—	—	2000	100.00
天　津	5633	4753	667	213	5634	—	3407	—	2227	—	100.00
河　北	33374	29160	3667	547	31093	16047	7473	3480	420	3673	93.17
山　西	19773	11533	5133	3107	16886	6900	780	6513	380	2313	85.40
内蒙古	13701	9567	3287	847	6587	3140	193	2547	—	707	48.08
辽　宁	67153	38053	22833	6267	54073	7053	1687	24473	5120	15740	80.52
吉　林	26140	19327	4893	1920	20693	—	—	—	4373	16320	79.16
黑龙江	245127	98840	128187	18100	151528	5207	2060	7607	1227	135427	61.82
上　海	547	520	27	—	547	327	160	60	—	—	100.00
江　苏	12947	—	—	12947	—	—	—	—	—	—	—
浙　江	18180	16020	1353	807	17587	647	927	13440	513	2060	96.74
安　徽	55587	44833	7607	3147	45340	15147	1693	13460	3920	11120	81.57
福　建	12127	8227	1600	2300	11127	300	—	7580	3007	240	91.75
江　西	57586	50593	4500	2493	41287	800	6300	20767	7280	6140	71.70
山　东	115146	98793	12993	3360	102407	79127	1273	11367	3200	7440	88.94
河　南	31274	26627	3667	980	28133	—	—	28133	—	—	89.96
湖　北	42173	33587	7973	613	28040	8140	9067	4500	4833	1500	66.49
湖　南	2767	2627	—	140	6187	—	827	427	—	4933	100.00
广　东	53340	44480	7253	1607	43866	4720	3233	29093	—	6820	82.24
广　西	31300	18913	10240	2147	2853	80	—	953	327	1493	9.12
海　南	434	267	167	—	407	267	—	140	—	—	93.78
重　庆	15973	7740	4813	3420	15301	667	2107	1920	8380	2227	95.79
四　川	91860	60720	23373	7767	58840	2927	880	30753	20360	3920	64.05
贵　州	16420	14420	1460	540	14127	27	1393	11447	180	1080	86.04
云　南	35473	22960	8660	3853	32321	12900	3387	12007	2747	1280	91.11
西　藏	110367	34300	32800	43267	20833	833	—	20000	—	—	18.88
陕　西	17413	13773	2633	1007	10039	5660	173	3993	13	200	57.65
甘　肃	23019	14373	6813	1833	27293	23727	833	720	1953	60	100.00
青　海	30340	18307	9013	3020	21413	7553	6253	5847	807	953	70.58
宁　夏	—	—	—	—	—	—	—	—	—	—	—
新　疆	80820	55213	18427	7180	73573	14720	24447	11793	14353	8260	91.03
大兴安岭	22614	7847	14487	280	5500	1367	4133	—	—	—	24.32

各地区森林虫害防治情况

单位:公顷

地区	发生面积				防治面积						防治率(%)
	总计	轻度	中度	重度	总计	化学防治	仿生制剂	人工防治	生物防治	其他	
全国合计	**8523175**	**5899327**	**1881319**	**742529**	**6286974**	**1362107**	**1448754**	**1255973**	**1590806**	**629334**	**73.76**
北 京	37521	33727	2687	1107	37293	—	26727	3973	5893	700	99.39
天 津	41053	35687	5053	313	41053	713	28833	1540	7040	2927	100.00
河 北	530913	383473	109553	37887	556293	80780	400413	27133	29667	18300	100.00
山 西	169953	135380	33700	873	102901	32220	30687	16300	14127	9567	60.55
内蒙古	814687	380467	275233	158987	349480	133227	117573	32187	24000	42493	42.90
辽 宁	651007	370720	195367	84920	583200	19300	70100	102827	318753	72220	89.58
吉 林	193093	112253	48813	32027	76941	20207	17047	26933	8727	4027	39.85
黑龙江	154499	60313	81253	12933	138893	12440	27573	23787	33593	41500	89.90
上 海	6899	6113	773	13	6840	880	4640	927	393	—	99.14
江 苏	81040	62507	13780	4753	69381	9247	39867	16120	947	3200	85.61
浙 江	45713	39953	4627	1133	43933	5333	9840	15447	9480	3833	96.11
安 徽	300260	223600	51293	25367	259487	59380	42767	66333	67807	23200	86.42
福 建	179554	130587	41100	7867	96500	833	1607	25900	59353	8807	53.74
江 西	339193	250267	65993	22933	247566	6893	39147	37473	102133	61920	72.99
山 东	487833	432460	41593	13780	461787	70567	131020	70160	121033	69007	94.66
河 南	485227	485227	—	—	435527	435527	—	—	—	—	89.76
湖 北	275154	203307	56360	15487	244987	27267	103173	46753	60607	7187	89.04
湖 南	386194	300080	66567	19547	217379	21453	33873	63973	59460	38620	56.29
广 东	367107	279373	84967	2767	101653	120	53360	7033	35460	5680	27.69
广 西	318241	260847	43887	13507	81781	1627	5107	8320	62827	3900	25.70
海 南	12053	6713	2707	2633	9027	340	47	7	8633	—	74.89
重 庆	209467	130320	52740	26407	202894	660	15120	5907	161420	19787	96.86
四 川	595280	375160	159473	60647	492480	30913	82420	202947	135680	40520	82.73
贵 州	243274	208707	30400	4167	196360	3327	29447	102613	30093	30880	80.72
云 南	308046	167073	101313	39660	276647	98853	27027	82227	52347	16193	89.81
西 藏	138680	41653	41800	55227	70846	33333	—	37513	—	—	51.09
陕 西	270887	184327	56907	29653	175860	34887	12387	113693	8420	6473	64.92
甘 肃	129707	69680	40827	19200	94553	49573	14040	7907	22193	840	72.90
青 海	110867	68267	34880	7720	79305	3013	27333	21713	10113	17133	71.53
宁 夏	127846	101173	22113	4560	84407	79667	333	3067	1187	153	66.02
新 疆	470960	329713	105000	36247	443574	89327	50233	85260	138487	80267	94.19
大兴安岭	40967	30200	10560	207	8146	200	7013	—	933	—	19.88

各地区森林鼠害防治情况

单位:公顷

地区	发生面积				防治面积						防治率(%)
	总计	轻度	中度	重度	总计	化学防治	仿生制剂	人工防治	生物防治	其他	
全国合计	**1828607**	**1011407**	**615248**	**201952**	**941085**	**146626**	**159219**	**467121**	**100493**	**67626**	**51.46**
北京	—	—	—	—	—	—	—	—	—	—	—
天津	—	—	—	—	—	—	—	—	—	—	—
河北	13673	6453	5087	2133	12519	—	200	4653	3333	4333	91.56
山西	45693	38567	6793	333	30326	1633	11733	10900	3760	2300	66.37
内蒙古	299827	155380	102447	42000	163034	8967	82600	44707	6993	19767	54.38
辽宁	2760	2493	267	—	2740	33	40	1667	667	333	99.28
吉林	20513	17507	2773	233	12953	9480	953	1527	40	953	63.15
黑龙江	194886	48493	118813	27580	170220	67360	25240	43340	21973	12307	87.34
上海	—	—	—	—	—	—	—	—	—	—	—
江苏	—	—	—	—	—	—	—	—	—	—	—
浙江	13	13	—	—	13	—	—	—	—	13	100.00
安徽	107	107	—	—	107	—	—	107	—	—	100.00
福建	—	—	—	—	—	—	—	—	—	—	—
江西	—	—	—	—	—	—	—	—	—	—	—
山东	—	—	—	—	—	—	—	—	—	—	—
河南	—	—	—	—	—	—	—	—	—	—	—
湖北	7747	6527	1087	133	1467	900	—	567	—	—	18.94
湖南	134	67	40	27	—	—	—	—	—	—	—
广东	—	—	—	—	—	—	—	—	—	—	—
广西	—	—	—	—	—	—	—	—	—	—	—
海南	—	—	—	—	—	—	—	—	—	—	—
重庆	51420	47913	3007	500	51366	333	4300	3373	37160	6200	99.89
四川	28420	17787	6980	3653	22013	1180	—	19213	—	1620	77.46
贵州	8900	7913	920	67	5626	33	—	5393	33	167	63.21
云南	6427	4167	1727	533	5914	120	300	747	2680	2067	92.02
西藏	33253	23900	6360	2993	6667	—	—	6667	—	—	20.05
陕西	114107	81647	22053	10407	86740	3993	1307	78393	927	2120	76.02
甘肃	85574	50880	23867	10827	66200	25767	960	27960	8440	3073	77.36
青海	142600	73800	54967	13833	104679	—	553	95013	620	8493	73.41
宁夏	208480	138620	61100	8760	121887	9820	—	110287	200	1580	58.46
新疆	499280	280753	142480	76047	53827	16780	8600	12480	13667	2300	10.78
大兴安岭	64793	8420	54480	1893	22787	227	22433	127	—	—	35.17

各地区松毛虫防治情况

单位:公顷

地区	发生面积				防治面积						防治率(%)
	总计	轻度	中度	重度	总计	化学防治	仿生制剂	人工防治	生物防治	其他	
全国合计	**909591**	**600207**	**222590**	**86794**	**715410**	**49480**	**139220**	**86855**	**360314**	**79541**	**78.65**
北京	267	267	—	—	267	—	—	267	—	—	100.00
天津	—	—	—	—	—	—	—	—	—	—	—
河北	36667	19087	11127	6453	31521	220	25367	3547	1067	1320	85.97
山西	9134	7600	1467	67	8466	2573	3100	1353	827	613	92.69
内蒙古	51093	28833	15380	6880	31060	1267	11673	2613	667	14840	60.79
辽宁	106800	63633	31407	11760	78501	940	1240	10627	39187	26507	73.50
吉林	—	—	—	—	—	—	—	—	—	—	—
黑龙江	31420	12700	15907	2813	27386	460	4013	5533	9480	7900	87.16
上海	—	—	—	—	—	—	—	—	—	—	—
江苏	—	—	—	—	—	—	—	—	—	—	—
浙江	3913	3413	393	107	3920	—	240	—	3353	327	100.00
安徽	55300	38113	6387	10800	41487	15187	1813	3667	19047	1773	75.02
福建	30167	27487	2293	387	29186	53	233	53	28340	507	96.75
江西	70287	49227	16727	4333	65613	4373	18980	1140	34053	7067	93.35
山东	19607	19060	527	20	16148	1667	1047	707	11327	1400	82.36
河南	—	—	—	—	—	—	—	—	—	—	—
湖北	59807	41180	13627	5000	50914	867	14133	7587	27260	1067	85.13
湖南	90301	71647	15707	2947	30834	1360	7467	2687	17873	1447	34.15
广东	25547	23267	2047	233	21553	—	13120	20	8313	100	84.37
广西	56941	44727	9227	2987	51246	653	4880	—	45160	553	90.00
海南	13	13	—	—	13	13	—	—	—	—	100.00
重庆	74640	42020	24547	8073	71694	100	8700	407	59160	3327	96.05
四川	58986	41193	12393	5400	49127	2747	12680	16740	13887	3073	83.29
贵州	26134	23967	2027	140	16307	100	2587	9580	1880	2160	62.40
云南	69274	27900	29587	11787	64967	16093	4887	1327	39100	3560	93.78
西藏	—	—	—	—	—	—	—	—	—	—	—
陕西	23360	7540	9280	6540	21400	7	60	19000	333	2000	91.61
甘肃	800	533	200	67	800	800	—	—	—	—	100.00
青海	—	—	—	—	—	—	—	—	—	—	—
宁夏	—	—	—	—	—	—	—	—	—	—	—
新疆	—	—	—	—	—	—	—	—	—	—	—
大兴安岭	9133	6800	2333	—	3000	—	3000	—	—	—	32.85

各地区杨树食叶害虫防治情况

单位:公顷

地　　区	发生面积				防治面积						防治率(%)
	总计	轻度	中度	重度	总计	化学防治	仿生制剂	人工防治	生物防治	其他	
全国合计	**948841**	**681740**	**194240**	**72861**	**858844**	**140598**	**335361**	**96226**	**207140**	**79519**	**90.52**
北　京	20227	18333	1187	707	20153	—	18067	433	1320	333	99.63
天　津	12120	10033	2020	67	12119	713	7620	573	3213	—	99.99
河　北	124740	99127	18960	6653	138513	15793	90387	7253	13733	11347	100.00
山　西	2940	2420	520	—	3053	127	153	67	73	2633	100.00
内蒙古	81121	30307	35647	15167	65286	3713	55473	1040	127	4933	80.48
辽　宁	33267	23147	7853	2267	28140	567	2087	3593	17340	4553	84.59
吉　林	—	—	—	—	—	—	—	—	—	—	—
黑龙江	9726	5073	3620	1033	8740	1493	2407	480	1647	2713	89.86
上　海	620	440	180	—	613	93	520	—	—	—	98.87
江　苏	—	—	—	—	—	—	—	—	—	—	—
浙　江	254	247	7	—	280	33	167	—	80	—	100.00
安　徽	99413	75180	17900	6333	90020	23793	21980	7880	27887	8480	90.55
福　建	—	—	—	—	—	—	—	—	—	—	—
江　西	29040	24853	3127	1060	21993	633	3860	7	17360	133	75.73
山　东	127180	111500	11420	4260	117821	18487	33967	5800	28900	30667	92.64
河　南	—	—	—	—	—	—	—	—	—	—	—
湖　北	107393	80727	21933	4733	98440	11260	60280	4120	21733	1047	91.66
湖　南	33074	25440	5787	1847	24986	3460	7833	3953	6193	3547	75.55
广　东	—	—	—	—	—	—	—	—	—	—	—
广　西	—	—	—	—	—	—	—	—	—	—	—
海　南	—	—	—	—	—	—	—	—	—	—	—
重　庆	1100	1020	33	47	1099	60	233	33	773	—	99.91
四　川	8360	5427	1993	940	6926	873	2900	1120	2000	33	82.85
贵　州	33	33	—	—	33	—	—	33	—	—	100.00
云　南	533	533	—	—	267	267	—	—	—	—	50.09
西　藏	—	—	—	—	—	—	—	—	—	—	—
陕　西	17901	9327	4507	4067	15374	3600	400	10467	867	40	85.88
甘　肃	26813	11880	10520	4413	10654	6760	3787	67	40	—	39.73
青　海	14840	10187	4153	500	12788	7	6260	3487	767	2267	86.17
宁　夏	54073	43893	7980	2200	46760	46413	—	67	280	—	86.48
新　疆	144073	92613	34893	16567	134786	2453	16980	45753	62807	6793	93.55
大兴安岭	—	—	—	—	—	—	—	—	—	—	—

各地区杨树蛀干害虫防治情况

单位：公顷

地　区	发生面积				防治面积						防治率（%）
	总计	轻度	中度	重度	总计	化学防治	仿生制剂	人工防治	生物防治	其他	
全国合计	**507446**	**351682**	**121666**	**34098**	**416883**	**109487**	**44540**	**131745**	**67812**	**63299**	**82.15**
北　京	—	—	—	—	—	—	—	—	—	—	—
天　津	5347	4553	647	147	5346	—	1000	—	1573	2773	99.98
河　北	13387	11207	1993	187	10953	7553	927	1640	213	620	81.82
山　西	10880	8987	1860	33	8880	3507	2553	1567	333	920	81.62
内蒙古	64780	46147	14540	4093	41200	12480	2767	9080	14673	2200	63.60
辽　宁	83327	45280	29720	8327	71767	10760	3987	18640	20627	17753	86.13
吉　林	—	—	—	—	—	—	—	—	—	—	—
黑龙江	38346	23340	12793	2213	36154	2647	11907	8660	1940	11000	94.28
上　海	200	133	67	—	207	20	107	80	—	—	100.00
江　苏	6626	5420	873	333	6387	2467	—	3920	—	—	96.39
浙　江	—	—	—	—	—	—	—	—	—	—	—
安　徽	82120	58060	18360	5700	72299	10960	9313	28633	12500	10893	88.04
福　建	—	—	—	—	—	—	—	—	—	—	—
江　西	3926	3480	433	13	2886	60	1033	1140	353	300	73.51
山　东	24107	22367	1440	300	20979	11653	1287	3193	2253	2593	87.02
河　南	—	—	—	—	—	—	—	—	—	—	—
湖　北	43320	30640	9967	2713	40740	10287	4467	21253	3460	1273	94.04
湖　南	29826	26300	3193	333	26293	947	633	19873	—	4840	88.15
广　东	—	—	—	—	—	—	—	—	—	—	—
广　西	—	—	—	—	—	—	—	—	—	—	—
海　南	—	—	—	—	—	—	—	—	—	—	—
重　庆	10353	4147	3873	2333	10326	—	13	73	4893	5347	99.74
四　川	5227	3707	960	560	3746	613	1053	1573	467	40	71.67
贵　州	7080	4487	2200	393	5687	2000	200	2487	173	827	80.32
云　南	67	47	20	—	67	67	—	—	—	—	100.00
西　藏	—	—	—	—	—	—	—	—	—	—	—
陕　西	14534	8220	4867	1447	8193	2833	—	3973	1187	200	56.37
甘　肃	15313	8487	3473	3353	15619	13413	633	1013	560	—	100.00
青　海	10486	6713	3220	553	6380	60	2500	2687	333	800	60.84
宁　夏	32347	25860	5560	927	17220	15027	—	1133	907	153	53.24
新　疆	5847	4100	1607	140	5554	2133	160	1127	1367	767	94.99
大兴安岭	—	—	—	—	—	—	—	—	—	—	—

附录四

全国分县造林情况

ANNEX Ⅳ

分县造林完成情况

单位:公顷

地　区	荒山荒(沙)地造林面积				更新造林
	合计	人工造林	飞播造林	无林地和疏林地新封山(沙)育林	
全国合计	**5909919**	**3872762**	**195948**	**1841209**	**306708**
北京	**13887**	**7765**	**—**	**6122**	**362**
丰台区	133	133	—	—	—
海淀区	89	89	—	—	20
门头沟区	2844	2844	—	—	—
房山区	2439	2439	—	—	—
通州区	66	66	—	—	3
顺义区	33	33	—	—	—
昌平区	233	233	—	—	—
平谷区	263	263	—	—	30
平谷区果办	38	38	—	—	—
大兴区	28	28	—	—	257
怀柔区	233	233	—	—	—
密云县	1688	233	—	1455	—
延庆县	5436	769	—	4667	19
延庆县果品服务中心	237	237	—	—	—
市直单位	127	127	—	—	33
松山自然保护区	67	67	—	—	—
西山林场	—	—	—	—	—
共青林场	—	—	—	—	33
十三陵林场	—	—	—	—	—
八达岭林场	60	60	—	—	—
天津	**11315**	**11315**	**—**	**—**	**—**
汉沽区	205	205	—	—	—
大港区	202	202	—	—	—
东丽区	192	192	—	—	—
西青区	365	365	—	—	—
津南区	336	336	—	—	—
北辰区	227	227	—	—	—
武清区	1365	1365	—	—	—
宝坻区	733	733	—	—	—
宁河县	4187	4187	—	—	—
静海县	3333	3333	—	—	—
蓟县	170	170	—	—	—
河北	**283878**	**138365**	**76601**	**68912**	**4201**
石家庄市	**18554**	**8045**	**—**	**10509**	**58**
长安区	60	60	—	—	—
桥西区	13	13	—	—	—
井陉矿区	67	67	—	—	—
井陉县	2133	824	—	1309	—
正定县	133	133	—	—	—
栾城县	134	134	—	—	—
行唐县	1267	1267	—	—	—
灵寿县	1867	1200	—	667	—
高邑县	240	240	—	—	—
深泽县	333	333	—	—	—
赞皇县	3933	733	—	3200	—

分县造林完成情况

单位:公顷

地　区	荒山荒(沙)地造林面积				更新造林
	合计	人工造林	飞播造林	无林地和疏林地新封山(沙)育林	
无极县	300	300	—	—	—
平山县	3633	633	—	3000	58
元氏县	933	533	—	400	—
赵县	307	307	—	—	—
辛集市	267	267	—	—	—
藁城市	200	200	—	—	—
晋州市	133	133	—	—	—
新乐市	133	133	—	—	—
鹿泉市	2400	467	—	1933	—
市直	68	68	—	—	—
唐山市	**15905**	**11619**	**—**	**4286**	**8**
路北区	37	37	—	—	—
古冶区	133	133	—	—	—
开平区	867	867	—	—	—
丰润县	1000	1000	—	—	—
滦县	945	945	—	—	—
滦南县	1800	1800	—	—	—
乐亭县	1104	1104	—	—	—
迁西县	4066	2733	—	1333	—
玉田县	1000	333	—	667	—
唐海县	200	200	—	—	—
芦台农场	158	158	—	—	—
汉沽农场	240	240	—	—	8
遵化市	1487	534	—	953	—
丰南区	1001	1001	—	—	—
迁安市	1867	534	—	1333	—
秦皇岛市	**13919**	**1734**	**—**	**12185**	**388**
海港区	534	534	—	—	—
山海关区	1333	—	—	1333	—
北戴河区	—	—	—	—	55
青龙满族自治县	1866	533	—	1333	—
昌黎县	3000	—	—	3000	333
抚宁县	5186	—	—	5186	—
卢龙县	2000	667	—	1333	—
邯郸市	**19521**	**11989**	**—**	**7532**	**—**
邯山区	67	67	—	—	—
复兴区	148	148	—	—	—
峰峰矿区	1333	1000	—	333	—
邯郸县	866	533	—	333	—
临漳县	786	786	—	—	—
成安县	207	207	—	—	—
大名县	133	133	—	—	—
涉县	3134	1134	—	2000	—
磁县	2138	605	—	1533	—
肥乡县	627	627	—	—	—
永年县	915	582	—	333	—
邱县	741	741	—	—	—

分县造林完成情况

单位:公顷

地　区	荒山荒(沙)地造林面积				更新造林
	合计	人工造林	飞播造林	无林地和疏林地新封山(沙)育林	
鸡泽县	647	647	—	—	—
广平县	600	600	—	—	—
馆陶县	1067	1067	—	—	—
魏县	148	148	—	—	—
曲周县	931	931	—	—	—
武安市	5000	2000	—	3000	—
漳河林场	33	33	—	—	—
邢台市	**16308**	**11442**	**—**	**4866**	**—**
桥西区	54	54	—	—	—
邢台县	3624	2424	—	1200	—
临城县	2600	1267	—	1333	—
内丘县	2467	667	—	1800	—
柏乡县	667	667	—	—	—
隆尧县	872	872	—	—	—
任县	533	533	—	—	—
南和县	625	625	—	—	—
宁晋县	204	204	—	—	—
巨鹿县	200	200	—	—	—
新河县	145	145	—	—	—
广宗县	420	420	—	—	—
平乡县	687	687	—	—	—
威县	1093	1093	—	—	—
清河县	380	380	—	—	—
临西县	133	133	—	—	—
南宫市	271	271	—	—	—
沙河市	1333	800	—	533	—
保定市	**35020**	**17688**	**—**	**17332**	**88**
新市区	33	33	—	—	—
北市区	33	33	—	—	—
南市区	33	33	—	—	—
满城县	2000	1000	—	1000	—
清苑县	266	266	—	—	—
涞水县	5333	2000	—	3333	—
阜平县	4000	1333	—	2667	—
徐水县	333	333	—	—	—
定兴县	200	200	—	—	—
唐县	4333	1000	—	3333	—
高阳县	200	200	—	—	—
容城县	67	67	—	—	—
涞源县	4666	3333	—	1333	—
望都县	235	235	—	—	—
安新县	133	133	—	—	—
易县	5332	2666	—	2666	10
曲阳县	2400	1400	—	1000	—
蠡县	153	153	—	—	—
顺平县	3000	1000	—	2000	—
博野县	200	200	—	—	—

分县造林完成情况

单位:公顷

地　区	荒山荒(沙)地造林面积				更新造林
	合计	人工造林	飞播造林	无林地和疏林地新封山(沙)育林	
雄县	134	134	—	—	56
涿州市	1000	1000	—	—	22
定州市	734	734	—	—	—
安国市	69	69	—	—	—
高碑店市	133	133	—	—	—
张家口市	**76133**	**28665**	**42601**	**4867**	**95**
高新区	45	45	—	—	—
桥西区	133	133	—	—	—
宣化区	233	233	—	—	—
下花园区	567	567	—	—	—
宣化县	7217	2550	4667	—	—
张北县	6067	1200	4000	867	—
康保县	2267	934	1333	—	—
沽源县	4919	1586	3333	—	—
尚义县	4800	2200	2600	—	—
蔚县	3773	440	3333	—	—
阳原县	2466	466	2000	—	—
怀安县	5444	2777	2667	—	—
万全县	4706	2039	2667	—	—
怀来县	4877	2543	667	1667	90
涿鹿县	9333	4000	4000	1333	5
赤城县	10646	2979	6667	1000	—
崇礼县	8640	3973	4667	—	—
承德市	**63648**	**24313**	**34000**	**5335**	**1977**
双桥区	1333	1333	—	—	—
双滦区	1467	800	—	667	—
营子区	1733	400	—	1333	—
承德县	6200	1533	4667	—	80
兴隆县	3942	608	2667	667	322
平泉县	7600	2933	4000	667	325
滦平县	6333	2333	4000	—	—
隆化县	6733	2066	4000	667	470
丰宁县	13508	6841	6000	667	260
宽城县	5799	2466	3333	—	—
围场县	9000	3000	5333	667	520
沧州市	**10296**	**10296**	**—**	**—**	**—**
沧县	667	667	—	—	—
青县	2000	2000	—	—	—
东光县	666	666	—	—	—
海兴县	734	734	—	—	—
盐山县	935	935	—	—	—
肃宁县	134	134	—	—	—
南皮县	1267	1267	—	—	—
吴桥县	200	200	—	—	—
献县	200	200	—	—	—
孟村回族自治县	540	540	—	—	—
中捷农场	133	133	—	—	—

分县造林完成情况

单位:公顷

地区	荒山荒(沙)地造林面积				更新造林
	合计	人工造林	飞播造林	无林地和疏林地新封山(沙)育林	
南大港管理区	266	266	—	—	—
泊头市	200	200	—	—	—
任丘市	267	267	—	—	—
黄骅市	1387	1387	—	—	—
河间市	700	700	—	—	—
廊坊市	**8134**	**8134**	**—**	**—**	**53**
广阳区	133	133	—	—	—
安次区	200	200	—	—	—
固安县	800	800	—	—	—
永清县	800	800	—	—	—
香河县	667	667	—	—	53
大城县	3000	3000	—	—	—
文安县	800	800	—	—	—
大厂回族自治县	334	334	—	—	—
霸州市	400	400	—	—	—
三河市	1000	1000	—	—	—
衡水市	**4107**	**4107**	**—**	**—**	**487**
桃城区	89	89	—	—	—
枣强县	440	440	—	—	—
武邑县	467	467	—	—	—
武强县	240	240	—	—	400
饶阳县	541	541	—	—	—
安平县	93	93	—	—	—
故城县	447	447	—	—	—
景县	133	133	—	—	—
阜城县	400	400	—	—	70
冀州市	1057	1057	—	—	—
深州市	200	200	—	—	—
市直	—	—	—	—	17
木兰林管局	**800**	**133**	**—**	**667**	**735**
塞罕坝机械林场	**867**	**200**	**—**	**667**	**312**
小五台自然保护区	**666**	**—**	**—**	**666**	**—**
山西	**282371**	**156785**	**2668**	**122918**	**—**
太原市	**17479**	**8817**	**—**	**8662**	**—**
古交市	4009	1909	—	2100	—
清徐县	443	261	—	182	—
阳曲县	2740	907	—	1833	—
娄烦县	4675	2275	—	2400	—
小店区	122	122	—	—	—
晋源区	1609	1209	—	400	—
迎泽区	159	159	—	—	—
尖草坪区	1000	720	—	280	—
杏花岭区	60	60	—	—	—
万柏林区	1662	1195	—	467	—
市直单位	1000	—	—	1000	—
大同市	**20220**	**12887**	**2668**	**4665**	**—**
南郊区	2601	2201	67	333	—

分县造林完成情况

单位:公顷

地　区	荒山荒(沙)地造林面积				更新造林
	合计	人工造林	飞播造林	无林地和疏林地新封山(沙)育林	
新荣区	333	266	67	—	—
阳高县	2685	1685	667	333	—
天镇县	1684	1017	334	333	—
广灵县	3903	3070	—	833	—
灵丘县	1787	1287	—	500	—
浑源县	4687	1687	1333	1667	—
左云县	1131	598	200	333	—
大同县	1409	1076	—	333	—
阳泉市	**7931**	**5263**	**—**	**2668**	**—**
市郊区	2219	1552	—	667	—
平定县	3233	1499	—	1734	—
盂县	1933	1666	—	267	—
市直单位	546	546	—	—	—
长治市	**18074**	**11141**	**—**	**6933**	**—**
市城区	13	13	—	—	—
市郊区	33	33	—	—	—
长治县	66	66	—	—	—
潞城县	409	342	—	67	—
屯留县	1245	712	—	533	—
长子县	2422	955	—	1467	—
壶关县	1476	742	—	734	—
平顺县	2609	2010	—	599	—
黎城县	1927	1394	—	533	—
武乡县	2480	1746	—	734	—
襄垣县	649	449	—	200	—
沁县	2409	1809	—	600	—
沁源县	2215	749	—	1466	—
市直单位	121	121	—	—	—
晋城市	**7234**	**4368**	**—**	**2866**	**—**
市城区	300	167	—	133	—
泽州县	1400	733	—	667	—
沁水县	773	440	—	333	—
阳城县	837	504	—	333	—
高平市	1150	1150	—	—	—
陵川县	2774	1374	—	1400	—
朔州市	**14192**	**9725**	**—**	**4467**	**—**
朔城区	1936	1936	—	—	—
平鲁区	3629	2229	—	1400	—
山阴县	995	995	—	—	—
怀仁县	1307	640	—	667	—
应县	2473	1473	—	1000	—
右玉县	3852	2452	—	1400	—
晋中市	**25996**	**15976**	**—**	**10020**	**—**
榆次区	1087	600	—	487	—
榆社县	3106	1986	—	1120	—
左权县	2562	1696	—	866	—
和顺县	2254	1254	—	1000	—

分县造林完成情况

单位:公顷

地区	荒山荒(沙)地造林面积				更新造林
	合计	人工造林	飞播造林	无林地和疏林地新封山(沙)育林	
昔阳县	2527	1560	—	967	—
寿阳县	4125	1985	—	2140	—
太谷县	2389	1803	—	586	—
祁县	1596	1029	—	567	—
平遥县	1587	1081	—	506	—
介休市	367	267	—	100	—
灵石县	3822	2141	—	1681	—
市直单位	574	574	—	—	—
运城市	**21470**	**15403**	**—**	**6067**	**—**
盐湖区	1648	1648	—	—	—
永济市	2780	1980	—	800	—
芮城县	2200	1400	—	800	—
临猗县	1256	1123	—	133	—
万荣县	618	618	—	—	—
新绛县	1250	1050	—	200	—
稷山县	1679	1479	—	200	—
河津市	619	619	—	—	—
闻喜县	793	593	—	200	—
夏县	2600	1466	—	1134	—
绛县	1932	1332	—	600	—
平陆县	1256	989	—	267	—
垣曲县	2839	1106	—	1733	—
忻州市	**39397**	**22696**	**—**	**16701**	**—**
忻府区	2267	1067	—	1200	—
定襄县	1287	487	—	800	—
五台县	1986	1119	—	867	—
原平市	1600	933	—	667	—
代县	1466	933	—	533	—
繁峙县	1334	867	—	467	—
宁武县	2533	1000	—	1533	—
静乐县	3808	2308	—	1500	—
神池县	3333	2133	—	1200	—
五寨县	3833	2033	—	1800	—
岢岚县	2933	1600	—	1333	—
河曲县	2987	1653	—	1334	—
保德县	4557	2890	—	1667	—
偏关县	3425	1958	—	1467	—
市直单位	2048	1715	—	333	—
临汾市	**36542**	**20355**	**—**	**16187**	**—**
尧都区	676	343	—	333	—
侯马市	35	35	—	—	—
霍州市	577	577	—	—	—
曲沃县	303	36	—	267	—
翼城县	1010	610	—	400	—
襄汾县	2427	1628	—	799	—
洪洞县	2113	1479	—	634	—
古县	1500	633	—	867	—

分县造林完成情况

单位：公顷

地　区	荒山荒（沙）地造林面积				更新造林
	合计	人工造林	飞播造林	无林地和疏林地新封山（沙）育林	
安泽县	1267	934	—	333	—
浮山县	2393	1460	—	933	—
吉县	4107	2040	—	2067	—
乡宁县	2620	1486	—	1134	—
蒲县	3212	1860	—	1352	—
大宁县	3454	1854	—	1600	—
永和县	4474	2474	—	2000	—
隰县	4587	2053	—	2534	—
汾西县	1787	853	—	934	—
吕梁市	**36827**	**21430**	**—**	**15397**	**—**
汾阳市	1507	640	—	867	—
文水县	1848	1048	—	800	—
交城县	2967	1500	—	1467	—
孝义市	1620	1020	—	600	—
兴县	2473	933	—	1540	—
临县	3731	2284	—	1447	—
柳林县	2826	2360	—	466	—
石楼县	3494	2294	—	1200	—
岚县	1866	933	—	933	—
方山县	5492	3788	—	1704	—
离石区	2089	956	—	1133	—
中阳县	3946	2153	—	1793	—
交口县	2968	1521	—	1447	—
省直单位	**36573**	**8688**	**—**	**27885**	**—**
管涔山林局	5290	957	—	4333	—
五台山林局	4816	2083	—	2733	—
关帝山林局	5386	386	—	5000	—
太行山林局	3033	1033	—	2000	—
太岳山林局	2737	828	—	1909	—
吕梁山林局	1610	367	—	1243	—
中条山林局	5833	833	—	5000	—
黑茶山林局	5934	934	—	5000	—
杨树局	1934	1267	—	667	—
省直其他单位	**436**	**36**	**—**	**400**	**—**
省直煤炭企业	67	—	—	67	—
省苗圃	36	36	—	—	—
省林校林场	333	—	—	333	—
内蒙古	**655180**	**229930**	**76679**	**348571**	**17278**
呼和浩特市	**34812**	**13246**	**—**	**21566**	**—**
市直单位	2000	—	—	2000	—
新城区	3633	300	—	3333	—
回民区	1412	412	—	1000	—
玉泉区	433	433	—	—	—
赛罕区	53	53	—	—	—
土默特左旗	1074	1074	—	—	—
托克托县	2394	1061	—	1333	—
和林格尔县	4833	3266	—	1567	—

分县造林完成情况

单位:公顷

地区	荒山荒(沙)地造林面积				更新造林
	合计	人工造林	飞播造林	无林地和疏林地新封山(沙)育林	
武川县	9500	3500	—	6000	—
清水河县	9480	3147	—	6333	—
包头市	**26857**	**5522**	**—**	**21335**	**—**
东河区	667	—	—	667	—
青山区	667	—	—	667	—
昆都仑区	787	120	—	667	—
石拐区	2080	747	—	1333	—
九原区	937	270	—	667	—
土默特右旗	7066	2399	—	4667	—
固阳县	2867	200	—	2667	—
达尔罕茂明安联合旗	11786	1786	—	10000	—
乌海市	**3550**	**3550**	**—**	**—**	**—**
海勃湾区	570	570	—	—	—
海南区	2313	2313	—	—	—
乌达区	667	667	—	—	—
赤峰市	**137823**	**42158**	**12333**	**83332**	**4029**
红山区	67	67	—	—	—
元宝山区	791	791	—	—	316
松山区	9387	3387	—	6000	31
阿鲁科尔沁旗	20527	4860	1667	14000	149
巴林左旗	6443	1110	—	5333	282
巴林右旗	19027	5694	—	13333	12
林西县	7515	2182	—	5333	25
克什克腾旗	24663	6663	3333	14667	508
翁牛特旗	28274	8941	6000	13333	1345
宁城县	6000	2667	—	3333	125
敖汉旗	8463	3796	—	4667	1067
喀拉沁旗	6666	2000	1333	3333	169
满洲里市	**1000**	**333**	**—**	**667**	**—**
呼伦贝尔市	**51831**	**28495**	**—**	**23336**	**1084**
海拉尔区	1053	1053	—	—	—
扎兰屯市	2567	1900	—	667	—
牙克石市	832	832	—	—	40
额尔古纳市	1760	426	—	1334	—
根河市	33	33	—	—	—
阿荣旗	1293	1293	—	—	—
莫力达瓦达斡尔族自治旗	387	387	—	—	—
鄂伦春自治旗	1203	536	—	667	—
鄂温克族自治旗	4400	2400	—	2000	—
新巴尔虎左旗	15454	8120	—	7334	—
新巴尔虎右旗	3053	1053	—	2000	—
陈巴尔虎旗	17254	9920	—	7334	—
免渡河林业局	—	—	—	—	677
红花尔基林业局	2235	235	—	2000	367
大杨树农场局	120	120	—	—	—
海拉尔农场局	187	187	—	—	—
兴安盟	**26866**	**10200**	**—**	**16666**	**—**

分县造林完成情况

单位:公顷

地　区	荒山荒(沙)地造林面积				更新造林
	合计	人工造林	飞播造林	无林地和疏林地新封山(沙)育林	
乌兰浩特市	1167	500	—	667	—
阿尔山市	3366	33	—	3333	—
科尔沁右翼前旗	4800	2133	—	2667	—
科尔沁右翼中旗	5366	2700	—	2666	—
扎赉特旗	6134	2134	—	4000	—
突泉县	4166	833	—	3333	—
农牧场管理局	1867	1867	—	—	—
通辽市	**59317**	**34649**	**—**	**24668**	**2826**
科尔沁区	4159	4159	—	—	—
霍林郭勒市	934	267	—	667	—
科尔沁左翼中旗	10067	5400	—	4667	243
科尔沁左翼后旗	10729	6062	—	4667	567
开鲁县	6489	4489	—	2000	—
库伦旗	8467	3800	—	4667	441
奈曼旗	9000	5667	—	3333	1547
扎鲁特旗	9472	4805	—	4667	28
锡林郭勒盟	**90052**	**12373**	**31012**	**46667**	**—**
锡林浩特市	6633	633	—	6000	—
阿巴嘎旗	11257	111	5813	5333	—
苏尼特左旗	10000	—	4667	5333	—
苏尼特右旗	7000	467	5200	1333	—
东乌珠穆沁旗	11333	3333	—	8000	—
西乌珠穆沁旗	7467	1800	—	5667	—
太仆寺旗	4018	351	—	3667	—
镶黄旗	6667	—	1333	5334	—
正镶白旗	10333	1000	6666	2667	—
正蓝旗	11677	3011	7333	1333	—
多伦县	3667	1667	—	2000	—
乌兰察布市	**70799**	**25466**	**—**	**45333**	**—**
集宁区	152	152	—	—	—
丰镇市	6012	2345	—	3667	—
卓资县	9297	2630	—	6667	—
化德县	6472	2139	—	4333	—
商都县	7842	3176	—	4666	—
兴和县	7194	3194	—	4000	—
凉城县	6975	2309	—	4666	—
察哈尔右翼前旗	5031	2031	—	3000	—
察哈尔右翼中旗	7624	2290	—	5334	—
察哈尔右翼后旗	4606	2606	—	2000	—
四子王旗	9594	2594	—	7000	—
鄂尔多斯市	**60913**	**30246**	**8000**	**22667**	**—**
东胜区	5227	5227	—	—	—
达拉特旗	4715	2048	—	2667	—
准格尔旗	7485	4152	—	3333	—
鄂托克前旗	10367	3700	2667	4000	—
鄂托克旗	12338	3005	5333	4000	—
杭锦旗	8343	5009	—	3334	—

分县造林完成情况

单位:公顷

地　区	荒山荒(沙)地造林面积				更新造林
	合计	人工造林	飞播造林	无林地和疏林地新封山(沙)育林	
乌审旗	9032	5032	—	4000	—
伊金霍洛旗	1740	1740	—	—	—
造林总场	1666	333	—	1333	—
巴彦淖尔市	**49802**	**16467**	**5334**	**28001**	**265**
市直单位	6467	1467	—	5000	—
临河区	2969	2969	—	—	78
五原县	1819	1819	—	—	46
磴口县	8746	2412	2667	3667	8
乌拉特前旗	12376	2042	—	10334	32
乌拉特中旗	6636	1303	—	5333	48
乌拉特后旗	6122	788	2667	2667	11
杭锦后旗	3575	2908	—	667	31
农垦管理局	1092	759	—	333	11
阿拉善盟	**38135**	**7135**	**20000**	**11000**	**284**
阿拉善左旗	29002	3668	20000	5334	17
阿拉善右旗	3867	2200	—	1667	—
额济纳旗	1600	267	—	1333	267
经济开发区	1666	333	—	1333	—
生态示范区	2000	667	—	1333	—
二连浩特市	**3333**	**—**	**—**	**3333**	**—**
内蒙古集团	**90**	**90**	**—**	**—**	**8790**
辽宁	**190669**	**102903**	**—**	**87766**	**6893**
沈阳市	**8332**	**8332**	**—**	**—**	**—**
辽中县	2000	2000	—	—	—
康平县	1666	1666	—	—	—
法库县	3000	3000	—	—	—
新民市	1666	1666	—	—	—
大连市	**10025**	**4690**	**—**	**5335**	**—**
长兴岛	1200	667	—	533	—
金州区	867	600	—	267	—
瓦房店市	2868	1000	—	1868	—
普兰店市	2801	1334	—	1467	—
庄河市	2289	1089	—	1200	—
鞍山市	**7334**	**7334**	**—**	**—**	**—**
台安县	667	667	—	—	—
岫岩满族自治县	6667	6667	—	—	—
抚顺市	**9563**	**6800**	**—**	**2763**	**2154**
市辖区	—	—	—	—	20
抚顺县	2734	1667	—	1067	667
新宾满族自治县	4000	3333	—	667	667
清原满族自治县	2829	1800	—	1029	800
本溪市	**19413**	**13080**	**—**	**6333**	**—**
市辖区	67	67	—	—	—
开发区	13	13	—	—	—
平山区	298	98	—	200	—
溪湖区	567	234	—	333	—
明山区	715	248	—	467	—

分县造林完成情况

单位:公顷

地 区	荒山荒(沙)地造林面积				更新造林
	合计	人工造林	飞播造林	无林地和疏林地新封山(沙)育林	
南芬区	580	247	—	333	—
本溪满族自治县	9087	6087	—	3000	—
桓仁满族自治县	8086	6086	—	2000	—
丹东市	**8971**	**8971**	**—**	**—**	**1032**
振兴区	33	33	—	—	—
振安区	387	387	—	—	—
宽甸满族自治县	4229	4229	—	—	—
东港市	1407	1407	—	—	—
凤城市	2915	2915	—	—	1032
锦州市	**12133**	**3133**	**—**	**9000**	**1731**
市辖区	62	62	—	—	—
太和区	690	23	—	667	—
黑山县	446	446	—	—	406
义县	4733	1400	—	3333	133
凌海市	3993	326	—	3667	1192
北镇市	2209	876	—	1333	—
营口市	**8155**	**6155**	**—**	**2000**	**46**
鲅鱼圈区	667	667	—	—	—
老边区	133	133	—	—	—
盖州市	3000	1333	—	1667	30
大石桥市	4355	4022	—	333	16
阜新市	**20469**	**12865**	**—**	**7604**	**—**
阜新矿业公司	1054	516	—	538	—
海州区	36	36	—	—	—
新邱区	33	33	—	—	—
太平区	67	67	—	—	—
清河门区	67	67	—	—	—
细河区	272	139	—	133	—
阜新蒙古族自治县	8667	4000	—	4667	—
彰武县	10273	8007	—	2266	—
辽阳市	**7532**	**4733**	**—**	**2799**	**51**
宏伟区	213	147	—	66	—
弓长岭区	1583	516	—	1067	9
太子河区	567	500	—	67	—
辽阳县	3166	2033	—	1133	—
灯塔市	2003	1537	—	466	42
盘锦市	**400**	**400**	**—**	**—**	**—**
大洼县	100	100	—	—	—
盘山县	300	300	—	—	—
铁岭市	**11179**	**4845**	**—**	**6334**	**68**
银州区	—	—	—	—	1
清河区	1333	333	—	1000	—
铁岭县	3000	333	—	2667	—
西丰县	2833	1500	—	1333	67
昌图县	2680	2013	—	667	—
开原市	1333	666	—	667	—
朝阳市	**54865**	**18666**	**—**	**36199**	**1284**

分县造林完成情况

单位:公顷

地区	荒山荒(沙)地造林面积				更新造林
	合计	人工造林	飞播造林	无林地和疏林地新封山(沙)育林	
双塔区	1999	666	—	1333	—
龙城区	2667	1000	—	1667	—
朝阳县	12600	4000	—	8600	167
建平县	10400	3667	—	6733	827
喀喇沁左翼蒙古族自治县	7000	3667	—	3333	90
北票市	11333	3333	—	8000	200
凌源市	8866	2333	—	6533	—
葫芦岛市	**12298**	**2899**	**—**	**9399**	**—**
连山区	2667	667	—	2000	—
龙港区	62	62	—	—	—
南票区	2195	129	—	2066	—
绥中县	937	271	—	666	—
建昌县	3499	1499	—	2000	—
兴城市	2938	271	—	2667	—
省直单位	**—**	**—**	**—**	**—**	**527**
实验林场	—	—	—	—	63
生态实验林场	—	—	—	—	250
海洋林场	—	—	—	—	30
森林经营研究所林场	—	—	—	—	67
固沙造林研究所林场	—	—	—	—	117
吉林	**82584**	**39329**	**—**	**43255**	**—**
长春市	**3034**	**2367**	**—**	**667**	**—**
榆树市	1500	1500	—	—	—
九台市	1134	467	—	667	—
双阳区	333	333	—	—	—
净月开发区	67	67	—	—	—
吉林市	**9637**	**3089**	**—**	**6548**	**—**
桦甸市	2200	1000	—	1200	—
舒兰市	667	—	—	667	—
蛟河市	1000	333	—	667	—
磐石市	1000	333	—	667	—
永吉县	1637	623	—	1014	—
龙潭区	1800	800	—	1000	—
船营区	1333	—	—	1333	—
四平市	**9179**	**2512**	**—**	**6667**	**—**
公主岭市	361	361	—	—	—
双辽市	2667	667	—	2000	—
梨树县	979	379	—	600	—
伊通满族自治县	4442	775	—	3667	—
铁东区	200	200	—	—	—
铁西区	50	50	—	—	—
辽河农垦区	50	50	—	—	—
其他单位	430	30	—	400	—
辽源市	**1897**	**1230**	**—**	**667**	**—**
东辽县	180	180	—	—	—
西站林场	1717	1050	—	667	—
通化市	**14104**	**5104**	**—**	**9000**	**—**

分县造林完成情况

单位:公顷

地区	荒山荒(沙)地造林面积				更新造林
	合计	人工造林	飞播造林	无林地和疏林地新封山(沙)育林	
梅河口市	4437	2770	—	1667	—
集安市	2667	667	—	2000	—
通化县	2000	667	—	1333	—
柳河县	3000	1000	—	2000	—
辉南县	2000	—	—	2000	—
白山市	**8289**	**1285**	**—**	**7004**	**—**
长白朝鲜族自治县	148	148	—	—	—
抚松县	400	400	—	—	—
靖宇县	1333	—	—	1333	—
临江市	2070	70	—	2000	—
江源区	2134	667	—	1467	—
长白森林经营局	1004	—	—	1004	—
其他单位	1200	—	—	1200	—
松原市	**5584**	**2917**	**—**	**2667**	**—**
长岭县	950	283	—	667	—
前郭尔罗斯蒙古族自治县	142	142	—	—	—
扶余县	2000	667	—	1333	—
乾安县	934	267	—	667	—
宁江区	1558	1558	—	—	—
白城市	**16731**	**14064**	**—**	**2667**	**—**
大安市	1744	1744	—	—	—
洮南市	2134	1467	—	667	—
通榆县	9020	7687	—	1333	—
镇赉县	2851	2184	—	667	—
洮北区	667	667	—	—	—
经济开发区	133	133	—	—	—
查干浩特开发区	182	182	—	—	—
延边朝鲜族自治州	**14129**	**6761**	**—**	**7368**	**—**
延吉市	400	400	—	—	—
和龙市	2759	1426	—	1333	—
图们市	2035	—	—	2035	—
珲春市	2668	1334	—	1334	—
敦化市	2933	1600	—	1333	—
安图县	2000	667	—	1333	—
汪清县	1334	1334	—	—	—
黑龙江	**233777**	**166411**	**—**	**67366**	**6531**
哈尔滨市	**38121**	**20788**	**—**	**17333**	**—**
市直市郊	5425	3425	—	2000	—
五常市	3134	1467	—	1667	—
双城市	1628	1628	—	—	—
尚志市	1667	1000	—	667	—
巴彦县	2467	801	—	1666	—
宾县	6107	3107	—	3000	—
依兰县	3540	2873	—	667	—
延寿县	4267	1934	—	2333	—
木兰县	4593	2593	—	2000	—
通河县	2733	1400	—	1333	—

分县造林完成情况

单位:公顷

地区	荒山荒(沙)地造林面积				更新造林
	合计	人工造林	飞播造林	无林地和疏林地新封山(沙)育林	
方正县	2560	560	—	2000	—
齐齐哈尔市	**26904**	**18238**	**—**	**8666**	**—**
市直单位	93	93	—	—	—
龙沙区	1027	360	—	667	—
建华区	260	260	—	—	—
铁锋区	66	66	—	—	—
昂昂溪区	53	53	—	—	—
富拉尔基区	207	207	—	—	—
碾子山区	1800	133	—	1667	—
梅里斯达斡尔族区	527	527	—	—	—
龙江县	3687	2020	—	1667	—
依安县	2520	2520	—	—	—
泰来县	2420	1420	—	1000	—
甘南县	966	966	—	—	—
富裕县	4206	2873	—	1333	—
克山县	1533	1200	—	333	—
克东县	2126	1460	—	666	—
拜泉县	2267	2267	—	—	—
讷河市	3146	1813	—	1333	—
牡丹江市	**14796**	**6895**	**—**	**7901**	**—**
市直单位	3076	1976	—	1100	—
东宁县	1340	340	—	1000	—
林口县	1600	933	—	667	—
绥芬河市	667	—	—	667	—
海林市	3567	1767	—	1800	—
宁安市	3013	1013	—	2000	—
穆棱市	1533	866	—	667	—
佳木斯市	**16492**	**11225**	**—**	**5267**	**—**
市直单位	2468	1335	—	1133	—
郊区	1813	1813	—	—	—
桦南县	1980	1980	—	—	—
桦川县	2594	1260	—	1334	—
汤原县	2837	1837	—	1000	—
抚远县	2867	1067	—	1800	—
同江市	800	800	—	—	—
富锦市	1133	1133	—	—	—
鸡西市	**7479**	**5746**	**—**	**1733**	**—**
市直单位	933	933	—	—	—
鸡东县	1913	1580	—	333	—
虎林市	2133	1133	—	1000	—
密山市	1833	1433	—	400	—
兴凯湖保护区	667	667	—	—	—
鹤岗市	**5847**	**5847**	**—**	**—**	**—**
市直单位	2501	2501	—	—	—
萝北县	613	613	—	—	—
绥滨县	2733	2733	—	—	—
双鸭山市	**11632**	**6697**	**—**	**4935**	**—**

分县造林完成情况

单位:公顷

地　区	荒山荒(沙)地造林面积				更新造林
	合计	人工造林	飞播造林	无林地和疏林地新封山(沙)育林	
市直单位	1434	432	—	1002	—
集贤县	5066	3066	—	2000	—
饶河县	3066	1733	—	1333	—
宝清县	2066	1466	—	600	—
伊春市	**8240**	**8240**	**—**	**—**	**—**
市直单位	3280	3280	—	—	—
嘉荫县	4373	4373	—	—	—
铁力市	587	587	—	—	—
七台河市	**2366**	**2366**	**—**	**—**	**—**
市直单位	1066	1066	—	—	—
勃利县	1300	1300	—	—	—
大庆市	**15732**	**12866**	**—**	**2866**	**—**
萨尔图区	233	233	—	—	—
龙凤区	57	57	—	—	—
让胡路区	1160	993	—	167	—
红岗区	270	270	—	—	—
大同区	1813	1780	—	33	—
肇州县	933	933	—	—	—
肇源县	2867	1867	—	1000	—
林甸县	2133	1800	—	333	—
杜尔伯特蒙古族自治县	6266	4933	—	1333	—
绥化市	**25316**	**23650**	**—**	**1666**	**—**
海伦市	2853	2853	—	—	—
绥棱县	1453	1453	—	—	—
绥棱国有林场管理局	1406	73	—	1333	—
庆安县	1573	1573	—	—	—
北林区	2334	2334	—	—	—
望奎县	3367	3034	—	333	—
兰西县	2563	2563	—	—	—
青岗县	2800	2800	—	—	—
明水县	2734	2734	—	—	—
安达市	1673	1673	—	—	—
肇东市	2560	2560	—	—	—
黑河市	**21551**	**9219**	**—**	**12332**	**—**
市直单位	800	133	—	667	—
爱辉区	5233	3233	—	2000	—
嫩江县	3666	2333	—	1333	—
逊克县	1300	300	—	1000	—
孙吴县	3852	1186	—	2666	—
北安市	1100	1100	—	—	—
五大连池市	4187	854	—	3333	—
五大连池市风景区管委会	1413	80	—	1333	—
省直单位	**6501**	**1834**	**—**	**4667**	**—**
宾西林场	167	167	—	—	—
尚志国有林场管理局	3334	667	—	2667	—
庆安国有林场管理局	3000	1000	—	2000	—
其他单位	**32800**	**32800**	**—**	**—**	**—**

分县造林完成情况

单位:公顷

地区	荒山荒(沙)地造林面积				更新造林
	合计	人工造林	飞播造林	无林地和疏林地新封山(沙)育林	
龙江集团	**—**	**—**	**—**	**—**	**6531**
上海	**1349**	**1349**	**—**	**—**	**—**
宝山区	19	19	—	—	—
闵行区	4	4	—	—	—
嘉定区	69	69	—	—	—
金山区	40	40	—	—	—
青浦区	37	37	—	—	—
松江区	125	125	—	—	—
浦东新区	26	26	—	—	—
奉贤区	134	134	—	—	—
崇明县	333	333	—	—	—
其他单位	562	562	—	—	—
江苏	**86256**	**73234**	**—**	**13022**	**1871**
南京市	**4007**	**4007**	**—**	**—**	**—**
浦口区	382	382	—	—	—
栖霞区	394	394	—	—	—
雨花台区	140	140	—	—	—
江宁区	930	930	—	—	—
六合区	668	668	—	—	—
溧水县	883	883	—	—	—
高淳县	610	610	—	—	—
无锡市	**2605**	**2605**	**—**	**—**	**—**
新区	126	126	—	—	—
锡山区	234	234	—	—	—
惠山区	171	171	—	—	—
滨湖区	169	169	—	—	—
江阴市	1005	1005	—	—	—
宜兴市	900	900	—	—	—
徐州市	**5999**	**4930**	**—**	**1069**	**802**
贾汪区	381	381	—	—	24
丰县	366	366	—	—	104
沛县	899	899	—	—	165
铜山区	1973	904	—	1069	34
睢宁县	1007	1007	—	—	9
新沂市	421	421	—	—	105
邳州市	952	952	—	—	361
常州市	**1556**	**1556**	**—**	**—**	**1**
新北区	234	234	—	—	—
武进区	538	538	—	—	—
溧阳市	532	532	—	—	—
金坛市	252	252	—	—	1
苏州市	**4207**	**4207**	**—**	**—**	**—**
市直单位	477	477	—	—	—
虎丘区	143	143	—	—	—
吴中区	247	247	—	—	—
相城区	467	467	—	—	—
常熟市	482	482	—	—	—

分县造林完成情况

单位：公顷

地区	荒山荒（沙）地造林面积				更新造林
	合计	人工造林	飞播造林	无林地和疏林地新封山（沙）育林	
张家港市	398	398	—	—	—
昆山市	480	480	—	—	—
吴江市	1100	1100	—	—	—
太仓市	413	413	—	—	—
南通市	**9069**	**9069**	**—**	**—**	**—**
市直单位	278	278	—	—	—
崇川区	143	143	—	—	—
港闸区	215	215	—	—	—
海安县	856	856	—	—	—
如东县	2147	2147	—	—	—
启东市	1227	1227	—	—	—
如皋市	959	959	—	—	—
通州区	1204	1204	—	—	—
海门市	2040	2040	—	—	—
连云港市	**23888**	**11935**	**—**	**11953**	**39**
开发区	847	180	—	667	—
市直单位	1220	20	—	1200	—
连云区	3499	134	—	3365	—
新浦区	2228	443	—	1785	—
海州区	978	289	—	689	—
赣榆县	3503	2370	—	1133	34
东海县	5974	2860	—	3114	5
灌云县	3855	3855	—	—	—
灌南县	1784	1784	—	—	—
淮安市	**2766**	**2766**	**—**	**—**	**499**
市直单位	129	129	—	—	—
清河区	58	58	—	—	—
楚州区	412	412	—	—	—
淮阴区	367	367	—	—	42
清浦区	240	240	—	—	—
涟水县	672	672	—	—	—
洪泽县	256	256	—	—	17
盱眙县	576	576	—	—	326
金湖县	56	56	—	—	114
盐城市	**12970**	**12970**	**—**	**—**	**85**
亭湖区	1017	1017	—	—	—
响水县	1207	1207	—	—	—
滨海县	973	973	—	—	—
阜宁县	1291	1291	—	—	8
射阳县	1648	1648	—	—	59
建湖县	882	882	—	—	7
盐都区	1365	1365	—	—	10
东台市	1842	1842	—	—	1
大丰市	2745	2745	—	—	—
扬州市	**6673**	**6673**	**—**	**—**	**238**
开发区	465	465	—	—	—
广陵区	204	204	—	—	—

分县造林完成情况

单位:公顷

地　区	荒山荒(沙)地造林面积				更新造林
	合计	人工造林	飞播造林	无林地和疏林地新封山(沙)育林	
邗江区	434	434	—	—	—
维扬区	209	209	—	—	—
宝应县	838	838	—	—	190
仪征市	1894	1894	—	—	—
高邮市	2056	2056	—	—	14
江都市	573	573	—	—	34
镇江市	**3968**	**3968**	**—**	**—**	**111**
市直单位	234	234	—	—	—
京口区	156	156	—	—	10
润州区	403	403	—	—	—
丹徒区	736	736	—	—	62
丹阳市	1004	1004	—	—	7
扬中市	355	355	—	—	—
句容市	1080	1080	—	—	32
泰州市	**5630**	**5630**	**—**	**—**	**56**
海陵区	408	408	—	—	—
高港区	239	239	—	—	—
兴化市	2080	2080	—	—	41
靖江市	784	784	—	—	1
泰兴市	519	519	—	—	—
姜堰市	1600	1600	—	—	14
宿迁市	**2918**	**2918**	**—**	**—**	**40**
宿城区	468	468	—	—	—
宿豫区	363	363	—	—	38
沭阳县	837	837	—	—	—
泗阳县	539	539	—	—	—
泗洪县	711	711	—	—	2
浙江	**15214**	**12999**	**—**	**2215**	**11846**
杭州市	**1473**	**517**	**—**	**956**	**2095**
萧山区	—	—	—	—	7
余杭区	—	—	—	—	12
桐庐县	51	51	—	—	639
淳安县	266	79	—	187	332
建德市	200	200	—	—	473
富阳市	454	187	—	267	130
临安市	502	—	—	502	502
宁波市	**1083**	**1016**	**—**	**67**	**281**
江北区	25	25	—	—	—
北仑区	159	92	—	67	20
镇海区	36	36	—	—	3
鄞州区	167	167	—	—	79
东钱湖	—	—	—	—	20
象山县	250	250	—	—	40
宁海县	260	260	—	—	24
余姚市	95	95	—	—	35
慈溪市	18	18	—	—	—
奉化市	73	73	—	—	60

分县造林完成情况

单位:公顷

地区	荒山荒(沙)地造林面积				更新造林
	合计	人工造林	飞播造林	无林地和疏林地新封山(沙)育林	
温州市	**3318**	**2921**	**—**	**397**	**932**
鹿城区	120	120	—	—	—
龙湾区	25	25	—	—	—
瓯海区	370	173	—	197	—
永嘉县	412	412	—	—	371
平阳县	168	168	—	—	252
苍南县	705	505	—	200	215
文成县	114	114	—	—	74
泰顺县	523	523	—	—	—
瑞安市	633	633	—	—	20
乐清市	248	248	—	—	—
嘉兴市	**679**	**679**	**—**	**—**	**—**
秀城区	100	100	—	—	—
秀洲区	147	147	—	—	—
嘉善县	20	20	—	—	—
海盐县	93	93	—	—	—
海宁市	105	105	—	—	—
平湖市	144	144	—	—	—
桐乡市	70	70	—	—	—
湖州市	**2627**	**2627**	**—**	**—**	**117**
吴兴区	167	167	—	—	—
南浔区	667	667	—	—	—
德清县	821	821	—	—	21
长兴县	102	102	—	—	96
安吉县	870	870	—	—	—
绍兴市	**819**	**752**	**—**	**67**	**273**
越城区	—	—	—	—	13
绍兴县	25	25	—	—	22
新昌县	175	108	—	67	37
诸暨市	342	342	—	—	168
上虞市	137	137	—	—	23
嵊州市	140	140	—	—	10
金华市	**869**	**632**	**—**	**237**	**770**
婺城区	152	152	—	—	129
金东区	—	—	—	—	80
武义县	28	28	—	—	235
浦江县	60	27	—	33	27
磐安县	271	85	—	186	82
兰溪市	—	—	—	—	64
义乌市	44	44	—	—	27
东阳市	176	158	—	18	43
永康市	138	138	—	—	83
衢州市	**839**	**839**	**—**	**—**	**2025**
柯城区	31	31	—	—	41
衢江区	70	70	—	—	88
常山县	—	—	—	—	212
开化县	334	334	—	—	1475

分县造林完成情况

单位:公顷

地　区	荒山荒(沙)地造林面积				更新造林
	合计	人工造林	飞播造林	无林地和疏林地新封山(沙)育林	
龙游县	—	—	—	—	130
江山市	404	404	—	—	79
舟山市	**162**	**162**	**—**	**—**	**—**
定海区	47	47	—	—	—
普陀区	81	81	—	—	—
岱山县	34	34	—	—	—
台州市	**1728**	**1551**	**—**	**177**	**934**
椒江区	6	6	—	—	7
黄岩区	113	113	—	—	—
玉环县	153	153	—	—	—
三门县	86	14	—	72	—
天台县	393	288	—	105	180
仙居县	380	380	—	—	367
温岭市	85	85	—	—	—
临海市	512	512	—	—	380
丽水市	**1617**	**1303**	**—**	**314**	**4419**
莲都区	—	—	—	—	289
青田县	133	133	—	—	669
缙云县	131	131	—	—	269
遂昌县	298	190	—	108	716
松阳县	32	32	—	—	433
云和县	—	—	—	—	277
庆元县	206	—	—	206	527
景宁畲族自治县	234	234	—	—	596
龙泉市	583	583	—	—	643
安徽	**48711**	**28465**	**—**	**20246**	**211**
合肥市	**989**	**722**	**—**	**267**	**—**
瑶海区	5	5	—	—	—
包河区	42	42	—	—	—
长丰县	232	232	—	—	—
肥东县	667	400	—	267	—
肥西县	43	43	—	—	—
淮北市	**581**	**381**	**—**	**200**	**—**
烈山区	197	130	—	67	—
杜集区	251	118	—	133	—
濉溪县	133	133	—	—	—
亳州市	**1207**	**1207**	**—**	**—**	**—**
谯城区	200	200	—	—	—
涡阳县	333	333	—	—	—
蒙城县	73	73	—	—	—
利辛县	601	601	—	—	—
宿州市	**2521**	**1054**	**—**	**1467**	**—**
埇桥区	358	225	—	133	—
砀山县	203	203	—	—	—
萧县	873	206	—	667	—
灵璧县	870	203	—	667	—
泗县	217	217	—	—	—

分县造林完成情况

单位:公顷

地　区	荒山荒(沙)地造林面积				更新造林
	合计	人工造林	飞播造林	无林地和疏林地新封山(沙)育林	
蚌埠市	**680**	**237**	**—**	**443**	**—**
怀远县	562	119	—	443	—
五河县	118	118	—	—	—
阜阳市	**1593**	**1593**	**—**	**—**	**—**
颍东区	67	67	—	—	—
颍泉区	67	67	—	—	—
界首市	215	215	—	—	—
临泉县	241	241	—	—	—
太和县	529	529	—	—	—
阜南县	285	285	—	—	—
颍上县	189	189	—	—	—
淮南市	**672**	**405**	**—**	**267**	**—**
田家庵区	46	46	—	—	—
谢家集区	68	68	—	—	—
潘集区	104	104	—	—	—
毛集区	85	85	—	—	—
凤台县	369	102	—	267	—
滁州市	**4396**	**2213**	**—**	**2183**	**—**
南谯区	1063	666	—	397	—
天长市	148	148	—	—	—
明光市	643	376	—	267	—
来安县	471	138	—	333	—
全椒县	613	213	—	400	—
定远县	549	149	—	400	—
凤阳县	654	523	—	131	—
管店林业总场	122	—	—	122	—
沙河集林业总场	133	—	—	133	—
六安市	**2037**	**1890**	**—**	**147**	**—**
金安区	139	139	—	—	—
裕安区	323	323	—	—	—
叶集区	87	87	—	—	—
寿县	90	90	—	—	—
霍邱县	100	100	—	—	—
舒城县	851	851	—	—	—
金寨县	168	168	—	—	—
霍山县	279	132	—	147	—
马鞍山市	**776**	**376**	**—**	**400**	**—**
当涂县	776	376	—	400	—
巢湖市	**2953**	**2267**	**—**	**686**	**—**
居巢区	745	212	—	533	—
庐江县	418	265	—	153	—
无为县	1168	1168	—	—	—
含山县	153	153	—	—	—
和县	469	469	—	—	—
芜湖市	**1182**	**782**	**—**	**400**	**—**
三山区	15	15	—	—	—
芜湖县	103	103	—	—	—

分县造林完成情况

单位:公顷

地　区	荒山荒(沙)地造林面积				更新造林
	合计	人工造林	飞播造林	无林地和疏林地新封山(沙)育林	
繁昌县	691	291	—	400	—
南陵县	373	373	—	—	—
宣城市	**7912**	**4426**	**—**	**3486**	**—**
宣州区	1313	913	—	400	—
宁国市	1144	677	—	467	—
郎溪县	867	467	—	400	—
广德县	1800	1333	—	467	—
泾县	896	363	—	533	—
绩溪县	1063	377	—	686	—
旌德县	829	296	—	533	—
铜陵市	**1255**	**855**	**—**	**400**	**—**
郊区	270	270	—	—	—
铜陵县	985	585	—	400	—
池州市	**1133**	**466**	**—**	**667**	**41**
贵池区	447	447	—	—	—
九华山区	—	—	—	—	41
东至县	667	—	—	667	—
石台县	19	19	—	—	—
安庆市	**12621**	**6955**	**—**	**5666**	**170**
迎江区	47	47	—	—	—
大观区	483	83	—	400	170
宜秀区	1089	422	—	667	—
桐城市	1236	503	—	733	—
怀宁县	1606	1006	—	600	—
枞阳县	814	281	—	533	—
潜山县	718	185	—	533	—
太湖县	1573	773	—	800	—
宿松县	1942	1942	—	—	—
望江县	1872	1372	—	500	—
岳西县	1241	341	—	900	—
市直单位	—	—	—	—	—
黄山市	**6203**	**2636**	**—**	**3567**	**—**
屯溪区	8	8	—	—	—
徽州区	616	83	—	533	—
黄山区	1097	497	—	600	—
歙县	1343	643	—	700	—
休宁县	1177	577	—	600	—
黟县	591	124	—	467	—
祁门县	1371	704	—	667	—
福建省	**29875**	**29125**	**—**	**750**	**79892**
福州市	**5311**	**4839**	**—**	**472**	**7115**
马尾区	—	—	—	—	104
晋安区	104	104	—	—	113
闽侯县	885	885	—	—	728
连江县	813	341	—	472	375
罗源县	636	636	—	—	141
闽清县	1153	1153	—	—	408

分县造林完成情况

单位:公顷

地　区	荒山荒(沙)地造林面积				更新造林
	合计	人工造林	飞播造林	无林地和疏林地新封山(沙)育林	
永泰县	980	980	—	—	1196
平潭县	81	81	—	—	3781
福清市	245	245	—	—	269
长乐市	414	414	—	—	—
莆田市	**2426**	**2426**	**—**	**—**	**1191**
城厢区	314	314	—	—	102
涵江区	81	81	—	—	473
荔城区	208	208	—	—	—
秀屿区	80	80	—	—	—
仙游县	1743	1743	—	—	616
三明市	**1001**	**1001**	**—**	**—**	**24310**
梅列区	—	—	—	—	312
三元区	—	—	—	—	695
明溪县	—	—	—	—	1442
清流县	84	84	—	—	1952
宁化县	3	3	—	—	1860
大田县	344	344	—	—	1790
尤溪县	285	285	—	—	3046
沙县	179	179	—	—	2206
将乐县	6	6	—	—	1493
泰宁县	42	42	—	—	1909
建宁县	—	—	—	—	4994
永安市	58	58	—	—	2611
泉州市	**2620**	**2620**	**—**	**—**	**2908**
洛江区	—	—	—	—	93
泉港区	16	16	—	—	29
惠安县	56	56	—	—	21
安溪县	878	878	—	—	459
永春县	331	331	—	—	913
德化县	404	404	—	—	909
石狮市	—	—	—	—	17
晋江市	80	80	—	—	40
南安市	855	855	—	—	427
漳州市	**3445**	**3445**	**—**	**—**	**7275**
龙文区	—	—	—	—	17
云霄县	580	580	—	—	1003
漳浦县	946	946	—	—	693
诏安县	118	118	—	—	1257
长泰县	374	374	—	—	1235
东山县	1	1	—	—	237
南靖县	44	44	—	—	650
平和县	1066	1066	—	—	757
华安县	64	64	—	—	1101
龙海市	252	252	—	—	325
南平市	**3540**	**3540**	**—**	**—**	**23317**
延平区	227	227	—	—	2483
顺昌县	118	118	—	—	2026

分县造林完成情况

单位:公顷

地　区	荒山荒(沙)地造林面积				更新造林
	合计	人工造林	飞播造林	无林地和疏林地新封山(沙)育林	
浦城县	773	773	—	—	2083
光泽县	1072	1072	—	—	3485
松溪县	64	64	—	—	513
政和县	312	312	—	—	474
邵武市	313	313	—	—	4638
武夷山市	271	271	—	—	1331
建瓯市	113	113	—	—	2992
建阳市	277	277	—	—	3292
龙岩市	**3601**	**3601**	**—**	**—**	**9451**
新罗区	161	161	—	—	539
长汀县	765	765	—	—	1960
永定县	623	623	—	—	378
上杭县	259	259	—	—	1310
武平县	547	547	—	—	1874
连城县	431	431	—	—	1421
漳平市	815	815	—	—	1969
宁德市	**7931**	**7653**	**—**	**278**	**4325**
蕉城区	606	606	—	—	390
霞浦县	1327	1327	—	—	861
古田县	1250	1250	—	—	1213
屏南县	260	260	—	—	328
寿宁县	541	541	—	—	357
周宁县	392	392	—	—	133
柘荣县	1368	1090	—	278	—
福安市	554	554	—	—	670
福鼎市	1633	1633	—	—	373
江西	**200778**	**170875**	**—**	**29903**	**39010**
南昌市	**7380**	**6514**	**—**	**866**	**936**
市辖区	73	73	—	—	—
湾里区	800	267	—	533	—
南昌县	1500	1500	—	—	—
新建县	1833	1500	—	333	—
安义县	696	696	—	—	650
进贤县	2478	2478	—	—	286
景德镇市	**3623**	**2757**	**—**	**866**	**1276**
市辖区	84	84	—	—	317
昌江区	413	80	—	333	—
浮梁县	871	871	—	—	800
乐平市	2255	1722	—	533	159
萍乡市	**12966**	**10043**	**—**	**2923**	**—**
安源区	777	587	—	190	—
经济开发区	70	70	—	—	—
湘东区	2740	2340	—	400	—
莲花县	4072	2939	—	1133	—
上栗县	2800	2400	—	400	—
芦溪县	2507	1707	—	800	—
九江市	**29574**	**25677**	**—**	**3897**	**928**

分县造林完成情况

单位:公顷

地 区	荒山荒(沙)地造林面积				更新造林
	合计	人工造林	飞播造林	无林地和疏林地新封山(沙)育林	
庐山区	1357	1190	—	167	—
浔阳区	57	57	—	—	—
九江县	2420	2020	—	400	—
武宁县	4933	4343	—	590	—
修水县	2340	1493	—	847	—
永修县	2758	2758	—	—	—
德安县	1913	1913	—	—	42
星子县	1913	1380	—	533	793
都昌县	3700	2787	—	913	—
湖口县	2087	1840	—	247	—
彭泽县	3082	3082	—	—	93
瑞昌市	2127	2127	—	—	—
共青城	300	300	—	—	—
开发区	387	387	—	—	—
庐山管理局	200	—	—	200	—
新余市	**6014**	**4814**	**—**	**1200**	**520**
仰天岗管委会	186	186	—	—	—
渝水区	2430	1630	—	800	—
仙女湖	175	175	—	—	295
高新开发区	237	237	—	—	7
分宜县	2986	2586	—	400	218
鹰潭市	**7026**	**5113**	**—**	**1913**	**—**
月湖区	240	240	—	—	—
龙虎山	952	286	—	666	—
余江县	2794	2080	—	714	—
贵溪市	3040	2507	—	533	—
赣州市	**38267**	**34968**	**—**	**3299**	**12513**
市辖区	1533	1200	—	333	—
章贡区	479	479	—	—	—
赣县	2084	2084	—	—	352
信丰县	1796	1796	—	—	957
大余县	952	952	—	—	3870
上犹县	1553	1153	—	400	—
崇义县	336	336	—	—	726
安远县	273	273	—	—	1241
龙南县	2872	2105	—	767	384
定南县	2213	2080	—	133	1777
全南县	1867	1867	—	—	500
宁都县	10658	9858	—	800	—
于都县	2667	2267	—	400	769
兴国县	1867	1867	—	—	200
会昌县	1813	1813	—	—	—
寻乌县	936	936	—	—	—
石城县	1450	1450	—	—	294
瑞金市	1704	1238	—	466	1443
南康市	1214	1214	—	—	—
吉安市	**17359**	**11490**	**—**	**5869**	**17703**

分县造林完成情况

单位:公顷

地　区	荒山荒(沙)地造林面积				更新造林
	合计	人工造林	飞播造林	无林地和疏林地新封山(沙)育林	
吉州区	247	247	—	—	—
青原区	532	266	—	266	730
吉安县	2373	2107	—	266	963
吉水县	2667	1367	—	1300	1000
峡江县	1566	1033	—	533	133
新干县	1645	1398	—	247	—
永丰县	1400	733	—	667	3200
泰和县	3261	2014	—	1247	4761
遂川县	494	247	—	247	3924
万安县	155	155	—	—	560
安福县	550	550	—	—	1570
永新县	1000	667	—	333	—
井冈山市	1469	706	—	763	862
宜春市	**31152**	**28349**	**—**	**2803**	**4559**
市辖区	190	190	—	—	53
袁州区	4427	4427	—	—	—
奉新县	1883	1083	—	800	531
万载县	1720	1720	—	—	—
上高县	2680	2280	—	400	1165
宜丰县	2476	2133	—	343	671
靖安县	1221	781	—	440	280
铜鼓县	1555	1555	—	—	1252
丰城市	7908	7508	—	400	—
樟树市	3451	3365	—	86	27
高安市	3641	3307	—	334	580
抚州市	**11646**	**9112**	**—**	**2534**	**458**
临川区	934	667	—	267	133
南城县	677	677	—	—	—
黎川县	1024	824	—	200	—
南丰县	1500	1500	—	—	—
崇仁县	1467	1000	—	467	—
乐安县	1333	1000	—	333	218
宜黄县	933	800	—	133	—
金溪县	258	258	—	—	—
资溪县	1904	1237	—	667	—
东乡县	1160	693	—	467	107
广昌县	456	456	—	—	—
上饶市	**35771**	**32038**	**—**	**3733**	**117**
市辖区	353	220	—	133	—
信州区	1233	1233	—	—	—
上饶县	3120	3120	—	—	—
广丰县	5022	4375	—	647	65
玉山县	2715	2315	—	400	—
铅山县	3483	2670	—	813	—
横峰县	667	667	—	—	—
弋阳县	1540	1540	—	—	—
余干县	6143	5363	—	780	—

分县造林完成情况

单位:公顷

地区	荒山荒(沙)地造林面积				更新造林
	合计	人工造林	飞播造林	无林地和疏林地新封山(沙)育林	
鄱阳县	5530	4950	—	580	52
万年县	3063	2816	—	247	—
婺源县	2326	2326	—	—	—
德兴市	576	443	—	133	—
山东	**205131**	**198998**	**—**	**6133**	**4481**
济南市	**13589**	**11989**	**—**	**1600**	**63**
历下区	34	34	—	—	—
市中区	813	813	—	—	13
槐荫区	7	7	—	—	—
天桥区	237	237	—	—	—
历城区	2402	1869	—	533	—
长清区	2240	1707	—	533	50
平阴县	910	910	—	—	—
济阳县	1057	1057	—	—	—
商河县	2821	2821	—	—	—
章丘市	3068	2534	—	534	—
青岛市	**8282**	**8282**	**—**	**—**	**705**
黄岛区	292	292	—	—	—
崂山区	97	97	—	—	—
城阳区	260	260	—	—	51
胶州市	1333	1333	—	—	21
即墨市	934	934	—	—	8
平度市	2126	2126	—	—	—
胶南市	1316	1316	—	—	292
莱西市	1924	1924	—	—	333
淄博市	**10900**	**10900**	**—**	**—**	**—**
淄川区	2733	2733	—	—	—
张店区	301	301	—	—	—
博山区	2133	2133	—	—	—
临淄区	267	267	—	—	—
周村区	133	133	—	—	—
桓台县	467	467	—	—	—
高青县	1333	1333	—	—	—
沂源县	3533	3533	—	—	—
枣庄市	**7675**	**6741**	**—**	**934**	**100**
市中区	862	862	—	—	10
薛城区	615	348	—	267	—
峄城区	940	940	—	—	—
台儿庄区	804	804	—	—	—
山亭区	2120	1787	—	333	10
滕州市	2334	2000	—	334	80
东营市	**8798**	**5799**	**—**	**2999**	**50**
东营区	1739	1739	—	—	—
河口区	1692	326	—	1366	—
垦利县	2342	709	—	1633	—
利津县	1945	1945	—	—	—
广饶县	1080	1080	—	—	50

分县造林完成情况

单位:公顷

地　区	荒山荒(沙)地造林面积				更新造林
	合计	人工造林	飞播造林	无林地和疏林地新封山(沙)育林	
烟台市	**18556**	**18556**	**—**	**—**	**—**
开发区	400	400	—	—	—
芝罘区	135	135	—	—	—
福山区	791	791	—	—	—
牟平区	1329	1329	—	—	—
莱山区	360	360	—	—	—
长岛县	133	133	—	—	—
龙口市	1267	1267	—	—	—
莱阳市	2433	2433	—	—	—
莱州市	2164	2164	—	—	—
蓬莱市	1578	1578	—	—	—
招远市	3239	3239	—	—	—
栖霞市	1774	1774	—	—	—
海阳市	2953	2953	—	—	—
潍坊市	**29247**	**29247**	**—**	**—**	**674**
潍城区	747	747	—	—	—
寒亭区	2500	2500	—	—	—
坊子区	1907	1907	—	—	15
奎文区	767	767	—	—	—
临朐县	3020	3020	—	—	—
昌乐县	2505	2505	—	—	—
青州市	3347	3347	—	—	—
诸城市	3027	3027	—	—	533
寿光市	3125	3125	—	—	36
安丘市	3000	3000	—	—	—
高密市	3136	3136	—	—	90
昌邑市	2166	2166	—	—	—
济宁市	**8589**	**8589**	**—**	**—**	**34**
市中区	28	28	—	—	15
任城区	118	118	—	—	—
微山县	866	866	—	—	19
鱼台县	513	513	—	—	—
金乡县	457	457	—	—	—
嘉祥县	327	327	—	—	—
汶上县	781	781	—	—	—
泗水县	2796	2796	—	—	—
梁山县	489	489	—	—	—
曲阜市	246	246	—	—	—
兖州市	73	73	—	—	—
邹城市	1895	1895	—	—	—
泰安市	**11278**	**11278**	**—**	**—**	**339**
泰山区	194	194	—	—	—
岱岳区	1455	1455	—	—	—
宁阳县	1177	1177	—	—	220
东平县	1880	1880	—	—	51
新泰市	3343	3343	—	—	—
肥城市	3229	3229	—	—	68

分县造林完成情况

单位:公顷

地　区	荒山荒(沙)地造林面积				更新造林
	合计	人工造林	飞播造林	无林地和疏林地新封山(沙)育林	
威海市	**8042**	**8042**	**—**	**—**	**—**
工业新区	280	280	—	—	—
经区	174	174	—	—	—
高区	87	87	—	—	—
环翠区	418	418	—	—	—
文登市	2133	2133	—	—	—
荣成市	2060	2060	—	—	—
乳山市	2890	2890	—	—	—
日照市	**7296**	**7296**	**—**	**—**	**148**
市直单位	20	20	—	—	—
东港区	1725	1725	—	—	—
岚山区	1731	1731	—	—	7
五莲县	1808	1808	—	—	—
莒县	2012	2012	—	—	141
莱芜市	**3007**	**3007**	**—**	**—**	**—**
市直单位	504	504	—	—	—
莱城区	1703	1703	—	—	—
钢城区	800	800	—	—	—
临沂市	**25479**	**24879**	**—**	**600**	**1313**
兰山区	1547	1547	—	—	—
罗庄区	359	359	—	—	60
河东区	2500	2500	—	—	—
沂南县	3041	2741	—	300	428
郯城县	2066	2066	—	—	—
沂水县	5117	5117	—	—	170
苍山县	978	678	—	300	30
费县	1300	1300	—	—	320
平邑县	2013	2013	—	—	120
莒南县	1805	1805	—	—	11
蒙阴县	3370	3370	—	—	75
临沭县	1383	1383	—	—	99
德州市	**10066**	**10066**	**—**	**—**	**—**
市直单位	300	300	—	—	—
德城区	467	467	—	—	—
陵县	352	352	—	—	—
宁津县	200	200	—	—	—
庆云县	333	333	—	—	—
临邑县	1010	1010	—	—	—
齐河县	1006	1006	—	—	—
平原县	1889	1889	—	—	—
夏津县	266	266	—	—	—
武城县	1733	1733	—	—	—
乐陵市	1001	1001	—	—	—
禹城市	1509	1509	—	—	—
聊城市	**11073**	**11073**	**—**	**—**	**1015**
开发区	140	140	—	—	—
东昌府区	1279	1279	—	—	—

分县造林完成情况

单位：公顷

地 区	荒山荒(沙)地造林面积				更新造林
	合计	人工造林	飞播造林	无林地和疏林地新封山(沙)育林	
阳谷县	1536	1536	—	—	—
莘县	1103	1103	—	—	61
茌平县	2045	2045	—	—	—
东阿县	696	696	—	—	954
冠县	1567	1567	—	—	—
高唐县	1087	1087	—	—	—
临清市	1620	1620	—	—	—
滨州市	**11198**	**11198**	**—**	**—**	**26**
北海新区	120	120	—	—	—
高新区	220	220	—	—	11
市直单位	267	267	—	—	—
滨城区	800	800	—	—	15
惠民县	933	933	—	—	—
阳信县	1325	1325	—	—	—
无棣县	2533	2533	—	—	—
沾化县	2067	2067	—	—	—
博兴县	1728	1728	—	—	—
邹平县	1205	1205	—	—	—
菏泽市	**12056**	**12056**	**—**	**—**	**14**
市直单位	33	33	—	—	—
牡丹区	1397	1397	—	—	—
曹县	1409	1409	—	—	—
单县	1333	1333	—	—	14
成武县	881	881	—	—	—
巨野县	1330	1330	—	—	—
郓城县	3260	3260	—	—	—
鄄城县	750	750	—	—	—
定陶县	930	930	—	—	—
东明县	733	733	—	—	—
河南	**231700**	**178850**	**—**	**52850**	**579**
郑州市	**11725**	**10459**	**—**	**1266**	**—**
中原区	6	6	—	—	—
二七区	7	7	—	—	—
管城回族区	13	13	—	—	—
上街区	36	36	—	—	—
惠济区	76	76	—	—	—
中牟县	1970	1970	—	—	—
巩义市	1806	1573	—	233	—
荥阳市	1748	1748	—	—	—
新密市	1351	1118	—	233	—
新郑市	1187	1187	—	—	—
登封市	3525	2725	—	800	—
开封市	**5903**	**5903**	**—**	**—**	**327**
金明区	27	27	—	—	—
龙亭区	55	55	—	—	—
顺河回族区	27	27	—	—	—
鼓楼区	17	17	—	—	—

分县造林完成情况

单位:公顷

地区	荒山荒(沙)地造林面积				更新造林
	合计	人工造林	飞播造林	无林地和疏林地新封山(沙)育林	
禹王台区	46	46	—	—	20
杞县	1174	1174	—	—	—
通许县	1094	1094	—	—	—
尉氏县	394	394	—	—	—
开封县	1204	1204	—	—	47
兰考县	1865	1865	—	—	260
洛阳市	**26090**	**14425**	**—**	**11665**	**—**
西工区	4	4	—	—	—
瀍河回族区	—	—	—	—	—
涧西区	3	3	—	—	—
洛龙区	1	1	—	—	—
高新区	4	4	—	—	—
孟津县	1813	947	—	866	—
新安县	2141	1408	—	733	—
栾川县	1114	114	—	1000	—
嵩县	3770	1770	—	2000	—
汝阳县	3341	2341	—	1000	—
宜阳县	3320	1254	—	2066	—
洛宁县	8369	4369	—	4000	—
伊川县	958	958	—	—	—
偃师市	1252	1252	—	—	—
平顶山市	**10605**	**9206**	**—**	**1399**	**—**
新华区	278	278	—	—	—
石龙区	14	14	—	—	—
湛河区	187	187	—	—	—
宝丰县	1082	949	—	133	—
叶县	839	772	—	67	—
鲁山县	679	546	—	133	—
郏县	673	673	—	—	—
舞钢市	882	749	—	133	—
汝州市	5971	5038	—	933	—
安阳市	**11758**	**7491**	**—**	**4267**	**—**
文峰区	77	77	—	—	—
北关区	17	17	—	—	—
殷都区	26	26	—	—	—
龙安区	78	78	—	—	—
安阳县	2962	1762	—	1200	—
汤阴县	771	771	—	—	—
滑县	1460	1460	—	—	—
内黄县	908	908	—	—	—
林州市	5459	2392	—	3067	—
鹤壁市	**9145**	**8092**	**—**	**1053**	**—**
鹤山区	1510	1150	—	360	—
山城区	478	478	—	—	—
淇滨区	2112	2112	—	—	—
浚县	1763	1763	—	—	—
淇县	3282	2589	—	693	—

分县造林完成情况

单位:公顷

地　区	荒山荒(沙)地造林面积				更新造林
	合计	人工造林	飞播造林	无林地和疏林地新封山(沙)育林	
新乡市	**10987**	**8854**	**—**	**2133**	**—**
红旗区	105	105	—	—	—
卫滨区	35	35	—	—	—
凤泉区	113	113	—	—	—
牧野区	6	6	—	—	—
新乡县	520	520	—	—	—
获嘉县	246	246	—	—	—
原阳县	1485	1485	—	—	—
延津县	1478	1478	—	—	—
封丘县	891	891	—	—	—
长垣县	903	903	—	—	—
卫辉市	1737	937	—	800	—
辉县市	3468	2135	—	1333	—
焦作市	**6276**	**3876**	**—**	**2400**	**—**
解放区	39	39	—	—	—
中站区	489	356	—	133	—
马村区	87	87	—	—	—
高新区	37	37	—	—	—
山阳区	246	179	—	67	—
修武县	1202	335	—	867	—
博爱县	1152	419	—	733	—
武陟县	890	890	—	—	—
温县	517	517	—	—	—
沁阳市	1024	424	—	600	—
孟州市	593	593	—	—	—
濮阳市	**5843**	**5843**	**—**	**—**	**—**
华龙区	400	400	—	—	—
高新区	238	238	—	—	—
清丰县	1183	1183	—	—	—
南乐县	738	738	—	—	—
范县	786	786	—	—	—
台前县	940	940	—	—	—
濮阳县	1558	1558	—	—	—
许昌市	**9054**	**7854**	**—**	**1200**	**—**
魏都区	55	55	—	—	—
许昌县	487	487	—	—	—
鄢陵县	669	669	—	—	—
襄城县	1906	1639	—	267	—
禹州市	5354	4421	—	933	—
长葛市	583	583	—	—	—
漯河市	**2339**	**2339**	**—**	**—**	**—**
市辖区	219	219	—	—	—
源汇区	163	163	—	—	—
郾城区	445	445	—	—	—
召陵区	317	317	—	—	—
舞阳县	615	615	—	—	—
临颍县	580	580	—	—	—

分县造林完成情况

单位:公顷

地区	荒山荒(沙)地造林面积				更新造林
	合计	人工造林	飞播造林	无林地和疏林地新封山(沙)育林	
三门峡市	**29120**	**19388**	**—**	**9732**	**—**
湖滨区	793	793	—	—	—
渑池县	4778	2112	—	2666	—
陕县	4158	2825	—	1333	—
卢氏县	10977	7244	—	3733	—
义马市	583	583	—	—	—
灵宝市	7831	5831	—	2000	—
南阳市	**33031**	**25497**	**—**	**7534**	**—**
市辖区	186	186	—	—	—
宛城区	1295	1295	—	—	—
卧龙区	1589	1589	—	—	—
南召县	3742	3008	—	734	—
方城县	2829	2162	—	667	—
西峡县	3438	2571	—	867	—
镇平县	666	533	—	133	—
内乡县	2077	1744	—	333	—
淅川县	7439	4239	—	3200	—
社旗县	1561	1561	—	—	—
唐河县	3040	2040	—	1000	—
新野县	489	489	—	—	—
桐柏县	2706	2106	—	600	—
邓州市	1974	1974	—	—	—
商丘市	**10269**	**10269**	**—**	**—**	**88**
国营民权林场	—	—	—	—	88
梁园区	642	642	—	—	—
睢阳区	891	891	—	—	—
民权县	1267	1267	—	—	—
睢县	1649	1649	—	—	—
宁陵县	643	643	—	—	—
柘城县	702	702	—	—	—
虞城县	1588	1588	—	—	—
夏邑县	769	769	—	—	—
永城市	2118	2118	—	—	—
信阳市	**24292**	**19025**	**—**	**5267**	**—**
浉河区	2154	1754	—	400	—
平桥区	2720	1987	—	733	—
罗山县	3116	2716	—	400	—
光山县	4163	3296	—	867	—
新县	3874	2541	—	1333	—
商城县	2381	1981	—	400	—
固始县	1965	1231	—	734	—
潢川县	1538	1138	—	400	—
淮滨县	695	695	—	—	—
息县	1686	1686	—	—	—
周口市	**8918**	**8918**	**—**	**—**	**—**
川汇区	306	306	—	—	—
扶沟县	927	927	—	—	—

分县造林完成情况

单位:公顷

地　区	荒山荒(沙)地造林面积				更新造林
	合计	人工造林	飞播造林	无林地和疏林地新封山(沙)育林	
西华县	459	459	—	—	—
商水县	1456	1456	—	—	—
沈丘县	1157	1157	—	—	—
郸城县	1176	1176	—	—	—
淮阳县	835	835	—	—	—
太康县	1111	1111	—	—	—
鹿邑县	883	883	—	—	—
项城市	608	608	—	—	—
驻马店市	**11569**	**9035**	**—**	**2534**	**164**
驿城区	989	922	—	67	—
西平县	625	625	—	—	—
上蔡县	1047	1047	—	—	153
平舆县	307	307	—	—	—
正阳县	650	650	—	—	—
确山县	2033	966	—	1067	11
泌阳县	3173	1906	—	1267	—
汝南县	753	753	—	—	—
遂平县	1084	951	—	133	—
新蔡县	908	908	—	—	—
济源市	**4776**	**2376**	**—**	**2400**	**—**
湖北	**192213**	**119075**	**—**	**73138**	**—**
武汉市	**6029**	**6029**	**—**	**—**	**—**
洪山区	174	174	—	—	—
东西湖区	316	316	—	—	—
汉南区	743	743	—	—	—
蔡甸区	1250	1250	—	—	—
江夏区	680	680	—	—	—
黄陂区	2333	2333	—	—	—
新洲区	533	533	—	—	—
黄石市	**2333**	**2333**	**—**	**—**	**—**
阳新县	1333	1333	—	—	—
大冶市	1000	1000	—	—	—
十堰市	**18471**	**5706**	**—**	**12765**	**—**
茅箭区	567	567	—	—	—
张湾区	799	399	—	400	—
黄龙林场	400	—	—	400	—
郧县	3239	1007	—	2232	—
郧西县	1266	733	—	533	—
竹山县	2201	534	—	1667	—
竹溪县	2600	600	—	2000	—
房县	6266	733	—	5533	—
丹江口市	1000	1000	—	—	—
武当山特区	133	133	—	—	—
宜昌市	**25411**	**5611**	**—**	**19800**	**—**
点军区	733	—	—	733	—
猇亭区	267	267	—	—	—
夷陵区	3034	901	—	2133	—

分县造林完成情况

单位:公顷

地区	荒山荒(沙)地造林面积				更新造林
	合计	人工造林	飞播造林	无林地和疏林地新封山(沙)育林	
市直单位	1567	167	—	1400	—
远安县	2867	867	—	2000	—
兴山县	3267	600	—	2667	—
秭归县	1334	667	—	667	—
长阳土家族自治县	5633	433	—	5200	—
五峰土家族自治县	4376	709	—	3667	—
宜都市	1833	500	—	1333	—
当阳市	333	333	—	—	—
枝江市	167	167	—	—	—
襄阳市	**20327**	**16260**	**—**	**4067**	**—**
襄城区	437	437	—	—	—
樊城区	500	500	—	—	—
襄州区	533	533	—	—	—
市直单位	800	400	—	400	—
南漳县	4273	4273	—	—	—
谷城县	2600	2200	—	400	—
保康县	6985	3718	—	3267	—
老河口市	1233	1233	—	—	—
枣阳市	1233	1233	—	—	—
宜城市	1733	1733	—	—	—
鄂州市	**2600**	**2600**	**—**	**—**	**—**
荆门市	**8109**	**7709**	**—**	**400**	**—**
十里牌林场	400	—	—	400	—
彭场林场	167	167	—	—	—
东宝区	1496	1496	—	—	—
掇刀区	840	840	—	—	—
京山县	1600	1600	—	—	—
沙洋县	1333	1333	—	—	—
钟祥市	2000	2000	—	—	—
屈家岭管理局	273	273	—	—	—
孝感市	**8357**	**7824**	**—**	**533**	**—**
孝南区	840	840	—	—	—
市直单位	467	67	—	400	—
孝昌县	1133	1000	—	133	—
大悟县	1433	1433	—	—	—
云梦县	850	850	—	—	—
应城市	1000	1000	—	—	—
安陆市	1234	1234	—	—	—
汉川市	1400	1400	—	—	—
荆州市	**13446**	**13446**	**—**	**—**	**—**
沙市区	683	683	—	—	—
荆州区	784	784	—	—	—
市直单位	468	468	—	—	—
公安县	880	880	—	—	—
监利县	2317	2317	—	—	—
江陵县	167	167	—	—	—
石首市	2900	2900	—	—	—

分县造林完成情况

单位:公顷

地区	荒山荒(沙)地造林面积				更新造林
	合计	人工造林	飞播造林	无林地和疏林地新封山(沙)育林	
洪湖市	2194	2194	—	—	—
松滋市	3053	3053	—	—	—
黄冈市	**16154**	**13914**	**—**	**2240**	**—**
黄州区	1400	1400	—	—	—
团风县	1427	1427	—	—	—
红安县	800	800	—	—	—
罗田县	1960	927	—	1033	—
英山县	1100	1100	—	—	—
浠水县	1700	1700	—	—	—
蕲春县	2180	1980	—	200	—
黄梅县	1140	133	—	1007	—
麻城市	3047	3047	—	—	—
武穴市	1133	1133	—	—	—
龙感湖	267	267	—	—	—
咸宁市	**14841**	**14841**	**—**	**—**	**—**
咸安区	2167	2167	—	—	—
市直单位	200	200	—	—	—
嘉鱼县	2067	2067	—	—	—
通城县	2080	2080	—	—	—
崇阳县	3267	3267	—	—	—
通山县	2860	2860	—	—	—
赤壁市	2200	2200	—	—	—
随州市	**4302**	**4302**	**—**	**—**	**—**
曾都区	875	875	—	—	—
广水市	1900	1900	—	—	—
随县	1527	1527	—	—	—
恩施土家族苗族自治州	**35723**	**13390**	**—**	**22333**	**—**
恩施市	6506	1839	—	4667	—
利川市	4800	1133	—	3667	—
建始县	4906	1706	—	3200	—
巴东县	4053	3053	—	1000	—
宣恩县	2400	1067	—	1333	—
咸丰县	4676	1343	—	3333	—
来凤县	3666	1333	—	2333	—
鹤峰县	4716	1916	—	2800	—
省直单位	**579**	**179**	**—**	**400**	**—**
林科院	570	170	—	400	—
太子山林管局	9	9	—	—	—
仙桃市	**1917**	**1917**	**—**	**—**	**—**
潜江市	**1094**	**1094**	**—**	**—**	**—**
天门市	**1454**	**1454**	**—**	**—**	**—**
神农架林区	**9333**	**333**	**—**	**9000**	**—**
后河国家级自然保护区	**267**	**—**	**—**	**267**	**—**
七姊妹山国家级自然保护区	**1466**	**133**	**—**	**1333**	**—**
湖南	**213448**	**178146**	**—**	**35302**	**—**
长沙市	**9923**	**7989**	**—**	**1934**	**—**
岳麓区	67	67	—	—	—

分县造林完成情况

单位:公顷

地区	荒山荒(沙)地造林面积				更新造林
	合计	人工造林	飞播造林	无林地和疏林地新封山(沙)育林	
长沙县	1244	910	—	334	—
望城县	374	374	—	—	—
宁乡县	3456	2123	—	1333	—
浏阳市	4782	4515	—	267	—
株洲市	**12241**	**11028**	**—**	**1213**	**—**
株洲县	833	700	—	133	—
攸县	2567	2300	—	267	—
茶陵县	4440	4240	—	200	—
炎陵县	1767	1421	—	346	—
醴陵市	2634	2367	—	267	—
湘潭市	**2369**	**1468**	**—**	**901**	**—**
湘潭县	801	467	—	334	—
湘乡市	1168	1001	—	167	—
韶山市	400	—	—	400	—
衡阳市	**19203**	**17338**	**—**	**1865**	**—**
南岳区	492	225	—	267	—
衡阳县	1116	897	—	219	—
衡南县	1689	1276	—	413	—
衡山县	1376	1076	—	300	—
衡东县	3567	3367	—	200	—
祁东县	2443	2243	—	200	—
耒阳市	5703	5570	—	133	—
常宁市	2817	2684	—	133	—
邵阳市	**16612**	**12816**	**—**	**3796**	**—**
邵东县	1071	725	—	346	—
新邵县	1883	508	—	1375	—
邵阳县	1434	1167	—	267	—
隆回县	1692	1346	—	346	—
洞口县	2266	1999	—	267	—
绥宁县	4053	3852	—	201	—
新宁县	1513	1380	—	133	—
城步苗族自治县	1560	1179	—	381	—
武冈市	1140	660	—	480	—
岳阳市	**11129**	**9768**	**—**	**1361**	**—**
岳阳楼区	430	430	—	—	—
云溪区	168	168	—	—	—
君山区	1123	1123	—	—	—
岳阳县	2527	2133	—	394	—
华容县	1050	1050	—	—	—
湘阴县	1303	1170	—	133	—
平江县	2088	1821	—	267	—
汨罗市	1510	1343	—	167	—
临湘市	930	530	—	400	—
常德市	**12693**	**7013**	**—**	**5680**	**—**
鼎城区	1180	1047	—	133	—
安乡区	1338	1071	—	267	—
汉寿县	883	883	—	—	—

分县造林完成情况

单位:公顷

地区	荒山荒(沙)地造林面积				更新造林
	合计	人工造林	飞播造林	无林地和疏林地新封山(沙)育林	
澧县	6900	2700	—	4200	—
临澧县	805	392	—	413	—
桃源县	300	167	—	133	—
石门县	787	253	—	534	—
津市市	500	500	—	—	—
张家界市	**4993**	**1745**	**—**	**3248**	**—**
永定区	973	693	—	280	—
武陵源区	533	—	—	533	—
慈利县	1981	503	—	1478	—
桑植县	1506	549	—	957	—
益阳市	**12209**	**10275**	**—**	**1934**	**—**
资阳区	1234	1034	—	200	—
赫山区	780	780	—	—	—
南县	1667	1667	—	—	—
桃江县	1372	1105	—	267	—
安化县	4463	2996	—	1467	—
沅江市	2693	2693	—	—	—
郴州市	**31814**	**28682**	**—**	**3132**	**—**
桂阳县	4494	4027	—	467	—
北湖区	986	853	—	133	—
苏仙区	1687	1487	—	200	—
宜章县	2684	2170	—	514	—
永兴县	1727	1460	—	267	—
嘉禾县	3179	2966	—	213	—
临武县	2767	2500	—	267	—
汝城县	4192	3868	—	324	—
桂东县	2872	2659	—	213	—
安仁县	2267	2000	—	267	—
资兴市	4959	4692	—	267	—
永州市	**36665**	**33964**	**—**	**2701**	**—**
零陵区	2725	2658	—	67	—
冷水滩区	1977	1631	—	346	—
祁阳县	5551	5284	—	267	—
东安县	2453	2253	—	200	—
双牌县	4983	4916	—	67	—
道县	3970	3503	—	467	—
江永县	3329	3329	—	—	—
宁远县	2276	2076	—	200	—
蓝山县	3641	3307	—	334	—
新田县	2255	1969	—	286	—
江华瑶族自治县	3505	3038	—	467	—
怀化市	**30749**	**27703**	**—**	**3046**	**—**
鹤城区	1142	1009	—	133	—
中方县	1500	1300	—	200	—
沅陵县	3335	3135	—	200	—
辰溪县	3155	2955	—	200	—
溆浦县	3036	2756	—	280	—

分县造林完成情况

单位:公顷

地　区	荒山荒(沙)地造林面积				更新造林
	合计	人工造林	飞播造林	无林地和疏林地新封山(沙)育林	
会同县	3664	3384	—	280	—
麻阳苗族自治县	2498	2018	—	480	—
新晃侗族自治县	1142	862	—	280	—
芷江侗族自治县	2696	2563	—	133	—
靖州苗族侗族自治县	2703	2357	—	346	—
通道侗族自治县	3587	3206	—	381	—
洪江市	2291	2158	—	133	—
娄底市	**5036**	**4103**	**—**	**933**	**—**
娄星区	493	360	—	133	—
双峰县	903	703	—	200	—
新化县	2147	1880	—	267	—
冷水江市	393	260	—	133	—
涟源市	1100	900	—	200	—
湘西土家族苗族自治州	**7812**	**4254**	**—**	**3558**	**—**
吉首市	467	267	—	200	—
泸溪县	577	310	—	267	—
凤凰县	566	233	—	333	—
花垣县	945	399	—	546	—
保靖县	779	446	—	333	—
古丈县	400	133	—	267	—
永顺县	2708	1163	—	1545	—
龙山县	1370	1303	—	67	—
广东	**95144**	**91952**	**—**	**3192**	**48088**
广州市	**133**	**133**	**—**	**—**	**526**
天河区	—	—	—	—	20
花都区	—	—	—	—	193
南沙区	133	133	—	—	—
增城市	—	—	—	—	67
从化市	—	—	—	—	66
增城林场	—	—	—	—	160
梳脑林场	—	—	—	—	20
深圳市	**—**	**—**	**—**	**—**	**4**
南山区	—	—	—	—	4
珠海市	**300**	**300**	**—**	**—**	**—**
斗门区	300	300	—	—	—
汕头市	**1046**	**1046**	**—**	**—**	**—**
金平区	40	40	—	—	—
濠江区	120	120	—	—	—
潮阳区	433	433	—	—	—
潮南区	433	433	—	—	—
南澳县	20	20	—	—	—
佛山市	**546**	**546**	**—**	**—**	**480**
三水区	33	33	—	—	—
高明区	513	513	—	—	480
韶关市	**12024**	**12024**	**—**	**—**	**12227**
武江区	620	620	—	—	200
浈江区	1366	1366	—	—	300

分县造林完成情况

单位：公顷

地　区	荒山荒(沙)地造林面积				更新造林
	合计	人工造林	飞播造林	无林地和疏林地新封山(沙)育林	
曲江区	100	100	—	—	540
始兴县	—	—	—	—	1660
仁化县	2533	2533	—	—	1940
翁源县	100	100	—	—	1320
乳源瑶族自治县	1753	1753	—	—	500
新丰县	1566	1566	—	—	1180
乐昌市	3986	3986	—	—	1466
南雄市	—	—	—	—	2026
韶关林场	—	—	—	—	350
曲江林场	—	—	—	—	250
仁化林场	—	—	—	—	160
河口林场	—	—	—	—	120
九曲水林场	—	—	—	—	192
华溪林场	—	—	—	—	23
河源市	**9240**	**9240**	**—**	**—**	**1900**
源城区	333	333	—	—	—
紫金县	2787	2787	—	—	719
龙川县	2006	2006	—	—	—
连平县	1420	1420	—	—	671
和平县	1366	1366	—	—	453
东源县	988	988	—	—	—
新丰江林管局	340	340	—	—	30
牛岭水林场	—	—	—	—	7
坪山林场	—	—	—	—	20
梅州市	**17334**	**17334**	**—**	**—**	**3882**
梅江区	613	613	—	—	467
梅县	2633	2633	—	—	500
大埔县	1667	1667	—	—	733
丰顺县	3747	3747	—	—	147
五华县	3507	3507	—	—	1867
平远县	1267	1267	—	—	168
蕉岭县	453	453	—	—	—
兴宁市	3447	3447	—	—	—
惠州市	**5871**	**5871**	**—**	**—**	**891**
惠城区	1133	1133	—	—	173
惠阳区	1133	1133	—	—	73
大亚湾区	120	120	—	—	—
博罗县	1133	1133	—	—	207
惠东县	1733	1733	—	—	180
龙门县	619	619	—	—	33
梁化林场	—	—	—	—	31
象头山林场	—	—	—	—	12
鸡笼山林场	—	—	—	—	59
水东陂林场	—	—	—	—	72
油田林场	—	—	—	—	51
汕尾市	**3369**	**3369**	**—**	**—**	**198**
城区	613	613	—	—	—

分县造林完成情况

单位:公顷

地区	荒山荒(沙)地造林面积				更新造林
	合计	人工造林	飞播造林	无林地和疏林地新封山(沙)育林	
红海湾开发区	400	400	—	—	—
海丰县	382	382	—	—	198
陆河县	133	133	—	—	—
陆丰市	1667	1667	—	—	—
罗经嶂林场	40	40	—	—	—
东海岸林场	67	67	—	—	—
湖东林场	67	67	—	—	—
中山市	**333**	**333**	**—**	**—**	**—**
江门市	**6952**	**6792**	**—**	**160**	**3176**
新会区	533	533	—	—	80
台山市	1654	1587	—	67	—
开平市	1200	1200	—	—	1000
鹤山市	1473	1473	—	—	1667
恩平市	740	740	—	—	—
古兜山林场	194	101	—	93	—
大沙林场	153	153	—	—	160
狮山林场	145	145	—	—	—
河排林场	560	560	—	—	79
西坑林场	67	67	—	—	46
古斗林场	206	206	—	—	—
四堡林场	27	27	—	—	144
阳江市	**3799**	**3799**	**—**	**—**	**1969**
江城区	80	80	—	—	—
阳西县	453	453	—	—	321
阳东县	593	593	—	—	273
阳春市	2213	2213	—	—	982
阳江林场	387	387	—	—	320
花滩林场	73	73	—	—	73
湛江市	**111**	**111**	**—**	**—**	**3262**
坡头区	17	17	—	—	129
麻章区	—	—	—	—	74
东海岛实验区	42	42	—	—	105
遂溪县	—	—	—	—	667
徐闻县	19	19	—	—	146
廉江市	33	33	—	—	880
雷州市	—	—	—	—	981
吴川市	—	—	—	—	60
国营防护林场	—	—	—	—	180
国营吴川林场	—	—	—	—	40
茂名市	**5075**	**5075**	**—**	**—**	**1661**
茂港区	—	—	—	—	60
电白县	1913	1913	—	—	—
高州市	120	120	—	—	420
化州市	181	181	—	—	—
信宜市	1414	1414	—	—	552
八一林场	—	—	—	—	48
厚元林场	—	—	—	—	40

分县造林完成情况

单位：公顷

地　区	荒山荒（沙）地造林面积				更新造林
	合计	人工造林	飞播造林	无林地和疏林地新封山（沙）育林	
新田林场	—	—	—	—	121
荷塘林场	—	—	—	—	138
文楼林场	147	147	—	—	73
播扬林场	100	100	—	—	111
平定林场	—	—	—	—	15
丽岗林场	—	—	—	—	83
河尾山林场	1200	1200	—	—	—
肇庆市	**8606**	**8606**	**—**	**—**	**1867**
端州区	20	20	—	—	—
鼎湖区	133	133	—	—	—
广宁县	1273	1273	—	—	667
怀集县	2000	2000	—	—	667
封开县	1593	1593	—	—	533
德庆县	1467	1467	—	—	—
高要市	800	800	—	—	—
四会市	454	454	—	—	—
北岭山林场	254	254	—	—	—
清桂林场	82	82	—	—	—
葵洞林场	16	16	—	—	—
大南山林场	213	213	—	—	—
大水口林场	64	64	—	—	—
大坑山林场	78	78	—	—	—
新岗林场	159	159	—	—	—
清远市	**7364**	**4332**	**—**	**3032**	**7288**
清城区	200	200	—	—	90
佛冈县	200	200	—	—	235
阳山县	1833	333	—	1500	200
连山壮族瑶族自治县	133	133	—	—	267
连南瑶族自治县	333	200	—	133	489
清新县	866	533	—	333	400
英德市	1066	533	—	533	688
连州市	2733	2200	—	533	2134
银盏林场	—	—	—	—	254
笔架林场	—	—	—	—	191
天堂山林场	—	—	—	—	151
英德林场	—	—	—	—	77
长江坝林场	—	—	—	—	47
金鸡林场	—	—	—	—	69
铁溪林场	—	—	—	—	81
羊角山林场	—	—	—	—	106
小龙林场	—	—	—	—	396
龙坪林场	—	—	—	—	746
杨梅林场	—	—	—	—	667
潮州市	**3627**	**3627**	**—**	**—**	**127**
湘桥区	300	300	—	—	20
潮安县	1140	1140	—	—	40
饶平县	1940	1940	—	—	—

分县造林完成情况

单位:公顷

地　区	荒山荒(沙)地造林面积				更新造林
	合计	人工造林	飞播造林	无林地和疏林地新封山(沙)育林	
韩江林场	7	7	—	—	—
凤凰山自然保护区	67	67	—	—	67
市直单位	173	173	—	—	—
揭阳市	**5882**	**5882**	**—**	**—**	**—**
榕城区	133	133	—	—	—
揭东县	920	920	—	—	—
揭西县	1327	1327	—	—	—
惠来县	1875	1875	—	—	—
普宁市	1393	1393	—	—	—
青坑林场	167	167	—	—	—
市直单位	67	67	—	—	—
云浮市	**3532**	**3532**	**—**	**—**	**973**
云城区	179	179	—	—	227
新兴县	500	500	—	—	240
郁南县	878	878	—	—	204
云安县	560	560	—	—	302
罗定市	1041	1041	—	—	—
大云雾林场	38	38	—	—	—
龙墉林场	205	205	—	—	—
飞马林场	69	69	—	—	—
同乐林场	14	14	—	—	—
水台林场	48	48	—	—	—
雷州林业局	**—**	**—**	**—**	**—**	**3660**
省直林场	**—**	**—**	**—**	**—**	**3997**
西江林业局	—	—	—	—	2163
乳阳林业局	—	—	—	—	85
龙眼洞林场	—	—	—	—	42
天井山林场	—	—	—	—	603
樟木头林场	—	—	—	—	393
乐昌林场	—	—	—	—	144
连山林场	—	—	—	—	206
东江林场	—	—	—	—	229
九连山林场	—	—	—	—	132
广西	**143254**	**125341**	**—**	**17913**	**67520**
南宁市	**8009**	**8009**	**—**	**—**	**6597**
青秀区	467	467	—	—	547
兴宁区	400	400	—	—	533
江南区	337	337	—	—	633
西乡塘区	193	193	—	—	449
邕宁区	290	290	—	—	320
良庆区	378	378	—	—	623
武鸣县	725	725	—	—	852
横县	883	883	—	—	867
宾阳县	1497	1497	—	—	236
上林县	1088	1088	—	—	517
马山县	1122	1122	—	—	703
隆安县	629	629	—	—	317

分县造林完成情况

单位：公顷

地　区	荒山荒（沙）地造林面积				更新造林
	合计	人工造林	飞播造林	无林地和疏林地新封山（沙）育林	
柳州市	**9068**	**8180**	**—**	**888**	**6708**
柳北区	110	110	—	—	110
柳南区	—	—	—	—	89
鱼峰区	133	133	—	—	—
柳江县	1191	303	—	888	234
柳城县	2375	2375	—	—	295
鹿寨县	920	920	—	—	1488
融安县	1818	1818	—	—	1883
融水苗族自治县	2240	2240	—	—	1869
三江侗族自治县	281	281	—	—	740
桂林市	**18693**	**13969**	**—**	**4724**	**5091**
雁山区	67	67	—	—	7
阳朔县	427	427	—	—	40
临桂县	1309	1309	—	—	380
灵川县	—	—	—	—	151
龙胜各族自治县	824	824	—	—	1483
全州县	2667	2667	—	—	766
兴安县	787	787	—	—	213
永福县	3142	3142	—	—	253
灌阳县	1240	1240	—	—	767
恭城瑶族自治县	1091	824	—	267	193
资源县	1200	1200	—	—	514
平乐县	3605	815	—	2790	324
荔浦县	2334	667	—	1667	—
梧州市	**10088**	**10088**	**—**	**—**	**1862**
长州区	507	507	—	—	—
万秀区	407	407	—	—	—
蝶山区	333	333	—	—	74
藤县	3635	3635	—	—	181
苍梧县	2517	2517	—	—	545
岑溪市	1519	1519	—	—	824
蒙山县	1170	1170	—	—	238
北海市	**2798**	**2798**	**—**	**—**	**215**
银海区	19	19	—	—	59
铁山港区	200	200	—	—	—
合浦县	2579	2579	—	—	156
防城港市	**7558**	**7558**	**—**	**—**	**1834**
港口区	387	387	—	—	6
防城区	3721	3721	—	—	184
东兴市	690	690	—	—	77
上思县	2760	2760	—	—	1567
钦州市	**6945**	**6945**	**—**	**—**	**937**
钦南区	2167	2167	—	—	245
钦北区	1621	1621	—	—	287
灵山县	1878	1878	—	—	340
浦北县	1279	1279	—	—	65
贵港市	**3008**	**3008**	**—**	**—**	**3090**

分县造林完成情况

单位:公顷

地　区	荒山荒(沙)地造林面积				更新造林
	合计	人工造林	飞播造林	无林地和疏林地新封山(沙)育林	
港南区	249	249	—	—	246
港北区	58	58	—	—	179
覃塘区	201	201	—	—	396
桂平市	1333	1333	—	—	1646
平南县	1167	1167	—	—	623
玉林市	**5409**	**5409**	**—**	**—**	**5286**
玉州区	80	80	—	—	41
福绵区	—	—	—	—	200
兴业县	367	367	—	—	375
容县	486	486	—	—	819
北流市	228	228	—	—	1528
陆川县	1273	1273	—	—	1155
博白县	2975	2975	—	—	1168
百色市	**31000**	**20134**	**—**	**10866**	**3814**
右江区	2453	2453	—	—	1255
田阳县	1793	1793	—	—	133
田东县	3173	1400	—	1773	100
平果县	6343	917	—	5426	413
德保县	424	424	—	—	72
靖西县	2213	213	—	2000	3
那坡县	1429	762	—	667	9
凌云县	1267	600	—	667	400
乐业县	1693	1360	—	333	416
田林县	4856	4856	—	—	701
隆林各族自治县	2003	2003	—	—	96
西林县	3353	3353	—	—	216
贺州市	**13840**	**12405**	**—**	**1435**	**3521**
八步区	3852	3084	—	768	779
昭平县	3336	3336	—	—	1462
钟山县	1841	1841	—	—	192
富川瑶族自治县	1536	869	—	667	403
平桂区	3275	3275	—	—	685
河池市	**13749**	**13749**	**—**	**—**	**6616**
金城江区	1001	1001	—	—	269
宜州市	1148	1148	—	—	604
罗城仫佬族自治县	1400	1400	—	—	909
环江毛南族自治县	2020	2020	—	—	1776
南丹县	2066	2066	—	—	605
天峨县	1347	1347	—	—	407
凤山县	1227	1227	—	—	875
东兰县	1124	1124	—	—	270
巴马瑶族自治县	1505	1505	—	—	754
都安瑶族自治县	66	66	—	—	67
大化瑶族自治县	845	845	—	—	80
来宾市	**6786**	**6786**	**—**	**—**	**6524**
兴宾区	2042	2042	—	—	1029
合山市	235	235	—	—	499

分县造林完成情况

单位：公顷

地　区	荒山荒(沙)地造林面积				更新造林
	合计	人工造林	飞播造林	无林地和疏林地新封山(沙)育林	
象州县	667	667	—	—	2456
武宣县	1333	1333	—	—	1506
金秀瑶族自治县	1197	1197	—	—	845
忻城县	1312	1312	—	—	189
崇左市	**5349**	**5349**	**—**	**—**	**2464**
江州区	520	520	—	—	158
扶绥县	900	900	—	—	862
大新县	140	140	—	—	88
天等县	733	733	—	—	200
宁明县	1904	1904	—	—	1156
龙州县	745	745	—	—	—
凭祥市	407	407	—	—	—
高峰林场	**—**	**—**	**—**	**—**	**2004**
七坡林场	**8**	**8**	**—**	**—**	**159**
东门林场	**30**	**30**	**—**	**—**	**869**
派阳山林场	**—**	**—**	**—**	**—**	**841**
钦廉林场	**53**	**53**	**—**	**—**	**1902**
六万林场	**—**	**—**	**—**	**—**	**853**
博白林场	**—**	**—**	**—**	**—**	**880**
维都林场	**95**	**95**	**—**	**—**	**1281**
三门江林场	**—**	**—**	**—**	**—**	**983**
黄冕林场	**—**	**—**	**—**	**—**	**1237**
大桂山林场	**—**	**—**	**—**	**—**	**1247**
雅长林场	**768**	**768**	**—**	**—**	**—**
南宁良凤江森林公园	**—**	**—**	**—**	**—**	**132**
热林中心	**—**	**—**	**—**	**—**	**525**
沙塘林场	**—**	**—**	**—**	**—**	**48**
海南	**14166**	**14166**	**—**	**—**	**2003**
海口市	113	113	—	—	282
三亚市	73	73	—	—	—
五指山市	247	247	—	—	101
文昌市	1908	1908	—	—	431
琼海市	81	81	—	—	—
万宁市	937	937	—	—	206
定安县	270	270	—	—	110
屯昌县	475	475	—	—	72
澄迈县	1231	1231	—	—	—
临高县	66	66	—	—	138
儋州市	1878	1878	—	—	88
白沙黎族自治县	645	645	—	—	285
昌江黎族自治县	515	515	—	—	—
东方市	3878	3878	—	—	137
乐东黎族自治县	1056	1056	—	—	—
陵水黎族自治县	67	67	—	—	—
保亭黎族苗族自治县	300	300	—	—	—
琼中黎族苗族自治县	426	426	—	—	153
重庆	**255235**	**173188**	**—**	**82047**	**—**

分县造林完成情况

单位:公顷

地　区	荒山荒(沙)地造林面积				更新造林
	合计	人工造林	飞播造林	无林地和疏林地新封山(沙)育林	
万州区	9393	5393	—	4000	—
黔江区	7133	5800	—	1333	—
涪陵区	11994	4327	—	7667	—
大渡口区	393	393	—	—	—
江北区	793	793	—	—	—
沙坪坝区	793	793	—	—	—
九龙坡区	493	493	—	—	—
南岸区	987	987	—	—	—
北碚区	1913	1913	—	—	—
万盛区	933	933	—	—	—
渝北区	3994	3660	—	334	—
巴南区	3440	3107	—	333	—
长寿区	4840	3507	—	1333	—
南川区	7100	4433	—	2667	—
江津区	11386	7053	—	4333	—
合川区	4933	4933	—	—	—
永川区	9327	9327	—	—	—
双桥区	260	260	—	—	—
綦江县	3800	3800	—	—	—
潼南县	6280	6280	—	—	—
铜梁县	2573	2573	—	—	—
大足县	4520	3520	—	1000	—
荣昌县	5000	5000	—	—	—
璧山县	3986	3653	—	333	—
梁平县	7186	5853	—	1333	—
城口县	5660	4327	—	1333	—
丰都县	9127	5260	—	3867	—
垫江县	5800	5800	—	—	—
武隆县	9194	6527	—	2667	—
忠县	6033	5033	—	1000	—
开县	6734	6067	—	667	—
云阳县	15707	6507	—	9200	—
奉节县	12707	7040	—	5667	—
巫山县	11933	6100	—	5833	—
巫溪县	16800	6133	—	10667	—
石柱土家族自治县	6707	5040	—	1667	—
秀山土家族苗族自治县	11386	6053	—	5333	—
酉阳土家族苗族自治县	11187	6187	—	5000	—
彭水苗族土家族自治县	12810	8330	—	4480	—
四川	**382225**	**206421**	**—**	**175804**	**4578**
成都市	**1031**	**1031**	**—**	**—**	**—**
龙泉驿区	—	—	—	—	—
青白江区	—	—	—	—	—
金堂县	—	—	—	—	—
大邑县	652	652	—	—	—
蒲江县	215	215	—	—	—
都江堰市	107	107	—	—	—

分县造林完成情况

单位:公顷

地 区	荒山荒(沙)地造林面积				更新造林
	合计	人工造林	飞播造林	无林地和疏林地新封山(沙)育林	
邛崃市	57	57	—	—	—
自贡市	**7674**	**5475**	**—**	**2199**	**107**
自流井区	653	320	—	333	—
贡井区	748	415	—	333	—
大安区	1000	333	—	667	—
沿滩区	334	134	—	200	—
荣县	3136	2603	—	533	107
富顺县	1803	1670	—	133	—
攀枝花市	**9799**	**2200**	**—**	**7599**	**—**
普威林业局	2333	333	—	2000	—
国营林场总场	1333	—	—	1333	—
仁和区	2133	667	—	1466	—
盐边县	2000	1200	—	800	—
盐边林业局	2000	—	—	2000	—
泸州市	**8160**	**7893**	**—**	**267**	**333**
江阳区	467	467	—	—	—
纳溪区	333	333	—	—	—
龙马潭区	267	267	—	—	—
泸县	600	600	—	—	—
合江县	933	800	—	133	—
叙永县	3893	3893	—	—	333
古蔺县	1667	1533	—	134	—
德阳市	**1001**	**467**	**—**	**534**	**473**
旌阳区	134	67	—	67	—
中江县	466	133	—	333	—
罗江县	267	200	—	67	—
广汉市	134	67	—	67	—
什邡市	—	—	—	—	473
绵阳市	**13024**	**10342**	**—**	**2682**	**—**
涪城区	45	45	—	—	—
游仙区	1131	448	—	683	—
三台县	533	533	—	—	—
盐亭县	3201	2868	—	333	—
安县	1902	1902	—	—	—
梓潼县	333	—	—	333	—
北川羌族自治县	733	733	—	—	—
平武县	4063	3063	—	1000	—
江油市	1083	750	—	333	—
广元市	**20351**	**15283**	**—**	**5068**	**—**
利州区	3398	1531	—	1867	—
元坝区	2087	1554	—	533	—
朝天区	3106	2106	—	1000	—
旺苍县	801	267	—	534	—
青川县	6667	6667	—	—	—
剑阁县	1665	1465	—	200	—
苍溪县	2627	1693	—	934	—
遂宁市	**4867**	**4134**	**—**	**733**	**249**

分县造林完成情况

单位:公顷

地区	荒山荒(沙)地造林面积				更新造林
	合计	人工造林	飞播造林	无林地和疏林地新封山(沙)育林	
船山区	1000	867	—	133	—
安居区	1000	867	—	133	249
蓬溪县	934	934	—	—	—
射洪县	1067	733	—	334	—
大英县	866	733	—	133	—
内江市	**3112**	**2645**	**—**	**467**	**13**
市中区	266	266	—	—	—
东兴区	266	266	—	—	—
威远县	1513	1513	—	—	—
资中县	800	333	—	467	13
隆昌县	267	267	—	—	—
乐山市	**13794**	**12005**	**—**	**1789**	**—**
市中区	200	200	—	—	—
沙湾区	466	133	—	333	—
金口河区	133	133	—	—	—
犍为县	874	874	—	—	—
沐川县	3266	2933	—	333	—
川南林业局	5456	5333	—	123	—
峨边彝族自治县	200	200	—	—	—
马边彝族自治县	2266	1533	—	733	—
峨眉山市	933	666	—	267	—
南充市	**16296**	**14230**	**—**	**2066**	**—**
顺庆区	600	600	—	—	—
高坪区	2249	2116	—	133	—
嘉陵区	1492	1359	—	133	—
南部县	4241	4241	—	—	—
营山县	2012	1679	—	333	—
蓬安县	467	333	—	134	—
仪陇县	1741	1074	—	667	—
西充县	1933	1600	—	333	—
阆中市	1561	1228	—	333	—
眉山市	**10431**	**8364**	**—**	**2067**	**333**
东坡区	910	910	—	—	—
仁寿县	2969	2769	—	200	—
彭山县	583	516	—	67	—
洪雅县	4227	2427	—	1800	—
丹棱县	897	897	—	—	333
青神县	845	845	—	—	—
宜宾市	**18562**	**17829**	**—**	**733**	**2870**
翠屏区	800	667	—	133	250
宜宾县	1700	1633	—	67	133
南溪县	1400	1333	—	67	267
江安县	2867	2867	—	—	107
长宁县	2964	2964	—	—	67
高县	1364	1297	—	67	112
珙县	2333	2200	—	133	1667
筠连县	1466	1333	—	133	267

分县造林完成情况

单位：公顷

地区	荒山荒(沙)地造林面积				更新造林
	合计	人工造林	飞播造林	无林地和疏林地新封山(沙)育林	
兴文县	1868	1868	—	—	—
屏山县	1800	1667	—	133	—
广安市	**9760**	**6094**	**—**	**3666**	**—**
广安区	2300	1167	—	1133	—
岳池县	1854	1520	—	334	—
武胜县	1733	1067	—	666	—
邻水县	2727	1727	—	1000	—
华蓥市	1146	613	—	533	—
达州市	**13731**	**8066**	**—**	**5665**	**—**
通川区	599	266	—	333	—
达县	2333	1000	—	1333	—
宣汉县	2267	667	—	1600	—
开江县	1666	1200	—	466	—
大竹县	3266	2733	—	533	—
渠县	1200	1200	—	—	—
万源市	2400	1000	—	1400	—
雅安市	**11799**	**3132**	**—**	**8667**	**200**
夹金山林业局	4133	333	—	3800	—
雨城区	667	667	—	—	—
名山县	533	533	—	—	200
荥经县	2000	1000	—	1000	—
汉源县	667	—	—	667	—
石棉县	2000	133	—	1867	—
天全县	1333	—	—	1333	—
芦山县	133	133	—	—	—
宝兴县	333	333	—	—	—
巴中市	**16640**	**13640**	**—**	**3000**	**—**
巴州区	4386	3786	—	600	—
通江县	4812	3746	—	1066	—
南江县	4376	3709	—	667	—
平昌县	3066	2399	—	667	—
资阳市	**8235**	**7569**	**—**	**666**	**—**
雁江区	1292	959	—	333	—
安岳县	2334	2334	—	—	—
乐至县	1425	1425	—	—	—
简阳市	3184	2851	—	333	—
阿坝藏族羌族自治州	**32333**	**4000**	**—**	**28333**	**—**
松潘县	267	—	—	267	—
九寨沟县	533	—	—	533	—
金川县	867	667	—	200	—
小金县	200	—	—	200	—
黑水县	267	—	—	267	—
马尔康县	800	133	—	667	—
壤塘县	2733	200	—	2533	—
阿坝县	1334	67	—	1267	—
若尔盖县	1333	133	—	1200	—
红原县	1866	—	—	1866	—

分县造林完成情况

单位:公顷

地区	荒山荒(沙)地造林面积				更新造林
	合计	人工造林	飞播造林	无林地和疏林地新封山(沙)育林	
马尔康林业局	4000	667	—	3333	—
观音桥林业局	3067	400	—	2667	—
小金林业局	2667	667	—	2000	—
松潘林业局	2333	333	—	2000	—
南坪林业局	1666	333	—	1333	—
川西林业局	667	—	—	667	—
黑水林业局	2267	267	—	2000	—
壤塘林业局	2000	—	—	2000	—
州林业筑路处	2133	133	—	2000	—
岷江造林局	1333	—	—	1333	—
甘孜藏族自治州	**42413**	**13608**	**—**	**28805**	**—**
康定县	2307	1374	—	933	—
泸定县	2410	677	—	1733	—
丹巴县	1180	380	—	800	—
九龙县	1067	200	—	867	—
雅江县	1533	866	—	667	—
道孚县	2000	933	—	1067	—
炉霍县	1633	633	—	1000	—
甘孜县	1534	200	—	1334	—
新龙县	1948	615	—	1333	—
德格县	1733	200	—	1533	—
白玉县	1134	467	—	667	—
石渠县	67	67	—	—	—
色达县	1000	333	—	667	—
理塘县	1268	267	—	1001	—
巴塘县	1766	966	—	800	—
乡城县	1790	990	—	800	—
稻城县	867	867	—	—	—
得荣县	1706	706	—	1000	—
白玉林业局	1733	400	—	1333	—
力邱河林业局	1471	467	—	1004	—
丹巴林业局	2000	200	—	1800	—
道孚林业局	2533	800	—	1733	—
炉霍林业局	2067	200	—	1867	—
翁达林场	1333	200	—	1133	—
新龙林业局	2200	467	—	1733	—
州林业工程处	2133	133	—	2000	—
凉山彝族自治州	**57311**	**39413**	**—**	**17898**	**—**
西昌市	1953	1286	—	667	—
木里藏族自治县	1440	573	—	867	—
盐源县	2273	740	—	1533	—
德昌县	678	545	—	133	—
会理县	1426	1093	—	333	—
会东县	1734	1000	—	734	—
宁南县	1726	1259	—	467	—
普格县	1267	667	—	600	—
布拖县	1466	866	—	600	—

分县造林完成情况

单位:公顷

地　区	荒山荒(沙)地造林面积				更新造林
	合计	人工造林	飞播造林	无林地和疏林地新封山(沙)育林	
金阳县	7662	6796	—	866	—
昭觉县	2765	1199	—	1566	—
喜德县	2217	1884	—	333	—
冕宁县	2126	1660	—	466	—
越西县	1413	879	—	534	—
甘洛县	4600	3600	—	1000	—
美姑县	1866	1400	—	466	—
雷波县	1333	733	—	600	—
木里林业局	7000	5000	—	2000	—
雷波林业局	4899	3566	—	1333	—
凉北林业局	4134	2667	—	1467	—
州林业第五筑路处	3333	2000	—	1333	—
长江造林局	**36900**	**4667**	**—**	**32233**	**—**
大渡河造林局	**25001**	**4334**	**—**	**20667**	**—**
贵州	**206603**	**72714**	**—**	**133889**	**—**
贵阳市	**5974**	**1852**	**—**	**4122**	**—**
白云区	200	—	—	200	—
开阳县	1396	67	—	1329	—
息烽县	1758	658	—	1100	—
修文县	133	—	—	133	—
清镇县	2487	1127	—	1360	—
六盘水市	**10839**	**3932**	**—**	**6907**	**—**
钟山区	2227	376	—	1851	—
盘县	1813	873	—	940	—
六枝特区	1866	328	—	1538	—
水城县	4933	2355	—	2578	—
遵义市	**31016**	**11346**	**—**	**19670**	**—**
遵义县	1733	67	—	1666	—
赤水市	2200	666	—	1534	—
桐梓县	2527	1160	—	1367	—
绥阳县	1734	467	—	1267	—
正安县	7016	3521	—	3495	—
道真仡佬族苗族自治县	4487	1597	—	2890	—
务川仡佬族苗族自治县	3754	687	—	3067	—
凤冈县	1893	871	—	1022	—
湄潭县	480	480	—	—	—
仁怀县	2058	563	—	1495	—
习水县	2867	1200	—	1667	—
汇川区	267	67	—	200	—
铜仁地区	**33151**	**12733**	**—**	**20418**	**—**
铜仁市	1667	667	—	1000	—
江口县	1734	534	—	1200	—
玉屏侗族自治县	1269	801	—	468	—
石阡县	4356	1766	—	2590	—
思南县	4767	2527	—	2240	—
印江土家族苗族自治县	4159	1097	—	3062	—
德江县	3567	1151	—	2416	—

分县造林完成情况

单位:公顷

地区	荒山荒(沙)地造林面积				更新造林
	合计	人工造林	飞播造林	无林地和疏林地新封山(沙)育林	
沿河土家族自治县	4501	1307	—	3194	—
松桃苗族自治县	4864	1703	—	3161	—
万山特区	2267	1180	—	1087	—
黔西南布依族苗族自治州	**22251**	**12859**	**—**	**9392**	**—**
板坝紫胶场	133	133	—	—	—
兴义市	2527	754	—	1773	—
兴仁县	2946	1480	—	1466	—
普安县	2366	1633	—	733	—
晴隆县	3353	2273	—	1080	—
贞丰县	1973	1753	—	220	—
望谟县	2653	1520	—	1133	—
册亨县	2866	1873	—	993	—
安龙县	2767	1440	—	1327	—
巧马林场	667	—	—	667	—
毕节地区	**28842**	**9240**	**—**	**19602**	**—**
毕节县	2527	1040	—	1487	—
大方县	2713	833	—	1880	—
黔西县	1976	500	—	1476	—
金沙县	2960	967	—	1993	—
织金县	3333	667	—	2666	—
纳雍县	4504	1275	—	3229	—
威宁彝族回族苗族自治县	6622	3211	—	3411	—
赫章县	3540	747	—	2793	—
百里杜鹃保护处	667	—	—	667	—
安顺市	**11117**	**2976**	**—**	**8141**	**—**
西秀区	2679	476	—	2203	—
平坝县	1515	492	—	1023	—
普定县	820	107	—	713	—
关岭布依族苗族自治县	2775	1263	—	1512	—
镇宁布依族苗族自治县	382	49	—	333	—
紫云苗族布依族自治县	2946	589	—	2357	—
黔东南苗族侗族自治州	**32947**	**8956**	**—**	**23991**	**—**
台江县	1267	200	—	1067	—
凯里市	467	—	—	467	—
黄平县	3586	1120	—	2466	—
施秉县	1687	420	—	1267	—
三穗县	1000	—	—	1000	—
镇远县	2620	460	—	2160	—
岑巩县	2647	647	—	2000	—
天柱县	2001	667	—	1334	—
锦屏县	2001	1334	—	667	—
剑河县	2201	334	—	1867	—
黎平县	4201	2000	—	2201	—
榕江县	1400	200	—	1200	—
从江县	1535	667	—	868	—
雷山县	1400	200	—	1200	—
麻江县	3734	507	—	3227	—

分县造林完成情况

单位:公顷

地区	荒山荒(沙)地造林面积				更新造林
	合计	人工造林	飞播造林	无林地和疏林地新封山(沙)育林	
丹寨县	733	200	—	533	—
雷公山自然保护区	467	—	—	467	—
黔南布依族苗族自治州	**28466**	**8820**	**—**	**19646**	**—**
都匀市	2753	253	—	2500	—
荔波县	1466	533	—	933	—
贵定县	800	133	—	667	—
福泉县	2324	241	—	2083	—
瓮安县	3040	747	—	2293	—
独山县	1200	667	—	533	—
平塘县	2773	733	—	2040	—
罗甸县	5901	2941	—	2960	—
长顺县	3420	796	—	2624	—
龙里县	342	9	—	333	—
惠水县	3247	1100	—	2147	—
三都水族自治县	1200	667	—	533	—
省直单位	**2000**	**—**	**—**	**2000**	**—**
麻阳河自然保护区	667	—	—	667	—
大沙河自然保护区	1333	—	—	1333	—
云南	**661500**	**596879**	**—**	**64621**	**6400**
昆明市	**15820**	**9620**	**—**	**6200**	**—**
五华区	67	67	—	—	—
盘龙区	987	653	—	334	—
东川区	4666	3333	—	1333	—
官渡区	133	133	—	—	—
晋宁县	680	147	—	533	—
安宁县	67	67	—	—	—
富民县	667	334	—	333	—
宜良县	53	53	—	—	—
石林彝族自治县	1667	1667	—	—	—
嵩明县	1000	—	—	1000	—
禄劝彝族苗族自治县	1766	433	—	1333	—
寻甸回族彝族自治县	4067	2733	—	1334	—
昭通市	**73799**	**69672**	**—**	**4127**	**—**
昭阳区	9666	9666	—	—	—
鲁甸县	18827	14700	—	4127	—
巧家县	10893	10893	—	—	—
盐津县	5087	5087	—	—	—
大关县	6000	6000	—	—	—
永善县	3980	3980	—	—	—
绥江县	4000	4000	—	—	—
镇雄县	6133	6133	—	—	—
彝良县	5933	5933	—	—	—
威信县	1280	1280	—	—	—
水富县	2000	2000	—	—	—
曲靖市	**70038**	**56570**	**—**	**13468**	**—**
麒麟区	667	667	—	—	—
马龙县	5534	4867	—	667	—

分县造林完成情况

单位:公顷

地 区	荒山荒(沙)地造林面积				更新造林
	合计	人工造林	飞播造林	无林地和疏林地新封山(沙)育林	
宣威市	22660	16327	—	6333	—
富源县	3600	3600	—	—	—
罗平县	7400	7400	—	—	—
师宗县	12764	10097	—	2667	—
陆良县	7333	6333	—	1000	—
会泽县	5279	3279	—	2000	—
沾益县	4801	4000	—	801	—
楚雄彝族自治州	**52932**	**46933**	**—**	**5999**	**—**
楚雄市	9681	9681	—	—	—
双柏县	3860	3860	—	—	—
牟定县	3333	2000	—	1333	—
南华县	9320	9320	—	—	—
姚安县	3507	3507	—	—	—
大姚县	6973	6973	—	—	—
永仁县	2353	2353	—	—	—
元谋县	2426	1093	—	1333	—
武定县	4666	3333	—	1333	—
禄丰县	6813	4813	—	2000	—
玉溪市	**25280**	**18020**	**—**	**7260**	**—**
红塔区	187	187	—	—	—
江川县	1807	807	—	1000	—
澂江县	2533	1533	—	1000	—
通海县	647	647	—	—	—
华宁县	3767	2767	—	1000	—
易门县	4640	1713	—	2927	—
峨山彝族自治县	2013	2013	—	—	—
新平彝族傣族自治县	7133	5800	—	1333	—
元江哈尼族彝族傣族自治县	2553	2553	—	—	—
红河哈尼族彝族自治州	**62048**	**58153**	**—**	**3895**	**355**
个旧市	2040	2040	—	—	—
开远市	4647	3314	—	1333	—
蒙自县	3507	3507	—	—	355
屏边苗族自治县	3287	2620	—	667	—
建水县	6400	6400	—	—	—
石屏县	6552	5780	—	772	—
弥勒县	11880	11880	—	—	—
泸西县	6457	5667	—	790	—
元阳县	3433	3433	—	—	—
红河县	3233	3233	—	—	—
金平苗族瑶族傣族自治县	3947	3947	—	—	—
绿春县	4666	4666	—	—	—
河口瑶族自治县	1999	1666	—	333	—
文山壮族苗族自治州	**27351**	**19815**	**—**	**7536**	**—**
文山县	1073	1073	—	—	—
砚山县	2620	2620	—	—	—
西畴县	1800	1800	—	—	—
麻栗坡县	3133	1800	—	1333	—

分县造林完成情况

单位:公顷

地区	荒山荒(沙)地造林面积				更新造林
	合计	人工造林	飞播造林	无林地和疏林地新封山(沙)育林	
马关县	1080	1080	—	—	—
丘北县	4667	1334	—	3333	—
广南县	8978	6108	—	2870	—
富宁县	4000	4000	—	—	—
普洱市	**26695**	**25695**	**—**	**1000**	**6045**
思茅区	1420	1420	—	—	2687
宁洱哈尼族彝族自治县	2233	2233	—	—	—
墨江哈尼族自治县	5593	5593	—	—	—
景东彝族自治县	2600	2600	—	—	—
景谷傣族彝族自治县	2547	2547	—	—	2691
镇沅彝族哈尼族拉祜族自治县	1273	1273	—	—	—
江城哈尼族彝族自治县	673	673	—	—	—
孟连傣族拉祜族佤族自治县	1227	1227	—	—	—
澜沧拉祜族自治县	5847	5847	—	—	667
西盟佤族自治县	3282	2282	—	1000	—
西双版纳傣族自治州	**3046**	**3046**	**—**	**—**	**—**
景洪市	473	473	—	—	—
勐海县	1000	1000	—	—	—
勐腊县	1573	1573	—	—	—
大理白族自治州	**101701**	**96663**	**—**	**5038**	**—**
大理市	5913	5913	—	—	—
漾濞彝族自治县	5853	5853	—	—	—
祥云县	6667	6667	—	—	—
宾川县	4413	2413	—	2000	—
弥渡县	9681	9681	—	—	—
南涧彝族自治县	6309	4976	—	1333	—
巍山彝族回族自治县	9360	9360	—	—	—
永平县	9187	9187	—	—	—
云龙县	10866	10866	—	—	—
洱源县	6547	6547	—	—	—
剑川县	13880	12547	—	1333	—
鹤庆县	13025	12653	—	372	—
保山市	**39347**	**39347**	**—**	**—**	**—**
隆阳区	14067	14067	—	—	—
施甸县	4600	4600	—	—	—
腾冲县	9820	9820	—	—	—
龙陵县	5107	5107	—	—	—
昌宁县	5753	5753	—	—	—
德宏傣族景颇族自治州	**34007**	**34007**	**—**	**—**	**—**
芒市	15811	15811	—	—	—
梁河县	2561	2561	—	—	—
盈江县	7593	7593	—	—	—
陇川县	6441	6441	—	—	—
瑞丽市	1601	1601	—	—	—
丽江市	**57344**	**55913**	**—**	**1431**	**—**
玉龙纳西族自治县	10746	9600	—	1146	—
古城区	3917	3667	—	250	—

分县造林完成情况

单位:公顷

地　区	荒山荒(沙)地造林面积				更新造林
	合计	人工造林	飞播造林	无林地和疏林地新封山(沙)育林	
永胜县	20975	20975	—	—	—
华坪县	6973	6938	—	35	—
宁蒗彝族自治县	14733	14733	—	—	—
怒江傈僳族自治州	**15639**	**14972**	**—**	**667**	**—**
泸水县	6793	6126	—	667	—
福贡县	3833	3833	—	—	—
贡山独龙族怒族自治县	1960	1960	—	—	—
兰坪白族普米族自治县	3053	3053	—	—	—
迪庆藏族自治州	**14827**	**6827**	**—**	**8000**	**—**
香格里拉县	9000	2333	—	6667	—
德钦县	2340	2340	—	—	—
维西傈僳族自治县	3487	2154	—	1333	—
临沧市	**41626**	**41626**	**—**	**—**	**—**
临翔区	6526	6526	—	—	—
凤庆县	9207	9207	—	—	—
云县	4680	4680	—	—	—
永德县	7346	7346	—	—	—
镇康县	873	873	—	—	—
双江拉祜族佤族布朗族傣族自治县	5887	5887	—	—	—
耿马傣族佤族自治县	2060	2060	—	—	—
沧源佤族自治县	5047	5047	—	—	—
西藏	**62299**	**42010**	**—**	**20289**	**1467**
陕西	**364312**	**199534**	**40000**	**124778**	**—**
西安市	**10732**	**7132**	**—**	**3600**	**—**
灞桥区	426	426	—	—	—
未央区	31	31	—	—	—
雁塔区	59	59	—	—	—
阎良区	300	300	—	—	—
临潼区	1260	1260	—	—	—
长安区	1405	738	—	667	—
蓝田县	3583	2650	—	933	—
周至县	1491	1158	—	333	—
户县	1377	377	—	1000	—
高陵县	133	133	—	—	—
周至国家级自然保护区	667	—	—	667	—
铜川市	**18060**	**11327**	**—**	**6733**	**—**
市辖区	33	33	—	—	—
王益区	517	317	—	200	—
印台区	4042	1509	—	2533	—
耀州区	7608	5275	—	2333	—
宜君县	5860	4193	—	1667	—
宝鸡市	**36277**	**14581**	**6666**	**15030**	**—**
渭滨区	2000	667	667	666	—
金台区	733	400	—	333	—
陈仓区	3434	634	1333	1467	—
凤翔县	2850	1583	—	1267	—
岐山县	4200	1601	1333	1266	—

分县造林完成情况

单位:公顷

地区	荒山荒(沙)地造林面积				更新造林
	合计	人工造林	飞播造林	无林地和疏林地新封山(沙)育林	
扶风县	3200	1000	—	2200	—
眉县	1867	867	—	1000	—
陇县	4000	2000	—	2000	—
千阳县	4200	2200	667	1333	—
麟游县	3333	1000	1333	1000	—
凤县	3930	1130	1333	1467	—
太白县	1797	1433	—	364	—
辛家山林业局	399	66	—	333	—
马头滩林业局	334	—	—	334	—
咸阳市	**28534**	**12200**	**2667**	**13667**	**—**
秦都区	200	200	—	—	—
渭城区	200	200	—	—	—
三原县	1534	667	—	867	—
泾阳县	1466	266	—	1200	—
乾县	2533	866	—	1667	—
礼泉县	2267	867	—	1400	—
永寿县	3667	1867	—	1800	—
彬县	2267	1000	—	1267	—
长武县	4133	2133	—	2000	—
旬邑县	4934	1134	2000	1800	—
淳化县	3667	1334	667	1666	—
武功县	200	200	—	—	—
兴平市	1466	1466	—	—	—
渭南市	**31760**	**17360**	**—**	**14400**	**—**
临渭区	1334	667	—	667	—
华县	3600	1867	—	1733	—
潼关县	1133	1133	—	—	—
大荔县	2393	1193	—	1200	—
合阳县	3933	1933	—	2000	—
澄城县	3320	2120	—	1200	—
蒲城县	2847	1980	—	867	—
白水县	3067	1667	—	1400	—
富平县	3133	1667	—	1466	—
韩城市	3733	1533	—	2200	—
华阴市	3267	1600	—	1667	—
延安市	**57301**	**28301**	**6000**	**23000**	**—**
宝塔区	3907	1374	—	2533	—
延长县	5007	2807	—	2200	—
延川县	5113	3580	—	1533	—
子长县	2334	1667	—	667	—
安塞县	2446	1513	—	933	—
志丹县	4467	3600	—	867	—
吴起县	7066	4733	—	2333	—
甘泉县	2906	906	—	2000	—
富县	4000	1000	1333	1667	—
洛川县	4187	1321	1333	1533	—
宜川县	4193	1460	1333	1400	—

分县造林完成情况

单位:公顷

地　区	荒山荒(沙)地造林面积				更新造林
	合计	人工造林	飞播造林	无林地和疏林地新封山(沙)育林	
黄龙县	6153	2820	1333	2000	—
黄陵县	2320	1320	—	1000	—
劳山林业局	200	66	—	134	—
桥北林业局	668	—	668	—	—
桥山林业局	1067	67	—	1000	—
黄龙山林业局	1267	67	—	1200	—
汉中市	**23983**	**14101**	**—**	**9882**	**—**
汉台区	1067	667	—	400	—
南郑县	3600	2133	—	1467	—
城固县	2933	1733	—	1200	—
洋县	2280	1280	—	1000	—
西乡县	800	600	—	200	—
勉县	1996	982	—	1014	—
宁强县	1734	1000	—	734	—
略阳县	2072	1539	—	533	—
镇巴县	3300	2500	—	800	—
留坝县	1934	1000	—	934	—
佛坪县	2267	667	—	1600	—
榆林市	**68953**	**60287**	**8000**	**666**	**—**
榆阳区	8067	5734	2000	333	—
神木县	16047	14047	2000	—	—
府谷县	11320	11320	—	—	—
横山县	8200	6200	2000	—	—
靖边县	8000	6000	2000	—	—
定边县	7253	6920	—	333	—
绥德县	2059	2059	—	—	—
米脂县	1667	1667	—	—	—
佳县	1567	1567	—	—	—
吴堡县	773	773	—	—	—
清涧县	2667	2667	—	—	—
子洲县	1333	1333	—	—	—
安康市	**41900**	**20699**	**8667**	**12534**	**—**
市辖区	600	—	—	600	—
汉滨区	8800	5533	2000	1267	—
汉阴县	2266	666	667	933	—
石泉县	5284	4284	—	1000	—
宁陕县	2200	533	—	1667	—
紫阳县	5466	2533	2000	933	—
岚皋县	4267	1200	2000	1067	—
平利县	2533	1266	—	1267	—
镇坪县	2757	1757	—	1000	—
旬阳县	4600	1267	2000	1333	—
白河县	3127	1660	—	1467	—
商洛市	**27014**	**11880**	**8000**	**7134**	**—**
商州区	4114	2247	1334	533	—
洛南县	4200	1867	1333	1000	—
丹凤县	3067	1533	667	867	—

分县造林完成情况

单位:公顷

地　区	荒山荒(沙)地造林面积				更新造林
	合计	人工造林	飞播造林	无林地和疏林地新封山(沙)育林	
商南县	3800	1333	1333	1134	—
山阳县	4500	2100	1333	1067	—
镇安县	4333	1800	1333	1200	—
柞水县	3000	1000	667	1333	—
杨陵区	**400**	**400**	**—**	**—**	**—**
省森林资源管理局	**16865**	**733**	**—**	**16132**	**—**
宁西林业局	2466	133	—	2333	—
太白林业局	2800	133	—	2667	—
宁东林业局	4533	200	—	4333	—
汉西林业局	2466	133	—	2333	—
龙草坪林业局	1400	67	—	1333	—
长青林业局	3200	67	—	3133	—
省直单位	**2533**	**533**	**—**	**2000**	**—**
甘肃	**232761**	**148567**	**—**	**84194**	**—**
兰州市	**6152**	**3620**	**—**	**2532**	**—**
市辖区	1893	893	—	1000	—
城关区	266	266	—	—	—
七里河区	80	80	—	—	—
西固区	29	29	—	—	—
红古区	820	487	—	333	—
永登县	1233	900	—	333	—
皋兰县	958	625	—	333	—
榆中县	873	340	—	533	—
嘉峪关市	**1000**	**—**	**—**	**1000**	**—**
金昌市	**3134**	**400**	**—**	**2734**	**—**
市辖区	266	266	—	—	—
金川区	1134	67	—	1067	—
永昌县	1734	67	—	1667	—
白银市	**11693**	**6561**	**—**	**5132**	**—**
白银区	1299	433	—	866	—
平川区	733	600	—	133	—
靖远县	3361	1961	—	1400	—
会宁县	2767	1834	—	933	—
景泰县	3533	1733	—	1800	—
天水市	**38373**	**34773**	**—**	**3600**	**—**
市辖区	267	67	—	200	—
秦州区	5153	4620	—	533	—
麦积区	7807	7140	—	667	—
清水县	6860	6327	—	533	—
秦安县	5026	4693	—	333	—
甘谷县	7047	6380	—	667	—
武山县	3600	3333	—	267	—
张家川回族自治县	2613	2213	—	400	—
武威市	**26322**	**12522**	**—**	**13800**	**—**
濒危动物研究中心	933	266	—	667	—
金滩农林技术试验场	67	67	—	—	—
凉州区	5813	2480	—	3333	—

分县造林完成情况

单位:公顷

地　区	荒山荒(沙)地造林面积				更新造林
	合计	人工造林	飞播造林	无林地和疏林地新封山(沙)育林	
民勤县	8356	5023	—	3333	—
古浪县	7073	3606	—	3467	—
天祝藏族自治县	2213	680	—	1533	—
石羊河林业总场	1867	400	—	1467	—
张掖市	**9373**	**1240**	**—**	**8133**	**—**
市辖区	1000	—	—	1000	—
甘州区	1154	87	—	1067	—
肃南裕固族自治县	1200	133	—	1067	—
民乐县	1934	467	—	1467	—
临泽县	1599	133	—	1466	—
高台县	1420	87	—	1333	—
山丹县	1066	333	—	733	—
平凉市	**9398**	**7065**	**—**	**2333**	**—**
太统-崆峒山国家级自然保护区	267	267	—	—	—
崆峒区	966	966	—	—	—
泾川县	1233	900	—	333	—
灵台县	933	933	—	—	—
崇信县	833	833	—	—	—
华亭县	800	800	—	—	—
庄浪县	1900	1233	—	667	—
静宁县	1333	1000	—	333	—
关山林管局	1133	133	—	1000	—
酒泉市	**8697**	**1298**	**—**	**7399**	**—**
肃州区	1500	167	—	1333	—
金塔县	1400	67	—	1333	—
瓜州县	730	730	—	—	—
肃北蒙古族自治县	800	—	—	800	—
阿克塞哈萨克族自治县	267	—	—	267	—
玉门市	1700	234	—	1466	—
敦煌市	2300	100	—	2200	—
庆阳市	**12900**	**7033**	**—**	**5867**	**—**
西峰区	566	566	—	—	—
庆城县	887	887	—	—	—
环县	1619	753	—	866	—
华池县	987	987	—	—	—
合水县	933	933	—	—	—
正宁县	500	433	—	67	—
宁县	853	786	—	67	—
镇原县	1355	688	—	667	—
华池林业总场	1767	300	—	1467	—
合水林业总场	1533	333	—	1200	—
正宁林业总场	533	—	—	533	—
湘乐林业总场	1300	300	—	1000	—
巴家咀林场	67	67	—	—	—
定西市	**11067**	**5734**	**—**	**5333**	**—**
市辖区	1033	100	—	933	—
安定区	1133	600	—	533	—

分县造林完成情况

单位:公顷

地　区	荒山荒(沙)地造林面积				更新造林
	合计	人工造林	飞播造林	无林地和疏林地新封山(沙)育林	
通渭县	1433	900	—	533	—
陇西县	1067	667	—	400	—
渭源县	1467	867	—	600	—
临洮县	1767	900	—	867	—
漳县	1400	734	—	666	—
岷县	1767	966	—	801	—
陇南市	**52237**	**46039**	**—**	**6198**	**—**
市辖区	200	200	—	—	—
武都区	7690	7224	—	466	—
成县	3226	2226	—	1000	—
文县	7975	7642	—	333	—
宕昌县	4679	4346	—	333	—
康县	4445	4112	—	333	—
西和县	6822	6422	—	400	—
礼县	6515	6182	—	333	—
徽县	6524	5857	—	667	—
两当县	1961	1628	—	333	—
岷江林业总场	1000	—	—	1000	—
康南林业总场	1200	200	—	1000	—
临夏回族自治州	**6767**	**5100**	**—**	**1667**	**—**
临夏县	600	400	—	200	—
康乐县	1267	1267	—	—	—
永靖县	1400	800	—	600	—
广河县	433	433	—	—	—
和政县	1100	633	—	467	—
东乡族自治县	1000	933	—	67	—
积石山保安族东乡族撒拉族自治县	967	634	—	333	—
甘南藏族自治州	**5267**	**2000**	**—**	**3267**	**—**
合作市	467	467	—	—	—
临潭县	467	134	—	333	—
卓尼县	200	200	—	—	—
舟曲县	200	200	—	—	—
迭部县	1333	333	—	1000	—
玛曲县	134	—	—	134	—
碌曲县	400	133	—	267	—
夏河县	1666	133	—	1533	—
州直单位	400	400	—	—	—
厅直单位	**30381**	**15182**	**—**	**15199**	**—**
盐池湾保护区	533	—	—	533	—
矿区	333	—	—	333	—
治沙所	132	132	—	—	—
山丹军马场	333	—	—	333	—
白龙江林业管理局	16816	7483	—	9333	—
小陇山林业实验局	6000	6000	—	—	—
祁连山国家级自然保护区	2667	—	—	2667	—
兴隆山国家级自然保护区	533	333	—	200	—
莲花山自然保护区	201	201	—	—	—

分县造林完成情况

单位:公顷

地 区	荒山荒(沙)地造林面积				更新造林
	合计	人工造林	飞播造林	无林地和疏林地新封山(沙)育林	
白水江国家级自然保护区	67	67	—	—	—
敦煌西湖国家级自然保护区	667	—	—	667	—
太子山自然保护区	1066	600	—	466	—
三北防护林建设局	800	133	—	667	—
林业技术推广总站	133	133	—	—	—
林业科学研究所	100	100	—	—	—
青海	**117804**	**33720**	**—**	**84084**	**—**
西宁市	**14227**	**10079**	**—**	**4148**	**—**
市直单位	3594	3594	—	—	—
大通回族土族自治县	4671	2670	—	2001	—
湟中县	3029	2362	—	667	—
湟源县	2933	1453	—	1480	—
海东地区	**18684**	**11485**	**—**	**7199**	**—**
平安县	1957	1824	—	133	—
民和回族土族自治县	3045	1378	—	1667	—
乐都县	1769	1436	—	333	—
互助土族自治县	4740	3273	—	1467	—
化隆回族自治县	3487	1821	—	1666	—
循化撒拉族自治县	2953	1753	—	1200	—
孟达自然保护区	733	—	—	733	—
海北藏族自治州	**5704**	**504**	**—**	**5200**	**—**
门源回族自治县	2286	286	—	2000	—
祁连县	681	14	—	667	—
海晏县	2737	204	—	2533	—
黄南藏族自治州	**8752**	**219**	**—**	**8533**	**—**
同仁县	1076	143	—	933	—
尖扎县	1376	43	—	1333	—
泽库县	2000	—	—	2000	—
河南蒙古族自治县	1800	—	—	1800	—
麦秀林场	2500	33	—	2467	—
海南藏族自治州	**26405**	**4506**	**—**	**21899**	**—**
共和县	7796	2991	—	4805	—
同德县	7022	22	—	7000	—
贵德县	1664	331	—	1333	—
兴海县	4348	14	—	4334	—
贵南县	5575	1148	—	4427	—
果洛藏族自治州	**3719**	**52**	**—**	**3667**	**—**
玛沁县	2667	—	—	2667	—
班玛县	1052	52	—	1000	—
玉树藏族自治州	**14105**	**—**	**—**	**14105**	**—**
玉树县	4000	—	—	4000	—
杂多县	2667	—	—	2667	—
称多县	5753	—	—	5753	—
囊谦县	1333	—	—	1333	—
江西林场	352	—	—	352	—
海西蒙古族藏族自治州	**26020**	**6687**	**—**	**19333**	**—**
德令哈市	9200	3107	—	6093	—

分县造林完成情况

单位:公顷

地区	荒山荒(沙)地造林面积				更新造林
	合计	人工造林	飞播造林	无林地和疏林地新封山(沙)育林	
格尔木市	4266	933	—	3333	—
乌兰县	6501	1167	—	5334	—
都兰县	4733	1400	—	3333	—
天峻县	747	80	—	667	—
大柴旦	573	—	—	573	—
省直单位	**188**	**188**	**—**	**—**	**—**
玛可河林业局	188	188	—	—	—
宁夏	**94932**	**71001**	**—**	**23931**	**452**
银川市	**14247**	**9581**	**—**	**4666**	**—**
兴庆区	1720	720	—	1000	—
金凤区	501	168	—	333	—
西夏区	1199	533	—	666	—
灵武市	2322	1655	—	667	—
白芨滩保护区管理局	2670	2003	—	667	—
永宁县	2669	2002	—	667	—
贺兰县	2423	2090	—	333	—
市直单位	743	410	—	333	—
石嘴山市	**8012**	**4346**	**—**	**3666**	**—**
市直单位	1946	613	—	1333	—
惠农区	3000	2000	—	1000	—
平罗县	3066	1733	—	1333	—
吴忠市	**26915**	**20315**	**—**	**6600**	**—**
红寺堡区	4755	3422	—	1333	—
市直单位	1967	1300	—	667	—
青铜峡市	3089	2089	—	1000	—
盐池县	8622	6355	—	2267	—
同心县	8482	7149	—	1333	—
固原市	**21213**	**16214**	**—**	**4999**	**—**
原洲区	4010	2677	—	1333	—
彭阳县	4998	3665	—	1333	—
西吉县	4220	3553	—	667	—
隆德县	3877	3544	—	333	—
泾源县	1766	1433	—	333	—
六盘山	2342	1342	—	1000	—
中卫市	**18901**	**16568**	**—**	**2333**	**452**
市直单位	6548	5215	—	1333	—
中宁县	4687	4687	—	—	452
海原县	7666	6666	—	1000	—
厅直单位	**2163**	**496**	**—**	**1667**	**—**
贺兰山林管局	667	—	—	667	—
罗山管理局	1067	67	—	1000	—
金沙林场	100	100	—	—	—
厅直其他单位	329	329	—	—	—
区其他单位	**3481**	**3481**	**—**	**—**	**—**
新疆	**199629**	**156964**	**—**	**42665**	**2440**
乌鲁木齐市	**2092**	**2092**	**—**	**—**	**1**
天山区	40	40	—	—	—

分县造林完成情况

单位:公顷

地　区	荒山荒(沙)地造林面积				更新造林
	合计	人工造林	飞播造林	无林地和疏林地新封山(沙)育林	
水磨沟区	34	34	—	—	—
头屯河区	67	67	—	—	—
达坂城区	753	753	—	—	—
米东区	293	293	—	—	1
乌鲁木齐县	905	905	—	—	—
克拉玛依市	**156**	**156**	**—**	**—**	**—**
吐鲁番地区	**5255**	**4522**	**—**	**733**	**20**
吐鲁番市	1079	746	—	333	20
鄯善县	1148	948	—	200	—
托克逊县	3028	2828	—	200	—
哈密地区	**5946**	**3612**	**—**	**2334**	**—**
哈密市	3745	2745	—	1000	—
巴里坤哈萨克自治县	1067	400	—	667	—
伊吾县	1134	467	—	667	—
昌吉回族自治州	**16248**	**11382**	**—**	**4866**	**80**
国家农业科技园区	270	270	—	—	—
昌吉市	1793	1793	—	—	—
阜康市	1886	1886	—	—	—
呼图壁县	2245	912	—	1333	67
玛纳斯县	2279	2279	—	—	13
奇台县	2309	2309	—	—	—
吉木萨尔县	1866	733	—	1133	—
木垒哈萨克自治县	3600	1200	—	2400	—
博尔塔拉蒙古自治州	**8979**	**2641**	**—**	**6338**	**82**
博乐市	2608	608	—	2000	37
哈夏林场	805	—	—	805	—
艾比湖湿地保护区	667	—	—	667	—
夏尔希里保护区	—	—	—	—	—
精河县	2787	1454	—	1333	43
温泉县	1779	579	—	1200	2
阿拉山口	333	—	—	333	—
巴音郭楞蒙古自治州	**8679**	**8546**	**—**	**133**	**15**
库尔勒市	1252	1252	—	—	15
轮台县	294	294	—	—	—
尉犁县	153	153	—	—	—
若羌县	1393	1393	—	—	—
且末县	1068	1068	—	—	—
焉耆回族自治县	2115	2115	—	—	—
和静县	846	713	—	133	—
和硕县	1241	1241	—	—	—
博湖县	317	317	—	—	—
阿克苏地区	**29086**	**26754**	**—**	**2332**	**198**
阿克苏市	6863	6863	—	—	—
红旗坡农场	205	205	—	—	—
实验林场	72	72	—	—	—
温宿县	3274	3274	—	—	—
库车县	3211	1878	—	1333	72

分县造林完成情况

单位:公顷

地　区	荒山荒(沙)地造林面积				更新造林
	合计	人工造林	飞播造林	无林地和疏林地新封山(沙)育林	
沙雅县	2713	2713	—	—	73
新和县	3103	3103	—	—	—
拜城县	725	725	—	—	—
乌什县	2749	2083	—	666	—
阿瓦提县	4804	4471	—	333	53
柯坪县	1367	1367	—	—	—
克孜勒苏柯尔克孜自治州	**8509**	**8243**	**—**	**266**	**—**
阿图什市	3500	3500	—	—	—
阿克陶县	2861	2861	—	—	—
阿合奇县	1120	987	—	133	—
乌恰县	1028	895	—	133	—
喀什地区	**33963**	**31496**	**—**	**2467**	**706**
喀什市	285	285	—	—	5
疏附县	5785	5785	—	—	18
疏勒县	1271	1271	—	—	19
英吉沙县	1076	1076	—	—	7
泽普县	2169	2169	—	—	11
莎车县	2121	2121	—	—	143
叶城县	1652	1185	—	467	4
麦盖提县	10454	10454	—	—	134
岳普湖县	4127	3460	—	667	—
伽师县	3103	2103	—	1000	365
巴楚县	1789	1456	—	333	—
塔什库尔干塔吉克自治县	131	131	—	—	—
和田地区	**14732**	**13598**	**—**	**1134**	**574**
和田市	333	333	—	—	12
和田县	1889	1889	—	—	34
墨玉县	3264	2597	—	667	176
皮山县	1909	1909	—	—	16
洛浦县	1248	1248	—	—	58
策勒县	2864	2397	—	467	32
于田县	1880	1880	—	—	181
民丰县	1345	1345	—	—	65
伊犁哈萨克自治州	**33993**	**31060**	**—**	**2933**	**349**
伊宁市	1893	1893	—	—	39
奎屯市	467	200	—	267	—
伊宁县	7580	7580	—	—	22
察布查尔锡伯自治县	4344	4344	—	—	47
霍城县	5546	4879	—	667	30
巩留县	5463	4263	—	1200	—
新源县	3080	2947	—	133	200
昭苏县	751	618	—	133	—
特克斯县	3136	3136	—	—	2
尼勒克县	1733	1200	—	533	9
塔城地区	**10016**	**5083**	**—**	**4933**	**415**
塔城市	307	307	—	—	6
乌苏市	267	267	—	—	52

分县造林完成情况

单位:公顷

地区	荒山荒(沙)地造林面积				更新造林
	合计	人工造林	飞播造林	无林地和疏林地新封山(沙)育林	
额敏县	640	640	—	—	—
沙湾县	3436	1836	—	1600	285
托里县	533	533	—	—	72
裕民县	100	100	—	—	—
和布克赛尔蒙古自治县	4733	1400	—	3333	—
阿勒泰地区	**21882**	**7686**	**—**	**14196**	**—**
阿勒泰市	2530	665	—	1865	—
布尔津县	1799	1133	—	666	—
富蕴县	1790	457	—	1333	—
福海县	6566	2233	—	4333	—
哈巴河县	1551	885	—	666	—
青河县	5133	2133	—	3000	—
吉木乃县	2513	180	—	2333	—
区直单位	**—**	**—**	**—**	**—**	**—**
阿尔泰山国有林管理局	—	—	—	—	—
天山东部国有林管理局	—	—	—	—	—
石河子市	**93**	**93**	**—**	**—**	**—**
新疆兵团	**51972**	**46639**	**—**	**5333**	**605**
农一师	**14350**	**14350**	**—**	**—**	**61**
1 团	840	840	—	—	40
2 团	715	715	—	—	—
3 团	1047	1047	—	—	—
4 团	173	173	—	—	7
5 团	443	443	—	—	11
6 团	584	584	—	—	—
7 团	560	560	—	—	3
8 团	792	792	—	—	—
阿拉尔农场	538	538	—	—	—
10 团	1075	1075	—	—	—
11 团	1555	1555	—	—	—
12 团	593	593	—	—	—
13 团	860	860	—	—	—
14 团	2032	2032	—	—	—
16 团	605	605	—	—	—
塔水处	254	254	—	—	—
水工处	307	307	—	—	—
沙水处	32	32	—	—	—
南口农场	585	585	—	—	—
幸福城农场	760	760	—	—	—
农二师	**10724**	**8058**	**—**	**2666**	**—**
21 团	12	12	—	—	—
24 团	3	3	—	—	—
25 团	3	3	—	—	—
27 团	13	13	—	—	—
30 团	18	18	—	—	—

分县造林完成情况

单位:公顷

地　区	荒山荒(沙)地造林面积				更新造林
	合计	人工造林	飞播造林	无林地和疏林地新封山(沙)育林	
31 团	2374	2374	—	—	—
33 团	2853	2853	—	—	—
34 团	1466	1466	—	—	—
36 团	736	736	—	—	—
38 团	500	500	—	—	—
223 团	1349	16	—	1333	—
且末支队	1397	64	—	1333	—
农三师	**11567**	**11567**	**—**	**—**	**—**
41 团	671	671	—	—	—
42 团	142	142	—	—	—
44 团	1667	1667	—	—	—
45 团	326	326	—	—	—
46 团	588	588	—	—	—
48 团	1341	1341	—	—	—
49 团	1361	1361	—	—	—
50 团	2253	2253	—	—	—
51 团	1827	1827	—	—	—
53 团	934	934	—	—	—
伽师总场	334	334	—	—	—
东风农场	15	15	—	—	—
红旗农场	69	69	—	—	—
叶城二牧场	39	39	—	—	—
农四师	**1584**	**1584**	**—**	**—**	**403**
61 团	257	257	—	—	47
62 团	55	55	—	—	3
63 团	205	205	—	—	162
64 团	70	70	—	—	13
66 团	76	76	—	—	72
67 团	185	185	—	—	—
68 团	82	82	—	—	3
69 团	40	40	—	—	30
70 团	38	38	—	—	2
71 团	33	33	—	—	27
72 团	64	64	—	—	3
73 团	40	40	—	—	5
74 团	6	6	—	—	—
75 团	3	3	—	—	3
76 团	3	3	—	—	—
77 团	13	13	—	—	—
78 团	393	393	—	—	33
79 团	21	21	—	—	—
农五师	**438**	**438**	**—**	**—**	**—**
81 团	28	28	—	—	—
83 团	74	74	—	—	—
84 团	40	40	—	—	—

分县造林完成情况

单位:公顷

地区	荒山荒(沙)地造林面积				更新造林
	合计	人工造林	飞播造林	无林地和疏林地新封山(沙)育林	
86 团	46	46	—	—	—
87 团	90	90	—	—	—
88 团	28	28	—	—	—
89 团	62	62	—	—	—
90 团	34	34	—	—	—
91 团	36	36	—	—	—
农六师	**3541**	**1541**	**—**	**2000**	**91**
101 团	14	14	—	—	11
102 团	13	13	—	—	2
103 团	1542	875	—	667	7
105 团	9	9	—	—	1
106 团	7	7	—	—	1
新湖	124	124	—	—	17
芳草湖	164	164	—	—	19
红旗	767	100	—	667	14
军户	7	7	—	—	3
共青团	85	85	—	—	4
六运湖	7	7	—	—	—
土墩子	32	32	—	—	—
奇台	44	44	—	—	11
师直单位	726	60	—	666	1
农七师	**923**	**923**	**—**	**—**	**—**
123 团	80	80	—	—	—
124 团	147	147	—	—	—
125 团	81	81	—	—	—
126 团	51	51	—	—	—
127 团	72	72	—	—	—
128 团	83	83	—	—	—
129 团	51	51	—	—	—
130 团	51	51	—	—	—
131 团	267	267	—	—	—
137 团	40	40	—	—	—
农八师	**4655**	**4655**	**—**	**—**	**—**
121 团	847	847	—	—	—
133 团	413	413	—	—	—
134 团	348	348	—	—	—
136 团	793	793	—	—	—
141 团	133	133	—	—	—
142 团	133	133	—	—	—
143 团	84	84	—	—	—
144 团	84	84	—	—	—
石河子总场	115	115	—	—	—
147 团	419	419	—	—	—
148 团	399	399	—	—	—
149 团	373	373	—	—	—

分县造林完成情况

单位:公顷

地 区	荒山荒(沙)地造林面积				更新造林
	合计	人工造林	飞播造林	无林地和疏林地新封山(沙)育林	
150 团	508	508	—	—	—
玛管处	6	6	—	—	—
农九师	**1533**	**866**	**—**	**667**	**—**
161 团	13	13	—	—	—
163 团	10	10	—	—	—
164 团	36	36	—	—	—
165 团	13	13	—	—	—
166 团	35	35	—	—	—
167 团	52	52	—	—	—
168 团	47	47	—	—	—
169 团	2	2	—	—	—
170 团	1308	641	—	667	—
团结农场	17	17	—	—	—
农十师	**366**	**366**	**—**	**—**	**—**
181 团	53	53	—	—	—
182 团	47	47	—	—	—
183 团	40	40	—	—	—
184 团	33	33	—	—	—
185 团	27	27	—	—	—
186 团	13	13	—	—	—
187 团	40	40	—	—	—
188 团	113	113	—	—	—
农十二师	**165**	**165**	**—**	**—**	**—**
头屯河农场	73	73	—	—	—
三坪农场	10	10	—	—	—
104 团	10	10	—	—	—
五一农场	23	23	—	—	—
西山农场	7	7	—	—	—
221 团	42	42	—	—	—
农十三师	**1613**	**1613**	**—**	**—**	**50**
红星 1 场	230	230	—	—	—
红星 2 场	343	343	—	—	1
红星 4 场	218	218	—	—	36
黄田农场	209	209	—	—	2
火箭农场	253	253	—	—	8
柳树泉农场	277	277	—	—	—
红山农场	77	77	—	—	—
淖毛湖农场	6	6	—	—	3
农十四师	**513**	**513**	**—**	**—**	**—**
47 团	9	9	—	—	—
皮山农场	38	38	—	—	—
224 团	466	466	—	—	—
大兴安岭	**3080**	**3080**	**—**	**—**	**—**
军事管理区	**46667**	**46667**	**—**	**—**	**—**

附录五

全国历年主要统计指标完成情况

ANNEX Ⅴ

全国历年造林面积

单位：千公顷

年　份	造林面积			
	合计	人工造林	飞播造林	新封山育林
1949～1952	1707.33	1707.33		
1953	1112.93	1112.93		
1954	1166.20	1166.20		
1955	1710.53	1710.53		
1956	5723.27	5723.27		
1957	4355.07	4355.07		
1958	6098.67	6098.67		
1959	5449.67	5442.67	7.00	
1960	4143.93	4136.93	7.00	
1961	1441.33	1432.33	9.00	
1962	1198.73	1188.73	10.00	
1963	1530.13	1516.03	14.10	
1964	2911.33	2893.23	18.10	
1965	3425.33	3403.23	22.10	
1966	4533.33	4351.83	181.50	
1967	3904.00	3540.99	363.01	
1968	3413.33	2858.81	554.52	
1969	3479.33	2753.31	726.02	
1970	3884.00	2976.48	907.52	
1971	4525.13	3404.40	1120.73	
1972	4635.73	3473.33	1162.40	
1973	4982.87	3925.47	1057.40	
1974	5002.47	4114.74	887.73	
1975	4973.73	4437.66	536.07	
1976	4925.73	4323.06	602.67	
1977	4793.27	4218.54	574.73	
1978	4496.33	4125.73	370.60	
1979	4489.27	3910.27	579.00	
1980	4552.00	3940.00	612.00	
1981	4110.07	3681.00	429.07	
1982	4495.60	4115.80	379.80	
1983	6324.40	5603.13	721.27	
1984	8253.67	7290.74	962.93	
1985	8336.80	6948.80	1388.00	
1986	5274.00	4158.20	1115.80	
1987	5414.20	4207.27	1206.93	
1988	5533.27	4574.80	958.47	
1989	5023.33	4109.53	913.80	
1990	5208.47	4353.34	855.13	
1991	5594.47	4751.80	842.67	
1992	6030.40	5083.70	946.70	
1993	5903.40	5044.40	859.00	
1994	5992.66	5190.24	802.42	
1995	5214.61	4629.35	585.26	
1996	4919.38	4314.96	604.42	
1997	4354.93	3737.75	617.18	
1998	4811.05	4086.00	725.05	
1999	4900.71	4276.85	623.86	
2000	5105.14	4345.01	760.13	
2001	4953.04	3977.32	975.72	
2002	7770.97	6896.04	874.93	
2003	9118.89	8432.48	686.41	
2004	5598.08	5018.89	579.19	
2005	3637.68	3221.29	416.39	
2006	3838.79	2446.12	271.80	1120.87
2007	3907.71	2738.52	118.67	1050.52
2008	5353.74	3684.26	154.07	1515.41
2009	6262.33	4156.29	226.34	1879.70
2010	5909.92	3872.76	195.95	1841.21
1949～1952	1707.33	1707.33		
1953～1957	14068.00	14068.00		
1958～1962	18332.33	18299.33	33.00	
1963～1965	7866.79	7812.49	54.30	
1966～1970	19213.99	16481.42	2732.57	
1971～1975	24119.93	19355.60	4764.33	
1976～1980	23256.60	20517.60	2739.00	
1981～1985	31520.54	27639.47	3881.07	
1986～1990	26453.27	21403.14	5050.13	
1991～1995	28735.54	24699.49	4036.05	
1996～2000	24091.21	20760.57	3330.64	
2001～2005	31078.66	27546.03	3532.64	
2006～2010	25272.49	16897.96	966.82	7407.71
1949～2010	275716.68	237188.42	31120.55	7407.71

注：1. 1985 年以前，造林成活率达到 40% 即统计造林面积，以后为达到 85% 以上统计。

2. 根据造林技术规程（GB/T 15776－2006），本表自 2006 年起将无林地和疏林地新封山育林面积计入造林总面积。

全国历年新封山育林和迹地更新面积

单位:千公顷

年份	新封山育林面积	迹地更新面积	年份	新封山育林面积	迹地更新面积
1949～1952		22.53	1989	4535.33	719.10
1953		16.53	1990	4910.47	671.50
1954		38.80	1991	6220.47	664.10
1955		39.20	1992	5874.10	673.60
1956		94.13	1993	4795.60	739.20
1957		55.80	1994	4844.44	722.70
1958		391.13	1995	4538.49	750.96
1959		560.33	1996	3659.83	794.75
1960		483.73	1997	3865.81	798.38
1961		157.07	1998	9699.10	806.30
1962		106.33	1999	6704.50	1042.83
1963		183.00	2000	6130.00	919.80
1964		206.53	2001	5821.90	515.29
1965		238.93	2002	2561.36	379.00
1966		321.00	2003	1817.34	285.99
1967		303.00	2004	1196.55	319.31
1968		240.00	2005	1763.00	407.55
1969		233.00	2006	1120.87	408.24
1970		325.00	2007	1050.52	390.91
1971		307.53	2008	1515.41	424.00
1972		319.00	2009	1879.70	344.25
1973		356.73	2010	1841.21	306.71
1974		362.00	1949～1952		22.53
1975		422.00	1953～1957		244.46
1976		420.80	1958～1962		1698.59
1977		416.40	1963～1965		628.46
1978		458.40	1966～1970		1422.00
1979		409.33	1971～1975		1767.26
1980		421.93	1976～1980		2126.86
1981	3652.33	442.60	1981～1985	26889.87	2580.47
1982	5732.00	438.80	1986～1990	25277.07	3308.40
1983	5678.07	508.80	1991～1995	26273.10	3550.56
1984	6780.67	552.00	1996～2000	30059.24	4362.06
1985	5046.80	638.27	2001～2005	13160.15	1907.14
1986	5736.13	577.40	2006～2010	7407.71	1874.12
1987	5449.13	703.50	1949～2010	129067.13	25492.90
1988	4646.00	636.90			

注:2004 年后新封山育林面积指无林地和疏林地新封山育林面积。

全国历年林业重点

年 份	合 计	天然林资源保护工程	退耕还林工程		京津风沙源治理工程	
			退耕还林工程合计	其中：退耕地造林		小 计
1979～1985 年	**10109.80**					**10109.80**
1986 年	1106.73					1106.73
1987 年	1064.80					1064.80
1988 年	1063.93					1063.93
1989 年	1001.80					1001.80
1990 年	1662.06					1662.06
七五小计	**5899.32**					**5899.32**
1991 年	2082.20					2082.20
1992 年	2308.00					2308.00
1993 年	2602.10				132.80	2211.80
1994 年	2729.59				139.79	2366.48
1995 年	2862.17				168.59	2450.71
八五小计	**12584.06**				**441.18**	**11419.19**
1996 年	2669.49				164.95	2316.73
1997 年	2642.61				215.95	2233.46
1998 年	2856.00	290.35			231.58	2196.02
1999 年	3275.63	477.56	447.93	381.47	211.58	2032.46
2000 年	3345.92	426.37	683.60	328.42	280.27	1708.80
九五小计	**14789.65**	**1194.28**	**1131.53**	**709.89**	**1104.33**	**10487.47**
2001 年	3160.18	948.08	870.99	386.14	217.32	1034.92
2002 年	6777.38	856.08	4423.61	2039.77	676.38	775.63
2003 年	8262.78	688.26	6196.13	3085.93	824.43	533.54
2004 年	4802.85	641.45	3217.54	824.90	473.27	448.32
2005 年	3109.10	424.81	1898.36	667.39	408.25	368.20
十五小计	**26112.30**	**3558.68**	**16606.63**	**7004.13**	**2599.64**	**3160.62**
2006 年	2810.80	774.82	1050.53	218.49	409.54	566.82
2007 年	2681.65	732.88	1056.02	59.46	315.13	574.22
2008 年	3437.50	1009.02	1189.70	2.16	469.04	765.77
2009 年	4596.24	1360.91	886.67	0.74	434.82	1893.08
2010 年	3669.65	885.48	982.62	0.33	439.13	1360.65
十一五小计	**17195.84**	**4763.11**	**5165.52**	**281.19**	**2067.66**	**5160.54**
1979～2010 年	**86690.97**	**9516.06**	**22903.69**	**7995.20**	**6212.81**	**46236.93**

注：太行山绿化工程 1990 年造林面积 354.60 千公顷系指 1984～1990 年的造林面积，其中 1990 年造林面积为 109.73 千

数据为原利用世界银行贷款营造速生丰产用材林建设工程数据。

本表数据从 2001 年开始，将原有的 16 个工程整合形成 10 个重点林业工程。

根据造林技术规程（GB/T 15776－2006），本表自 2006 年起将无林地和疏林地新封山育林面积计入造林总面积。

工程完成造林面积

单位:千公顷

三北及长江流域等重点防护林体系建设工程						速生丰产用材林基地建设工程
三北防护林工程	长江流域防护林工程	沿海防护林工程	珠江流域防护林工程	太行山绿化工程	平原绿化工程	
10109.80						
1106.73						
1064.80						
1063.93						
956.07	45.73					
983.33	324.13			354.60		
5174.86	**369.86**			**354.60**		
1170.47	462.40	223.60		225.73		
1255.20	584.60	235.80		232.40		
1160.00	573.00	131.20		275.20	72.40	257.50
1255.49	546.00	152.78		358.22	53.99	223.32
1333.26	535.71	103.27		427.04	51.43	242.87
6174.42	**2701.71**	**846.65**		**1518.59**	**177.82**	**723.69**
1342.28	463.96	72.17		402.46	35.86	187.81
1266.12	447.75	63.48	56.72	366.32	33.07	193.20
1243.96	448.60	60.29	39.85	343.74	59.58	138.05
1245.41	369.84	44.48	32.09	293.36	47.28	106.10
1053.16	206.94	56.91	30.68	298.51	62.60	246.88
6150.93	**1937.09**	**297.33**	**159.34**	**1704.39**	**238.39**	**872.04**
541.71	162.72	90.90	27.05	141.29	71.25	88.87
453.76	110.29	55.71	46.55	76.15	33.16	45.68
275.30	108.75	38.56	44.71	50.05	16.18	20.43
232.34	113.28	30.18	31.76	30.92	9.85	22.27
217.89	65.94	22.68	30.67	28.52	2.50	9.49
1721.00	**560.98**	**238.03**	**180.74**	**326.93**	**132.94**	**186.73**
326.83	78.67	16.96	28.82	114.67	0.87	9.10
381.53	76.40	23.85	17.42	73.93	1.10	3.39
497.95	72.25	74.25	36.97	80.28	4.07	3.98
1255.87	222.13	212.18	82.06	119.16	1.67	20.77
928.24	118.81	173.24	66.83	69.22	4.30	1.78
3390.42	**568.26**	**500.48**	**232.10**	**457.27**	**12.01**	**39.01**
32721.43	**6137.90**	**1882.49**	**572.18**	**4361.77**	**561.16**	**1821.47**

公顷。京津风沙源治理工程 1993 ~ 2000 年数据为原全国防沙治沙工程数据。速生丰产用材林基地建设工程 1993 ~ 2000 年

全国历年林业重点工程实际

指标名称		合计	天然林资源保护工程	退耕还林工程	京津风沙源治理工程	
						小计
1979～1989年	**实际完成投资**	**62295**				**62295**
	其中:国家投资	**35443**				**35443**
1990年	实际完成投资	25537				25537
	其中:国家投资	13469				13469
1991年	实际完成投资	34949				34949
	其中:国家投资	20247				20247
1992年	实际完成投资	44640				44640
	其中:国家投资	22888				22888
1993年	实际完成投资	118913			3351	66925
	其中:国家投资	32351			1914	27613
1994年	实际完成投资	144563			6822	79326
	其中:国家投资	36779			3064	32187
1995年	实际完成投资	162611			7259	86411
	其中:国家投资	43062			3523	36285
“八五”小计	**实际完成投资**	**505676**			**17432**	**312251**
	其中:国家投资	**155327**			**8501**	**139220**
1996年	实际完成投资	203110			15741	124720
	其中:国家投资	54772			4506	47433
1997年	实际完成投资	244737			33782	152324
	其中:国家投资	68989			12247	52494
1998年	实际完成投资	495760	227761		37741	176215
	其中:国家投资	285611	206365		10176	63797
1999年	实际完成投资	761756	409225	33595	35477	235521
	其中:国家投资	506707	351309	33595	8198	108432
2000年	实际完成投资	1106412	608414	154075	43102	300821
	其中:国家投资	881704	582886	146623	15655	136540
“九五”小计	**实际完成投资**	**2811775**	**1245400**	**187670**	**165843**	**989601**
	其中:国家投资	**1797783**	**1140560**	**180218**	**50782**	**408696**
2001年	实际完成投资	1795799	949319	314547	183275	303066
	其中:国家投资	1355797	887717	248459	59283	145743
2002年	实际完成投资	2558004	933712	1106096	123238	316711
	其中:国家投资	2250647	881617	1061504	120022	157582
2003年	实际完成投资	3339160	679020	2085573	258781	232083
	其中:国家投资	2978139	650304	1926019	239513	136239
2004年	实际完成投资	3510242	681985	2142905	267666	352661
	其中:国家投资	2983123	640983	1920609	261857	135782
2005年	实际完成投资	3616302	620148	2404111	332625	192556
	其中:国家投资	3212387	584777	2185928	325408	91292
“十五”小计	**实际完成投资**	**14819507**	**3864184**	**8053232**	**1165585**	**1397077**
	其中:国家投资	**12780093**	**3645398**	**7342519**	**1006083**	**666638**
2006年	实际完成投资	3533372	643750	2321449	327666	179501
	其中:国家投资	3255411	604120	2224633	310029	85398
2007年	实际完成投资	3480379	820496	2084085	320929	165879
	其中:国家投资	3029091	666496	1915544	298768	91273
2008年	实际完成投资	4202355	973000	2489727	323871	337349
	其中:国家投资	3626077	923500	2210195	310795	139275
2009年	实际完成投资	5087347	817253	3217569	403175	557076
	其中:国家投资	4179556	688199	2886310	355377	209602
2010年	实际完成投资	4720065	731299	2927290	382406	570888
	其中:国家投资	3617431	591086	2499773	329166	138550
“十一五”小计	**实际完成投资**	**21023518**	**3985798**	**13040120**	**1758047**	**1810693**
	其中:国家投资	**17707566**	**3473401**	**11736455**	**1604135**	**664098**
1979～2010年	**实际完成投资**	**39222771**	**9095382**	**21281022**	**3106907**	**4571917**
	其中:国家投资	**32476212**	**8259359**	**19259192**	**2669501**	**1914095**

完成投资及国家投资情况

单位:万元

三北及长江流域等重点防护林体系建设工程						野生动物植物保护及自然保护区建设工程	速生丰产用材林基地建设工程
三北防护林工程	长江流域防护林工程	沿海防护林工程	珠江流域防护林工程	太行山绿化工程	平原绿化工程		
53781	**1167**			**7347**			
33076	**427**			**1940**			
16733	6676			2128			
10291	2616			562			
19750	7747	5214		2238			
14315	3205	1983		744			
24921	10342	7250		2127			
15978	3608	2613		689			
35080	15112	9773		4436	2524		48637
18076	5283	2346		949	959		2824
38928	18587	9485		6903	5423		58415
19589	6535	1899		1643	2521		1528
42459	18308	10268		7443	7933		68941
21454	5474	2089		2253	5015		3254
161138	**70096**	**41990**		**23147**	**15880**		**175993**
89412	**24105**	**10930**		**6278**	**8495**		**7606**
71169	23114	16548		7371	6518		62649
30802	7455	2531		2085	4560		2833
80567	21095	12653	16430	12247	9332		58631
34704	7196	2198	502	2853	5041		4248
90289	27774	21029	12060	11970	13093		54043
37206	11154	3340	1557	5411	5129		5273
118754	31384	22897	16463	24232	21791		47938
57383	16345	5717	2775	14195	12017		5173
143682	31273	31551	14392	23781	56142		
71602	18427	13768	6831	13327	12585		
504461	**134640**	**104678**	**59345**	**79601**	**106876**		**223261**
231697	**60577**	**27554**	**11665**	**37871**	**39332**		**17527**
102468	53406	40026	10678	16169	80319	20917	24675
56163	22736	14425	6499	8832	37088	12109	2486
139272	45837	41164	17657	17151	55630	39261	38986
66512	27942	13839	15481	10920	22888	28460	1462
85437	41442	29155	13136	10436	52477	52406	31297
49105	27758	20127	11083	8097	20069	25609	455
86645	109028	51946	11922	13048	80072	44465	20560
44014	26017	29705	9797	11268	14981	22133	1759
85231	53607	23029	9134	14620	6936	51452	15410
41252	12808	19704	7039	10095	394	24450	532
499053	**303320**	**185320**	**62527**	**71423**	**275434**	**208501**	**130928**
257046	**117261**	**97800**	**49899**	**49212**	**95420**	**112761**	**6694**
84328	24386	42553	6509	13949	7776	54718	6288
38539	8262	20637	4647	13108	205	30750	481
94026	13912	37819	3994	13213	2915	79580	9410
48202	9964	23290	2811	6541	465	55464	1546
184078	34916	94009	7142	16804	400	69800	8608
99184	13119	18429	4043	4275	225	41963	349
270310	101057	140019	23828	21663	199	80097	12177
133198	27000	35953	8979	4422	50	39948	120
284589	49422	192579	27177	16471	650	100107	8075
68632	19557	33802	12519	4000	40	57740	1116
917331	**223693**	**506979**	**68650**	**82100**	**11940**	**384302**	**44558**
387755	**77902**	**132111**	**32999**	**32346**	**985**	**225865**	**3612**
2135764	**732916**	**838967**	**190522**	**263619**	**410130**	**592803**	**574740**
998986	**280272**	**268395**	**94563**	**127647**	**144232**	**338626**	**35439**

全国历年木材、竹材及木材加工、林产化学主要产品产量(一)

时期	木材（万立方米）	竹材（万根）	锯材（万立方米）	人造板（万立方米）					松香（吨）	栲胶（吨）	紫胶（吨）
				总　计	其中:三板产量						
					合计	胶合板	纤维板	刨花板			
1949 年	567.00										
1950 年	664.40										
1951 年	764.40										
1952 年	1233.20	*2710	*1151.40	*4.5	*4.5	*4.5			*78056	*88	*180
三年恢复时期	**3229.00**	***2710**	***1151.40**	***4.5**	***4.5**	***4.5**			***78056**	***88**	***180**
1953 年	1753.90	2643	664.00	3.54	3.54	3.54			22267	120	15
1954 年	2220.60	5021	759.90	4.65	4.65	4.65			45905	157	105
1955 年	2093.30	5902	678.20	5.18	5.18	5.18			80091	568	142
1956 年	2104.80	12490	890.80	5.64	5.64	5.64			109992	1275	154
1957 年	2786.90	9348	824.10	6.98	6.98	6.98			116799	1633	143
“一五”时期	**10959.50**	**35404**	**3817.00**	**25.99**	**25.99**	**25.99**			**375054**	**3753**	**559**
1958 年	3579.40	14873	1187.60	12.57	12.57	12.57			98373	3679	245
1959 年	4517.70	15547	1454.70	16.47	16.47	15.31	1.16		79387	11266	201
1960 年	4129.30	8869	1622.90	20.71	20.71	14.76	5.96		78429	13650	245
1961 年	2193.50	4993	778.70	9.58	9.58	7.43	2.15		39227	6661	332
1962 年	2374.60	6076	672.80	9.52	9.52	7.42	1.55	0.54	33595	4800	241
“二五”时期	**16794.50**	**50358**	**5716.70**	**68.86**	**68.86**	**57.49**	**10.83**	**0.54**	**329011**	**40056**	**1264**
1963 年	3250.20	6853	826.40	13.60	13.60	10.43	1.86	1.30	97982	6078	180
1964 年	3800.00	6726	1063.90	16.89	16.89	11.95	2.80	2.14	162914	9276	220
1965 年	3978.00	7031	1160.10	22.06	22.06	13.90	5.02	3.14	167172	13064	440
三年调整时期	**11028.20**	**20610**	**3050.40**	**52.55**	**52.55**	**36.28**	**9.68**	**6.59**	**428068**	**28418**	**840**
1966 年	4192.40	6991	1117.80	23.13	23.13	15.04	6.24	1.85	178943	15789	640
1967 年	3249.60	7223	1157.40	16.78	16.78	12.23	3.46	1.09	166119	14320	800
1968 年	2791.20	6603	909.10	14.07	14.07	10.59	2.59	0.90	181911	13100	1400
1969 年	3283.30	6619	1004.80	20.06	20.06	14.67	4.18	1.21	204158	18969	1100
1970 年	3781.80	6958	1100.30	24.04	24.04	17.07	5.47	1.50	189288	22098	1800
“三五”时期	**17298.30**	**34394**	**5289.40**	**98.08**	**98.08**	**69.60**	**21.94**	**6.55**	**920419**	**84276**	**5740**
1971 年	4067.30	7542	1104.90	27.81	27.81	17.21	8.73	1.87	200411	23209	1873
1972 年	4253.50	7629	957.80	31.74	31.74	18.24	10.82	2.68	240074	21850	1076
1973 年	4466.90	11493	993.10	35.20	35.20	18.84	13.14	3.22	261467	17581	1302
1974 年	4607.10	9954	1009.00	33.99	33.99	17.62	13.34	3.03	289287	18085	1562
1975 年	4702.70	9073	1069.10	37.37	37.37	19.21	15.49	2.67	266224	20861	915
“四五”时期	**22097.50**	**45691**	**5133.90**	**166.10**	**166.10**	**91.13**	**61.51**	**13.46**	**1257463**	**101586**	**6728**
1976 年	4572.80	10439	1001.10	38.11	38.11	18.44	17.02	2.65	237773	19066	807
1977 年	4967.20	10799	1125.20	45.87	45.87	20.85	22.13	2.89	259150	23959	783
1978 年	5162.30	11181	1105.50	62.45	62.45	25.22	32.88	4.36	282027	30130	1384
1979 年	5438.93	10507	1271.40	77.46	77.46	29.24	42.93	5.29	297034	33831	2234
1980 年	5359.31	9621	1368.70	91.43	91.43	32.99	50.62	7.82	327283	36314	2134

注:标有 * 号的产品产量数据为 1949 ~ 1952 年合计数。

全国历年木材、竹材及木材加工、林产化学主要产品产量(二)

时期	木材（万立方米）	竹材（万根）	锯材（万立方米）	人造板（万立方米）					松香（吨）	栲胶（吨）	紫胶（吨）
				总　计	其中:三板产量						
					合计	胶合板	纤维板	刨花板			
“五五”时期	**25500.54**	**52547**	**5871.90**	**315.32**	**315.32**	**126.74**	**165.58**	**23.00**	**1403267**	**143300**	**7342**
1981 年	4942.31	8656	1301.06	99.61	99.61	35.11	56.83	7.67	406214	40159	1095
1982 年	5041.25	10183	1360.85	116.67	116.67	39.41	66.99	10.27	400784	36000	1397
1983 年	5232.32	9601	1394.48	138.95	131.67	45.48	73.45	12.74	246916	34131	1045
1984 年	6384.81	9117	1508.59	151.38	139.04	48.97	73.59	16.48	307993	36523	1489
1985 年	6323.44	5641	1590.76	165.93	161.58	53.87	89.50	18.21	255736	36875	2102
“六五”时期	**27924.13**	**43198**	**7155.74**	**672.54**	**648.57**	**222.84**	**360.36**	**65.37**	**1617643**	**183688**	**7128**
1986 年	6502.42	7716	1505.20	189.44	184.81	61.08	102.70	21.03	293500	42059	1661
1987 年	6407.86	11855	1471.91	247.66	236.06	77.63	120.65	37.78	395692	50306	1909
1988 年	6217.60	26211	1468.40	289.88	279.41	82.69	148.41	48.31	376482	41862	1482
1989 年	5801.80	15238	1393.30	270.56	261.25	72.78	144.27	44.20	409463	26411	833
1990 年	5571.00	18714	1284.90	244.60	235.91	75.87	117.24	42.80	344003	20402	829
“七五”时期	**30500.68**	**79734**	**7123.71**	**1242.14**	**1197.44**	**370.05**	**633.27**	**194.12**	**1819140**	**181040**	**6714**
1991 年	5807.30	29173	1141.50	296.01	284.21	105.40	117.43	61.38	343300	19516	876
1992 年	6173.60	40430	1118.70	428.90	416.77	156.47	144.45	115.85	419503	26141	732
1993 年	6392.20	43356	1401.30	579.79	550.55	212.45	180.97	157.13	503681	26176	931
1994 年	6615.10	50430	1294.30	664.72	621.85	260.62	193.03	168.20	437269	18177	1001
1995 年	6766.90	44792	4183.80	1684.60	1410.76	759.26	216.40	435.10	481264	19662	1393
“八五”时期	**31755.10**	**208181**	**9139.60**	**3654.02**	**3284.14**	**1494.20**	**852.28**	**937.66**	**2185017**	**109672**	**4933**
1996 年	6710.27	42175	2442.40	1203.26	1034.10	490.32	205.50	338.28	501221	23766	1450
1997 年	6394.79	44921	2012.40	1648.48	1394.81	758.45	275.92	360.44	675758	19814	579
1998 年	5966.20	69253	1787.60	1056.33	932.33	446.52	219.51	266.30	416016	14081	255
1999 年	5236.80	53921	1585.94	1503.05	1359.19	727.64	390.59	240.96	434528	10972	294
2000 年	4723.97	56183	634.44	2001.66	1793.74	992.54	514.43	286.77	386760	7510	778
“九五”时期	**29032.03**	**266453**	**8462.78**	**7412.78**	**6514.17**	**3415.47**	**1605.95**	**1492.75**	**2414283**	**76143**	**3356**
2001 年	4552.03	58146	763.83	2111.27	1819.15	904.51	570.11	344.53	377793	9446	431
2002 年	4436.07	66811	851.61	2930.18	2271.94	1135.21	767.42	369.31	395273	9132	561
2003 年	4758.87	96867	1126.87	4553.36	3778.09	2102.35	1128.33	547.41	443306	11970	1078
2004 年	5197.33	109846	1532.54	5446.49	4302.00	2098.62	1560.46	642.92	485863	12113	1117
2005 年	5560.31	115174	1790.29	6392.89	5151.61	2514.97	2060.56	576.08	606594	7668	779
“十五”时期	**24504.61**	**446844**	**6065.13**	**21434.19**	**17322.79**	**8755.66**	**6086.88**	**2480.25**	**2308829**	**50329**	**3966**
2006 年	6611.78	131176	2486.46	7428.56	6038.65	2728.78	2466.60	843.26	845959	10564	3569
2007 年	6976.65	139761	2829.10	8838.58	7120.49	3561.56	2729.85	829.07	1061658	13733	3430
2008 年	8108.34	126220	2840.95	9409.95	7589.66	3540.86	2906.56	1142.23	945590	9337	2891
2009 年	7068.29	135650	3229.77	11546.65	9370.80	4451.24	3488.56	1431.00	1001574	11000	1992
2010 年	8089.62	143008	3722.63	15360.83	12758.40	7139.66	4354.54	1264.20	1205991	10925	2080
“十一五”时期	**36854.68**	**675814**	**15108.92**	**52584.57**	**42878.00**	**21422.11**	**15946.12**	**5509.76**	**5060772**	**55559**	**13962**
总　计	**287478.77**	**1959228**	**81935.18**	**87727.14**	**72572.01**	**36087.56**	**25754.39**	**10730.05**	**20118966**	**1057820**	**62532**

全国历年林业固定资产投资完成额(一)

单位:万元

年份	固定资产投资完成总额	营林固定资产投资			森工固定资产投资			
		合计	基本建设	更新改造	合计	基本建设	更新改造	其他
1950 年	1010				1010	1010		
1951 年	1666				1666	1666		
1952 年	5524				5524	5524		
三年恢复时期	**8199**				**8199**	**8199**		
1953 年	13874	512	512		13361	13361		
1954 年	12415	423	423		11992	11992		
1955 年	11483	725	725		10758	10758		
1956 年	17733	7507	7507		10226	10226		
1957 年	21393	3332	3332		18061	18061		
“一五”时期	**76897**	**12500**	**12500**		**64398**	**64398**		
1958 年	32666	3787	3787		28879	28879		
1959 年	61240	9290	9290		51949	51949		
1960 年	84021	15516	15516		68505	68505		
1961 年	34396	7051	7051		27345	27345		
1962 年	39329	12065	12065		27265	27265		
“二五”时期	**251652**	**47709**	**47709**		**203943**	**203943**		
1963 年	63498	18144	18144		45353	45353		
1964 年	81209	23770	23770		57439	57439		
1965 年	80974	19366	19366		61608	61608		
三年调整时期	**225680**	**61280**	**61280**		**164401**	**164401**		
1966 年	79469	18654	18654		60815	60815		
1967 年	60233	17789	17789		42445	42445		
1968 年	47492	15175	15175		32317	32317		
1969 年	56252	16373	16373		39878	39878		
1970 年	62235	15588	15588		46647	46647		
“三五”时期	**305681**	**83579**	**83579**		**222101**	**222101**		
1971 年	76123	20034	20034		56089	56089		
1972 年	89978	25348	25348		64630	64630		
1973 年	93597	27733	27733		65864	65864		
1974 年	99317	29139	29139		70178	70178		
1975 年	98806	30738	30738		68069	68069		
“四五”时期	**457821**	**132991**	**132991**		**324830**	**324830**		
1976 年	68669	30723	30723		37946	37946		
1977 年	58757	24984	24984		33774	33774		
1978 年	108360	31249	31249		77111	53926	23185	
1979 年	141326	57404	57404		83922	59249	24673	
1980 年	144954	57303	57303		87651	81271	6381	

全国历年林业固定资产投资完成额(二)

单位:万元

年份	固定资产投资完成总额	营林固定资产投资			森工固定资产投资			
		合计	基本建设	更新改造	合计	基本建设	更新改造	其他
“五五”时期	**522066**	**201662**	**201662**		**320404**	**266165**	**54239**	
1981 年	140752	51231	51231		89521	81959	7563	
1982 年	168725	54403	54403		114321	64442	10166	39713
1983 年	164399	46578	46578		117822	73066	15414	29341
1984 年	180111	53300	53300		126811	78863	14059	33889
1985 年	183303	61898	61898		121405	76700	12771	31934
“六五”时期	**837291**	**267411**	**267411**		**569880**	**375031**	**59972**	**134877**
1986 年	231994	60296	59191	1105	171698	78862	16095	76741
1987 年	247834	69691	68157	1534	178143	87292	26561	64290
1988 年	261413	83782	81559	2223	177631	79603	37930	60098
1989 年	237553	93261	92160	1101	144292	75567	33100	35625
1990 年	246131	100957	100024	933	145174	84966	28508	31700
“七五”时期	**1224925**	**407987**	**401091**	**6896**	**816938**	**406290**	**142194**	**268454**
1991 年	272236	109462	107639	1823	162774	104359	27322	31093
1992 年	329800	140826	137411	3415	188974	120749	34706	33519
1993 年	409238	162777	158849	3928	246461	145700	54853	45908
1994 年	476997	194633	189541	5092	282364	173920	56376	52068
1995 年	563972	212546	208531	4015	351426	206932	112608	31886
“八五”时期	**2052243**	**820244**	**801971**	**18273**	**1231999**	**751660**	**285865**	**194474**
1996 年	638626	295283	278722	16561	343343	203809	96678	42856
1997 年	741802	392904	384653	8251	348898	215739	80701	52458
1998 年	874648	610303	606051	4252	264345	164192	61143	39010
1999 年	1084077	917812	915591	2221	166265	79703	50288	36274
2000 年	1677712	1510541	1506583	3958	167171	62672	65347	39152
“九五”时期	**5016865**	**3726843**	**3691600**	**35243**	**1290022**	**726115**	**354157**	**209750**
2001 年	2095636	1919835	1916182	3653	175801	61071	63968	50762
2002 年	3152374	2976388	2961367	15021	175986	101037	39574	35375
2003 年	4072782	3892793	3884708	8085	179989	67196	59867	52926
2004 年	4118669	3989023	3984506	4517	129646	55980	35139	38527
2005 年	4593443	4419596	4397842	21754	173847	69678	72280	31889
“十五”时期	**18032904**	**17197635**	**17144605**	**53030**	**835269**	**354962**	**270828**	**209479**
2006 年	4957918	4784890	4707672	77218	173028	82257	62164	28607
2007 年	6457517	6217121	6151056	66065	240396	146186	46343	47867
2008 年	9872422	8366173	8277170	89003	1506249	1245733	197183	63333
2009 年	13513349	11161861	11095168	66693	2351488	1786595	453854	111039
2010 年	15533217	11942956	11709639	233317	3590261	2782241	588752	219268
“十一五”时期	**50334423**	**42473001**	**41940705**	**532296**	**7861422**	**6043012**	**1348296**	**470114**
1950～2010 年	79346647	65432841	64787103	645738	13913806	9911107	2515551	1487148

全国历年林业基本建设投资完成额(一)

单位:万元

年份	林业系统基本建设投资完成额					
	合计	其中:国投	营林基本建设投资		森工基本建设投资	
			合计	其中:国投	合计	其中:国投
1950 年	1010	1010			1010	1010
1951 年	1666	1666			1666	1666
1952 年	5524	5524			5524	5524
三年恢复时期	**8199**	**8199**			**8199**	**8199**
1953 年	13874	13874	512	512	13361	13361
1954 年	12415	12415	423	423	11992	11992
1955 年	11483	11483	725	725	10758	10758
1956 年	17733	17733	7507	7507	10226	10226
1957 年	21393	21393	3332	3332	18061	18061
“一五”时期	**76897**	**76897**	**12500**	**12500**	**64398**	**64398**
1958 年	32666	32666	3787	3787	28879	28879
1959 年	61240	51648	9290	7765	51949	43882
1960 年	84021	74052	15516	13796	68505	60257
1961 年	34396	31284	7051	6460	27345	24824
1962 年	39329	29085	12065	6990	27265	22095
“二五”时期	**251652**	**218735**	**47709**	**38798**	**203943**	**179937**
1963 年	63498	52506	18144	13892	45353	38613
1964 年	81209	68759	23770	19278	57439	49481
1965 年	80974	69974	19366	16568	61608	53407
三年调整时期	**225680**	**191239**	**61280**	**49738**	**164401**	**141501**
1966 年	79469	62657	18654	13558	60815	49100
1967 年	60233	44232	17789	13881	42445	30352
1968 年	47492	34054	15175	11742	32317	22312
1969 年	56252	39680	16373	11179	39878	28501
1970 年	62235	42977	15588	9713	46647	33264
“三五”时期	**305681**	**223601**	**83579**	**60073**	**222101**	**163529**
1971 年	76123	50339	20034	9973	56089	40367
1972 年	89978	58055	25348	12983	64630	45072
1973 年	93597	64052	27733	16089	65864	47963
1974 年	99317	63436	29139	16325	70178	47111
1975 年	98806	55519	30738	15491	68069	40028
“四五”时期	**457821**	**291402**	**132991**	**70861**	**324830**	**220541**
1976 年	68669	49659	30723	15087	37946	34572
1977 年	58757	46008	24984	15143	33774	30866
1978 年	85175	65369	31249	15692	53926	49677
1979 年	116653	90758	57404	34416	59249	56342
1980 年	138573	68481	57303	28797	81271	39684

全国历年林业基本建设投资完成额(二)

单位:万元

年份	林业系统基本建设投资完成额					
	合计	其中:国投	营林基本建设投资		森工基本建设投资	
			合计	其中:国投	合计	其中:国投
“五五”时期	**467828**	**320274**	**201662**	**109134**	**266165**	**211140**
1981 年	133190	61025	51231	21747	81959	39277
1982 年	118846	68432	54403	22529	64442	45904
1983 年	119644	73557	46578	26435	73066	47121
1984 年	132163	81782	53300	30891	78863	50891
1985 年	138598	78732	61898	31375	76700	47357
“六五”时期	**642441**	**363528**	**267411**	**132977**	**375031**	**230550**
1986 年	138053	81753	59191	29510	78862	52243
1987 年	155449	97348	68157	32720	87292	64628
1988 年	161162	91504	81559	36758	79603	54746
1989 年	167727	90604	92160	36305	75567	54299
1990 年	184990	107246	100024	46327	84966	60919
“七五”时期	**807381**	**468455**	**401091**	**181620**	**406290**	**286835**
1991 年	211998	134816	107639	53691	104359	81125
1992 年	258160	138679	137411	55936	120749	82743
1993 年	304549	142025	158849	54300	145700	87725
1994 年	363461	141198	189541	59283	173920	81915
1995 年	415463	179222	208531	73435	206932	105787
“八五”时期	**1553631**	**735940**	**801971**	**296645**	**751660**	**439295**
1996 年	482531	176439	278722	90844	203809	85595
1997 年	600392	187715	384653	121998	215739	65717
1998 年	770243	369898	606051	305910	164192	63988
1999 年	995294	593752	915591	575578	79703	18174
2000 年	1569255	1124523	1506583	1101385	62672	23138
“九五”时期	**4417715**	**2452327**	**3691600**	**2195715**	**726115**	**256612**
2001 年	1977253	1538650	1916182	1514627	61071	24023
2002 年	3062404	2511947	2961367	2487550	101037	24397
2003 年	3951904	3123465	3884708	3092898	67196	30567
2004 年	4040486	3220609	3984506	3198943	55980	21666
2005 年	4467520	3505284	4397842	3483792	69678	21492
“十五”时期	**17499567**	**13899955**	**17144605**	**13777810**	**354962**	**122145**
2006 年	4789929	3648702	4707672	3628972	82257	19730
2007 年	6297242	4401896	6151056	4371272	146186	30624
2008 年	9522903	5058608	8277170	5008011	1245733	50597
2009 年	12881763	7070314	11095168	6822495	1786595	247819
2010 年	14491880	7327541	11709639	6909319	2782241	418222
“十一五”时期	**47983717**	**27507061**	**41940705**	**26740069**	**6043012**	**766992**
总 计	**74698210**	**46757613**	**64787103**	**43665939**	**9911107**	**3091674**

附录六

2001～2010年主要林产品进出口情况

ANNEX Ⅵ

2001～2010年主要林产品

产品			2001年	2002年	2003年	2004年
总计		出口	7855079	9579666	12235984	16300854
		进口	10982586	12897294	16641987	19939912
原木	针叶原木	出口	178	—	57	—
		进口	541914	997164	945157	1168493
	阔叶原木	出口	5375	3174	2830	1959
		进口	1152063	1141095	1501992	1635825
	合计	出口	5553	3174	2887	1959
		进口	1693977	2138260	2447149	2804318
锯材		出口	196860	192332	236790	219843
		进口	988518	1167462	1198789	1387144
单板		出口	69746	89297	110806	120710
		进口	95889	89383	95536	109913
特形材		出口	94361	122967	187866	278238
		进口	9236	16018	21359	15043
刨花板		出口	6063	21940	20022	21394
		进口	83714	104455	113224	123197
纤维板		出口	9280	20536	20662	125121
		进口	279101	302642	320892	272725
胶合板		出口	242272	427048	495433	1249941
		进口	254445	258957	355124	384280
木制品		出口	1578047	1864973	2299221	2934699
		进口	28190	26834	35366	52953
木家具		出口	1852066	2706327	3815513	5229343
		进口	28567	38628	60661	72706
木片		出口	105358	90730	95223	102486
		进口	3873	6184	31878	39929
木浆		出口	2704	2373	2041	925
		进口	2061438	2154478	2643336	3526709
废纸		出口	20	15	37	24
		进口	658612	732240	1231243	1726999
纸和纸制品		出口	415259	444050	599608	768335
		进口	3649500	4136723	4393027	4637510
木炭		出口	54710	56191	63494	39067
		进口	2731	1283	2051	2809
松香		出口	141747	159505	139805	163850
		进口	1377	1901	3574	4392

进出口金额(一)

单位:千美元

2005 年	2006 年	2007 年	2008 年	2009 年	2010 年
20574172	26377042	31930993	33488310	36316317	46316686
22102107	25798689	32360169	38439466	33902486	47506554
91	94	17	21	274	51
1387979	1713618	2404879	2414186	2234430	3240796
1950	1275	1194	965	4306	10475
1855561	2215648	2950955	2769073	1852088	2830298
2040	1368	1211	986	4580	10526
3243540	3929266	5355834	5183259	4086518	6071094
281431	356490	392669	412265	346344	342001
1516885	1697715	1774871	2039427	2327863	3878172
128529	171508	200086	243925	172678	210865
121181	118163	135718	98504	63736	88064
557133	731094	519003	448662	371345	433189
25099	27429	21636	19774	15547	19708
18396	25183	34758	45873	32712	41387
115461	101730	106352	91859	88913	114283
396067	635782	1085801	1094538	884401	1114253
229268	195714	168916	140415	119570	124654
1879039	2910501	3577941	3400530	2523949	3402140
276681	197174	170383	167469	89042	116042
3139195	3791812	3828644	3522246	3324597	4114612
49605	61572	70251	75033	84081	121953
6843165	8783827	10683050	11017339	12035202	16157214
87217	117585	220383	311952	297671	387711
92893	64321	25249	9034	887	558
122141	119140	158338	182490	353802	673817
10728	16480	27487	6916	22351	11344
3694780	4354322	5498741	6660933	6795615	8774104
8	5	18	1	48	119
2457178	2748047	4041970	5556926	3796054	5352897
1060777	1457284	1844016	2070567	6129326	7554688
4387339	4215202	4287379	4363240	3879784	4610590
22501	26111	20114	22979	26065	35748
6070	5922	9914	14663	17552	22952
254515	365260	274265	271944	181729	486750
4849	5815	6686	4739	6104	8830

2001～2010 年主要林产品

产品			2001 年	2002 年	2003 年	2004 年
水果	柑橘属	出口	40367	55673	75574	105020
		进口	30868	27969	47922	48433
	鲜苹果	出口	100648	149425	209773	274407
		进口	17074	22441	23708	29417
	鲜梨	出口	40826	59415	79968	90665
		进口	287	258	239	234
	鲜葡萄	出口	—	—	5827	7382
		进口	—	—	41608	67482
	山竹果	出口	—	—	—	10
		进口	—	—	—	29764
	鲜榴莲	出口	—	—	—	1
		进口	—	—	—	52501
	鲜龙眼	出口	—	—	—	1131
		进口	—	—	—	69286
坚果	核桃	出口	27693	21927	25842	31043
		进口	372	1131	1081	2648
	板栗	出口	52196	47236	49989	58461
		进口	3625	9096	22454	21813
	松子仁	出口	30468	46420	51334	68896
		进口	636	205	36	100
	开心果	出口	—	—	3233	4800
		进口	—	—	15295	17432
干果	梅干及李干	出口	5240	2332	1488	1568
		进口	1745	2573	883	972
	龙眼干、肉	出口	731	1013	858	1041
		进口	13930	14789	19544	28730
	柿饼	出口	10389	10838	12911	13210
		进口	23	7	—	11
	红枣	出口	6276	7939	9838	10942
		进口	7	17	1	25
	葡萄干	出口	—	—	10831	18397
		进口	—	—	9572	14666
果汁	柑橘属果汁	出口	3916	3657	3680	3347
		进口	16986	46090	65640	50443
	苹果汁	出口	147671	173066	254178	325345
		进口	459	372	348	1042
其他		出口	2614608	2799266	3351253	4029252
		进口	1057406	1596900	3440447	4344283

注:1. 资料来源:海关总署信息中心;

2. 木浆中未包括从回收纸与纸板中提取的木浆;

3. 纸和纸制品中未包括回收纸和纸板及印刷品等;

4. 2001～2008 年以造纸工业纸浆消耗价值中原生木浆价值的比例将从回收的纸与纸板中提取的纤维浆、回收纸与纸 2001 年取 0.23，2002～2003 年取 0.21，2004～2006 年取 0.22，2007 年取 0.214，2008 年取 0.221，2009 年取 0.80，2010 年

5. 2001～2008 年以造纸工业纸浆消耗价值中原生木浆价值的比例将纸和纸制品出口额折算为木制林产品价值,2009 2004～2006 年取 0.27,2007 年取 0.26,2008 年取 0.26,2009 年取 0.81,2010 年取 0.79;

6. 将印刷品、手稿、打字稿等的进(出)口额＝进(出)口折算量×纸和纸制品的平均价格。

进出口金额(二)

单位:千美元

2005 年	2006 年	2007 年	2008 年	2009 年	2010 年
143383	161510	257633	437373	592697	615797
44859	54642	54670	67312	74224	106072
306313	372552	512645	698398	713518	831627
25428	25277	34674	45188	54108	75932
122078	147713	161765	215087	220716	243263
52	23	16	27	23	75
9982	19234	32944	47437	85926	104943
82385	69654	63180	95018	172077	189471
1	1	—	—	—	1
39547	25217	62230	69565	144383	147018
—	—	—	—	—	1
47863	53929	71250	92850	124373	149562
1348	2160	2718	2770	857	711
73265	85219	98239	124192	157334	193182
46112	56691	53887	60224	19849	24536
3767	6324	6218	12624	28502	48596
49803	57404	62244	62981	68208	73434
21993	20264	18304	18531	18108	22090
76324	103081	81610	47675	142974	159277
154	63	1091	6955	7875	5619
6403	5488	5906	13098	5622	7334
19252	14664	43178	76554	77461	203136
1073	970	2136	1942	2311	3844
591	1071	1500	1783	2865	4942
883	1079	1018	1005	1249	1742
26933	32991	52849	53530	88737	64630
16314	12105	15983	10630	9098	13896
43	37	18	—	—	—
11561	10717	10709	12187	17399	17447
1	5	3	14	20	90
21762	30880	36329	47225	65311	69960
15747	15695	17917	19686	18340	23010
3974	7402	10525	14424	14218	16064
62562	85830	122646	97790	106311	109036
458169	594846	1243994	1130079	655526	747088
412	297	1224	4634	718	606
4612272	5456183	6924636	8116983	7640042	9459801
5299957	7412689	9683594	7559270	6718656	9727522

板出口额折算为木制林产品价值,2009~2010 年按木纤维浆(原生木浆和废纸中的木浆)价值比例折算。各年的折算系数为:
为 0.78;
~2010 年按木纤维浆(原生木浆和废纸中的木浆)价值比例折算。各年的折算系数为:2001 年取 0.28,2002~2003 年取 0.26,

2001～2010 年主要林产品

产品			单位	2001 年	2002 年	2003 年	2004 年
原木	针叶原木	出口	立方米	646	—	417	—
		进口	立方米	9142210	15782950	15019747	16003654
	阔叶原木	出口	立方米	17093	10957	8980	6137
		进口	立方米	7721541	8550093	10435720	10304868
	合计	出口	立方米	17739	10957	9397	6137
		进口	立方米	16863751	24333043	25455467	26308522
锯材		出口	立方米	449748	448337	543013	489331
		进口	立方米	4034120	5483706	5598051	6051670
单板		出口	立方米	62324	93120	106626	110498
		进口	立方米	335736	286652	223395	154142
特形材		出口	吨	78006	99850	146197	221247
		进口	吨	13000	23384	22566	11962
刨花板		出口	立方米	24958	51183	67463	130751
		进口	立方米	447559	589686	623999	652594
纤维板		出口	立方米	26815	80338	63556	509945
		进口	立方米	1070243	1251646	1394223	1377045
胶合板		出口	立方米	965361	1792423	2040470	4305484
		进口	立方米	650859	636130	797810	799298
木制品		出口	吨	—	1300712	1593213	1983984
		进口	吨	—	27195	31660	37844
木家具		出口	件	93611649	117969289	142179765	175777874
		进口	件	576391	571981	876469	851909
木片		出口	吨	1771351	1559915	1137770	1094162
		进口	吨	3596	52271	279741	302680
木浆		出口	吨	5776	4639	3763	1504
		进口	吨	4873085	5232622	5988591	7214995
废纸		出口	吨	201	143	228	163
		进口	吨	6419109	6872609	9381794	12306851
纸和纸制品		出口	吨	352519	364822	502386	576634
		进口	吨	5867244	6606778	6626430	6376108
木炭		出口	吨	97690	103759	106615	68141
		进口	吨	31279	21839	26654	31066
松香		出口	吨	302279	356308	301173	342888
		进口	吨	836	1136	1924	2152

进出口数量(一)

2005 年	2006 年	2007 年	2008 年	2009 年	2010 年
742	113	66	100	851	174
18270100	19717608	23270909	18577008	20302606	24274023
6185	4169	3655	2725	11885	28208
11097886	12435326	13861696	10992626	7756655	10073466
6927	4282	3721	2825	12736	28382
29367986	32152934	37132605	29569634	28059261	34347489
682072	829990	763544	717475	561106	539433
6054178	6153148	6557793	7181828	9935167	14812175
104091	143893	152746	146283	114327	158158
151800	134002	130215	91894	72327	109517
424922	518926	363790	310052	251560	302159
13127	16523	13755	12333	7953	10513
95035	141658	179824	193171	124944	165527
633972	541102	524918	374137	446543	539368
1376697	1968316	3056768	2382562	2031141	2569456
1137113	924481	702512	504505	452979	400071
5583972	8303695	8715903	7185060	5634800	7546940
589120	413429	304098	293937	179178	213672
2009708	2304919	2207534	1750049	1563994	1858712
39018	47047	52585	60187	39734	43652
211601212	248149710	280364654	242633034	247470421	298327198
863112	1290094	2468740	3147981	3298999	4361353
880655	596242	214540	73014	7247	5342
871274	895437	1139607	1056387	2766012	4631704
20456	32007	50781	10628	35045	14433
7520149	7881293	8383914	9460349	13578483	11299952
30	24	108	4	220	621
17036170	19623353	22562110	24205826	27501707	24352214
790907	1145650	1457278	1356450	4802753	5157993
5465318	4604689	4208691	3735959	3495948	3536533
37497	46652	42643	50976	54922	63398
43013	39406	75003	136266	156678	175518
347455	367148	329214	276517	193291	249801
2345	2872	3122	1076	2927	3589

2001~2010年主要林产品

产品			单位	2001年	2002年	2003年	2004年
水果	柑橘属	出口	吨	171240	216847	292034	361385
		进口	吨	67860	58195	76637	66889
	鲜苹果	出口	吨	303558	438738	609052	774131
		进口	吨	39371	56014	41524	37281
	鲜梨	出口	吨	182270	243438	296962	318218
		进口	吨	622	746	689	500
	鲜葡萄	出口	吨	—	—	13433	17800
		进口	吨	—	—	53412	58887
	山竹果	出口	吨	—	—	—	2
		进口	吨	—	—	—	30811
	鲜榴莲	出口	吨	—	—	—	1
		进口	吨	—	—	—	85500
	鲜龙眼	出口	吨	—	—	—	1547
		进口	吨	—	—	—	109418
坚果	核桃	出口	吨	24560	18614	22411	25805
		进口	吨	583	1270	1468	2687
	板栗	出口	吨	27884	29660	32369	37581
		进口	吨	3041	5755	9902	13503
	松子仁	出口	吨	6497	7015	6080	9542
		进口	吨	668	216	33	70
	开心果	出口	吨	—	—	2177	3572
		进口	吨	—	—	11435	9473
干果	梅干及李干	出口	吨	5296	3561	2041	1697
		进口	吨	2647	3834	785	1010
	龙眼干、肉	出口	吨	280	347	292	311
		进口	吨	32652	35582	38361	55461
	柿饼	出口	吨	6549	8809	11535	11067
		进口	吨	16	3	—	21
	红枣	出口	吨	9024	12277	17483	15796
		进口	吨	16	45	1	26
	葡萄干	出口	吨	—	—	7778	12122
		进口	吨	—	—	7931	10772
果汁	柑橘属果汁	出口	吨	3686	3716	4214	3266
		进口	吨	18635	37956	53057	48255
	苹果汁	出口	吨	228394	296568	418235	487139
		进口	吨	802	570	478	1344

注:1. 资料来源:海关总署信息中心;

2. 表中数据体积与重量按刨花板650千克/立方米,单板750千克/立方米的标准换算;2001~2003年按纤维板700千立方米的标准折算;2007~2009年纤维板折算标准:密度〉800千克/立方米的取950千克/立方米、500千克/立方米<密度<立方米的取250千克/立方米;

3. 木浆中未包括从回收纸和纸板中提取的木浆;

4. 纸和纸制品中未包括回收的废纸和纸板、印刷品、手稿等;

5. 2001~2008年废纸、纸和纸制品出口量按纸和纸产品中的原生木浆比例折算,2009~2010年按木纤维浆(原生木浆2003年为0.21,2004~2006年为0.22,2007年为0.214,2008年为0.221,2009年为0.80,2010年为0.78;

6. 核桃进(出)口量包括未去壳核桃和核桃仁的折算量,其中核桃仁的折算量是以40%的出仁率将核桃仁数量折算为

7. 柑橘属水果中包括橙、葡萄柚、柚、蕉柑、其他柑橘、柠檬酸橙、其他柑橘属水果。

进出口数量(二)

2005 年	2006 年	2007 年	2008 年	2009 年	2010 年
465623	435127	564471	862105	1113002	933089
61530	78931	74421	79946	91652	105275
824050	804226	1019840	1153326	1174191	1122953
33204	31075	36396	42395	54116	66882
368298	375298	405189	446656	463159	437804
81	16	14	9	13	13
21257	34293	55790	63303	100225	89359
57490	46021	42775	51613	89775	81744
3	1	—	—	—	1
35200	17161	40404	41084	91719	90918
—	—	—	—	—	4
75371	85220	105667	138929	196147	172205
3251	3150	3560	2221	945	1177
143375	168482	174625	196451	256037	291336
32267	33617	28081	26179	10582	12086
3717	6290	7813	9033	21102	25918
37065	43379	45409	40920	46640	37002
13763	13343	11151	11890	10820	11983
11655	9948	7882	4178	7862	7027
27	8	196	882	935	503
4992	3931	3953	7691	2469	3382
11965	9129	19290	29605	21545	52781
663	484	736	475	551	954
503	1095	1372	1552	3034	5635
250	287	254	222	232	283
44385	58895	80996	76117	133616	62036
11603	7122	8546	5660	5001	6505
59	123	7	—	—	—
13080	9539	9496	7884	8668	7686
1	1	—	17	5	51
13392	23392	25680	30620	41345	39850
11274	11109	12338	12570	11743	13855
3848	8984	11941	16895	20220	22563
60814	64454	65324	47566	65108	71364
648463	673047	1042326	692574	799505	788409
461	348	1028	2270	467	464

克/立方米折算,2004 ~ 2006 年纤维板分别按硬质纤维板 950 千克/立方米、中密度纤维板 650 千克/立方米、绝缘板 250 千克/
800 千克/立方米的取 650 千克/立方米、350 千克/立方米 < 密度 < 500 千克/立方米的取 425 千克/立方米、密度 < 350 千克/

和废纸中的木浆)比例折算,纸和纸制品出口量按纸和纸产品中木浆比例折算,出口量的折算系数:2001 年为 0.23,2002 ~

未去壳的核桃数量;

附录七

野生动植物进出口情况

ANNEX Ⅶ

中国
林业统计年鉴2010

全国野生动植物进出口情况（一）

指标名称				单位	2010 年
一、进出口证明书核发数量				**份**	**34812**
1. 进口	小计			份	9808
	动物			份	8580
	植物			份	1128
2. 出口	小计			份	21228
	动物			份	2423
	植物			份	18805
3. 再出口	小计			份	3776
	动物			份	3604
	植物			份	172
二、物种证明核发数量				**份**	**26246**
1. 进口	小计			份	14908
	动物			份	6646
	植物			份	8262
2. 出口	小计			份	11338
	动物			份	2540
	植物			份	8798
三、进出口管理费收取总额				**万元**	**3182**
1. 进口	小计			万元	746
	动物			万元	597
	植物			万元	150
2. 出口	小计			万元	2436
	动物			万元	785
	植物			万元	1651
四、进出口贸易额				**万元**	**4753736**
(一)进出口证明书贸易额	合计			万元	398335
	1. 进口	小计		万元	86794
		动物	计	万元	64653
			观赏活体类	万元	12945
			实验类	万元	22323
			毛皮类	万元	24871
			食用类	万元	311
			药用或中成药类	万元	2023
			其他	万元	2180
		植物	计	万元	22141
			观赏类	万元	9532
			食用类	万元	195
			用材类	万元	757
			药用或中成药类	万元	10769
			其他	万元	888

全国野生动植物进出口情况(二)

指标名称				单位	2010 年
(一)进出口证明书贸易额	2. 出口	小计		万元	169982
		动物	计	万元	48647
			观赏活体类	万元	3890
			实验类	万元	25365
			毛皮类	万元	152
			食用类	万元	2390
			药用或中成药类	万元	16262
			其他	万元	588
		植物	计	万元	121335
			观赏类	万元	11152
			食用类	万元	103322
			用材类	万元	—
			药用或中成药类	万元	6797
			其他	万元	64
	3. 再出口	小计		万元	141559
		动物	计	万元	136149
			观赏活体类	万元	78
			实验类	万元	730
			毛皮类	万元	3702
			食用类	万元	129491
			药用或中成药类	万元	13
			其他	万元	2135
		植物	计	万元	5410
			观赏类	万元	—
			食用类	万元	1910
			用材类	万元	—
			药用或中成药类	万元	3409
			其他	万元	91
(二)物种证明贸易额	合计			万元	4355401
	1. 进口	小计		万元	3290327
		动物		万元	118684
		植物		万元	3171643
	2. 出口	小计		万元	1065074
		动物		万元	174884
		植物		万元	890190

各办事处野生动植物

单位	进出口证明书核发数量(份)									
	合计	进口			出口			再出口		
		小计	动物	植物	小计	动物	植物	小计	动物	植物
总计	**34812**	**9808**	**8680**	**1128**	**21228**	**2423**	**18805**	**3776**	**3604**	**172**
濒管办北京办事处	1370	622	517	105	701	503	198	47	45	2
濒管办天津办事处	297	61	57	4	233	80	153	3	2	1
濒管办石家庄办事处	110	46	44	2	19	2	17	45	45	—
濒管办呼和浩特办事处	5	2	2	—	3	3	—	—	—	—
濒管办沈阳办事处	5039	61	52	9	4962	112	4850	16	3	13
濒管办哈尔滨办事处	9	5	5	—	4	4	—	—	—	—
濒管办上海办事处	7581	6479	6372	107	782	480	302	320	261	59
濒管办杭州办事处	197	65	58	7	116	91	25	16	16	—
濒管办福州办事处	1338	179	107	72	621	37	584	538	525	13
濒管办济南办事处	1210	502	168	334	576	315	261	132	132	—
濒管办郑州办事处	13	13	4	9	—	—	—	—	—	—
濒管办广州办事处	5639	1562	1201	361	1720	672	1048	2357	2273	84
濒管办南宁办事处	411	47	41	6	62	57	5	302	302	—
濒管办海口办事处	81	59	15	44	22	21	1	—	—	—
濒管办成都办事处	2256	53	27	26	2203	6	2197	—	—	—
濒管办昆明办事处	8782	48	6	42	8734	30	8704	—	—	—
濒管办拉萨办事处	393	—	—	—	393	—	393	—	—	—
濒管办西安办事处	78	1	1	—	77	10	67	—	—	—
濒管办乌鲁木齐办事处	3	3	3	—	—	—	—	—	—	—

进出口情况(一)

物种证明核发数量(份)							进出口管理费收取总额(万元)						
合计	进口			出口			合计	进口			出口		
	小计	动物	植物	小计	动物	植物		小计	动物	植物	小计	动物	植物
26246	**14908**	**6646**	**8262**	**11338**	**2540**	**8798**	**3182**	**746**	**597**	**150**	**2436**	**785**	**1651**
763	668	338	330	95	19	76	277	87	58	29	191	183	8
721	424	33	391	297	148	149	41	12	11	1	29	16	14
156	132	11	121	24	23	1	5	4	4	—	1	—	1
534	43	1	42	491	—	491	1	—	—	—	1	1	—
5551	808	197	611	4743	277	4466	222	29	23	7	192	8	184
1239	253	13	240	986	1	985	—	—	—	—	—	—	—
3961	3378	1155	2223	583	181	402	379	319	276	43	60	25	35
1654	1121	446	675	533	296	237	69	34	32	2	34	33	2
804	603	218	385	201	22	179	152	18	3	14	134	98	36
871	551	60	491	320	60	260	29	20	5	15	9	—	9
41	21	7	14	20	14	6	4	4	3	1	—	—	—
8205	5615	2353	3262	2590	1147	1443	519	146	120	26	373	338	35
101	40	2	38	61	47	14	22	9	9	1	12	12	—
105	76	28	48	29	29	—	64	32	31	1	32	32	—
98	9	4	5	89	27	62	590	2	2	—	589	4	584
944	867	6	861	77	47	30	762	27	17	9	736	34	702
2	2	—	2	—	—	—	30	—	—	—	30	—	30
46	2	—	2	44	11	33	13	2	2	—	12	—	12
100	93	10	83	7	—	7	1	1	1	—	—	—	—

各办事处野生动植物

单位	进出口									
	总计	进出口证明书								
		合计	进口							
			小计	动物						
				计	观赏活体类	实验类	毛皮类	食用类	药用或中成药类	其他
总计	**4753736**	**398335**	**86794**	**64653**	**12945**	**22323**	**24871**	**311**	**2023**	**2180**
濒管办北京办事处	38765	16123	3610	2743	103	800	1290	—	171	379
濒管办天津办事处	21629	2794	811	769	435	—	28	—	302	4
濒管办石家庄办事处	10557	294	218	215	85	—	122	—	—	9
濒管办呼和浩特办事处	114466	68	2	2	—	—	1	—	—	1
濒管办沈阳办事处	267849	10540	2167	1722	1707	7	6	—	—	3
濒管办哈尔滨办事处	334144	5	5	5	—	—	5	—	—	—
濒管办上海办事处	994501	60417	24101	20577	2362	—	16558	9	—	1648
濒管办杭州办事处	87146	4875	2930	2793	2616	—	14	33	100	31
濒管办福州办事处	203757	116558	1404	312	97	—	1	151	—	63
濒管办济南办事处	444969	3183	2119	1730	210	—	1520	—	—	—
濒管办郑州办事处	45110	339	339	219	218	—	—	—	—	—
濒管办广州办事处	1615342	39153	15093	9106	1969	654	4894	118	1451	21
濒管办南宁办事处	45806	1905	631	576	—	143	433	—	—	—
濒管办海口办事处	25140	3842	2138	2076	2076	—	—	—	—	—
濒管办成都办事处	126044	107257	29072	20272	250	20000	—	—	—	22
濒管办昆明办事处	354610	28358	1767	1150	430	720	—	—	—	—
濒管办拉萨办事处	1912	1798	—	—	—	—	—	—	—	—
濒管办西安办事处	886	550	109	109	109	—	—	—	—	—
濒管办乌鲁木齐办事处	21104	278	278	278	278	—	—	—	—	—

进出口情况(二)

贸易额(万元)													
贸易额													
						出口							
植物						小计	动物						
计	观赏类	食用类	用材类	药用或中成药类	其他		计	观赏活体类	实验类	毛皮类	食用类	药用或中成药类	其他
22141	**9532**	**195**	**757**	**10769**	**888**	**169982**	**48647**	**3890**	**25365**	**152**	**2390**	**16262**	**588**
867	328	36	—	503	—	10550	9853	40	7511	40	—	2256	5
42	—	—	—	42	—	1951	1351	—	—	3	—	1347	2
3	—	—	3	—	—	33	6	—	—	—	—	6	—
—	—	—	—	—	—	66	66	—	—	—	—	66	—
445	37	—	—	408	—	6957	221	1	32	—	48	131	10
—	—	—	—	—	—	—	—	—	—	—	—	—	—
3524	343	51	9	3095	26	3892	1466	395	60	—	454	—	557
136	3	107	27	—	—	1946	1768	5	—	108	1655	—	—
1093	4	—	543	546	—	14716	12291	—	—	—	—	12291	—
389	389	—	—	—	—	795	301	180	—	1	—	120	—
121	—	—	—	121	—	—	—	—	—	—	—	—	—
5987	297	—	176	5452	62	19191	16731	1569	14976	—	177	—	9
55	—	—	—	55	—	1168	1154	—	1117	—	—	38	—
62	62	—	—	—	—	1704	1700	1700	—	—	—	—	—
8800	8000	—	—	—	800	78185	43	—	37	1	—	—	5
617	70	—	—	547	—	26591	1689	—	1633	—	56	—	—
—	—	—	—	—	—	1798	—	—	—	—	—	—	—
—	—	—	—	—	—	441	8	—	—	—	—	8	—
—	—	—	—	—	—	—	—	—	—	—	—	—	—

各办事处野生动植物

单位	进出口								
	进出口证明书								
	出口								
	植物						小计		
	计	观赏类	食用类	用材类	药用或中成药类	其他		计	观赏活体类
总计	**121335**	**11152**	**103322**	**—**	**6797**	**64**	**141559**	**136149**	**78**
濒管办北京办事处	697	130	—	—	567	—	1963	1963	—
濒管办天津办事处	599	472	104	—	24	—	32	13	—
濒管办石家庄办事处	27	—	—	—	27	—	43	43	—
濒管办呼和浩特办事处	—	—	—	—	—	—	—	—	—
濒管办沈阳办事处	6736	2	6606	—	129	—	1416	730	—
濒管办哈尔滨办事处	—	—	—	—	—	—	—	—	—
濒管办上海办事处	2426	1559	10	—	828	29	32424	30039	1
濒管办杭州办事处	178	18	—	—	160	—	—	—	—
濒管办福州办事处	2425	1003	—	—	1422	—	100438	100012	—
濒管办济南办事处	494	344	—	—	150	—	269	269	—
濒管办郑州办事处	—	—	—	—	—	—	—	—	—
濒管办广州办事处	2461	904	934	—	588	35	4868	2974	77
濒管办南宁办事处	13	—	—	—	13	—	106	106	—
濒管办海口办事处	4	4	—	—	—	—	—	—	—
濒管办成都办事处	78142	6200	71611	—	331	—	—	—	—
濒管办昆明办事处	24902	515	21993	—	2394	—	—	—	—
濒管办拉萨办事处	1798	—	1798	—	—	—	—	—	—
濒管办西安办事处	433	—	268	—	165	—	—	—	—
濒管办乌鲁木齐办事处	—	—	—	—	—	—	—	—	—

进出口情况(三)

贸　易　额(万元)										
贸易额										
再　出　口										
动物					植物					
实验类	毛皮类	食用类	药用或中成药类	其他	计	观赏类	食用类	用材类	药用或中成药类	其他
730	**3702**	**129491**	**13**	**2135**	**5410**	—	**1910**	—	**3409**	**91**
—	63	—	—	1900	—	—	—	—	—	—
—	—	—	13	—	20	—	—	—	20	—
—	—	—	—	43	—	—	—	—	—	—
—	—	—	—	—	—	—	—	—	—	—
730	—	—	—	—	686	—	—	—	686	—
—	—	—	—	—	—	—	—	—	—	—
—	404	29442	—	192	2385	—	543	—	1751	91
—	—	—	—	—	—	—	—	—	—	—
—	32	99981	—	—	425	—	—	—	425	—
—	269	—	—	—	—	—	—	—	—	—
—	—	—	—	—	—	—	—	—	—	—
—	2829	68	—	—	1894	—	1367	—	527	—
—	106	—	—	—	—	—	—	—	—	—
—	—	—	—	—	—	—	—	—	—	—
—	—	—	—	—	—	—	—	—	—	—
—	—	—	—	—	—	—	—	—	—	—
—	—	—	—	—	—	—	—	—	—	—
—	—	—	—	—	—	—	—	—	—	—
—	—	—	—	—	—	—	—	—	—	—

各办事处野生动植物进出口情况(四)

单 位	进出口贸易额(万元)						
	物种证明贸易额						
	合计	进口			出口		
		小计	动物	植物	小计	动物	植物
总计	**4355401**	**3290327**	**118684**	**3171643**	**1065074**	**174884**	**890190**
濒管办北京办事处	22642	21267	4825	16441	1375	39	1336
濒管办天津办事处	18835	15758	444	15314	3077	86	2990
濒管办石家庄办事处	10263	9863	255	9608	400	386	14
濒管办呼和浩特办事处	114399	85522	17	85505	28877	—	28877
濒管办沈阳办事处	257309	37318	9613	27705	219992	10753	209238
濒管办哈尔滨办事处	334139	319679	3570	316109	14460	—	14460
濒管办上海办事处	934084	916779	22872	893907	17305	5231	12074
濒管办杭州办事处	82271	71748	3821	67927	10523	2968	7555
濒管办福州办事处	87199	86306	947	85359	893	418	476
濒管办济南办事处	441786	104851	607	104244	336935	124122	212813
濒管办郑州办事处	44770	37073	34673	2400	7698	7647	51
濒管办广州办事处	1576189	1182560	33833	1148727	393629	11157	382473
濒管办南宁办事处	43902	43593	102	43491	309	60	249
濒管办海口办事处	21298	11989	209	11780	9309	9309	—
濒管办成都办事处	18788	1564	6	1558	17224	203	17021
濒管办昆明办事处	326252	323718	1524	322194	2534	2170	363
濒管办拉萨办事处	114	—	—	—	114	114	—
濒管办西安办事处	336	11	—	11	325	221	104
濒管办乌鲁木齐办事处	20826	20730	1365	19365	96	—	96

附录八

世界主要国家林业情况

ANNEX Ⅷ

2010 年世界主要国家森林面积及变化

国家(地区)	土地面积(千公顷)	2010 年森林面积			2000～2010 年森林覆盖率变化		2010 年活立木生物量中的碳储量	
		森林面积(千公顷)	占国土面积的百分比(%)	人均面积(公顷/千人)	年变化量(千公顷)	年变化率(%)	活立木生物量中的碳储量(百万吨)	单位面积碳储量(吨/公顷)
世界合计	**13009550**	**4033060**	**31**	**597**	**-5211**	**-0.1**	**—**	**—**
非洲合计	**2964388**	**674419**	**23**	**683**	**-3414**	**-0.5**	**—**	**—**
中非共和国	62298	22605	36	5210	-30	-0.1	2861	127
刚果民主共和国	226705	154135	68	2399	-311	-0.2	19639	127
加蓬	25767	22000	85	15193	—	—	2710	123
苏丹	237600	69949	29	1692	-54	-0.1	1393	20
亚洲合计	**3093763**	**592512**	**19**	**145**	**2235**	**0.4**	**—**	**—**
日本	36450	24979	69	196	10	—	—	—
蒙古	155356	10898	7	4126	-82	-0.7	583	53
大韩民国	9692	6222	63	129	-7	-0.1	268	43
印度尼西亚	181157	94432	52	415	-498	-0.5	13017	138
老挝人民民主共和国	23080	15751	68	2538	-78	-0.5	1074	68
马来西亚	32855	20456	62	757	-114	-0.5	3212	157
缅甸	65352	31773	48	641	-310	-0.9	1654	52
泰国	51089	18972	37	282	-3	—	880	46
越南	31007	13797	44	158	207	1.6	992	72
欧洲合计	**2213507**	**1005001**	**45**	**1373**	**676**	**0.1**	**—**	**—**
芬兰	30390	22157	73	4177	-30	-0.1	832	38
法国	54766	15954	29	257	60	0.4	1208	76
德国	34863	11076	32	135	—	—	1405	127
意大利	29414	9149	31	153	78	0.9	558	61
俄罗斯联邦	1637687	809090	49	5722	-18	—	32500	40
西班牙	49911	18173	36	409	119	0.7	422	23
瑞典	41034	28203	69	3064	81	0.3	1255	45
北美洲和中美洲合计	**2132999**	**705393**	**33**	**1315**	**-10**	**—**	**—**	**—**
加拿大	909351	310134	34	9325	—	—	13908	45
墨西哥	194395	64802	33	597	-195	-0.3	2043	32
美利坚合众国	914742	304022	33	975	383	0.1	19308	64
大洋洲合计	**848655**	**191384**	**23**	**5478**	**-700**	**-0.4**	**—**	**—**
澳大利亚	768230	149300	19	7085	-562	-0.4	—	—
新西兰	26331	8269	31	1955	—	—	1292	156
巴布亚新几内亚	45286	28726	63	4368	-141	-0.5	2306	80
南美洲合计	**1756239**	**864351**	**49**	**2246**	**-3997**	**-0.5**	**—**	**—**
巴西	845942	519522	62	2706	-2642	-0.5	62607	121
智利	74353	16231	22	966	40	0.2	1349	83
哥伦比亚	110950	60499	55	1344	-101	-0.2	6805	112
苏里南	15600	14758	95	28656	-2	—	3165	214
委内瑞拉	88205	46275	52	1646	-288	-0.6	—	—

注:资料来源为联合国粮农组织《世界森林状况 2011》。

2008年世界主要国家林产品产量、贸易量和消费量(一)

国家(地区)	工业原木(千立方米)				锯　材(千立方米)			
	产　量	进口量	出口量	消费量	产　量	进口量	出口量	消费量
世界总计	**1541971**	**119856**	**117050**	**1544777**	**400246**	**106365**	**116040**	**390570**
非洲合计	**72059**	**754**	**3449**	**69365**	**8412**	**4862**	**1307**	**11967**
刚果民主共和国	4452	5	156	4301	15	17	29	3
加蓬	3400	—	2178	1222	230	—	62	169
乌干达	3489	1	19	3471	117	4	1	121
南非	19867	60	273	19654	2056	488	55	2488
尼日利亚	9418	1	40	9379	2000	2	8	1994
亚洲合计	**244515**	**55212**	**7926**	**291801**	**88202**	**25319**	**5174**	**108347**
日本	17709	6766	49	24426	10884	6522	43	17363
大韩民国	2702	4896	—	7598	4366	564	8	4922
印度	23192	1768	14	24946	14789	48	40	14797
印度尼西亚	35551	120	685	34986	4330	318	73	4575
马来西亚	22744	217	4811	18150	4486	203	2514	2174
泰国	8700	159	—	8859	2868	387	384	2871
越南	5850	203	8	6045	5000	563	129	5433
欧洲合计	**507442**	**57383**	**76723**	**488103**	**136552**	**46939**	**72866**	**110625**
芬兰	45965	13371	710	58626	9881	468	5992	4357
法国	28366	2346	3505	27207	9690	3992	1077	12606
德国	46806	5758	7040	45524	23060	6303	12928	16435
意大利	2994	3478	33	6438	1384	6733	243	7874
波兰	30470	1868	369	31969	3786	918	481	4222
俄罗斯联邦	136700	286	36784	100202	21618	23	15258	6383
瑞典	64900	6781	2349	69332	17601	381	12006	5976
北美洲和中美洲合计	**480192**	**6428**	**13387**	**473233**	**119622**	**28148**	**28182**	**119588**
加拿大	132232	4608	2839	134001	41548	1754	24219	19083
墨西哥	6425	174	9	6590	2814	3468	64	6218
美利坚合众国	336895	1430	10200	328125	72869	22136	3703	91303
大洋洲合计	**52378**	**17**	**11290**	**41104**	**9617**	**711**	**2250**	**8079**
澳大利亚	27083	2	1065	26020	5064	575	377	5262
新西兰	20214	6	6684	13536	4341	42	1794	2589
巴布亚新几内亚	3040	—	2519	521	61	1	40	22
南美洲合计	**185385**	**61**	**4275**	**181171**	**37840**	**386**	**6262**	**31964**
巴西	115390	34	121	115303	24987	103	2102	22988
智利	39878	—	44	39834	7306	20	3335	3991
乌拉圭	7244	6	3818	3432	284	27	109	202

2008 年世界主要国家林产品产量、贸易量和消费量(二)

国家(地区)	人造板(千立方米)				纸　浆(千吨)				纸张和纸板(千吨)			
	产 量	进口量	出口量	消费量	产 量	进口量	出口量	消费量	产 量	进口量	出口量	消费量
世界总计	**268788**	**73257**	**78342**	**263702**	**193146**	**45087**	**47032**	**191201**	**389237**	**114797**	**115319**	**388715**
非洲合计	**2962**	**1019**	**574**	**3407**	**2632**	**515**	**437**	**2710**	**4285**	**3604**	**1153**	**6737**
刚果民主共和国	3	3	1	5	—	—	—	—	3	15	1	17
加蓬	267	1	80	188	—	—	—	—	—	6	—	5
乌干达	24	6	1	29	—	—	—	—	3	67	1	69
南非	973	130	42	1061	1939	85	195	1828	3033	544	974	2604
尼日利亚	95	68	3	161	23	35	1	57	19	357	1	375
亚洲合计	**120935**	**19796**	**24838**	**115893**	**44289**	**17556**	**3102**	**58743**	**153251**	**22555**	**15296**	**160510**
日本	4609	4656	42	9223	10706	1916	176	12447	28360	1544	1624	28280
大韩民国	3689	1825	37	5478	536	2482	—	3018	10642	804	2675	8771
印度	2592	126	65	2653	4048	432	21	4459	7600	1734	373	8961
印度尼西亚	4332	656	3329	1659	5282	813	2622	3473	7777	401	3574	4603
马来西亚	13054	785	6266	7573	124	220	10	334	1105	2016	308	2812
泰国	3788	186	2556	1417	935	398	125	1208	4108	756	1026	3838
越南	564	488	33	1018	626	132	—	758	1324	648	24	1948
欧洲合计	**77484**	**36291**	**36992**	**76783**	**50377**	**18336**	**14598**	**54114**	**112719**	**59126**	**69405**	**102440**
芬兰	1715	411	1287	839	12087	396	2226	10257	13549	497	11852	2195
法国	6168	2271	3065	5373	2220	1972	624	3568	9420	6144	4932	10632
德国	14674	5284	8783	11175	2909	4887	1002	6794	22842	11139	13254	20727
意大利	5136	2570	997	6709	664	3210	45	3828	9467	5048	3389	11125
波兰	8124	1887	2275	7735	1151	648	33	1766	3044	2843	1496	4391
俄罗斯联邦	10665	1594	2220	10039	7003	80	1875	5208	7700	1478	2634	6544
瑞典	875	1099	331	1644	12060	450	3412	9098	12557	985	10580	2962
北美洲和中美洲合计	**48499**	**14464**	**8741**	**54222**	**73012**	**7258**	**16193**	**64077**	**101476**	**22220**	**24537**	**99160**
加拿大	12220	3689	6153	9756	20405	337	9343	11399	15789	2914	12289	6414
墨西哥	398	1079	52	1425	345	1264	20	1589	5141	3956	445	8652
美利坚合众国	35576	9195	2498	42274	52244	5601	6828	51017	80178	13411	11707	81882
大洋洲合计	**3715**	**649**	**1342**	**3022**	**2741**	**384**	**801**	**2324**	**3412**	**2023**	**1292**	**4143**
澳大利亚	1662	545	427	1780	1195	348	10	1533	2541	1490	684	3347
新西兰	1939	73	900	1112	1546	32	791	787	871	472	600	743
巴布亚新几内亚	94	2	10	86	—	—	—	—	—	17	—	17
南美洲合计	**15193**	**1038**	**5856**	**10375**	**20096**	**1038**	**11902**	**9233**	**14093**	**5268**	**3635**	**15726**
巴西	8611	163	2757	6017	12697	330	7057	5971	8977	1268	2592	7654
智利	2657	179	2193	643	4981	13	4061	933	1391	523	586	1328
乌拉圭	176	55	137	94	967	9	603	373	90	83	37	136